Marco Hassler

Web Analytics

Metriken auswerten, Besucherverhalten verstehen, Website optimieren

2., erweiterte Auflage

mitp

Bibliografische Information Der Deutschen Nationalbibliothek
Die Deutsche Nationalbibliothek verzeichnet diese Publikation in der Deutschen Nationalbibliografie; detaillierte bibliografische Daten sind im Internet über <http://dnb.d-nb.de> abrufbar.

Bei der Herstellung des Werkes haben wir uns zukunftsbewusst für umweltverträgliche und wiederverwertbare Materialien entschieden. Der Inhalt ist auf elementar chlorfreiem Papier gedruckt.

ISBN 978-3-8266-5884-6
2., erweiterte Auflage 2010

E-Mail: kundenbetreuung@hjr-verlag.de

Telefon: +49 89/2183-7928
Telefax: +49 89/2183-7620

IT-fachportal.de

Lektorat: Sabine Schulz
Korrektorat: Petra Heubach-Erdmann
Satz: III-satz, Husby, www.drei-satz.de

Inhaltsverzeichnis

Vorwort

Als Google im November 2005 das kostenlose Web-Analytics-Tool Google Analytics auf den Markt brachte, sorgte das für Aufruhr. Web Analytics war bis dato ein Nischenmarkt. Es gab zwar diverse Anbieter, vornehmlich aus dem US-amerikanischen Raum, doch die Verbreitung der unterschiedlichen Tools und der Umgang damit waren einigen wenigen Experten vorbehalten.

War Web Analytics früher eher in den IT-Abteilungen der Unternehmen angesiedelt, haben einfachere Implementierungsmechanismen und vor allem eine leichtere Usability der Benutzeroberflächen dazu geführt, dass Web Analytics auch für die Marketingabteilungen und Management-Ebenen zunehmend nutzbar wird. Dennoch steckt Web Analytics bei vielen Unternehmen immer noch in den Kinderschuhen.

Das Problem: In vielen Fällen reicht es nicht aus, lediglich ein Web-Analytics-Tool auf einer Website einzubauen. Die eigentliche Arbeit beginnt bereits vorher mit diversen individuellen businessabhängigen Fragestellungen. Für welches Tool entscheide ich mich? Was möchte ich überhaupt messen? Welche Ziele verfolge ich mit meiner Website? Welche Aktionen kann ich aus den generierten Zahlen ableiten? Wer muss involviert werden? Welche Kennziffern sind wichtig?

Diese Prozesse sind wichtig, um aus Web Analytics einen wirklichen Mehrwert zu generieren. Hierzu benötigt man fundiertes Wissen und die entsprechenden Hintergründe. Dieses Buch ist ein Kompendium zum Thema Web Analytics, das sämtliche Themengebiete aus dem Bereich abdeckt. Angefangen mit Begriffserklärungen über die technischen Eigenschaften und Eigenarten von Web Analytics bis hin zur operationalen Anwendung in Unternehmen. Ein ergiebiges Nachschlagewerk für Web-Analysten, Online-Marketer und Website-Betreiber, die das Ziel haben, mehr aus ihrer Website zu machen. Mehr Umsatz, mehr Erfolg.

Der Bereich der Trafficgenerierung ist schon recht weit professionalisiert. Suchmaschinenwerbung (SEM), Affiliateprogramme, Newslettermarketing, Display Ads und Suchmaschinenoptimierung (SEO) sind mittlerweile in den meisten Unternehmen angekommen. Viel Geld wird hier ausgegeben. Studien und Experten sagen voraus, dass in nicht allzu ferner Zukunft die Werbeausgaben für das Online-Marketing die Ausgaben für TV-Werbung übersteigen werden. Mittlerweile verbringen viele Menschen mehr Zeit im Internet als vor dem Fernsehen – ein deutlicher Indikator der Wichtigkeit dieses Mediums. Dieser Trend wird eher zu- als abnehmen.

Die reine Generierung von Traffic reicht allerdings nicht aus. Eine Erhöhung des Traffics einer beliebigen Website beispielsweise über Suchmaschinenwerbung von zehn Prozent bedeutet nicht, dass auch der Umsatz um zehn Prozent steigt. Eine genauere Analyse nicht nur der Quantität, sondern vor allem der Qualität des Traffics kann zu Erkenntnissen und damit zu einer Ableitung von Aktionen führen. Aber auch die Gestaltung, der Inhalt und die Navigation der eigenen Website sollte hinterfragt werden. Fragen wie »Welche Trafficquelle bringt am meisten Umsatz?«, »Welches Keyword bringt die engagiertesten Besucher?«, »Auf welchen Seiten landen die User?« oder »Welcher Schritt innerhalb eines Bestellprozesses führt dazu, dass User den angestrebten Kauf nicht durchführen?« können beantwortet und zu entsprechenden Handlungsanweisungen umgesetzt werden. Schafft es eine Website durch Änderungen und Optimierungen bei gleicher Anzahl der User, zehn Prozent mehr Abschlüsse zu erzielen, hat dies direkten positiven Einfluss auf den Umsatz.

Web Analytics sollte innerhalb eines Unternehmens einen hohen Stellenwert besitzen und vom Management nach vorn getrieben werden. Die Zeiten, in denen sich wenige Mitarbeiter in der IT-Abteilung damit auseinandersetzten, sind vorbei – Web Analytics hat eine ähnliche Wichtigkeit wie die Controlling-Abteilung und betrifft das gesamte Unternehmen; Marketing, IT, HR etc. Die Wichtigkeit des Online-Kanals ist hinlänglich bekannt. Nun liegt es an den Unternehmen, aus den vielfältigen Möglichkeiten des Internets reellen und nachhaltigen (Mehr-)Umsatz zu machen. Die technischen Möglichkeiten sind fortgeschritten – anders als zu Zeiten des Internet-Hypes können heute mit Hilfe von Web Analytics fundierte Entscheidungen getroffen werden, die den Geschäftsverlauf nachhaltig positiv beeinflussen.

Mittlerweile gibt es weltweit mehr als fünf Millionen Google-Analytics-Konten. Ich bezweifle, dass die Mehrheit dieser Konten aktiv genutzt wird und relevante Erkenntnisse aus den einfließenden Daten gewonnen werden. Aus vielen Kundengesprächen weiß ich, dass oftmals die internen Ressourcen fehlen, mitunter aber auch einfach das Wissen. Viele User fragen sich schlichtweg, »Wie fange ich mit Web Analytics an?«

Bei genau dieser Frage setzt dieses Buch an. Ohne zu sehr auf technische Details einzugehen, vermittelt Marco Hassler nützliches Hintergrundwissen, mit dem Sie Web Analytics in Ihrem Unternehmen professionalisieren können. Sämtliche Aspekte von Web Analytics, inklusive der Vor- und Nachteile, werden in verständlicher Art und Weise dargestellt. Diverse Grafiken und Screenshots unterschiedlicher Web-Analytics-Tools helfen beim Verständnis. Ziel dieses Buches ist es, konkrete Kenntnisse zu vermitteln und wertvolle praxisorientierte Tipps zu geben. Ein Muss für jeden Web-Analysten.

Timo Aden

Gründer und Geschäftsführer, Trakken GmbH
Web Analytics Inside: www.timoaden.de

Über den Autor

Marco Hassler hat Betriebswirtschaft an der Universität St. Gallen studiert und ist seit 2001 beim IT- und Webdienstleister Namics tätig, heute als Business Unit Manager und Partner. Er ist dort insbesondere in der inhaltlichen und technischen Konzeption von Websites und Web-Anwendungen für Großunternehmen tätig und neben Web Analytics auf die Bereiche Informationsarchitekturen, Enterprise-Content-Management-Systeme und Information Retrieval spezialisiert.

Seit 1998 beschäftigt er sich mit Web-Statistik im herkömmlichen Sinn und seit 2002 mit den betriebswirtschaftlich orientierten und aufs Marketing fokussierten Methoden von Web Analytics. Während dieser Zeit war er in zahlreichen Unternehmen beratend tätig bei der Einführung und Nutzung verschiedener Web-Analytics-Produkte wie jene von Google, Nedstat, Omniture, WebSideStory, Webtrekk oder Webtrends.

Herr Hassler ist Mitglied der Web Analytics Association (WAA) und engagiert sich sowohl als Autor diverser Fachartikel und Whitepapers zu Web-Analytics-Themen wie auch als Speaker an Fachkonferenzen. Er wurde überdies von Google als »Advertising Professional« und »Google Analytics Individual« zertifiziert.

Weitere Informationen über den Autor finden sich auf der Website von Namics unter `www.namics.com`. Für Anregungen und Fragen ist er über die E-Mail-Adresse `marco.hassler@namics.com` zu erreichen.

Einleitung

Websites sind äußerst facettenreich. Bei der Erstellung von erfolgreichen Websites muss man deshalb zahlreiche Aspekte aus den unterschiedlichsten Perspektiven berücksichtigen. Dazu zählen Themengebiete wie Usability, User-Centered-Design, Suchmaschinenoptimierung, Online-Marketing, Online Branding, User Experience oder eben auch Web Analytics.

Entscheidend für das Verständnis ist dabei, dass es sich bei all den Themen nicht um etwas anderes, sondern nur um einen anderen Blickwinkel auf immer dasselbe Objekt – die Website – handelt. Bei User-Centered-Design ist es der Blick durch die Brille des Benutzers, bei der Suchmaschinenoptimierung jener durch die der Suchmaschine.

Bildlich gesprochen kann man sich eine Website so auch als Würfel vorstellen, bei dem jede Fläche einen der Blickwinkel darauf darstellt. Wer dann zum Beispiel Usability oder Online Branding nur aus der betreffenden Sicht betreibt und die anderen Dimensionen vernachlässigt, wird mit einer Website nie erfolgreich werden.

Genauso verhält es sich mit der Sicht »Web Analytics«. Wer Web Analytics nur zum Selbstzweck und aus der Liebe zu harten Zahlen und aussagekräftigen Auswertungen betreibt, der bleibt in der zweidimensionalen Ansicht gefangen. Erst wenn man auch die anderen Sichten in die Betrachtungen mit einbezieht, wird man eine Website in ihrem vollen, dreidimensionalen Umfang beleuchten können.

Ziel dieses Buches ist es deshalb, nicht nur Web Analytics für sich allein zu betrachten, sondern auch die anderen Dimensionen und Themenbereiche in die Betrachtungen mit einzuschließen und so eine umfassende Sicht auf eine Website zu erlangen. Sie werden deshalb in diesem Buch keine Web-Analytics-Kennzahlen-Schlacht vorfinden, sondern die integrierte Betrachtung einer Website mit Web Analytics als Ausgangsdimension. Die Tangierung und Behandlung anderer Themenbereiche wie eben Usability, Suchmaschinenoptimierung oder User-Centered-Design gehört damit selbstverständlich mit dazu. Das Ganze erfolgt in der Überzeugung, dass man sich nur so dem eigentlichen Ziel nähern kann – nämlich der Gestaltung von für alle Beteiligten erfolgreicheren Websites.

An wen sich das Buch richtet

Dieses Buch richtet sich denn auch an all jene, die eine noch bessere und erfolgreiche Website möchten. Dazu zählen beispielsweise:

- Marketing-Verantwortliche, die mehr Besucher auf die Website bringen und sie da zu einer bestimmten Aktivität bewegen möchten. Sie werden dieses Buch nutzen können, um herauszufinden, welche der Marketing-Aktivitäten am besten bei den einzelnen Zielgruppen ankommt und wie man Besucher am erfolgversprechendsten anspricht.
- Inhaltsverantwortliche, die für den Aufbau oder die Erstellung von Inhalten auf der Website zuständig sind. Sie werden einen Nutzen aus dem Buch daraus ziehen, indem sie erfahren, welche Inhalte auf der Website für die Besucher besonders nützlich sind und wie diese zukünftig strukturiert und formuliert sein müssen.
- Produktmanager, die das Web als einen Vertriebs- oder Supportkanal für ihr Produkt nutzen. Sie werden lernen, wie sich das Web noch effizienter zur Unterstützung der Verkaufstätigkeiten und zur fortwährenden Nutzung eines Produktes einsetzen lässt.
- Web-Verantwortliche, die generell um eine Verbesserung der Website bemüht sind. Sie werden sehen, wie sich Web Analytics dazu nutzen lässt, den Web-Auftritt besser auf Besucherbedürfnisse abzustimmen, Usability-Hürden aus dem Weg zu räumen und Besucherflüsse zu optimieren. Auch um eine fundierte Aussage zu grundsätzlichen Website-Erweiterungen wie Web-2.0-Aktivitäten treffen zu können, wird sie dieses Buch unterstützen.
- Kommunikations- und Brand-Verantwortliche, die online das Unternehmen und die Marke positionieren möchten. Sie werden Erfolgsfaktoren kennen lernen, die diesem Ziel beisteuern.
- Management-Vertreter und C*x*Os, die eine strategische oder finanzielle Verantwortung für die Website auf höherem Niveau innehaben. Sie werden jene Teile des Buches nutzen können, die die strategische Ausrichtung einer Website behandeln, um zu verstehen, wie darauf Einfluss genommen werden kann. Ebenso hilft es bei der Argumentation, dass Erfolge im Web messbar sind und Return on Investments ausgewiesen werden können.
- Webdesigner, die sich mit der visuellen Gestaltung von Websites auseinandersetzen. Sie werden das Buch verwenden können, um festzustellen, welchen Einfluss Gestaltungselemente tatsächlich auf den Erfolg einer Website haben und wie man dies im Design verankert.
- Webmaster und Betreiber von Websites, die für die einwandfreie Funktion der Website zuständig sind. Sie werden die Ausführungen einsetzen können, um

die Funktionsweise der Website zu monitoren und Mängel frühzeitig erkennen zu können. Auch hilft es dabei, die Bedürfnisse, die andere interne Anspruchsgruppen, wie Marketing, an die Website haben, besser zu verstehen.

Teile dieses Buches, insbesondere die einführenden Kapitel, haben einen etwas technischen Blickwinkel. Sie sind jedoch ausführlich erläutert, so dass kein technisches Vorverständnis dafür notwendig ist. Spätere Teile des Buches haben einen betriebswirtschaftlichen Fokus, jedoch braucht man auch für deren Verständnis keinesfalls ein Diplom in BWL. Die einzige Voraussetzung für dieses Buch ist nur das Interesse und der Wille, eine Website noch besser und erfolgreicher zu machen.

Aufbau des Buches

Wer sich dazu entscheidet, seine Website mit Web-Analytics-Mitteln zu optimieren, der findet in diesem Buch die notwendigen Schritte dazu. Der Aufbau des Buches richtet sich denn auch an dem Prozess aus, den man von der Einführung von Web Analytics bis hin zur Etablierung fortwährender Optimierungsmaßnahmen braucht.

Teil I: Basis schaffen und Website-Nutzung messen

Der erste Teil des Buches bis Kapitel 4 befasst sich mit grundlegenden Betrachtungen zu Web Analytics und schafft das notwendige Basiswissen für die Nutzung. Neben der Erklärung der Funktionsweise von Analytics-Systemen wird insbesondere auf die Sammlung, das Speichern und Auswerten von Daten eingegangen. Dabei werden auch die unterschiedlichen Messmethoden von Server-Logfiles über das moderne Page Tagging untersucht und die Vor- und Nachteile beleuchtet. Überlegungen zu Datenschutz und Datensicherheit runden diesen Grundlagenteil ab.

Teil II: Metriken analysieren und interpretieren

Der zweite Teil ab Kapitel 5 bis Kapitel 11 fokussiert auf die typischen Metriken, die Web-Analytics-Systeme messen, und bietet eine praxisbezogene Unterstützung bei ihrer Interpretation. Zu den betrachteten Kennzahlen zählen einerseits Standard-Metriken wie Seitenzugriffe, Besucher oder Besuche. Andererseits werden aber auch ausgefeiltere Metriken vorgestellt, die die Dimensionen Traffic-Quellen, Besuchereigenschaften, Besucherverhalten und Inhalte beleuchten. Typische Vertreter aus diesen Kennzahlen-Klassen sind verweisende Websites, Suchmaschinen-Keywords, Kampagnen-Daten, Besuchshäufigkeiten, Absprungraten, Klickverhalten oder nachgefragte Seiten. Auch Metriken aus dem Web-2.0-Umfeld wie RSS- oder Multimedia-Nutzung werden untersucht. Schließlich stellt dieser Teil sozusagen das Handwerkszeug eines jeden Web-Analysten bereit, das Teil der täglichen oder wöchentlichen Arbeit ist.

Teil III: Website optimieren und den Erfolg steigern

Im dritten Teil in den Kapiteln 12 bis 16 geht es dann richtig zur Sache, wenn über Conversion-Messungen die Website auf ihre Ziele hin optimiert wird. Solche Optimierungen werden für unterschiedliche Bereiche wie Navigation und Benutzerführung, Marketing-Aktivitäten oder geschäftskritische Prozesse untersucht. Wichtige Usability-Beachtungspunkte und Tipps zur Formulierung von Inhalten oder Gestaltung von Anzeigen ergänzen die Betrachtungen. Das Kapitel zeigt schließlich auf, wie all diese Erkenntnisse auch Einfluss in das Redesign einer Website finden können.

Teil IV: Web Analytics-Systeme einsetzen

Für all jene, die sich nach den ersten drei Teilen immer noch mehr theoretisch statt praktisch mit Web Analytics befasst haben, gibt es in den beiden abschließenden Kapiteln 17 und 18 die Schritt-für-Schritt-Anleitung, um mit Web Analytics zu starten. Für die beiden kostenlosen Web-Analytics-Systeme »Google Analytics« und »Yahoo! Web Analytics« wird detailliert beschrieben, wie sie installiert und in Betrieb genommen werden können. Darüber hinaus bleibt genügend Raum für nützliche Tipps & Tricks und mächtige Poweruser-Kniffe.

Weitere Informationen

Zahlreiche Abbildungen durch das Buch hindurch versuchen, die textlichen Erklärungen möglichst weit zu unterstützen. Für die beispielhaften Bildschirmansichten aus Web-Analytics-Systemen wird dabei vorwiegend Google Analytics verwendet, soweit dies nicht anderslautend unter der Abbildung angegeben ist. Der Grund für die vornehmliche Verwendung von Screenshots aus Google Analytics ist die einfachere Nachvollziehbarkeit für Leser, da es sich bei Google Analytics um ein lizenzkostenfreies Produkt handelt, das jedermann installieren kann. In Kapitel 17 findet sich eine kurze Anleitung für die Einrichtung von Google Analytics sowie Erläuterungen, welche Metriken wo zu finden sind.

Die Verwendung von Google Analytics für die Illustrationen stellt allerdings keine Empfehlung dieses Web-Analytics-Systems dar, vielmehr ist das Buch bewusst produktneutral gehalten und keinem Hersteller verpflichtet.

Weitere nützliche und aktuelle Informationen und Tipps zu Web Analytics sowie weiterführende Informationen zum Thema finden Sie übrigens auf dem Blog zu diesem Buch unter `www.web-analytics-nutzen.de` oder auf der Website von Namics unter `www.namics.com`. Über einen Besuch von Ihnen würde ich mich freuen.

Teil I

Basis schaffen und Website-Nutzung messen

In diesem Teil:

Kapitel 1

Web Analytics auf einen Blick

Es ist ein altes Grundbedürfnis jedes sozialen Wesens, wissen zu wollen, wie das, was man tut oder sagt, beim Gegenüber oder in der Gruppe ankommt. Darin steckt der verborgene Wunsch, in der Gemeinschaft gut aufgenommen zu sein und davon zu profitieren. Während die Zugehörigkeit zu einer Gruppe oder Gemeinschaft früher das Überleben sichern konnte, steckt heute mehr ein Identifikationsgedanke dahinter. Unverändert ist jedoch, dass man auf Feedback der Gemeinschaft angewiesen ist, will man darin nicht nur aufgenommen sein, sondern sich auch noch positiv positionieren.

Allerdings – und auch das kennen wir aus dem privaten Leben – ist der Mensch mit direktem Feedback vielfach eher zurückhaltend. Lob wird viel zu wenig ausgesprochen. Tadel wird zwecks Konfliktvermeidung auch nicht gerne angebracht. Dadurch ergibt sich nach der Theorie der bekannten Sozialpsychologen Luft/Ingham bei jedem Menschen ein so genannter persönlicher »Blinder Fleck« zwischen dem, was man selbst weiß und wahrnimmt, und jenem, wie einen Dritte wahrnehmen. Je größer der blinde Fleck ist, desto stärker steigt die Gefahr von Missverständnissen, Vorurteilen und Abneigung.

Aber nicht nur im privaten Umfeld, sondern auch in der Geschäftswelt kommen solche Mechanismen zum Tragen. Hohe Popularität, gutes Ankommen bei einer breiten Masse und positive Assoziationen zu einem Produkt oder einer Marke haben einen starken Einfluss auf den Geschäftserfolg. Übergeht man als Unternehmen Wünsche und Bedürfnisse von Kunden und potenziellen Käufern, kann dies im Gegenzug genauso ins Negative umschlagen.

1.1 Die Geschichte der Datenanalyse

Zu wissen und zu verstehen, wie eine gesendete Botschaft vom Empfänger aufgenommen wird, ist daher nicht nur aus sozialen, sondern auch aus geschäftlichen Gründen äußerst relevant. Entscheidend für das Verständnis der Wahrnehmung einer Botschaft ist die Distanz und das eingesetzte Medium zwischen Sender und Empfänger.

Wenn im Mittelalter neue Gesetze oder Urteile kommuniziert wurden, dann geschah dies direkt auf dem Marktplatz vor versammelter Volksmenge. Durch die Nähe zwischen dem Verkündenden und den Empfangenden war direktes und lautstarkes Feedback auf eine Nachricht durch die Menge möglich. Dass solche nahen Feedbacks dazumal vielfach ungehört abprallten, lag wohl eher daran, dass der monarchische Sender die Distanz suchte und selbst nicht anwesend war.

In späteren Zeiten übernahmen Medien wie Zeitungen eine solche Kommunikationsfunktion für Botschaften. Aus Effizienzsicht stellt dies einen gewaltigen Schritt im Vergleich zur lokalen Verkündung dar. Allerdings wurde dadurch auch die Interaktions- und Feedbackmöglichkeit auf ein Minimum beschränkt. Leserbriefe repräsentieren heute gerade mal einen kleinen Auszug der Meinung der Leserschaft. Das harte Kriterium, das den Erfolg einer Zeitung misst, sind denn heute auch die Verkaufszahlen und die Auflage. Kaufen mehr Leute eine Zeitung, dann wird dies als positive Bewertung der Gesamtbotschaft eingestuft. Geht der Verkauf zurück, stimmt der Inhalt offenbar mit den Bedürfnissen der Leserschaft nicht überein.

Dummerweise zeigen sich solche Feedbacks aber unter Umständen erst Wochen oder Monate später, wenn die Zahl der Abonnenten zurückgeht. Die Beeinflussung und Korrektur einer gesendeten Botschaft wird somit sehr schwer. Auch bei zeitnaheren Erhebungen wie telefonischen Umfragen, bei denen nach Reichweite und Gefallen eines Mediums gefragt wird, bleibt die Antwort oft ungenau. Zu groß ist die zeitliche Distanz zwischen der Fragesituation und dem Zeitpunkt der effektiven Nutzung des Mediums.

Noch schwieriger erweist sich die Angelegenheit bei anderen Einweg-Publikationskanälen wie Plakatwänden. Die einzige Messgröße, die verfügbar ist, ist die geschätzte Anzahl Passanten, die durchschnittlich an der Plakatwand vorbeigeht, gegebenenfalls einen Blick darauf wirft und somit vielleicht die Botschaft wahrnimmt. Wie die Botschaft beim Empfänger aufgenommen wird, entzieht sich dabei komplett dem Sender. Aber auch bei neueren Medien wie Radio und TV besteht dasselbe Problem, dass es eigentlich keinen Rückkanal für Feedback gibt. Wichtige Indikatoren wie das Verhalten der Hörer oder Zuschauer, die zeigen könnten, ob eine Sendung gut oder schlecht ankommt, fehlen damit.

Behelfsmäßig weichen TV- und Radio-Stationen deshalb auf die Beobachtung von repräsentativen Gruppen aus, deren Verhalten mittels »Quotenbox« speziell gemessen wird. Aus diesen Messungen werden anschließend Hochrechnungen gefahren, die die gesamte Einschaltquote schätzen. Beim Medium Radio stellt sich dies als relativ ungenaues Verfahren heraus, da Radio als Passivmedium gerne auch einmal den ganzen Tag durch läuft, ohne dass sich ein Hörer im Raum befindet oder gar aktiv zuhört.

Beim Fernseher ist die Aussagekraft solcher Auswertungen höher, da anhand des Zapping-Verhaltens doch darauf geschlossen werden kann, ob ein Programm gefällt oder nicht. Die relativ rasche Verfügbarkeit der Auswertungen erlaubt zudem eine zeitnahe Reaktion im Sendeprogramm, sofern die Zuschauerquote wiederholt nicht stimmt. Dennoch handelt es sich bei den Zahlen um eine Hochrechnung, die aufgrund der beträchtlichen Unschärfe mit Vorsicht zu genießen ist. Wie genau lässt sich denn wirklich von einigen Tausend ausgewählten Testpersonen auf das Verhalten von Millionen schließen? Waren sich alle Anwesenden darüber einig, eine bestimmte Sendung zu sehen oder wegzuzappen? Ein beachtlicher blinder Fleck bleibt bestehen, wo man als Sender der Botschaft nicht genau weiß, wie sie beim Empfänger ankommt.

Ähnlich wie Zeitung, Radio oder TV stellt das Internet ein ähnliches Medium dar, worüber Unternehmen oder Privatpersonen ihre Botschaften nach außen tragen. Genau wie bei den anderen Medien stellt sich auch hier die Frage, ob und wie die Botschaft beim Empfänger ankommt und wie man die Botschaft allenfalls besser verständlich, zielorientierter oder wirkungsvoller vermitteln kann.

Im Unterschied zu allen anderen Medien besteht im Web jedoch die Möglichkeit, jeden einzelnen Empfänger ganz genau zu beobachten und sein Verhalten zu interpretieren. Denn jeder Klick und jede Abfolge von Seitenaufrufen kann – anders als beim Zappen im Fernsehen oder beim Blättern in der Zeitung – ganz genau festgehalten werden. Zwar äußert der Empfänger nur selten seine direkte Meinung über ein Feedbackformular, aber aus dem Verhaltensmuster verschiedener Empfänger auf der Website lässt sich sehr viel erahnen und interpretieren. Diese medial einmalige Gelegenheit, den Empfänger eines Broadcasts derart genau zu beobachten und zu verstehen, birgt ein unglaubliches Potenzial in sich. Nämlich die gesendete Botschaft genauestens auf den Empfänger abzustimmen und durch die effizientere und effektivere Kommunikation seinen Geschäftserfolg zu steigern und zu optimieren. Man muss es nur zu nutzen wissen.

1.2 Was ist Web Analytics

Die Disziplin, die dieses Potenzial erschließt, heißt Web Analytics. Web Analytics hat zum Ziel, den Empfänger einer übers Internet gesendeten Botschaft besser kennen zu lernen, den Menschen dahinter zu sehen, ihn zu verstehen und zukünftige Botschaften präziser auf ihn abzustimmen.

Schon zu den Anfängen des Internets, als die ersten Websites aufgeschaltet wurden, stellte sich schnell einmal die Frage »Schaut sich das überhaupt jemand an – oder hat noch keiner der spärlichen Nutzer den Weg auf den Server gefunden?« Die Frage nach dem »Ob« änderte sich mit steigender Nutzung schnell in ein »Wie viel«: »Wie viele Seiten werden täglich aufgerufen?«, »Wie viele Besucher nutzen mein Angebot?« Auf dieser Ebene der Fragestellung verharrte dann lange Zeit das durchschnittliche Informationsbedürfnis von meist in der IT angesiedelten Webserver-Verantwortlichen. Zum Teil ist dieses Verständnis von Web Analytics heute immer noch so in manchen Köpfen verankert.

Web Analytics ist allerdings weit mehr als die reine Frage nach der Anzahl Seitenaufrufe. Mit dem Platzen der Internet-Bubble in den ersten Jahren des 21. Jahrhunderts gesellten sich nämlich vornehmlich betriebswirtschaftliche Fragestellungen über Investitionen in Webangebote und Marketing-Ausgaben zu den reinen Nutzungszahlen. Nicht mehr die Cash Burn Rate – sozusagen die Geschwindigkeit, wie ein Unternehmen Geld zum Fenster hinauswarf – war ein Bewertungskriterium, sondern der Return on Investment (ROI).

Auch normale Webauftritte von Unternehmen wurden dadurch mit Überlegungen zu ROI, das heißt der Rentabilität von Investitionen, konfrontiert. Dank der im Vergleich zu anderen Medien umfassenden Messbarkeit von Online-Angeboten wurde auch die Online-Erfolgsanalyse immer raffinierter. Dementsprechend sind auch die Fragestellungen, mit denen sich Web Analytics seither und bis heute beschäftigt, wesentlich differenzierter.

Heute will man typischerweise wissen, wo und warum Besucher eine Website erfolglos wieder verlassen, welche Produkte online ein hohes Cross-Selling-Potenzial aufweisen – oder welche von mehreren Online-Kampagnen die höchste Erfolgsquote und Rentabilität erzielt.

Davon ausgehend wird der Begriff »Web Analytics« im heutigen Verständnis umfassend für die Messung und Optimierung eines Web-Angebots definiert. Die Web Analytics Association (`www.webanalyticsassociation.org`), der internationale Web Analytics Verband, definiert Web Analytics treffend in folgendem Wortlaut:

> *Web Analytics ist die Messung, Sammlung, Analyse und Auswertung von Internet-Daten zwecks Verständnis und Optimierung der Web-Nutzung.*

Unter diesen weit gefassten Begriff fallen damit sämtliche Erhebungen, die dazu dienen, den Benutzer zu verstehen und ein Online-Angebot zu verbessern. Wenn man von Web Analytics im weiteren Sinn spricht, können daher auch ganz verschiedenartige Methoden und Mittel eingesetzt werden. Dazu zählen unter anderem:

- Page Tagging
- Logfile-Analysen
- A/B- und multivariates Testing
- Online-Umfragen/Surveys
- Persönliche Interviews und Benutzerbeobachtungen

Was genau hinter den einzelnen Fachbegriffen steckt, soll in den folgenden Abschnitten kurz erläutert werden.

1.2.1 Page Tagging oder Web Analytics im engeren Sinn

Page Tagging ist dabei wohl die meistgenutzte und verbreitete Methode. Beim Page Tagging wird jeder Seite eines Webangebots ein Code (oder eben Tag) eingepflanzt, der die Seitenaufrufe und das Verhalten von Besuchern misst. Tools, die ein Page Tagging unterstützen, führen also mehr oder weniger eine Vollerhebung sämtlichen Website Traffics durch. Auf die so gesammelten Daten werden anschließend grafische Auswertungsmöglichkeiten geboten. Der bekannteste und mittlerweile auch am weitesten verbreitete Vertreter dieser Tool-Gattung ist Google Analytics – ein lizenzkostenfreies Produkt von Google.

Abb. 1.1: Auswertung von Website Traffic mittels Google Analytics

Da es sich beim Page Tagging zweifelsfrei um das Hauptinstrument von Web Analytics handelt, wird im allgemeinen Sprachgebrauch heute der Begriff »Web Analytics« vielfach mit dem Page Tagging gleichgesetzt. Page Tagging kann man somit auch als Web Analytics im engeren Sinne verstehen. Die späteren Betrachtungen in diesem Buch fokussieren denn auch vorwiegend auf diese Ausprägung von Web Analytics, lassen aber die weiteren Formen nicht außer Acht.

1.2.2 Logfile-Analyse

Die Logfile-Analysen waren die Vorgänger des heutigen Page Taggings. Die Messmethodik der Logfile-Analyse stammt aus jener Zeit, als das Internet noch hauptsächlich von der Technik selbst und nicht vom darauf aufbauenden Business geprägt wurde. Da jeder Webserver im Internet ganz genau protokolliert bzw. logged, was er den ganzen Tag durch so tut, entsteht eine Unmenge von Nutzungsdaten bzw. Log-Dateien. Jedes einzelne ausgelieferte Bild, jede gezeigte Seite und jedes Stylesheet – aber auch jeden fehlerhaften Seitenaufruf schreibt der Webserver in ein solches Logfile. Am Ende des Tages wird daraus eine lange Datei, die all diese Informationen in Textform enthält.

```
2008-05-31 10:53:48 W3SVC594962827 SUN 192.168.0.141 GET /img/img_items.jpg - 80 - 83.79.235.64 HTTP/1.1 Mozilla/4.0+(compatible;+MSIE+6.0;+Windows+NT+5.1;+SV1;+Mozilla/4.
2008-05-31 10:53:48 W3SVC594962827 SUN 192.168.0.141 GET /img/ico_right.gif - 80 - 83.79.235.64 HTTP/1.1 Mozilla/4.0+(compatible;+MSIE+6.0;+Windows+NT+5.1;+SV1;+Mozilla/4.
2008-05-31 10:53:48 W3SVC594962827 SUN 192.168.0.141 GET /img/dot_autos_icon.jpg - 80 - 83.79.235.64 HTTP/1.1 Mozilla/4.0+(compatible;+MSIE+6.0;+Windows+NT+5.1;+SV1;+Mozil
2008-05-31 10:53:48 W3SVC594962827 SUN 192.168.0.141 GET /img/line_brown.gif - 80 - 83.79.235.64 HTTP/1.1 Mozilla/4.0+(compatible;+MSIE+6.0;+Windows+NT+5.1;+SV1;+Mozilla/4
2008-05-31 10:53:48 W3SVC594962827 SUN 192.168.0.141 GET /img/sep_bluelong.gif - 80 - 83.79.235.64 HTTP/1.1 Mozilla/4.0+(compatible;+MSIE+6.0;+Windows+NT+5.1;+SV1;+Mozilla
2008-05-31 10:53:48 W3SVC594962827 SUN 192.168.0.141 GET /img/dot_handys_icon.jpg - 80 - 83.79.235.64 HTTP/1.1 Mozilla/4.0+(compatible;+MSIE+6.0;+Windows+NT+5.1;+SV1;+Mozi
2008-05-31 10:53:48 W3SVC594962827 SUN 192.168.0.141 GET /img/arr_brown.gif - 80 - 83.79.235.64 HTTP/1.1 Mozilla/4.0+(compatible;+MSIE+6.0;+Windows+NT+5.1;+SV1;+Mozilla/4.
2008-05-31 10:53:48 W3SVC594962827 SUN 192.168.0.141 GET /img/dot_ipods_icon.jpg - 80 - 83.79.235.64 HTTP/1.1 Mozilla/4.0+(compatible;+MSIE+6.0;+Windows+NT+5.1;+SV1;+Mozil
2008-05-31 10:53:49 W3SVC594962827 SUN 192.168.0.141 GET /img/dot_motorraeder_icon.jpg - 80 - 83.79.235.64 HTTP/1.1 Mozilla/4.0+(compatible;+MSIE+6.0;+Windows+NT+5.1;+SV1;
2008-05-31 10:53:49 W3SVC594962827 SUN 192.168.0.141 GET /img/dot_notebooks_icon.jpg - 80 - 83.79.235.64 HTTP/1.1 Mozilla/4.0+(compatible;+MSIE+6.0;+Windows+NT+5.1;+SV1;+M
2008-05-31 10:53:49 W3SVC594962827 SUN 192.168.0.141 GET /img/dot_bikes_icon.jpg - 80 - 83.79.235.64 HTTP/1.1 Mozilla/4.0+(compatible;+MSIE+6.0;+Windows+NT+5.1;+SV1;+Mozil
2008-05-31 10:53:49 W3SVC594962827 SUN 192.168.0.141 GET /img/dot_pocketbikes_icon.jpg - 80 - 83.79.235.64 HTTP/1.1 Mozilla/4.0+(compatible;+MSIE+6.0;+Windows+NT+5.1;+SV1;
2008-05-31 10:53:49 W3SVC594962827 SUN 192.168.0.141 GET /img/dot_tickets_icon.jpg - 80 - 83.79.235.64 HTTP/1.1 Mozilla/4.0+(compatible;+MSIE+6.0;+Windows+NT+5.1;+SV1;+Moz
2008-05-31 10:53:49 W3SVC594962827 SUN 192.168.0.141 GET /img/dot_snowboards_icon.jpg - 80 - 83.79.235.64 HTTP/1.1 Mozilla/4.0+(compatible;+MSIE+6.0;+Windows+NT+5.1;+SV1;+
2008-05-31 10:53:49 W3SVC594962827 SUN 192.168.0.141 GET /img/dot_weine_icon.jpg - 80 - 83.79.235.64 HTTP/1.1 Mozilla/4.0+(compatible;+MSIE+6.0;+Windows+NT+5.1;+SV1;+Mozil
2008-05-31 10:53:49 W3SVC594962827 SUN 192.168.0.141 GET /img/empty.gif - 80 - 83.79.235.64 HTTP/1.1 Mozilla/4.0+(compatible;+MSIE+6.0;+Windows+NT+5.1;+SV1;+Mozilla/4.0+(c
2008-05-31 10:53:59 W3SVC594962827 SUN 192.168.0.141 GET /de/fahrraeder/fahrrad/rennraeder/bianchi/bianchi_via_nirone_120_jahre_edition_silber_rennrad_top_41372035.aspx -
2008-05-31 10:54:09 W3SVC594962827 SUN 192.168.0.141 GET /img/sep_brown.gif - 80 - 83.79.235.64 HTTP/1.1 Mozilla/4.0+(compatible;+MSIE+6.0;+Windows+NT+5.1;+SV1;+Mozilla/4.
2008-05-31 10:54:09 W3SVC594962827 SUN 192.168.0.141 GET /img/ico_minus.gif - 80 - 83.79.235.64 HTTP/1.1 Mozilla/4.0+(compatible;+MSIE+6.0;+Windows+NT+5.1;+SV1;+Mozilla/4.
2008-05-31 10:54:15 W3SVC594962827 SUN 192.168.0.141 GET /de/notebooks/notebook-boerse/gericom/gericom_masterpiece_2440_xl_notebook__laptop_top_41372904.aspx - 80 - 67.195
2008-05-31 10:54:49 W3SVC594962827 SUN 192.168.0.141 GET /ch/bikes/bike-boerse/kindersitze/kindervelositz_roemer_jockey_41285272.aspx - 80 - 66.249.65.194 HTTP/1.1 Mozilla
2008-05-31 10:54:57 W3SVC594962827 SUN 192.168.0.141 GET /de/notebooks/notebook-boerse/maxdata/maxdata_-_maxdata_obook_5_-_core_2_duo_t7500__22_ghz_-_centrino_41066041.asp
2008-05-31 10:55:00 W3SVC594962827 SUN 192.168.0.141 GET /de/fahrraeder/fahrrad/cityraeder/fahrrad_28_damen_alu_city_3-gang_korb_+_federgabel_neu_41385605.aspx - 80 - 74.6
2008-05-31 10:55:03 W3SVC594962827 SUN 192.168.0.141 GET /ch/handys/handy_boerse/nokia/n-serie_3386.aspx/7 - 80 - 66.249.65.194 HTTP/1.1 Mozilla/5.0+(compatible;+Googlebot
2008-05-31 10:55:03 W3SVC594962827 SUN 192.168.0.141 GET /de/notebooks/notebook-boerse/gericom/gericom_ego_1560_m-11_notebook_mit_win_xp_gut_erhalten_41373379.aspx - 80 -
2008-05-31 10:55:11 W3SVC594962827 SUN 192.168.0.141 GET /de/notebooks/notebook-boerse/gericom/notebook__laptop_gericom_blockbuster2____top_41383262.aspx - 80 - 67.195.51.
2008-05-31 10:55:23 W3SVC594962827 SUN 192.168.0.141 GET /de/notebooks/notebook-boerse/gericom_3394.aspx/4 - 80 - 67.195.51.252 HTTP/1.0 Mozilla/5.0+(compatible;+Yahoo!+Sl
2008-05-31 10:55:30 W3SVC594962827 SUN 192.168.0.141 HEAD /schweiz_12.aspx - 80 - 85.159.91.5 HTTP/1.1 Mozilla/4.0+(compatible;+MSIE+6.0;+Windows+NT+5.0;+.NET+CLR+1.0.3705
2008-05-31 10:55:31 W3SVC594962827 SUN 192.168.0.141 GET /de/notebooks/notebook-boerse/gericom/schoener_laptop_hummer_xl_schnell_grosses_tft_elegant_41378455.aspx - 80 - 6
2008-05-31 10:55:44 W3SVC594962827 SUN 192.168.0.141 GET /de/notebooks/notebook-boerse/gericom_3394.aspx/2 - 80 - 67.195.54.53 HTTP/1.0 Mozilla/5.0+(compatible;+Yahoo!+Slu
2008-05-31 10:55:50 W3SVC594962827 SUN 192.168.0.141 GET /de/fahrraeder/fahrrad/mountain_bikes/sonstige/mountainbike_mtb_hardtail_issimo_rs1300_neu_model_2008_41363398.asp
2008-05-31 10:55:50 W3SVC594962827 SUN 192.168.0.141 GET /res/velyoo.css - 80 - 84.164.195.183 HTTP/1.1 Mozilla/5.0+(Windows;+U;+Windows+NT+5.1;+de;+rv:1.8.1.14)+Gecko/200
2008-05-31 10:55:50 W3SVC594962827 SUN 192.168.0.141 GET /img/favicon.ico - 80 - 84.164.195.183 HTTP/1.1 Mozilla/5.0+(Windows;+U;+Windows+NT+5.1;+de;+rv:1.8.1.14)+Gecko/20
2008-05-31 10:55:50 W3SVC594962827 SUN 192.168.0.141 GET /res/helpers.js - 80 - 84.164.195.183 HTTP/1.1 Mozilla/5.0+(Windows;+U;+Windows+NT+5.1;+de;+rv:1.8.1.14)+Gecko/200
2008-05-31 10:55:50 W3SVC594962827 SUN 192.168.0.141 GET /img/dot_fahrraeder.gif - 80 - 84.164.195.183 HTTP/1.1 Mozilla/5.0+(Windows;+U;+Windows+NT+5.1;+de;+rv:1.8.1.14)+G
2008-05-31 10:55:50 W3SVC594962827 SUN 192.168.0.141 GET /img/velyoo.gif - 80 - 84.164.195.183 HTTP/1.1 Mozilla/5.0+(Windows;+U;+Windows+NT+5.1;+de;+rv:1.8.1.14)+Gecko/200
2008-05-31 10:55:51 W3SVC594962827 SUN 192.168.0.141 GET /img/ico_show.gif - 80 - 84.164.195.183 HTTP/1.1 Mozilla/5.0+(Windows;+U;+Windows+NT+5.1;+de;+rv:1.8.1.14)+Gecko/2
2008-05-31 10:55:51 W3SVC594962827 SUN 192.168.0.141 GET /img/dot_bikes_idvisual.jpg - 80 - 84.164.195.183 HTTP/1.1 Mozilla/5.0+(Windows;+U;+Windows+NT+5.1;+de;+rv:1.8.1.1
2008-05-31 10:55:51 W3SVC594962827 SUN 192.168.0.141 GET /img/sep_brown.gif - 80 - 84.164.195.183 HTTP/1.1 Mozilla/5.0+(Windows;+U;+Windows+NT+5.1;+de;+rv:1.8.1.14)+Gecko/
2008-05-31 10:55:51 W3SVC594962827 SUN 192.168.0.141 GET /img/logo_ebay_en.gif - 80 - 84.164.195.183 HTTP/1.1 Mozilla/5.0+(Windows;+U;+Windows+NT+5.1;+de;+rv:1.8.1.14)+Gec
2008-05-31 10:55:51 W3SVC594962827 SUN 192.168.0.141 GET /img/ico_plus.gif - 80 - 84.164.195.183 HTTP/1.1 Mozilla/5.0+(Windows;+U;+Windows+NT+5.1;+de;+rv:1.8.1.14)+Gecko/2
2008-05-31 10:55:51 W3SVC594962827 SUN 192.168.0.141 GET /img/ico_minus.gif - 80 - 84.164.195.183 HTTP/1.1 Mozilla/5.0+(Windows;+U;+Windows+NT+5.1;+de;+rv:1.8.1.14)+Gecko/
2008-05-31 10:55:51 W3SVC594962827 SUN 192.168.0.141 GET /img/ico_close.gif - 80 - 84.164.195.183 HTTP/1.1 Mozilla/5.0+(Windows;+U;+Windows+NT+5.1;+de;+rv:1.8.1.14)+Gecko/
2008-05-31 10:55:51 W3SVC594962827 SUN 192.168.0.141 GET /img/empty.gif - 80 - 84.164.195.183 HTTP/1.1 Mozilla/5.0+(Windows;+U;+Windows+NT+5.1;+de;+rv:1.8.1.14)+Gecko/2008
2008-05-31 10:55:51 W3SVC594962827 SUN 192.168.0.141 GET /img/arr_brown.gif - 80 - 84.164.195.183 HTTP/1.1 Mozilla/5.0+(Windows;+U;+Windows+NT+5.1;+de;+rv:1.8.1.14)+Gecko/
2008-05-31 10:55:51 W3SVC594962827 SUN 192.168.0.141 GET /ch/notebooks/notebook_boerse/acer_3238.rss - 80 - 74.6.18.227 HTTP/1.0 Mozilla/5.0+(compatible;+Yahoo!+Slurp;+htt
2008-05-31 10:55:51 W3SVC594962827 SUN 192.168.0.141 GET /img/slash.gif - 80 - 84.164.195.183 HTTP/1.1 Mozilla/5.0+(Windows;+U;+Windows+NT+5.1;+de;+rv:1.8.1.14)+Gecko/2008
2008-05-31 10:55:51 W3SVC594962827 SUN 192.168.0.141 GET /img/line_brown.gif - 80 - 84.164.195.183 HTTP/1.1 Mozilla/5.0+(Windows;+U;+Windows+NT+5.1;+de;+rv:1.8.1.14)+Gecko
2008-05-31 10:55:56 W3SVC594962827 SUN 192.168.0.141 GET /de/notebooks/notebook-boerse/gericom/schoener_notebook_mit_restgarantie_-_intel_coreduo_-_2gb_41373380.aspx - 80
2008-05-31 10:55:59 W3SVC594962827 SUN 192.168.0.141 GET /ch/motorraeder/motorrad_boerse/yamaha_r5__350cc__baujahr_1971__35ps_41356661.aspx - 80 - 66.249.65.194 HTTP/1.1 M
2008-05-31 10:56:08 W3SVC594962827 SUN 192.168.0.141 GET /de/notebooks/notebook-boerse/gericom_3394.aspx/5 - 80 - 67.195.51.233 HTTP/1.0 Mozilla/5.0+(compatible;+Yahoo!+Sl
```

Abb. 1.2: Inhalt eines Server-Logfiles

Solche Log-Dateien können sehr wichtige Aufschlüsse geben, wenn es zum Beispiel darum geht, einen bestimmten Funktionsfehler in einer Web-Anwendung zu finden oder andere technische Analysen zu betreiben. Im Hinblick auf die Optimierung des Web-Angebots tragen sie allerdings nur relativ beschränkt bei. Denn die Sammlung der Daten erfolgt immer aus Sicht des Servers und nicht des Nutzers der Website. Dementsprechend sind die Auswertungen auch eher technisch orientiert denn auf den Besucher-Nutzen fokussiert.

Da bis zum Aufkommen der Page Tagging Tools solche Logfile-Auswertungen jedoch meist die einzige verfügbare Informationsquelle waren, sind diese Tools immer noch weit verbreitet. Für die Website-Optimierung sollten sie heute aber nur noch gezielt für bestimmte Spezialfälle eingesetzt werden, auf die ich später im Buch eingehen werde. Eine Web-Analyse allein auf solche Tools zu stützen, ist dagegen nicht zielführend.

1.2.3 A/B- und multivariates Testing

Während Page Tagging und Logfile-Analysen eine Vollerhebung des Website Traffics machen, haben A/B- oder multivariate Testsysteme einen ganz anderen Fokus. Mit diesen Systemen können von einer einzelnen Webseite zwei oder mehrere Varianten miteinander verglichen werden. Auch für einzelne Elemente innerhalb einer Seite wie einem Slogan oder einem Banner kann so geprüft werden, welche Variation am besten bei den Besuchern ankommt. Um dies herauszufinden, werden unterschiedlichen Besuchern andere Variationen der Elemente gezeigt. Je nachdem, bei welcher Veränderung der größte Besucheranteil anschließend beispielsweise eine bestimmte Zielseite aufruft, lässt sich statistisch die beste Variante ermitteln. Der Besucher selbst merkt dabei nichts von dem Versuch.

Mit derartigem Testen an einer Teilgruppe der Website-Besucher lassen sich Antworten auf Fragen herausfinden, zu denen man sonst auch mit langjähriger Erfahrung in der Gestaltung von Websites keine wirklich fundierte Aussage machen kann. Welcher der beiden Teaser in Abbildung 1.3 beispielsweise nun eine Nutzergruppe einer Website mehr anspricht, lässt sich anders als mit multivariaten Tests kaum voraussagen.

Abb. 1.3: Testing zweier unterschiedlicher Teaser: Welches spricht mehr Besucher an?

Für die Website, auf der die Teaser getestet wurden, war übrigens die rechte Variante die erfolgreichere. Da der Erfolg einer Variante jedoch abhängig von den Zielen einer Website ist, lassen sich daraus keine verallgemeinernden Schlüsse ziehen.

1.2.4 Online-Umfragen/Surveys

Anstatt sich nur auf die technisch ermittelten Nutzungsdaten zu verlassen, kann es natürlich auch Teil einer Web-Analyse sein, ausgewählten Benutzern konkrete Fragen zu stellen. In Online-Umfragen erfolgt dies, indem nach dem Zufallsprinzip einem Prozentsatz der Website-Besucher meist ein Popup eingeblendet wird. In diesem wiederum werden dem Nutzer – möchte er denn an der Umfrage teilnehmen – konkrete Fragen zum Beispiel zum Gefallen der Website oder hinsichtlich des Erfolgs seiner Informationssuche gestellt.

Abb. 1.4: Beispiel einer Online-Umfrage bei Amazon.de

Diese Methodik kompensiert einen wesentlichen Nachteil der bisher genannten Vorgehensweisen wie Website Tracking oder Logfile-Analyse. Letzere liefern nämlich nur Daten-Analysen und geben keine direkten Antworten auf konkrete Fragen. Surveys dagegen können auf sehr spezifische Fragestellungen klar antworten.

Da allerdings nur ein Bruchteil der ausgewählten Benutzer an der Umfrage teilnimmt, stellt sich immer die Frage, wie aussagekräftig solche Antworten im Ganzen sind. Gerade wenn für die Teilnahme an einer Umfrage noch ein Geschenk oder Ähnliches versprochen wird, ist die Gefahr der Selektion von inhaltlich unmotivierten Nutzern groß. Auch die Gefahr, Besucher durch inflationären Einsatz von Umfragen zu nerven, ist nicht zu vernachlässigen. Bedachter Einsatz ist daher angebracht.

Nichtsdestotrotz sind aber gewisse Fragen wie zum Beispiel nach dem, was auf einer Website *nicht* gefunden wurde, kaum effizienter eruierbar. Die Tatsache, dass mit Tools wie SurveyMonkey (`www.surveymonkey.com`) kostenlos und fast binnen weniger Minuten solche Umfragen erstellt und aufgeschaltet werden können, trägt das Ihrige dazu bei.

1.2.5 Persönliche Interviews und Benutzer-Beobachtungen

Die nächste Stufe der Datensammlung ist, anstatt anonym übers Internet Benutzer zu befragen, diese persönlich zu interviewen oder bei der Nutzung einer Website zu beobachten. Im Vergleich zu Online-Umfragen oder Web Analytics im engeren Sinn ist dies natürlich um Welten zeitintensiver. Wollte man eine gleiche Anzahl von Benutzern persönlich befragen, würde man wohl seine ganze Arbeitsleistung nur in Interviews und Beobachtungen stecken müssen. Erfahrungsgemäß reichen jedoch fünf bis zehn Benutzer aus, um wesentliche Mängel oder Verbesserungspunkte einer Website zu eruieren.

Lädt man solche Nutzer von der Straße ein, an einem Test im Usability-Labor teilzunehmen oder kann man sie gar zu Hause bei der Nutzung des Internets beobachten, so gelangt man zu äußerst wertvollen Erkenntnissen. Verglichen mit den anderen Methodiken wie Page Tagging oder Umfragen kann man so zum Beispiel feststellen, auf welchen Seiten Benutzer zögern, vergeblich nach etwas suchen oder erfreut oder verärgert reagieren. Solche impliziten Informationen misst sonst kein technisches System. Zudem – und auch das ist nicht ganz außer Acht zu lassen – kann man bei der Beobachtung oder im Interview einem Benutzer Fragen zu seinem Verhalten stellen. Gegebenenfalls lässt sich auch zurückfragen, sollte eine Antwort zu unpräzise sein.

Benutzer-Interviews und -Beobachtungen sind Vorgehensweisen, die auch in der User-Centered-Design-Methodik – der benutzerzentrierten Gestaltung von Websites – zum Einsatz kommen. Entsprechende Überschneidungen zwischen User Centered Design und Web Analytics sind denn auch gegeben, beschäftigen sich doch beide im Grunde mit der Optimierung von Webangeboten auf den Nutzer. Im Vergleich der beiden Vorgehensweisen ist Web Analytics aber eher die Methodik der vielen kleinen Verbesserungsschritte. User Centered Design dagegen stellt den Benutzer noch mehr ins Zentrum der Betrachtungen. Aus dessen Perspektive wird dann hauptsächlich in groben Zügen das Angebot geschnitzt und die härtesten Kanten geschliffen.

1.3 Grenzen – oder was Web Analytics nicht ist

Überall, wo es darum geht, ein Abbild der Realität zu schaffen, ist mit entsprechenden Unschärfen zu rechnen. Das gilt für einen Maler, der ein Porträt auf die

Leinwand bringt, genauso wie für eine Fotografie, die auf zweidimensionalem Papier eine dreidimensionale Landschaft darzustellen versucht.

Bei Web Analytics verhält es sich beim Abbilden von Besucher- und Nutzungszahlen natürlich genauso – oder gar noch ausgeprägter. Ausgehend von der Realität können schon bei der Erhebung von Besucher- und Nutzerzahlen Ungenauigkeiten entstehen. Wird wirklich jeder Besucher gemessen? Was ist, wenn sich der Besucher hinter einem Proxy-Server befindet, der zum Beispiel für verschiedene Benutzer innerhalb derselben Firma eine Webseite zwischenspeichert? Wie sollen »automatisierte Besucher« wie die Crawler von Suchmaschinen behandelt werden, die automatisch ganze Websites nach Inhalten absuchen? Sind dies auch Besucher?

Auch auf der nächstfolgenden Ebene, der Verarbeitung von Daten, entstehen entsprechende Ungenauigkeiten. Wenn ein Besucher eine Website besucht, zwischendurch einen Telefonanruf erledigt und einen Kaffee trinkt, um anschließend wieder weiterzusurfen – gilt dieses Verhalten dann als einmal die Website besucht oder als zweimal? Und wenn ein ganzes Mittagessen oder eine ganze Nacht zwischen zwei Betrachtungen der gleichen Website fällt?

Schlussendlich sind solche Überlegungen aber noch Marginalitäten, wenn man sich den Interpretationsspielraum bei der Deutung von Auswertungen vor Augen führt. Bedeuten mehr Besucher auf der Website nun wirklich, dass eine durchgeführte Verbesserung erfolgreich war – oder kamen einfach gerade zufällig etwas mehr Benutzer als üblich auf die Website? Heißt eine längere Verweildauer auf der Website nun, dass die Inhalte interessanter sind – oder dass Besucher länger gebraucht haben, um den Inhalt zu finden?

Trotz der vielen Anhaltspunkte, die uns Web Analytics liefert, um den Besucher zu verstehen, bleibt es aber eine Analyse und kein Orakel. Da wir nur das Verhalten des Besuchers sehen und keine direkten Antworten von ihm erhalten, kann uns auch Web Analytics keine direkten Antworten geben. Deutung und Interpretation bleibt die Aufgabe des Analysten, die Antworten muss man immer noch selbst finden.

Da wir aber im täglichen Leben gewohnt sind, das Verhalten anderer zu interpretieren und mit unserem Menschenverstand Schlüsse zu ziehen, ist dies keine Hexerei, sondern ein Lernprozess. Unsere Hauskatze antwortet uns ja auch nicht mit »Ja« oder »Nein« auf die Frage, ob die eben vorgesetzte neue Futtersorte denn schmeckt. Wenn wir aber beobachten, wie sie innerhalb von Minuten die Schale leerfrisst – oder nach zwei, drei Mal Dranschnuppern davonläuft –, wissen wir dies richtig zu interpretieren. Selbst weniger eindeutige Verhaltensweisen wie wiederholtes Miauen lernen wir je nach Kontext als »ich will raus«, »ich hab Hunger« oder »bitte streicheln« zu deuten – oder zumindest im Trial-and-Error-Verfahren nacheinander auszuschließen.

Auch wenn im Verlaufe dieses Buches Fragestellungen und Interpretationen rund um verschiedene Online-Angebote und Maßnahmen sehr differenziert beleuchtet und teilweise beantwortet werden, bleibt jedoch ein Grundsatz erhalten: Web Analytics ist keine exakte Wissenschaft. Keine Zahlen stimmen genau oder bilden exakt die Realität ab. Je genauer man sein will, je mehr man rechnet und Summen zieht, desto deutlicher wird, dass Web-Analytics-Daten nie wirklich exakt stimmen. Um zum Beispiel die genaue Anzahl von Bestellungen zu zählen, sind die Web-Analytics-Methoden daher weniger geeignet. Dazu müssen andere Auswertungen zum Beispiel auf Datenbank-Ebene genutzt werden.

Für das Ziel, dem Web Analytics dient, nämlich der Verbesserung von Websites und dem Online Business, müssen die Zahlen aber glücklicherweise auch nicht ganz exakt sein. Denn um herauszufinden, ob zum Beispiel eine überarbeitete Website besser funktioniert und zielführender ist, ist der einzelne Besucher oder Klick nicht relevant. Interessanter sind da schon prozentuale Veränderungen zum Beispiel in einem Vorher/Nachher-Vergleich. Ob es dann absolut betrachtet einige Besucher mehr oder weniger waren, gleicht sich im Verhältnis aus. Viel wichtiger ist es, mit solchen ungefähren Werten zu arbeiten und Schlüsse daraus zu ziehen, statt auf Genauigkeit zu pochen und dafür am Ziel vorbeizuschießen. Schon Warren Buffet, ein amerikanischer Börsen-Investor, pflegte zu sagen:

> *»Es ist besser, ungefähr richtig zu liegen, als exakt falsch.«*

Mit genau dieser Einstellung muss man Web Analytics zu nutzen versuchen.

Trotz des Bewusstseins für Unschärfen darf man dies aber nicht als grundsätzliche Aufforderung zur Ungenauigkeit verstehen. Denn genau wie in angrenzenden Disziplinen wie jener der Sozialwissenschaft und der Statistik ist eine strukturierte Vorgehensweise erforderlich. Manche Methoden wie Online-Umfragen oder Interviews entstammen denn auch der empirischen Sozialforschung. Für die Erstellung von Fragen, Auswahl von repräsentativen Benutzern und Auswertung von Ergebnissen sind dann auch entsprechend wissenschaftliche Herangehensweisen nötig. Lässt man die Grundlagen außer Acht, ist die Gefahr groß, dass Fragen falsch, nicht abschließend oder suggestiv gestellt werden und die Ergebnisse beeinflussen.

Ebenfalls ist die Durchführung von Auswertungen solcher Umfragen nicht gerade trivial, da statistische Werte wie Varianz, Mittelwert oder Standardabweichung berechnet und interpretiert werden müssen. Auch die Auswahl einer Stichprobe, zum Beispiel jener Personen, die für eine Befragung herbeigezogen werden und die Grundgesamtheit repräsentieren sollen, ist entscheidend. Repräsentiert diese Gruppe nicht die Grundgesamtheit, haben entsprechende Auswertungen nur beschränkte Aussagekraft oder sind gar unbrauchbar.

Wer gerade wegen der genannten Begriffe aus Statistik und Sozialwissenschaft die Luft anhielt und sich mit leichtem Schaudern in die Schulzeit zurückversetzt fühlte, darf getrost wieder ausatmen. Denn selbst wenn Verbindungen bestehen, ist Web Analytics keine Statistik und keine Sozialwissenschaft. Web Analytics ist im Vergleich dazu wesentlich mehr auf Marketing und betriebswirtschaftlichen Nutzen fokussiert und mit einer gesunden Prise Pragmatismus gewürzt. Anstatt lange Datenreihen zu wälzen, zählt vielmehr, mit vernünftigem Aufwand aus einer Fülle von Informationen jene herauszufiltern, die für das eigene Business oder die eigene Website mehr Erfolg versprechen.

1.4 Warum und wie Sie es tun sollten

Dennoch, Web Analytics hat also einen etwas schalen Beigeschmack bestehend aus Statistik und Sozialwissenschaft, liefert nur ungenaue Zahlen und ist vermutlich zeitraubend. Obendrein ist es noch mühsam, da man selbst viel mitdenken muss – lohnt es sich wirklich, sich so etwas anzutun?

1.4.1 Zehn Gründe für Web Analytics

Wahrscheinlich hätten Sie dieses Buch gar nicht erst in der Hand, wenn Sie diese Frage unbewusst für sich nicht schon mit einem »Ja« beantwortet hätten. Um es sich nochmals vor Augen zu halten, hier deshalb die zehn Gründe, warum man die Mühen von Web Analytics auf sich nehmen sollte:

1. Wenn man schon Zeit und Geld in Websites, Online-Anwendungen, Blogs etc. investiert, dann sollte man vielleicht auch wissen, ob das Angebot überhaupt genutzt wird. Alles andere ist Ignoranz und Überheblichkeit – und zum Fenster hinausgeworfenes Geld.

2. Genauso wie man sich für die Befindlichkeit eines Gastes zu Hause interessiert, sollte man sich auch um das Befinden von Besuchern auf der Website kümmern. Frustrierte Besucher kommen wahrscheinlich nicht wieder oder reden gar schlecht über einen. Besucher, die sich auf einer Website gut aufgehoben fühlen, sich schnell orientieren können und das Gewünschte finden, sind zufriedener. Zufriedene Besucher kommen gerne wieder oder werden gar zu Kunden

3. Jeder bessere Verkäufer fragt zuerst den potenziellen Kunden nach seinen Vorstellungen, anstatt ihn einfach mit irgendwelchen Informationen einzudecken. Wenn man online etwas verkaufen oder Business generieren möchte, muss man ebenfalls zuerst die Bedürfnisse der Besucher kennen lernen.

4. Es reicht nicht, sich nur all zwei, drei Jahre beim Redesign einer Website Überlegungen zu Besucherbedürfnissen und Kundenzufriedenheit zu stellen. Denn im Internet ändern sich Situationen und Stimmungen wesentlich schneller. Die Gefahr, dass man dann einen Trend verschläft oder immer Jahre hinterherhinkt, ist beträchtlich.

5. Eine Website – auch wenn sie vermeintlich immer dieselbe bleibt – ändert sich doch ständig. Inhalte werden ergänzt oder gelöscht, kleinere oder größere technische Modifikationen vorgenommen oder Kampagnen auf- und abgeschaltet. Es gibt nicht viel Peinlicheres, als wenn man von Dritten hören muss, dass die eigene Website nicht mehr verfügbar ist oder ein Bestellprozess nicht mehr funktioniert – noch bevor man es selbst gemerkt hat.
6. Man kann eine Website durchaus als passives Instrument und notwendiges Übel verstehen. Wer allerdings diese Phase der Online-Antipathie hinter sich hat und aktiv etwas bewirken will im Web, der muss steuern, statt nur mitzufahren. Steuern heißt, auch nach vorne auf die Straße zu sehen und das Armaturenbrett im Blick zu haben.
7. Wenn man das Instrument Web Analytics richtig einsetzt, dann lassen sich weit größere Aufwände an anderer Stelle verringern. Ein FAQ- oder Support-Bereich, der auch wirklich die richtigen Fragen verständlich beantwortet, erspart beispielsweise Anrufe im Callcenter. Adressänderungen, die vermehrt über einen Online-Prozess statt auf dem brieflichen Weg ausgeführt werden, ersparen Administrationskosten.
8. Wer Hürden in der Navigation beseitigen kann, Problemstellen in einem Bestellprozess behebt oder herausfindet, welche Produkte gerne zusammen bestellt werden, kann mehr verkaufen.
9. Web Analytics spart bares Geld: Wenn man herausfindet, welche von mehreren Werbungen oder Plattformen zu den meisten Verkäufen und zum höchsten Ertrag geführt hat, dann kann man bei der nächsten Kampagne das Geld am richtigen Ort einsetzen.
10. Wer will schlussendlich mit seiner Website nicht einfach fortwährend seinen Erfolg steigern?

1.4.2 Wie man zum Ziel gelangt

Wer sich die eben aufgezählten Chancen nicht entgehen lassen will, sollte Web Analytics als Instrument dazu einsetzen. Allerdings ist Web Analytics nicht eine einmalige Angelegenheit, sondern ein fortwährender Prozess mit vielen kleinen Zwischenschritten. Man kann es also nicht einfach einmal machen und dann ist es abgehakt. Vielmehr muss man sich ständig damit befassen, im Idealfall täglich.

Wenn man fortwährend kleine Schritte macht, besteht aber auch die Gefahr, nicht mehr geradeaus auf ein Ziel zuzugehen, sondern sich auf ungeraden Pfaden zu bewegen oder gar Schleifen zu drehen. Ein strukturiertes Vorgehen mit klaren Meilensteinen auf dem Weg zum Ziel ist daher unbedingt vonnöten. Bewährt haben sich dabei folgende vier Stufen hin zur nachhaltig erfolgreichen Website:

1. **Basis schaffen und Website-Nutzung messen:** Einmalig die Grundlagen von Web Analytics lernen, passende Analytics-Methoden und ein Web-Analytics-System einführen und damit beginnen, Daten zu sammeln.
2. **Metriken analysieren und interpretieren:** Wöchentlich die Auswertungen überwachen und interpretieren.
3. **Website optimieren und Erfolg steigern:** Monatlich die Deutungen in konkrete Maßnahmen umformulieren und implementieren. Den Erfolg dieser Verbesserungen sofort ernten.
4. **Erkenntnisse in Redesign verankern:** Jährlich oder zweijährlich alle gesammelten Erkenntnisse und Erfahrungen in ein Redesign der Website einfließen lassen.

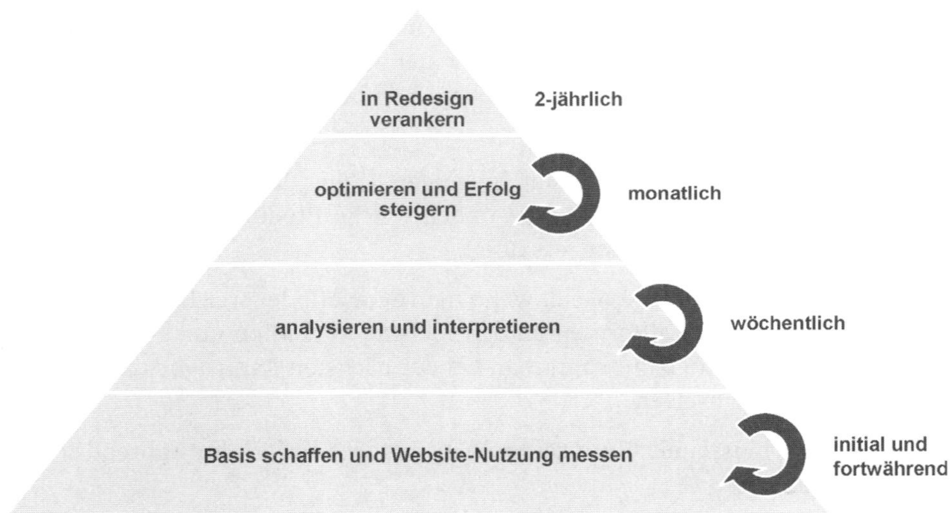

Abb. 1.5: Vorgehensweise für eine Web-Analytics-Einführung und -Etablierung

Entlang dieser Stufen ist übrigens auch das Buch, das Sie in Händen halten, aufgebaut. Jede Stufe, sowohl im Buch wie in der Web-Analytics-Praxis, ist dabei die Voraussetzung für die Erreichung der nächsthöheren. Einmal durchschrittene Stufen wie das Interpretieren von Analysen oder die Implementierung von Verbesserungen sind dabei nie abgeschlossen, sondern werden fortwährend wiederholt. Anders ausgedrückt heißt das für die nachhaltige Erfolgssteigerung und den fundierten Einsatz von Web Analytics:

- **einmalig** ein Analytics-System einführen und fortwährend messen
- **wöchentlich** oder öfter Auswertungen und Metriken interpretieren

- **monatlich** oder öfter Verbesserungen an der Website vornehmen und überprüfen
- **jährlich** oder zweijährlich größere Website-Anpassungen oder Redesigns angehen

Eine solche Vorgehensweise sorgt dafür, dass ein allzu bekanntes Phänomen nicht auftritt – nämlich dass nach der ersten Euphorie über die neuen Möglichkeiten das Ganze nach einigen Wochen wieder im Tagesgeschäft verloren geht. Mit lediglich etwas Disziplin lässt sich so nicht nur die dauerhafte Fortführung der Erfolgssteigerung gewährleisten. Auch werden die Anpassungen und Verbesserungsmaßnahmen so portioniert, dass man sich nicht gleich am Anfang verschluckt. Selbst wenn Auswertungen gröbere Mängel an der Website zutage bringen, sollten trotzdem zuerst jene mit dem besten Verhältnis zwischen Aufwand und Wirkung realisiert werden. Eine monatliche Planung und Priorisierung solcher Anpassungen und eventuell gar ein Aufschub von umfangreicheren Aufwänden auf ein nächstes Redesign schützt vor Verzettelung.

1.5 Auswahl eines Web-Analytics-Systems

Die Grundlage für die Nutzung von Web Analytics ist ein geeignetes Web-Analytics-System. Die Anzahl der am Markt verfügbaren Produkte ist trotz einer fortschreitenden Marktkonsolidierung immer noch groß und unübersichtlich. Das Spektrum der Angebote reicht dabei von der kostenlosen Einfachlösung bis hin zum mehrere hunderttausend Euro teuren High-End-Produkt. In dieser Bandbreite das richtige und auf die eigenen Bedürfnisse passende Produkt zu finden, ist nicht ganz einfach.

1.5.1 Vorselektion von Produkten

Für eine erste Vorselektion der Produkte lassen sich aber folgende zentrale Entscheidungs-Dimensionen heranziehen:

- Page-Tag- oder Logfile-Datensammlung
- Interner Betrieb oder gemietete Lösung
- Anforderung an den Datenschutz (zum Beispiel Anbieter in Europa)
- Anforderungen an notwendige Schnittstellen (zum Beispiel API) und Integrationsfähigkeit in andere Systeme
- Marktanteil und Zukunftsträchtigkeit des Anbieters
- Kosten (initial und laufend)

Je nach Entscheid und Gewichtung kann mittels dieser Dimensionen rasch eine Vorselektion auf eine Handvoll Anbieter erfolgen. Darüber hinaus wird es aber schwierig, Produkte voneinander zu unterscheiden, ohne diese im Detail zu kennen. Anforderungskataloge und Produktpräsentationen helfen hier meistens wenig weiter, wenn man selbst seine Anforderungen noch nicht so genau kennt und sich nicht auf die Feature-Show von Produktverkäufern einlassen will.

In der Praxis versteckt sich deshalb vielfach hinter einem aufwändig betriebenen Produkt-Evaluationsverfahren lediglich eine Auswahl nach folgendem Ablauf – selbst wenn das keiner zugeben mag:

- Entscheid interner Betrieb oder Mietlösung
- Entscheid Günstig- oder High-End-Produkt
- Auswahl des Marktführers in entsprechendem Segment

Dieses Vorgehen ist grundsätzlich legitim – wobei man sich dann aber ein langwieriges Evaluationsverfahren auch sparen und gleich entscheiden kann.

Allerdings birgt das Vorgehen die Gefahr, dass man später ein System im Einsatz hat, bei dem die Messung von spezifischen, fürs eigene Geschäft relevanten Kennzahlen aufwändiger ist als bei anderen Systemen. Will man dies vermeiden und bereits in der Evaluation berücksichtigen, dann muss man aber sehr genau wissen, welche Website-Ziele man verfolgt und welche Kennzahlen man messen möchte. Ist dies der Fall, dann kann man einen detaillierten Kriterienkatalog ausarbeiten und die Produkte anhand ihres Erfüllungsgrads der Kriterien gegeneinander abwägen. Vermeiden sollte man dann aber unbedingt, sich von irgendwelchen netten Zusatzfeatures verleiten zu lassen, die zwar interessant scheinen, jedoch keinen Vorteil im Hinblick auf die definierten Anforderungen bringen.

1.5.2 Pragmatische Vorgehensweise zur Produktauswahl

Der Normalfall bei der Auswahl eines ersten Analytics-Produkts sieht aber so aus, dass man sich noch nicht im Klaren ist, welche Kennzahlen und Metriken denn eigentlich nun die wichtigsten zur Zielerreichung bzw. fürs eigene Geschäft sind. Um dies herauszufinden, müsste man nämlich schon ein Web-Analytics-System im Einsatz haben – ein typisches Huhn-Ei-Problem. Sich nun einfach darauf zu verlassen, dass man sicher ungefähr die gleichen Anforderungen hat wie andere Unternehmen, ist ebenfalls gefährlich – denn kein Business gleicht dem anderen. Statt einer zeitaufwändigen Evaluation, die viel Geld kostet und während der noch keine Daten gesammelt werden, empfiehlt sich in solchen Situationen folgendes Alternativvorgehen:

- Bauen Sie Google Analytics, Yahoo! Web Analytics oder ein anderes kostenloses oder kostengünstiges Analytics-System in Ihre Website ein. Die Anmeldung zu Google Analytics ist kostenlos und in rund fünf Minuten erledigt. Der Einbau des Page Tags ist ebenfalls nur mit einigen wenigen technischen Handgriffen verbunden und sollte Ihre IT-Verantwortlichen oder Webagentur vor keine großen Herausforderungen stellen.

- Lassen Sie Google Analytics oder Yahoo! Web Analytics in den folgenden zwei Wochen Daten sammeln.
- Untersuchen Sie in den darauf folgenden zwei bis vier Wochen die Standard-Auswertungen, so wie sie in diesem Buch in Teil II beschrieben sind. Sie verschaffen sich damit einen groben Überblick, wie Web Analytics funktioniert und was Sie erwarten können.
- Werden Sie sich anschließend über Ihre Website-Ziele und die wichtigsten Schlüsselindikatoren für Ihren Geschäftserfolg klar, so wie dies in Teil III dieses Buches beschrieben ist. Dank dieser Informationen wissen Sie, was Sie eigentlich messen müssten mit einem Web-Analytics-System – sozusagen das Soll.
- Definieren Sie aufgrund dieser Erkenntnisse Ihre Anforderungen an ein Web-Analytics-System und führen Sie eine Produktevaluation durch, in der Sie Produkte genau auf diese Kriterien prüfen. Da Sie sich nun bereits mehrere Monate mit einem Web-Analytics-Produkt beschäftigt haben, wird Ihnen kein Produktanbieter mehr das Blaue vom Himmel versprechen können.
- Werden Sie sich bewusst, dass ein guter Web-Analyst wesentlich mehr bringt als das beste Web-Analytics-System. Bevor Sie viel Geld in ein Tool investieren, sollten Sie mindestens so viel Geld dazu verwenden, für Web Analytics verantwortliche Personen einzustellen. Wenn Ihr Unternehmen nicht bereit ist, Geld in einen Web-Analytics-Verantwortlichen zu investieren, dann lohnt sich auch eine Investition in ein teures Tool nicht.

1.5.3 Klassische Produkt-Evaluation

Falls Ihnen diese Vorgehensweise zu pragmatisch erscheint und Sie sich doch eher auf eine klassische Produkt-Evaluation verlassen möchten, werden Sie in Kapitel 12 zusammengefasst einige gewichtige Unterscheidungskriterien für Web-Analytics-Systeme vorfinden, die im Verlaufe des Buches vorgestellt werden. Zentral ist allerdings, bis zu diesem Zeitpunkt seine genauen und individuellen Website-Ziele und Messgrößen zu kennen – denn sonst macht die Evaluation wenig Sinn. Aus diesem Grund sind die entsprechenden Kriterien auch erst in diesem späten Kapitel des Buches beschrieben.

Kapitel 2

Funktionsweise der Datensammlung

Wenn man mit einem Auto in der Gegend umherfahren möchte, braucht man eigentlich nicht zu wissen, wie Motor oder Getriebe technisch genau funktionieren. Zündschlüssel drehen, Gas geben und lenken reichen eigentlich vorerst mal aus, um ein Auto zu nutzen und von A nach B zu kommen. Gewisse technische Zusammenhänge zu kennen, zum Beispiel wozu die Kupplung eigentlich genau da ist oder was ein ABS bewirkt, kann bei häufigem Gebrauch aber ganz nützlich sein. Gerade in schwierigen oder ungewohnten Situationen kann es von Vorteil sein oder Sicherheit geben, wenn man sich ein Stück weit selbst zu helfen weiß. Und sei es nur zu wissen, was zu tun ist, wenn die Öllampe leuchtet oder man sich einen Plattfuß eingefangen hat.

Sobald man aber rennmäßig Autosport betreibt und sich im Wettbewerb mit anderen befindet, wird es unabdingbar, sich auch mit technischen Details auseinanderzusetzen. Erst durch die umfassende Kenntnis der Technik lässt sich beim Fahren das Letzte aus einem Fahrzeug herausholen – oder glauben Sie etwa, dass Michael Schumacher nicht wusste, was die Bremsbalance-Einstellungen an seinem Rennwagen technisch bewirken?

Bei Web Analytics ist es vom Prinzip her dasselbe. Web Analytics ist eigentlich kein technisches Thema, obwohl es häufig als solches diskutiert wird. Trotzdem hilft aber ein technisches Grundverständnis der Funktionsweise von Web-Analytics-Systemen, um sich gewisse Vorgänge genauer erklären zu können. Befindet man sich im Wettbewerb mit anderen – was im Internet eigentlich immer der Fall ist –, muss man fast zwangsläufig das Letzte aus einem System herauskitzeln, wenn man einen Vorteil für sich erzielen will. Und zu guter Letzt steckt ein Web-Analyst auch immer irgendwo zwischen IT-, Business- und Marketing-Abteilungen drin. Die Technik zu verstehen hilft deshalb ungemein in der Kommunikation mit IT-Verantwortlichen.

Etwas Technik muss man also über sich ergehen lassen, will man später die Vorzüge in vollem Umfang nutzen und verstehen. Oder wie schon die alten Römer wussten: »per aspera ad astram«, über raue Pfade steigt man empor zu den Sternen.

2.1 Funktionsweise von Web-Analytics-Systemen

Als Denkmodell, um sich an die Funktionsweise von Web-Analytics-Systemen heranzutasten, lassen sich solche in drei Hauptaufgabenbereiche einteilen:

- die Datensammlung
- die Speicherung und Verarbeitung der Daten
- die Auswertung der gesammelten Daten

Bei der Datensammlung geht es zuerst einmal darum, wie der Website-Besuch eines Benutzers überhaupt registriert wird. Die Speicherung und Verarbeitung von Daten beleuchtet dann, was mit den gesammelten Informationen passiert und wie diese zusammengefasst werden. Die Auswertung schlussendlich beschäftigt sich dann erst mit dem sichtbarsten Teil, nämlich den bunten Grafiken und Tabellen, die Analytics-Systeme zur Aufbereitung der Daten bieten.

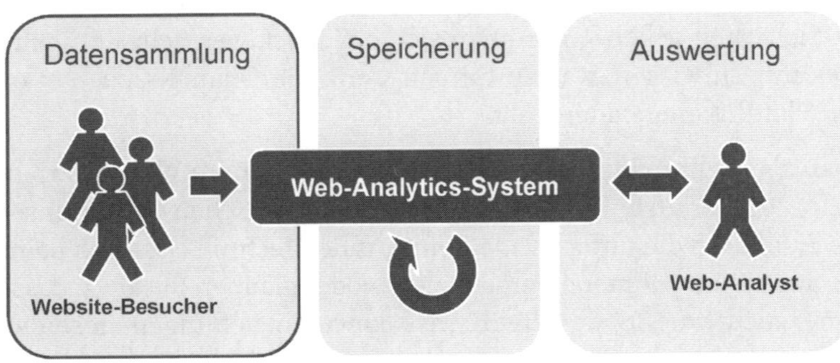

Abb. 2.1: Funktionsbereiche von Web-Analytics-Systemen

Als erstem Funktionsbereich von Web-Analytics-Systemen will ich mich in diesem Kapitel der Datensammlung widmen. Das Sammeln und Registrieren von Website-Besuchern gehört eindeutig zu den Kernaufgaben eines solchen Systems. Dass dies eine tragende Aufgabe ist, ist relativ einleuchtend: Daten, die nicht gesammelt werden, können später auch nicht ausgewertet werden.

Ähnliches gilt für die Qualität der Sammlung: Bei einer schlechten oder falschen Datenbasis können auch Auswertungen daraus keine bessere Qualität aufweisen. »GIGO« bzw. »Garbage in – garbage out« heißt hier das geflügelte Wort in der IT: Wenn man in ein System nur Müll reinschüttet, kommt auch nur Müll raus. Eine solide Datenbasis ist also die ganz zentrale Grundlage für spätere Auswertungsergebnisse.

Selbstverständlich muss diese Datensammlung möglichst im Hintergrund erfolgen, so dass der Benutzer bei seinem Website-Besuch nicht gestört wird. Um solche Besucherdaten zu sammeln, gibt es wiederum unterschiedliche Ansätze, nämlich

- serverseitige Datensammlung mittels Logfile
- clientseitige Datensammlung mittels Page Tagging
- alternative Methoden wie Packet Sniffing

Die Ansätze unterscheiden sich einerseits komplett in der technischen Funktionsweise. Andererseits – und dies hat Relevanz für spätere Auswertungen – werden je nach Ansatz andere Besucherinformationen gesammelt. Je nach gewählter technischer Funktionsmethode stehen also später mehr, weniger oder andere Daten zur Auswertung zur Verfügung. Abhängig von dem späteren Auswertungsbedarf ist deshalb die Wahl der geeigneten Sammlungsmethode entscheidend.

2.2 Serverseitige Datensammlung mittels Logfile

Seit Anbeginn des Internets haben Webserver sämtliche Aufrufe, die an sie herangetragen und von ihnen beantwortet werden, protokolliert. Dieses Protokoll nennt sich Logfile. Logfiles stellen somit die urtümlichste Methode zur Sammlung von Server-Nutzungsdaten dar.

2.2.1 Funktionsweise der Logfile-Erstellung

Technisch läuft der Prozess bis zur Logfile-Erstellung folgendermaßen ab: Sobald ein Benutzer in seinen Browser die URL einer Website eingetippt hat, sendet der Browser einen Aufruf (Request) an den betreffenden Webserver. Der Webserver antwortet darauf und sendet dem Browser die gewünschte Seite zurück (Response). Da eine Seite selbst wiederum aus Bildern und anderen Dateien besteht, sendet der Browser automatisch weitere Anfragen an den Server, bis sämtliche Antworten bzw. Dateien zurückgekommen sind und die Seite vollständig geladen ist. Zugleich mit jeder Antwort an den Browser schreibt der Webserver Informationen zur Anfrage und Antwort in ein Logfile.

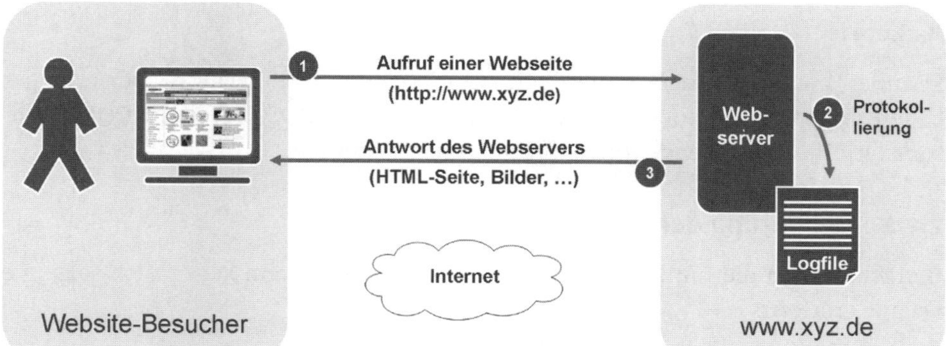

Abb. 2.2: Serverseitige Datensammlung in Logfiles

Das Logfile ist meist eine Textdatei, die pro Tag neu angelegt wird und Einträge folgender Natur aufweist.

```
2008-03-08 12:00:22 W3SVC594 SUN 192.168.0.141 GET /de/notebooks/dell.aspx - 80
   - 84.222.39.232 HTTP/1.1 Mozilla/4.0 (compatible; MSIE 6.0; Windows NT 5.1;
   SV1) - xyz.de 200 0 0 22433 261 687
2008-03-08 12:00:46 W3SVC594 SUN 192.168.0.141 GET /de/bikes/mountainbike.aspx
   - 80 - 80.144.85.245 HTTP/1.1 Mozilla/4.0 (compatible; MSIE+7.0; Windows NT
   5.1; .NET CLR 2.0.50727; .NET CLR 3.0.04506.30) - xyz.de 200 0 0 20865
   231 3390
2008-03-08 12:00:46 W3SVC594 SUN 192.168.0.141 GET /res/style.css - 80 -
   80.144.85.245 HTTP/1.1 Mozilla/4.0 (compatible; MSIE 7.0; Windows NT 5.1;
   .NET CLR 2.0.50727; .NET CLR 3.0.04506.30) - www.xyz.de 304 0 0 213 718
   249
```

Listing 2.1: Beispiel von drei Logfile-Einträgen

Der Webserver speichert darin strukturiert jede auf dem Server aufgerufene Datei und ausgeführte Aktion. Als Datei gilt dabei eine einzelne Webseite, ein in eine Seite eingebettetes Bild, eine Formatdatei (CSS) genauso wie ein Flash-Film oder eine JavaScript-Programmbibliothek. Jeder dieser Datei-Aufrufe wird im Fachjargon auch als »Hit« bezeichnet. Zu einem Hit können im Logfile beispielsweise folgende Informationen gespeichert werden:

- Aufrufdatum und Zeit
- URL (Uniform Resource Locator) der aufgerufenen Datei
- IP-Adresse (Internet-Protokoll-Adresse) des Aufrufenden
- Für den Aufruf verwendeter Browser und Betriebssystem (User Agent)
- Herkunft des Aufrufs (Referer)
- Ergebnis des Aufrufs (Status)
- Cookie

Darüber hinaus können weitere, für eine spätere Web-Analyse aber weniger bedeutsame Informationen wie Aufrufmethode (GET, POST etc.), Hostname oder transferierte Datenmenge im Logfile gespeichert werden.

2.2.2 Bedeutung der gesammelten Daten

Betrachtet man die Einträge im Logfile etwas genauer, dann lassen sich folgende Details erörtern.

URL

Über die URL-Angabe im Protokoll ist eindeutig zu erkennen, welche Datei auf dem Webserver aufgerufen oder welche Aktion ausgeführt wurde. Ruft man als Besucher beispielsweise die Startseite von eBay Deutschland auf, dann wird das in der Startseite eingebettete eBay-Logo folgenden URL-Eintrag auf dem eBay-Server hinterlassen:

```
http://pics.ebaystatic.com/aw/pics/de/logos/logoEbay_x45.gif
```

IP-Adresse

Über IP-Adressen werden im Internet einzelne Rechner oder Netzwerke eindeutig identifiziert. Ein Webserver benötigt die IP-Adresse, um zu wissen, welcher Rechner die Anfrage nach einer Datei gestellt hat und wohin die Antwort zurückgesendet werden soll. Die IP-Adresse eines Besuchers ist somit die Absenderadresse auf einem Brief, an die der Empfänger die Antwort zurückschreibt. Grundsätzlich muss daher jedem Rechner, der mit dem Internet verbunden ist, eine solche eindeutige Adresse zugeteilt werden, damit eine Kommunikation überhaupt möglich ist. Die IP-Adresse kann ebenfalls im Logfile zu jedem Aufruf einer Datei wie folgt gespeichert werden:

```
213.3.47.51
```

Für statistische Auswertungen ist dies toll, wird doch bei jedem Aufruf der Besucher eindeutig erkannt – könnte man zumindest meinen. Denn in der Realität können IP-Adressen bei Weitem nicht immer eindeutig einem Rechner oder gar einer Person hinter dem Rechner zugeordnet werden. Die zwei hauptsächlich limitierenden Faktoren sind folgende:

Ein Endbenutzer, der sich über Modem und Telefonleitung ins Internet einwählt, bekommt bei jedem Einwählen von seinem Provider meist eine andere IP-Adresse zugeteilt. Auch bei fix mit dem Internet verbundenen DSL-Zugängen ändert sich meist die IP-Adresse in bestimmten Intervallen automatisch. Derselbe Besucher kann also bei mehreren Besuchen einer Website unterschiedliche IP-Adressen im Logfile eines Servers hinterlassen, sofern er sich dazwischen neu eingewählt hat oder sonst ein IP-Wechsel stattgefunden hat.

Umgekehrt könnten mehrere Logfile-Einträge mit der gleichen IP-Adresse auch von unterschiedlichen Benutzern stammen. Dies ist dann der Fall, wenn sich ein zweiter Benutzer beim gleichen Provider einwählt, dieselbe IP-Adresse erhält wie ein vorher Eingewählter und dann zufälligerweise die gleiche Website besucht wie Ersterer.

Ein zweiter limitierender Faktor für die Identifikation eines Besuchers über die IP-Adresse ist vielfach die Konfiguration von Firmennetzwerken. Je nach Definition innerhalb einer Firma erhält nämlich nicht jeder einzelne Rechner einer Firma eine öffentliche IP-Adresse, sondern nur der Verbindungsknoten zwischen Firma und Internet. Ein Benutzer, der so vom Arbeitsplatz aus ins Internet geht und eine Website besucht, hinterlässt im Logfile der Website die öffentliche IP-Adresse des Unternehmens. Ein Arbeitskollege, der dieselbe Website besucht, hinterlässt im Logfile dieselbe IP-Adresse. Innerhalb des gleichen Großunternehmens können so Tausende von Nutzern nach außen dieselbe IP-Adresse aufweisen.

User Agent

Neben der IP-Adresse wird bei jeder Anfrage an einen Webserver auch übergeben, welchen Browser und welches Betriebssystem der anfragende Benutzer einsetzt. Diese Browser/Betriebssystem-Kombination sowie noch weitere dazugehörende Informationen werden als User Agent bezeichnet.

Ein Webserver muss diese Information kennen, da er allenfalls je nach User Agent andere Informationen ausliefern muss. So kann der Webserver zum Beispiel für einen Macintosh-Rechner mit Safari-Browser die gleiche Seite in einem anderen Format ausliefern als für einen Windows-Rechner mit einem Microsoft Internet Explorer als Browser.

Während eine solche unterschiedliche Ausgabe für PC-Browser heute kaum mehr genutzt wird, hat es aber für mobile Besucher eine zentrale Bedeutung. Besucher, die den Browser ihres Handys verwenden, um Websites aufzurufen, sind aufgrund der beschränkten Bildschirmgröße ganz dankbar, wenn eine auf Handys optimierte Version einer Seite angeboten wird. Da der Webserver den User Agent des Besuchers kennt und somit ein Mobilgerät als solches identifizieren kann, kann er die gleiche Seite zum Beispiel mit kleineren Bilddateien oder weniger Inhalten zurücksenden.

Die Einträge, die zu einem User Agent in einem Logfile gespeichert werden, sehen beispielsweise folgendermaßen aus:

```
Mozilla/4.0 (compatible; MSIE 7.0; Windows NT 6.0; SLCC1; .NET CLR 2.0.50727;
Media Center PC 5.0; .NET CLR 3.0.04506)
Mozilla/5.0 (Windows; U; Windows NT 5.1; de; rv:1.8.1.12) Gecko/20080201
Firefox/2.0.0.12
Mozilla/5.0 (Macintosh; U; PPC Mac OS X; de-de) AppleWebKit/419.2 (KHTML, like
Gecko) Safari/419.3
```

Der erste Beispieleintrag stammt von einem Benutzer mit einem Microsoft Internet Explorer der Version 7.0 (MSIE 7.0). Das verwendete Betriebssystem ist Microsoft Vista, das sich aus der Versionsnummer Windows NT 6.0 ableiten lässt. Zusätzlich zu diesen Plattforminformationen werden in dem Fall noch weitere

Informationen gesammelt wie die Version des installierten .NET-Frameworks oder des Microsoft Media Centers.

Den zweiten Eintrag hinterließ ein Benutzer, der einen Firefox-Browser der Version 2.0 auf einer deutschsprachigen Installation (de) von Windows XP (das heißt Versionsnummer NT 5.1) einsetzte. Der letzte Eintrag stammt von einem deutschsprachigen Macintosh-Benutzer mit einem Safari-Browser.

Neben solchen üblichen Besuchern sind auch spezielle Besucher anhand des User Agents identifizierbar. Ein Nutzer, der auf Newsreader zurückgreift, um RSS-Feeds einer Website anzuzeigen, hinterlässt genauso seine Einträge wie ein Seitenaufruf über ein Handy:

```
Windows-RSS-Platform/1.0 (MSIE 7.0; Windows NT 5.1)
Nokia6682/2.0 (3.01.1) SymbianOS/8.0 Series60/2.6 Profile/MIDP-2.0
configuration/CLDC-1.1 UP.Link/6.3.0.0.0
```

Ebenfalls häufige Besucher einer Website sind Suchmaschinen. Damit Suchmaschinen einem Suchenden überhaupt Resultate anzeigen können, durchgrasen sie tagtäglich das Web nach Inhalten. Aus Sicht eines Webservers sieht ein solcher Besuch eines Suchmaschinen-Crawlers oder -Robots – so heißen die automatischen Datensammler – ähnlich aus wie derjenige eines menschlichen Besuchers. Wie der Browser einer Person, fragt auch die Maschine nach einzelnen Webseiten und Dateien, die der Webserver ausliefert. Einzig anhand des User Agents lassen sich Crawler von menschlichen Besuchern unterscheiden. Denn Suchmaschinenbetreiber zeichnen ihre Crawler anhand eines speziellen User Agents aus, so dass sie anschließend im Logfile eines Webservers erkenntlich sind. Bei den Crawlern von Google, MSN oder Yahoo! lauten die im Logfile registrierten User-Agent-Einträge beispielsweise folgendermaßen:

```
Mozilla/5.0 (compatible; Googlebot/2.1;  http://www.google.com/bot.html)
msnbot-media/1.0 ( http://search.msn.com/msnbot.htm)
Mozilla/5.0 (compatible; Yahoo! Slurp/3.0; http://help.yahoo.com/help/us/
ysearch/slurp)
```

Neben diesen bekannten Suchmaschinen und deren Crawlern gibt es aber noch zahlreiche kleinere Suchmaschinen und Crawler. Die hinterlassen zwar auch ihre spezifischen Einträge. Wenn man jedoch nicht wie bei Google, Yahoo oder Microsoft weiß, wie sie heißen, dann wird es extrem schwierig, sie von einem normalen Besucher zu unterscheiden bzw. herauszufiltern.

Referer

Eine weitere, spannende Information innerhalb von Server-Logfiles ist der Referer. Der Referer besagt, welche Website ein Benutzer unmittelbar vorher besucht hat, bevor er dort auf einen Link geklickt hat und auf die aktuelle Website gelangt ist. Ein Benutzer, der beispielsweise zuerst bei Google nach »Mountain Bikes« sucht, auf einen Treffer klickt und auf einer Drittsite landet, hinterlässt im Logfile der Drittsite den folgenden Referer-Eintrag:

```
http://www.google.de/search?client=opera&rls=de&q=mountain+bikes
```

Abbildung 2.3 zeigt diesen Ablauf über zwei Websites und die Übergabe des Referers schematisch auf.

Der Referer ist damit eine ähnliche Information, wie sie in der Verlaufsansicht des Browsers eines Benutzers steht. Im Vergleich dazu erhält ein Webserver die Information allerdings maximal einen Schritt zurück, und nur dann, wenn auf der vorangegangenen Website auf einen Link auf die aktuelle Seite geklickt wurde. Diese Einschränkung erfolgt aus Gründen des Persönlichkeitsschutzes. Nicht jeder möchte ja uneingeschränkt preisgeben, auf welchen Websites er sich im Verlaufe des Tages aufgehalten hat.

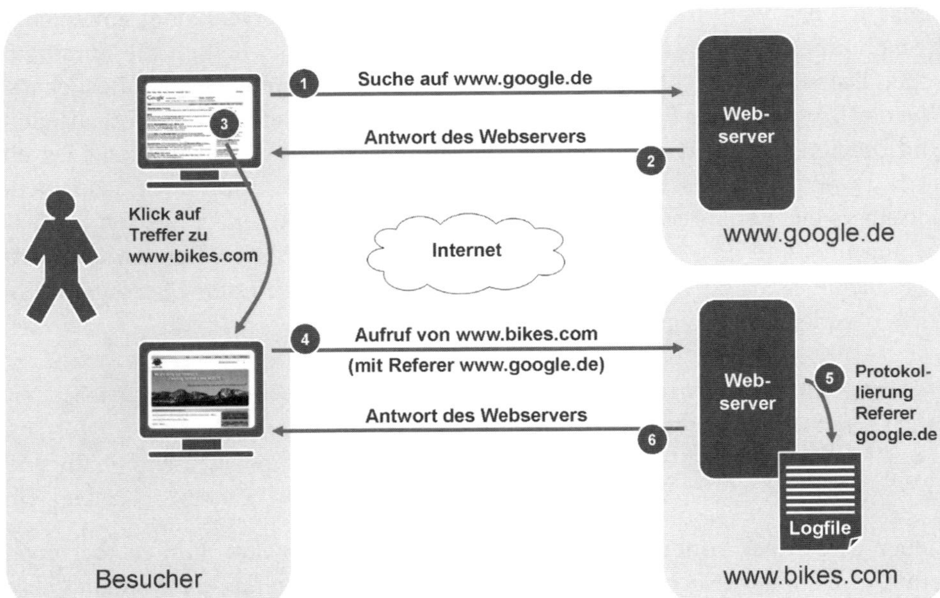

Abb. 2.3: Übergabe der Referer-Information an die Folgewebsite

Aus Sicht des Betreibers einer Website hingegen kann diese Referer-Information natürlich äußerst aufschlussreich sein. Damit wird nämlich ersichtlich, über welche anderen Sites Besucher auf die eigene Website gelangen.

Da der Referer aber vom Browser des Benutzers an einen Webserver übergeben wird, kann der Benutzer grundsätzlich die Preisgabe des Referers auch unterbinden – wenn er dies denn aus Persönlichkeitsschutzgründen tun möchte. In manchen Internet-Sicherheitspaketen oder in Firmenproxies wird so zum Beispiel der Referer vor dem Aufruf einer Website einfach entfernt. Wie bei der IP-Adresse ist also auch beim Referer kein absoluter Verlass gegeben. Wenn ein Logfile-Eintrag einer Webseite keinen Referer enthält, kann dies also zwei unterschiedliche Bedeutungen haben: Entweder wurde der Referer aus Sicherheitsgründen gar nicht übermittelt oder es gab tatsächlich keine vorhergehende Seite im Browse-Verlauf des Besuchers. Letzteres ist dann der Fall, wenn er die URL der Website von Hand eingetippt hat oder über seine eigenen Bookmarks darauf gelangt ist.

Referer oder Referrer?

Der Begriff »referer« stammt von englischen Verb »to refer« (verweisen) ab. Nun lautet die orthografisch korrekte Substantivierung »referrer« mit Doppel-R und nicht »referer«. Dennoch hat sich diese Falschschreibweise als Standard durchgesetzt und zwar mit folgendem Hintergrund: In der offiziellen Spezifikation von HTTP, dem Kommunikationsprotokoll des World Wide Webs, wurde der Begriff in der finalen Version falsch geschrieben. Dadurch hat er sich in der Definition bis heute verankert. Referer ist also der offiziell richtige Begriff im Internet-Umfeld, selbst wenn er eigentlich falsch geschrieben ist. So können sich Fehler verewigen.

Status

Der ursprüngliche Hauptgrund, weshalb man einen Webserver überhaupt ein Logfile erstellen lässt, ist das Nachvollziehen und Auffinden von Fehlfunktionen auf dem Webserver. Im Logfile stehen nämlich nicht nur erfolgreich beantwortete Anfragen an den Server, sondern auch fehlgeschlagene. Wird beispielweise versucht, eine Datei bzw. Webseite auf dem Server aufzurufen, die gar nicht vorhanden ist, wird auch dies vom Server festgehalten. Im Logfile wird dann ergänzend zu den anderen Informationen ein Fehlercode bzw. Status niedergeschrieben. Im Falle des Aufrufs einer nicht existierenden Datei lautet dieser Status-Code 404. Der Besucher einer Website bekommt in dieser Situation die Meldung »Seite nicht gefunden« eingeblendet.

Genauso wie »Seite nicht gefunden« gibt es noch weitere Status, die ein Webserver protokolliert und von denen ein Website-Besucher betroffen sein kann. Zu den bekannteren darunter gehören:

- 200 – OK, Anfrage erfolgreich beantwortet (fehlerlose Funktionsweise)
- 301 – Permanente Weiterleitung auf eine andere Seite

- 302 – Temporäre Weiterleitung auf eine andere Seite
- 403 – Unerlaubter Zugriff auf eine Datei/Seite
- 404 – Datei/Seite nicht gefunden
- 500 – Allgemeiner interner Serverfehler

Cookies

Eine zentrale Bedeutung bei der Datensammlung nehmen Cookies ein. Als Endbenutzer und Surfer kennt man Cookies vor allem über die Einstellungen im Browser, in dem man bei Sicherheitsbedenken deren Speicherung deaktivieren oder die angesammelten löschen kann.

Cookies sind kleine Textdateien, die zu einer Website direkt auf dem Computer eines Benutzers gespeichert werden. Die Speichermöglichkeiten sind dabei aber relativ beschränkt, können doch pro Website oder Sub-Domain (zum Beispiel `maps.google.com`) nur ein einzelnes Cookie mit einer beschränkten Anzahl an Textzeichen hinterlegt werden. Im Normalfall werden verschiedene Textinformationen in so genannten Schlüssel-und-Werte-Paaren gespeichert, also zum Beispiel `Besuchsdatum` und `02.07.2008`. Aus Sicht einer Website sind Cookies die einzige Möglichkeit, um Daten statt auf dem Server auf dem Computer des Benutzers zu speichern, ohne dass dieser dies explizit erlaubt.

Damit nun aber zum Beispiel der Webserver von Google nicht jenes Cookie eines Besuchers auslesen kann, die Amazon zuvor auf dessen Festplatte gespeichert hat, ist das Auslesen jeweils nur durch die Website (bzw. Domain) möglich, die es auch gesetzt hat. Dies erfolgt wiederum zum Schutz von allenfalls persönlichen Daten des Benutzers – Google soll ja zum Beispiel nicht wissen, welche Bücher ein Suchender vorhin bei Amazon bestellt hat.

Sicherheitsüberlegungen bei Cookies

Die diffuse Angst, dass persönliche Informationen irgendwie ausgelesen werden, bringt viele Besucher dazu, Cookies gelegentlich zu löschen oder gar nicht zu akzeptieren. Doch was steckt hinter dieser diffusen Befürchtung, wenn doch ein Webserver nur die Cookies auslesen kann, die er selbst gesetzt hat?

Wenn man nur den betreffenden Webserver anschaut, sind die Sicherheitsbedenken tatsächlich praktisch unbegründet. Denn der Webserver kann nicht mehr Informationen auslesen, als ihm der Benutzer zum Beispiel durch Formulareingabe mitgeteilt hat. Einzig, wenn zwei oder mehr Benutzer auf dem gleichen PC mit gleichem Benutzerkonto eingeloggt sind (zum Beispiel innerhalb einer Familie), könnte es so zu sehr beschränkten Persönlichkeitsverletzungen kommen.

Weshalb Cookies so einen schlechten Ruf haben, ist anders begründet. Bei obigen Betrachtungen bin ich davon ausgegangen, dass nur der Webserver Cookies liest und schreibt, der gerade die aktuelle Seite darstellt. In diesem Fall nennen sich Cookies im Fachjargon *First-Party-Cookies*.

Nun wissen wir aber, dass eine Webseite nicht nur aus dem Hauptdokument wie die HTML-Seite bestehen kann, sondern auch Bilder und andere Dateien innerhalb der Seite referenziert. Dabei muss nicht jede der eingebundenen Ressourcen von jenem Webserver stammen, der auch die Hauptseite ausgeliefert hat. Ein auf einer Seite dargestelltes Bild kann also genauso gut auch von einem Drittserver – einer *Third Party* – angezogen werden, ohne dass der Besucher dies direkt sehen würde. Beim Ausliefern eines solchen Bildes hat nun aber auch der Drittserver die Möglichkeit, sein Cookie zu schreiben oder zu lesen. Dies sind so genannte *Third-Party-Cookies*.

Das allein wäre auch noch kein Sicherheitsproblem, da der Drittserver immer noch nur seine eigenen Cookies auslesen kann und beispielsweise nicht jenes des ersten Webservers, der die Seite ausgeliefert hat. Nun gibt es aber einen Spezialfall, wo es trotz dieser Restriktionen aus Datenschutzsicht kritisch wird, nämlich dann, wenn ein Drittserver von sehr vielen Websites eingebunden wird. Dies ist zum Beispiel bei Ad-Servern der Fall, die Werbebanner für verschiedene Websites ausliefern. Wenn der Ad-Server dem Benutzer auf unterschiedlichen Webservern einen Banner ausliefert, dann kann sich der Ad-Server mittels Cookie merken, auf welchen der von ihm belieferten Plattformen der Besucher war.

Da tatsächlich gerade auch viele bekannte Websites von Ad-Servern einiger weniger Anbieter bedient werden, ist die Möglichkeit für die Erkennung der früher besuchten Websites eines Besuchers tatsächlich gegeben. Ob dies tatsächlich eine Gefahr für den persönlichen Datenschutz darstellt, ist aber eine andere Frage und die Beurteilung schlussendlich jedem Nutzer überlassen. Vielfach werden es diese gar nicht so differenziert beurteilen können und darum Cookies oder zumindest die den Datenschutz tangierenden *Third-Party-Cookies* deaktivieren. Dieser Tatsache muss man sich beim Einsatz von Cookies bewusst sein.

Bei der Sammlung von Besucherdaten kann man sich Cookies sehr gut für die Identifikation eines Besuchers zunutze machen. Während die IP-Adresse dazu kaum taugt, kann ein Webserver durch ein Cookie einen Besucher einfacher wiedererkennen. Diese Wiedererkennung erfolgt sowohl von Seite zu Seite innerhalb eines Website-Besuchs als auch bei einer Rückkehr Wochen oder Monate später. Cookies stellen daher ein sehr zentrales Element in der späteren Auswertung von Nutzungsdaten dar.

Allerdings – und nun kommt der Haken – funktioniert diese Erkennung natürlich nur, wenn der Benutzer das Setzen von Cookies nicht aus persönlichen Datenschutzüberlegungen unterbunden hat oder die Cookies regelmäßig löscht. Dass ein gewisser Anteil der Internetnutzer dies tut, ist unumstritten. Wie hoch der Anteil jedoch effektiv ist, ist nur sehr schwer messbar. Studien zu diesem Thema wie jene des amerikanischen Internet-Analyse-Unternehmens comScore (`http://www.comscore.com/request/cookie_deletion.asp`) kommen zum Schluss, dass rund ein Drittel der Internetnutzer regelmäßig Cookies löscht und ungefähr zwölf Prozent der Nutzer Cookies komplett unterbinden.

Für den Einsatz von Cookies im Zusammenhang mit Web Analytics und die Erkennung und Abgrenzung eines Besuchers hat dies einen beträchtlichen Einfluss. Allerdings ist die Genauigkeit der Messung selbst so noch höher als über die Alternativvariante, die IP-Adresse.

2.3 Clientseitige Datensammlung mittels Page Tagging

Die eben beschriebene Logfile-Datensammlung hat folgenden gewichtigen Nachteil für eine Nutzung zu Web-Analytics-Zwecken: Sie betrachten den Besucher nur aus Sicht des Servers und beleuchten somit nur einen kleinen Ausschnitt der Benutzertätigkeit bei einem Websitebesuch – nämlich den Moment eines Seitenaufrufs. Was der Benutzer zwischen zwei Seitenaufrufen macht oder was er sonst noch für Einstellungen bei sich im Browser getroffen hat, ist aus dem Logfile nicht herauszulesen.

2.3.1 Erweiterter Umfang der erfassbaren Daten

Um an solche zusätzlichen Informationen heranzukommen, begann man Ende der 1990er Jahre mit der so genannten clientseitigen Datensammlung. Clientseitig bedeutet, dass nicht der Webserver seine Tätigkeiten protokolliert, sondern dass der Browser des Benutzers – eben der Client – die Benutzertätigkeiten aufzeichnet. Ist nämlich eine Webseite erst im Browser eines Benutzers geladen, dann kann diese Seite mittels der Skript-Sprache JavaScript viele Browsereinstellungen und Benutzeraktionen verfolgen. So lässt sich beispielsweise mittels JavaScript Folgendes feststellen:

- Mausklicks, die aktuelle Position des Mauszeigers oder Mausbewegungen
- die aktuelle Cursor-Position
- sämtliche Tastatureingaben im Browserfenster
- die aktuelle Fenstergröße des Browsers

- die Auflösung und Farbzahl des verwendeten Bildschirms
- die im Browser installierte Plug-ins (zum Beispiel Flash-Player, Java-Plug-in, QuickTime-Player)
- die Sprache des Browsers (Deutsch, Englisch etc.)
- die aktivierten Zusatzfunktionen wie Cookies oder Java
- die Abspieldauer oder die Unterbrechung von Multimedia-Dateien (zum Beispiel von Videos)
- die eingegebenen Inhalte in Formularfelder
- der Titel einer Seite
- die Anzahl Links innerhalb einer Seite
- usw.

Im Vergleich zu Logfiles, wo im Wesentlichen Zeitpunkt, URL, Referer und User Agent gespeichert werden, sind die clientseitig verfügbaren Daten über den Benutzer doch beträchtlich größer. Sämtliche Informationen, die in Logfiles vorhanden sind, sind im clientseitigen Verfahren natürlich auch vorhanden.

2.3.2 Funktionsweise der clientseitigen Datensammlung

Eine Herausforderung stellt sich allerdings noch, will man diesen Informationsreichtum für Analyse-Zwecke nutzen: Die Browser-Daten sind nämlich vorerst nur dem Browser bekannt. Der Webserver bzw. der Betreiber der Website kennt sie noch nicht. Um dies zu erreichen, muss man zu einem kleinen technischen Kniff greifen. Dieser Kniff heißt »Page Tag« und funktioniert folgendermaßen:

Das Page Tag ist ein verstecktes Element, das in jede Seite einer Website eingebettet wird. Normalerweise handelt es sich dabei um JavaScript-Code und ein kleines, 1 × 1-Pixel großes und damit praktisch unsichtbares Bild. Gelangt nun ein Besucher auf die so erweiterte Website, dann lädt er sich zuerst die normale Seite in den Browser. Dadurch wird versteckt auch das Page Tag in den Browser geladen. Das JavaScript des Page Tags versucht nun, an die verschiedenen gewünschten Zusatzinformationen über den Besucher zu kommen. Sind diese gesammelt, lädt das JavaScript das unsichtbare Bild von einem Drittserver in die bereits geladene Seite hinein. Dieses nachträgliche Laden kann nun genutzt werden, um die Zusatzinformationen an den Drittserver zu übermitteln.

Allerdings erlaubt der Browser nicht einfach so das Senden der Zusatzinformation an einen Server, sondern man muss sich auch hier eines Kniffes bedienen. Die ausgelesenen Daten werden daher in den URL-Aufruf des unsichtbaren Bildes verpackt, der dann wegen all der Information ziemlich lang werden kann:

```
http://www.trackingserver.com/dcs.gif?dcsdat=1205060892678&dcssip=
www.xyz.com&dcsuri=/&WT.co_f=2496af7c1bc5752c11951385505&
WT.vt_sid=2496aef7c1bc576752c11134685505.1205060892680&
WT.vt_f_tlv=1205050543&WT.tz=1&WT.bh...
```

Der Server, der das unsichtbare Bild ausliefert, gelangt durch Entschlüsselung dieser Daten aus der URL der Bildanfrage zu den im Browser gesammelten Informationen. Abbildung 2.4 zeigt den gesamten Kommunikationsablauf beim Page Tagging schematisch auf.

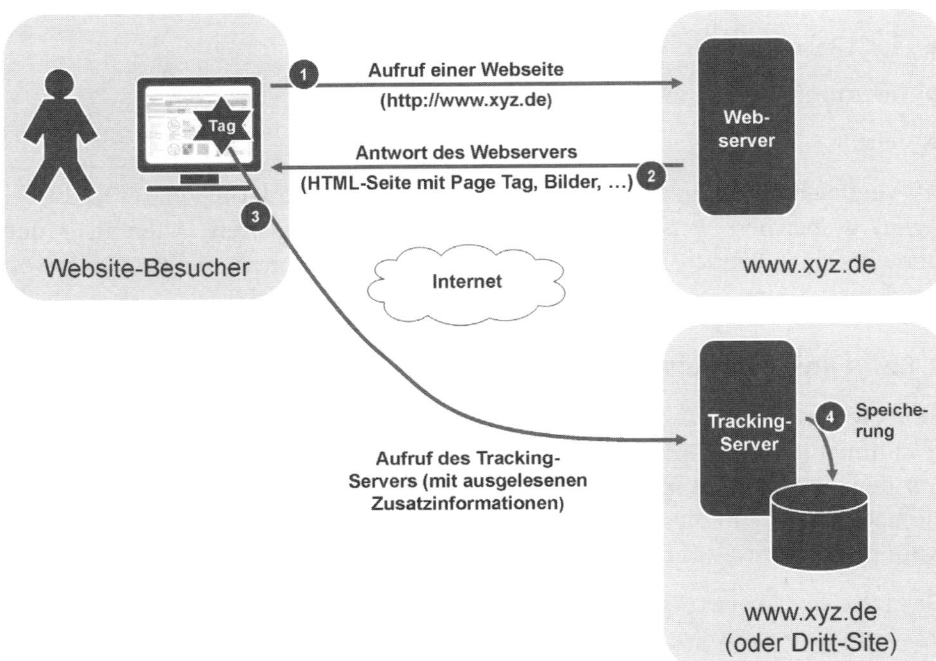

Abb. 2.4: Funktionsweise der clientseitigen Datensammlung mittels Page Tag

Auch wenn diese Art der Datenübertragung ziemlich kurios klingen mag, sie wird vom Prinzip her schon seit Aufkommen der Web-Zähler Ende der 1990er Jahre so oder ähnlich praktiziert. Manche mögen sich noch an die Zeit erinnern, als praktisch jede Website mit solchen überaus hässlichen Zählern wie in Abbildung 2.5 gezeigt versehen war, um auf die vermeintlich gute Nutzung der Site hinzuweisen. Heute sind die eingebundenen Bilder glücklicherweise unsichtbar.

Abb. 2.5: Web-Zähler der 1990er mit ähnlichem Funktionsprinzip wie Page Tags

Aufgrund der Ausgefallenheit dieser Methode wird sie gelegentlich auch als »Web Bug« (Käfer) oder »Web Beacon« (Signalfeuer) bezeichnet. Eine zeitgemäße Möglichkeit, um anstelle solcher Web Beacons gesammelte Daten asynchron an einen Server zu übertragen, wäre die Verwendung von AJAX (Asynchronous JavaScript and XML). Bislang hat diese Methodik allerdings noch kaum Einzug in Standard-Lösungen von Produktherstellern gefunden – wahrscheinlich, weil sie Installationen auf Seite des Website-Betreibers benötigen.

Voraussetzung, um mittels clientseitiger Sammlung an die Daten zu gelangen, ist also, dass jede Seite einer Website ein solches Page Tag enthält. Will man so ein Page Tagging einführen, bedeutet dies, dass man jeder einzelnen Seite so einen Tag einimpfen muss, das heißt, den HTML-Code um einen kleinen JavaScript-Code ergänzen muss. Besteht eine Website aus ganz vielen statischen HTML-Seiten, kann dies ganz schön aufwändig werden – muss man doch jede dieser Seiten in die Hände nehmen und modifizieren. Im Normalfall lässt sich das Tag aber zentral in einem Website-Template oder im Content-Management-System hinterlegen. Dann wird die ganze Implementierung technisch gesehen zum Kinderspiel.

2.4 Alternative Datensammlungs-Mechanismen

Die serverseitige Logfile- und die clientseitige Page-Tag-Datensammlung stellen die beiden meistverbreiteten Kollektionsmethoden für Nutzungsdaten dar. Daneben gibt es aber noch einige alternative Methoden, die einige der Nachteile von Logfiles und Page Tags versuchen auszumerzen. Ihre Verbreitung ist jedoch eher gering, der Vollständigkeit halber seien sie hier trotzdem kurz erwähnt:

- Hybride Methoden (client- und serverseitig)
- Packet Sniffer
- Reverse Proxies

Die hybriden Methoden versuchen sowohl clientseitig wie serverseitig, Daten zu sammeln und anschließend zusammenzuführen. Damit sollen gewisse Nachteile der jeweiligen Variante ausgemerzt werden. Das Hauptproblem der ungenauen Besuchererkennung löst sich aber dadurch nicht. Vielmehr entstehen durch die Zusammenführung der verschiedenen Datensammlungsmethoden wieder neue Probleme, so dass sich solche Lösungen bislang in der Praxis noch nicht durchgesetzt haben.

Packet Sniffer verfolgen den Ansatz, dass sie sich direkt vor dem Webserver in den Verkehr zwischen Webserver und Client einklinken und sämtliche hin- und herfließende Datenpakete »beschnuppern« bzw. den Traffic aufzeichnen. Dies kann unter gewissen Umständen von Vorteil sein. Ist beispielsweise eine Website auf mehrere physische Server verteilt, dann erübrigt sich das Zusammentragen der

Logfiles von den verschiedenen Servern. Abgesehen davon kämpfen Packet Sniffer aber mehr oder weniger mit denselben Nachteilen wie die serverseitige Logfile-Sammlung.

Eine dritte Datensammlungsmöglichkeit sind so genannte Reverse Proxies. Solche Rechner werden direkt vor den Webserver gesetzt und nehmen sämtliche Anfragen von außen entgegen und leiten sie erst dann an den Webserver weiter. Bei der Antwort des Webservers geschieht dasselbe in umgekehrter Weise. Dadurch kontrollieren Proxies sämtlichen Datenverkehr zwischen Client und dem betreffenden Webserver. Anders als Packet Sniffer können Proxies aber nun nicht nur lesend den Datenverkehr aufzeichnen, sondern ihn auch modifizieren. Dadurch wird es zum Beispiel möglich, jeder auszuliefernden Seite auf dem Proxy noch nachträglich ein Page Tag einzuimpfen. Das Einbauen des Page Tags in jede HTML-Seite, wie es beim normalen clientseitigen Verfahren notwendig ist, entfällt dadurch. Schlussendlich funktioniert diese Methode ähnlich wie die clientseitige Datensammlung, behebt jedoch die eine oder andere Schwierigkeit von ihr. Auf der anderen Seite erfordern Proxies einen sehr hohen Hardware- und Installationsaufwand, so dass sie in der Praxis auch eher selten als Analyse-Quelle zur Anwendung kommen.

2.5 Vergleich der Datensammlungs-Methoden

Bei der Vielfalt der Funktionsweisen und Methoden zur Datensammlung stellt sich zwangsläufig die Frage, welche denn nun die beste für Web-Analytics-Systeme ist. Da sich dies nicht so eindeutig beantworten lässt, folgen zusammengefasst nun einige Vor- und Nachteile der beiden Haupt-Methoden.

2.5.1 Vor- und Nachteile von Logfiles für die Web-Analytics-Nutzung

Die Stärken von Logfiles liegen in der exakten Aufzeichnung von allem, was auf dem Server passiert. Für Web-Analytics-Auswertungen ist dies von Nutzen, wenn es darum geht, zum Beispiel Fehlermeldungen oder Traffic von Suchmaschinen-Crawlern auszuwerten. Da in den Logfiles sämtliche Daten in einem standardisierten Format gespeichert werden, sind auch noch Daten aus früherer Zeit problemlos auswertbar.

Allerdings weisen Logfiles in der Datensammlung auch einige Schwächen auf. Diese sind:

- **Caching:** Durch das Caching (Zwischenspeichern) von Webseiten im Browser des Benutzers oder in so genannten Proxy-Servern bei Internet Service Providern oder Firmennetzwerken dringen nicht immer alle Benutzer-Anfragen bis zum Webserver vor. Stattdessen antwortet dann der Proxy-Server auf Benutzeranfragen, sofern eine betreffende Seite im Proxy oder im Cache des Browsers gespeichert ist. Damit kann es sein, dass ein Webserver von bis zu zehn Prozent des Traffics gar nichts erfährt und damit auch nicht in Logfiles speichert.

- **Framesets:** Bei der Aggregation von einzelnen Hits in einem Logfile zu Größen wie Page Views oder Visitors entstehen weitere Unschärfen. Für Page Views ist dies insbesondere dann kritisch, wenn noch Framesets eingesetzt werden. Framesets sind eine Zusammenfassung verschiedener Unterseiten in einem Fenster – so dass der Besucher meint, nur eine Seite vor sich zu haben. Wenn nun ein Frameset aus zum Beispiel vier Unterseiten besteht, dann werden im Logfile insgesamt fünf Seitenaufrufe für eigentlich einen erfasst. Wenn auf vielen Seiten Framesets eingesetzt werden, wird im Vergleich zur Realität ein Mehrfaches an Seitenaufrufen gemessen.
- **Besucheridentifikation:** Die Identifikation eines Besuchers wird dann sehr ungenau, wenn diese anhand der Kombination von IP-Adresse und User Agent ermittelt wird. Da für die genauere Messung mittels der Cookie-Methode Anpassungen an der Website notwendig wären, wird letztere entsprechend selten bei Logfile-Datensammlungen eingesetzt.
- **Suchmaschinen-Crawler und Sonden:** Da sämtliche Dateiaufrufe sowohl von Mensch wie Maschine in den Logfiles gespeichert werden, muss auf eine saubere Trennung bei der Verarbeitung geachtet werden. Zählt man die von Suchmaschinen-Crawlern verursachten Besuche mit, dann erhält man Besucherzahlen weit über der Realität. Das Gleiche gilt für so genannte Sonden, die die Verfügbarkeit einer Website in kurzen Intervallen prüfen und im Logfile entsprechende Einträge hinterlassen.
- **Verteilte Server:** Wenn eine Website zum Beispiel aus Lastüberlegungen auf mehr als einen physischen Server verteilt ist, dann müssen Logfiles von den verschiedenen Servern zusammengetragen oder in einer Datenbank aggregiert werden. Solange sich die Server innerhalb desselben Netzwerkes befinden, ist dies etwas aufwändig, aber machbar. Sobald aber Server in verschiedenen Netzwerken stehen (zum Beispiel bei globalen Websites, die Server verteilt in verschiedenen Ländern haben), wird dies ein sehr mühsames Unterfangen. Vielfach können dann Auswertungen daraus im besten Fall mit einem Tag Verzögerung gemacht werden.
- **Involvierungsgrad der IT-Abteilung:** Für die Installation von Logfile-Analyse-Systemen ist eine starke Involvierung der IT-Abteilung unumgänglich. Auch später für den Unterhalt ist mit einem gewissen Support und Beteiligungsgrad seitens IT zu rechnen.
- **Fehlende Informationen:** Für viele interessante Auswertungen fehlen schlichtweg Informationen, da sie gar nicht gesammelt werden. Sämtliche Ereignisse innerhalb des Browsers, wie der Klick auf einen Link, werden in Logfiles nicht

gespeichert (bzw. nur, wenn eine Serveraktion daraus resultiert). Für ereignisgesteuerte oder dynamische Anwendungen wie AJAX-Anwendungen ist somit keine Lösung vorhanden.

Vorsicht vor Suchmaschinen-Traffic und Sonden

Krisensitzung im Web-Team eines Großunternehmens: Die Web-Statistik zeigt einen plötzlichen Zusammenbruch der Website-Besuche um über ein Drittel an. Trotzdem sind weder technische Probleme ersichtlich noch scheint sonst irgendetwas Außergewöhnliches vorgefallen zu sein.

Nach Tagen der Fehlersuche stellt sich Folgendes heraus: Die IT-Abteilung des Unternehmens hatte die Verfügbarkeit seiner Website mittels einer so genannten Sonde wie Sysformance (`www.sysformance.de`) überwacht. Die Sonde rief im Minutentakt verschiedene Seiten der Website auf und prüfte deren Verfügbarkeit. Sollte die Website einmal ausfallen, würde die Sonde dies in kurzer Zeit registrieren und per E-Mail oder SMS einen Alarm an den Betreiber aussenden.

Zwischenzeitlich hatte die IT-Abteilung jedoch die Sonde abgestellt und war auf eine andere Überwachungsmethode ausgewichen. So weit, so gut und richtig. Dummerweise waren vorher aber die Aufrufe der Sonde im Web-Analytics-System für Seitenaufrufe von Benutzern gehalten worden, das heißt, der Sonden-Traffic wurde nicht ausgeschlossen. Beim plötzlichen Abstellen der Sonde erfolgte dann der vermeintliche Einbruch der Besucherzahlen.

2.5.2 Vor- und Nachteile von Page Tags für die Web-Analytics-Nutzung

Die Stärken von Page Tags liegen dagegen genau in der Sammlung solcher zusätzlicher Informationen, die später für eine mehr geschäftsorientierte und weniger technische Auswertung von bedeutendem Nutzen sind. Gleichwohl hat jedoch auch die clientseitige Datensammlung ihre Grenzen:

- **Besucheridentifikation:** Da Cookies als Hauptmethode für die Benutzeridentifikation eingesetzt werden, bestehen bezüglich der Messgenauigkeit dieselben Unschärfen, als wenn Cookies bei der Logfile-Datensammlung eingesetzt werden. Etwas verschärft wird das Ganze dann noch, wenn Third-Party-Cookies eingesetzt werden, die von Besuchern häufiger geblockt werden. Die Installation eines Web-Analytics-Systems ist unter Verwendung von Third-Party-Cookies einfacher als mit den sichereren First-Party-Cookies. Deshalb sind in der Praxis Third-Party-Cookies bei Page-Tagging-Systemen leider relativ verbreitet.
- **Web Beacon:** Auch die Funktionsweise mit dem Web Beacon ist nicht über alle Zweifel erhaben. Wer zum Beispiel einen Ad-Blocker bei sich installiert hat, der sämtliche Banner von Drittsites einfach ausblendet, der verhindert auch die

Datensammlung der Page Tags, falls diese auf einen Drittserver verweisen. Da auch hier wie bei den Cookies die Installation mittels Drittserver um einiges einfacher ist, kommt diese Konstellation in der Praxis relativ häufig vor. Zwar werden Ad-Blocker nicht von so vielen Nutzern eingesetzt – ein gewisser Einfluss auf die Datensammlung ist aber wiederum gegeben.

- **Seiten ohne Page Tag:** Ein weiterer Problembereich von clientseitigen Sammlungsmethoden sind all jene Seiten, die kein Page Tag enthalten. Im harmlosesten Fall sind dies Seiten, bei denen das Tagging schlicht vergessen wurde. Schwierigere Fälle sind solche Dateien, in die überhaupt keine Page Tags eingebaut werden können. Dies ist beispielsweise bei PDF-Dateien der Fall. Wenn eine solche Datei über einen Link auf der Website aufgerufen wird, kann der Aufruf zwar noch gespeichert werden. Wird aber das PDF zum Beispiel direkt als Trefferdokument aus einer Suchmaschinen-Ergebnisseite aufgerufen, dann entgeht es dem clientseitigen Datensammler.
- **RSS-Feeds:** Auch Aufrufe von reinen RSS-Daten, wie es zum Beispiel bei der Anzeige in Newsreadern erfolgt, bringt das clientseitige Tracking an seine Grenzen. Hier muss jeweils mit Zusatzlösungen gearbeitet werden, um auch diese Bereiche in die Datensammlung mit aufzunehmen.
- **Suchmaschinen-Crawler und Sonden:** Der Traffic von Suchmaschinen-Crawlern wird im clientseitigen Verfahren nicht gemessen. Dies ist dadurch begründet, dass Suchmaschinen das JavaScript des Page Tags nicht ausführen und auch eingebettete Bilder wie das unsichtbare Bild des Web Beacons nicht aufrufen. Der Vorteil davon ist, dass die Daten nicht wie bei den Logfiles durch solchen automatischen Traffic verunreinigt werden. Der Nachteil ist dafür auch, dass der Besuch von Suchmaschinen-Crawlern nicht ausgewertet werden kann. Diese Informationen wären zum Beispiel für die Suchmaschinenoptimierung von Websites hilfreich.
- **Ladegeschwindigkeit von Seiten:** Da jeder Seite ein Page Tag eingeimpft werden muss, hat dies zwangsläufig zur Folge, dass das Gewicht jeder Seite geringfügig größer wird. Beim erstmaligen Aufruf einer Website kann der zusätzliche Code bis zu 50 KB schwer sein, bei jedem weiteren Aufruf sind es dann nur noch einige wenige Bytes. Grundsätzlich hat dies mit den heute üblichen Bandbreiten keine merkbare Auswirkung auf die Ladegeschwindigkeit einer Seite. Bei sehr eingeschränkten Bandbreiten zum Beispiel über Mobilfunk kann das Gewicht der Page Tags allerdings noch ein zu bedenkender Faktor sein.

2.5.3 Zusammenfassung und Empfehlung

Dass Web Analytics keine exakte Wissenschaft ist, haben wir bereits im ersten Kapitel festgestellt. Die perfekte bzw. die Realität exakt abbildende Datensammlungsmethode gibt es schlichtweg nicht. Die Frage, die sich dann noch stellt, ist, welche der Verfahren – die serverseitigen Logfiles oder das clientseitige Page Tagging – die für Web Analytics nun besser geeignete Variante ist.

Übersicht Page Tagging vs. Logfiles

Zur Übersicht seien die Unterschiede der beiden Varianten in folgender Ansicht noch einmal gegenübergestellt:

Dimension	Page Tags	Logfiles
Messungenauigkeit wegen Caching/Proxies	+	-
Messungenauigkeit durch Einfluss von Ad-Blockern (Web Bug)	+/-	+
Messungenauigkeit durch Suchmaschinen-Crawler und Sonden	+	-
Eindeutige Identifikation eines Page View (Framesets)	+	+/-
Eindeutige Identifikation von Besuchern und Sessions	+/-	(+)/-
Aufzeichnung von Serverfehlermeldungen	+/-	+
Aufzeichnung von Suchmaschinen-Crawlern, RSS-Readern etc.	-	+
Aufzeichnung von Events (zum Beispiel Klick auf Link, AJAX-Anwendungen)	+	-
Aufzeichnung von Zusatzinformationen zum Benutzer (Bildschirmgröße, Plug-ins etc.)	+	-
Aufzeichnung von Downloads (zum Beispiel PDFs)	+/-	+
Aufzeichnungen über mehrere Websites	+	+/-
Aufzeichnung einer Website, die auf mehrere physische Server verteilt ist	+	+/-
Installation ohne Involvierung der IT-Abteilung	+/-	-
Einfluss der Messung auf die Ladegeschwindigkeit einer Seite	+/-	+
Verwendung von produktübergreifenden Standards für das Datenspeicherungsformat	-	+
Übernahme von alten Datenaufzeichnungen	-	+
Erstellungsgeschwindigkeit von Reports	+	-

Tabelle 2.1: Vergleich von Page Tagging und Logfile-Speicherung: kein Problem (+), teilweise lösbar (+/-), Problembereich (-)

Wann was einsetzen

Serverseitige Datensammlung bringt für technische Bedürfnisse einige Vorteile mit sich. Für eine Analyse-Auswertung, die auf den wirtschaftlichen Erfolg einer Website abzielt, fehlt der serverseitigen Auswertung allerdings die notwendige Datenbasis. Denn Logfiles wurden ursprünglich nicht dafür erstellt, um das

Benutzerverhalten auf Websites zu analysieren und um daraus für die inhaltliche Entwicklung einer Site Schlüsse zu ziehen. Logfiles wurden zwecks Überwachung und Auffindung technischer Fehlfunktionen auf einem Webserver erfunden und verrichten dafür gute Dienste. Für die Analyse von Benutzerverhalten verfügen sie aber über die falschen und unzureichenden Informationen.

Dennoch gibt es einige Situationen, in denen Logfile-Analysen Sinn machen oder gar unumgänglich sind. Diese sind:

- wenn unbedingt historische Daten (das heißt weit zurückliegende Nutzungsdaten) in die aktuelle Analyse mit einbezogen werden müssen
- wenn bestimmte Seiten eines Webauftritts nicht modifiziert werden können (das heißt, das Page Tag nicht eingebaut werden kann)
- wenn interne Sicherheitsbestimmungen den Einsatz von JavaScript auf der eigenen Website untersagen

Wenn diese Anforderungen nicht gegeben oder nicht so stark gewichtet sind, dann sollte unbedingt und unumstritten die Page-Tagging-Variante eingesetzt werden.

Kapitel 3

Datenspeicherung

Nach der Datensammlung ist die Speicherung der zusammengetragenen Informationen die zweite von drei Hauptaufgaben, die Web-Analytics-Systeme lösen müssen.

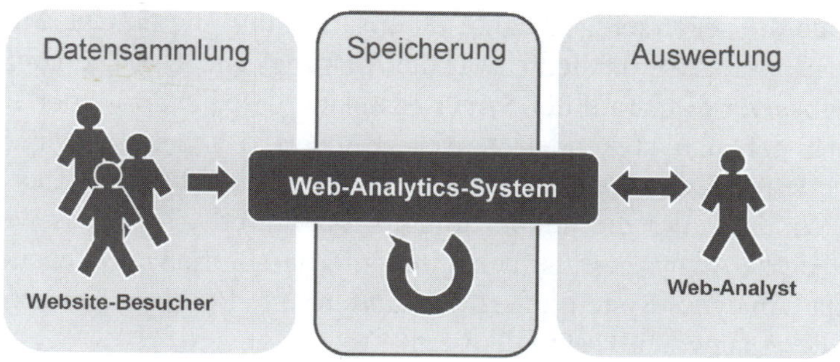

Abb. 3.1: Datenspeicherung und -verarbeitung als Aufgabe eines Web-Analytics-Systems

3.1 Speicherungsvarianten

Was so profan klingt – Daten speichern kann doch jeder –, ist im Detail betrachtet aber gar nicht mal so simpel. Wenn man bedenkt, dass tagtäglich Tausende von Besuchern eine Website besuchen, dabei je rund ein halbes Dutzend Seiten anschauen und mit jeder Seite zig Hits erzeugen, dann kommt täglich eine beträchtliche Menge an Datenmaterial zusammen.

Will man dann noch über Monate oder Jahre diese Daten für Auswertungen verfügbar haben, füllt man schnell einmal ein paar Festplatten. Um sich vor Verlust zu schützen, muss man für das Ganze natürlich noch ein Backup durchführen, womit sich der Umfang nochmals multipliziert. Alles in allem kann so die Infrastruktur bei umfangreicheren Websites und je nach Besuchermenge schnell eine derartige Größe annehmen, die nicht mehr mit ein oder zwei Rechnern abzudecken ist. Gerade wenn man nicht Stunden damit verbringen möchte, auf die Generierung von Auswertungen zu warten, dann macht eine gesunde Dimensionierung der Infrastruktur Sinn.

Nun hört sich »Dimensionierung der Infrastruktur« ziemlich nach »kompliziert«, »technisch« und »aufwändig« an und ist nicht unbedingt das, womit man sich in der Web-Analyse beschäftigen möchte. Zumindest einmal sollte man sich aber kurz damit auseinandersetzen, denn es gibt zwei grundlegend unterschiedliche Ansätze, wie man der Datenspeicherungs-Problematik begegnen kann.

- Die notwendige Infrastruktur intern aufbauen und betreiben
- Die Infrastruktur und Software zu einem Drittanbieter outsourcen (Software as a Service/SaaS)

Beide Varianten haben natürlich ihre Vor- und Nachteile in Zeitaufwand, Kosten und in der Hoheit der Daten.

3.1.1 Interner Betrieb von Web-Analytics-Lösungen

Zu Zeiten, als die serverseitige Logfile-Datensammlung die einzige Möglichkeit für eine Besucheranalyse darstellte, war die Ausgangslage klar. Die Logfiles wurden vom Webserver direkt auf der Server-Festplatte gespeichert – oder auf einem im Netzwerk nebenan stehenden Server gesichert. Da bei der serverseitigen Sammlungsmethode der Webserver selbst die Logfiles schreibt, ist es ohnehin unumgänglich, dass auch die Auswertung der Daten in der Nähe des Webservers erfolgt. Für Logfile-Analysen muss bei einem internen Betrieb der Website demzufolge auch das Analytics-System intern vorhanden sein. Bei einer gehosteten Website erfolgt dies analog beim selben Hoster.

Bei der clientseitigen Datensammlungsmethode mittels Page Tag hingegen ist dies nicht mehr ganz so eindeutig. Hier kann der Server für die Datenspeicherung grundsätzlich irgendwo stehen, sofern er denn mit dem Internet verbunden ist. Das Analytics-System intern oder beim selben Hoster zu betreiben, ist dann nur noch eine Option und keine Voraussetzung mehr.

Abbildung 3.2 zeigt die drei möglichen Konstellationen – interner Betrieb für Logfile-Analyse und Page Tagging sowie SaaS-Lösung für das Page Tagging – in einer schematischen Darstellung.

Die Vorteile eines internen Betriebs sind folgende:

- **Niedrige Unterhaltskosten:** Verfügt man als Unternehmen bereits über ein Rechenzentrum oder entsprechende Server, ist der Aufwand für den Aufbau einer entsprechenden Infrastruktur nicht außer Acht zu lasen. Dafür ist der Unterhalt und Betrieb der Lösung anschließend aber meist relativ kostengünstig. Das heißt, die Kosten für das System entstehen hauptsächlich initial und weniger im laufenden Betrieb.
- **Datenhoheit:** Da sämtliche Informationen intern gespeichert sind, ist auch sichergestellt, dass man stets Zugriff auf die Daten hat. Bei einer externen Lösung muss man sich dagegen stets auf die Zuverlässigkeit bzw. Verfügbarkeit des externen Anbieters verlassen können.

- **Datenschutz:** Je nach Informationen, die gespeichert werden, können diese schützenswert sein. Dies können beispielsweise personalisierte Auswertungen sein, wo man aufgrund von Datenschutzgesetzen verpflichtet ist, die Informationen geheim zu halten. Auch bei der Auswertung von Intranet-Nutzungen können unter Umständen schützenswerte Unternehmensinformationen in den Analysedaten gespeichert sein. Bei einem internen Betrieb der Analytics-Lösung liegt der Schutz dieser Daten im eigenen Verantwortungsbereich und ist damit kontrollierbar. Bei externen Lösungen ist man auch hier wiederum auf die Verlässlichkeit und die Zusicherungen des Anbieters angewiesen.

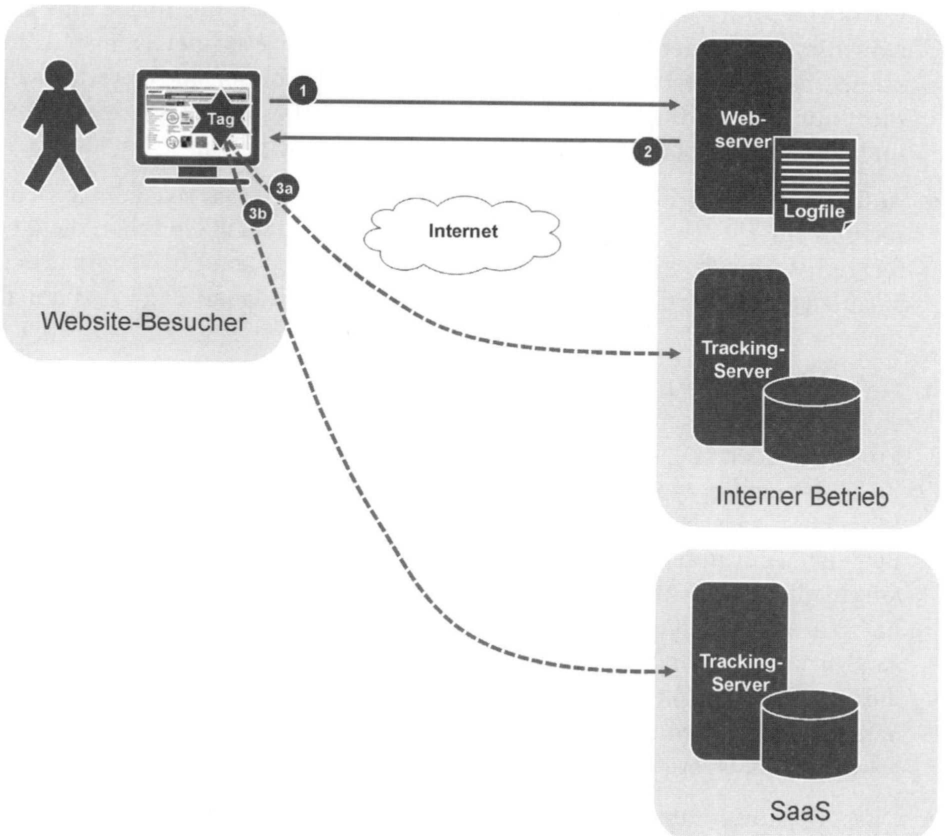

Abb. 3.2: Clientseitiges Page Tagging bietet die Wahl zwischen internem Betrieb und SaaS.

Diesen Vorteilen stehen jedoch auch einige beträchtliche Nachteile gegenüber:

- **Investitionskosten:** Fährt man nur sporadisch Auswertungen und hält sich die Besuchermenge auf der Website in kleinen Grenzen, reicht im Normalfall ein zusätzlicher Server für die Datensammlung und die Auswertungen aus. Kleinere und mittlere Websites sollten damit gut auskommen. Im Minimalfall ließen sich die Auswertungen gar noch auf derselben Maschine ausführen, auf der auch der Webserver läuft – allerdings mit der Gefahr, dass die Performance der Website negativ beeinflusst wird. Bei steigender Besuchermenge und Anzahl Web-Analysten allerdings wachsen auch die Anforderungen an die benötigte Infrastruktur. Ein typisches Setting ist dann, einen eigenen Server für die Datensammlung und einen für die Datenauswertung zu verwenden. Fordert man wie bei einer Website auch von der Datensammlung eine bestimmte Ausfallsicherheit (zum Beispiel 99 Prozent verfügbar), dann müssen solche Systeme redundant aufgebaut werden. Verwendet man in einer professionellen Web-Infrastruktur zudem noch eine Testumgebung, die genauso aufgebaut ist wie die Live-Infrastruktur, verdoppelt sich der Serverbedarf nochmals. Eine Lösung fürs Backup der Daten noch nicht einmal mit eingerechnet, ist man dann schnell bei fünf und mehr Servern angelangt. Jeder dieser Server verursacht nicht nur Anschaffungskosten, sondern auch Lizenzkosten für Betriebssystem und die Analytics-Software – das kann schnell ins Geld gehen.

- **Aufbauzeit:** Bei solchen Größenordnungen leuchtet ein, dass solch ein System nicht in einer Woche aufgebaut ist. Im Normalfall beträgt allein schon die Lieferzeit für neue Server mehrere Wochen. Ein Gesamtsystem für Web Analytics so aufzusetzen, bis die erste Auswertung möglich ist, dauert dann gerne mal mehrere Monate.
- **IT-Projekt:** Schlussendlich definieren die Materie, die Kosten und die Zeit, dass es sich beim internen Infrastrukturaufbau um ein kleines bis mittelgroßes IT-Projekt handelt. Da der Wunsch nach geschäftsorientierter Auswertung der Website-Nutzung typischerweise aus dem Business-Bereich kommt, ist eine Interaktion zwischen Business- und IT-Abteilung zwangsläufig. Projekte mit Beteiligten aus unterschiedlichen Abteilungen leiden erfahrungsgemäß an unterschiedlichen Zielvorstellungen der einzelnen Abteilungen und neigen deshalb zu erhöhtem Abstimmungsaufwand. Einem flexiblen Einsatz von Web Analytics und einer kurzfristigen Nutzung zur Optimierung der Website ist dies zumindest nicht gerade förderlich. Oder anders ausgedrückt: Die Gefahr, dass das Web-Analytics-Projekt versandet, bevor die erste Auswertung gemacht werden kann, ist existent.

Als Best-Practice-Erfahrung empfiehlt es sich eigentlich, nur in zwei ganz bestimmten Fällen einen internen Betrieb einer Web-Analytics-Lösung in Betracht zu ziehen. Nämlich erstens dann, wenn aus ganz bestimmten Gründen der Einsatz der serverseitigen Logfile-Analyse als Datensammlungs-Methode dem clientseitigen Page Tagging vorgezogen wird. Begründet kann dies lediglich in den in Abschnitt 2.5.3 genannten Situationen sein. Der zweite spezifische Fall liegt dann vor, wenn der Datenhoheit und dem Datenschutz ein enorm hohes Gewicht zukommt, so wie dies zum Beispiel in der Bankbranche sein kann.

3.1.2 Web-Analytics-Lösungen als Software as a Service (SaaS)

Wer keine eigene Infrastruktur betreiben oder hosten lassen möchte, dem bietet sich für Web-Analytics-Systeme eine interessante Alternative. Verschiedene Produkthersteller von Analytics-Software haben erkannt, dass es sich meist für ein Unternehmen nicht rechnet, wenn es selbst eine technische Infrastruktur für die Datensammlung und Speicherung aufbauen muss. Insbesondere bei kleinen und mittleren Unternehmen ist die Voraussetzung dafür auch gar nicht gegeben. Verschiedene Hersteller bieten deshalb ihr Produkt in einer Mietlösung an, worin nicht nur die Softwarelizenz, sondern auch die Mitnutzung einer hoch skalierten Infrastruktur mit inbegriffen ist. Solche Mietmodelle nennen sich in der Fachsprache *Software as a Service* (SaaS). Häufig wird für den Anbieter solcher *On Demand-*Lösungen auch noch der ältere Begriff *Application Service Provider* (ASP) verwendet.

Die Vor- und Nachteile eines solchen Mietmodells sind ziemlich genau reziprok zu jenen des internen Betriebs:

- **Schnelle Inbetriebnahme der Lösung:** Die Aufschaltung einer SaaS-Lösung kann im Idealfall innerhalb von Minuten erfolgen. Nimmt man Google Analytics als Beispiel einer SaaS-Lösung, dann ist eine solche Aufschaltung in der Tat binnen äußerst kurzer Zeit möglich. Bei lizenzkostenpflichtigen Lösungen definieren meist die Verhandlungen der vertraglichen und kostenmäßigen Bedingungen die Länge der Aufschaltzeit – und nicht die Technik.
- **Niedrige Investitionskosten:** Da kein Kauf einer Software erfolgt, sind die initialen Investitionskosten meist sehr niedrig. Setup-Kosten fallen höchstens für die Einrichtung eines Accounts beim betreffenden Produktanbieter an.
- **Flexibler Wechsel eines Anbieters oder Produktherstellers:** Dank der niedrigen Initialkosten ist ein Anbieterwechsel wesentlich einfacher als bei einer installierten Lösung. Einzig die Setup-Kosten und eigene Aufwände für den Einbau des Page Tags fallen bei einem Anbieterwechsel an. In der Realität ist der einfache Anbieterwechsel dann allerdings doch nicht so praktikabel, da bereits gesammelte Daten und Auswertungen bei einem Wechsel verloren gehen.
- **Flexibler Ausbau/Skalierung:** Wenn im Laufe der Zeit die Besuchermenge der Website stark steigt oder temporär intensivere Nutzungs-Auswertungen gefahren werden, dann verkraftet das die hoch skalierte Infrastruktur eines SaaS-Anbieters problemlos. Dies erfolgt im Normalfall flexibel, ohne Zusatzinstallationen oder Ähnliches.

Nachteilig kann sich dagegen in gewissem Maße die Abhängigkeit vom Anbieter auswirken. Im Falle eines Betriebsausfalls oder gar Bankrotts des Anbieters kann man unverhofft vor neue Tatsachen gestellt werden, ohne dass man viel dagegen unternehmen könnte. Der seriösen Auswahl eines Anbieters fällt dementsprechend eine höhere Wichtigkeit zu.

Auch die laufenden Kosten, die Miete, fällt zwangsläufig teurer aus als bei internem Betrieb – mal abgesehen von Ausnahmen wie eine lizenzkostenfreie Lösung im Stile von Google Analytics oder dem Microsoft AdCenter. Die Höhe der Betriebskosten bemisst sich in den üblichen Lizenzmodellen an der Anzahl der Seitenzugriffe (Page Views). Für viel besuchte Websites werden damit höhere Kosten fällig als für wenig besuchte – eine relativ faire Lösung.

Voraussetzung für den Betrieb einer Web-Analytics-Lösung im SaaS-Modus ist die Verwendung der clientseitgen Page-Tagging-Sammelmethode. Denn erst dadurch wird ermöglicht, dass Website und Analyse-Software an ganz unterschiedlichen Orten stehen können.

3.1.3 Vergleich von internem Betrieb vs. SaaS

Best Practice für die Auswahl einer Betriebsvariante ist folgende: Da meist möglichst schnell ein Analytics-System eingesetzt werden soll – denn mit jedem Tag ohne Datensammlung gehen unter Umständen wichtige Nutzungsinformationen verloren –, ist SaaS im Normalfall die näherliegende Lösung. Außer wenn Datenschutz oder Datenhoheit als besonders hoch gewichtet wird, dann kommt SaaS vom Prinzip her überhaupt nicht in Betracht. Die Vor- und Nachteile der beiden Varianten in der Übersicht:

Dimension	SaaS	intern
Aufbaudauer	+	-
Datenhoheit	-	+
Abhängigkeit vom Produktanbieter	-	+/-
Datenschutz-Einflussmöglichkeit	+/-	+
Investitionskosten	+	-
Unterhaltskosten/Laufende Kosten	+/-	+
Entstehende Aufwände bei Versionsupdates	+	-
Eignung für Logfile-Analyse	-	+
Eignung für Page Tagging	+	+/-

Tabelle 3.1: Vergleich von SaaS- und internem Betrieb von Web-Analytics-Systemen: gut (+), durchschnittlich (+/-), schlecht (-)

3.2 Rechtliche Überlegungen zur Datenspeicherung

Wann immer es um die Speicherung von Nutzerinformationen geht, ist auch der Datenschutz ein Thema. Denn für die Speicherung von personenbezogenen Daten gibt es in vielen Staaten einschränkende Gesetze, die beachtet werden müssen. Erschwerend dabei ist, dass die Vorgaben von Staat zu Staat sehr unterschiedlich sein können. Während sich die Gesetzgebung in den USA wenig einschränkend bezüglich des Schutzes von persönlichen Informationen gibt, ist dies in Europa wesentlich restriktiver gehandhabt.

3.2.1 Allgemeine Datenschutz-Bestimmungen

Der größte gemeinsame Nenner länderübergreifend ist jedoch das Bestreben, dass jede Person selbst darauf Einfluss haben kann, welche Daten über sie gespeichert werden. Dies prägt sich meist in einer expliziten Erlaubnis durch den Betroffenen zur Datenspeicherung und einer Einsichtmöglichkeit über zum Beispiel bei einem Unternehmen gespeicherten personenbezogenen Daten aus. Gleichzeitig sollen mit entsprechenden gesetzlichen Vorschriften einer Person die Mittel gegeben werden, auf Verlangen die Löschung ihrer Daten zu bewirken.

Im Endeffekt bedeutet dies, dass, sobald man personenbezogene Daten speichert, man in den Wirkungsbereich solcher Datenschutz-Gesetze gelangen kann. Entscheidend bei den Betrachtungen ist das Wort »personenbezogen«. Das heißt, dass erst Daten, die eindeutig einer natürlichen Person zugeordnet werden können, unter die Betrachtungen fallen. Unpersönliche oder anonymisierte Daten irgendwelcher Natur sind davon grundsätzlich nicht betroffen.

3.2.2 Bedeutung für Web-Analytics-Systeme

Nutzungsdaten, die im Rahmen von Web-Analytics-Betrachtungen gespeichert werden, können nun in gewissem Maße und in bestimmten Staaten von diesen Bestimmungen tangiert werden. Mit den handelsüblichen Web-Analytics-Systemen werden aber grundsätzlich keine personenbezogenen Daten gespeichert – denn in entsprechenden Auswertungen ist kein Rückschluss auf das Surfverhalten von Herrn Müller oder Frau Meier möglich. Vielmehr interessieren in den Auswertungen ja auch aggregierte Betrachtungen wie die Gesamtzahl (anonymer) Besucher einer Website. Speichert man nun aber zu einem Website-Besucher noch persönliche Informationen – beispielsweise wenn dieser ein Kontakt-Formular ausfüllt und darin seine Personalien angibt –, gelangt man in den Wirkungsbereich der Datenschutzgesetze. Auch wenn sich Website-Besucher in einen personalisierten Bereich einloggen können, ist eine solche Zuordnung von anonymen Daten zu Personalien möglich.

So weit lassen sich personenbezogene Datenspeicherung und die Speicherung von Website-Nutzungsdaten noch gut voneinander trennen. In der Umsetzung braucht man so einfach zu beachten, dass, sobald ein Besucher persönliche Daten preisgibt – zum Beispiel bei der Anmeldung für einen Service oder der Kontaktaufnahme über ein Formular –, seine Einwilligung zur Abspeicherung der Daten gibt. So etwas lässt sich mit einer einfachen Check-Box realisieren, die der Benutzer bestätigen muss und dadurch seine Einwilligung gibt.

Wichtig dabei ist allerdings, dass dies nach dem so genannten *Opt-in-Verfahren* passiert, das heißt, der Benutzer muss die Check-Box selbstständig auswählen. Eine vorausgewählte Check-Box, die der Benutzer deaktivieren müsste, um seine Einwilligung zu unterbinden (*Opt-out-Verfahren*) ist nicht ausreichend, um seinen Willen kundzutun.

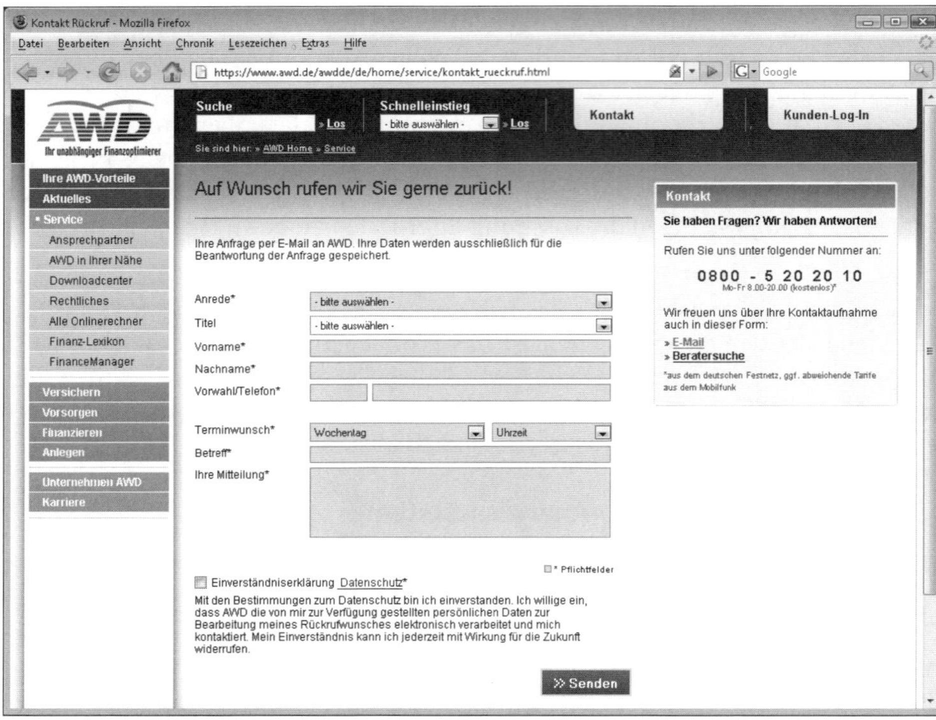

Abb. 3.3: Beispiel eines Kontaktformulars mit Opt-in-Check-Box für die Datenverarbeitung

3.2.3 Spezialfall IP-Adresse

Nun hat aber darüber hinaus die Rechtsprechung einiger Staaten – und dazu zählt beispielsweise auch Deutschland – eine etwas unterschiedliche Auslegung davon, was alles als personenbezogenes Datum gilt und was nicht. Konkret ist beispielsweise die IP-Adresse (vgl. Abschnitt 2.2.2) ein solcher Graubereich zwischen personenbezogen und anonym.

Dem gesunden Menschenverstand folgend ist dabei eine IP-Adresse eigentlich unpersönlich, das heißt, sie kann zwar von einem Internet Service Provider, nicht aber von einem Website-Betreiber mit verhältnismäßigem Aufwand einer Person zugeordnet werden. In gewissen Ausnahmefällen ist dies aber möglich. Beispielsweise dann, wenn ein privater Benutzer über eine DSL-Leitung verbunden ist, dabei explizit eine fixe (statt dynamisch zugeordnete) IP-Adresse bezieht und zudem dahinter eine eigene Website betreibt, deren URL er wiederum unter seinem Namen bei einer Domain-Registrierungsstelle angemeldet hat. Unter diesen Umständen ist es mit vertretbarem Aufwand und mit verhältnismäßig hoher Treffgenauigkeit möglich, eine IP-Adresse einer natürlichen Person zuzuordnen. Konkret kann man nämlich dann über einen »Reverse DNS Lookup« die zu einer IP-Adresse zugehörige Domain ausfindig machen und über »Whois«-Datenbanken die dazu registrierte Person ausfindig machen. Zu den beiden genannten Begriffen findet man bei Google eine beliebige Anzahl Websites, die diese Suche unterstützen.

Legt man rechtlich nun aufgrund dieser oder ähnlicher Spezialfälle die IP-Adresse als personenbezogenes Datum aus, dürfte man IP-Adressen nicht ohne explizite Einwilligung des Nutzers speichern. Da Web-Analytics-Systeme dies jedoch teilweise tun – und je nach Verfahren ja sogar die IP-Adresse zwingend benötigen, um verschiedene Besucher voneinander unterscheiden zu können –, ist ein Konfliktpotenzial vorhanden.

In Deutschland ist die Diskussion zur IP-Adresse im Zusammenhang mit dem Telemediengesetz (TMG) und einiger Gerichtsentscheide dazu entfacht worden. Je nach Amtsgericht wird die IP-Adresse einmal als personenbezogenes, einmal als nicht personenbezogenes Datum ausgelegt. Da eine abschließende und die Situation klärende Rechtsprechung eines höheren Gerichts aber noch fehlt, ist der Ausgang offen. Eine gewisse Beobachtung der Vorgänge ist allerdings empfehlenswert, will man die IP-Adressen von Nutzern speichern und sich nicht auf allzu große rechtliche Experimente einlassen.

3.2.4 Best Practice für Datenspeicherung

Als Best Practice zur rechtlichen Betrachtung im Zusammenhang mit Web-Analytics-Datenspeicherung lassen sich folgende Punkte aufzählen:

- **Nutzungsdaten nicht mit personalisierten Informationen verknüpfen:** Obwohl die Verknüpfung vielfach interessant wäre, sollte man sich gut überlegen, ob der Nutzen daraus wirklich ausreichend groß ist, um die daraus resultierenden Nachteile zu rechtfertigen. Denn Benutzer, die wegen der gesammelten Daten misstrauisch sind, werden nicht zu guten Kunden.

- **Datenschutzerklärung kommunizieren:** Egal welche Daten man sammelt und was man damit tut, es sollte immer für den Nutzer transparent bleiben. Am sinnvollsten hinterlegt man diese Transparenz in einer Privacy Policy bzw. Datenschutzerklärung auf der Website. Ein allgemein verständliches Deutsch anstelle von Juristenformulierungen erhöht das Vertrauen der Benutzer.

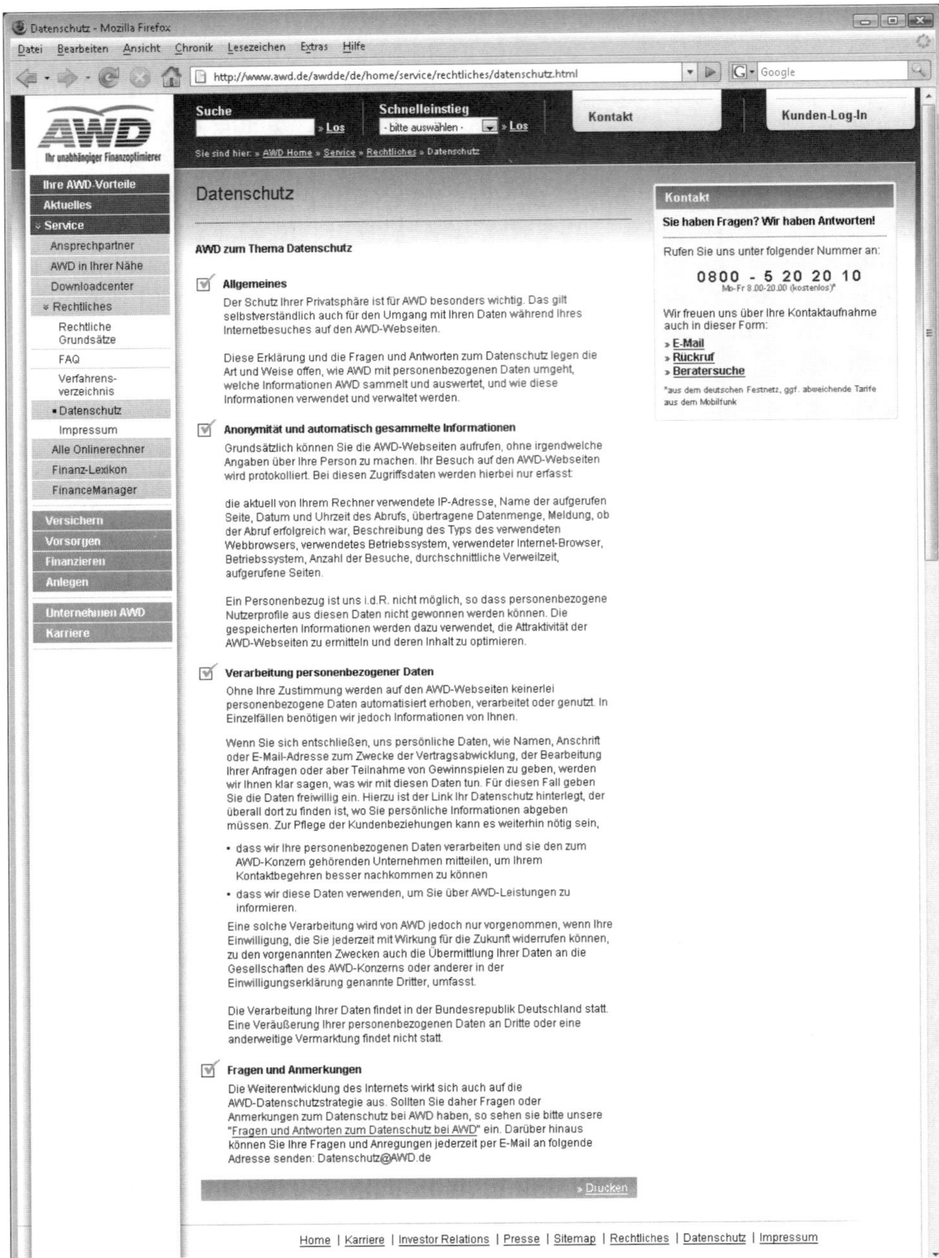

Abb. 3.4: Beispiel einer ausführlichen und transparenten Datenschutzerklärung

- **Option zur Abschaltung des Trackings bieten:** Ebenfalls ein faires Verhalten ist es, dem Besucher anzubieten, dass sein Verhalten überhaupt nicht gespeichert wird. Bei so einem Opt-out-Verfahren kann der Besucher mittels Deaktivieren einer Check-Box das Tracking abschalten – seine Einstellung wird dabei in einem Cookie gespeichert. Manche Web-Analytics-Systeme bieten eine solche Option von Haus aus, bei anderen wie z. B. bei Google Analytics sind wenige Zeilen individueller JavaScript-Code notwendig. Ein Opt-out-Verfahren stellt zwar keine rechtliche Lösung für die personenbezogene Datenspeicherung dar, ist aber dennoch eine feine und vertrauenserweckende Art, mit der Datenspeicherungsproblematik umzugehen.

- **»Opt-in-Verfahren« bei Übermittlung persönlicher Daten:** Sobald persönliche Daten wie Name, Adresse, E-Mail-Adresse etc. zum Beispiel über ein Kontaktformular oder eine Anmeldung gesammelt und anschließend gespeichert werden, sollte der Besucher um explizite Erlaubnis (*Opt-in-Verfahren*) zur Speicherung dieser Daten gefragt werden. Auch hierbei ist wieder eine allgemein verständliche und transparente Formulierung entscheidend.
- **Ort der Datenspeicherung beachten:** Wer die Speicherung der Daten nicht intern betreibt, sondern als SaaS auslagert (siehe Abschnitt 3.1.2), sollte sich über den Standort des Datencenters im Klaren sein. Werden die Daten durch den Drittanbieter innerhalb eines europäischen Landes gespeichert, kann man davon ausgehen, dass der Anbieter ähnlichen gesetzlichen Bedingungen unterliegt wie man selbst. Liegt der Ort der Datenspeicherung außerhalb der EU – was bei den amerikanischen Produkten meist der Fall ist –, dann sind deren Maßnahmen im Hinblick auf Datenschutz etwas genauer unter die Lupe zu nehmen. Schriftliche Zusicherungen, die die Einhaltung entsprechender europäischer Normen bestätigen oder die Vorkehrungen aufzeigen, sind dann Pflicht.
- **Cookie-Speicherung statt IP-Adresse:** Solange in gewissen Ländern wie Deutschland noch nicht abschließend geklärt ist, ob die Speicherung der IP-Adresse eine personenbezogene Angabe darstellt oder nicht, sollte man auf die Cookie-Variante für die Besuchererkennung ausweichen (was ohnehin das genauere Verfahren darstellt). Will man auf der ganz sicheren Seite stehen, wählt man einen Produktanbieter, bei dem die Speicherung der IP-Adresse explizit ausgeschlossen werden kann oder zumindest nur ein Teil der IP-Adresse gespeichert wird. Dies sollte man sich vom Produkthersteller zusichern lassen. Der Kreis der in Frage kommenden Produkte wird dadurch allerdings etwas eingeschränkt.

Diesen Prinzipien folgend befindet man sich grundsätzlich schon mal auf der sicheren Seite, was die rechtliche Situation zur Datenspeicherung anbelangt, und kann sich getrost den interessanteren Bereichen von Web Analytics zuwenden.

Kapitel 4

Datenauswertung und Präsentation

Während Datensammlung und -speicherungen eher im Hintergrund und unsichtbar ablaufen, ist die Auswertung der Daten der sichtbarste Teil eines Web-Analytics-Systems.

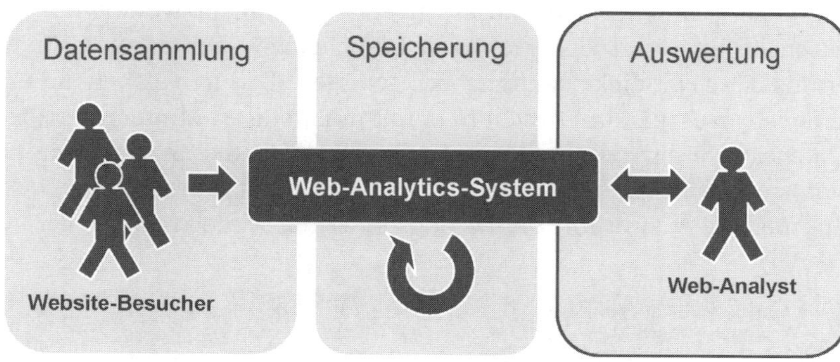

Abb. 4.1: Präsentation und Auswertung der gesammelten und gespeicherten Website-Daten

Die bunten Grafiken und Auswertungen sind denn auch so etwa das Erste, was auffällt und womit Produkthersteller auch gerne zu beeindrucken versuchen. Durch die Schönheit der Kuchendiagramme, Balken- und Liniengrafiken sollte man sich allerdings nicht zu stark vom eigentlichen Funktionsumfang ablenken lassen – denn schlussendlich ist es dies, was bei intensiverer Nutzung den Unterschied von einem System zum anderen ausmacht.

4.1 Auswertungsinterface

Jedes Web-Analytics-System verfügt über eine Bedienungsoberfläche, über die auf praktisch sämtliche Auswertungsdaten zugegriffen werden kann. Im Normalfall ist ein solches Interface heute browserbasiert, das heißt, sämtliche Auswertungen sind ohne zusätzliche Installation einer Software auf dem Auswertungsrechner nutzbar. Gerade in Unternehmen, wo die Installation von neuer Software nicht ohne Einverständnis der IT-Abteilung erfolgen kann, ist der Zugriff über den Browser meist die komfortablere Lösung, um mehreren Benutzern schnell und unkompliziert den Zugang darauf zu ermöglichen.

Manche Systeme verfügen für den Zugriff auf Auswertungen auch über verschiedene Auswertungsinterfaces – abhängig von den unterschiedlichen Bedürfnissen der Nutzer. Ein Vertreter aus dem Management erhält so eher Zugriff auf übersichtliche Charts mit zusammenfassenden Ergebnissen, während ein Web-Analyst auf die voll umfassende Ansicht mit allen Konfigurations- und Segmentierungsmöglichkeiten Zugriff hat. Um sich zu Beginn mit einem System zurechtzufinden, kann eine solch benutzerabhängige Benutzeroberfläche eine ganz nützliche Einrichtung sein.

4.1.1 Standard-Grafiken und Datentabellen

Praktisch alle Web-Analytics-Systeme verfügen über ein vorkonfiguriertes Set an Standard-Reports und -Grafiken. Diese häufig abgefragten Werte wie Seitenzugriffe, Besuche, neue und wiederkehrende Besucher usw. werden aus Gründen der Auswertungsgeschwindigkeit automatisch generiert. Dadurch stehen die Auswertungen meist sozusagen in Echtzeit bzw. mit nur wenigen Minuten Verzögerung zum Datensammlungszeitpunkt zur Verfügung. Von diesen vorkonfigurierten Berichten sind in manchen Systemen weit über hundert Stück hinterlegt, so dass eine unmittelbare Auswertung der wichtigsten Daten schnell möglich ist.

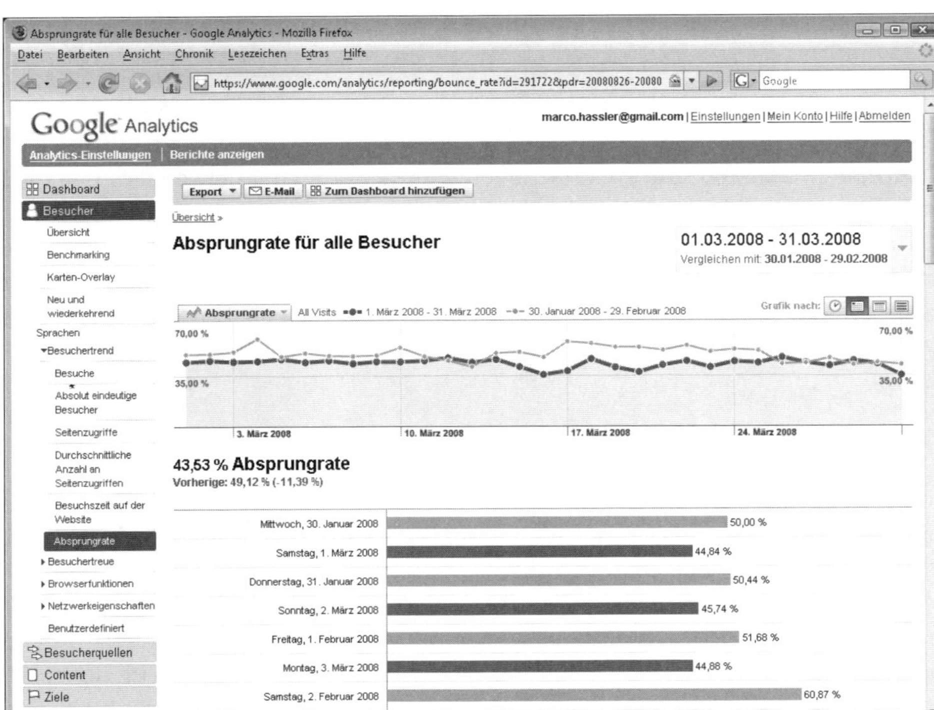

Abb. 4.2: Beispiel eines vorgenerierten Standard-Reports

Für spezifische Reports ist je nach Fähigkeit des gewählten Analytics-Systems eine vorherige Generierung solcher Berichte notwendig. Dies bedeutet, dass man als Auswerter Dimensionen wie Zeitausschnitt und gewünschte Auswertung wie Anzahl Besuche zuerst auswählt und dann den Bericht berechnen lässt. Je nach Datenmenge kann eine solche Berechnung dann Minuten bis Stunden dauern, bis die entsprechende Auswertung endlich vorhanden ist. Die lange Dauer hängt damit zusammen, dass aus den auf dem Server vorliegenden Rohdaten – eine unter Umständen riesige nicht normalisierte Datenmenge – die gewünschten Werte selektiert werden müssen. Gerade Logfile-Analyse-Systeme, die auf internen Systemen eingesetzt werden, funktionieren häufig noch nach diesem Generierungs-Muster.

Für eine zeitnahe Datenauswertung ist dies allerdings ein ziemlich mühseliges Unterfangen, was einzig dadurch etwas gelindert werden kann, dass bereits definierte Reports gespeichert und terminiert (zum Beispiel alle 24 Stunden) neu berechnet werden können. Outgesourcte SaaS-Lösungen verfügen dagegen dank ihres großen Rechenzentrums meist über Dutzende automatische Reports, die in Intervallen von wenigen Minuten aktualisiert werden.

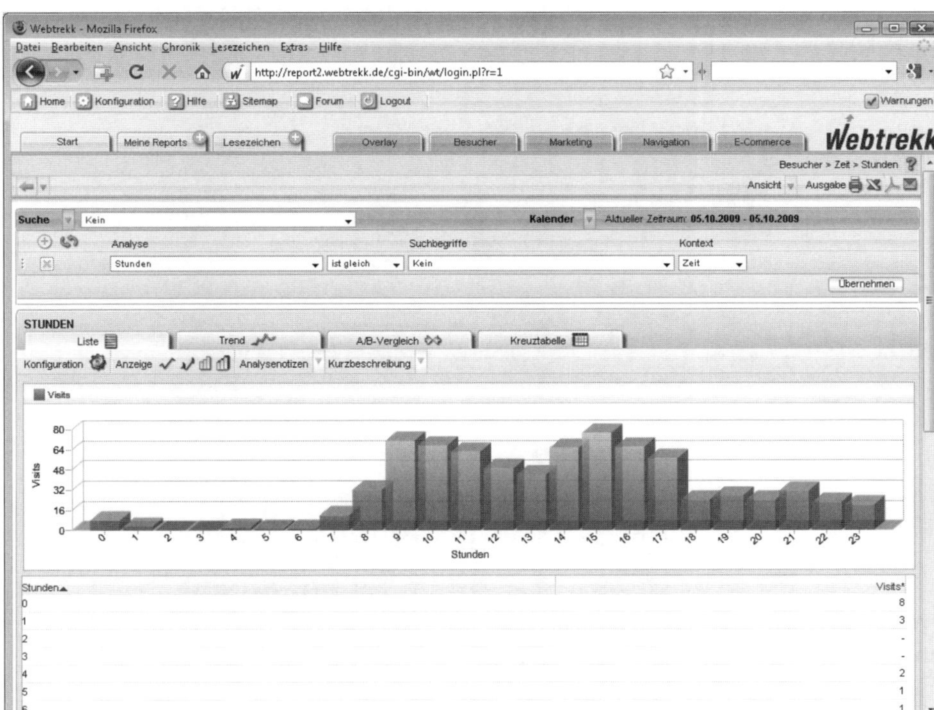

Abb. 4.3: Aktuelle Besuchszahlen im Tagesverlauf in Webtrekk

Im alltäglichen Gebrauch stellen diese Standard-Auswertungen eines der zentralen Elemente der Web-Analyse dar. In der täglichen oder wöchentlichen Überwachung des eigenen Web-Erfolgs sind die vorkonfigurierten Standard-Reports sehr nützlich, da sie die wichtigsten Kennzahlen wie Seitenzugriffe, Besuche usw. zeitnah zur Verfügung stellen und eine unmittelbare Sicht auf die aktuellen Vorkommnisse einer Website geben.

4.1.2 Dashboards

Wenn die Anzahl vorkonfigurierter Standard-Reports allerdings die 100 überschreitet – bei gut ausgestatteten Systemen der Normalfall –, leidet natürlich schnell die Übersichtlichkeit darunter. Hilfreich ist dann, wenn man sich die 10 oder 15 Metriken, die einem persönlich am wichtigsten sind, personalisiert im Web-Analytics-System hinterlegen kann. Solche personalisierte Zusammenstellungen nennen sich *Dashboards* – sozusagen die Instrumententafel.

Abb. 4.4: Beispiel eines Dashboards in Omniture SiteCatalyst

Dashboards geben einen noch schnelleren und aggregierten Überblick über die aktuellen Website-Vorkommnisse. Bewährt haben sich solche Dashboards in jenen Situationen, wo man gerade mal zwei Minuten am Tag in Web Analytics investieren kann oder will. Diese Zeit reicht aus, um kurz zu prüfen, ob auf der Website nichts aus dem Ruder läuft. Ein Website-Ausfall beispielsweise würde sich so unverkennbar in den Werten auf dem Dashboard widerspiegeln. Weniger geeignet sind Dashboards für konkrete Optimierungsbemühungen – hier reicht ein schneller Blick schlicht nicht aus.

4.1.3 E-Mail-Reports und Exporte

Die Auswertungen und Daten in einem System zu haben ist das eine. Das andere ist es jedoch, diese Daten auch dahin zu bekommen, wo man sie für eine weitere Verarbeitung braucht. Besteht die Aufgabe beispielsweise darin, dem Management wöchentlich oder monatlich eine Präsentation über den aktuellen Website-Status abzuliefern, dann ist es wohl eher ungeschickt, nur einen Link auf das Web-Analytics-System zu senden. Auch die begleitende Information, wo sich denn die Mitglieder des Managements die Daten zusammenklicken können, hilft da nicht mehr viel. Dazu sind die Systeme dann doch zu kompliziert und etwas Einarbeitung unumgänglich.

Vielmehr bleibt es dann Aufgabe des Web-Analysten, die Auswertungen in PowerPoint- oder Excel-Dateien manuell aufzuarbeiten und die entsprechenden Tabellen und Grafiken aus dem Analytics-System in solch Management-kompatible Formate zu importieren. Einmal nicht weiter hinterfragt, ob eine derartige Nutzung von Web Analytics sinnvoll ist, braucht man in gewissen Situationen Exportmöglichkeiten aus einem Web-Analytics-System. Hilfreich ist es dann, wenn ein System Excel, XML, CSV oder PDF als Exportmöglichkeit anbietet.

Excel-Export

Der Export einzelner Grafiken und Daten nach Excel erlaubt, diese dort weiterzuverarbeiten und allenfalls mit Zusatzinformationen zu komplettieren.

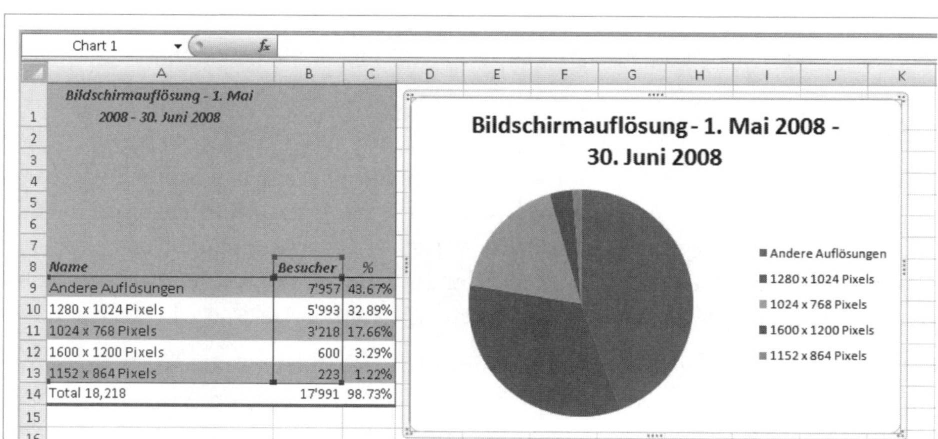

Abb. 4.5: Excel-Export mit automatischem Excel-Diagramm

Nützlich für eine einfache Weiterverarbeitung ist es, wenn Grafiken vom System nicht als Bilder, sondern direkt als Excel-Diagramme exportiert werden. Bei der Bearbeitung von dahinter liegenden Daten, zum Beispiel bei der Aggregation mehrerer Werte zu einem, aktualisiert sich das Diagramm dann automatisch.

CSV- oder XML-Export

CSV (Comma Separated Values) ist ein Textexport, in dem tabellarische Daten durch Komma oder Semikolon getrennt ausgegeben werden. Der Vorteil dieses Formates ist, dass es sozusagen ein Allerweltsformat ist und in die meisten Drittsysteme eingelesen werden kann. Die etwas aktuellere Variante eines solchen offenen Formats ist XML. Mindestens eine dieser beiden Varianten sollte ein Analytics-System als Export also anbieten, damit die Auswertungsdaten ohne viel Tipparbeit in andere Systeme übernommen werden können.

```
Position,Datum,Gewählter Zeitraum,Seitenzugriffe
1,01-03-2008,,22.403
2,02-03-2008,,22.071
3,03-03-2008,,21.928
4,04-03-2008,,21.983
5,05-03-2008,,22.074
6,06-03-2008,,21.998
7,07-03-2008,,21.329
8,08-03-2008,,21.451
9,09-03-2008,,21.979
10,10-03-2008,,22.157
11,11-03-2008,,31.989
12,12-03-2008,,31.477
13,13-03-2008,,31.528
14,14-03-2008,,31.501
15,15-03-2008,,31.439
```

Abb. 4.6: Textdatei mit Comma Separated Values (CSV) für den Import in andere Systeme

E-Mail-Report

Anstatt sich proaktiv täglich oder wöchentlich in ein Analytics-System einzuloggen und sich Auswertungen anzuschauen, ist die passivere Methode eines E-Mail-Versands von Reports ganz bequem. Hierfür sollte das System die Möglichkeit bieten, ausgewählte Metriken in ein PDF (oder ähnlich) zu exportieren und dies automatisch in einem gewünschten Intervall an eine E-Mail-Adresse zu versenden.

Gerade für Benutzer aus Business-Abteilungen, die vielleicht nur am Rande ihres Tätigkeitsbereichs mit Auswertungen aus Web-Analytics-Systemen zu tun haben, ist eine solche automatisierte Zustellung von Vorteil – die Auswertungen werden dann nicht mehr zur Holschuld, sondern liegen zum Beispiel montagmorgens im E-Mail-Posteingang und können mit der ersten Tasse Kaffee in der Hand konsultiert werden. Ausreden wie »Mein Login ins System hat nicht funktioniert« oder »Ich hab' den Auswertungsreport nicht finden können« ziehen dann nicht mehr. Noch besser ist es natürlich, wenn ein Web-Analyst solche Reports erstellt, noch mit entsprechenden Interpretationen, Erklärungen und Zusammenfassungen versieht und dann selbst in wöchentlichem Intervall an die Business-Nutzer sendet.

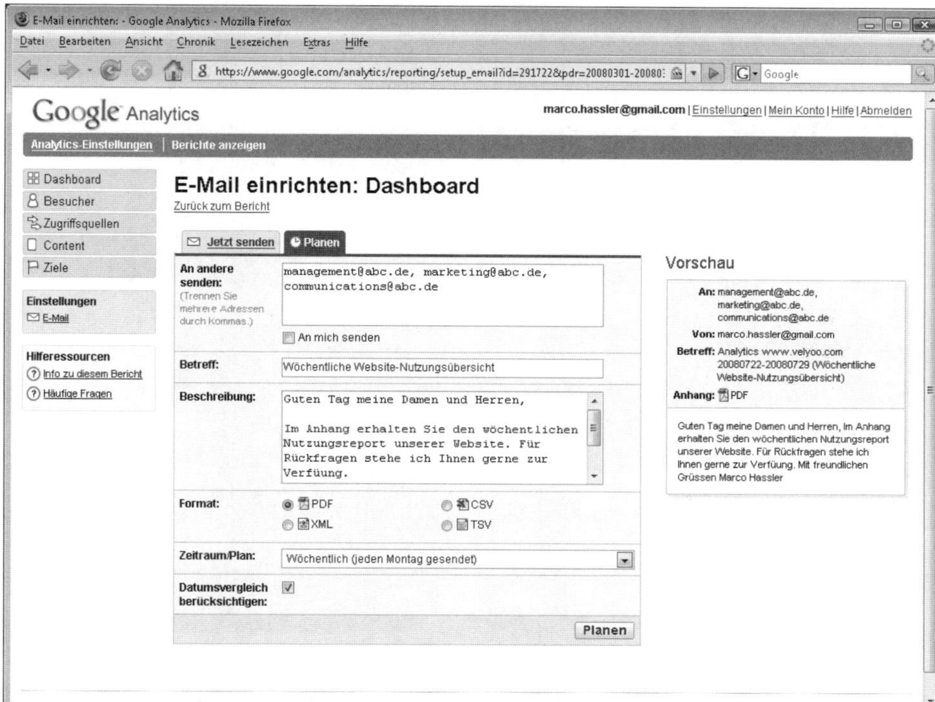

Abb. 4.7: Automatischer Mailversand eines Reports aus Google Analytics

4.2 Browser-Overlay

Alle Auswertungen und Daten in einem zentralen Web-Analytics-System zu haben, ist eine gute Sache. Greift man über eine eigene Bedienungsoberfläche darauf zu, hat dies trotzdem den Nachteil, dass der Bezug zur Website fehlt. Um sich beispielsweise bestimmte Kennzahlen zur Homepage anzuschauen, muss man explizit im Analytics-System nach der Homepage suchen. Auch Besucherflüsse über mehrere Seiten hinweg lassen sich in einem von der Website losgelösten System kaum verständlich visualisieren. Zwar enthalten die aktuelleren Analytics-Systeme solche schön aufbereiteten Besucherfluss-Grafiken in den Standard-Auswertungen. Diese bilden jedoch die Komplexität der unterschiedlichen Ströme und Klicks bei Weitem nicht so ab, dass man wirklich nutzenstiftende Schlüsse für eine Website-Verbesserung daraus ziehen könnte.

Geradezu perfekt für solche Analysen sind dagegen so genannte Browser-Overlays. Diese, meist in Plug-in-Form verfügbaren Browser-Erweiterungen, zeigen Daten aus dem Analytics-System kontextspezifisch zu einer gerade aufgerufenen Webseite an. Dies ermöglicht, sich sozusagen im Browser durch die eigene Website durchzuklicken und kontextspezifisch dazu sich jeweils die Nutzungsdaten der gerade angezeigten Seite anzuschauen.

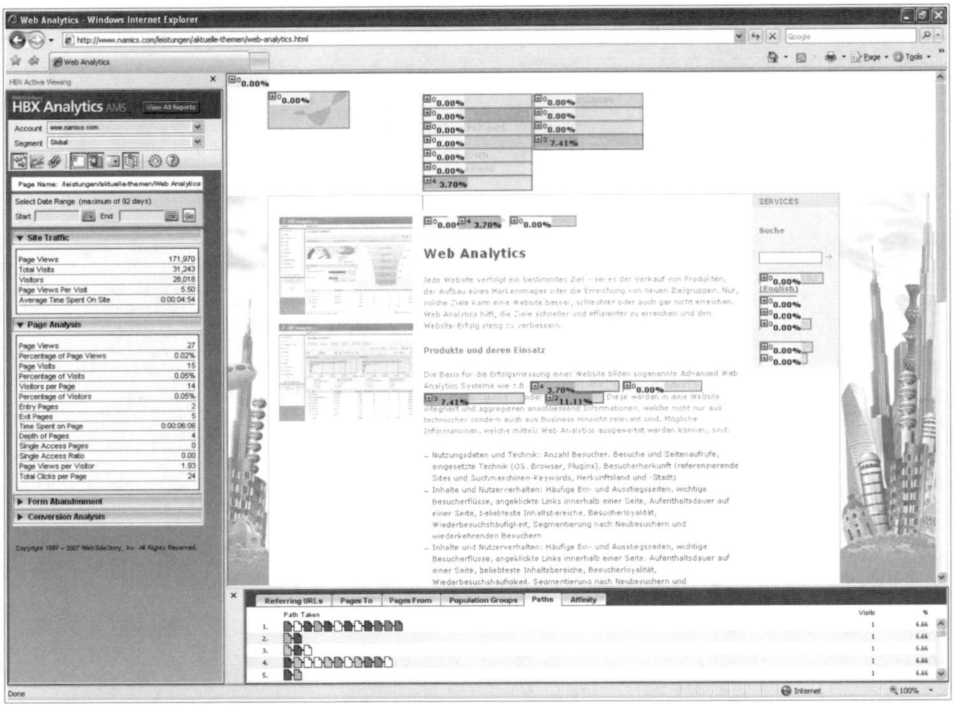

Abb. 4.8: Kontextspezifische Analyse-Daten im Plug-in auf der linken Seite und im Overlay

Für die Analyse von Besucherströmen aber wirklich interessant wird es, wenn man sich in einer visuellen Ebene über der gerade angezeigten Webseite Klickdaten anzeigen lässt. Somit kann man sich als Analyst äußerst gut in einen Besucher hineinversetzen und verstehen, wo Besucher klicken und wie sie durch die Website navigieren.

Noch aussagekräftiger werden Klickdichten-Auswertungen dann, wenn sich Besucher auch noch nach verschiedenen Kriterien segmentieren lassen. Segmentierung bedeutet in dem Fall, dass man nur eine bestimmte Teilmenge an Besuchern betrachtet, beispielsweise nur jene, die über Suchmaschinen oder über eine bestimmte Kampagne auf die Website gelangen. Dadurch werden bestimmte Bedürfnisse unterschiedlicher Nutzergruppen wesentlich ausgeprägter ersichtlich und gleichen sich nicht in der Menge aller Nutzertypen gegenseitig aus.

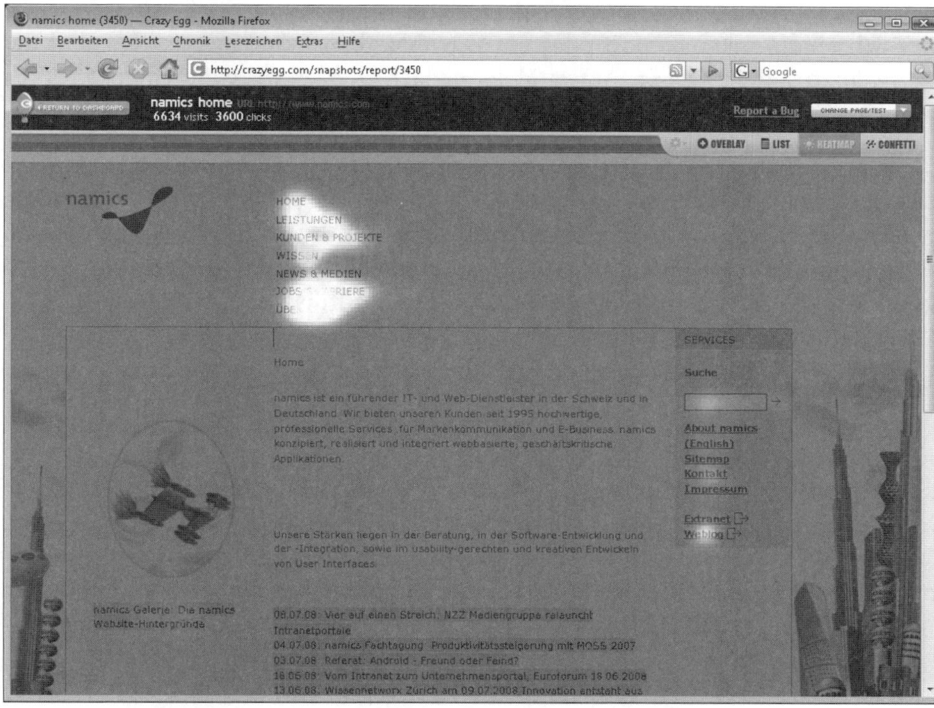

Abb. 4.9: Klickdichten auf einer Website in farblicher Unterscheidung mittels Crazy Egg

4.3 Weitere Schnittstellen

Neben der Ausgabe über die Standard-Benutzeroberfläche oder mittels Browser-Overlay gibt es noch weitere nützliche Ausgabeschnittstellen. Eine solche kann beispielsweise Microsoft Excel sein – und zwar nicht als Export, sondern als Bedienungsoberfläche. Gerade wenn man auf Basis von Nutzungsdaten aus dem Web-Analytics-System weitere Auswertungen fährt – zum Beispiel das Verhältnis von Seitenaufrufen pro neuem Besucher berechnet –, dann bietet sich Excel als Instrument an. Wenn man aber lediglich einen Export aus dem Analytics-System nach Excel macht, dann muss man solche Berechnungsformeln jedes Mal neu schreiben.

Die Alternative zum Export ist deshalb, dass Daten aus dem Analytics-System direkt an Excel angebunden werden. Excel dient damit sozusagen als Hauptinterface für die Analyse-Daten, bei jedem Öffnen der Datei werden die aktuellen Daten, wie Besucherdaten, aus dem verknüpften Analytics-System angezogen. Gerade wer für Analytics-Auswertungen standardisierte Wochen- oder Monatsreports in Excel nutzt, muss sich dann nicht in eine andere Anwendung begeben, sondern hat dank solch einem Excel-Plug-in alles in einem Auswertungsinterface verfügbar.

Auf der anderen Seite benötigen solche Excel-Integrationen viel Initialaufwand, um sich einen ersten Report oder ein Dashboard in Excel zu erstellen und die Daten anzuzapfen. Dieser Aufwand lohnt sich erst dann, wenn man wirklich intensiv mit wöchentlichen Reports arbeitet und dabei mit den Standard-Auswertungen im Analytics-System nicht über genügend Flexibilität verfügt.

Genau so wie Excel kann es natürlich auch andere unternehmenseigene Systeme geben, die mit Daten aus dem Web-Analytics-System angereichert werden sollen. Wird beispielsweise ein internes Management-Reporting-System eingesetzt, worin sich ein Bereich mit dem Web befasst, dann müssen Daten aus dem Web-Analytics-System häufig direkt dorthinein integriert werden.

Damit dies technisch überhaupt möglich ist, muss das Web-Analytics-System eine Programmier-Schnittstelle anbieten. Diese nennen sich im Fachbegriff Application Programming Interface (API) und ermöglichen einen maschinellen Zugriff auf die Analyse-Daten. Bei Bedarf kann die Verfügbarkeit und Fähigkeiten solcher Schnittstellen ein wichtiges Unterscheidungskriterium bei der Auswahl eines Web-Analytics-Systems darstellen. Nicht unterschätzen darf man aber den Programmieraufwand, den es bedeutet, solche Schnittstellen in andere Systeme zu integrieren. Dies sind klassische IT-Projekte, die entsprechend Zeit und Ressourcen benötigen.

Teil II

Metriken analysieren und interpretieren

In diesem Teil:

Kapitel 5

Einführung in die Welt der Metriken

Wenn man sich zum ersten Mal in ein Web-Analytics-System einloggt, ist man wegen der vielen Auswertungen und Grafiken begeistert. Doch schon nach kurzer Zeit kommt mit dem »Und jetzt ...?« die Frage nach der Bedeutung der einzelnen Zahlenreihen und Diagramme auf. Im Folgenden wird deshalb geklärt, was hinter den einzelnen Begriffen steckt, wie sie zustande kommen und wie man sie nutzen kann, um mehr über die Website und ihre Besucher zu erfahren. Im späteren Gebrauch nutzen wir diese Auswertungen, um täglich oder wöchentlich die Vorkommnisse auf der Website im Auge zu behalten.

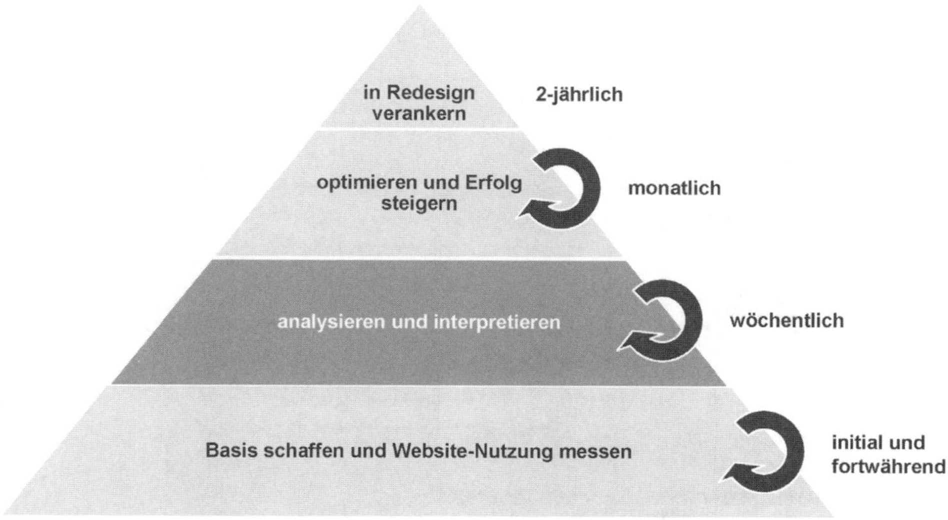

Abb. 5.1: Metriken helfen, Website-Vorkommnisse zu analysieren und zu interpretieren

5.1 Metriken und wie sie zustande kommen

Wenn man seine Meinung darüber kundtun möchte, ob eine Website gut ausschaut, benutzbar und nützlich ist oder ihre Zielsetzung erfüllt, dann kann man dies sehr schnell und einfach in ein paar platten Sätzen tun. Ist man allerdings nicht allseits anerkannter Spezialist für die Beurteilung von Websites, muss man sich schnell den Vorwurf gefallen lassen, subjektiv zu urteilen. Nun ist es tatsächlich nicht ganz einfach, für Faktoren wie Schönheit, Nutzbarkeit oder Zielerreichung einfach so eine objektive Aussage zu treffen, da immer schnell das eigene Empfinden mit in die Beurteilung einfließt. Ein Ausweg aus diesem Dilemma ist die Definition von messbaren Eigenschaften, so genannten Metriken. Mittels solcher quantifizierbarer Größen lässt sich eine objektive Aussage zu einer bestimmten Gegebenheit erzielen, ohne diese bereits zu werten. Web Analytics baut schließlich auf zahlreichen solchen Metriken auf, die bekanntesten davon sind Hits, Seitenaufrufe, Besucher oder Besuche.

5.2 Hits – und ihre Bedeutungslosigkeit

Die wohl älteste Metrik im Web-Analytics-Umfeld sind die Hits. Bereits in den Anfängen des Internets versuchte man, die in den Server Logfiles gesammelten Informationen zu gebrauchen, um die Nutzung einer Website zu analysieren. Die ersten Web-Analytics-Systeme in den frühen 1990er Jahre erlaubten denn auch, die textbasierten Logfiles zu aggregieren und Grafiken und Berichte daraus zu erzeugen. Ein »Hit« ist denn auch ein Auswertungs-Term, der noch aus dieser Zeit stammt und den Aufruf einer einzelnen Datei auf dem Webserver bezeichnet.

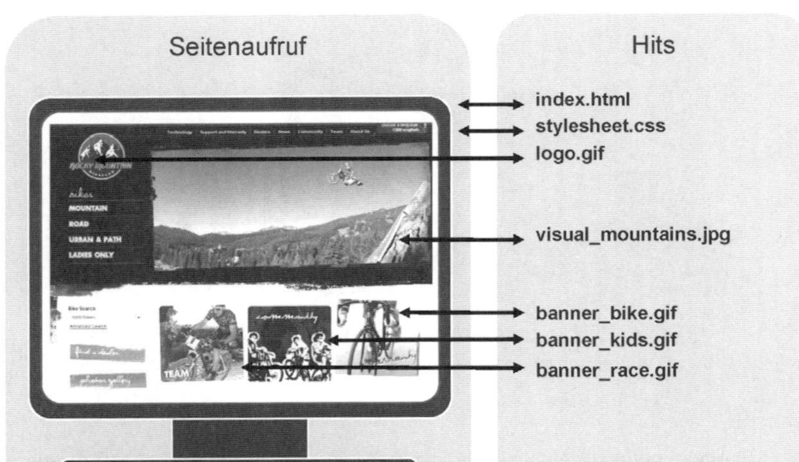

Abb. 5.2: Einzelner Seitenaufruf und die daraus resultierenden Hits

In einer Zeit, in der eine Webseite lediglich aus einer Textdatei bzw. einer einzelnen HTML-Datei bestand, waren die Hits eine vernünftige Kennzahl, um die Nutzungshäufigkeit einer Website zu messen. Jeder Hit konnte praktisch mit einem Seitenaufruf gleichgesetzt werden und ergab so Auskunft über die Nutzungsintensität einer Website. Im Verlaufe der Zeit, als Websites immer mehr multimedial wurden und mit Bildern und Grafiken versehen wurden, verwässerte sich die Kennzahl aber – mittlerweile ist sie gar unbedeutend. Heutzutage besteht nämlich eine einzelne Webseite, wie wir sie im Browser betrachten, nicht mehr aus einer einzelnen Datei. Vielmehr ist neben der eigentlichen HTML-Seite jede Grafik, jedes Bild oder jedes CSS, das für die Darstellung einer Seite benötigt wird, eine eigene Datei. Der Aufruf einer einzelnen Webseite verursacht also zugleich zahlreiche Hits.

Abhängig von der Anzahl der in eine Seite eingebundenen Elemente kann diese einmal zehn, einmal zwanzig oder gar hundert Hits generieren – unterschiedlich von Seite zu Seite. Das Zählen oder Vergleichen von Hits wird unter dieser Voraussetzung natürlich zur Nullaussage. Trotzdem hat sich der Begriff »Hits« irgendwie bis in die heutige Zeit gerettet und geistert gelegentlich noch zur Irritation aller in Berichten und Aussagen von Webverantwortlichen herum. Genau wissen, was es ist, aber selbst nicht im eigenen Web-Analytics-Wortschatz verwendet – so lautet die Empfehlung zu der Metrik »Hits«.

5.3 Seitenzugriffe – die Standard-Metrik schlechthin

Aufgrund der steigenden Bedeutungslosigkeit der Aussagekraft von Hits ging man schon Mitte der 1990er Jahre dazu über, Seitenzugriffe (Page Views) als besser vergleichbare Messgröße zu definieren. Als Seitenaufruf wird jede von einem Besucher nachgefragte Seite bezeichnet.

5.3.1 Wie Sie es nutzen sollten

Im Normalfall sind die Seitenzugriffe eine relativ gute Metrik, um die allgemeine Nachfrage auf der Website abschätzen zu können. Ausschläge nach unten oder oben sind aber normal und im allgemeinen Nutzungsverhalten Ihrer Website-User begründet. Wenn Sie private Besucher mit Ihrer Website ansprechen, werden Sie wahrscheinlich feststellen, dass abends und an Wochenenden die Anzahl der Seitenaufrufe steigt. Im Geschäftsumfeld werden Sie die höheren Seitenzugriff-Zahlen unter der Woche und am Beginn des Nachmittags haben.

Eine tendenziell steigende Anzahl Seitenzugriffe kann als erhöhte Nutzung und Beliebtheit einer Website eingestuft werden. Die Zahl wird aber sehr stark von anderen Faktoren beeinflusst. Wenn Sie zum Beispiel eine Online-Banner-Kampagne schalten, ist der Anstieg der Seitenzugriffe wohl darauf zurückzuführen, anstatt auf ein generell angestiegenes Interesse an Ihrer Website. Da so zahlreiche weitere Faktoren auf die Zahl der Seitenaufrufe mit einwirken, ist es leider kaum möglich, die Seitenzugriffe als zielorientierten Indikator für Ihren Website-Erfolg zu nutzen.

Einsetzen sollten Sie die Seitenzugriff-Metrik stattdessen, um ein generelles Gefühl für die aktuelle Nutzung Ihrer Website zu bekommen. Der große Vorteil der Kennzahl »Seitenzugriffe« liegt dabei in ihrer Spontanität. Im Vergleich zu anderen, vielleicht geschäftsrelevanteren Kennzahlen wie Bestellungen oder Kontaktanfragen reagiert die Metrik Seitenzugriff wesentlich schneller, so dass sie gut als Frühindikator eingesetzt werden kann. Plötzliche massive Einbrüche der Page Views lassen so zum Beispiel ein gröberes Problem oder gar einen Teilausfall auf der Website vermuten. Sprunghafte Anstiege der Seitenaufrufe nach einer gerade gestarteten Kampagne geben die Sicherheit, dass die Kampagne funktioniert und die verlinkte Kampagnen-Zielseite erreichbar ist. Würden Sie beispielsweise nur Bestellungen überwachen, würde diese Kennzahl erst nach Stunden oder Tagen warnend ausschlagen und zu spät auf das Problem hinweisen.

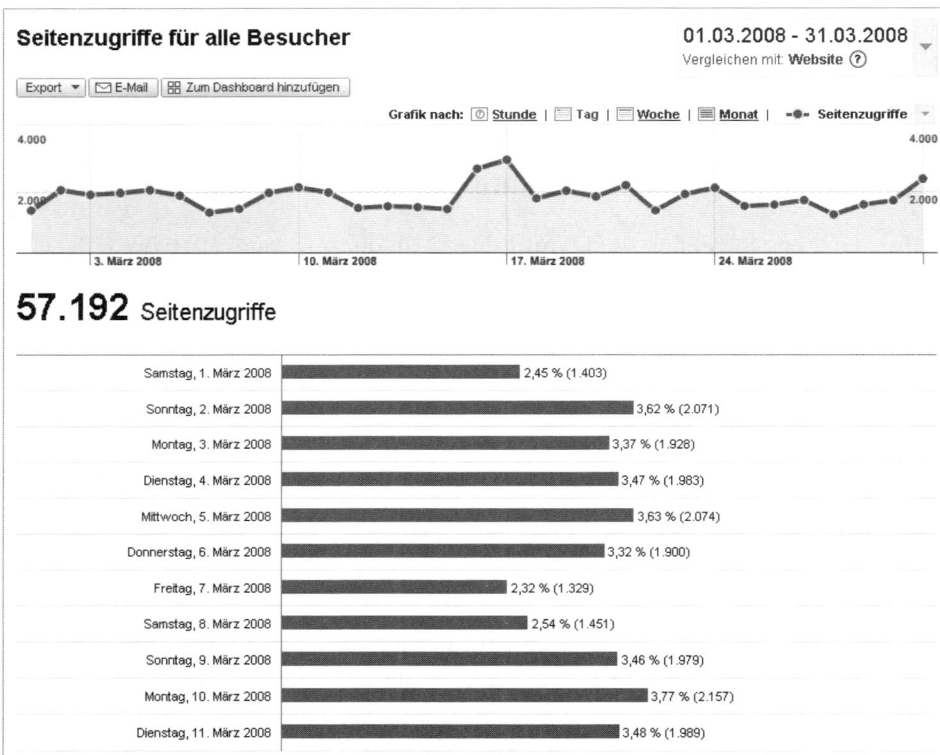

Abb. 5.3: Seitenzugriffe einer Website im Zeitverlauf

5.3.2 Was es zu beachten gilt

In der Praxis gibt es allerdings einige Grenzen, wo die Aussagekraft des Seitenaufrufs schwindet. Ein Beispiel dafür sind AJAX-Anwendungen, genauso wie andere Rich Internet Applications (RIAs), wie komplett in Adobe Flash programmierte

Websites. AJAX (Asynchronous JavaScript and XML) erlaubt es, nach dem Laden einer Seite im Browser noch weitere Bestandteile nachzuladen, ohne dass die Seite selbst einen Reload erfährt. Für den Benutzer erscheint dies dann so ähnlich, als wenn er eine lokal auf dem Computer installierte Software bedienen würde. Das im Internet altbekannte »Klicken-Warten-Anzeigen« entfällt – das Surf-Erlebnis steigt. Einige der frühen Websites, die sich diese Technik zunutze machten und damit die Nutzbarkeit gegenüber den herkömmlichen Sites massiv steigerten, waren Karten-Anwendungen wie Google Maps. Benutzer können dabei mit der Maus Kartenausschnitte innerhalb derselben Seite verschieben. Noch nicht geladene Kartenausschnitte rund um die aktuelle Position werden im Hintergrund und vom Benutzer praktisch unbemerkt mittels AJAX nachgeladen.

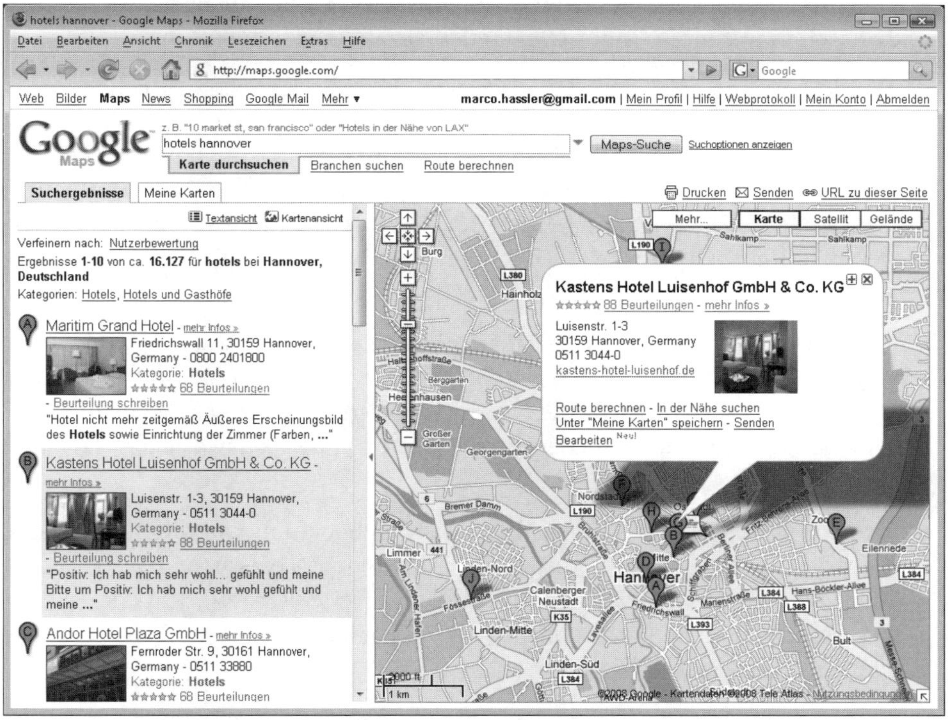

Abb. 5.4: Google Maps – eine der bekanntesten RIAs bzw. AJAX-Anwendungen

Für die Seitenzugriff-Metrik in einer Web-Analytics-Auswertung hat diese attraktive technische Möglichkeit allerdings einen gewichtigen Nachteil. Unter Umständen ruft der Benutzer nämlich nur noch eine einzige Seite auf und generiert so lediglich einen einzelnen Seitenzugriff. Für die restlichen Interaktionen werden nur noch Teilbereiche der Seite nachgeladen, was aber nicht als Seitenaufruf im herkömmlichen Sinne zählt. Bei Websites, die intensiven Gebrauch von AJAX machen oder anderen RIA-Techniken, ist damit die Metrik »Seitenzugriff« am selben Punkt wie der »Hit« vor einigen Jahren – nahe an der Bedeutungslosigkeit. Bevor man also seine Auswertungen stark auf Seitenzugriff-Kennzahlen abstützt, sollte man über den Einsatz und die Nutzungshäufigkeit von RIAs auf seiner Website im Klaren sein. Falls RIAs noch kaum oder mäßig oft eingesetzt wird, bleibt der Seitenaufruf eine brauchbare Metrik.

Warum Sie Framesets vermeiden sollten

Der Einsatz von Framesets sollte nicht nur aus Gründen der Messbarkeit in Web-Analytics-Systemen vermieden werden. Viel gewichtiger sind noch folgende Argumente gegen Framesets:

- Suchmaschinen können Seiten von Framesets teilweise nicht indexieren. Inhaltsseiten werden so unter Umständen gar nicht gefunden.
- Werden die Subseiten trotzdem indexiert und in Trefferlisten aufgelistet, entsteht folgendes neues Problem: Wenn der Benutzer auf den Treffer klickt, öffnet sich nur die betreffende Subseite – ohne die dazugehörigen anderen Seiten des Framesets. So kann je nach Gestaltung des Framesets der ganze Header oder die Navigation fehlen. Der Aufruf von weiteren Seiten neben der gerade aufgerufenen ist dem Benutzer dann unter Umständen nicht möglich.
- Das Setzen von Deep-Links – Links auf eine in der Website-Hierarchie tief liegende Inhaltsseite – ist kaum möglich bzw. mit der gleichen Problematik wie bei Suchmaschinen-Treffern verbunden: Verlinkt eine Drittsite auf solch eine Seite, fehlen die restlichen Frameseiten wie beispielsweise die Navigation.
- Frameseiten können von Besuchern nicht gebookmarkt werden. Beim Setzen von Lesezeichen wird immer das Frameset als Lesezeichen gespeichert, und nicht der darin angezeigte Inhalt der Subseite. Ruft ein Besucher später das Lesezeichen auf, erscheint unter Umständen ein anderer Inhalt als der beim Setzen des Lesezeichens sichtbare.
- Besucher mit Behinderung, die einen Screen-Reader zum automatischen Vorlesen einer Seite einsetzen, können Framesets kaum sinnvoll nutzen. Die Inhalte von Framesets sind so sehr schlecht zugänglich.

Bei der klassischen Logfile-Analyse gibt es über die RIA-Problematik hinaus noch einen weiteren Faktor, der die Seitenzugriff-Metrik beeinträchtigt. Bis zur Jahrtausendwende und darüber hinaus war es zum Beispiel gang und gäbe, so genannte Framesets bei der Website-Gestaltung einzusetzen. Framesets sind eine flächenmäßige Aufteilung einer Seite in mehrere einzelne Subseiten wie Header, Navigation oder Footer. Der Aufruf einer Frameset-Seite kann dadurch gleichzeitig mehrere HTML-Seitenaufrufe generieren – selbst wenn es für den Besucher im Browser nur als einzelne Seite erscheint. Die Zahl der Seitenaufrufe wird damit einfach multipliziert und verliert so jegliche Aussagekraft. Glücklicherweise werden Framesets heute auch aus Gründen der Zugänglichkeit für Mensch und Suchmaschinen nur noch beschränkt eingesetzt.

5.4 Besuche – Website-Sitzungen

Eine zweite, häufig angewendete Messgröße sind die Website-Besuche, die so genannten Visits oder auch Sessions. Innerhalb eines Besuchs führt ein und derselbe Besucher ein oder mehrere Seitenaufrufe nacheinander durch. Ein Besuch ist abgeschlossen, sobald ein Besucher die Website wieder verlässt.

5.4.1 Wie Sie es nutzen sollten

Besuche sind ähnlich wie die Seitenaufrufe ein wichtiger Indikator dafür, wie groß die Reichweite der Website ist. Eine steigende Anzahl Besuche kann dabei in zwei Dimensionen gedeutet werden: Entweder kommt eine größere Anzahl Besucher auf Ihre Website. Oder die gleiche (oder gar kleinere) Anzahl an Besuchern kommt häufiger auf die Website und bringt so die Metrik »Besuche« zum Steigen. Meist ist es aber eine Kombination dessen und eine Steigerung letztendlich eine Aussage darüber, dass das Angebot bei neuen und bestehenden Nutzern ankommt.

Um die Metrik sinnvoll zu nutzen, sollten Sie Vergleiche zu vorausgegangenen Zeitabschnitten ziehen. Abbildung 5.5 zeigt einen solchen Vergleich von zwei Perioden auch in grafischer Form. Ein Vergleichszeitraum bietet so eine Orientierungshilfe oder Benchmark, um die Werte besser einstufen zu können.

Wenn Sie Zeiträume vergleichen, dann sollten Sie stets korrespondierende Abschnitte wie beispielsweise den Dienstag mit dem Dienstag der Vorwoche oder den Monat Mai mit dem Mai vom Vorjahr vergleichen. Da Besuche stark abhängig sind vom Zeitpunkt – sowohl von der Uhrzeit wie auch Wochentagen und Monaten her –, ist dies für die Aussage des Vergleichs entscheidend.

Lernen Sie so über die Metrik der Besuche, wann Ihre Website am meisten Besuche aufweist. Sind es eher die privaten Nutzer, die kurz nach der Mittagspause im Büro, abends zu Hause und am Wochenende surfen? Oder sind es die Geschäftsnutzer, die sich hauptsächlich während der Bürozeiten auf der Website bewegen? Mit so einer kurzen Überprüfung lässt sich checken, ob Sie mit Ihrem Angebot auch die richtige Haupt-Zielgruppe erreichen.

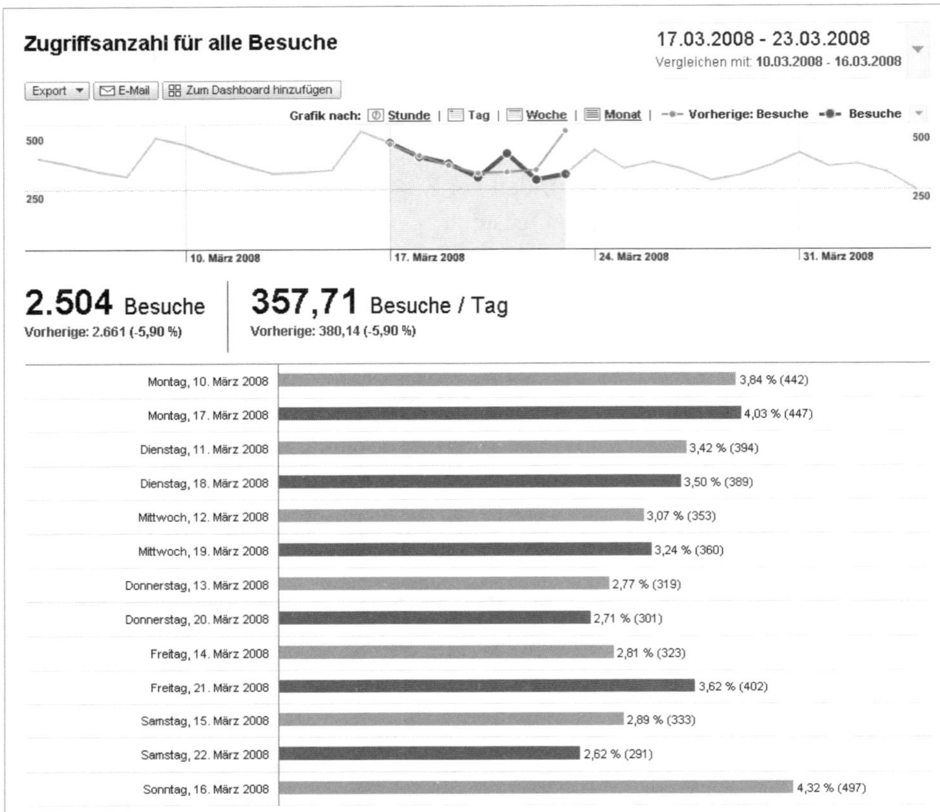

Abb. 5.5: Aktuelle Besuchszahlen einer Woche im Vergleich mit Tagen der Vorwoche

Bei Analysen über einen längeren Zeitraum werden Sie ebenfalls feststellen, dass saisonale Unterschiede in der Anzahl der Besuche bestehen. Wenn Sie eine Detailhandelswebsite betreiben, wird sich dies mit Bestimmtheit in höheren Besuchszahlen in der Vorweihnachtszeit ausprägen – sofern Sie mit der Website die richtige Zielgruppe ansprechen. Auf diese simple Art und Weise kann man lernen, zu welchen Zeitpunkten das Webangebot offenbar besonders nachgefragt ist, und dieses Bedürfnis dann gar mit zusätzlichen Maßnahmen wie Online-Werbung forcieren.

5.4.2 Was es zu beachten gilt

So trivial die Metrik »Besuche« klingen mag, so schwierig ist es in der Praxis, sie genau zu messen und abzugrenzen. Die technische Herausforderung bei der Messung ist in der so genannten Zustandslosigkeit vom Hypertext-Transfer-Protokoll (HTTP) begründet. HTTP – die technologische Basis, über die der Aufruf und die Auslieferung sämtlicher Webseiten erfolgt – kümmert sich nämlich nicht darum, ob und wie lange ein Besucher eine Seite betrachtet oder nicht. Sobald ein Webserver eine Seite erfolgreich ausgeliefert hat, ist für ihn die Aufgabe erledigt. Wenn also ein Besucher nach dem Aufruf einer Webseite den Browser gleich wieder schließt, dann merkt dies der Webserver nicht. Genauso hat der Webserver keine Ahnung davon, wenn ein Besucher eine Seite eine halbe Stunde oder länger im Detail liest. Der Zustand, das heißt, ob noch eine Verbindung zwischen Besucher und Webserver besteht, ist also grundsätzlich im Web nicht bekannt oder prüfbar.

Für die Definition eines Besuches ist dies nun ziemlich blöd, denn der Webserver weiß zwar, wann ein Besuch eines Benutzers beginnt – aber nicht, wann er endet. Das ist ungefähr so, als wenn Sie bei sich zu Hause eine Party geben, die Gäste an der Türe begrüßen, diese sich beim Gehen aber nicht von Ihnen verabschieden. Wenn Sie sich dann im Verlaufe des Abends fragen, ob Frau Müller oder Herr Meyer eigentlich noch anwesend sind, bleibt Ihnen nur zu überlegen, ob Sie die beiden in den letzten Stunden noch gesehen haben oder nicht. Wenn nicht, dann müssen Sie davon ausgehen, dass sie sich wohl aus dem Staub gemacht haben.

Ähnlich muss sich auch ein Webserver mit der Ungewissheit über die Anwesenheit seiner Besucher abfinden. Um nun trotzdem das Ende eines Besuchs definieren zu können, geht man für Auswertungen nach einer bestimmten Zeit ohne Aktivität des Besuchers davon aus, dass dieser seinen Besuch beendet hat. Typischerweise wird in Web-Analytics-Systemen diese Zeitspanne bei 30 Minuten festgelegt. Unternimmt also ein Besucher während 30 Minuten keine für den Webserver sichtbare Aktion wie einen neuen Seitenaufruf, dann wird davon ausgegangen, dass der Besuch abgeschlossen ist.

Im Normalfall fährt man mit dieser Annahme recht gut. In bestimmten Spezialfällen bringt dies allerdings Ungenauigkeiten mit sich. Angenommen, ein Besucher braucht nun tatsächlich 30 Minuten, um eine Seite zu lesen – da er vielleicht zwischendurch noch ein Telefonanruf erledigt oder einen Kaffee trinkt –, dann gilt sein Klick in der einunddreißigsten Minute bereits als zweiter Besuch. Umgekehrt kommt folgende Ungenauigkeit zum Tragen: Wenn Herr Meyer zu Hause am Familien-PC um 19 Uhr noch kurz das Online-Newsportal besucht und nachher den PC abschaltet, dann ist sein Besuch offensichtlich abgeschlossen. Falls nun aber Frau Meyer um 19:25 den Computer wieder startet und wenig später zufälligerweise das gleiche Newsportal besucht – dann zählt dies gemäß der Definition fälschlicherweise immer noch als ein und derselbe Besuch.

Abbildung 5.6 versucht, die Situation anhand des Verhaltens von drei Beispielbesuchern zu illustrieren: Besucher A gelangt auf die Website und ruft binnen zwei Minuten zwei Seiten auf. Auf der zweiten Seite verweilt er etwas weniger als eine halbe Stunde und ruft dann weitere Seiten auf. Dieses Verhalten wird bei einem Timeout von 30 Minuten als ein Besuch gewertet. Besucher B verhält sich im Prinzip gleich, nur verstreichen bei ihm zwischen dem Aufruf der zweiten und der dritten Seite etwas mehr als 30 Minuten. Dadurch wird sein Verhalten als zwei Besuche gezählt. Besucher C schließt seinen Website-Besuch eigentlich nach vier Minuten ab. Rund 20 Minuten später entschließt er sich aber, der Website noch einen zweiten Besuch abzustatten. Dieses Verhalten wird immer noch als ein einzelner Besuch gewertet.

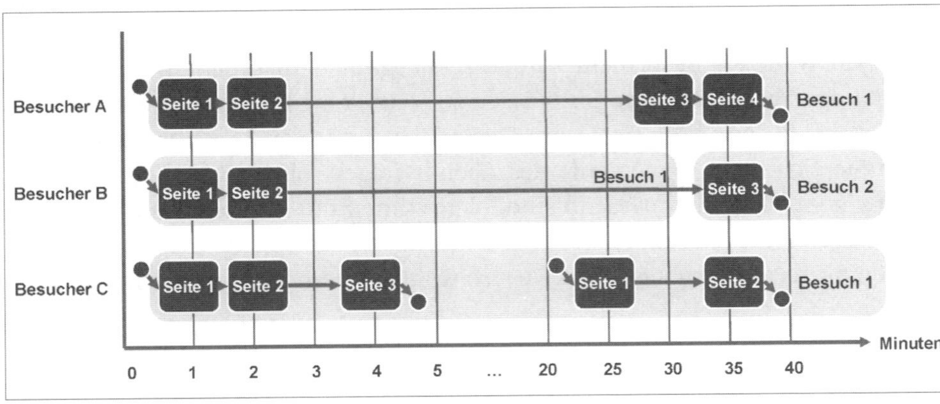

Abb. 5.6: Unschärfe der Besuchs-Messung bei Definition eines 30-Minuten-Timeouts

Absolute Besuchszahlen sind daher stets mit etwas Vorsicht zu genießen, will man sich nicht zu falschen Schlüssen verleiteten lassen.

5.5 Besucher – die Person hinter dem Website-Besuch

Eine dritte interessante und gebräuchliche Zahl neben den Seitenzugriffen und Besuchen ist jene der Besucher (Visitors). Diese Metrik gibt die Anzahl einzelner Personen an, die eine Website innerhalb eines bestimmten Zeitrahmens besuchen. Ein einzelner Besucher kann dabei einer Website ein oder auch mehrere Besuche abstatten. Vielfach werden die Besucher synonym auch als »Uniques« oder »Unique Visitors«, das heißt eindeutige Besucher angegeben. Suchmaschinen, Sonden und andere automatisierte Website-Nutzer gelten nicht als Besucher.

Hits, Seitenzugriffe, Besuche und Besucher – eine Eselsbrücke

Die vier Begriffe Hits, Seitenzugriffe (Page Views), Besuche (Visits, Sessions) und Besucher (Visitors, Unique Visitors, Uniques) werden gern durcheinandergebracht, so dass schließlich Äpfel mit Birnen und Bananen verglichen werden. Ein eindeutiges Verständnis für diese Hauptbegrifflichkeiten ist daher essenziell. Am einfachsten kann man sich die Terminologie merken, wenn man die Analogie eines Hotels zur Hand nimmt:

- Die Website ist das Hotel.
- Der Besucher der Website ist der Hotelgast. Genau wie bei einem Hotel kann es sich um einen neuen Besucher oder um einen bereits aus früherer Zeit bekannten Besucher handeln.
- Ein Hotelgast kann ein oder mehrmals im gleichen Hotel logieren. Jeder dieser Aufenthalte ist ein Besuch, wie der Besuch einer Website. Innerhalb einer Woche oder eines Jahres verzeichnet ein Hotel eine gewisse Anzahl Aufenthalte unterschiedlicher Gäste. Dies entspricht der Anzahl Besucher einer Website innerhalb eines entsprechenden Zeitraumes.
- Jeder Hotelaufenthalt eines jeden Gastes kann ein oder mehrere Tage dauern. Genauso kann ein Besucher bei einem Website-Besuch ein oder mehrere Seitenzugriffe tätigen. Die Anzahl der Logiernächte eines Hotels entspricht der Gesamtzahl der Seitenzugriffe einer Website.

Schließlich verursacht jeder Zugriff auf eine Seite je Seite jeweils eine unterschiedliche Anzahl an Hits, wobei die Hotel-Analogie dann langsam an ihre Grenzen gelangt. Alle Begriffe in eine Reihe gebracht bedeutet dies aber: Ein Besucher besucht eine Website in einem oder mehreren Besuchen und kann pro Besuch ein oder mehrere Seitenzugriffe tätigen. Jeder Seitenzugriff verursacht mehrere Hits auf dem Server.

5.5.1 Wie Sie es nutzen sollten

Besucher sind eine sehr bildliche Metrik, da es sich nicht um einen abstrakt errechneten Wert handelt, sondern man sich eine Gruppe von Personen darunter vorstellen kann. Dementsprechend kann man die Besucherzahl einsetzen, um im Vergleich mit anderen Medien die Reichweite des Webauftritts zu begreifen. 50.000 Konzertbesucher würde man doch wohl als eine beachtliche Menge bezeichnen. Wenn Sie ein Musiker wären und einen Auftritt vor so einer Menge hätten, dann würde Sie dies wohl ganz schön nervös machen, eine gute Vorbereitung wäre gewiss. Auf Websites sind solche Mengen – wenn auch nicht auf wenige Stunden konzentriert – ebenfalls gang und gäbe. Daher sollte man sich auch dort dem zu erwartenden Publikum entsprechend vorbereiten.

Die Besucherzahl kann einem also etwa als Brücke zu der realen Welt dienen, um so eine Messlatte zu anderen Bereichen des Lebens zu haben. Auch der Vergleich zu anderen Medien ist über die Besucherzahl am verständlichsten, zum Beispiel mit den Lesern einer Zeitung, Fernsehzuschauern oder Radio-Hörern.

Für die Steigerung des Website-Erfolgs hingegen kann die Kennzahl »Besucher« direkt eigentlich wenig beitragen. Wesentlich interessanter sind allerdings dann Vergleiche von Besucheranteilen oder deren Verhalten, wie der Anteil an erstmaligen Besuchern, die Häufigkeit der Rückkehr eines Besuchers usw. In diesem

Sinne dient die Besucherzahl als wichtige Basis für weitere Metriken, die in Kapitel 7 noch betrachtet werden.

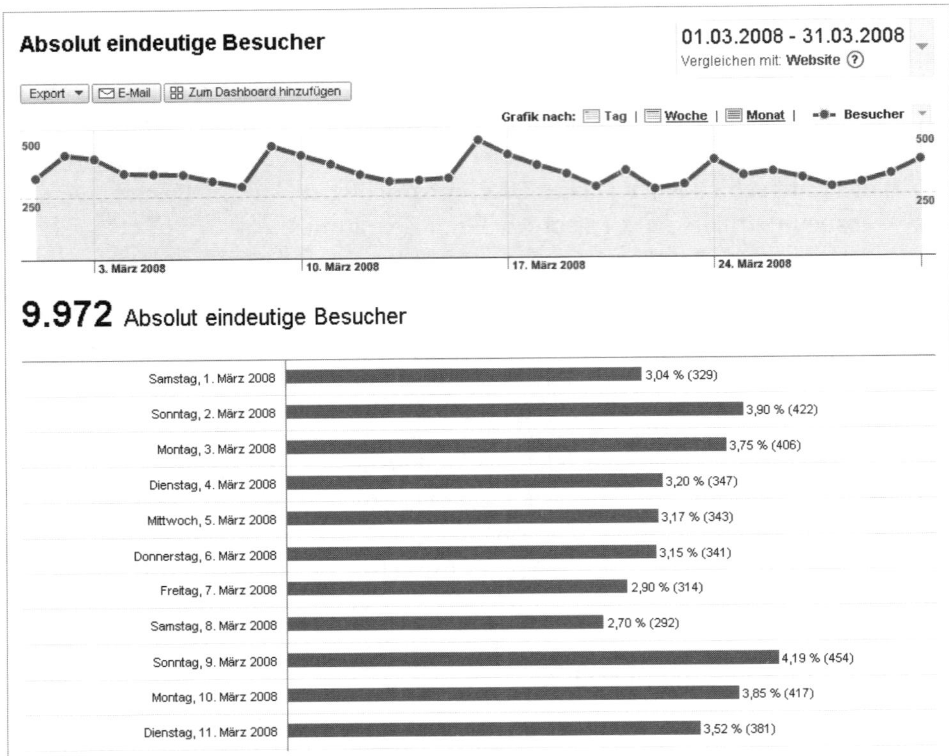

Abb. 5.7: Verlauf und Verteilung von täglichen Besucherzahlen während eines Monats

5.5.2 Was es zu beachten gilt

Eindeutige Besucher werden meist innerhalb eines bestimmten Zeitrahmens wie einem Tag, einer Woche oder einem Monat angegeben. Wenn man sich so die Besucherzahlen genauer anschaut, wird man schnell folgendes Phänomen erkennen: Betrachtet man die wöchentlichen Besucherzahlen und zählt diese für die Wochen eines Monats zusammen, dann kommt man auf eine höhere Zahl, als wenn man sich die Gesamtzahl der Besucher innerhalb desselben Monats anschaut. Dies ist aber kein Fehler, sondern hängt damit zusammen, dass die Definition von eindeutigen Besuchern immer im Zusammenhang mit einem gewählten Zeitraum steht.

Dieses mittlerweile als *Hotel-Problem* bekannte Phänomen lässt sich folgendermaßen versinnbildlichen. Man stelle sich ein Hotel mit zwei Zimmern vor, die Zimmer sind an drei aufeinanderfolgenden Tagen von unterschiedlichen Besuchern belegt:

Hotelbelegung	Tag 1	Tag 2	Tag 3	Total
Zimmer 1	Anna	Berta	Anna	2 Besucher
Zimmer 2	Berta	Charlie	Charlie	2 Besucher
Total	2 Besucher	2 Besucher	2 Besucher	3 Besucher

Tabelle 5.1: Das *Hotel-Problem* – das Addieren von Besuchern über Zeiträume ist nicht erlaubt.

Wenn man nun den Tag 1 für sich alleine anschaut, dann hatte das Hotel an diesem Tag genau zwei eindeutige Besucher, nämlich Anna und Berta. Das Gleiche gilt für Tag 2 und Tag 3 mit ebenfalls jeweils zwei eindeutigen Besuchern. Schaut man sich nun die Anzahl der Besucher über alle drei Tage an, könnte man irrtümlich meinen, es seien 2+2+2, also sechs Besucher im Hotel gewesen. In der Tat waren es aber nur drei, nämlich Anna, Berta und Charlie. Da diese nicht nur einen Tag, sondern teilweise an mehreren Tagen ein Zimmer belegten, kann man die eindeutigen Besucherzahlen nicht einfach über die Zeiträume zusammenzählen.

Bei Besuchern einer Website ist dies nun im Prinzip dasselbe. Da die Besucher aber keine Namen tragen, ist es einfach nicht so offensichtlich. Aber auch hier kann man nicht Besucherzahlen aus verschiedenen Zeitabschnitten summieren, sondern muss immer eine Auswertung für den gesamten Zeitraum durchführen. Abbildung 5.8 zeigt, wie dies in einer Web-Analytics-Auswertung zum Tragen kommt.

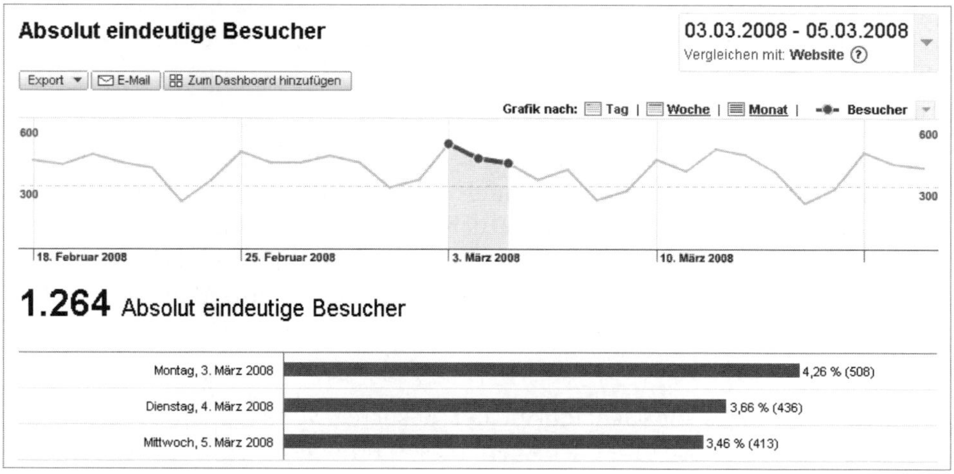

Abb. 5.8: Nachgezählt: 508 + 436 + 413 tägliche Besucher ergäbe total 1357 statt 1264.

Das gleiche Phänomen gilt im Hotelbeispiel nicht nur für die Gäste, sondern auch für die Zimmerbelegung. Die Zimmerbelegung ist die Analogie zu Seitenzugriffen im Web-Analytics-Umfeld, womit auch Seitenzugriffe der Situation unterliegen. Auch hier sind Mehrfachbesuche die Erklärung dafür, weshalb man nicht einfach die Besucherzahl von einer Seite zur Besucherzahl einer anderen Seite addieren darf, um die Gesamtzahl der Besucher zu errechnen.

Während es sich beim *Hotel-Problem* lediglich um einen häufig begangenen Interpretationsfehler handelt, gibt es bei der Besuchererkennung aber auch tatsächliche Messfehler. Das eigentliche Problem ist es nämlich, den Besucher als solchen zu identifizieren bzw. von anderen Besuchern zu unterscheiden. Wenn wir uns ein Logfile wie in Abschnitt 2.2 beschrieben vor Augen führen, dann sind dort zahlreiche Einträge zeilenweise gespeichert. Um nun zu identifizieren, welche Einträge alle von ein und demselben Besucher stammen, müsste es pro Eintrag eine eindeutige Besucher-Identifikation geben. Im Normalfall bzw. ohne eine Anpassung in der Webanwendung gibt es eine solche allerdings innerhalb von Logfiles nicht. Die dann am nächsten liegende Besucher-Identifikation ist die IP-Adresse. Von der wiederum wissen wir ebenfalls aus Abschnitt 2.2, dass sie aufgrund von Firmenproxies und stetem Wechsel beim Neueinwählen kaum zur Besucheridentifikation taugt.

Um nun eine etwas exaktere Erkennung zu ermöglichen, wird deshalb von Logfile-Analyse-Systemen häufig eine Kombination aus IP-Adresse und dem vom Besucher verwendeten User Agent gewählt. Da es eine große Zahl an Kombinationen von verschiedenen Browser- und Betriebssystemversionen gibt, bringt dies eine etwas bessere Unterscheidung von jenen Besuchern, die mit derselben IP-Adresse operieren. Bei Besuchern aus Firmen, wo üblicherweise alle Mitarbeiter dasselbe Betriebssystem und einheitliche Browserversionen einsetzen, wird damit aber überhaupt keine Verbesserung erzielt. Die Erkennung eines Benutzers über IP-Adresse und User Agent ist daher äußerst ungenau und sollte nicht verwendet werden, wenn sich Alternativen bieten.

Als einzig passable Möglichkeit für die Erkennung und Wiedererkennung eines Besuchers bieten sich Cookies an. Mittels Cookies kann über mehrere Seitenzugriffe oder gar Besuche hinweg ein Besucher eindeutig identifiziert werden. Dies erfolgt, indem jedem Besucher auf der Festplatte ein Cookie gesetzt wird, das beispielsweise eine von der Website oder vom Page Tag generierte ID enthält. Im Logfile oder auf dem Datensammlungsserver wird so zu jedem Eintrag eine User-ID hinterlegt.

Wenngleich Cookies die Genauigkeit der Besucher-Messung im Vergleich zur Methode mit IP-Adresse und User Agent massiv erhöhen, bleiben einige systematische Ungenauigkeiten. Diese sind:

- Besucher können das Setzen von Cookies in den Browsereinstellungen verbieten. Studien gehen davon aus, dass dies bei ungefähr 12 Prozent der Nutzer der Fall ist (siehe auch Abschnitt 2.2.2). Als Fallback kommt dann wiederum doch die IP-Adress- und User-Agent-Methode zum Einsatz.

- Besucher können Cookies zwischen Sitzungen löschen. Bei erneutem Besuch der Website wird der Besucher als neuer Besucher gewertet. Aktuelle Studien gehen hier davon aus, dass rund ein Drittel der Besucher gelegentlich Cookies löscht. Derselbe Besucher wird nach dem Löschen ebenfalls als ein neuer, eindeutiger Besucher gewertet.
- Dieselben Personen können verschiedene PCs zum Besuch einer Website verwenden, zum Beispiel im Geschäft und zu Hause. In diesem Fall wird eine Person als zwei Besucher behandelt.
- Dieselbe Person kann auf dem gleichen Rechner mit mehreren Browsern surfen. Gelangt sie mit beiden Browsern auf die gleiche Website, wird auch dies als zwei Besucher behandelt.
- Umgekehrt können auf demselben PC mehrere Personen denselben Browser benutzen. Gelangen beide Personen auf dieselbe Website, werden sie als ein und derselbe Besucher behandelt.

So hart es klingen mag, aber daraus folgt, dass Sie bei einer Datensammlung mittels Page Tagging in der Realität weniger Besucher haben, als Ihnen Ihr Web-Analytics-System anzeigt. Bei einer Datenauswertung mittels Logfile-Analyse bzw. einer Besuchererkennung über IP-Adresse und User Agent ist es dagegen eher umgekehrt, wobei hier die Abweichung aber beträchtlich größer ist.

Für kurze Zeiträume, zum Beispiel eindeutige Besucher innerhalb einer Woche, mag diese Abweichung nicht weiter relevant sein, da hier Effekte wie eine gelegentliche Löschung von Cookies nicht greifen. Bei Betrachtungen über längere Zeiträume wie beispielsweise mehrere Monate oder einem Jahr ist die Summe aller Besucher jedoch mit Vorsicht bzw. Wissen um die Ungenauigkeit zu genießen. Die Cookie-Löschungen und wiederholte Besuche in einem längeren Zeitraum multiplizieren hier das Besuchertotal auch mal bis auf das Zweieinhalbfache des effektiven Wertes. Dies errechnet zumindest die lesenswerte Studie von comScore unter `http://www.comscore.com/request/cookie_deletion.asp` (auf Englisch).

5.6 Mit Messungenauigkeiten leben und arbeiten

Auch wenn ja schon seit dem einleitenden Kapitel bekannt ist, dass Web Analytics keine exakte Wissenschaft ist: Bei all den Messungenauigkeiten bei Besuchen und Besuchern könnte man meinen, man bewege sich irgendwo im tiefsten Zahlensumpf. Und als ob es noch nicht genug wäre: Es wird noch schlammiger. Denn jedes Web-Analytics-System handhabt diese grundsätzlichen Messungenauigkeiten unterschiedlich. So kommt es, dass ein Web-Analytics-System gerne mal 20 Prozent mehr Besucher für dieselbe Website misst als jenes eines anderen Anbieters. Untersuchungen wie jene des langjährigen Web-Analytics- und Online-Marketing-Spezialisten Jim Sterne belegen solche signifikanten Unterschiede einzelner Systeme zueinander (vgl. dazu `http://www.stonetemple.com/articles/analytics-report-may-2007.shtml`). Baut man wie Sterne vier oder fünf Web-Analytics-Tools gleichzeitig in eine Website ein und vergleicht man die in den einzelnen Systemen angegebenen Besucher-, Besuchs- und Seitenzugriffzahlen, dann zeigt keines der Tools die gleichen Zahlen an. Vielmehr treten Differenzen von gerne mal 10 bis 20 Prozent auf, die darin begründet sind, dass jeder Anbieter auf seine Art und Weise versucht, die gegebene Messproblematik zu umgehen.

Summa summarum sind die Unschärfen bei der Besucher-Identifikation beachtlich und nicht aus der Welt zu schaffen. Einzig ein auf der Website namentlich eingeloggter Besucher könnte schließlich eindeutig einer Person zugeordnet werden. Für eine normale, öffentliche Site steht dies jedoch außer Diskussion, da man ja nicht von einem Besucher vor dem einfachen Betrachten von Inhaltsseiten eine Registrierung voraussetzen kann und will.

So weit nun aber die schlechten Nachrichten, jetzt zu den guten: All die Ungenauigkeiten spielen eigentlich überhaupt keine Rolle, um den Erfolg seiner Website mittels Web Analytics zu steigern. Denn um den Erfolg zu messen, sind absolute Zahlen und deren Genauigkeit nicht relevant. Ob eine Website nun täglich 5.000 oder 6.000 Besucher hat, ist eigentlich egal, solange die Besucherzahlen zum Beispiel wöchentlich um fünf Prozent steigen. Die entscheidende und zu beobachtende Kennzahl sind dann nämlich die fünf Prozent – und diese Zahl stimmt ziemlich genau, da sich in den Verhältnissen die Ungenauigkeiten mehr oder weniger rausdividieren.

Oder anders ausgedrückt: Es spielt keine Rolle, ob das Metermaß, das Sie verwenden, 93 cm oder 112 cm lang ist, solange Sie immer dasselbe für die Messung verwenden. Wenn also früher ein Schreiner seine eigene Ellenlänge zur Vermaßung eines Tisches verwendet hat, dann konnte der Tisch trotzdem ein Meisterstück werden – selbst wenn seine Elle drei Zentimeter kürzer war als der Durchschnitt. Probleme entstehen erst, wenn unterschiedliche Hersteller mit unterschiedlichen Ellen messen, also zum Beispiel wenn ein Tisch mit Tischbeinen von verschiedenen Schreinern zusammengeschreinert wird.

Übertragen auf die Messungenauigkeiten im Web-Analytics-Umfeld heißt dies zusammengefasst:

- Schenken Sie Verhältnissen mehr Beachtung als absoluten Zahlen und genießen Sie absolute Angaben mit Vorsicht.
- Verwenden Sie stets das gleiche Analytics-System, wenn Sie Vergleiche ziehen.
- Versuchen Sie nicht, Ihre Kennzahlen mit jenen von anderen Websites zu vergleichen, ohne sich der Ungenauigkeit bewusst zu sein.

- Benchmarken Sie die Auswertungen mit früheren Zahlen ihrer eigenen Website, das heißt, erstellen Sie Verhältnisse zu einer Vorperiode (zum Beispiel Anzahl Besucher diese Woche zu Anzahl Besucher letzter Woche). Solche Vergleiche sind relativ resistent gegenüber den Messungenauigkeiten.
- Wenn Sie in bestimmten Fällen, wie beispielsweise bei der Anzahl von eingegangenen Bestellungen, trotzdem genaue Zahlen benötigen, dann setzen Sie nicht das Web-Analytics-System, sondern ein anderes Auswertungssystem dafür ein. Die Datenbank, in der die Bestellungen gespeichert werden, kann Ihnen zum Beispiel ganz genau über die Anzahl Bestellungen Auskunft geben.

5.7 Weitere Metriken

Seitenzugriffe, Besucher und Besuche gehören zu den am schnellsten einleuchtenden und am einfachsten verständlichen Metriken. Über diese Standard-Metriken hinaus kann man aber praktisch beliebig viele weiteren Metriken definieren und messen – je nachdem was Ihnen für die Erfolgsoptimierung sinnvoll und nützlich erscheint. Von den Zahlentypen her kann man dabei drei Arten von Metriken unterscheiden. Diese sind:

- Anzahl
- Verhältnis
- Werte

Eine Anzahl ist dabei eine absolute Zahl wie die Anzahl Besucher (5.849 Visitors) oder auch ein Verkaufstotal (€ 129.873). Wie wir oben gesehen haben, sind die Anzahl-Metriken besonders von Messungenauigkeiten betroffen und mit Vorsicht zu genießen.

Verhältnisse setzen Anzahl-Metriken (oder auch andere Verhältnisse) in Relation zueinander. Sie erscheinen meist in der Verbindung mit dem Ausdruck »pro«, also zum Beispiel »Anzahl Seitenzugriffe pro Besucher«. Das Ergebnis kann dann in Form eines Quotienten (5,46 Seitenzugriffe pro Besucher) oder einer Prozentzahl wiedergegeben werden (64,29 Prozent Anteil neuer Besucher zu allen Besuchern). Verhältnisse sind der wichtigste Typ von Kennzahlen, da sie verschiedene Dimensionen in einer Zahl kombinieren und zudem relativ resistent gegen Messungenauigkeiten sind.

Werte wie ein Referer »www.google.com« oder ein in eine Suchfunktion eingegebener Suchbegriff wie »Notebooks« schließlich sind ein Sondertyp von Kennzahlen, jedoch genauso relevant. Da sich Veränderungen bei solchen Werten nicht so einfach aufgrund von Über- oder Unterschreiten von Grenzwerten überwachen lassen, fallen sie gerne aus dem Blickfeld. Werte eignen sich deshalb auch mehr dafür, um für bestimmte Fragestellungen Antworten zu finden – und weniger, um nur den schnellen Überblick zu erhalten.

Neben den unterschiedlichen Metrik-Typen lassen sich die Kennzahlen auch aufgrund ihrer inhaltlichen Aussagekraft gruppieren. Bei den Betrachtungen in den folgenden Kapiteln schauen wir uns die unterschiedlichen Metriken daher in folgenden Kategorien an:

- **Quellen-Analyse:** Wie gelangen die Besucher auf die Website? Woher kommt der Traffic?
- **Besucher-Analyse:** Welche Besucher bewegen sich auf der Website und in welche Gruppen lassen sie sich einteilen?
- **Verhaltens-Analyse:** Wie verhalten sich Besucher auf der Website innerhalb eines einzelnen Besuches?
- **Inhaltsanalyse:** Was betrachten die Besucher und welche Inhalte werden wie stark genutzt?

Abbildung 5.9 zeigt den Rahmen auf, nach dem die einzelnen Metriken in den Kapiteln 6 bis 10 durchleuchtet werden.

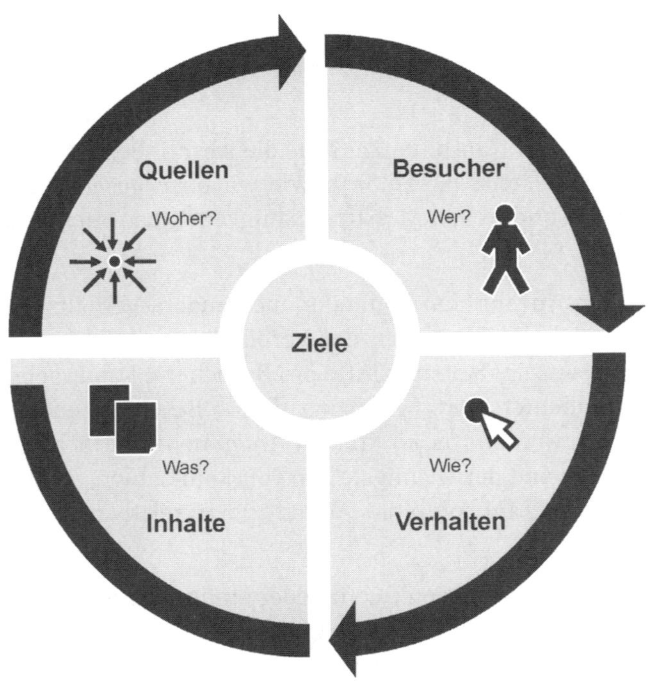

Abb. 5.9: Metriken beleuchten hauptsächlich vier Dimensionen einer Website.

Diese Gruppierung soll uns vorerst helfen, uns in der Vielzahl von häufig genutzten Metriken zu orientieren. Später werden wir je nach Ausgangslage Metriken aus den einzelnen Bereichen nutzen, um eine Website auf ein spezifisches Ziel hin zu optimieren.

Eine Analyse und Optimierung der Traffic-Quellen hilft so zum Beispiel, die Reichweite der Website zu erhöhen und mehr Besucher auf die Website zu bringen. Die Besucher-Analyse unterstützt dabei, Eigenschaften und Bedürfnisse von Besucher-Gruppen zu erkennen, das eigene Website-Angebot damit abzugleichen und grundsätzlich besser auszurichten. Die Verhaltensanalyse zeigt die Nutzungsintensität der Website an und hilft bei der Aufdeckung von Hindernissen im Besucherfluss. Die Inhaltsanalyse schließlich fokussiert darauf, wie Inhalte genutzt werden und welche Bereiche besser auf die Besucherbedürfnisse abgestimmt werden sollten.

Kapitel 6

Traffic-Quellen

Eine zentrale Eigenschaft des Webs ist die Verlinkung von verschiedenen Sites miteinander und die dadurch entstehenden, individuellen Benutzerflüsse durch die Weiten des Internets. Die Besuchermenge einer Website, die schlussendlich eine der Knotenpunkte im weltweiten Netz darstellt, kann mit der Analyse und Optimierung der umliegenden Verknüpfungen stark beeinflusst werden. Schließlich stellt jeder eingehende Link von einer anderen Website eine Quelle für potenzielle Besucherflüsse dar. Es lohnt sich daher zu wissen, ob es sich bei der Quelle um eine seichte oder sprudelnde handelt. Metriken, die dies messen, fassen wir deshalb als Quell-Metriken zusammen. Sie geben Auskunft darüber, wie ein Besucher auf die Website gelangt ist bzw. woher er ursprünglich gekommen ist.

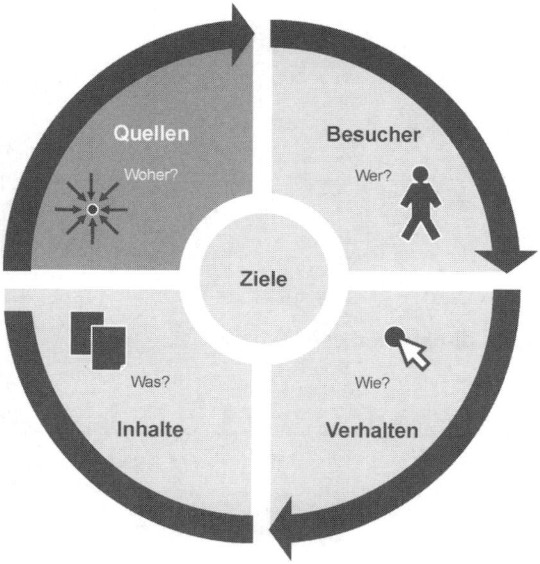

Abb. 6.1: Metriken mit Fokus auf Traffic-Quellen zeigen auf, woher Besucher kommen.

6.1 Direktzugriffe und Lesezeichen

Nicht immer haben Besucher einen Link auf einer Dritt-Website angeklickt, bevor sie auf die Website gelangt sind. In zwei bestimmten Situationen ist dies nicht der Fall, nämlich einerseits dann, wenn ein Besucher die URL von Hand in die

Adresszeile des Browsers eingibt. Andererseits dann, wenn er eine Website in seinen Favoriten oder Lesezeichen gespeichert – oder die Seite gar als Homepage definiert hat.

6.1.1 Was gemessen werden kann

Da es bei der Datensammlung technisch nicht ohne Weiteres feststellbar ist, ob ein Besucher nun über ein Lesezeichen, eine Homepage-Speicherung oder Direkteingabe der URL auf eine Website gelangt ist, werden Direktzugriffe und Lesezeichen meist als ein Topf behandelt. Diese mangelnde Unterscheidung ist aber nicht weiter tragisch, denn die Aussage von Direkteingaben und Bookmarks ist vergleichbar: Der Benutzer hat sich eine Website gemerkt – entweder als Lesezeichen im Browser oder als URL im Kopf.

Beides, Direktzugriffe und Lesezeichen, sprechen ein gewichtiges Lob an eine Website aus. Denn zu den paar Dutzend Websites zu gehören, die sich ein Benutzer speziell merkt, ist eine Auszeichnung. Sie zeugt von hohem Engagement eines Besuchers für eine Site sowie für hohe Qualität des Angebots. Direktzugriffe machen zudem eine gewisse Aussage über die Stärke eines Markenzeichens (Brands). Je stärker der Brand, desto eher geben Besucher die URL direkt in der Adresszeile ein.

Abb. 6.2: Besuche, die die URL direkt eintippten oder Lesezeichen verwendeten

Im Browser gespeicherte Lesezeichen sind das eine. In Zeiten von Web 2.0 und sozialen Communities jedoch werden Lesezeichen jedoch immer mehr öffentlich gespeichert. Dank solchen »Social Bookmarks« kann jedermann die Lesezeichen anderer Leute durchstöbern und dabei auf Seiten stoßen, die die Gemeinschaft interessant findet. Eine der bekanntesten und meistgenutzten Plattformen, die solches Social Bookmarking anbietet, ist del.icio.us (`http://del.icio.us`). Genauso wie Favoriten im Browser sind Social Bookmarks, die auf die eigene Site zeigen, Qualitätsauszeichnungen und Traffic-Generatoren. Solche Angaben zu analysieren, kann daher genau so wertvoll sein wie die Direktzugriffe selbst. Zwar ist das Verfahren dazu etwas aufwändig, jedoch folgendermaßen möglich:

Folgende URL listet im RSS-Format (Really Simple Syndication) aktuelle Bookmarks auf, die von irgendwelchen Benutzern bei del.icio.us gespeichert wurden. Im Beispiel wurden all jene Bookmarks gewählt, die auf die deutsche Website von BMW verlinken:

```
http://del.icio.us/rss/url?url=http://www.bmw.de/
```

Beim Aufruf des RSS-Feeds ist zu beachten, dass man die URL mit einem abschließenden Schrägstrich eingibt. Um die Bookmarks nun zu überwachen, kann man sich den Feed auch abonnieren.

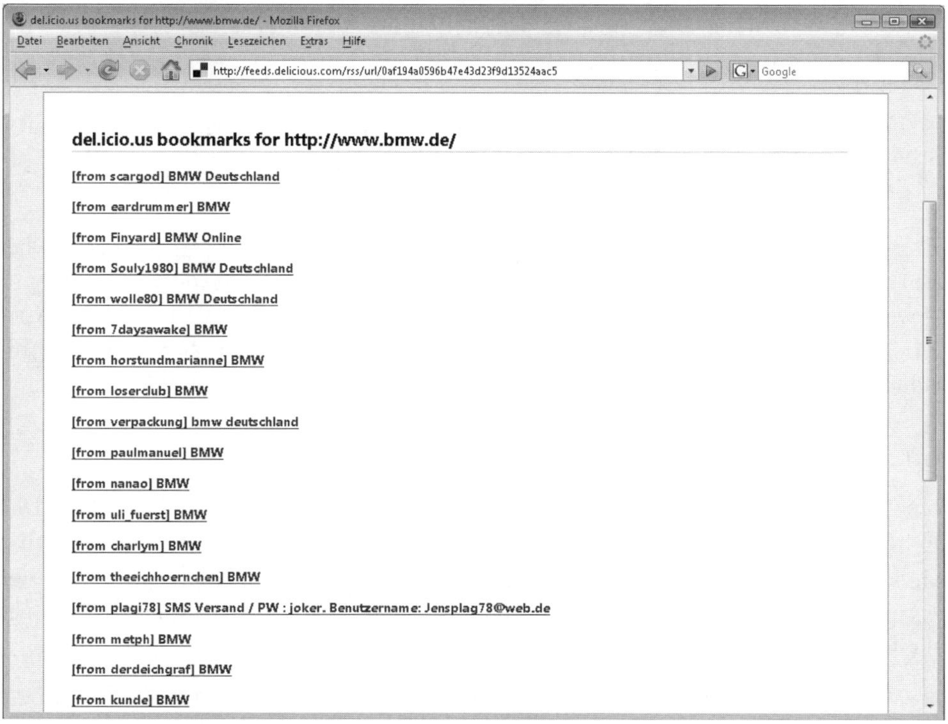

Abb. 6.3: RSS-Feed mit bei `del.icio.us` gespeicherten Bookmarks für die Site `bmw.de`

Nun sind diese Details natürlich sehr interessant, jedoch eignen sich solche Werte relativ schlecht für eine permanente Überwachung. Einfacher wäre es, eine Anzahl, zum Beispiel die Summe aller Bookmarks auf `bmw.de`, zu überwachen. Leider gelangt man dazu bei `del.icio.us` nur über etwas verborgene Umwege – einmal gewusst wie, ist es jedoch in wenigen Sekunden zusammengetragen:

Nach dem Eintippen der obigen RSS-URL hat sich die BMW-URL nach einem Redirect wie folgt selbstständig in einen Hash-Wert umgewandelt:

```
http://feeds.delicious.com/rss/url/0af194a0596b47e43d23f9d13524aac5
```

Diesen Hash-Wert (0af194a0596b47e43d23f9d13524aac5), nichts anders als eine codierte Version der BMW-URL, nehmen wir und fügen ihn an einen Aufruf an die Programmierschnittstelle (API) von `del.icio.us` an. Im Browser rufen wir folgende URL auf:

```
http://badges.del.icio.us/feeds/json/url/
data?hash=0af194a0596b47e43d23f9d13524aac5
```

Die API von `del.icio.us` liefert auf diesen Aufruf in einer kleinen und etwas kryptisch anmutenden Textdatei die Anzahl gespeicherter Bookmarks zu `bmw.de` zurück. Zusätzlich enthält sie Tags, mit denen die Bookmarks von den Besuchern versehen wurden:


```
"top_tags":{"automotive":2,"car":4,"bmw":7,"cars":8,"AutoundVerkehr":3,"auto
mobilkonzerne":4,"auto":13,"verkehr":2,"automobile":2,
"flash":2},"url":"http://www.bmw.de/","total_posts":48}]
```


Daraus können wir herauslesen, dass aktuell 48 Bookmarks zu `bmw.de` bei `del.icio.us` gespeichert sind – und diese Anzahl lässt sich wiederum relativ gut – wenn auch manuell – monitoren. Wer's lieber voll integriert in das Web-Analytics-System hat, kann versuchen, die del.icio.us-API dort zu integrieren – technische Fähigkeiten und Möglichkeit des Web-Analytics-Systems vorausgesetzt.

6.1.2 Wie Sie es nutzen sollten

Direktzugriffe und Lesezeichen sind allgemein ein sehr träger Indikator. Das heißt, die Zahlen schlagen erst Wochen oder Monate später aus, nachdem eine vielleicht ursächliche Anpassung oder ein Launch vorgenommen wurde. Daher eignet sich diese Metrik für eine monatliche oder quartalsweise, aber weniger für die laufende Beobachtung. Drei Ausnahmen dazu gibt es:

- Wenn Sie ein Portal betreiben, das für Benutzer den Einstiegspunkt ins Internet darstellt, sind Direktzugriffe essenziell. Dann muss es das Ziel sein, dass Besucher Ihr Portal als Startseite im Browser setzen oder zumindest häufig über Bookmarks oder Direkteingabe der URL auf dem Portal ihre Browse-Sitzung beginnen. Für Websites wie `yahoo.de` oder `google.de` wären die Direktzugriffe zum Beispiel eine wesentlich bedeutendere Metrik als für eine Unternehmenswebsite mit Kommunikationsfunktion.

- Wenn Sie Werbung im Offline-Umfeld schalten und deren Online-Wirkung nachvollziehen möchten, dann sind Direktzugriffe für die Erfolgsmessung ein gewisser Anhaltspunkt. Wenn Sie also Plakate und TV-Werbungen schalten und darin Ihre URL angeben, dann sollten die Direktzugriffszahlen vorübergehend signifikant steigen. Wenn nicht, dann war die Offline-Werbung wohl zu wenig auf eine direkte Aktion ausgelegt oder die Affinität zum Internet war beim betreffenden Medium nicht gegeben. In Abschnitt 6.5 werden Sie allerdings noch sehen, wie man Offline-Werbemaßnahmen wesentlich genauer messen kann als mittels Direktzugriffs-Metriken.
- Wenn Sie Ihre Brand-Wahrnehmung online messen wollen, dann ist die Direkteingabe der URL, das heißt des Brandnamens, noch eine der geeignetsten Metriken – wenngleich natürlich noch von zahlreichen anderen Faktoren beeinflusst.

Steigende Direktzugriffe signalisieren, dass sich Ihre Website oder URL herumgesprochen hat und die Qualität der angebotenen Inhalte stimmt bzw. die gesamte Website offenbar einem Benutzerbedürfnis entspricht. Über einen längeren Zeitraum stetig sinkende Direktzugriffe hingegen sind ein sehr spätes Alarmzeichen dafür, dass Ihre Marke oder Ihr Website-Angebot Besucher nicht mehr anspricht.

URL in der Offline-Kommunikation einsetzen, um Direktzugriffe zu steigern

Es ist zwar eine äußerst simple Maßnahme und sollte schon seit Jahren Usus sein – dennoch wird es auch von Großunternehmen immer wieder falsch gemacht bzw. nicht berücksichtigt. Geben Sie bei sämtlichen Dokumenten in Ihrer Offline-Kommunikation immer die URL der Website mit an. Sei es auf Briefpapier, Rundschreiben, Visitenkarten, Verpackungen, Mail-Signaturen, Stellenanzeigen oder Geschäftsberichten. Die URL gehört mit dazu genau so wie Ihr Firmenname und Ihre Postadresse.

Auch bei Werbemaßnahmen wie Plakaten oder Zeitungsinseraten wird dies einfach so oft vergessen, dass man meinen könnte, das Internet sei gerade erst erfunden worden. Besonders in der Offline-Werbung ist der Website-Besuch ja vielfach die naheliegende Möglichkeit für den Betrachter, um sich weitere Informationen zu beschaffen oder nächste Schritte für einen Kauf vorzunehmen. Wenn Sie die URL nicht sowieso schon auf allen Druckerzeugnissen platziert haben, dann bitten Sie doch Ihre Marketing- und Kommunikationsabteilung, dies zu vereinheitlichen.

6.1.3 Was es zu beachten gilt

Neben dem nochmaligen Hinweis darauf, dass Direktzugriffe ein zu träger Indikator ist, um im Negativfall noch Aktionen einzuleiten, gilt es bei der Messung noch Folgendes zu beachten:

Als Direktzugriff werden alle Besuche gewertet, bei denen der erste Seitenzugriff keinen Referer enthält. Damit werden die Direktzugriffe auch etwas zum Sammeltopf für alles Undefinierte. Wenn der Browser oder Proxy eines Besuchers die Übergabe des Referers sperrt (vgl. Abschnitt 2.2.2), dann wird dies beispielsweise ebenfalls als Direktzugriff gewertet – selbst wenn der Besucher eigentlich via Link auf einer Drittsite angelangt ist. Auch bei Klicks auf Links in E-Mail-Newslettern wird der Referer nicht übermittelt. Wenn Sie häufig E-Mail-Marketing betreiben, dann kann dieser Anteil ins Gewicht fallen und bei Versandwellen in den Statistiken ersichtlich sein.

Ein Fehler, der recht häufig gemacht wird und sich noch weit stärker auf die Auswertungen auswirkt, sind automatische Weiterleitungen, so genannte Redirects. Redirects leiten Besucher automatisch zum Beispiel von einer kommunizierten Kurz-URL wie `www.abc.de/promo` auf eine Zielseite wie `www.abc.de/aktuell/promo.html` weiter. Je nachdem wie diese Redirects technisch eingerichtet werden, geht bei der Weiterleitung die Information über die externe Referer-Website verloren bzw. wird durch die interne Weiterleitungsseite ersetzt.

Falls Ihre Website also eine ungewöhnlich hohe Anzahl an Direktzugriffen ausweist, dann kann dies auch durch diese technische Ursache begründet sein. In dem Fall sollten Sie Ihre IT-Abteilung oder Web-Agentur einmal bezüglich Auswirkung des Redirects auf die Referer-Information befragen.

6.2 Verweisende Websites und URLs

Eine der ersten und brennendsten Fragen, die Web-Verantwortliche meist interessiert, ist »Wo kommt denn unser Traffic eigentlich her?« Für Web-Analytics-Systeme ist diese Frage relativ einfach zu beantworten, da ja über den Referer der dem Besuch unmittelbar vorangegangene Seitenaufruf des Besuchers ermittelt werden kann.

Die so verweisenden Websites kann man in zwei Hauptgruppen unterteilen, nämlich die »normale« Website und die Suchmaschinen. Da Suchmaschinen besonders wichtig für die verbreitete Nutzung einer Website sind, werden wir dieser Klasse der Verweise später noch besondere Beachtung schenken. Vorerst gilt das Augenmerk aber jenen Websites, die Verlinkungen auf unser Internet-Angebot erstellt haben.

6.2.1 Was gemessen werden kann

Auswertungen über die verweisenden Websites sagen uns, woher Besucher kommen, was sie wahrscheinlich suchen und ob wir den Traffic von den richtigen Partnern im Internet erhalten. Verweisende Links von Drittseiten sind zudem meist ein positives Qualitätsmerkmal, zumal offenbar andere Personen oder Unternehmen den Brand oder die angebotenen Inhalte ansprechend finden – oder sie zumindest einem Bedürfnis entsprechen und so in thematische Linklisten aufgenommen werden.

Verlinkungsgrad bei Google

Neben dem direkten Traffic haben einkommende Verlinkungen eine weitere entscheidende Bedeutung, nämlich in der Optimierung eines Webangebots auf Suchmaschinen-Auffindbarkeit. Diese Optimierungsdisziplin wird in der Fachsprache SEO, Search Engine Optimization, genannt. Suchmaschinen wie Google machen die Relevanz von einem einzelnen Trefferdokument unter anderem davon abhängig, wie viele andere Websites im Internet darauf verweisen. Je mehr Drittseiten auf ein Zieldokument verweisen und je höher die Reputation der verweisenden Sites ist, desto relevanter muss das verlinkte Dokument sein.

Dieser von Google angewandte Mechanismus ist vergleichbar mit einem wissenschaftlichen Zitat: Je mehr Publikationen auf eine Quelle verweisen, desto relevanter muss die Quelle im konkreten Kontext sein. Anhand solcher Relevanz-Bewertungen platziert Google deshalb stark verlinkte Dokumente weiter oben in einer Trefferliste zu einem bestimmten Suchbegriff. Dies wiederum hat natürlich beträchtlichen Einfluss darauf, wie viel verweisender Traffic von Suchmaschinen auf eine Website gelangt.

Um festzustellen, wie hoch der eigene Verlinkungsgrad im Internet ist, gibt es zwei Indikatoren. Zum einen klassifiziert Google selbst mittels des so genannten *PageRank*, wie relevant eine Website eingestuft wird. In Schritten von null (irrelevant) bis zehn (hoch relevant) wird dabei jede indexierte Website bewertet. Wenn man sich die Google Toolbar (`toolbar.google.com`) im Browser installiert, ist für jede aufgerufene Website der PageRank sofort ersichtlich (vgl. Abbildung 6.4).

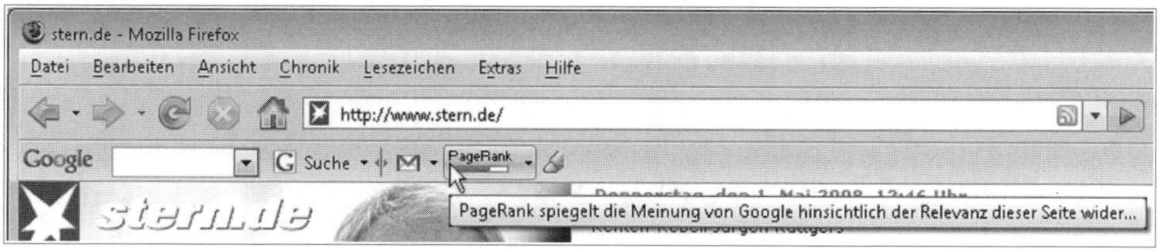

Abb. 6.4: Die Wichtigkeit von stern.de stuft Google im PageRank auf den Wert 7 von 10 ein.

PageRanks ab 6 bezeichnen dabei eine sehr gut vernetzte Website. Um höhere PageRanks zu erreichen, muss schon sehr gutes Partner- und Linkmanagement betrieben werden. PageRanks in der Höhe von 9 oder 10 erreichen praktisch nur extrem vernetzte Sites im Stile von Yahoo, CNN oder Google selbst.

Der PageRank ist schlussendlich ein guter Indikator über die Wichtigkeit und Reputation einer Website im Internet. Der Vernetzungsgrad lässt sich jedoch auch noch detaillierter erörtern. Um eine Vollerhebung jener Websites vorzunehmen, die auf die eigene Site verlinken, lässt sich Google.com selbst einsetzen. Wenn man statt eines Suchbegriffs den Term `link:` gefolgt von einer URL in das Suchfeld eingibt, dann listet Google all jene Seiten auf, die auf diese URL verlinken und Google bekannt sind. Auf `www.spiegel.de` verweisen aktuell zum Beispiel rund 55.500 Seiten, wie Abbildung 6.5 zeigt.

Abb. 6.5: `link:www.spiegel.de` listet die verlinkenden Websites auf.

Ganz genau darf man die angegebene Anzahl an verlinkenden Seiten allerdings nicht nehmen. Denn zum einen können gewisse Websites zwar Links auf eine Website enthalten. Wenn diese aber nicht auch von Google gecrawlt und in den Index aufgenommen wurden, dann sind sie nicht mit in der Auflistung enthalten. Zum anderen basiert die von Google angegebene Verlinkungszahl auf einer Hochrechnung, die nicht unbedingt exakt der Realität entsprechen muss. Die Aussagekraft als Indikator wertet dies jedoch kaum ab.

Wer sich die Verlinkungen der eigenen Website statt in einer langen Liste bei Google lieber visuell aufgearbeitet betrachten möchte, der findet zum Beispiel bei TouchGraph (`www.touchgraph.com`) eine schöne Visualisierung für die Vernetzung einer Site im Internet (siehe Abbildung 6.6). Für eine zielgerichtete Auswertung ist die Darstellung allerdings nicht unbedingt geeignet.

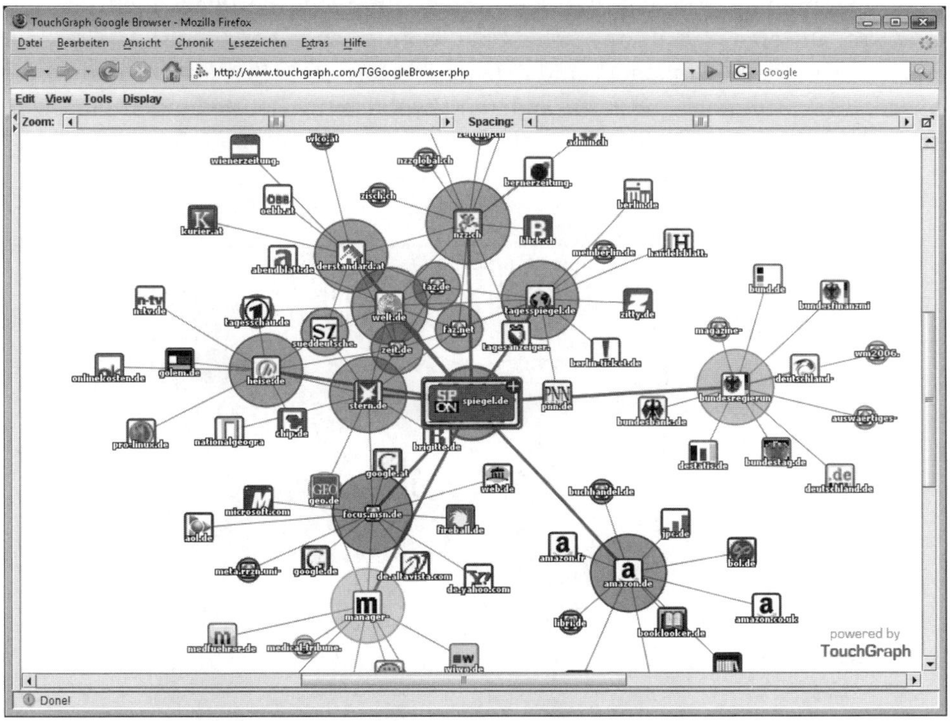

Abb. 6.6: Vernetzung von `spiegel.de` visuell dargestellt mit TouchGraph

Effektiv genutzte Verlinkungen

Die Betrachtungen bisher haben sich darauf fokussiert, welche Verlinkungen auf unsere Website überhaupt existieren. Ein Web-Analytics-System, das Sie für das Tracking Ihrer Website einsetzen, gibt nun Auskunft darüber, welche der Verlinkungen effektiv und wie stark genutzt werden. Meist wird in den Systemen eine Unterscheidung vorgenommen zwischen verweisenden Domains bzw. Websites einerseits und verweisenden URLs bzw. Seiten andererseits.

Die Domain-Betrachtung ist dabei die Zusammenfassung von allenfalls mehreren Verlinkungen, die verteilt sind auf verschiedene Seiten einer referenzierenden Website. Sie ergeben einen Überblick, welche Unternehmen oder Websites effektiv für die Weiterleitung von Traffic verantwortlich sind. In die Hauptlieferanten des Traffics lohnt es nun, Zeit und Mühe zu investieren, damit diese Verlinkung aufrechterhalten bleibt oder gar ausgebaut werden kann.

Abbildung 6.7 zeigt solche auf Domain-Ebene aggregierten Verweise von Drittsites. In diesem Beispiel würde sich die Website hinter dem fünften Eintrag besonders anbieten, um Bemühungen zur Aufrechterhaltung der Verlinkung voranzutreiben. Denn über diesen Link gelangen nicht nur eine beträchtliche Zahl an Besuchern auf die Website, sondern auch die Absprungrate ist niedrig. Eine niedrige Absprungrate bedeutet, dass der durchschnittliche Besucher mehr als nur eine Seite unserer Website angeschaut hat, womit sich auf eine hohe Affinität der Inhalte zwischen verlinkender und eigener Website schließen lässt. Wie man die Metrik »Absprungrate« noch zu anderen Zwecken für Beurteilungen einsetzen kann, werden Sie in Abschnitt 9.4 sehen.

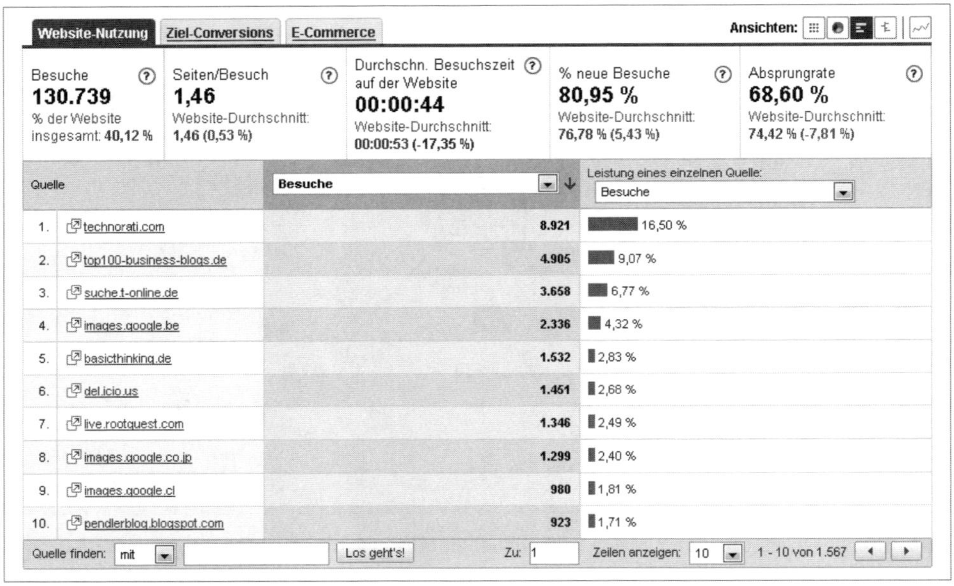

Abb. 6.7: Aggregierte Ansicht von verweisenden Domains

Noch ausgiebiger wird die Analyse, wenn Sie die einzelnen verweisenden Seiten selbst untersuchen. Ruft man diese Seiten auf und schaut sich deren Inhalte an, dann erhält man Einblicke, in welchem Kontext die eigene Seite als relevant eingestuft wird. Zukünftige Maßnahmen kann man so sehr gut dieser externen Sicht anpassen.

Abbildung 6.8 zeigt solche einzelnen Seiten einer Domain, die jeweils einen Link zur eigenen Website enthalten. Nach Betrachtung der Inhalte dieser Seiten lässt sich so erkennen, dass die Verlinkung häufig auf solchen Seiten angeklickt wird, die zur Positionierung des Dritt-Unternehmens beitragen. Dies könnte ein Indiz dafür sein, dass sich eine strategische Partnerschaft mit diesem Unternehmen lohnen könnte.

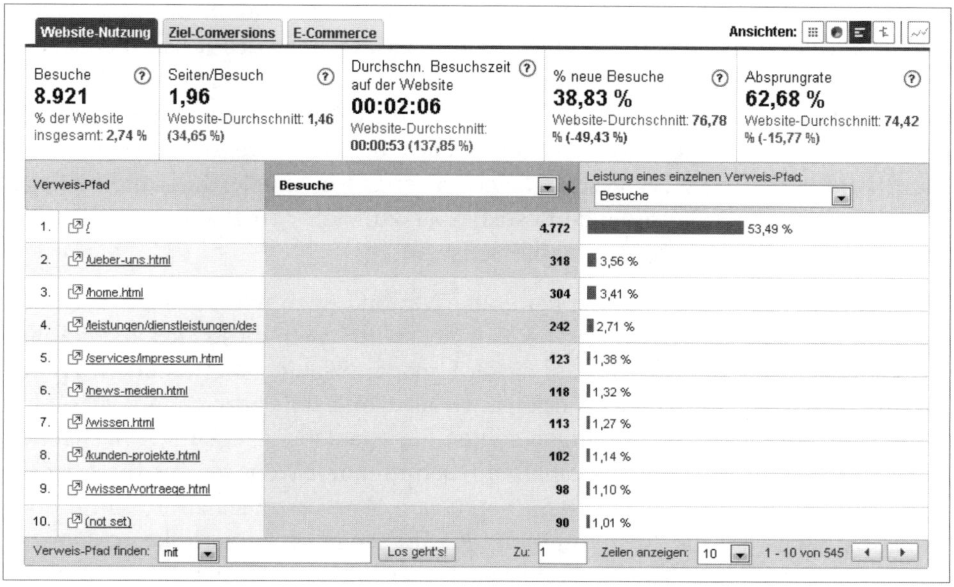

Abb. 6.8: Detailansicht mit genauen URLs der verweisenden Seiten einer Domain

6.2.2 Wie Sie es nutzen sollten

Die Liste mit verweisenden Links und Domains ist typischerweise lang – zumindest wenn man im Web einigermaßen gut vernetzt ist. Die Schwierigkeit besteht dann darin, den Überblick zu behalten. Bewährt haben sich dabei folgende beide Strategien:

- Die Top-3-bis-5-Domains im wöchentlichen oder monatlichen Rhythmus überwachen
- Sprunghafte Veränderungen überwachen

Mit ersterem Vorgehen behalten Sie die wichtigen verweisenden Websites im Blickfeld. Bemühungen, zum Beispiel um eine noch prominentere Platzierung des Links auf der Drittsite, sollten Sie in diese Partner investieren, da der Link dort offenbar im Interesse der Besucher steht. Bringen diese Links viel Traffic ein, sollten Sie gar versuchen, die Verlinkung partnerschaftlich abzusichern, zum Beispiel über einen Partner-Vertrag mit der betreffenden Website. Wenn dies etwas kosten sollte, können Sie sich die Frage stellen, wie viel Ihnen der von der Drittsite stammende Traffic denn wert ist. Im dritten Teil des Buches werden zu solchen Werten noch konkretere Überlegungen angestellt.

Für die wichtigsten verlinkenden Seiten sollten Sie zudem überprüfen, auf welche Ihrer Seiten diese genau verlinken. Diese Eingangsseiten sind nämlich die »Landing Pages«, der Ort, wo die Besucher auf Ihrer Website landen. Genau wie bei einer Landing Page für eine große Kampagne sollten Sie sich bei den Landing Pages für Verlinkungen überlegen, ob die Besucher das finden, was sie vor dem Anklicken des Links erwartet haben. Denn das Ziel muss es ja nicht nur sein, möglichst viel einkommenden Traffic zu erhalten, sondern solche Besucher auch länger auf der eigenen Website zu behalten und sie eventuell zu einem bestimmten Ziel zu führen. Finden die Besucher nicht umgehend, was sie erwartet haben, dann werden sie Ihre Website schnell wieder verlassen. Eine leichte Landing Page-Optimierung, um einkommende Besucher »abzuholen«, ist also bei den häufigsten einkommenden Verweisen empfehlenswert.

Da aber auch die weniger häufig benutzten Verlinkungen relevant sind, zum Beispiel für die Relevanzgewichtung bei Google, sollten auch diese Sites nicht außer Acht gelassen werden. Die Vielzahl dieser Links mit wenig generierendem Traffic-Volumen lässt sich im Web-2.0-Jargon auch als »Long Tail« bezeichnen (vgl. Abbildung 6.9). All diesen Verlinkungen sollten Sie ebenfalls gelegentlich nachgehen und versuchen zu verstehen, weshalb die betreffenden Websites auf Ihr Angebot verlinken. Daraus lernend sollten Sie versuchen, Anreize zu schaffen, damit noch mehr Drittsites auf die Idee kommen, auf Ihr Angebot zu verlinken. Mögliche Ansätze dafür sind das Angebot einer Gegenverlinkung oder gar die Auszahlung einer kleinen jährlichen Prämie für die Aufrechterhaltung der Verlinkung. Aufgrund der großen Anzahl an Verlinkungen sollte sich Ihr administrativer Aufwand je Verlinkungspartner jedoch in Grenzen halten.

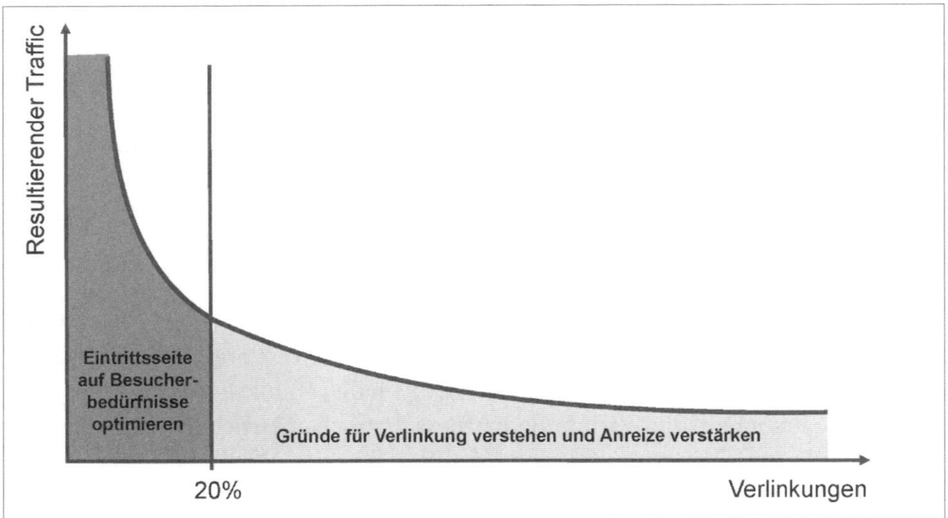

Abb. 6.9: Der »Long Tail« von eingehenden Verlinkungen mit Handlungsempfehlungen

Die Liste mit den drei bis fünf häufigsten verweisenden Sites wird sich im Normalfall über die Monate nur marginal verändern. Dies birgt die Gefahr, neue und eventuell grad so spannende Linkpartnerschaften zu verpassen. Mit der Überwachung von sprunghaften Veränderungen kann man dies umgehen. Plötzliche Traffic-Anstiege über verweisende Sites, zum Beispiel durch eine Neu-Verlinkung oder saisonale Unterschiede tauchen so auf dem Radar auf. Jeder dieser Veränderungen sollten Sie genau nachgehen und ergründen, weshalb sie erfolgt ist.

Leider bieten viele Web-Analytics-Systeme – darunter auch Google Analytics – keine Ansicht, wo solche Veränderungen direkt ersichtlich sind. Für Google Analytics gibt es dafür aber einen Workaround, und zwar in Form eines so genannten Firefox-Add-Ons. Für dessen Verwendung in Google Analytics müssen Sie folgende drei Elemente bei sich installiert haben:

1. Firefox-Browser, unter `www.mozilla.org` erhältlich.
2. Greasemonkey-Add-On, unter `https://addons.mozilla.org/addon/748` zu finden.
3. Google-Analytics-Downloader-Skript, bei `http://userscripts.org/scripts/show/24729` downloadbar.

Mittels dieses Firefox-Add-Ons erscheint in Ihrem Google Analytics Account bei den verweisenden Websites ein neuer Button, mit dem sich eine Zusatzansicht gemäß Abbildung 6.10 generieren lässt.

Referring Sites With 50% Higher Traffic Over the Last 3 Days:

	Source	Visits	Pages/Visit	Avg. Time on Site	% New Visits	Bounce Rate
1.	google.de	30	1.20	00:01:02	60.00%	80.00%
2.	search.bluewin.ch	16	1.19	00:00:08	93.75%	81.25%
3.	wordpress.com	14	1.43	00:01:29	28.57%	85.71%

Referring Sites With 50% Lower Traffic Over the Last 3 Days:

	Source	Visits	Pages/Visit	Avg. Time on Site	% New Visits	Bounce Rate
1.	eeepc.de	89	1.27	00:01:44	91.01%	76.40%

New Referring Sites Appearing in Last 3 Days:

	Source	Visits	Pages/Visit	Avg. Time on Site	% New Visits	Bounce Rate
1.	yatil.de	10	1.10	00:00:05	70.00%	90.00%
2.	cuil.com	3	1.00	00:00:00	66.67%	100.00%
3.	blogato.net	2	1.00	00:00:00	100.00%	100.00%
4.	images.google.com.au	1	1.00	00:00:00	100.00%	100.00%
5.	onlinemarketingforum.de	1	1.00	00:00:00	100.00%	100.00%
6.	nautsch.net	1	1.00	00:00:00	100.00%	100.00%

Abb. 6.10: Zusatzansicht für neue Verlinkungen und jene mit dem größten Traffic-Anstieg

Diese Ansicht, eigentlich ein kleines JavaScript, das zusätzliche Daten lädt und die Darstellung der Google-Analytics-Seite verändert, listet die »Movers and Shakers« der referenzierenden Seiten auf. Im Beispiel erkennbar ist so etwa, dass der von Google verweisende Traffic in den letzten drei Tagen verhältnismäßig stark gestiegen ist. Wenn kurz zuvor Inhaltsoptimierungen zur Suchmaschinenoptimierung vorgenommen wurden, dann könnte dies als positives Zeichen interpretiert werden, dass diese fruchten.

6.2.3 Was es zu beachten gilt

Für die verweisenden Seiten und Domains gelten dieselben Randbemerkungen wie für die Direktzugriffe (siehe Abschnitt 6.1.3): Wenn ein Besucher in seinem Browser die Übermittlung eines Referers blockt oder ein Firmenproxy diese Aufgabe übernimmt, dann werden Verweise von betreffenden Seiten nicht gezählt. Das Gleiche gilt bei unsachgemäßem Einsatz von Redirects.

6.3 Suchmaschinen

Suchmaschinen stellen eigentlich nichts anderes dar als die eben betrachteten verweisenden Websites, nur dass sie speziell wichtig sind und damit besonderer Beachtung bedürfen. Studien, die das Surfverhalten von Internet-Nutzern erfragen, kommen meist zum Schluss, dass etwa vier Fünftel aller Internet-Sitzungen bei einer Suchmaschine beginnen. Bei so viel von Suchmaschinen generiertem Traffic lohnt es sich deshalb, noch eine Spur genauer hinzuschauen und zu analysieren.

6.3.1 Was gemessen wird

Auf der obersten Ebene der Betrachtungen sollte man sich zuerst einen Überblick verschaffen, über welche Suchmaschinen Traffic auf die eigene Website gelangt. Obwohl Google zumindest in Europa eine ziemlich dominante Stellung im Suchmaschinenmarkt einnimmt, gibt es nämlich auch noch andere Suchmaschinen, die beachtliche Besucherzahlen generieren können. Dazu zählt zum Beispiel Microsofts Suche Bing oder Yahoo. Bing ist insbesondere deshalb noch relevant, weil die MSN-Website mit der Bing-Suche bei neuen PCs häufig automatisch als Startseite im Microsoft Internet Explorer eingestellt ist. Die erste Suche im Web beginnt deshalb bei manchem Benutzer noch bei Bing.

Übersichtliche Nutzungsansichten wie Abbildung 6.11 sagen aus, wie viele Besuche nun über eine bestimmte Suchmaschine auf Ihre Website gelangen. Damit lässt sich im ersten Schritt der Betrachtungen einmal ein Gefühl dafür bekommen, wie die Wichtigkeit der verschiedenen Suchmaschinen für die eigene Website ist.

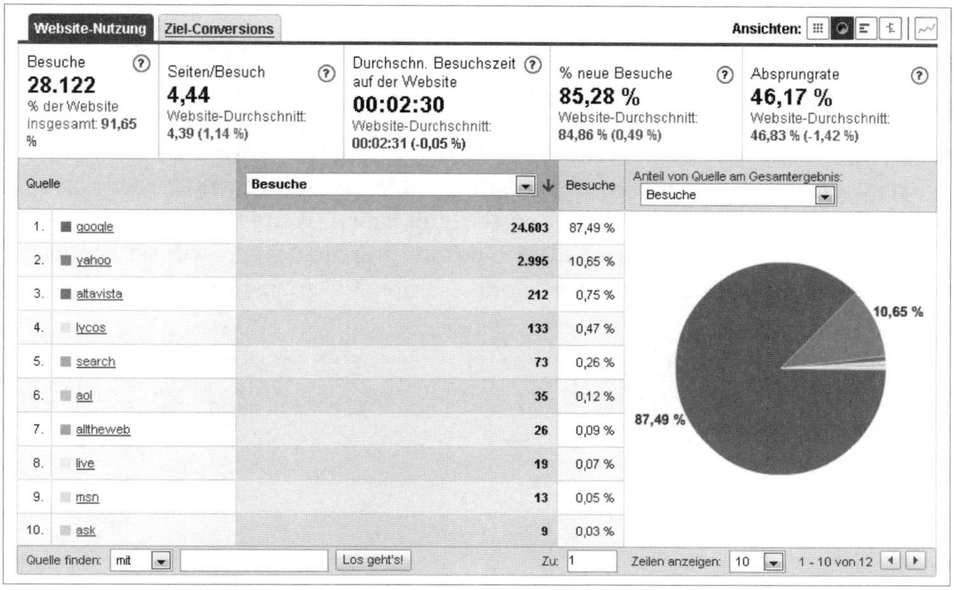

Abb. 6.11: Verweisender Traffic von verschiedenen Suchmaschinen

Manche Web-Analytics-Systeme geben daneben noch an, welche Suchmaschinen-Crawler wie oft die Website besuchen und dadurch Seiten im Suchmaschinen-Index aktualisieren. Bei Web-Analytics-Systemen, die mittels clientseitigem Page Tagging Daten sammeln, fehlt diese Auswertung jedoch meistens, da Suchmaschinen weder das JavaScript des Page Tags ausführen noch dessen unsichtbares Bild aufrufen.

Allerdings ist diese Crawler-Auswertung im Normalfall auch weniger interessant – außer wenn man sich gerade auf die Optimierung der Website auf Suchmaschinen-Auffindbarkeit konzentriert. Dann dienen solche Ansichten als Gewähr dafür, dass eine Website auch aktuell von Suchmaschinen wie Google auf neue Inhalte überprüft wird. Wichtig ist jedoch, dass man die beiden Ansichten, die für die von Besuchern benutzten Suchmaschinen und die von Besuchen durch Suchmaschinen-Crawler, nicht durcheinanderbringt.

6.3.2 Wie Sie es nutzen sollten

Die Verteilung des verweisenden Traffics auf die einzelnen Suchmaschinen mag anfangs interessant scheinen. Da sich auf dieser Ebene jedoch kaum entscheidende Veränderungen ergeben und im Normalfall der Traffic ohnehin von den drei großen Suchmaschinen Google, Yahoo und Bing kommt, ist eine fortwährende Überprüfung dieser Verteilung eher Zeitverschwendung. Nutzen sollten Sie die Auflistung der verweisenden Suchmaschinen deshalb folgendermaßen:

- Falls Sie in Suchmaschinen-Optimierungsmaßnahmen investieren wollen, können Sie anhand der Auswertungen entscheiden, wo sich die Investition am meisten lohnt. Wenn verweisender Traffic von Google, Yahoo oder Bing in der Minderheit ist, dann empfiehlt es sich, Optimierungsmaßnahmen genau auch darauf abzustimmen. Wenn Sie bereits Optimierungstätigkeiten vorgenommen haben, dann können Sie anhand dieser Auswertungen ablesen, ob sich die Bemühungen auch in Traffic ausbezahlt haben. Wenn der von Suchmaschinen stammende Traffic nach einer Optimierung nicht wie gewünscht angestiegen ist, dann ist die Maßnahme wohl als erfolglos einzustufen.

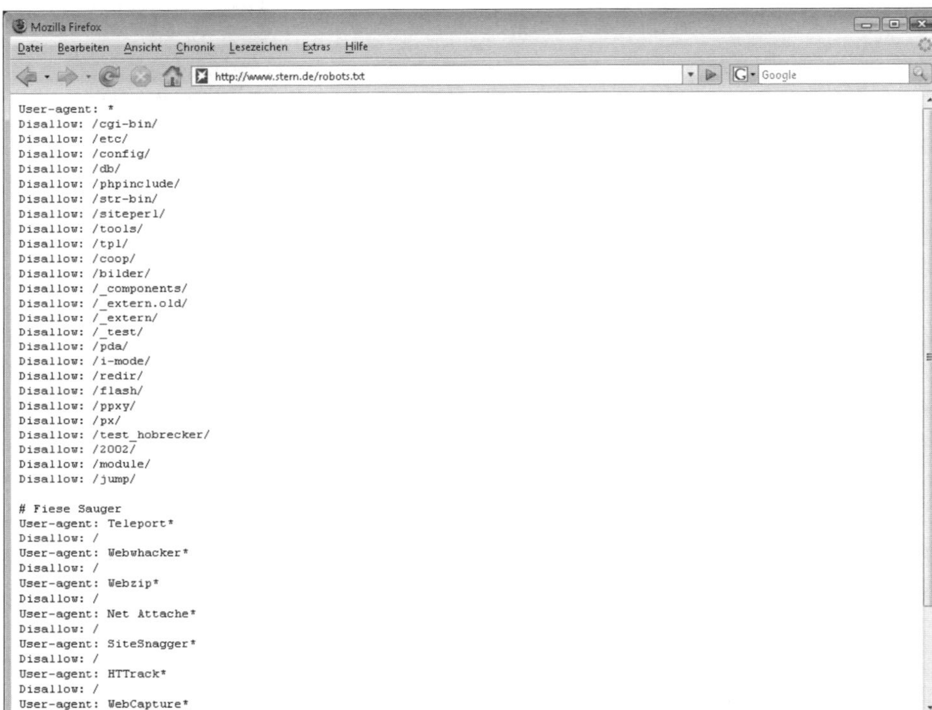


```
User-agent: *
Disallow: /cgi-bin/
Disallow: /etc/
Disallow: /config/
Disallow: /db/
Disallow: /phpinclude/
Disallow: /str-bin/
Disallow: /siteperl/
Disallow: /tools/
Disallow: /tpl/
Disallow: /coop/
Disallow: /bilder/
Disallow: /_components/
Disallow: /_extern.old/
Disallow: /_extern/
Disallow: /_test/
Disallow: /pda/
Disallow: /i-mode/
Disallow: /redir/
Disallow: /flash/
Disallow: /ppxy/
Disallow: /px/
Disallow: /test_hobrecker/
Disallow: /2002/
Disallow: /module/
Disallow: /jump/

# Fiese Sauger
User-agent: Teleport*
Disallow: /
User-agent: Webwhacker*
Disallow: /
User-agent: Webzip*
Disallow: /
User-agent: Net Attache*
Disallow: /
User-agent: SiteSnagger*
Disallow: /
User-agent: HTTrack*
Disallow: /
User-agent: WebCapture*
```

Abb. 6.12: `stern`.de untersagt gewollt das Crawlen von bestimmten Bereichen der Website

- Überprüfen Sie, dass die drei großen Suchmaschinen – oder allenfalls spezielle andere Suchmaschinen, die in Ihrem Branchenumfeld relevant sind – wirklich in den Auswertungen vertreten sind. Tauchen die Suchmaschinen nicht in der Auswertung auf, dann haben Sie mit großer Wahrscheinlichkeit ein Indexierungsproblem, dem Sie unbedingt nachgehen müssen. Indexierungsproblem heißt, dass Suchmaschinen technisch Ihre Website nicht besuchen und sie dadurch nicht in den Suchmaschinen-Index aufnehmen können. Die Gründe hierfür können vielfältig sein, darunter zum Beispiel komplett in JavaScript oder Flash abgebildete Navigationen, die Verwendung von Framesets oder der gewollte Ausschluss von Suchmaschinen über die Datei robots.txt (siehe Abbildung 6.12). In dieser Textdatei, die im Root-Verzeichnis der Website liegt, kann man Suchmaschinen das Indexieren gewisser Seitenbereiche oder der ganzen Website untersagen. Ob alle Ihre Seiten von der Suchmaschine indexiert sind, überprüfen Sie am einfachsten, indem Sie zum Beispiel bei Google den Term `site:www.ihrewebsite.de` in das Suchfeld eingeben. Google gibt dann alle Seiten aus, die von dieser Domain im Google-Index enthalten sind. Diese Zahl sollte ungefähr mit der Anzahl Seiten inklusive Dokumente Ihres Webauftritts übereinstimmen.

6.3.3 Was es zu beachten gilt

Damit Web-Analytics-Systeme die Suchmaschinen von ganz normal verweisenden Websites unterscheiden können und in einer separaten Ansicht ausweisen, braucht man so etwas wie eine Liste aller Suchmaschinen. In der Standardkonfiguration von Analytics Tools ist dabei üblicherweise bereits solch eine lange Liste mit Suchmaschinen-Anbietern hinterlegt. Gerade bei amerikanischen Produkten kann es jedoch gut sein, dass lokal bekannte Suchmaschinen wie `web.de` oder `suche.t-online.de` nicht in der Liste der Suchmaschinen vertreten sind. Dann erscheinen diese nicht in den Suchmaschinen-Reports, sondern in den normalen verweisenden Websites. Schwerwiegend ist insbesondere, dass dann bei den Suchmaschinen eingegebene Suchbegriffe auch nicht erkannt und in den Statistiken ausgewertet werden.

Um dies zu vermeiden, sollten Sie gleich nach Installation des Web-Analytics-Systems den Produkthersteller fragen oder die Hilfe-Datei konsultieren, welche Suchmaschinen vom System als solche erkannt werden. Diese Liste sollte anschließend vom Hersteller, Ihrer IT oder der betreuenden Webagentur um die lokal bedeutsamen Suchmaschinen ergänzt werden. Da solche Ergänzungen meist rückwirkend keinen Einfluss mehr auf bereits gesammelte Daten haben, ist eine frühzeitige Durchführung dieser Anpassung zu empfehlen.

6.4 Suchmaschinen-Keywords

Erfolgten die obigen Suchmaschinen-Betrachtungen mehr so aus der Vogelperspektive, so stechen wir nun bei der Suchbegriff-Analyse von verweisendem Traffic so richtig in die Tiefe der Suchmaschinen-Thematik. Schnallen Sie sich an, bevor wir zum Sinkflug ansetzen!

6.4.1 Was gemessen werden kann

Wie bereits in Abschnitt 2.2.2 ausgeführt, wissen Web-Analytics-Systeme dank des Referers auch, welche Suchbegriffe bzw. Keywords Besucher in eine Suchmaschine eingegeben haben, bevor sie auf ein Trefferdokument geklickt haben und schlussendlich auf unsere Website gelangt sind. Denn der Referer eines Besuchers, der zuvor auf Google nach »Fahrrad Shop« gesucht hatte, lautet wie folgt:

```
http://www.google.de/search?q=fahrrad+shop
```

Organische und bezahlte Keywords

Web-Analytics-Systeme sollten bei der Auswertung von Keywords zudem unterscheiden, ob es sich beim verweisenden Traffic um so genannten organischen oder bezahlten handelt. Von organischem Traffic spricht man, wenn Besucher ein Resultat in der normalen Trefferliste von Suchmaschinen wie Google anklicken. Bei bezahltem Traffic meint man die abhängig vom Suchbegriff angezeigten Textanzeigen oberhalb oder neben der organischen Trefferliste.

Abb. 6.13: Bezahlte Treffer oberhalb und rechts neben der organischen Trefferliste

Da für ein bestimmtes Keyword eine Website sowohl als Resultat in der organischen Trefferliste erscheinen kann als auch Werbung dafür geschaltet werden kann, ist die Unterscheidung der beiden Fälle erforderlich. Wenn man beispielsweise für das Keyword »fahrrad shop« bezahlte Werbeeinblendungen macht, dann möchte man die effektiven Klicks darauf ja getrennt von denen messen können, die ohnehin schon über die normale Suche auf die Website gelangen. Abbildung 6.14 zeigt eine solche Aufschlüsselung von Traffic zu einem Keyword in bezahlte Klicks und organische Klicks.

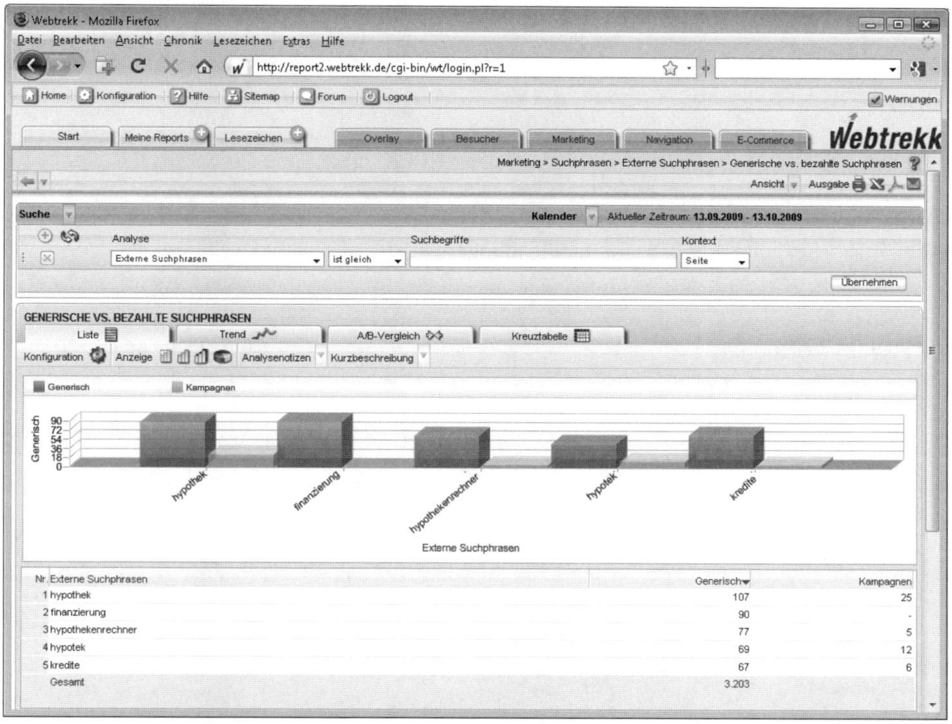

Abb. 6.14: Organische und bezahlte Keywords mit entsprechenden Verweisraten in Webtrekk

Bei bezahlten Keywords möchte man zudem natürlich noch möglichst Angaben zu Kosten je Keyword, Anzahl Einblendungen und Klickrate (CTR) direkt mit in den Betrachtungen haben. Glücklicherweise erlauben aktuelle Web-Analytics-Systeme, solche Daten zum Beispiel von Google AdWords oder anderen Suchmaschinenbetreibern direkt zu integrieren. Allen voran bietet Google Analytics hierzu natürlich die einfachste Integration. Daten von Google AdWords können mit wenigen Klicks in einen Google Analytics Account integriert werden.

Abbildung 6.15 zeigt solche Google AdWords, die zu häufigen Website-Besuchen führten. Während die zweite Spalte zu den resultierenden Besuchszahlen aus Google-Analytics-Daten stammt, sind die folgenden Spalten direkt aus dem Google AdWords Account integriert. So werden zum Beispiel zu einem Keyword auch die Anzahl Anzeige-Einblendungen, Klicks auf die Anzeige, Kosten für die Anzeige und die Verhältnisse Click-Trough-Ratio (CTR) und Cost per Click (CPC) angezeigt – also Klickrate und Kosten je Klick.

	Keyword	Besuche	Impressionen ↓	Klicks	Kosten	CTR	CPC	RPC	ROI	Marge
1.	fahrrad	513	**51.006**	546	CHF99,90	1,07 %	CHF0,18	CHF0,12	-34,21 %	-52,01 %
2.	fahrradanhänger	47	**7.016**	65	CHF12,77	0,93 %	CHF0,20	CHF0,17	-15,04 %	-17,70 %
3.	fahrradbörse	37	**1.998**	41	CHF4,01	2,05 %	CHF0,10	CHF0,17	77,81 %	43,76 %
4.	elektrofahrrad	14	**1.861**	16	CHF1,95	0,86 %	CHF0,12	CHF0,19	58,97 %	37,10 %
5.	fahrradgeschäfte	32	**1.426**	38	CHF3,05	2,66 %	CHF0,08	CHF0,15	93,11 %	48,22 %
6.	fahrradzubehör	2	**790**	2	CHF0,26	0,25 %	CHF0,13	CHF0,15	19,23 %	16,13 %
7.	fahrradgeschäft	7	**777**	6	CHF0,73	0,77 %	CHF0,12	CHF0,15	27,40 %	21,51 %
8.	kinderfahrrad	11	**768**	10	CHF1,25	1,30 %	CHF0,12	CHF0,31	148,00 %	59,68 %
9.	villiger fahrrad	2	**665**	2	CHF0,25	0,30 %	CHF0,12	CHF0,16	24,00 %	19,35 %
10.	damenfahrrad	11	**532**	11	CHF1,32	2,07 %	CHF0,12	CHF0,08	-29,55 %	-41,94 %

Keyword finden: mit fahrrad Los geht's! Zu: 1 Zeilen anzeigen: 10 1 - 10 von 21

Abb. 6.15: Gekaufte AdWords mit Einblendungen, Kosten, CTRs und weiteren Kennzahlen

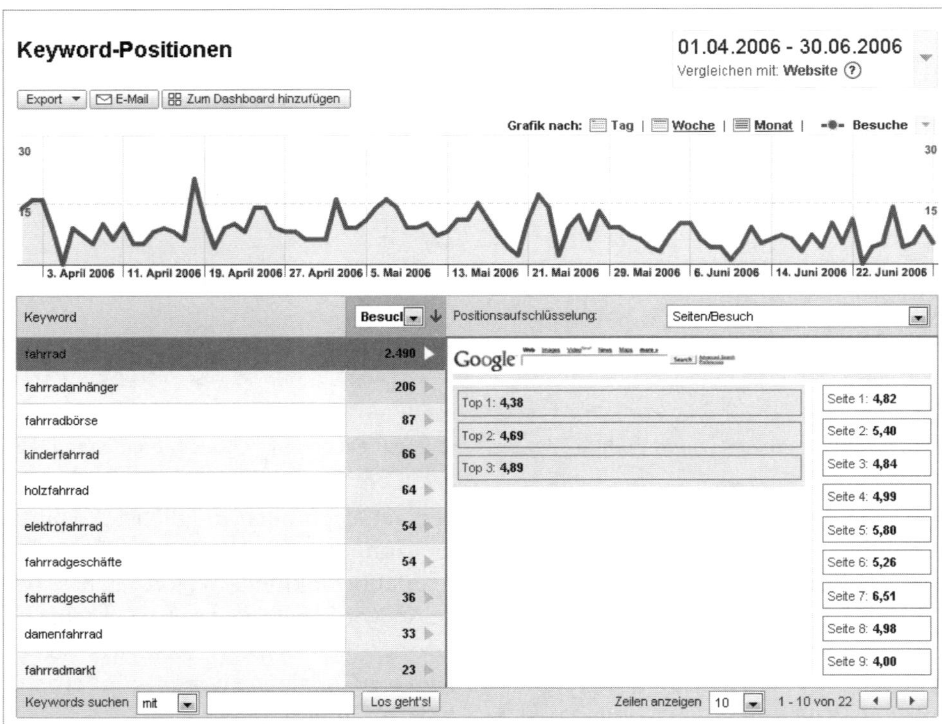

Abb. 6.16: Besuchsmetriken in Abhängigkeit von der Anzeigeposition des Keywords

Google Analytics erlaubt sogar eine noch detailliertere Analyse eines einzelnen AdWord, nämlich in Abhängigkeit von dessen Einblende-Position bei einer Suche auf `google.com`. Abbildung 6.16 zeigt zu einem bezahlten Keyword »fahrrad« Besuchsmetriken an, je nachdem auf welcher Position die Anzeige bei einer der Suchen nach diesem Keyword eingeblendet wurde. Lässt man sich so in der schematischen Google-Suchansicht die Anzahl Seiten je Besuch anzeigen – eine

Metrik, die das Interesse des Besuchers an der Website widerspiegelt –, dann lässt sich Folgendes in der Abbildung erkennen: Die Anzeigeeinblendungen in der rechten Spalte weisen offenbar durchwegs höhere Werte auf als Anzeigen, die oberhalb der organischen Trefferliste eingeblendet wurden. Demzufolge scheinen für dieses Keyword und diese Anzeige die günstigeren Anzeige-Positionen auf der rechten Seite die effektiveren zu sein als die teureren Top-Einblendungen zu Beginn der Suchresultate.

Mit der Optimierung eines Webangebots auf organische Keywords beschäftigt sich die Disziplin »Search Engine Optimization« (SEO) und dies ist ein Wissensgebiet für sich selbst. Auch die Optimierung von bezahlten Keywords, das so genannte »Pay per Click« (PPC) ist mittlerweile ein komplexes Themengebiet. Lesenswert zu diesem Thema ist Alexander Becks Buch »Google AdWords«, das die vielseitigen Aspekte der Klickwerbung bei Google umfassend beleuchet.

Zusammen mit SEO bildet PPC das »Search Engine Marketing« (SEM), das aufgrund der Traffic-Relevanz von Suchmaschinen hohe Bedeutung hat. Grundsätzliche Vorgehensstrategien zur Optimierung der beiden SEM-Bereiche wird später der Abschnitt 15.3 zeigen. Beiden Aufgabenbereiche gemeinsam sind jedoch folgende beiden Überlegungen:

- Als Websitebetreiber muss man wissen, nach welchen Begriffen die relevante Zielgruppe sucht.
- Die Zielseite bzw. Landing Page, auf die aus der Trefferliste verlinkt wird, muss auf die Erwartungen der Besucher abgestimmt sein.

Dies gilt es, bei SEM-Maßnahmen stets im Hinterkopf zu behalten.

Zielgruppenspezifische Suchbegriffe und Suchhäufigkeiten

Wissen, wonach potenzielle Besucher in Suchmaschinen eigentlich suchen, ist eine der schwierigsten Aufgaben. Denn in den einschlägigen Auswertungen in Web-Analytics-Systemen sieht man ja nur, bei welchen Begriffen Suchende die Website auch gefunden haben. Als »blinder Fleck« bleibt aber die Menge jener Begriffe zurück, die potenzielle Besucher zwar in Suchmaschinen eingegeben haben, die eigene Website jedoch gar nicht unter den relevanten Resultaten erschien. Demzufolge erscheinen solche Begriffe auch nie in einer Keyword-Auswertung im Web-Analytics-System für die betreffende Website. Oder die Website wird zwar bei einem sehr attraktiven Begriff auf den hinteren Resultatseiten gefunden, da aber dadurch nur sehr wenig Traffic resultiert, wird das Keyword vom Website-Betreiber als unwichtig bewertet und das Potenzial so gar nicht weiter beachtet.

Um solche Fehlinterpretationen zu vermeiden, sollte man sich daher von Zeit zu Zeit von den Keywords-Auswertungen im Web-Analytics-System lösen und sich in den Suchmaschinenbenutzer und potenziellen Besucher versetzen. Bei den Überlegungen, nach welchen Begriffen die relevante Zielgruppe denn suchen könnte, leisten folgende Tools sehr hilfreiche Unterstützung:

- Google Webmaster Tools (`http://www.google.com/webmasters/tools/`)
- Keyword-Generatoren wie das Google Keyword Tool (`https://adwords.google.com/select/KeywordToolExternal`) oder das Overture-Pendant (`http://inventory.overture.com/`)
- Google Trends (`http://www.google.com/trends`)
- Auswertung der eingegebenen Keywords der Site-Suche auf der Website

Mittels der Google Webmaster Tools – ein kostenloser Online-Service, der lediglich ein Google-Konto voraussetzt – kann man nicht nur konfigurieren und überprüfen, in welcher Häufigkeit Google die eigene Website crawlt. Die Webmaster Tools stellen auch eine Auswertung bezüglich der Suchkeywords und Position bereit, zu denen die eigene Website gefunden wird (siehe Abbildung 6.17).

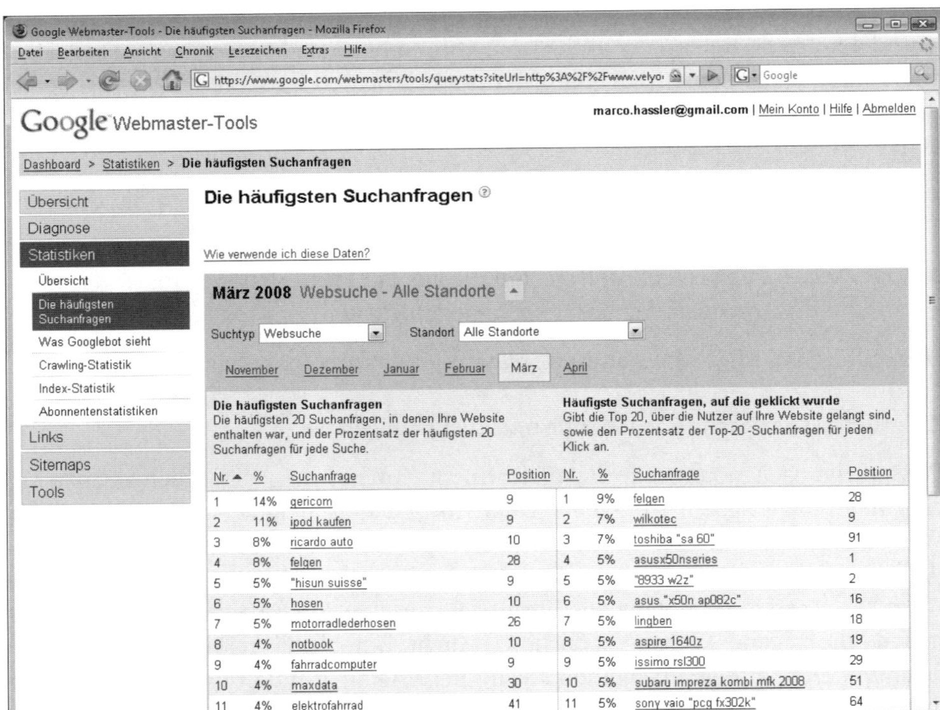

Abb. 6.17: Keywords, bei denen die eigene Website häufig gefunden oder angeklickt wird

Vergleicht man diese dann mit den effektiven Klicks auf die Treffer – eine parallel dargestellte Ansicht in den Webmaster Tools –, dann lässt sich Folgendes analysieren: Bei Keywords, zu denen man zwar schlecht gelistet ist, aber dennoch eine nicht unbedeutende Menge an Klicks erhält, sollte man sich überlegen, ob man mit SEO-Maßnahmen nicht einen besseren Rang erreichen kann. Denn scheinbar spricht man mit seinem Angebot ein Bedürfnis des Suchenden an.

Umgekehrt haben Keywords, bei denen die Treffer häufig und gut positioniert erscheinen, jedoch selten angeklickt werden, offenbar ein so genanntes »Call-to-Action-Problem«. Das heißt, dass der Titel oder das Trefferzitat den Suchenden nicht anspricht. In der Konsequenz muss man demzufolge insbesondere die in Suchresultaten dargestellten Seitentitel treffender auf das Suchkeyword abstimmen – zumindest wenn es sich um ein wichtiges Keyword handelt.

Abbildung 6.18 zeigt ein solches Treffer-Resultat bei einer Suche nach »Hypothek Beratung«. Auf welches Resultat würden Sie klicken, wenn Sie ein Haus bauen möchten und sich über die Möglichkeiten zur Finanzierung beraten lassen möchten? Wohl kaum auf den obersten Treffer, der mit »Willkommen« überschrieben ist und mit einem abstrusen Trefferzitat aufwartet. Da werden Sie wohl eher auf den zweiten oder gar vierten Treffer klicken, der mit dem Titel »Hypotheken von PostFinance: Wohnträume verwirklichen« wesentlich besser als Call-to-Action formuliert ist. Es nützt also nichts, nur zuoberst auf der Treffer-Liste zu stehen, wenn man das Bedürfnis des Suchenden nicht weiter berücksichtigt.

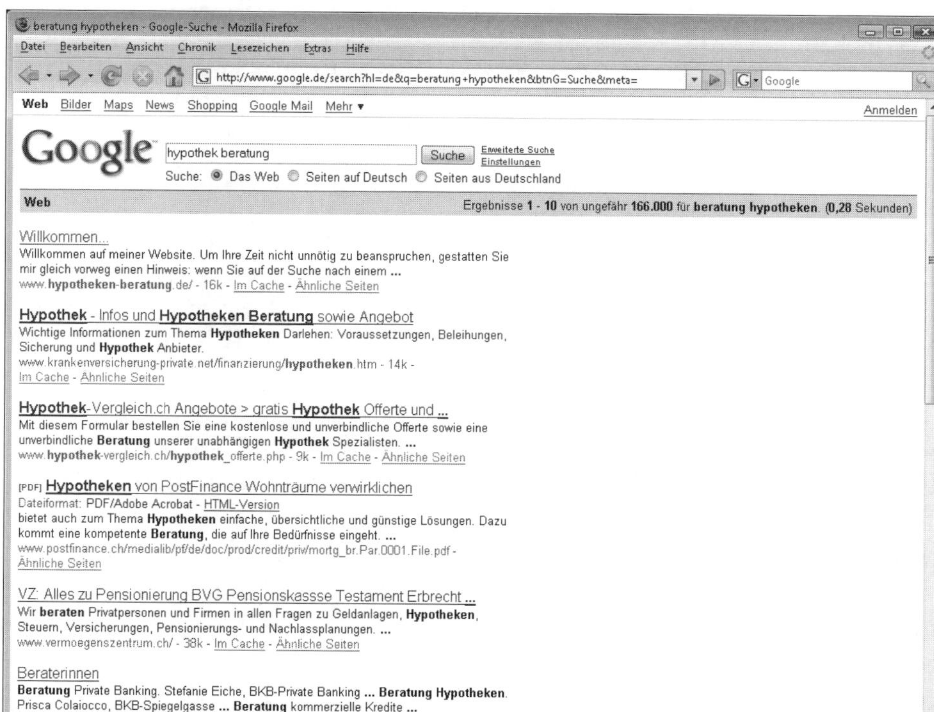

Abb. 6.18: Schlechte Call-to-Action – auf den ersten Treffer klickt wohl kaum jemand.

Um neben jenen Keywords, zu denen die eigene Website bereits gefunden wird, noch zusätzliche relevante Suchbegriffe zu entdecken, empfiehlt sich der Einsatz von so genannten Keyword-Generatoren. Solche Generatoren listen zu einem eingegebenen Keyword ähnliche Suchbegriffe auf. Im Hintergrund prüfen die Generatoren in ihren mächtigen Datenbanken, welche anderen Suchbegriffe häufig im Zusammenhang mit dem Suchbegriff eingegeben wurden. Einer der bekannteren Keyword-Generatoren ist jener, der in Google AdWords integriert ist und die Suchanfragen von Google berücksichtigt. Für andere Suchmaschinen wie Yahoo oder Bing gibt es eigene Generatoren, die jeweils in deren Suchmaschinen-Marketing-Umgebung eingebunden sind.

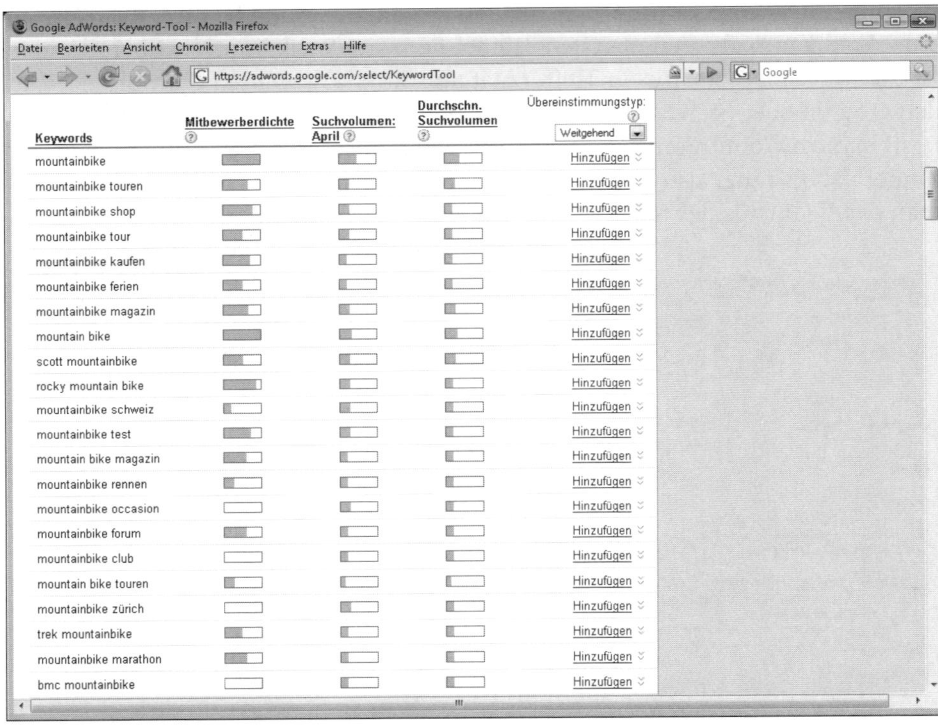

Abb. 6.19: Vorgeschlagene ähnliche Keywords mit entsprechenden Suchhäufigkeiten

Abbildung 6.19 zeigt das Google Keyword Tool bei der Arbeit, das zum Keyword »mountainbike« verwandte oder in Relation dazu eingegebene Suchbegriffe darstellt. Neben der reinen Ideengenerierung, in welchen Variationen, Synonymen oder Kombinationen mit anderen Begriffen ein Keyword auftritt, kann man noch Folgendes aus der Abbildung auslesen: Die Spalte mit dem durchschnittlichen Suchvolumen zeigt an, wie häufig nach dem Begriff relativ gesucht wird. Keywords wie »mountainbike« oder »mountain bike« – übrigens für Google zwei unterschiedliche Ausdrücke – werden erwartungsgemäß am häufigsten gesucht. Die mittlere Spalte zum Suchvolumen im Vormonat zeigt auch noch saisonale Unterschiede im Vergleich zum Jahresdurchschnitt an.

Die Spalte mit der Mitbewerberdichte ist dann weniger für die Suchmaschinenoptimierung, sondern eher für die Schaltung von AdWords interessant. Damit lässt sich nämlich ablesen, wie viele Anzeigen zu einem Keyword bereits von Konkurrenten geschaltet werden. Interessant für eine AdWords-Schaltung sind dann zum Beispiel Begriffe wie »bmc mountainbike« oder »mountainbike zürich«, da dort mangels Konkurrenz gute Anzeigepositionen günstig zu haben sind. Bei solchen Keywords sollte man sich für die Schaltung von Anzeigen statt einer SEO-Maßnahme entscheiden. Für teure Keywords mit hoher Mitbewerberdichte wie »mountainbike« ist dagegen eine Optimierung der Auffindbarkeit in der organischen Trefferliste die wahrscheinlich effizientere Methode.

Eine weitere nützliche Quelle im Hinblick auf Suchhäufigkeiten von Keywords ist Google Trends (`http://www.google.com/trends`). Mittels dieser Google-Funktion lassen sich Suchhäufigkeiten bei Google nicht nur in relativen Zahlen darstellen, sondern auch noch in eine zeitliche Dimension bringen. Saisonale Unterschiede in den Suchhäufigkeiten werden so eindrucksvoll sichtbar gemacht.

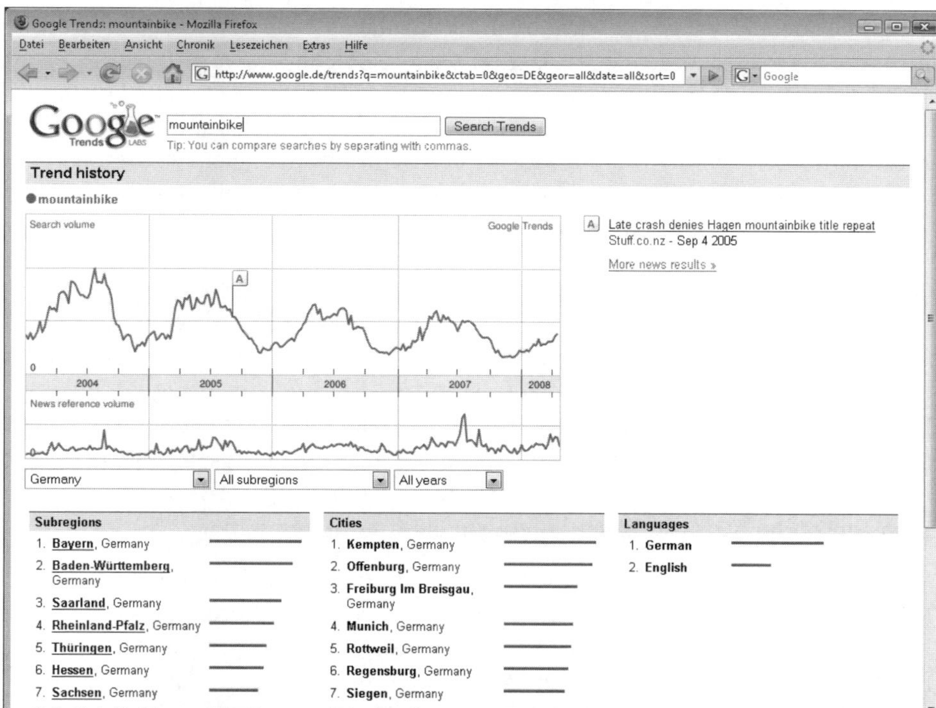

Abb. 6.20: Saisonale und regionale Unterschiede in der Suchhäufigkeit von »mountainbike«

Abbildung 6.20 zeigt, wie sich Google Trends zur Betrachtung der Saisonalität des Begriffs »mountainbike« nutzen lässt. Erwartungsgemäß steigt das Suchvolumen nach »mountainbike« im Frühling an und erreicht seinen Höhepunkt im Hochsommer. Ebenfalls ersichtlich aus den Trend-Auswertungen ist, aus welcher Region der Suchende stammt. Offenbar scheint so das Bedürfnis nach Mountainbikes in alpennäheren Regionen Deutschlands wie Bayern oder Baden-Württemberg größer zu sein.

Ein häufig begangener Fehler bei der Suchmaschinen-Optimierung oder im Suchmaschinen-Marketing ist, dass nur bis zum Klick auf einen Treffer gedacht wird – und nicht weiter. Macht man sich nur darüber Gedanken, wie man sich möglichst sichtbar in Suchmaschinen präsentiert, geht ein zentraler Aspekt verloren. Nämlich, wo der Besucher landet und was mit ihm passiert, nachdem er auf den Treffer geklickt hat.

Stimmt dann die Eintrittsseite, das heißt die Landing Page nicht mit dem überein, was der Besucher erwartet hat, ist er nämlich bereits nach Sekunden wieder verschwunden. Alle vorher unternommenen Anstrengungen sind dann umsonst. Die Abstimmung von Keyword und der jeweiligen Eintrittsseite sollte also unbedingt durchdacht werden. Für wichtige Gruppen von Suchbegriffen sollte man sogar spezifische Einstiegsseiten schaffen, die das vermutete Bedürfnis des Besuchers wiedergeben und ihn zum nächsten Schritt auf der Website animieren. Als Best Practice hat sich erweisen, solche Keyword-Landing Pages für wichtige Gruppen von verwandten Suchbegriffen zu erstellen. Das heißt, dass man zum Beispiel für die Gruppe von Suchbegriffen, die zum Hauptbegriff »mountainbike« synonym sind oder in der Schreibweise leicht variieren (zum Beispiel »mountain bike«, »mountain bikes«, »mountainbikes«) eine eigene Landing Page textet und gestaltet.

Suchbegriffe und -phrasen in Web-Analytics-Systemen

Gibt ein Benutzer mehr als einen Begriff in ein Suchfeld ein, dann handhaben Suchmaschinen die Begriffsabfolge speziell. Phrasen, das heißt mehrere Begriffe, die vom Suchenden in Anführungs- und Schlusszeichen gesetzt werden, führen zu anderen Resultaten als durch Leerzeichen getrennte Begriffe. »„fahrrad shop“« ergibt damit eine andere Trefferliste als nur »fahrrad shop«. Dagegen ist die Groß-/Kleinschreibung irrelevant für den Rang.

Um bei der Suchmaschinen-Optimierung diese Unterscheidung machen zu können, ist es wichtig, dass auch Web-Analytics-Systeme diese Unterscheidung in ihren Auswertungen machen. Im schlechtesten Fall werden bei der Auswertung nämlich sogar alle Suchterme auseinandergebrochen, so dass im Beispiel von »fahrrad shop« die Begriffe »fahrrad« und »shop« separat gezählt werden. Die Information, dass die beiden Begriffe bei derselben Anfrage ins Suchfeld eingegeben wurden, geht dadurch verloren. Ist SEO und SEM ein gewichtiger Grund für die Auswahl eines Web-Analytics-Systems, sollten dessen Fähigkeiten in Bezug auf die Auswertung von Suchbegriffen schon vor dem Kauf genauer unter die Lupe genommen werden.

6.4.2 Wie Sie es nutzen sollten

Um Suchmaschinen-Keywords oder AdWords zu optimieren, kann man die Auswertungen in Web-Analytics-Systemen sehr vielschichtig und detailliert nutzen. Um im täglichen oder wöchentlichen Reporting die Menge der Informationen im Blickfeld zu behalten, braucht man jedoch eine Abstraktion der Informationsfülle. Bewährt haben sich dabei folgende Strategien:

- **Prüfen Sie regelmäßig die Top-5-bis-10-Keywords und -Phrasen**, die die meisten Seitenzugriffe generieren, auf Veränderungen. Bei Keywords, die konstant viele Seitenzugriffe generieren, sollten Sie die Eintrittsseiten auf die Keywords abstimmen. Im Idealfall führen die Eintrittsseiten den Besucher weiter zu bestimmten Angeboten, die seinem Suchbedürfnis entsprechen. Ein Trick ist es noch, abhängig von den im Referer übergebenen Keywords die Eintrittsseite technisch derart zu erweitern, dass je nach Keyword darauf abgestimmte unterschiedliche Teaser oder Inhalte dynamisch auf der Seite angezeigt werden.
- **Monitoren Sie die Top-3-Aufsteiger** innerhalb eines Zeitintervalls. Bei Google Analytics geht dies wiederum einfacher, wenn Sie das in Abschnitt 6.2.2 beschriebene Greasemonkey-Skript einsetzen. Gehen Sie anschließend den Hintergründen für diesen Aufstieg nach, indem Sie zum Beispiel Tools wie Google Trends oder das Google Keyword Tool einsetzen. Manchmal lassen sich dadurch saisonal interessante Trends erkennen, für die man sonst Marktforschungsinstituten teures Geld bezahlen müsste. Betreibt man einen Snowboard-Shop und entdeckt man plötzlich eine kleine, aber steigende Anzahl Anfragen nach dem Begriff »Schneeschuhe«, sollte man vielleicht sein Sortiment diesbezüglich erweitern.
- **Teilen Sie die restlichen Keywords in die Klassen »Brand«, »Erwartet« und »Unerwartet« ein** und prüfen Sie monatlich oder quartalsweise die Seitenzugriffe von Keywords der letzten beiden Kategorien. In der Kategorie »Brand« sind alle Anfragen nach Firmenname oder bekannten Produktnamen enthalten. Diese Kategorie bringt üblicherweise viel Traffic, ist aber weiter uninteressant für Optimierungen, da Sie über Ihren Firmennamen ohnehin gefunden werden. Einzig als Verkäufer bekannter Dritt-Brands verdienen die Keywords dieser Kategorie nähere Beachtung. In die Kategorie »Erwartet« teilen Sie jene Begriffe ein, die Sie aufgrund des Website-Inhalts oder früherer SEO-Maßnahmen erwarten. Wenn die Gruppe dieser Keywords nicht mindestens ein Drittel der Seitenzugriffe verursacht, dann weist dies auf ein Indexierungsproblem hin – möglicherweise wurden nicht alle Seiten in den Index der wichtigen Suchmaschinen mit aufgenommen. In die Kategorie »Unerwartet« fallen alle anderen Suchbegriffe. Nutzen Sie diese Keywords als Input für spätere SEO-Maßnahmen und um zu verstehen, wonach Leute suchen. Falls die Suchhäufigkeiten solcher Keywords hoch sind und Sie ein treffendes Angebot für den Suchenden haben, sollten solche Begriffe in die zu optimierenden mit aufgenommen werden.

Abbildung 6.21 zeigt einen Ausschnitt einer solchen Keyword-Kategorisierung in Microsoft Excel. Während die Keywords in der Kategorie »Brand« und »Erwartet« keine großen Überraschungen darstellen, tauchen dank der Kategorisierung in der Unerwartet-Kategorie zwei interessante Phänomene auf. Einerseits gelangen offenbar einige Besucher unter Verwendung des Begriffs »tandem« auf die Website, obwohl diese Produktgattung gar nicht angeboten wird. Hier lohnt es sich nun durchaus, genauer zu prüfen, ob dies eine mögliche Sortimenterweiterung darstellen könnte. Andererseits suchen offenbar einige Nutzer unter Verwendung verschiedener Begriffe nach Gebrauchträdern. Erst anhand der Summe der verschiedenen verwendeten Suchbegriffe wird erkennbar, dass dies offenbar ein größeres Bedürfnis darstellt. Ohne Kategorisierung der Suchbegriffe wäre dies wohl im »Long Tail« der Suchbegriffe untergegangen.

	A	B	C	D	E	F
1	Brand		Erwartet		Unerwartet	
2	Keyword	Besuche	Keyword	Besuche	Keyword	Besuche
3	trek	218	fahrrad	421	tandem	151
4	cannondale	200	fahrräder	402	occasionsfahrrad	82
5	rocky mountain	187	mountainbike	359	velos	71
6	trek bikes	150	mountainbikes	312	velobörse	55
7	cannondale mountain bikes	146	citybike	177	fahrrad gebraucht	34
8	shimano	146	trekkingbikes	154	gebraucht fahrrad	27
9	trek mountainbikes	122	fahrradverkauf	98	fahrradbörse	26
10	trek mountain bike	121	fahrradbekleidung	91	kinderfahrräder	25
11	cannondaile mountainbikes	121	fahrradkleider	91	e-bike	20
12	rocky mountain fahrräder	117	radkleidung	87	holzfahrrad	17
13	bikes cannondale	116	radbekleidung	86	fahrradanhänger	16
14	rocky mountain bikes	111	mountain bike	80	fahrradtrailer	16
15	fahrräder rocky mountain	109	mountain bikes	76	koth elektroräder	14
16	bikes trek	107	trekking bikes	71	kinderfahrrad	14
17	fahrräder trek	102	trekking fahrräder	70	elektrofahrräder	13
18	rocky bikes	100	city bike	70	gebrauchte fahrräder	12
19	shimano zubehör	100	bekleidung fahrrad	70	gebrauchtrad	12
20	cannondale bikes	99	city bikes	70	elektrobikes	11

Abb. 6.21: Ausschnitt einer Keyword-Kategorisierung in Excel nach einem CSV-Export

6.4.3 Was es zu beachten gilt

Gleiches wie für Suchmaschinen im Allgemeinen (vgl. Abschnitt 6.3.3) gilt auch für Suchmaschinen-Keywords im Speziellen. Damit nämlich Web-Analytics-Systeme Keywords aus verweisenden Quellen als solche erkennen, muss dem System der entsprechende Parameter für den Suchbegriff im Referer bekannt sein. Bei Google ist das Suchwort im Referer beispielsweise durch ein »q« (für »Query«) gekennzeichnet und vom Suchbegriff mittels Gleichheitszeichen getrennt:

```
http://www.google.com/search?q=mountain+bike
```

Falls das gewählte Analytics-System lokale Suchmaschinen noch nicht entsprechend unterstützt, ist dies durch den Hersteller oder Ihren technischen Implementierer nachzuholen.

6.5 Kampagnen

Websites zu bauen, ohne Marketing dafür zu betreiben, ist wie ein Haus zu bauen, ohne je darin zu wohnen. Die Vielfalt an möglichen Marketing-Aktivitäten im Internet ist dabei beachtlich. Neben den eben beschriebenen SEM- und SEO-Aktivitäten zählen klassische Banner in verschiedenen Ausprägungen und Formaten, E-Mail-Newsletter sowie Affiliate-Partnerschaften zu den beliebtesten.

6.5.1 Was gemessen werden kann

Für die verschiedenen Arten von Kampagnen haben sich im Verlaufe der Jahre sehr heterogene Messsysteme ergeben. Praktisch jede Werbe-Plattform, jedes EMail-Versandsystem und jeder Affiliate-Anbieter stellt seine eigenen Nutzungsstatistiken bereit. Zwar haben sich gerade bei Banner-Kampagnen dank zentralen Ad-Servern die Auswertungen etwas vereinheitlicht. Nichtsdestotrotz hat man aber immer noch je verwendetem Kanal eine eigene Auswertung – zusätzlich zu jener zur Website-Nutzung selbst.

Integrierte Kampagnen-Betrachtung

Eine der großen Errungenschaften von neueren Web-Analytics-Systemen ist es, all diese Kampagnen in einem System integriert abzubilden. Der wesentliche Zusatznutzen ist dabei, dass nicht nur die Anzahl Impressions und Klicks auf Banner oder E-Mails abgebildet werden, sondern auch der weitere Verlauf eines darauf folgenden Website-Besuchs. Gekrönt wird dies unter Umständen gar von der Messung eines Kaufabschlusses oder dem Erreichen eines Website-Ziels, womit der effektive Nutzen einer Werbung oder Botschaft beurteilt werden kann.

Bedingung für eine solche integrierte Messung in einem zentralen System ist jedoch, dass das Web-Analytics-System sozusagen der »Master« für die Datensammlung ist, das heißt, von der Impression eines Banners über den Klick bis hin zum Kaufabschluss alles im selben System gemessen wird. Zwar erlaubt jedes bedeutendere kommerzielle Analytics-System einen Import von Daten aus anderen Tools zum Beispiel Newsletter-Systemen und Ad-Server-Auswertungen. Die technische Schwierigkeit dabei ist jedoch, die eindeutig identifizierten Besucher von Drittplattform und Web-Analytics-System miteinander zu matchen. Wenn dies mangels eines für beide Systeme gültigen, eindeutigen Identifikators nicht erfolgt, dann ist die Integration praktisch nutzlos. Passiert das Einlesen der Nutzungsdaten zudem nicht in kurzen Intervallen, ist für die umfassende Auswertung stets mit Verzögerungen zu rechnen.

Abbildung 6.22 zeigt, wie solch eine integrierte Kampagnen-Betrachtung in einem Web-Analytics-System aussehen kann. In einer Ansicht werden verschiedene Formate inklusive deren Einblendungen, Klicks und am Ende resultierende Anzahl Bestellungen aufgelistet. Die Grafik erlaubt so eine vergleichende Übersicht über die einzelnen Anzeigen. Die dargestellten Kugeln, die oberhalb einer gedachten Diagonalen liegen, weisen höhere Klickraten auf und funktionieren offensichtlich besser. Die Größe der Kugeln zeigt zudem die Anzahl Bestellungen an, so dass auch diese durchaus entscheidende Dimension mit in die Übersicht der Anzeigen einfließt.

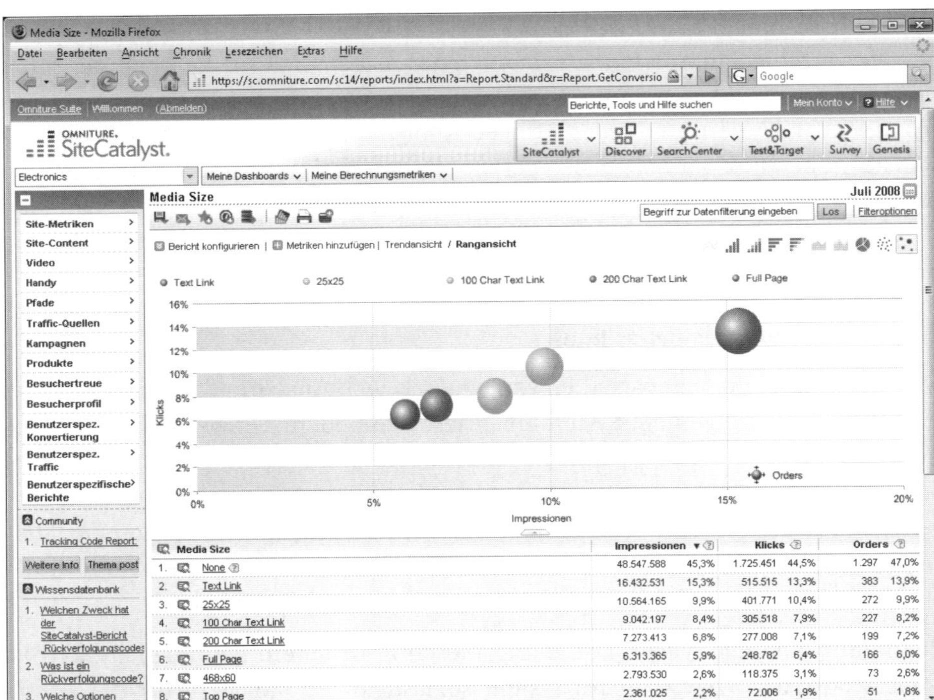

Abb. 6.22: Vergleich verschiedener Medienformate in Omniture SiteCatalyst

Wenn parallel zu solchen aggregierten Kampagnen-Ansichten noch weitere Auswertungen und Einblendestatistiken von den Plattformbetreibern erstellt werden, dann schadet dies nichts – ist jedoch nur noch für die Plausibilitäts- und gegebenenfalls Kostenkontrolle relevant. In bestimmten Spezialfällen wird man aber weiterhin auf Auswertungen in anderen Systemen zugreifen müssen, da Web-Analytics-Systeme gewisse Informationen nicht messen können. Ein Beispiel dazu sind beim Newsletter-Versand jene Mail-Adressen, die sich nach dem Versand als ungültig herausstellen und an den Absender zurückgesendet werden. Solche »Bouncing E-Mails« können nur vom Versandsystem selbst gemessen werden. Auch bei Affiliate-Marketing wird man die aktuellen Kosten und Klickraten nur im System von den jeweiligen Aggregatoren wie affilinet (`www.affili.net`), Trade-Doubler (`www.tradedoubler.com`) oder zanox (`www.zanox.com`) sehen. Will man auch solche Ansichten im Analytics-System haben, sind aufwändige Schnittstellen-Integrationen Voraussetzung.

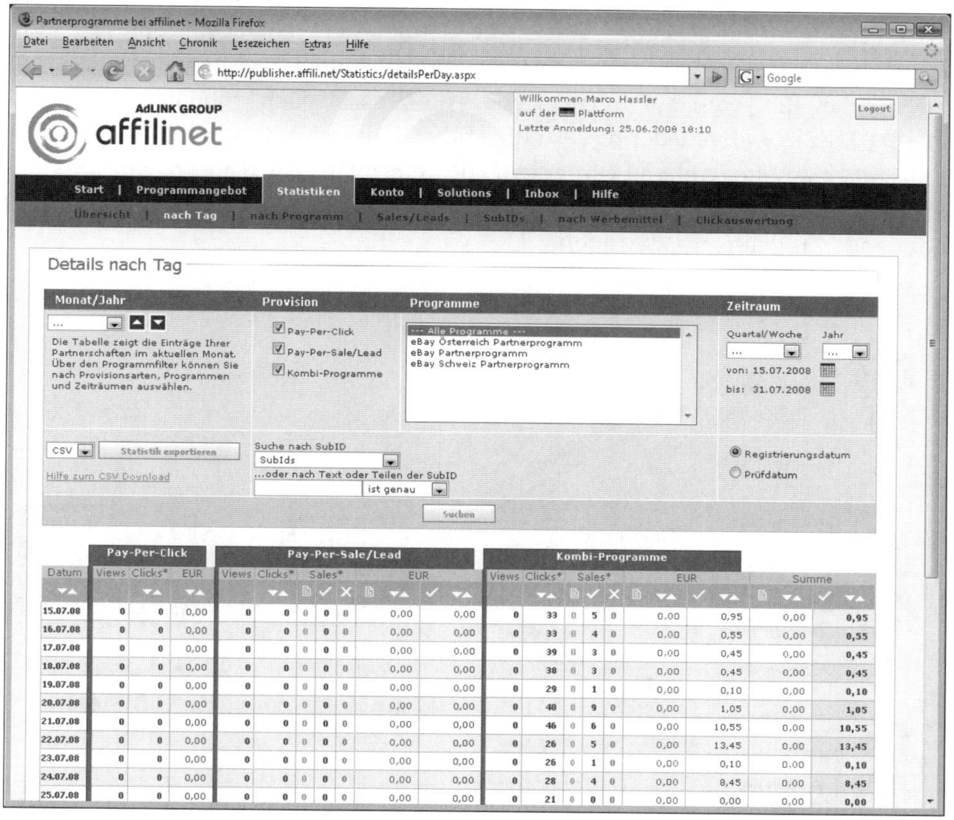

Abb. 6.23: Beispiel einer Auswertung eines Drittsystems wie einem Affiliate-System

Funktionsweise der Messung von Online-Kampagnen

Damit ein Web-Analytics-System Kampagnen messen kann, sind vor Kampagnenstart einige Definitionen im System für jede Plattform und Anzeige vorzunehmen. Grundsätzlich muss jede zu trackende Werbemaßnahme im Web-Analytics-System hinterlegt werden. Typischerweise werden so je Kampagne Metadaten wie zum Beispiel Name des Kanals bzw. Plattform, Kostenmodell, Anzahl vorgesehene

Einblendungen etc. hinterlegt. Damit später ein Besucher, der über diese Plattform auf die Website gelangt, einer Kampagne zugeordnet werden kann, wird mit so genannten »Tracking-Codes« gearbeitet. Diese vom Web-Analytics-System generierte oder selbst definierte Kampagnen-Identifikatoren werden anschließend auf dem Ad-Server oder bei der gewählten Werbeplattform in die Verlinkung jeder Anzeige eingebaut.

Wenn die Zielseite bzw. Landing Page einer Kampagne für neue Mountain-Bike-Modelle zum Beispiel `http://www.bikes.com/fruehlingsangebote.html` lautet, dann werden auf verlinkenden Bannern die Tracking-Codes als so genannte URL-Parameter mitgegeben. Ein erster Banner bei Yahoo.com linkt so zum Beispiel auf `http://www.bikes.com/fruehlingsangebote.html?cid=011`, ein zweiter bei Bing.com auf `http://www.bikes.com/fruehlingsangebote.html?cid=021`. Ein Aufruf jeder dieser Links führt den Benutzer auf die gleiche Frühlingsangebotsseite. Anhand hinterlegter Regeln kann das Web-Analytics-System aber nun je nach Kampagnen-ID (cid) die Herkunft eines Besuchers der einen oder anderen Plattform zuordnen.

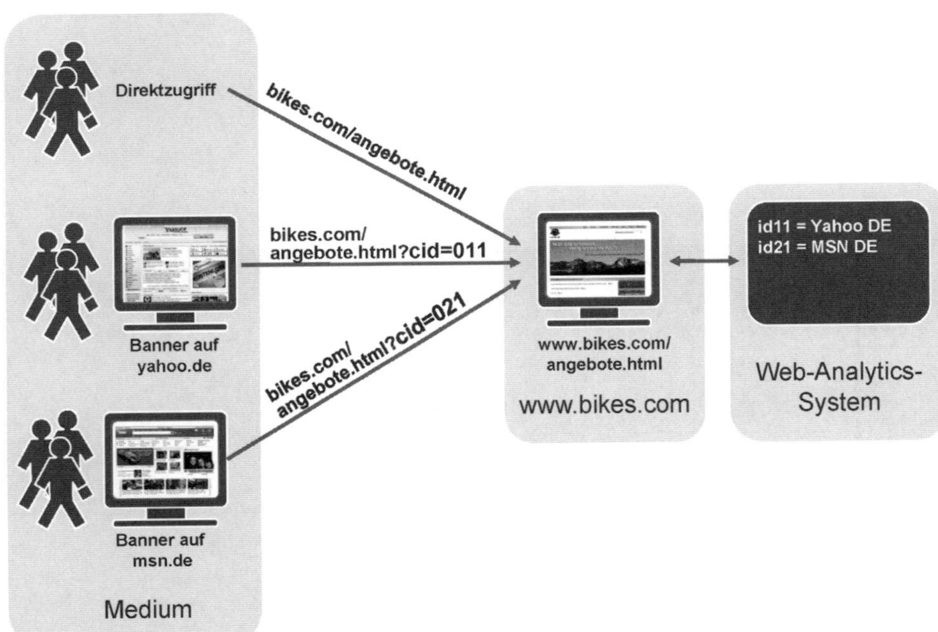

Abb. 6.24: Funktionsweise der Kampagnenmessung mittels Tracking-Codes je Plattform

Für andere Kampagnenarten wie Affiliate- oder E-Mail-Marketing funktioniert das Verfahren vom Prinzip her genauso. Erhält jeder einzelne Banner oder E-Mail-Link solch einen Tracking-Code, kann später bis auf den einzelnen Banner zurück das Verhalten von Besuchern analysiert werden – zum Beispiel welcher Link oder Banner schlussendlich zu den meisten Kontaktanfragen über die Website führte.

Kampagnen-Erkennung mittels »Page Tagging« oder »Tagless«

Das Kampagnen-Tracking einzurichten kann ganz schön aufwändig sein, wenn ein Web-Analytics-System dies nicht gut unterstützt. In älteren oder einfacheren Systemen ist es üblich, dass für jede Landing Page einer Kampagne das Page Tag einer Seite (vgl. Abschnitt 2.3.2) angepasst werden muss. Abhängig von dem URL-Parameter, den die einzelnen Kampagnenplattformen übergeben, wird dann dem Page Tag ein individueller Wert »eingepflanzt«. Dies erfordert jedes Mal einen technischen Eingriff in die Website und wird in der Hektik vor dem Kampagnenstart gern zum Problem.

Ausgeklügelte Web-Analytics-Systeme indes unterstützen so genannte »Tagless Campaigns«. Damit muss eine Landing Page im Normalfall technisch nicht mehr angepasst werden. Vielmehr wird mittels so genannter »Triggers« – Auslöseereignisse – im Web-Analytics-System definiert, von welcher Plattform oder Kampagne ein Besucher stammt. So ein Trigger kann zum Beispiel auf einer Regel ausgehend von einem URL-Parameter konfiguriert werden. Dies erlaubt es jedem geschulten Web-Analysten oder Marketing-Verantwortlichen, auch ohne technischen Eingriff Kampagnen im Web-Analytics-System einzurichten.

Crossmedia- und Offline-Kampagnen

Einen besonderen Fall für die Analyse stellen crossmediale Kampagnen dar, die beispielsweise offline beginnen und als eines der Ziele den Website-Besuch haben. Dies können Direct Mailings, Fernsehspots, Plakatwerbung, Flyers, Radiowerbung usw. sein, die zum Beispiel einen Online-Wettbewerb oder eine Online-Registrierung vorgesehen haben. Gerade bei der Involvierung verschiedener Medien wäre es besonders interessant zu wissen, welches Medium und welche Investition den bedeutendsten Effekt auf den Online-Kanal haben. Das Grundproblem ist aber, dass ein Besucher, der zum Beispiel aufgrund eines persönlich empfangenen Direct Mailings oder eines Radiospots die Website aufsucht, keiner Kampagne zugeordnet werden kann. Tippt er einfach die Website-URL in den Browser ein, dann wird dies als Direktzugriff wie in Abschnitt 6.1 beschrieben gewertet und nicht als Teil einer Kampagne.

Der Trick, um nun auch Offline-Kampagnen online messbar zu machen, ist folgender: Genau wie bei einer Banner-Kampagne, wo dem Link von jedem Banner ein Tracking Code angehängt wird, hängt man auch offline solch einen eindeutigen Code an. Nun ist es natürlich zwecklos, wenn man auf Direct Mailings oder gar im Radio URLs wie `http://www.bikes.com/fruehlingsangebote.html?cid=031` kommuniziert. Stattdessen muss man für jeden Offline-Kanal und in jeder Offline-Werbung eine sprechende Kurz-URL einrichten, die eindeutig ist und gut kommuniziert werden kann. So könnte auf dem Direct Mailing zum Beispiel `http://www.bikes.com/fruehling` als Link angegeben werden, um direkt auf die aktuellen Frühlingsangebote zu gelangen. Für andere Kanäle und Werbungen wählt man analog andere URLs, die aber alle auf die gleiche Landing Page führen:

- Flyer: `www.bikes.com/fruehling08`
- Plakate: `www.bikes.com/spring`
- Radio: `www.bikes.com/april`
- Fernseh: `www.bikes.com/offers`
- E-Mail-Footer: `www.bikes.com/aktuell`
- usw.

Entscheidend ist, dass die kommunizierte URL für jeden Kanal eindeutig ist und sonst nicht bereits verwendet wird. Ein Besucher soll die Kurz-URL ja nur dann eingeben, wenn er über das betreffende Offline-Medium darauf gelangt ist. Natürlich lässt sich nicht vermeiden, dass trotzdem jemand nur die Haupt-URL der Website eingibt und nachher versucht, sich durch die Navigation zu den Frühlingsangeboten durchzuklicken. Dennoch wird ein Besucher im Normalfall die Kurz-URL wählen, da er dadurch direkt auf den angepriesenen Angeboten landet und damit Zeit spart.

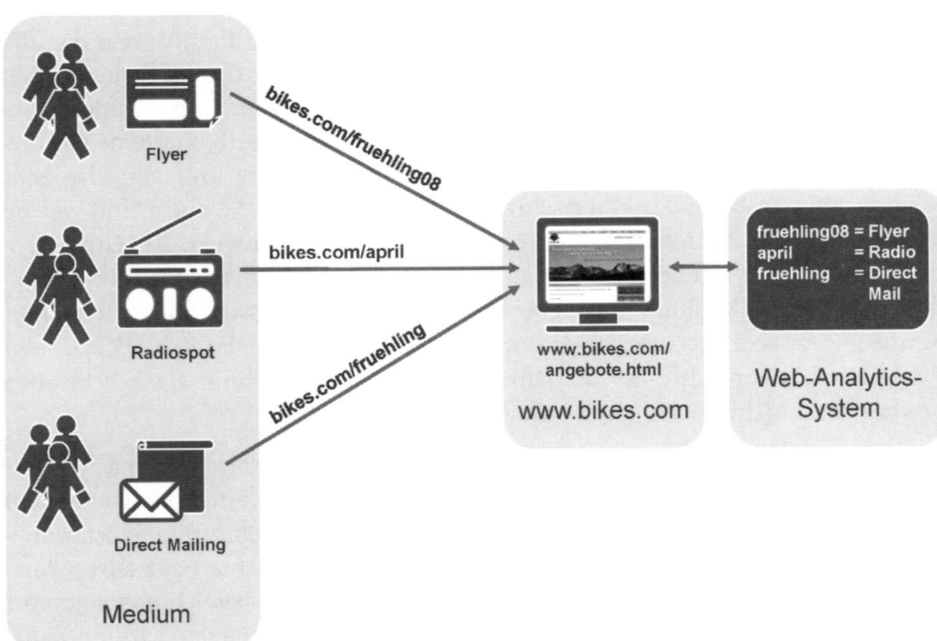

Abb. 6.25: Funktionsweise der Messung von Offline-Kampagnen

Analog den Online-Kampagnen bildet man im Web-Analytics-System die Kurz-URLs nach und versieht sie mit Kampagnen-Metadaten wie Reichweite oder Kosten. Normalerweise wird man auch hier je Kampagne einen »Trigger« wählen, einen Auslöser, der bei einem bestimmten Ereignis anspringt. Um eine Flyer-Messung auszulösen, wird man deshalb zum Beispiel den URL-Teil »/fruehling08« als Trigger definieren. In Web-Analytics-Systemen, die keine »Tagless«-Kampagnen erlauben, wird die Definition solcher Triggers allerdings eine technische Anpassung der Website bedeuten.

Auch bei der Definition von Kurz-URLs ist unter Umständen eine technische Einrichtung derer auf der Website notwendig. Wenn man gedenkt, häufiger solche Offline-Kampagnen zu messen, sollte man schon bei der Auswahl des Analytics-Systems dessen Fähigkeiten diesbezüglich berücksichtigen. Für Kurz-URLs im Allgemeinen hat sich als Best Practice bewährt, wenn diese im Content-Management-System einer Website oder in einer kleinen Zusatz-Applikation selbstständig durch Autoren aus dem Businessbereich eingerichtet werden können. Muss für jede Anpassung die IT-Abteilung oder Webagentur miteinbezogen werden, dann wird dies bei häufiger Nutzung zu einer zeitkritischen Aufgabe.

6.5.2 Wie Sie es nutzen sollten

Wenn große Budgets konzentriert in Werbekampagnen investiert werden, dann braucht man meist wenig Überzeugungskraft, um Verantwortliche vom Nutzen einer Messbarkeit zu überzeugen. Im Fall solcher Marketing-Wellen ist die Sensibilität meist gegeben. Bei vielen kleineren Aktionen, zum Beispiel von unterschiedlichen Produktmanagern oder Units, ist die Übersichtlichkeit aber nicht immer vorhanden. Genau deshalb empfiehlt es sich, alle Kampagnen möglichst zentral zu messen. Um ein Empfinden dafür zu haben, welche Kampagnen in welcher Form gerade laufen, lautet die Best Practice, die Reichweite und Kosten der aktuellen Aktivitäten zu monitoren. Somit erhält man ein Gefühl für den aktuellen Medien- und Werbemix. Zu den auf diesem abstrakten Level zu betrachtenden Kennzahlen gehören

- Reichweite, Klickrate und Kosten von Ads
- Versandzahlen, Öffnungszahlen und Klickrate bei E-Mail-Newslettern
- Reichweite und Kosten von Offline-Kampagnen und deren Effekt auf Websitebesuche

Wenn man häufig Kampagnen lanciert, sollte man diese Zahlen während der Kampagnenlaufzeiten täglich oder wöchentlich überwachen. Über die Zeit betrachtet ergeben die Reichweitenzahlen einen Einblick darüber, wie stark das eigene Webangebot in der Öffentlichkeit präsent ist und wie ausgeprägt man sich gerade im »Akquisitionsmodus« befindet.

Abbildung 6.26 zeigt einen solches Monitoring von Kampagnen-Rückmeldungen über verschiedene Kanäle. Im Beispiel ist ersichtlich, dass E-Mail-, Banner- und Direct-Mailing-Kampagnen gerade mehr oder weniger pausieren und nur noch Rückmeldungen von einigen Nachzüglern eintreffen, die der Nachricht zum Beispiel nach einer Ferienabwesenheit nachgehen. Die Stichwort-Anzeigen hingegen laufen fortwährend auf Hochtouren und machen aktuell den größten Anteil im Kampagnen- und Kanal-Mix aus.

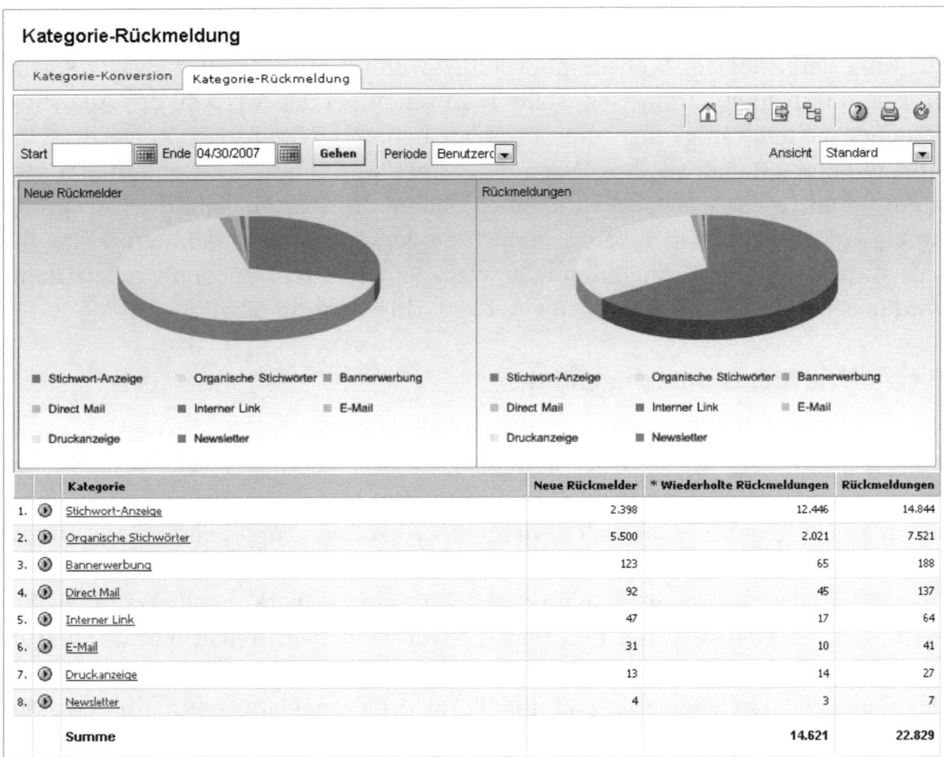

		Kategorie	Neue Rückmelder	* Wiederholte Rückmeldungen	Rückmeldungen
1.		Stichwort-Anzeige	2.398	12.446	14.844
2.		Organische Stichwörter	5.500	2.021	7.521
3.		Bannerwerbung	123	65	188
4.		Direct Mail	92	45	137
5.		Interner Link	47	17	64
6.		E-Mail	31	10	41
7.		Druckanzeige	13	14	27
8.		Newsletter	4	3	7
		Summe		**14.621**	**22.829**

Abb. 6.26: Vergleich von Rückmeldungen in verschiedenen Werbekanälen in Omniture SiteCatalyst HBX

Wenn man die gleichen Anzeigen auf unterschiedlichen Plattformen schaltet, kann man zudem anhand der Klickrate Erkenntnisse gewinnen, welche Plattform über die geeignetste Zielgruppe verfügt. Höhere Klickraten beim gleichen Banner heißen in dem Fall, dass die Zielgruppe eine höhere Affinität zum Angebot hat. Auf die Metrik der Klickrate sollte man allerdings wirklich nur setzen, wenn man den gleichen Banner über verschiedene Plattformen vergleicht und so die Plattformen und nicht den Banner testet. Über die Qualität eines Banners sagt die Klickrate nämlich relativ wenig aus. Denn mit aggressiven Bannern wie einem solchen aus Abbildung 6.27 kann man problemlos die Klickraten erhöhen – und die Besucher derart verärgern, dass sie sicher nicht zu Kunden werden.

Abb. 6.27: Aggressiver Banner mit garantiert hoher Klickrate und minimalstem Erfolg

Darüber hinaus kann man von den allgemeinen Kampagnenbetrachtungen auf diesem Level aber nur wenig lernen. Schaltet man nur wenige Kampagnen, lässt sich sogar komplett auf ein solches Monitoring verzichten. Um Welten nützlicher als diese reinen Überblickzahlen ist dann jedoch die Optimierung von ausgewählten Kampagnen auf ihre Effizienz und Effektivität im Hinblick auf eine Zielerreichung. Denn damit kann bares Geld gespart werden. Wie dies genau geht, werden Sie später im Teil III dieses Buches in Abschnitt 15.3 detailliert sehen.

6.5.3 Was es zu beachten gilt

Der Aufwand, den man braucht, um Kampagnen in einem Web-Analytics-System zu tracken, darf man keinesfalls unterschätzen. Gerade wenn man auf vielen Plattformen und in verschiedenen Formaten und Varianten Ads schaltet, ist eine genaue Planung essenziell. In den üblichen Medienplan sind deshalb unbedingt auch die Tracking-Codes aufzunehmen, die sowohl im Web-Analytics-System abgebildet werden wie auch in den Verlinkungen der einzelnen Banner hinterlegt werden müssen. Macht man dies nicht von Anfang an strukturiert, dann ist die Gefahr groß, dass irgendwo zwischen Ad-Server und Web-Analytics-System falsche Codes eingesetzt werden. Für die Auswertung ist dies nahezu eine Katastrophe, da, sobald die Kampagne läuft, es rückwirkend nicht mehr korrigiert werden kann. Die Auswertungsdaten sind dann praktisch nutzlos.

Ein weiterer typischer Konfliktpunkt bei der Reichweiten-Auswertung von Kampagnen ist der Vergleich von Zahlen aus dem Web-Analytics-System mit jenen von Ad-Servern. Wenn die Plattformen, auf denen die Banner geschaltet werden, höhere Einblendungs- oder Klickzahlen angeben, als dies die eigenen Statistiken widerspiegeln, kommt schnell der Verdacht von Betrug auf. Etwas kritisches Nachfragen bei den betreffenden Plattformen kann sicher nichts schaden. Jedoch muss man sich bewusst sein, dass auch die Einblendungsmessungen von Ad-Servern denselben Messungenauigkeiten unterliegen, wie Sie es für Web-Analytics-Systeme in Abschnitt 5.6 gesehen haben. Unterschiede im Bereich von plus/minus zehn Prozent sind deshalb normal und systembedingt erklärbar.

6.6 Traffic von Social Networks wie Twitter, Facebook oder Xing

Neben den klassischen Kampagnen-Maßnahmen wie Bannerwerbung, Newsletterversand oder Suchmaschinen-Marketing haben heute Social Networks wie Twitter, Facebook oder Xing stark an Bedeutung gewonnen. Eigen ist dieser Form der Vermarktung, dass sie mehr auf ein kontinuierliches Wachstum der Anhängerschaft abzielt als auf die plötzliche Erreichung einer großen Reichweite. Der daraus generierte Effekt ist daher mit Web-Analytics-Methoden eher langfristig als ad hoc zu monitoren.

6.6.1 Was gemessen werden kann

Wer eine Fan-Page auf Facebook erstellt, Videos auf YouTube einstellt oder über ein Twitter-Konto Nachrichten an seine Followers verbreitet, möchte die Wirkung und den Nutzen dieser Anstrengungen überprüfen. Je nach Plattform gibt es dabei unterschiedliche Kennzahlen, z. B. die Anzahl Followers bei Twitter, die Freunde oder Fans bei Facebook oder die Anzahl Betrachtungen auf YouTube. Welche Messmöglichkeiten es für solche Inhalte auf Drittplattformen gibt, wird in Abschnitt 10.3 in Kapitel 10 weiter ausgeführt.

Im Hinblick auf die Traffic-Quellen für die eigene Website interessiert aber erst mal, wie viele Besucher von einem Social Network schlussendlich auf der eigenen Site landen und dort eine bestimmte Aktion – zum Beispiel eine Informationssuche oder gar Bestellung – durchführen.

Bei der Messung des verweisenden Traffics ergeben sich jedoch gewisse Probleme. Ein Link, der von einem Social Network auf die eigene Website zeigt, taucht nämlich nicht immer im Report der verweisenden Websites auf, wie man dies vermuten würde. Ein besonderer Spezialfall ist hierbei Twitter, da dort URLs vielfach verkürzt werden, um möglichst wenige der knappen Anzahl an Zeichen eines Tweets für die URL zu verschwenden.

Die URL-Verkürzung erfolgt dabei mit einem so genannten URL-Shortener, wie `bit.ly`, `redir.ec` oder `tinyurl.com` – meist kostenlose Online-Dienste, die aus einer langen URL wie `http://www.web-analytics-nutzen.de/web_analytics/2009/09/die-besten-web-analytics-blogs.html` Kurz-URLs wie `bit.ly/Wz7nu` generieren. Ein Aufruf der Kurz-URL führt dabei einfach zu einem Redirect auf die Zielseite mit der langen URL, wobei allerdings die Referer-Information bei den meisten Diensten verloren geht. In der Folge erscheinen solche Aufrufe als »Direktzugriffe« in den Web-Analytics-Auswertungen – anstatt dass sie der betreffenden Traffic-Quelle zugeordnet werden.

Einen Ausweg aus diesem Dilemma bieten die URL-Shortener selbst, indem sie Klick-Statistiken für die generierten Links anbieten. Bit.ly (`www.bit.ly`) zum Beispiel (siehe Abbildung 6.28) bietet neben den einfachen Klick-Auswertungen noch weitere nützliche Zusatzinformationen wie z. B. die Auflistung der Twitter-Einträge, in denen die Kurz-URL verwendet wurde.

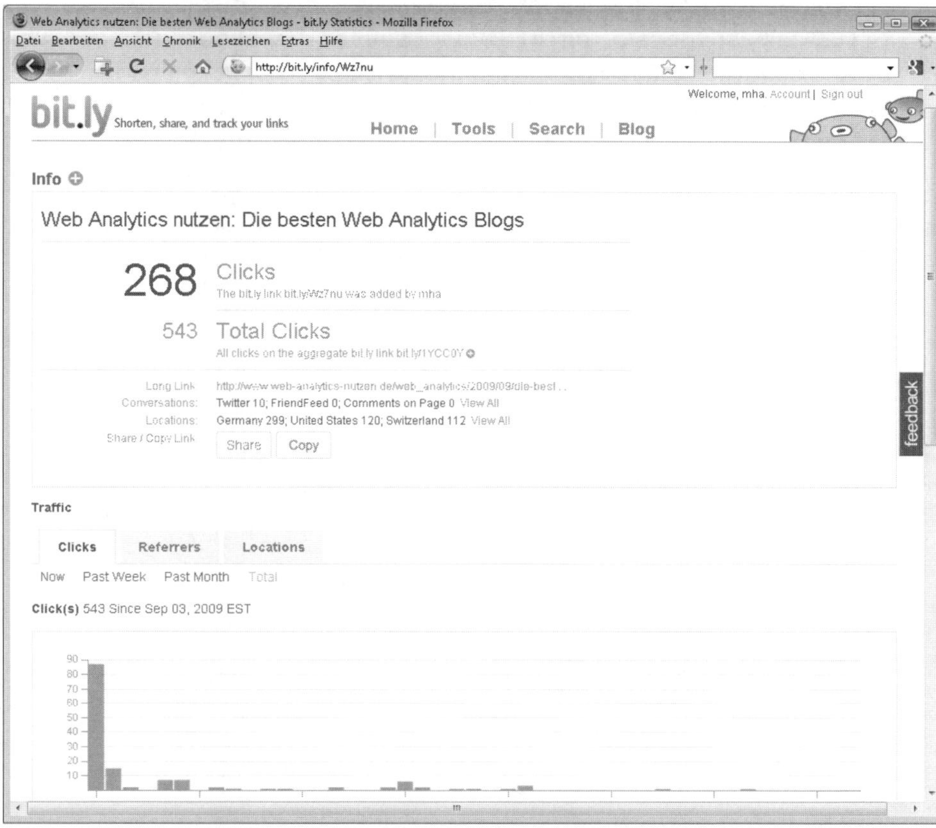

Abb. 6.28: Click-Auswertungen des URL-Shorteners bit.ly

Optimal sind diese Auswertungen jedoch auch nicht. Denn verwendet man den gekürzten Link sowohl auf Twitter, Facebook oder weiteren Social Networks, dann lässt sich der verweisende Traffic überhaupt nicht mehr als solcher in einem Web-Analytics-System erkennen, geschweige denn einer der Plattformen zuordnen.

Die Lösung lautet deshalb, für die gleiche Zielseite mehrere Kurz-URLs zu verwenden – auf jeder Plattform eine andere. Behandelt man zudem die verweisenden Links aus Social Networks wie Kampagnen (siehe Abschnitt 6.5), dann lassen sich auch die einzelnen Social Networks als Traffic-Quellen auseinanderhalten.

Um zum Beispiel von Twitter und Facebook auf die Zielseite `www.abc.de/wettbewerb/sommeraktion.html` der eigenen Website zu verlinken und das Ganze mit einem Web Analytics Tool wie Google Analytics zu tracken, geht man wie folgt vor:

- Kampagnen-URLs definieren: Analog dem Vorgehen bei Kampagnen-URLs hängt man der Zielseite Kampagnen-Parameter an, die den Kampagnen-Namen (z. B. »Sommer Wettbewerb«), die Quelle (Facebook oder Twitter) und das verwendete Medium (z. B. »Social Network« enthalten). Bei Google Analytics würde eine solche Kampagnen-URL für Facebook wie folgt `http://www.abc.de/wettbewerb/sommeraktion.html?utm_source=Facebook&utm_medium=Social%2BNetworks&utm_campaign=Sommer%2BWettbewerb` und für Twitter `http://www.abc.de/wettbewerb/sommeraktion.html?utm_source=Twitter&utm_medium=Social%2BNetworks&utm_campaign=Sommer%2BWettbewerb` lauten.
- Short-URLs generieren: Aus diesen beiden URLs lassen sich nun zwei Kurz-URLs, z. B. `http://www.bit.ly/ABCD` für Facebook und `http://www.bit.ly/EFGH` für Twitter generieren.
- Kurz-URLs je Plattform platzieren: Diese beiden URLs hinterlegt man nun als Link auf die Zielseite auf der jeweiligen Plattform.

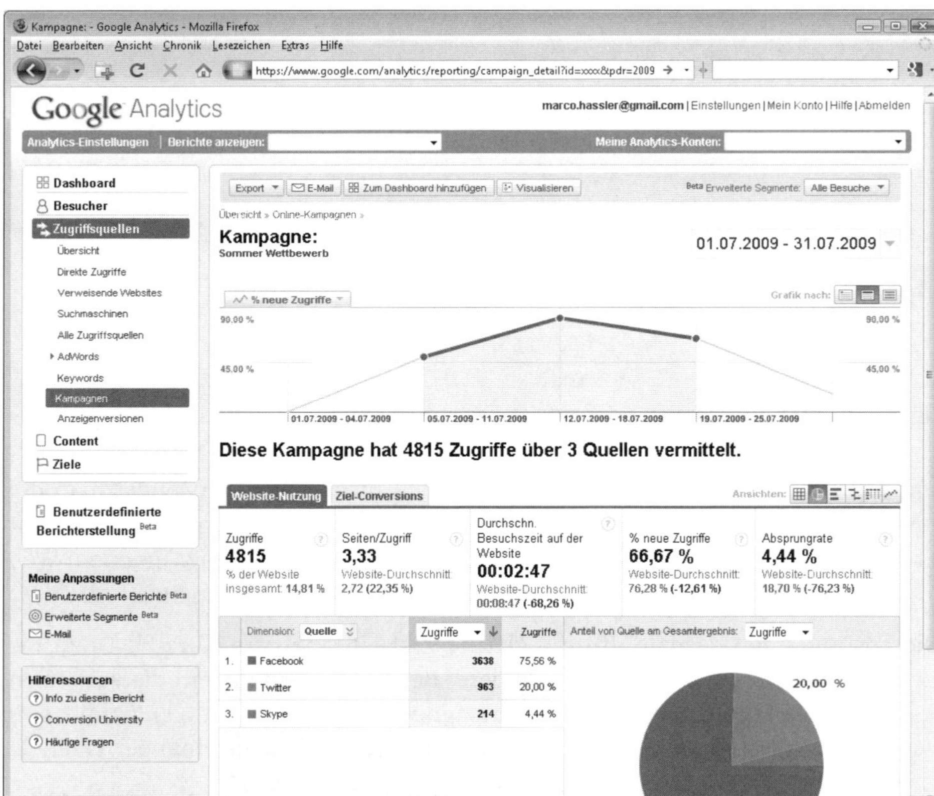

Abb. 6.29: Abbildung 6.29: Auswertung von Social Network Traffic als Kampagne

Nun lassen sich die einkommenden Links wie jede andere Kampagne im Web Analytics Tool auswerten (siehe Abbildung 6.29). Für Links von weiteren Social Networks oder für andere Zielseiten lassen sich natürlich analog Kampagnen-URLs definieren.

6.6.2 Wie Sie es nutzen sollten

Wird der verweisende Traffic aus Social Networks wie Kampagnen gemessen, dann sollte auch die Nutzung der Auswertung vergleichbar mit Kampagnen sein: Als so genannte »Mini-Kampagne« gilt dann jede Aktion in den Social Networks, die einen Link auf die eigene Website enthält. Ein Tweet mit dem Verweis auf einen Wettbewerb auf der eigenen Website wäre dann eine solche Mini-Kampagne, für die man einige Kennzahlen im Blickfeld halten sollte.

Zu den relevanten Kennzahlen zählen insbesondere die folgenden:

- Zugriffe je Quelle: Die absolute Anzahl Zugriffe je Quelle gibt als einfacher Indikator Aufschluss darüber, welche Social Networks einen Business Impact bzw. Bezug zur eigenen Website herstellen können.
- Zugriffe je Quelle im Vergleich zur direkten Reichweite: Setzt man die Anzahl Zugriffe ins Verhältnis zu der direkten Reichweite des betreffenden Social Networks (z. B. die Anzahl Followers auf Twitter oder Freunde und Fans auf Facebook), erhält man eine Aussage zum viralen Effekt der Mini-Kampagne. Ist eine solche hochwertig, verbreitet sich die Nachricht entsprechend im Internet, z. B. durch Retweets – die Wiederholung einer Twitter-Nachricht durch andere Nutzer. Der verwendete Kampagnen-Link wird so verbreitet und damit häufiger angeklickt. Das Verhältnis »Zugriffe« zu »direkter Reichweite« wird erhöht und wird im Idealfall gar größer als 1.
- Weitere Standardkennzahlen je Quelle: Analog dem Traffic aus anderen Quellen zählen Seiten je Zugriff, Verweildauer oder Absprungrate je Quelle zu wichtigen Kennzahlen, um zu erkennen, inwiefern die Zielseite den in der Mini-Kampagne geschürten Erwartungen der Nutzer entspricht.

Je nachdem wie häufig Mini-Kampagnen lanciert werden, sollte auch das Monitoring dieser Kennzahlen stattfinden. Wichtig ist dabei zu wissen, dass solche Social Networks alles andere als träge funktionieren. Bei Twitter zum Beispiel erfolgen die Reaktionen auf eine Aktion typischerweise innerhalb von Minuten oder Stunden. Die Überprüfung des Erfolgs einer Mini-Kampagne sollte deshalb unmittelbar nach der Publikation erfolgen.

Beobachtet man die Auswirkungen solcher Mini-Kampagnen und testet verschiedene Varianten aus, lässt sich ein sehr schneller Lerneffekt erzielen. Bereits nach wenigen Aktionen ist erkennbar, was auf welcher Plattform welche Nutzergruppen interessiert und sich rasch verbreitet – oder eben nicht. Ausprobieren – und dazu gehört auch, kleine Misserfolge zuzulassen – ist daher am Anfang empfehlenswert.

6.6.3 Was es zu beachten gilt

Analog zu anderen Kampagnen wie Bannerwerbung oder Newsletter gilt es daran zu denken, die URL der Zielseite vor dem Start der Aktion mit den Kampagnen-Parametern zu versehen – denn ist eine URL erst mal publiziert, lässt sich das Ganze nachträglich nicht mehr einrichten.

Anders als bei den herkömmlichen Kampagnen muss man sich aber bei viralen Kampagnen bewusst sein, dass man nicht mehr immer alle Zügel in den Händen hat. Die Verbreitung von Nachrichten und auch den darin enthaltenen Links passiert nach Willen und Gutdünken der Nutzer. Dies kann daher auch bedeuten, dass Nachrichten und Links beim Verbreiten verändert werden. Schön mit Kampagnen-Parameter versehene Kurz-URLs können so plötzlich durch eine andere Kurz-URL ersetzt werden, so dass der virale Effekt nicht mehr vollständig in den Auswertungen nachvollzogen werden kann. Solche Nebeneffekte gehören jedoch zu einer viralen Kampagne und sind kaum zu vermeiden.

Der Erfolg einer viralen Kampagne hängt schlussendlich davon ab, dass der Empfänger der Nachricht einen starken Anreiz hat, diese weiterzuverbreiten. Beinhaltet die Nachricht nicht schon aufgrund ihrer Neuigkeit oder Relevanz einen solchen Anreiz in sich, lässt sich dieser auch mittels gezielter Maßnahmen verstärken. Ein typisches Vorgehen, um zum Beispiel bei Twitter einen Retweet bzw. eine Wiederholung der Nachricht zu erreichen, ist daher, unter allen Retweetern eine kleine Preisverlosung durchzuführen. Der Ausgestaltung solcher Wettbewerbe sind dabei kaum Grenzen gesetzt.

Kapitel 7

Besuchereigenschaften

Wenn man eine Website gestaltet und Inhalte publiziert, dann sollten eigentlich immer die Bedürfnisse des Besuchers im Mittelpunkt stehen. Die düstere Wahrheit ist aber, dass die meisten Website-Betreiber keine Ahnung haben, wer die Besucher ihrer Website eigentlich sind. Die Besucher sind aber keineswegs eine anonyme und einheitliche Masse, sondern – wie in der realen Welt auch – Individuen mit ganz unterschiedlichen Eigenschaften, Bedürfnissen und Zielen. Wenn man diese etwas genauer kennt und versteht, dann hat man die Chance, einen direkteren Zugang zu seinen Kunden zu schaffen. Dies wiederum ist die Basis, um auch online besser Geschäfte zu machen.

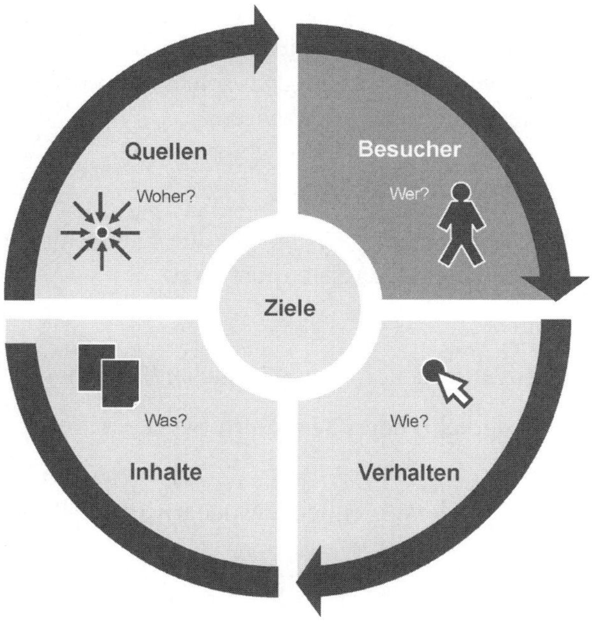

Abb. 7.1: Verstehen, wer die Besucher sind, die auf die Website gelangen

Im Idealfall würde man natürlich jeden Besucher mit all seinen Vorlieben persönlich kennen, so wie dies ein gutes Hotel mit seinen Gästen zu tun versucht. Von vornherein zu wissen, ob ein Gast das Zimmer mit Morgen- oder Abendsonne oder zum Frühstück Tee oder Kaffee bevorzugt, erhöht die Wahrscheinlichkeit, dass der Gast sich wohlfühlt und wiederkehrt. Auf einer Website kann man seine Besucher natürlich nicht so genau kennen, sofern man nicht gerade eine personalisierte Portal- oder Shopping-Site betreibt.

Schon viel bringt es jedoch, wenn man seine Besucher in drei bis sieben Gruppen einteilt und sein Angebot auf diese abstimmen kann. Um dies zu tun, muss man aber diese Besucher zuerst kennen lernen. Genau dies versuchen wir in diesem Kapitel mit den Möglichkeiten, die Web Analytics bietet, zu tun. Ziel ist es nun, dass wir einerseits verstehen, welche Hintergründe und Eigenschaften diese drei bis sieben Gruppen ungefähr ausmachen. Andererseits werden wir versuchen, uns je Gruppe einen typischen Repräsentanten vorzustellen. Dies könnte zum Beispiel Otto aus Süddeutschland sein, männlich und in den Dreißigern, deutschsprachig, Windows- und Internet-Explorer-Nutzer und im Durchschnitt jede zweite Woche auf unserer Website anzutreffen.

7.1 Neue und wiederkehrende Besucher

Eine der gebräuchlichsten Kennzahlen, wenn man einen genaueren Blick auf die Besucher einer Website werfen möchte, ist die Aufteilung zwischen neuen und wiederkehrenden Besuchern. Neue Besucher sind jene, die zum ersten Mal auf die Website stoßen. Wiederkehrende folglich solche, die vor einer gewissen Zeit bereits einmal da waren und nun zurückkehren.

7.1.1 Was gemessen werden kann

Je nach eingesetztem Web-Analytics-System werden unterschiedliche Kennzahlen angezeigt, die jedoch alle in etwa dasselbe aussagen:

- Anzahl neue Besucher
- Prozentsatz an neuen Besuchern (neue Besucher/Besucher)
- Prozentsatz an wiederkehrenden Besuchern (wiederkehrende Besucher/Besucher)
- Verhältnis neue zu wiederkehrenden Besuchern (neue Besucher/wiederkehrende Besucher)

Schließlich sollte man sich für eine Metrik entscheiden, je nachdem was man im Fokus haben möchte: Wem für die Verfolgung seiner Ziele neue Besucher besonders wichtig erscheinen, wählt den Prozentsatz an neuen Besuchern. Wessen Geschäftsmodell eher auf Bestandskunden aufbaut, ist mit dem Prozentsatz wiederkehrender Besucher gut bedient. Wer lieber mit Verhältnissen arbeitet, wählt die Ratio der beiden Werte.

Anzahl-Werte wie die Anzahl neuer Besucher sollte man dagegen möglichst meiden. Denn wie gut ist es nun, wenn Sie an einem Tag 50 neue Besucher mehr haben? »Mehr Besucher sind immer gut«, kann man sich sagen – aber wenn Sie am selben Tag 300 wiederkehrende Besucher mehr hatten als am Vortag, dann sind die 50 vielleicht doch nicht so gut. In Verhältnissen, wo neue Besucher zu der Gesamtbesucherzahl oder zu wiederkehrenden Besuchern gesetzt werden, kommen solche außergewöhnlichen Schwankungen wesentlich besser zur Geltung.

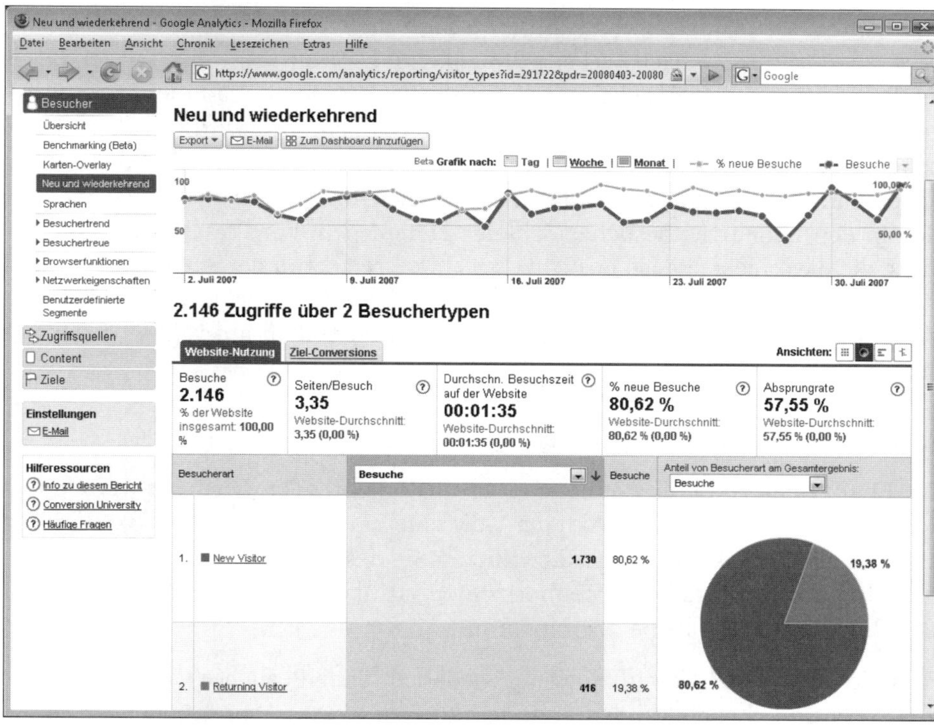

Abb. 7.2: Anteile von neuen und wiederkehrenden Besuchern

Abbildung 7.2 zeigt an einem Beispiel schön die Unterschiede von Anzahlen und Verhältnissen. Die dicke Linie im Graphen stellt die Anzahl der Besuche auf einer Website dar, die starken Schwankungen unterlegen ist – insbesondere auf der rechten Seite der Grafik ersichtlich. Die dünne, helle Linie misst dagegen das Verhältnis von neuen Besuchen zu den Gesamtbesuchen. Dieses Verhältnis bleibt im rechten Bereich der Auswertung ziemlich konstant. Dies lässt die Interpretation zu, dass für die starken Schwankungen der Anzahl ein externer Faktor verantwortlich ist, der sowohl neue wie wiederkehrende Besucher gleichermaßen betrifft. Dies könnte zum Beispiel ein Wochentag mit speziell schönem Wetter sein, eine langsame Website usw.

Die Interpretation der Anteile neuer bzw. wiederkehrender Besucher fällt nicht ganz so einfach aus. Grundsätzlich kann man nämlich nicht sagen, dass viele neue oder wiederkehrende Besucher gut oder schlecht wären. Viele neue Besucher sagen aus, dass man neue Benutzergruppen erreicht und damit das Potenzial hat, neue Kunden zu gewinnen. Viele wiederkehrende Besucher sagen aus, dass man interessante Inhalte und Services bietet, die Besucher gern mehr als einmal aufsuchen.

Das Verhältnis neue zu wiederkehrenden Besuchern ist als ausgewogen zu bezeichnen, wenn im Durchschnitt etwa zwei neue Besucher auf einen wiederkehrenden treffen. Je nach Website-Strategie und -Zielen – auf die Teil III dieses Buches noch genauer eingehen wird – ist es aber gut, wenn man mehr oder weniger hat. Bei einer Website, für die stark Werbung betrieben wird, wird der Anteil neuer Besucher deutlich höher sein. 80 Prozent neue Besucher sind dann keine Seltenheit. Die Website befindet sich sozusagen im »Akquisitionsmodus«, was sich in den hohen Neubesucher-Zahlen widerspiegelt. Für Portale oder Content-Sites, die davon leben, dass Besucher wiederkehren, kann der Anteil neuer Besucher bei 30 Prozent liegen und immer noch gut sein. Eine solche Website befindet sich im »Kundenerhaltungsmodus« und baut ihr Geschäft auf vielen wiederkehrenden Besuchern auf.

7.1.2 Wie Sie es nutzen sollten

Die Kennzahlen rund um die neuen und wiederkehrenden Besucher werden tendenziell überbewertet. Denn Aktionen, die eine kurz- oder mittelfristige Wirkung hätten, leiten sich kaum daraus ab. Nutzen Sie deshalb das Verhältnis an neuen Besuchern, um in größeren Zeithorizonten zu überprüfen, ob dieses mit Ihrer aktuellen Website-Strategie übereinstimmt.

Falls Sie im Hinblick darauf zu wenig wiederkehrende Besucher haben, dann planen Sie entsprechende Kundenbindungsaktionen – einmal vorausgesetzt, dass die fehlende wiederkehrende Kundschaft nicht auf schlechten Service oder eine sonstige Verärgerung zurückzuführen ist. Typische Kundenbindungsaktionen sind etwa ein Newsletter-Versand, Coupons oder Rabatte – in diversen Spielvarianten und Ausprägungen.

Falls Sie meinen, zu wenig neue Besucher auf Ihre Website zu ziehen, dann ist die Handlungsempfehlung relativ einfach. Optimieren Sie die Traffic-Zugänge zu Ihrer Website von Verlinkungen über Suchmaschinen bis hin zu Kampagnen – so wie in Kapitel 6 beschrieben. Insbesondere durch die Schaltung von AdWords oder Kampagnen lassen sich relativ einfach neue Besucher »kaufen«.

Darüber hinaus gibt es noch weitere interessante Aussagen, die sich hinter dem Anteil neuer Besucher verbergen und die man fürs Verständnis seiner Besucherschaft nutzen kann: Beobachten Sie, ob es bestimmte Wochentage, Wochen oder Monate gibt, wo der Anteil an neuen Besuchern steigt. Wenn solche Spitzen nicht auf gerade geschaltete Kampagnen zurückzuführen sind, dann kommt Ihr Angebot an diesen Wochentagen, Wochen oder Monaten offenbar besonders gut an. Dies kann darauf zurückzuführen sein, dass Sie saisonale Produkte anbieten oder sich Ihre Website an Privatnutzer richtet, die vor allem sonntags surfen. Wenn sich solche Spitzen erkennen lassen, dann sollten Sie zu dem betreffenden Zeitpunkt auch gezielt den größten Anteil Ihrer Werbung schalten.

7.1.3 Was es zu beachten gilt

Wiederkehrende Besucher werden im Normalfall mittels eines gesetzten Cookies erkannt. Wie Sie bereits in Abschnitt 5.5 gesehen haben, ist diese Messung ungenau. Sobald Besucher Cookies nicht akzeptieren oder Cookies löschen, gelten sie bei jedem Besuch als neue Besucher. Man sollte sich deshalb bewusst sein, dass der Anteil neuer Besucher von Web-Analytics-Systemen tendenziell als zu hoch angegeben wird.

7.2 Besuchertreue

Treue Besucher sind die wichtigsten. Denn während man für neue Besucher unter Umständen viel Geld für Marketing-Aktivitäten oder Suchmaschinen-Optimierung ausgeben muss, bekommt man die treuen Besucher sozusagen »geschenkt«. Dieses Besuchersegment etwas genauer unter die Lupe zu nehmen und Zeit darin zu investieren, wird sich also mittel- bis langfristig garantiert auszahlen.

7.2.1 Was gemessen werden kann

Die meisten Web-Analytics-Systeme messen die Besuchertreue (Loyalty), indem sie zählen, wie häufig einzelne Besucher innerhalb eines Zeitraums auf eine Website zurückkehren. Die Auswertungen werden anschließend meist nach Besuchshäufigkeit untergliedert ausgegeben, also zum Beispiel Anzahl der Besucher mit einem Besuch, Anzahl der Besucher mit zwei Besuchen etc. (siehe Abbildung 7.3).

Die Besuchertreue ist ein Maß dafür, wie es Ihnen gelingt, nicht nur Besucher auf die Website zu bringen, sondern sie auch von der Website zu überzeugen. Nur überzeugte Besucher werden mehrere Male auf Ihre Website zurückkommen. Was genau ausschlaggebend ist für Besuchertreue, ist relativ schwierig zu eruieren. Sicherlich haben hochwertige Inhalte, nützliche Dienste oder schlicht die Affinität zum Brand eine ursächliche Wirkung. Auch Websites mit hoher Interaktivität und vom Nutzer generierten Inhalten, typische Web-2.0-Inhalte, wie Sie sie noch in Kapitel 10 kennen lernen werden, weisen tendenziell höhere Wiederbesuchsraten auf.

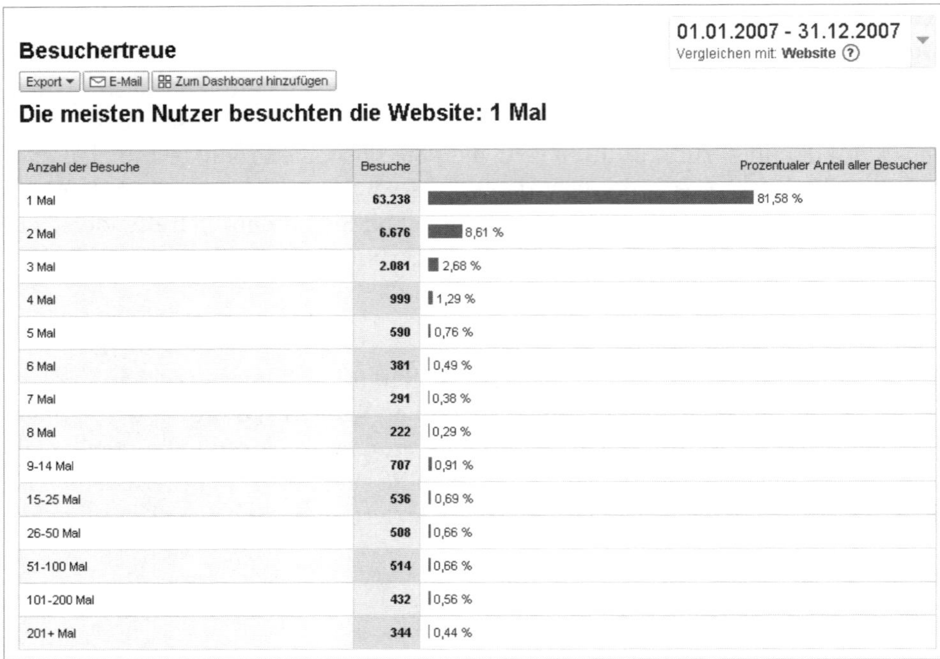

Besuchertreue

01.01.2007 - 31.12.2007
Vergleichen mit: **Website**

Export | E-Mail | Zum Dashboard hinzufügen

Die meisten Nutzer besuchten die Website: 1 Mal

Anzahl der Besuche	Besuche	Prozentualer Anteil aller Besucher
1 Mal	63.238	81,58 %
2 Mal	6.676	8,61 %
3 Mal	2.081	2,68 %
4 Mal	999	1,29 %
5 Mal	590	0,76 %
6 Mal	381	0,49 %
7 Mal	291	0,38 %
8 Mal	222	0,29 %
9-14 Mal	707	0,91 %
15-25 Mal	536	0,69 %
26-50 Mal	508	0,66 %
51-100 Mal	514	0,66 %
101-200 Mal	432	0,56 %
201+ Mal	344	0,44 %

Abb. 7.3: Besuchertreue oder die Verteilung der Anzahl Websitebesuche

7.2.2 Wie Sie es nutzen sollten

Rein aus den aggregierten Treuewerten lässt sich leider noch relativ wenig ableiten, was sich in Aktionen ummünzen ließe. Um dies zu ändern, sollten Sie folgende beiden Strategien anwenden:

- Teilen Sie die Besuchertreue in Klassen ein.
- Vergleichen Sie verschiedene Zeiträume und suchen Sie nach Gründen für Ausreißer.

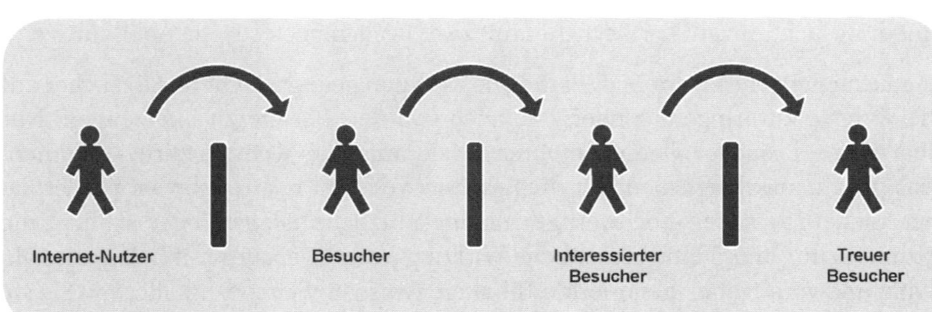

Abb. 7.4: Zu überwindende Hürden vom Internet-Nutzer bis zum treuen Besucher

Um aus einem Internet-Nutzer einen treuen Besucher zu machen, gibt es drei große Hürden zu überwinden. Die erste Hürde ist, den Nutzer überhaupt auf die Website zu bringen und zum Besucher werden zu lassen. Wie dies geht, haben Sie bereits in Kapitel 6 erfahren. Die zweite Hürde ist es, einen Besucher mit dem Angebot so anzusprechen, dass er später wiederkommt. Die dritte Hürde, die es schließlich zu nehmen gilt, ist, den wiederkehrenden Besucher zu einem langfristig loyalen Besucher zu machen.

Um zu beobachten, wie gut Besucher diese Hürden gerade nehmen – bzw. wie stark wir sie darin fördern –, teilen wir die Besuchshäufigkeiten entsprechend in drei Klassen ein:

- Einmalige Besucher: Website-Besucher/Passanten
- Zwei- und dreimalige Besucher: Interessierte Besucher
- Vier- und mehrmalige Besucher: Treue Besucher

Je nach Website und Geschäftsmodell sollte man die Grenzen zwischen den Klassen anpassen: Während für eine Shopping-Site ein viermaliger Besucher bereits ein treuer Besucher sein kann, ist für eine News-Website ein solcher höchstens mal ein interessierter Besucher.

Für diese drei Klassen betrachtet man zuerst einmal einen möglichst großen Zeitraum, zum Beispiel ein Jahr. Der lange Zeitraum gibt sozusagen den Benchmark vor. Denn je länger der gewählte Zeitraum, desto länger hatte der einzelne Besucher ja Gelegenheit um wiederzukehren. Betrachtet man später kürzere Zeiträume, müssten erwartungsgemäß die Anteile der Benutzer in der zweiten und dritten Klasse geringer sein.

Wenn wir das Beispiel von Abbildung 7.3 nehmen und die entsprechende Klasseneinteilung vornehmen, dann sieht dies folgendermaßen aus:

- Website-Besucher/Passanten: 81,59 Prozent
- Interessierte Besucher: 11,29 Prozent
- Treue Besucher: 7,12 Prozent

Für die weitere Analyse können wir die einmaligen Website-Besucher getrost vergessen, für die Treue-Betrachtungen sind sie uninteressant. Für die beiden anderen Klassen versuchen wir nun als Nächstes, kleinere Zeitabschnitte wie Monate oder Wochen zu analysieren. Bei Portal-Websites, wo ein tägliches Wiederkehren das Ziel ist, macht die Analyse gar auf Tagesbasis Sinn. Beachtung schenken wir insbesondere gewissen Ausreißern im Vergleich zur Gesamtansicht über ein Jahr. Findet man solche, braucht es etwas Hirnschmalz, um zu verstehen, was die Ursachen dafür gewesen sein könnten – ein spezielles Angebot auf der Website, Inhalte, die thematisch in den Medien gerade behandelt wurden, usw. Entdeckt man solche Ursachen, dann sollte man diese in Zukunft auch aktiv fördern. Aber selbst wenn man nicht immer eine eindeutige Antwort auf solche Ausreißer findet, hilft die Analyse dennoch, die Besucher langsam besser kennen zu lernen.

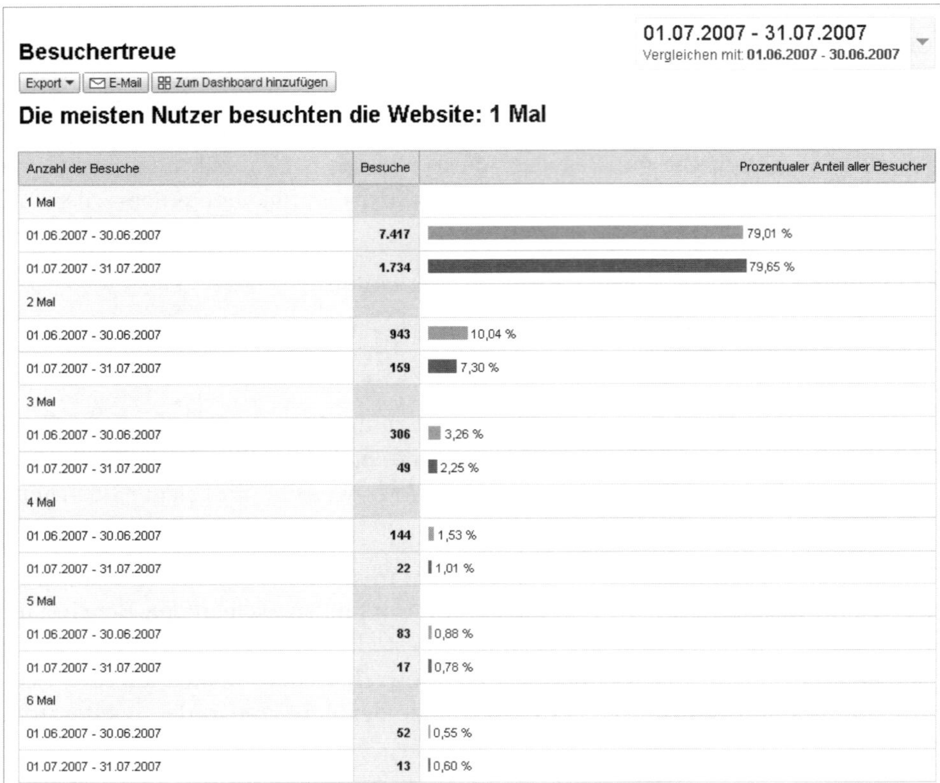

Besuchertreue

01.07.2007 - 31.07.2007
Vergleichen mit: 01.06.2007 - 30.06.2007

Export ▾ | E-Mail | Zum Dashboard hinzufügen

Die meisten Nutzer besuchten die Website: 1 Mal

Anzahl der Besuche	Besuche	Prozentualer Anteil aller Besucher
1 Mal		
01.06.2007 - 30.06.2007	7.417	79,01 %
01.07.2007 - 31.07.2007	1.734	79,65 %
2 Mal		
01.06.2007 - 30.06.2007	943	10,04 %
01.07.2007 - 31.07.2007	159	7,30 %
3 Mal		
01.06.2007 - 30.06.2007	306	3,26 %
01.07.2007 - 31.07.2007	49	2,25 %
4 Mal		
01.06.2007 - 30.06.2007	144	1,53 %
01.07.2007 - 31.07.2007	22	1,01 %
5 Mal		
01.06.2007 - 30.06.2007	83	0,88 %
01.07.2007 - 31.07.2007	17	0,78 %
6 Mal		
01.06.2007 - 30.06.2007	52	0,55 %
01.07.2007 - 31.07.2007	13	0,60 %

Abb. 7.5: Besuchertreue im Vergleich einzelner Zeitabschnitte

Im gewählten Beispiel in Abbildung 7.5 hat die Analyse für den Monat Juni einen entsprechenden Ausreißer zu Tage gebracht, und zwar:

- Interessierte Besucher im Juni: 13,30 Prozent (statt 11,29 Prozent übers Jahr)
- Treue Besucher im Juni: 7,69 Prozent (statt 7,12 Prozent übers Jahr)

Da der erwartete monatliche Wert ja niedriger ist als der jährliche, erstaunt dieser Ausreißer an interessierten Besuchern besonders. Offenbar konnten in diesem Monat besonders viele Besucher zu Wiederbesuchen bewegt werden. Im konkreten Fall hat eine weiterführende Nachforschung zu Tage gebracht, dass im Juni in größerem Stile AdWords-Schaltungen bei Google erfolgten. Die Kampagne hatte offenbar nicht nur die erwartete Auswirkung auf den direkten Traffic, sondern steigerte auch die Anzahl an treuen Besuchern – ein eher unerwarteter, aber umso erfreulicher Effekt.

7.2.3 Was es zu beachten gilt

Für die Besuchertreue gelten die gleichen Abhängigkeiten von der Messungenauigkeit der Besucher wie beim Anteil neuer Besucher auf der Website. Positiv ausgedrückt heißt dies: Sie haben effektiv sogar noch mehr treue Besucher, als Ihnen dies Ihr Web-Analytics-System wiedergibt.

7.3 Besuchsfrequenz

Die Besuchsfrequenz (Frequency) ist eine eng mit der Besuchertreue verwandte Metrik, was denn auch gern zu Verwechslungen führt. Im Gegensatz zur Treue, die die Häufigkeit der wiederkehrenden Besuche misst, gibt die Frequenz den zeitlichen Abstand zwischen zwei Besuchen an. Sie ist also ein Maß für die durchschnittliche Zeit zwischen zwei Besuchen eines Besuchers.

7.3.1 Was gemessen werden kann

Angenommen, ein Besucher stattet einer Website am Montag, am Donnerstag und am Freitag einen Besuch ab, dann liegt seine durchschnittliche Besuchsfrequenz bei zwei Tagen. Drei Tage zwischen Besuch 1 und 2 und ein Tag zwischen Besuch 2 und 3 ergibt einen Schnitt von diesen zwei Tagen. Andere Besucher werden andere durchschnittliche Frequenzen haben. Summiert man diese auf, ergibt dies ein Profil wie in Abbildung 7.6 dargestellt. In diesem Fall gibt es summiert rund 3.200 Besucher, die eine durchschnittliche Zugriffsfrequenz von einem halben Tag aufwiesen.

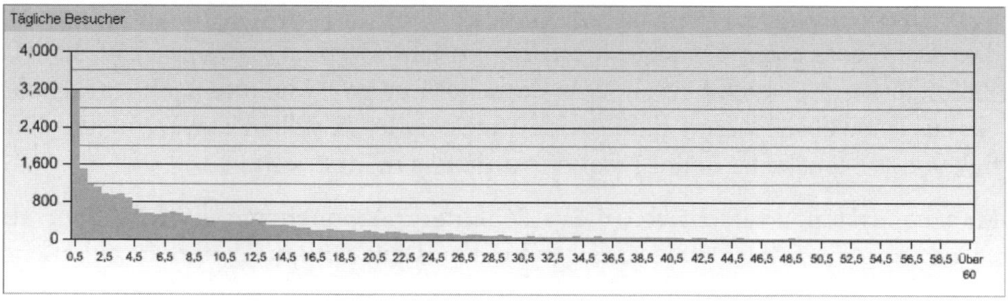

Abb. 7.6: Auswertung der aggregierten Besucherfrequenz in Omniture SiteCatalyst HBX

Nicht alle Tools stellen derzeit eine Auswertung zur Besuchsfrequenz bereit. Die Aussagekraft der Frequenz ist jedoch mäßig, von daher sollte man nicht gerade die Wahl eines Web-Analytics-Systems davon abhängig machen.

7.3.2 Wie Sie es nutzen sollten

Da die Frequenz ja aussagt, in welchem Intervall Besucher auf Ihre Website kommen, können Sie diese Information dazu nutzen, die Anpassungen auf der Website entsprechend zu steuern. Wenn viele Nutzer täglich auf eine Website wie ein Portal kommen, dann sollten Sie denen vielleicht auch täglich Neuigkeiten anbieten. Versucht man andererseits, in schnellem Rhythmus die Homepage aktuell zu halten, und stellt dann fest, dass die meisten Besucher nur alle zwei Wochen wiederkehren, dann kann man sich vielleicht entsprechende Aufwände gut sparen.

Verfügt man über eine Auswertung wie in Abbildung 7.6 dargestellt, sollte man versuchen, die Frequenzen in drei bis fünf Hauptgruppen einzuteilen. Im Beispiel der Abbildung wären Folgendes solche Gruppen:

- Tägliche Besucher (0,5 und 1 Tag)
- 2-bis-4-tägliche Besucher
- Restliche Besucher

In der Konsequenz würde man darauf Acht geben, dass sowohl tägliche wie auch Besucher, die alle drei bis vier Tage zurückkehren, mit neuen Angeboten oder Inhalten bedient werden. Natürlich kann man die Frequenz von Besuchen auch beeinflussen, indem man die Aktualisierung der Inhalte stets etwas enger taktet als die Besuchsfrequenz der adressierten Gruppe.

7.3.3 Was es zu beachten gilt

Die Besuchsfrequenz kann gern zu Falschinterpretationen verleiten, wenn man sich nicht genau im Klaren ist, was die Metrik aussagt. Wenn wie in Abbildung 7.6 3.200 Besucher eine Frequenz von einem halben Tag aufweisen, dann bedeutet dies nicht, dass diese Besucher jeden Tag im Jahr zweimal vorbeigeschaut haben. Vielmehr kann es auch heißen, dass Besucher nur zwei Mal und nachher nie wieder auf der Website waren, dafür beide Male gerade am selben Tag. Denn die Häufigkeit der Besuche ist in der Frequenz nirgends mehr ersichtlich.

Manche Systeme verschärfen diese Fehlinterpretationen gar noch, indem sie jeweils nur einen Tag als Messbasis nehmen (»Daily Uniques«) und anschließend mehrere Tage addieren. Damit wird man mit dem »Hotel-Problem« wie in Abschnitt 5.5.2 beschrieben konfrontiert und hat ohne Diplom in Mathematik oder Statistik ohnehin keine Chance, die Daten auf Anhieb richtig zu interpretieren.

7.4 Besuchsaktualität

Die Besuchsaktualität (Recency) ist eine weitere Metrik, die im Umfeld der Besuchertreue häufig genannt wird. Die Besuchsaktualität gibt an, wie viele Tage seit dem letzten Besuch eines Besuchers verstrichen sind.

7.4.1 Was gemessen werden kann

Genauso wie die Besuchshäufigkeit stammt die Metrik der Besuchsaktualität ursprünglich aus dem Versandhandelsumfeld. Dort werden anhand des so genannten RFM-Modells (Recency, Frequency, Monetary Value) Kunden in Werteklassen segmentiert. Sehr wertvolle Kunden sind zum Beispiel jene, die erst kürzlich bestellt haben, bisher in kurzen Zeitabständen bestellten und einen hohen durchschnittlichen Bestellwert aufweisen. In Abstufungen davon werden weitere Segmente definiert, bis hin zum für ein Unternehmen praktisch wertlosen Kunden, der ein einziges Mal vor drei Jahren für einen Minibetrag eine Bestellung aufgegeben hat. Das RFM-Modell geht davon aus, dass bei Kundensegmenten, die häufig bestellen und erst kürzlich bestellt haben, die Wahrscheinlichkeit einer erneuten Bestellung besonders hoch ist. Jedes Kundensegment kann anschließend mit dedizierten Marketingmaßnahmen bearbeitet werden.

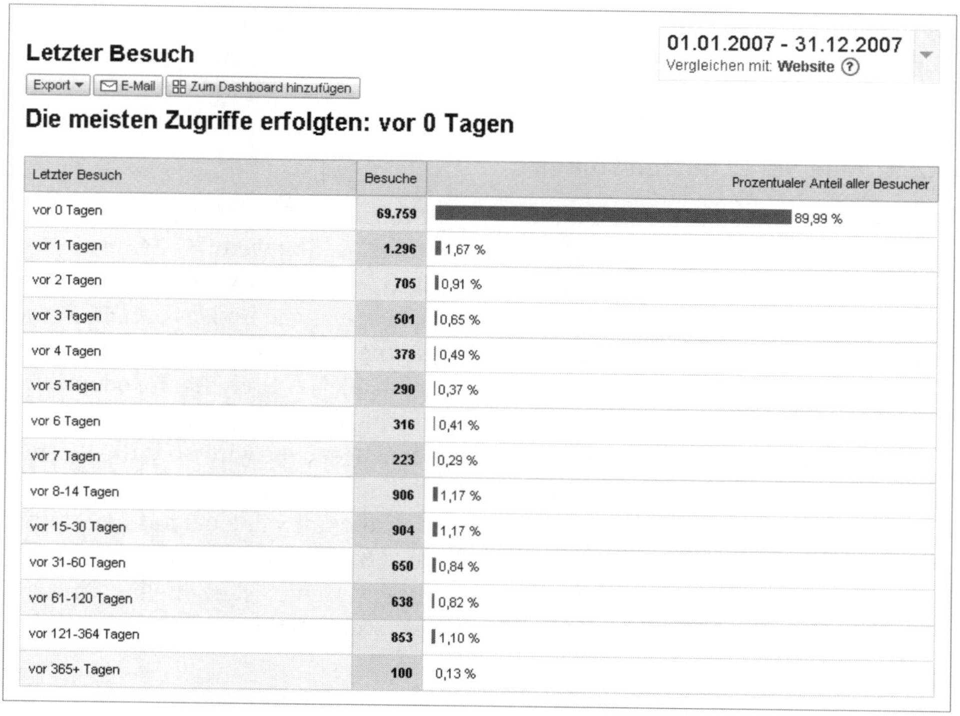

Letzter Besuch	Besuche	Prozentualer Anteil aller Besucher
vor 0 Tagen	69.759	89,99 %
vor 1 Tagen	1.296	1,67 %
vor 2 Tagen	705	0,91 %
vor 3 Tagen	501	0,65 %
vor 4 Tagen	378	0,49 %
vor 5 Tagen	290	0,37 %
vor 6 Tagen	316	0,41 %
vor 7 Tagen	223	0,29 %
vor 8-14 Tagen	906	1,17 %
vor 15-30 Tagen	904	1,17 %
vor 31-60 Tagen	650	0,84 %
vor 61-120 Tagen	638	0,82 %
vor 121-364 Tagen	853	1,10 %
vor 365+ Tagen	100	0,13 %

Abb. 7.7: Auswertung der Zeitdauer seit dem letzten Besuch

Während dies für den Versandhandel eine interessante Herangehensweise ist, hat es leider für Auswertungen, wie sie in Web-Analytics-Systemen vorkommen, keine Bedeutung. Die Idee, die Zeitdauer seit dem letzten Besuch mit der Zeitdauer seit der letzten Bestellung gleichzusetzen, ist leider nicht ganz realistisch, zumal das Engagement bei einer Bestellung wesentlich höher ist als bei einem unter Umständen beiläufigen Besuch. Zudem lassen sich leider mit den meisten aktuellen Web-Analytics-Systemen keine Segmente ähnlich dem RFM-Modell bilden. Der Hintergrund dabei ist, dass der Zusammenhang zwischen Besuchshäufigkeit und -aktualität eines bestimmten Besuchers nicht gegeben ist. Das heißt, dass die Systeme nicht für die einzelnen Besucher, sondern nur im Schnitt über alle Besucher ausgeben, was genau deren Recency und Frequency ist – selbst wenn sie die einzelnen Werte gespeichert haben.

Der Nutzen der Besuchsaktualität, so wie sie heutzutage ausgegeben wird, ist deshalb beschränkt. Einzig im Online-Versandhandel, wo in zusätzlichen Systemen die notwendigen Verknüpfungen gemacht werden können, bleibt die Besuchsaktualität im Umfeld des RFM-Modells relevant.

Etwas verwirrend bei Auswertungen der Besuchsaktualität wie jene in Abbildung 7.7 ist zudem der oft hohe Anteil an Besuchen mit 0 Tagen Aktualität. Die Erklärung dafür ist einfach, dies sind nämlich die Besucher, die zum ersten Mal auf die Website gelangt sind und deshalb keinen gültigen Wert für die Besuchsaktualität aufweisen. Am besten denkt man sich diese Zahl daher einfach weg und betrachtet nur die Aktualitäten ab einem Tag.

7.4.2 Wie Sie es nutzen sollten

Die Besuchsaktualität ist ein Relikt des RFM-Modells und für Websites außerhalb des Online-Handel-Umfelds praktisch bedeutungslos. Erst wenn Systeme die Segmentierung nach dem RFM-Ansatz unterstützen, wird es interessant. Fürs Web werden dann allerdings nicht mehr Web-Analytics-Systeme im klassischen Sinne, sondern so genannte Behaviour-Targeting-Systeme eingesetzt. Diese erlauben es, abhängig vom Verhalten des Besuchers – zum Beispiel ob er ein häufig oder selten wiederkehrender Besucher ist – unterschiedliche Ansprachen zu wählen oder andere Produkt-Teaser einzusetzen. Dem neuen Besucher wird so zum Beispiel das Top-Seller-Produkt präsentiert, das ihn mit hoher Wahrscheinlichkeit anspricht. Einem wiederkehrenden Besucher wird dann vielleicht auf der Homepage ein Produkt vorgestellt, das ähnlich zu den bei einem früheren Besuch betrachteten Produkten ist. Ein Vorreiter auf diesem Gebiet ist zweifellos Amazon, deren Veränderung der Startseite man sich bei wiederholtem Besuch mal etwas genauer anschauen sollte.

7.5 Herkunftsland und Region

Eine der plakativsten Grafiken, die einem Web-Analytics-Systemanbieter gerne unter die Nase reiben, ist jene der Herkunftsländer, -regionen und -städte der Besucher. In der Tat ist es noch spannend, einmal grafisch aufbereitet zu sehen, aus welchen Teilen der Welt oder welchen Regionen eines Landes sich die Besucherschaft auf der Website zusammensetzt.

Abbildung 7.8 zeigt eine regionale Auswertung der Besuche in Google Analytics. Die unterschiedlichen Besuchszahlen werden dabei in der Karte mittels Größe der Kreise sowie deren Farbton grafisch wiedergegeben.

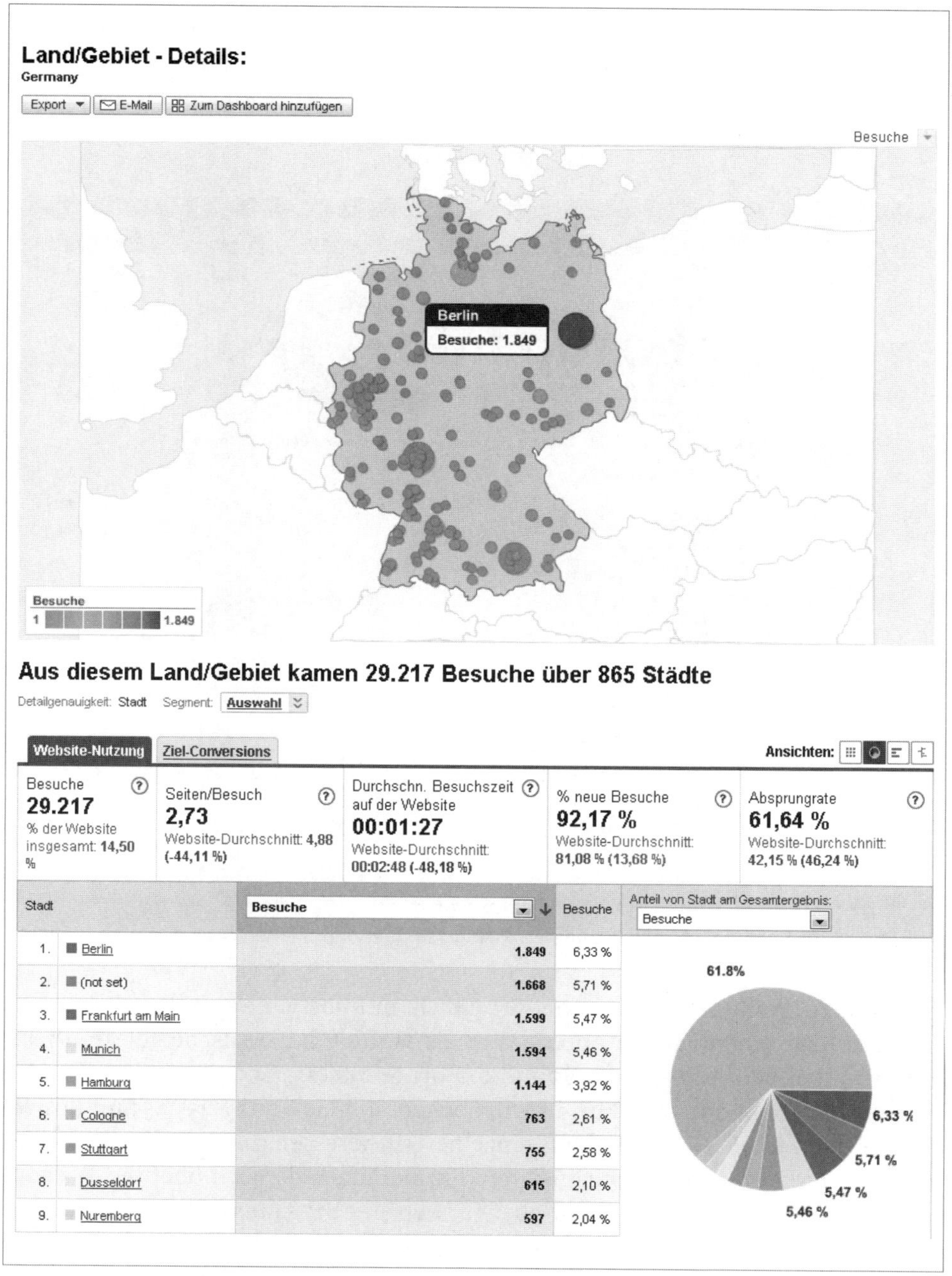

Abb. 7.8: Herkunft der Website-Besucher nach Städten aufgeschlüsselt

7.5.1 Was gemessen werden kann

Die Auswertungen nach Ländern, Regionen oder gar Städten kommen wie folgt zustande: Jeder Besucher hinterlässt beim Website-Besuch seine IP-Adresse. IP-Adressen können zwar keinem einzelnen Benutzer zugeordnet werden, jedoch immer einem Besitzer. Besitzer einer IP-Adresse sind meist Organisationen wie Internet Service Provider (ISP), Universitäten oder größere Unternehmen. Diese sind öffentlich bekannt und können somit über die Postleitzahl einem Land bzw. einer Stadt zugeordnet werden.

Abb. 7.9: Abfrage der Geolokalität einer IP-Adresse über den offenen Dienst von hostip.info

Der Besitzer verfügt dabei typischerweise nicht nur über eine einzelne IP-Adresse, sondern über einen ganzen Adressraum. So verfügt die Deutsche Telekom zum Beispiel über den Adressraum 80.128.0.0 bis 80.159.255.255. Das heißt, dass IP-Adressen, die mit 80.128.*.* beginnen, hochgezählt bis 80.159.255.255 im Besitze der Telekom sind. Die Verteilung einzelner IP-Adressen an Benutzer kann der Besitzer nun selbstständig organisieren. Ein Benutzer, der sich über die Telekom ins Internet einwählt, wird dann aber immer eine IP-Adresse aus dem Adressraum der Telekom erhalten. Gerade bei großen Internet Service Providern gibt es zudem zahlreiche lokale Einwahlknoten, deren Standort wiederum eruierbar ist.

Ein Internetnutzer aus dem Großraum München gelangt beim Einwählen deshalb automatisch an den Einwahlknoten München. Folglich ist eine IP-Adresse meist ungefähr einer Region oder größeren Stadt zuordenbar.

Für die Zuordnung von IP-Adressen zu Geolokationen gibt es spezialisierte Anbieter wie Maxmind (`maxmind.com`) oder Quova (`quova.com`), die diese in mächtigen Datenbanken weltweit versuchen abzuspeichern. Vielfach werden diese Datenbanken auch genutzt, um lokalisiert Werbung zu schalten. Google nutzt einen solchen Mechanismus zum Beispiel, um AdWords-Einblendungen auf das Land und die Region des Besuchers abzustimmen. Somit können Anzeigen für einen Fahrradshop in Berlin nur bei jenen Google-Nutzern angezeigt werden, die auch aus Berlin stammen.

Neben kommerziellen Anbietern solcher Datenbanken gibt es auch solche auf Community-Basis, die kostenlos angeboten werden. Eine davon ist hostip (`hostip.info`), über die man die Lokalität von IP-Adressen auch selbst erfragen kann (siehe Abbildung 7.9).

Technische Funktionsweise der Geolokalisierung bei hostip.info

`hostip.info` gelangt zur Geolokalisierung von IP-Adressen auf zwei Arten: Einerseits steht eine Community dahinter, deren Teilnehmer ihre eigene IP-Adresse einem geografischen Ort zuordnen. Ausgehend von dieser Information lassen sich ganze Adressräume in einer bestimmten Region vermuten. Bei Einwahlknoten von ISPs funktioniert dieses Verfahren ziemlich gut. Bei anderen Netzwerk-Knoten, zum Beispiel Unternehmensnetzwerken, dürfte die Unschärfe massiv größer sein.

Die zweite Art, wie hostip.info die IP-Geodatenbank füllt, sind so genannte Robots. Diese automatischen Suchprogramme rufen systematisch IP-Adressen auf und führen ein so genanntes »Traceroute« durch. Damit kann die Anbindung einer IP-Adresse ins Internet verfolgt werden, das heißt, die IP-Adressen von Einwahlknoten werden dadurch sichtbar. In einem so genannten »Reverse-DNS-Lookup« wird anschließend der zur IP-Adresse zugehörige Hostname ausfindig gemacht, das heißt, aus einer IP-Adresse wird so eine Domain wie »p54AE9A6F.dipo.t-ipconnect.de«. Schließlich wird mittels landesspezifischer Regeln versucht, Ortsnamen ausfindig zu machen. Aus dem Hostnamen »143.atm3-0.xr2.lax2.alter.net« lässt sich so dann etwa »lax« als Kürzel für Los Angeles extrahieren. Dass dabei einige Ungenauigkeiten und Fehler auftreten können, liegt auf der Hand.

7.5.2 Wie Sie es nutzen sollten

So eindrücklich die Weltkarten-Grafiken für Herkunftsauswertungen auch sein mögen, für die Optimierung eines Webangebots taugen sie wenig. Allenfalls kann man sein Management noch damit beeindrucken, sonst haben die Grafiken in der täglichen Arbeit aber kaum Relevanz.

Fürs Operative nützlicher sind dafür nach Besucherzahlen sortierte Listen mit Ländern und Regionen. Diese sollte man folgendermaßen einsetzen:

- Wenn die Website international ausgerichtet ist, die Länder innerhalb der Top 3–5 monitoren.
- Wenn die Website national ausgerichtet ist, die Top 3–5 der Regionen oder größeren Städten überwachen.

Im Normalfall werden sich die Top-Ränge über die Zeit nicht groß ändern. Es reicht deshalb aus, wenn man in größeren Abständen, zum Beispiel quartalsweise, die Liste checkt. Falls aufgrund der Websiteausrichtung eine höhere Volatilität bei der Lokalität der Besucher besteht, sollte man stattdessen die Top 3–5 der Auf- und Absteiger in kürzeren Intervallen monitoren.

Mit den so herausgefilterten wichtigsten Ländern oder Regionen sollte man Folgendes überprüfen:

- Bieten wir unsere Dienstleistung oder Produkte überhaupt in den Top-Besuchsländern an?
- Ist das Website-Angebot auf die wichtigsten Länder und Regionen ausgerichtet?

Falls ein Land oder eine Region in der Top-Liste besonders hervorsticht, kann man sich überlegen, ob sich das Angebot von regionalen Spezifika lohnt. Dies können zum Beispiel Inhalte oder eigene News aus der betreffenden Region sein oder gar auf ein Land abgestimmte Produkte oder Services.

Neben solchen Chancen für eine Erweiterung des Website-Angebots lassen sich durchaus auch Mängel des aktuellen Auftritts diagnostizieren. Wenn man als Elektronik-Versandhändler so zum Beispiel feststellt, dass ein beachtlicher Teil der Besucher aus der Schweiz kommt, der Versand der Produkte der Einfachheit halber aber nur in EU-Länder angeboten wird, dann sollte einem das etwas zu denken geben.

Auch aus Abbildung 7.8 lassen sich aufschlussreiche Punkte herauslesen. Im mittleren Teil der Abbildung werden einige Metriken wie die Anzahl betrachteter Seiten je Besuch, die durchschnittliche Besuchszeit oder die Absprungrate für alle Besuche aus Deutschland angegeben. Im Vergleich zur Gesamtwebsite sind die Werte dieser Metriken bedeutend schlechter. So verweilt der durchschnittliche Website-Besucher fast doppelt so lang auf der Website wie ein Besucher aus Deutschland. Dies lässt den Schluss zu, dass das Angebot auf der Website offenbar überhaupt nicht auf die Bedürfnisse von deutschen Besuchern abgestimmt ist. Ein deutlicher Wink dafür, dass man sich inhaltlich etwas überlegen sollte.

7.5.3 Was es zu beachten gilt

Was man bei solchen Länder-, Regions- und Städteauswertungen immer im Hinterkopf behalten muss, ist die unter Umständen beträchtliche Ungenauigkeit der Angaben. Während eine Zuordnung auf Länderebene noch relativ gut funktioniert, kann die Unschärfe spätestens auf Stadt-Niveau massiv sein. Gerade in ländlichen Regionen können Einwahlknoten von Internet Service Providern Dutzende von Kilometern vom eigentlichen Ort des Nutzers weg liegen – vielleicht gar nicht im geografisch nächstgelegenen Ballungszentrum.

Auch Firmenproxies und Virtual Private Networks (VPN) verursachen beträchtliche Unschärfen. Nutzer aus einem Unternehmen, das beispielsweise zentral in Hamburg ans Internet angebunden ist, werden unter Umständen auch dann noch Hamburg zugeordnet, wenn sie sich 300 Kilometer davon entfernt in einer Filiale befinden. Genauso ergeht es einem Außendienst-Mitarbeiter, der sich von zu Hause zuerst via VPN ins Unternehmensnetzwerk einwählt und so im Internet surft. Auch seine IP-Adresse wird dann nicht seinem eigentlichen Standort, sondern dem Unternehmensstandort zugeordnet.

Zu guter Letzt ist meist nur ein Bruchteil der Besucher überhaupt über die IP-Adresse lokalisierbar. Wenn eine Lokalisierung von 20 bis 30 Prozent der Besucher möglich ist, dann ist das schon ein guter Wert. Beim großen Rest ist die Lokalität schlicht unbekannt. Zwar kann man annehmen, dass sich die Verhältnisse von Länder- und Regionen-Verteilungen im unbekannten Teil ungefähr gleich verhalten. Eine gesunde Portion Vorsicht bei der Interpretation der Werte kann aber auch hier nicht schaden.

7.6 Sprache

Die Geolokalität nach Land und Region ist das eine, die von Besuchern gesprochene Sprache das andere. Denn wenn Inhalte aufgrund der Sprache nicht verstanden werden, hat dies einen erheblichen Einfluss auf den weiteren Verlauf eines Website-Besuchs. Die Länderinformationen zur Sprachbestimmung zu nutzen, reicht dabei vielfach nicht aus, da gerade im asiatischen Raum je nach Land verschiedene Sprachen gesprochen werden – man denke nur mal an Russland oder China. Aber auch in Westeuropa ist Sprache und Land nicht immer eindeutig, wie in den Benelux-Staaten oder der Schweiz offensichtlich wird.

7.6.1 Was gemessen werden kann

Computer-Benutzer installieren im Normalfall Software in ihrer Landessprache, sofern diese verfügbar ist. Dies gilt auch für den Browser, der zumindest im Falle des am meisten verbreiteten Internet Explorers in Dutzenden von Landessprachen erhältlich ist. Die vom Benutzer im Browser gewählte Sprache kann nun bei einem Website-Aufruf ausgelesen werden. Insofern lässt sich relativ genau eruieren, welche Sprache ein Besucher versteht.

Die Spracheinstellung im Browser wird im standardisierten ISO-Format als Kombination zwischen Sprache und Land definiert. Somit kann es für dieselbe Sprache auch mehrere Sprach-/Landkombinationen geben. Für Deutsch sind dies zum Beispiel:

- de-AT (Österreich)
- de-DE (Deutschland)
- de-CH (Schweiz)
- de-LI (Liechtenstein)
- de-LU (Luxemburg)

Viele Web-Analytics-Systeme geben diese Kombinationen nur einzeln und nicht aggregiert aus. Für die aggregierte Zusammenstellung der effektiven Sprachverteilung muss man dann selbst zum Taschenrechner greifen. Abbildung 7.10 zeigt eine solche Auswertung nach Sprache mit der entsprechenden Problematik. Um den Anteil aller deutschsprachigen Besuche zu erhalten, muss man die Werte für »de«, »de-de« sowie allenfalls noch weitere Kombinationen mit kleineren Prozentsätzen zusammenzählen.

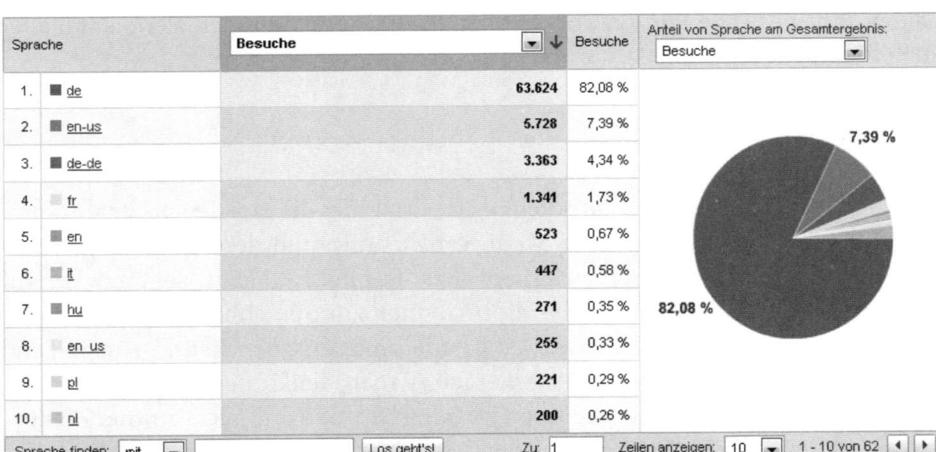

Abb. 7.10: Sprachverteilung von Besuchen auf der Website

7.6.2 Wie Sie es nutzen sollten

Auch die Zusammensetzung der Sprachen von Website-Besuchern ändert sich im Normalfall nicht von heute auf morgen, sofern man nicht plötzlich in einer neuen Sprachregion Marketing betreibt. Die verwendeten Sprachen gehören deshalb auch zu den Passiv-Metriken, die man getrost nur quartalsweise auf größere Trends überprüfen kann.

Es empfiehlt sich dabei, eine Liste mit den über Länder aggregierten Sprachen zu führen. Dabei reicht es aber, nur jene Sprachen zu berücksichtigen, die mindestens einen fünfprozentigen Anteil der Website-Besucher ausmachen. Am einfachsten gelangt man zu solch einer Liste, indem man aus dem Analytics-System einen CSV-Export macht und diesen in Microsoft Excel einliest. Abbildung 7.11 zeigt eine solche Excel-Auswertung mit je Sprache addierten Besuchszahlen.

ISO-Sprache	Besuche	Sprache aggregiert	Besuche aggregiert	Anteil
de	165107	**Deutsch**	176140	88.74%
de; alexa	1			
de_de	2			
de-at	518			
de-ch	135			
de-de	10377			
en	1494	**Englisch**	**17435**	8.78%
en_gb	2			
en_us	443			
en-gb	306			
en-us	15190			
fr	2808	**Französisch**	2928	1.48%
fr-ch	1			
fr-fr	119			
übrige	1986	**Übrige**	1986	1.00%
Total			198489	

Abb. 7.11: Beispiel einer Aggregation der wichtigsten Sprachen in Microsoft Excel

In den am meisten verwendeten Sprachen sollte man natürlich dann auch seine Website-Inhalte anbieten. Als Richtwert beim Entscheid, ob die Website in eine zusätzliche Sprache übersetzt werden soll – was ja oft viel Aufwand bedeutet –, kann man sich an die 80/20-Regel halten. Für mindestens 80 Prozent der Besucher sollte dann die Website in ihrer eigenen Sprache verfügbar sein. Als international ausgerichtetes Unternehmen ist die Frage, ob man eine englische Sprachversion anbietet, allerdings eher ein Kommunikationsentscheid als eine Abstimmung auf die Besucherbedürfnisse.

7.6.3 Was es zu beachten gilt

Gerade bei der vom Benutzer gewählten Browsersprache gilt es einige Feinheiten zu beachten. So bedeutet die gewählte Browsersprache hauptsächlich, dass der Benutzer diese Sprache zwar versteht, jedoch nicht zwingend gut spricht. Die eigentliche Muttersprache kann also eine ganz andere sein. Gerade in internationalen Unternehmen ist es nämlich gebräuchlich, dass weltweit alle Arbeitsplätze mit englischem Betriebssystem und Browser eingerichtet werden. Diese erscheinen dann in den Auswertungen als englischsprachig, selbst wenn der einzelne Benutzer Englisch vielleicht nur mit Mühe versteht.

Bevor man sich deshalb aufgrund der gewählten Browsersprache entscheidet, ein Webangebot zu übersetzen, sollte man noch ein paar weitere Nachforschungen betreiben. Dazu zählt zum Beispiel, zu schauen, wie lange die Besucher einer nicht unterstützten Sprache auf der Website verweilen und wie viele Seiten sie sich anschauen. Kurze Verweildauer und Verlassen der Website nach Betrachtung einer einzelnen Seite lassen darauf schließen, dass die Besucher den Inhalt effektiv nicht verstehen.

7.7 Geschlecht und Altersgruppe

Wann immer man versucht, sich einen Besucher etwas genauer vorzustellen, spielen Geschlecht und Alter eine tragende Rolle. Auch im Marketing werden häufig diese beiden Dimensionen herangezogen, um Zielgruppen grob zu umreißen.

7.7.1 Was gemessen werden kann

Nun steckt leider das Alter und Geschlecht eines Besuchers nicht irgendwo in einer Browsereinstellung drin – und auch mittels der IP-Adresse lässt sich dieses natürlich nicht eruieren. Die einzige Möglichkeit, an solche Daten zu gelangen, ist, wenn dies ein Besucher explizit preisgibt. Die reellsten Chancen, um daran zu gelangen, hat man, wenn sich ein Benutzer für einen Dienst anmeldet oder eine Bestellung vornimmt. Bei der Registrierung oder Eingabe von Adressdetails ist der Benutzer noch am ehesten bereit, auch weitere persönliche Angaben preiszugeben. Auf keinen Fall sollte man aber solche Eingaben als Pflichtfelder definieren, die zwingend erfasst werden müssen. Die Gefahr, dass sich aufgrund solch detaillierter Angaben ein Benutzer zu stark bedrängt fühlt und deswegen die Registrierung oder Bestellung abbricht, ist beträchtlich und die gesammelten Daten kaum wert.

Auf solche Art und Weise ist es also grundsätzlich möglich, an Alters- und Geschlechtsprofile von Besuchern zu gelangen. Die meisten Web-Analytics-Systeme unterstützen dies, indem abhängig von der Benutzereingabe bei der Registrierung Alters- und Geschlechtswerte an das System übergeben werden können. Allerdings braucht man dafür auf jeden Fall eine technische Anpassung auf der Website, da dies nicht mit der Standard-Implementation eines Web-Analytics-Systems erfolgt. Zudem muss man sich bewusst sein, dass so nur ein kleiner Teil der Website-Besucher erfasst werden – nämlich jene, die sich zu einer Registrierung oder einem Kauf entschieden haben. Der größere und für die Analyse auch spannendere Teil jener Besucher, die sich nicht anmelden, bleibt im Dunkeln.

Nun kommt noch hinzu, dass wohl die wenigsten Websites überhaupt eine Online-Bestellung oder Anmeldung vorsehen. Für eine normale Corporate oder

Branding-Website ist dies nämlich schlicht kein Anwendungsfall. All diese Websites müssten ohne Profildaten auskommen, wenn es da nicht noch einen spannenden Dienst von Microsoft gäbe.

Im Umfeld des Microsoft adCenters – Microsofts Plattform zur Verwaltung von Suchanzeigen – bietet Microsoft die Nutzungsauswertung von Suchmaschinen-Keywords und Websites nach Geschlecht und Altersgruppe an. Konkret lässt sich wie in Abbildung 7.12 dargestellt für eine beliebige Website eine Kurzanalyse der Alters- und Geschlechtsverteilung der Besucher fahren. Für `www.douglas.de` zum Beispiel vermutet Microsoft so rund 60 Prozent weibliche Besucher, vorwiegend im Alter zwischen 25 und 34 Jahren – zumindest eine plausible Angabe. Die Abfrage ist unter `http://adlab.microsoft.com/Demographics-Prediction/DPUI.aspx` zugänglich.

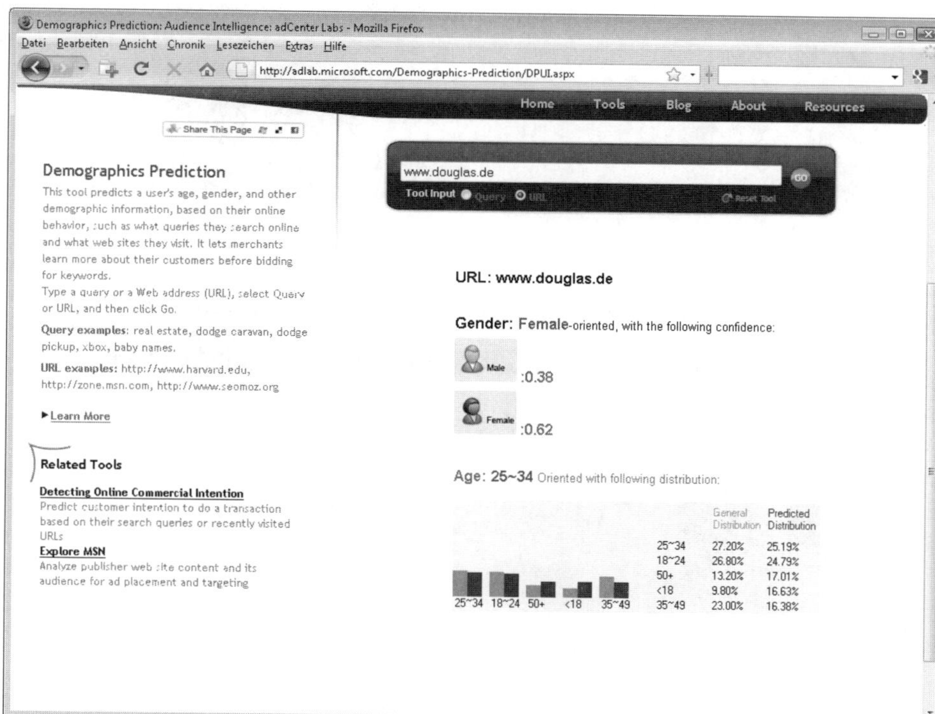

Abb. 7.12: Auf `douglas.de` werden vorwiegend Frauen zwischen 25 und 34 Jahren vermutet.

»Wie kann Microsoft das wissen?«, lautet da die wohl häufigste Frage und schürt wieder mal den Verdacht, dass Microsoft die Windows-Benutzer ausspioniert. Dem ist allerdings nicht so, denn die Besucherprofile basieren auf Daten von Microsofts Hotmail, Messenger und anderen personalisierten Online-Diensten. Wer sich für solche Dienste anmeldet, muss bei der Registrierung einige persönliche Daten angeben, unter anderem Geburtsjahr und Geschlecht. Registrierte Benutzer werden anschließend auf msn.com, der Suchmaschine von Microsoft, über ein Cookie wiedererkannt. Sobald ein registrierter Benutzer eine Suche auf msn.com ausführt oder auf eine Treffer-URL klickt, kann Microsoft dies einem registrierten Benutzer und somit Altersgruppe und Geschlecht zuordnen.

Noch detaillierter einsetzen können diese Angaben Nutzer von Yahoos Analytics-Lösung »Yahoo! Web Analytics« (siehe Abbildung 7.13). Wer seine Website damit trackt, kann gar Website-Inhalte nach Alter und Geschlecht segmentieren. So könnte man beispielsweise erkennen, welche Website-Inhalte für welche Altersgruppe besonders interessant sind.

Abb. 7.13: Geschlecht, Alter und Interessen von Besuchern in Yahoo! Web Analytics

7.7.2 Wie Sie es nutzen sollten

Wenn man seine Produkte oder Dienstleistungen online vermarktet, hat man ja meist eine Vorstellung davon, an welche Zielgruppe man sich wenden will. Zumindest sollte die Gestaltung einer Website oder Online-Kampagne ja unterschiedlich ausfallen, je nachdem ob man damit zum Beispiel Teenager oder Frauen im mittleren Alter ansprechen möchte.

Alters- und Geschlechtsangaben von Website-Besuchern sollte man deshalb gelegentlich nutzen, um sie mit den Zielgruppen zu vergleichen, die man eigentlich ansprechen möchte. Stimmen Soll und Ist nicht überein, muss man sich der Frage stellen, ob die Kampagne oder die Website an den Vorstellungen der Zielgruppe vorbei erstellt wurde. Gerade bei Kampagnen kann man aus der Demografie-Aufschlüsselung des resultierenden Traffics viel darüber lernen, von welchem Stil und welcher Botschaft welche Altersgruppen oder welches Geschlecht besonders angesprochen werden.

Hat man keine klare Ausrichtung seiner Produkte oder Dienstleistungen auf eine bestimmte Altersgruppe, dann hilft nur die Detailanalyse von einzelnen Inhalten auf die Nutzung durch entsprechende Altersgruppen. Auf diese Weise kann man allenfalls herausfinden, welche Teilbereiche der Website die unterschiedlichen Altersgruppen ansprechen.

Neben der Analyse der eigenen Website sollte man gelegentlich auch jene der Konkurrenz analysieren. Spricht die Konkurrenz ein ganz anderes Profil an, dann stellt sich berechtigterweise die Frage, ob man selbst online richtig positioniert ist.

7.7.3 Was es zu beachten gilt

Nutzt man externe Dienste wie das Microsoft adCenter für die Analyse von Altersgruppen und Geschlecht, lässt sich relativ schlecht beurteilen, wie gut die Qualität der darunter liegenden Daten ist. Gerade bei Diensten wie Microsoft Hotmail oder Messenger kann es gut sein, dass die genötigten Benutzer die Pflichtfelder zu Geschlecht und Geburtsjahr auch mit Fantasiezahlen ausfüllen. Optionale Felder würden hier eine bessere Datenqualität liefern. Schließlich hängt von dieser Datenqualität ab, wie gut die Aussagen zur demografischen Nutzung einer Website sind. Sie mögen sich an die IT-Weisheit »Garbage in – garbage out« aus Kapitel 2 bestimmt noch erinnern. Um ein Bauchgefühl für die altersmäßige und geschlechtliche Zusammensetzung der Besucher zu bekommen, reicht die Qualität aber auf jeden Fall aus. Seine Zielgruppenstrategie sollte man hingegen nicht gerade darauf aufbauen.

Damit die Daten aus dem Microsoft adCenter einigermaßen aussagekräftig sind, muss es sich überdies bei der betrachteten Website um eine einigermaßen populäre handeln. Je stärker besucht eine Website ist, desto genauer wird die Aussage zur Demografie. Bei selten besuchten Websites ist die Datenmenge hingegen zu klein, um daraus sinnvolle Schlüsse ziehen zu können.

7.8 Browser, Bildschirmgröße und weitere technische Eigenschaften

Um es gleich vorwegzunehmen: Informationen zu technischen Eigenschaften wie genutzte Browser, Verbindungsgeschwindigkeiten und eingesetzte Bildschirmgröße bringen kaum etwas in der laufenden Optimierung eines Webangebots. Die

Auswertungen dazu in den Web-Analytics-Systemen existieren hauptsächlich deshalb, weil man's halt messen kann – und nicht, weil es fundamental nützlich wäre. Nur in größeren Abständen bietet es sich an zu vergleichen, ob die technischen Voraussetzungen, unter der eine Website ursprünglich konstruiert wurde, noch mit den aktuellen Eigenschaften der Besucher übereinstimmen.

7.8.1 Was gemessen werden kann

Mittels clientseitigem Page Tagging können zahlreiche technische Eigenschaften des Computers sowie Benutzereinstellungen im Browser ausgelesen werden. Zu den gebräuchlichsten gehören:

- **Eingesetzter Browser:** Welchen Browser in welcher Version verwendet der Besucher?
- **Eingesetztes Betriebssystem:** Welches Betriebssystem in welcher Version nutzt der Besucher?
- **Bildschirmauflösung und Anzahl Farben:** Welche Auflösung und Farbtiefe unterstützt der Bildschirm des Benutzers?
- **Browserfenstergröße:** Wie groß ist das Browserfenster, in dem der Besucher die Website betrachtet? Da bei großen Bildschirmen das Fenster häufig nicht den gesamten Bildschirm ausfüllt, ist diese Information noch interessant.
- **Flash-Plug-in:** Unterstützt der Browser des Besuchers Flash, und wenn ja, in welcher Version?
- **Java-Plug-in:** Unterstützt der Browser des Besuchers Java-Applets?
- **JavaScript:** Unterstützt der Browser des Besuchers JavaScript?
- **Cookies:** Unterstützt der Browser des Besuchers Cookies?
- **Verbindungsgeschwindigkeit:** Verfügen die Besucher über eine schnelle DSL-Leitung oder noch über eine langsame Analog-Verbindung?
- **Netzwerk-Name:** Wie heißt der Besitzer der IP-Adresse oder der Provider (Internet Service Provider oder Unternehmensname)?

Ob und inwieweit eine Website verschiedene Betriebssystem- und Browserkombinationen unterstützen soll, ist ein häufiger Diskussionspunkt. Sollen nun Macintosh-Besucher auch eine sauber gestaltete Website auffinden, auch wenn sie vielleicht nur fünf Prozent aller Besucher ausmachen? Wie ist mit alternativen Browsern wie Firefox und Safari zu verfahren? Wie ist mit älteren Versionen von Browsern zu verfahren – soll zum Beispiel der Internet Explorer 5.5 noch unterstützt werden? Schließlich gibt es Dutzende Kombinationen von Betriebssystemen und Browsern in den verschiedenen Versionen. Auf all diese Kombinationen zu optimieren und die Website zu testen lohnt sich kaum, der Aufwand wäre enorm.

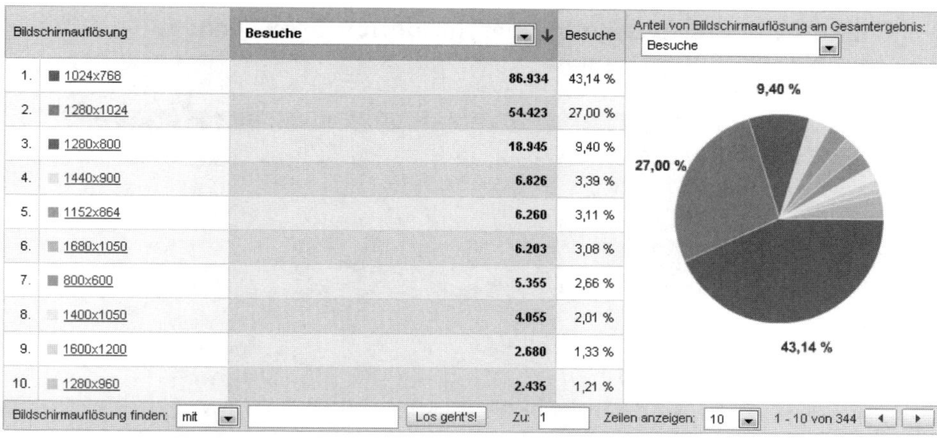

	Bildschirmauflösung	Besuche	Besuche
1.	1024x768	86.934	43,14 %
2.	1280x1024	54.423	27,00 %
3.	1280x800	18.945	9,40 %
4.	1440x900	6.826	3,39 %
5.	1152x864	6.260	3,11 %
6.	1680x1050	6.203	3,08 %
7.	800x600	5.355	2,66 %
8.	1400x1050	4.055	2,01 %
9.	1600x1200	2.680	1,33 %
10.	1280x960	2.435	1,21 %

Abb. 7.14: Verwendete Bildschirmauflösungen beim Website-Besuch

Stattdessen muss man sich auf einen Prozentsatz an Besuchern festlegen, die man mindestens bedienen will. Dies kann zum Beispiel der 80/20-Regel folgend sein, so dass man jene Betriebssystem/Browser-Kombinationen unterstützt, die von mindestens 80 Prozent der Besucher eingesetzt werden. Wer's besser machen und mehr Aufwand in die Optimierung investieren will, nimmt den 90-Prozent-Satz als Grenze, um die zu unterstützenden Varianten abzuleiten. Auswertungen in Web-Analytics-Systemen können so eine Entscheidungsgrundlage liefern, welche Kombinationen zu unterstützen sind. Schließlich bleibt es aber ein individuelles Abwägen von Aufwand und Nutzen, das jeder für sich entscheiden muss.

Wenn man nach einem Relaunch die Website ständig erweitert und ändert, stellt sich zudem die Frage, ob technisch überhaupt noch die ursprünglich gesetzten Anforderungen erfüllt werden. Oder ob mittlerweile unbemerkt Funktionen implementiert wurden, die zum Beispiel mit älteren Browsern gar nicht korrekt ausgeführt oder dargestellt werden. Wenn man dann selbst schon mit neueren Browserversionen arbeitet, entgehen einem solche Fehler gerne.

Um diese potenziellen Fehlerquellen auszumerzen, kann man entweder ständig auf den verschiedenen Betriebssystem-und-Browser-Kombinationen testen – oder man versucht dies zu automatisieren. Eine interessante Anwendung diesbezüglich ist jene von `browsershots.org`. Bei diesem frei zugänglichen Dienst kann man angeben, von welchem System aus ein Screenshot der eigenen Website gemacht werden soll. Anschließend kann man komfortabel alle Screenshots durchgehen und auf eine korrekte Darstellung prüfen. Zumindest die groben Layout-Fehler lassen sich so mit minimalem Test-Aufwand herausfinden.

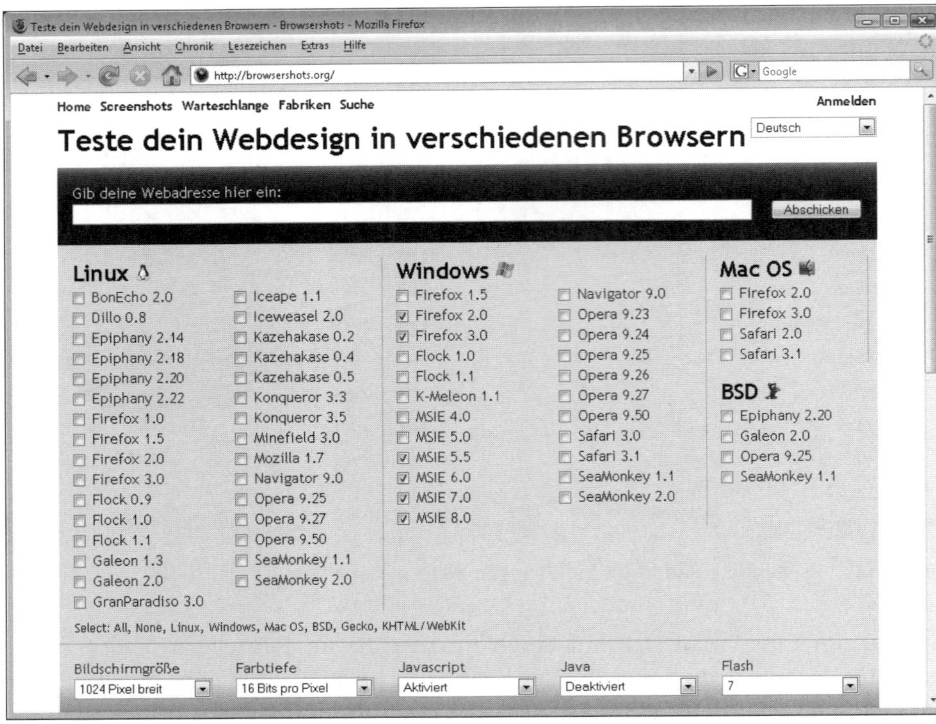

Abb. 7.15: Automatisierte Erstellung von Screenshots mit diversen Betriebssystem/Browser-Kombinationen bei browsershots.org

7.8.2 Wie Sie es nutzen sollten

Während man beim Website-Relaunch meist noch peinlich genau prüft, ob die Website den definierten technischen Voraussetzungen entspricht, geht dies im Betrieb gerne verloren. Dabei ändert sich das Umfeld aber ständig: Neue Browserversionen werden eingeführt, alte Bildschirme werden durch neue mit höherer Auflösung und besserer Farbunterstützung ersetzt, genutzte Flash-Versionen ändern sich. Eine zyklische Prüfung, ob die Website-Voraussetzungen noch mit jenen der Besucher kongruent sind, ist daher angebracht. Allerdings ist es meist ausreichend, wenn diese Prüfung quartalsweise oder halbjährlich erfolgt.

Am einfachsten führt man dabei die Website-Voraussetzungen, wie sie beim Relaunch definiert wurden, gemäß Tabelle 7.1 auf. Hat man dies beim Relaunch nicht gemacht, kann man sich natürlich auch nachträglich überlegen, was ein Besucher denn für technische Voraussetzungen braucht, damit die Website für ihn brauchbar ist.

Anschließend liest man den Erfüllungsgrad der Besucher aus den entsprechenden Auswertungen im Web-Analytics-System aus und trägt sie in der dritten Spalte der Tabelle ein. Die niedrigste Prozentzahl in der dritten Spalte definiert schließlich den Anteil an Benutzern, die maximal die Website sauber dargestellt sehen können. In der Folge braucht man insbesondere diese Eigenschaft, die den niedrigsten Prozentsatz an Besuchern erfüllt, genauer zu beobachten. Im nachstehendem Beispiel wäre die Unterstützung der benötigten Flash-Version die kritische Dimension.

Eigenschaft	Website-Voraussetzung	Erfüllungsgrad Besucher
Browser/Betriebssystem-Kombination	Windows XP/Internet Explorer 6 Windows XP/Firefox 2 oder höher	92,27 Prozent
Bildschirmauflösung	1024 × 768 oder höher	97,21 Prozent
Farbtiefe	16bit	99,79 Prozent
Flash	Version 8 oder höher	**88,51 Prozent**
Java	Nein	–
JavaScript	Ja	97,34 Prozent
Cookies	Ja	99,48 Prozent
Verbindungsgeschwindigkeit	ISDN oder höher	90,28 Prozent

Tabelle 7.1: Beispiel mit technischer Website-Voraussetzung und Erfüllungsgrad durch Besucher

Im gleichen Intervall, wie man den Erfüllungsgrad durch die Besucher überprüft, sollte man auch den Erfüllungsgrad der Website selbst checken. Tools wie jenes von `browsershots.org` helfen hier, Website-Veränderungen aufzudecken, die nicht mehr die selbst gesetzten Anforderungen erfüllen.

7.8.3 Was es zu beachten gilt

Um die aktuellen Systemeigenschaften von Besuchern abzufragen, ist es einerseits wichtig, dass man eine genügende Anzahl an Besuchern berücksichtigt. Ist die Anzahl zu klein, hat die Auswertung zu wenig Aussagekraft.

Auf der anderen Seite darf man auf der Zeitachse nicht zu weit zurückgehen, um auf eine hohe Anzahl berücksichtigter Besucher zu gelangen. Betrachtet man nämlich die Systemeigenschaften zum Beispiel über das ganze vergangene Jahr, dann sind die Daten zum Teil schon wieder veraltet. Denn Benutzer, die vor einem Jahr noch mit einer alten Browserversion surften, nutzen jetzt vielleicht eine aktuelle.

Entscheidend ist deshalb, ein gutes Mittelmaß zu finden. Maximal drei Monate oder 100.000 Besucher – je nachdem was eher eintrifft – dürfte ein solches Mittelmaß sein.

7.9 Bildung von Website-Nutzergruppen und Personas

Im Verlaufe dieses Kapitels haben wir einiges über die Besucher einer Website erfahren. Vom Geschlecht über Alter, Beruf, Wohnort und Besuchsverhalten konnten wir einiges darüber lernen, wer diese Besucher sind. Am einfachsten wäre es nun, aus all diesen Angaben einfach den typischen Durchschnittsbenutzer zu formen. Dies ist allerdings gefährlich, da ein Durchschnittsnutzer nicht die Vielfalt aller Nutzer widerspiegeln kann. Wenn man darauf basierend Schlüsse zieht, dann kann man sehr schnell komplett falsch liegen. Man stelle sich nur ein Kleidergeschäft vor, das genau nur auf den Durchschnittsnutzer ausgelegt wäre. Das Geschäft würde dann wohl nur Kleider für Frauen anbieten und zwar ausschließlich in der Durchschnitts-Konfektionsgröße 40. Einem solchen Geschäft dürfte wohl kaum eine lange Lebensdauer zuzuschreiben sein.

Um die reine Durchschnittsbetrachtung abzufedern, bilden wir deshalb mehrere Gruppen von typischen Nutzern, die unterschiedliche Positionen einnehmen. Dabei versuchen wir, mit den via Web Analytics gewonnenen Daten auszukommen. Da die Zusammenhänge zwischen den einzelnen gemessenen Eigenschaften fehlen, ist dieses Vorgehen nicht der Wahrheit letzter Schluss. Natürlich wäre es wesentlich genauer und fundierter, für eine solche Nutzergruppenbildung ein Marktforschungsinstitut zu beauftragen, das Umfragen bei einer großen Zahl von Website-Besuchern macht und statistisch auswertet. Die zusätzliche Präzision kostet aber einiges an Zeit und Geld, während man über Web-Analytics-Daten eine pragmatische Näherungslösung innerhalb kurzer Zeit bekommt. Für unsere Zwecke, nämlich ein Bild von den Besuchern der Website zu erhalten, reicht diese Näherungslösung zudem im Moment vollends aus.

Die Nutzergruppen werden wir ausgehend von den in diesem Kapitel gezeigten Beispielen aufbauen. Dabei gehen wir von den Eigenschaften aus, die am prägendsten sind für die einzelnen Gruppen. Für jede der Eigenschaften wählen wir so viele Attribute aus, bis in der Summe rund 80 Prozent der Besuchereigenschaften abgedeckt sind. Als Basis dienen somit folgende Werte:

Geschlecht	Weiblich	68 Prozent
	Männlich	32 Prozent
Altersgruppe	18–24	22,29 Prozent
	25–34	24,05 Prozent
	> 49	18,88 Prozent
	< 18	17,40 Prozent

Tabelle 7.2: Datenbasis für die Nutzergruppen-Bildung aus den Beispielen dieses Kapitels

Beruf	Studenten	29,45 Prozent
	Handwerker	24,66 Prozent
	Buchhalter	12,33 Prozent
	Lehrer	4,79 Prozent
Wohnort	Hessen	43,46 Prozent
	Nordrhein-Westfalen	14,09 Prozent
	Bayern	11,05 Prozent
	Berlin	6,33 Prozent
Sprache	Deutsch	86,42 Prozent
Websitebesuch	Erster Besuch	81,58 Prozent
	Zweiter Besuch	8,61 Prozent
Besucherloyalität, -frequenz und -aktualität	Bei Wiederbesuch	Alle 0,5 Tage, zum letzten Mal gestern
Technisches System	Windows/Internet Explorer	72,74 Prozent
	Windows/Firefox	19,53 Prozent
Internetanbindung	DSL	57,33 Prozent
	Kabel	19,28 Prozent
	Dial-Up	12,72 Prozent

Tabelle 7.2: Datenbasis für die Nutzergruppen-Bildung aus den Beispielen dieses Kapitels (Forts.)

Die einzelnen Eigenschaften verknüpfen wir nun nach bestem Wissen und Gewissen mit vier Nutzergruppen. Für jede dieser Gruppen definieren wir zudem einen typischen Vertreter, der aus dieser Gruppe stammt und noch mit einigen zusätzlichen Charaktereigenschaften und Namen versehen wird. Diese Personifizierung von Gruppen soll uns später helfen, uns besser in das Verhalten der Nutzer eindenken zu können. Im Ergebnis erhalten wir so die folgenden vier Vertreter:

	Franziska	Michelle	Petra	Kevin
Geschlecht	weiblich	weiblich	weiblich	männlich
Alter	27	23	53	17
Berufliche Tätigkeit	Studentin	Kaufm. Angestellte	Buchhalterin	Gymnasiast

Tabelle 7.3: Bildung von typischen Vertretern von Nutzergruppen der Website

	Franziska	Michelle	Petra	Kevin
Wohnort	Frankfurt am Main, Hessen	Köln, Nordrhein-Westfalen	München, Bayern	Berlin
Sprache	Deutsch	Deutsch	Deutsch	Deutsch
Besuchsverhalten	1. Besuch	1. Besuch	1. Besuch	2. Besuch, gestern zum 1. Mal
Technisches System	Windows und Internet Explorer	Windows und Internet Explorer	Windows und Internet Explorer	Windows und Firefox
Internetanbindung	DSL	DSL	Kabel	Dial-Up

Tabelle 7.3: Bildung von typischen Vertretern von Nutzergruppen der Website (Forts.)

Damit kann man sich doch schon um einiges besser vorstellen, welche Besucher sich auf der Website tummeln. Da wäre zum Beispiel Michelle aus Köln, kaufmännische Angestellte und 23 Jahre alt. Ihr PC verfügt über einen schnellen Internet-Zugang und sie ist damit heute zum ersten Mal auf unsere Website gelangt.

Natürlich gibt es diese Personen so nicht, es sind fiktive Charaktere. Sie stehen aber stellvertretend für Gruppen von Nutzern, die durchaus so realistisch sind. Im Prozess zur nutzerzentrierten Gestaltung von Anwendungen, dem User-Centered-Design, werden ähnlich gebildete Charaktere »Personas« genannt, wenngleich diese mehr auf Motivationen statt auf Eigenschaften fokussiert sind. Personas dienen dort dazu, Funktionen, Interaktionsmöglichkeiten und das visuelle Design auch von Websites auf die Bedürfnisse von Nutzern abzustimmen. Die Nutzung von Personas wurde mit dem Buch »The Inmates are Running the Asylum« von Alan Cooper erstmals populär gemacht und haben seither in breiter Front in den Gestaltungsprozess von Websites Einzug gehalten. Insbesondere für Websites, wo der Benutzer in das Zentrum der Betrachtungen gestellt wird, sind Personas kaum mehr wegzudenken.

Wir verwenden unsere Persona-ähnlichen Charaktere vorerst einmal dazu, um die Bedürfnisse von Besuchern auf der Website zu verstehen. Im Verlaufe der folgenden Kapitel werden wir unsere Charaktere noch um ihr typisches Verhalten und ihre individuellen Ziele ergänzen.

Kapitel 8

Besucherverhalten

Welche Typen von Besuchern mit welchen Eigenschaften sich auf unserer Website bewegen, wissen wir nun. Als Nächstes versuchen wir zu verstehen, wie sich diese während eines Besuchs auf unserer Website verhalten, was sie wollen, wie lange sie verweilen, wo sie klicken und was sie eigentlich suchen. Im Unterschied zu den im letzten Kapitel erläuterten Besuchereigenschaften kann das Verhalten eines Besuchers von Besuch zu Besuch variieren – die Eigenschaften hingegen bleiben auch über einen Besuch hinaus konstant.

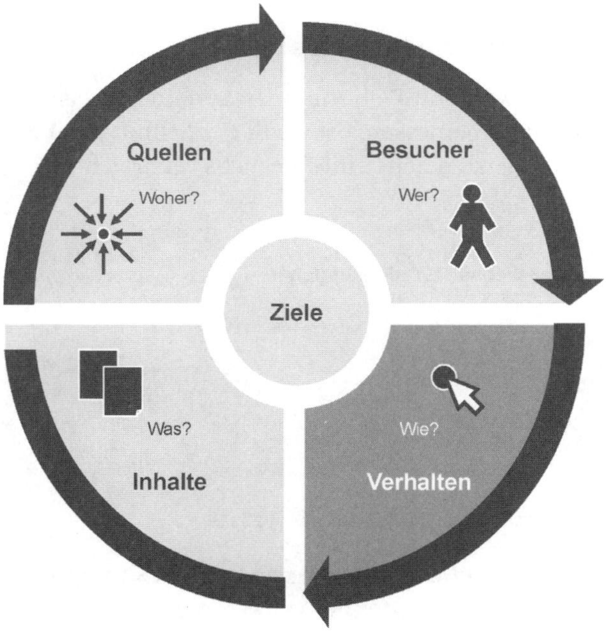

Abb. 8.1: Analyse des Verhaltens von Benutzern auf einer Website

Um das Besucherverhalten zu verstehen, würde man im Idealfall jeden einzelnen Besucher beobachten, sein Verhalten notieren und ihn über die Gründe seines Tuns befragen. Genau auf diese Weise geht man vor, wenn man in Usability-Labors Benutzer bei der Nutzung einer Website analysiert. Solche Tests mit einer Handvoll repräsentativer Website-Nutzer sind aber ziemlich zeit- und kostenintensiv, so dass man sie sich gerade mal in größeren Zeitabständen oder bei Redesigns leisten kann.

Mit Web-Analytics-Mitteln lässt sich jedoch auch einiges über das Verhalten von Benutzern herausfinden. Dazu nutzen wir Verhaltensmetriken und -tools, mit denen wir nicht einzelne Benutzer, sondern das Verhalten der Gesamtheit der Website-Besucher oder typischer Vertreter von Nutzergruppen während eines Besuchs analysieren.

8.1 Besuchsdauer

Eines der am einfachsten zu erkennenden und zu messenden Verhaltensmuster ist die Dauer, die ein Besucher auf einer Website verbringt. Die Verweildauer lässt sich dabei gewissermaßen als Interesse für eine Website interpretieren, denn welcher Besucher würde schon seine Zeit – nach dem Geld bald das wertvollste Gut – in etwas investieren, was ihn nicht interessiert?

8.1.1 Was gemessen werden kann

Bei der Besuchsdauer wird von Web-Analytics-Systemen meist die durchschnittliche Dauer eines Besuchs gemessen, das heißt der Schnitt jener Zeit, die zwischen Aufruf der ersten und letzten Seite eines Besuchs verstreicht.

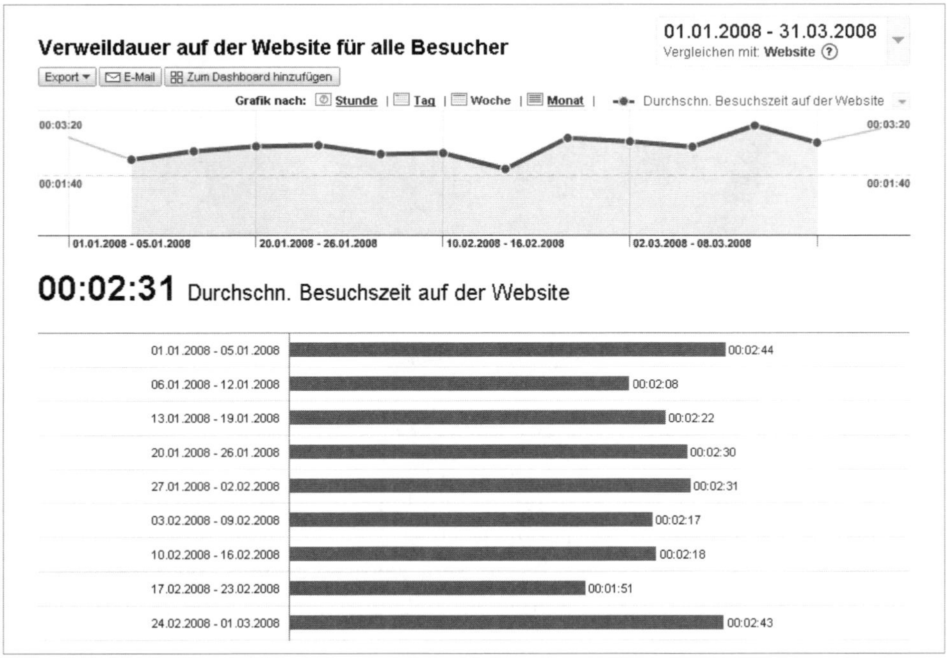

Abb. 8.2: Durchschnittliche Besuchsdauer über drei Monate und wöchentlich betrachtet

In der aggregierten Form wird die Auswertung die Besuchsdauer über die gesamte Site angeben. Diese Metrik kann man als grundsätzliches Interesse für Inhalte oder Themen der Website deuten. Abbildung 8.2 zeigt einen solchen Durchschnittswert, der zudem noch nach Wochen segmentiert ist. Bei wöchentlich wechselnden Inhalten zum Beispiel auf Portalen lässt sich so erkennen, was Besucher als eher interessant empfanden und wodurch sie sich zum längeren Verweilen bewegen ließen.

Genauso interessant wie die websiteweite Besuchsdauer ist jedoch deren Betrachtung auf Seitenebene, was eine Aussage zur Attraktivität des Inhalts einer einzelnen Seite zulässt. Diese Untersuchungen werden im Zusammenhang mit den Inhaltsanalysen in Abschnitt 9.4 näher betrachtet.

Die Gefahr bei einem Durchschnittswert ist stets, dass er nichts über die Verteilung aussagt. Wenn die durchschnittliche Besuchsdauer zum Beispiel zwei Minuten beträgt, dann muss dies nicht heißen, dass die meisten Besuche ungefähr zwei Minuten lang waren. Genauso könnte die eine Hälfte der Besucher nur zehn Sekunden, die andere Hälfte dafür 3:50 Minuten auf der Website verbracht haben. Wenn ein Web-Analytics-System solche Verteilungen auswertet und zum Beispiel wie in Abbildung 8.3 darstellt, sollte man diese konsultieren, um ein Gefühl dafür zu bekommen, wie sich die durchschnittliche Besuchsdauer zusammensetzt.

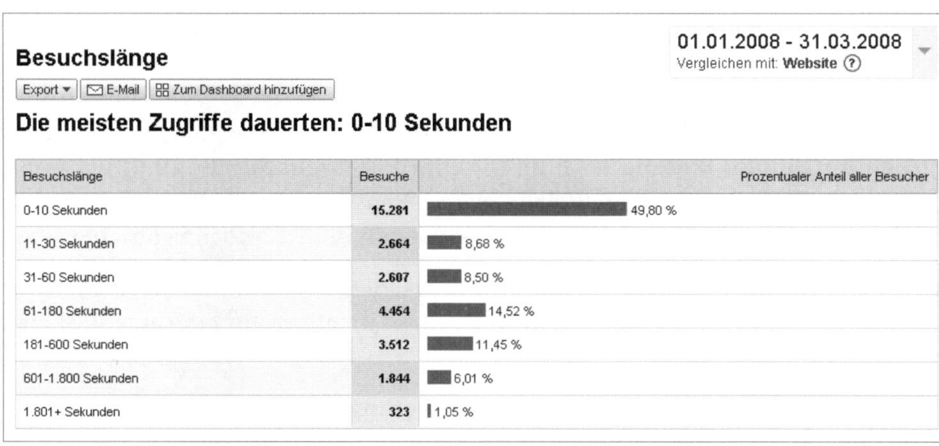

Besuchslänge	Besuche	Prozentualer Anteil aller Besucher
0-10 Sekunden	15.281	49,80 %
11-30 Sekunden	2.664	8,68 %
31-60 Sekunden	2.607	8,50 %
61-180 Sekunden	4.454	14,52 %
181-600 Sekunden	3.512	11,45 %
601-1.800 Sekunden	1.844	6,01 %
1.801+ Sekunden	323	1,05 %

Abb. 8.3: Verteilung der verschiedenen Besuchslängen

8.1.2 Wie Sie es nutzen sollten

Was nun genau ein guter und was ein schlechter Wert für die Besuchsdauer ist, lässt sich nicht so einfach beurteilen. Eine lange Besuchsdauer kann nämlich nicht nur Interesse bedeuten, sondern im Einzelfall auch heißen, dass gesuchte Inhalte gar nicht gefunden werden bzw. Besucher viel Zeit für die Auffindung und

Orientierung aufwenden. So betrachtet, ist eine lange Besuchsdauer kein Qualitätskriterium.

Schließlich hängt es auch stark vom Ziel und Inhalt einer Website ab, was nun als guter Wert bezeichnet werden kann. Auf einer News-Website sollte die Verweildauer relativ hoch sein, da im Idealfall möglichst viele Beiträge auch studiert werden. Gleiches gilt für eine Shopping-Site, wo sich Besucher über Produkte informieren. Bei einer normalen Unternehmenswebsite dagegen, wo Besucher vielleicht nur nach bestimmten Informationen wie der Mitarbeiterzahl suchen, wird die durchschnittliche Verweildauer tendenziell niedriger ausfallen – und kann dennoch als gut gewertet werden.

Um für eine Website jene Schwelle herauszufinden, die einen guten Wert für die Besuchsdauer darstellt, kann man wie folgt vorgehen:

- Überlegen Sie sich die verschiedenen Motivationen, durch die Besucher auf Ihre Website gelangen könnten. Dies könnte zum Beispiel »Ausgeschriebene Stellen prüfen«, »Unternehmenskennzahlen und Investitionsmöglichkeiten klären« oder »Produkt kaufen« sein. Als Unterstützung, um solche Motivationen zu erahnen, kann das Hineinversetzen in Persona-ähnliche Charaktere, wie wir sie in Abschnitt 7.9 definiert haben, wertvolle Dienste leisten.
- Schätzen Sie anschließend, wie viel Zeit ein Website-Besucher auf Ihrer Website mindestens benötigt, um eine solche Aufgabe zu erfüllen. Hierzu klickt man sich am besten mit gezückter Stoppuhr von der Homepage oder einer typischen Einstiegsseite bis zum Ziel durch. Denken Sie beim Durchspielen aber daran, dass es sich bei Ihren Besuchern im Normalfall um solche handelt, die den Aufbau der Website noch nicht kennen. Realistischer ist es daher, wenn man einen Kollegen oder gar einen echten Benutzer, der die Website nicht wie die eigene Hosentasche kennt, beim Erfüllen dieser Aufgaben beobachtet.
- Wenn Sie nun den Durchschnitt der geschätzten Zeitaufwände für die jeweiligen Aufgaben nehmen, dann haben Sie einen Richtwert für eine gute Besuchsdauer Ihrer Website.

Natürlich handelt es sich dabei um ein Näherungsverfahren, das zum Beispiel nicht berücksichtigt, ob ein Besucher auf der Homepage einsteigt oder über einen Suchmaschinen-Treffer direkt auf einer Unterseite landet. Als erster Anhaltspunkt, den man durchaus auch nach eigenem Gefühl und Zielvorstellungen anpassen soll, verrichtet er allerdings nützliche Dienste.

Falls es Ihr Web-Analytics-System erlaubt, sollten Sie nun nicht nur den websiteweiten Durchschnittswert beobachten, sondern die Verteilung der einzelnen Besuchszeiten. Hierzu empfiehlt es sich, die Besuchsdauer in drei Gruppen zu teilen, nämlich:

- Uninteressierte Besuche: Besuchsdauer < 75 Prozent des Richtwerts
- Interessierte Besuche: Besuchsdauer 75 bis 125 Prozent des Richtwerts
- Engagierte Besuche: Besuchsdauer > 125 Prozent des Richtwerts

Angenommen, wir hätten vorher den Richtwert für eine gute Besuchsdauer auf zwei Minuten geschätzt, dann wären nun alle Besuche zwischen eineinhalb und zweieinhalb Minuten als interessiert zu bezeichnen. Wenn ein Web-Analytics-System die so berechneten Schwellen in der Auswertung nicht unterstützt, wie zum Beispiel in Abbildung 8.3 der Fall, wählt man notgedrungen die nächstmögliche Auswertungsschwelle. Derart erhält man für unser Beispiel folgende Verteilung des Besuchsinteresses:

- 66,97 Prozent uninteressierte Besuche
- 14,52 Prozent interessierte Besuche
- 18,51 Prozent engagierte Besuche

Die Verteilung von interessierten und engagierten Besuchen sollte man anschließend regelmäßig auf größere Veränderungen überwachen. Insbesondere nach irgendwelchen Website-Änderungen oder Kampagnen ist der Anteil interessierter Besuche ein guter Indikator dafür, wie diese bei den Besuchern aufgenommen wird. Lanciert man beispielsweise eine umfassende Online-Kampagne und bleibt der Anteil interessierter Besuche einigermaßen konstant, dann spricht dies für die Qualität der Kampagne. Im Normalfall wird der Anteil eher abnehmen, da Kampagnenbesucher tendenziell eine geringere Motivation aufweisen als zum Beispiel Besucher, die über Direkteingabe der URL auf die Website gelangten.

8.1.3 Was es zu beachten gilt

Wenn einem das Web-Analytics-System einen hohen Anteil uninteressierter Besucher bzw. Besucher mit einer Besuchsdauer von null Sekunden ausgibt, dann braucht Sie das nicht weiter zu beschäftigen. Dies liegt nämlich an der Messproblematik, wie Sie sie in Abschnitt 5.4 kennen gelernt haben. Eine Website und damit auch das Web-Analytics-System weiß nie genau, wann ein Besuch eines Benutzers nun wirklich abgeschlossen ist. Deshalb kann die Betrachtungsdauer der letzten Seite eines Besuchs nicht gemessen werden. Auf die Besuchsdauer hat dies zweierlei Einflüsse:

- Wenn ein Besucher bei einem Besuch nur eine Seite betrachtet, dann ist die Besuchsdauer unbekannt. Die meisten Systeme werten die Dauer dann als 0 Sekunden aus, was sich in dem hohen Anteil uninteressierter Besucher niederschlägt.

- Wenn die 0 Sekunden für Einzelzugriffe mit in die Berechnung für die durchschnittliche Besuchsdauer einbezogen werden, dann zieht dies unter Umständen den Schnitt erheblich nach unten. Auch die fehlende Betrachtungsdauer der letzten Seite führt dazu, dass eine kürzere Besuchsdauer gemessen wird, als dies effektiv der Fall ist.

Da Web-Analytics-Systeme unterschiedlich mit dieser Thematik umgehen, können die berechneten Besuchszeiten von System zu System variieren. Am besten fragt man seinen Systemhersteller, welchen Einfluss die Betrachtungsdauer der letzten Seite auf den angegebenen Durchschnittswert hat.

Besonders betroffen von dieser Problematik sind übrigens Weblogs. Bei Blogs ist es praktisch der Normalfall, dass lediglich eine Seite betrachtet wird. Denn der durchschnittliche Benutzer sieht neue Blog-Posts in seinem RSS-Reader und besucht dann genau die eine Seite mit dem Post, um den Eintrag zu lesen. Die Metrik der Besuchsdauer hat bei Blogs deshalb praktisch keine Aussagekraft. Auf gehaltvollere Metriken wird stattdessen später in Abschnitt 10.2 eingegangen.

8.2 Besuchstiefe

Die Besuchstiefe (Depth) gibt an, wie viele Seiten bei einem Besuch betrachtet werden. Ähnlich wie die Besuchsdauer spiegelt die Besuchstiefe das Interesse an einer Website wider, wenngleich die Tiefe dafür nicht ganz so aussagekräftig ist wie die Zeit.

8.2.1 Was gemessen werden kann

Auf der obersten Ebene der Betrachtungen lässt sich als erster Indikator die durchschnittliche Anzahl betrachteter Seiten pro Besuch auswerten. Für die Berechnung dieser Zahl werden schlicht alle Seitenaufrufe innerhalb eines Zeitraumes durch alle Besuche im selben Zeitraum geteilt. Abbildung 8.4 zeigt solche Durchschnittswerte, denen als Betrachtungszeitraum jeweils eine Woche zugrunde liegt. Über mehrere Wochen hinweg betrachtet lässt sich so der Schnitt im Zusammenhang mit Inhaltsänderungen auf der Website vergleichen.

Die durchschnittliche Besuchstiefe vermittelt einen Eindruck dafür, wie man es schafft, Besucher auf der Website zu halten. Eine hohe Zahl betrachteter Seiten je Besuch kann daher als positiv eingestuft werden. Die sinnvolle Platzierung von Teasern und eine konkludente Navigation helfen dabei meist bei der Steigerung der durchschnittlich betrachteten Seiten. Je nach Geschäftsmodell ist es zudem ein wichtiges Websiteziel, diese Zahl zu steigern: Bei Portalen oder Websites, die ihr Geld mit der Anzeige von Bannern verdienen, führt jeder Seitenaufruf zu einer weiteren Werbeeinblendung und damit zu barem Geld.

Auch bei der durchschnittlichen Anzahl Seitenaufrufe hilft insbesondere die Betrachtung im Zeitverlauf, um Ausreißer zu erkennen. Im Beispiel in Abbildung 8.4 wurde im Verlauf von mehreren Wochen ein schleichender Rückgang der durchschnittlichen Seitenzahlen von rund fünf auf drei Seiten festgestellt (untere feine Linie in der Grafik). Davon aufgeweckt, brachte eine genauere Analyse ziemliche Performance-Probleme mit der Website zum Vorschein. Das Laden einer Seite dauerte teilweise bis zu zehn Sekunden. Also Folge davon brachen offensichtlich Besucher nach wenigen Seiten den Besuch ab. Nach Behebung des Problems stiegen die durchschnittlichen Seitenzugriffe sprunghaft wieder auf das normale Niveau an (rechtes Ende der feinen Linie in der Grafik).

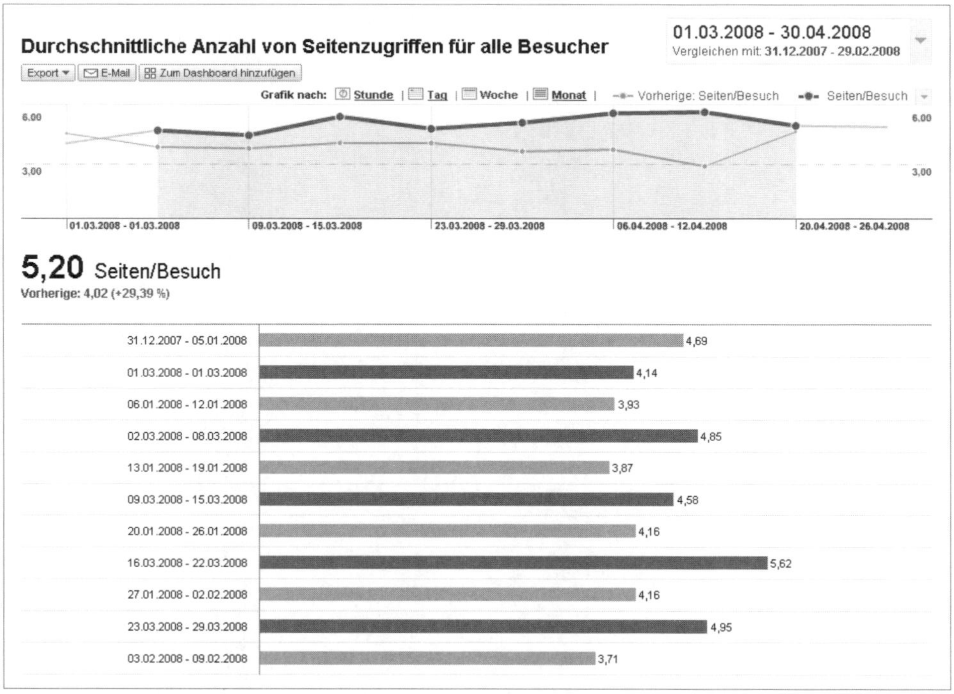

Abb. 8.4: Durchschnittliche Anzahl Seiten je Besuch mit getrendeter Ansicht im Graphen

Wie bei der Besuchsdauer sagt eine durchschnittliche Besuchstiefe von fünf Seiten nicht aus, dass die meisten Besucher fünf Seiten betrachten. Vielmehr kann die Verteilung ganz anders aussehen, wie Abbildung 8.5 illustriert. Ein beträchtlicher Prozentsatz an hoch engagierten Besuchern mit über 20 betrachteten Seiten je Besuch zieht in dem Fall den Schnitt stark nach oben. Währenddessen umfassten die meisten Besuche nur eine Seite.

Der Anteil an Besuchen, die nur eine Seite umfassten, ist zudem für sich selbst eine interessante Kennzahl: die Absprungrate. Die websiteweite Absprungrate wird dabei häufig als eigenständige Auswertung behandelt, wie in Abbildung 8.6 dargestellt.

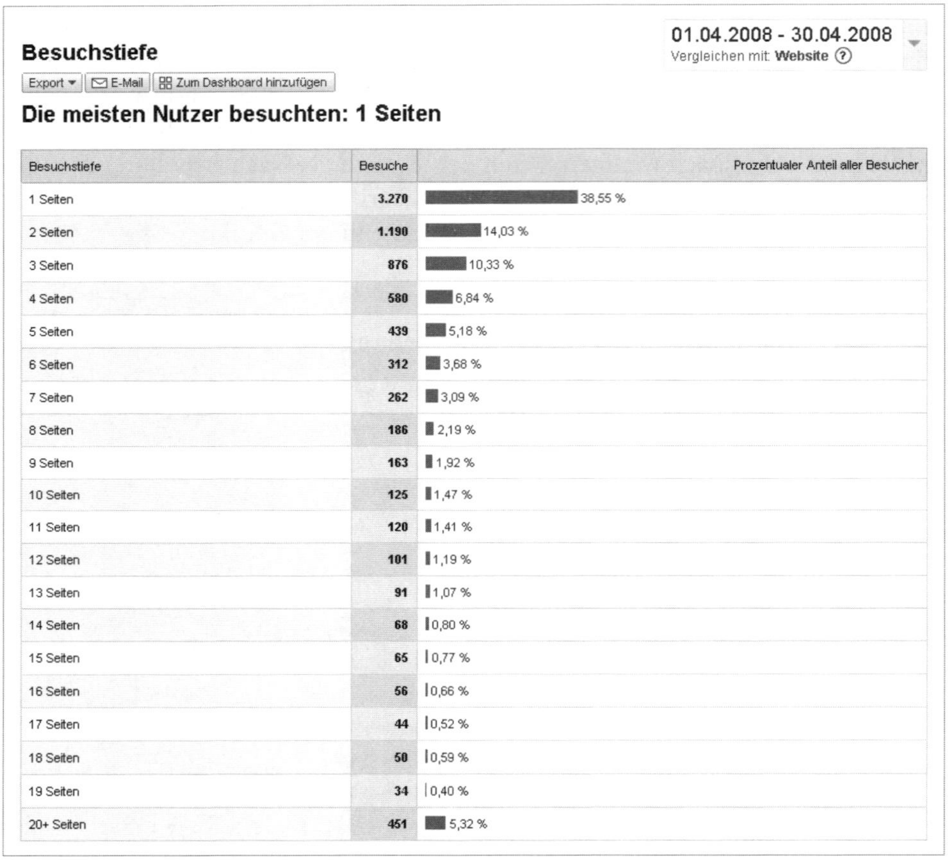

Besuchstiefe

01.04.2008 - 30.04.2008
Vergleichen mit: **Website**

Export ▾ | E-Mail | Zum Dashboard hinzufügen

Die meisten Nutzer besuchten: 1 Seiten

Besuchstiefe	Besuche	Prozentualer Anteil aller Besucher
1 Seiten	3.270	38,55 %
2 Seiten	1.190	14,03 %
3 Seiten	876	10,33 %
4 Seiten	580	6,84 %
5 Seiten	439	5,18 %
6 Seiten	312	3,68 %
7 Seiten	262	3,09 %
8 Seiten	186	2,19 %
9 Seiten	163	1,92 %
10 Seiten	125	1,47 %
11 Seiten	120	1,41 %
12 Seiten	101	1,19 %
13 Seiten	91	1,07 %
14 Seiten	68	0,80 %
15 Seiten	65	0,77 %
16 Seiten	56	0,66 %
17 Seiten	44	0,52 %
18 Seiten	50	0,59 %
19 Seiten	34	0,40 %
20+ Seiten	451	5,32 %

Abb. 8.5: Verteilung der je Besuch betrachteter Anzahl Seiten

Besuche, die nach nur einem Seitenaufruf schon wieder beendet sind, haben meistens folgende Ursache: Besucher haben nicht das auf der Website vorgefunden, was sie bei Betrachtung eines Banners, in den Suchmaschinentrefferlisten oder bei der Eingabe der URL erwartet haben. Gerade bei Kampagnen oder nach Suchmaschinen-Optimierungsmaßnahmen sollte man die Absprungrate deshalb genauer im Blickfeld haben. Dass diese bei Kampagnen steigt, liegt in der Natur der Sache. Falls sich der Anstieg im Vergleich zu anderen Kampagnen erheblich unterscheidet, dann stimmt aber offensichtlich das Angebot der Website nicht mit der in der Werbung vermittelten Botschaft überein.

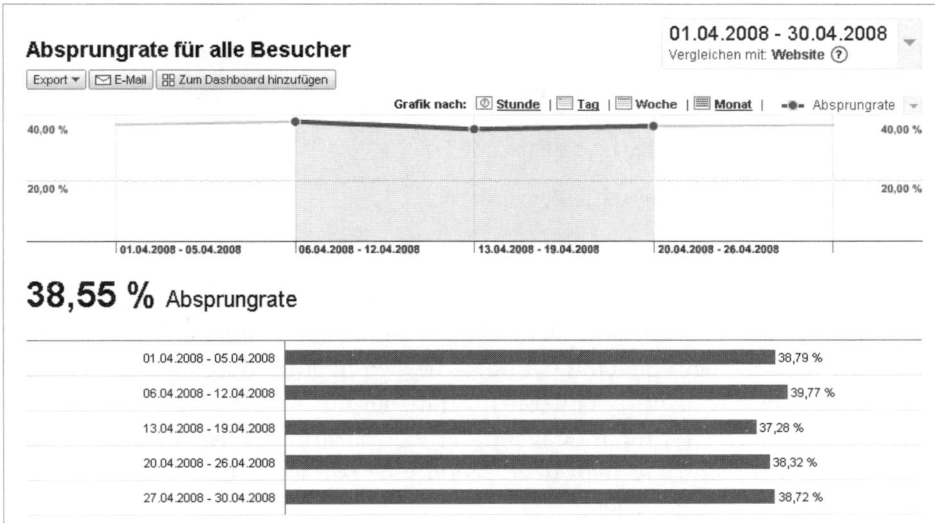

Abb. 8.6: Absprungrate oder das Verhältnis von Einzelseiten-Besuchen zu allen Besuchen

8.2.2 Wie Sie es nutzen sollten

Wie bei der Besuchsdauer sollten Sie auch bei der Besuchstiefe als Erstes die Hauptkennzahl, die Seitenzugriffe je Besuch, im Blickfeld haben. Um tiefere Einblicke zu haben, empfiehlt es sich dann, die Verteilung der Seitenaufrufe zu klären. Auch hier sollte man sich wieder an einem Richtwert orientieren, der individuell für die eigene Website eine gute Anzahl Seitenaufrufe definiert. Den Richtwert kann man analog der Beschreibung in Abschnitt 8.1.2 ausgehend von den vermuteten Besucheraufgaben ermitteln. Glaubt man zum Beispiel, dass ein Besucher mindestens über fünf Seiten gehen muss, bis sein Ziel des Websitebesuchs erfüllt ist, dann wählt man fünf als Richtwert.

Anschließend kann man ausgehend vom Richtwert folgende Gruppierungen des Besucherverhaltens bilden:

- Einzelzugriffe bzw. Absprungrate: Besuche mit nur einem Seitenaufruf
- Oberflächliche Besuche: Besuche mit wenig Seitenaufrufen
- Zielorientierte Besuche: Besuche mit einer Seitenaufruf-Zahl, die sich um +/- 2 Seiten rund um den Richtwert bewegt
- Intensive Besuche: Besuche mit Seitenaufrufen ab drei Seiten über dem Richtwert

Damit hat man alles Wichtige im Blickfeld: Die Absprungrate, der Anteil Besuche, die im optimalen Bereich liegen, und die Intensivbesuche, bei denen die Website das Besucherbedürfnis maximal trifft.

Für das Beispiel aus Abbildung 8.5 mit einem Richtwert von fünf Seiten würde eine solche Auswertung folgendermaßen aussehen:

- Einzelzugriffe/Absprungrate: 38,55 Prozent
- Oberflächliche Besuche: 14,03 Prozent
- Zielorientierte Besuche: 29,1 Prozent
- Intensive Besuche: 18,32 Prozent

Das Ziel muss es nun natürlich sein, als Erstes einen möglichst niedrigen Wert für die Einzelzugriffe zu erreichen. Wenn sich dieser zwischen einem Drittel und der Hälfte der Besuche bewegt, dann befinden Sie sich in guter Gesellschaft mit anderen, erfolgreichen Websites. Schließlich zählt aber der Anteil zielorientierter und intensiver Besucher fast mehr. Machen diese zusammen mindestens ein Drittel der Besuche aus, dann hat man doch schon eine beträchtliche Nutzerschaft mit seinem Angebot angesprochen.

8.2.3 Was es zu beachten gilt

Der Richtwert für die Anzahl Seitenaufrufe eines Besuchers von der Homepage bis zu seiner Zielseite basiert natürlich auf einem Idealfall. Viele Besucher werden ja nicht auf der Homepage starten, sondern über Suchmaschinen-Treffer direkt auf Unterseiten einsteigen. Der Richtwert ist also nur mäßig fundiert und kann und soll nach eigenen Zielvorstellungen angepasst werden.

Wer es genauer haben möchte, kann für die Auswertungen der Besuchstiefe jene Besuche herausfiltern, die über eine Suchmaschine auf die Website gelangt sind. Dies ist aber nur dann möglich, wenn das Web-Analytics-System eine solche Segmentierung unterstützt – was gerade mal bei einer Handvoll High-End-Lösungen der Fall ist.

8.3 Navigationsverhalten

Wenn Internet-Nutzer auf eine ihnen unbekannte Website gelangen, dann gibt es zwei typische Verhaltensweisen für das Auffinden von Informationen: Der eine Typ wählt die Navigation, um sich hierarchisch durch die Website zu bewegen und zu seiner gewünschten Information zu gelangen. Der andere Typ wählt die interne Suchfunktion auf der Website, die so genannte *Site Search*, um die Website zu durchsuchen. Suche und Navigation sind die zwei Hauptinformationszugänge, also Navigationshilfen, über die grundsätzlich sämtliche Inhalte der Website erschlossen sind. Daneben gibt es noch einige alternative Informationszugänge wie Sitemap oder Index, die ebenfalls manche Benutzer als Suchstrategie verwenden, um zur gewünschten Information zu gelangen. Schließlich gibt es auch noch jene Nutzer, die sich rein auf den Inhalt fokussieren und durch Anklicken von Links im Text oder Teasern ihr Ziel erreichen.

Bei der Website-Gestaltung legt man normalerweise einen hohen Fokus auf die Navigation. Für die Informationsarchitektur – das heißt für das Kategorisieren, Strukturieren und Gruppieren von Inhalten, für deren treffende Bezeichnung sowie deren Anordnung in einer Navigation – kann man bei großen Websites gut Wochen bis Monate aufwenden. Die interne Suche wird dagegen gerne stiefmütterlich behandelt. Zwar hat es sich mittlerweile eingebürgert, dass zumindest auf jeder Seite oben rechts ein Suchfeld steht. Ob der Benutzer damit zielgerichtet an die gewünschte Information gelangt, ist jedoch eine andere Frage. Demgegenüber stehen Untersuchungen wie jene von Forrester Research (Forrester's Consumer Technographics Q4 2005 European Study), die besagen, dass rund die Hälfte der Website-Besucher die Site Search als primäres Navigationsinstrument verwenden. Die Benutzung der eigentlichen Navigation wird dabei lediglich mit rund einem Drittel angegeben.

Natürlich können solche Verhältnisse zwischen Zielgruppen oder Altersgruppen stark variieren und müssen sich nicht im Verhalten der eigenen Website-Besucher genau so widerspiegeln. Das Verhalten hängt auch stark davon ab, um was für eine Website es sich handelt. Zieht eine Website mehr solche Besucher an, die genau wissen, was sie wollen, dann wird die Suchfunktion häufiger gebraucht. Auf Support-Sites wird so gerne direkt nach Produktnamen oder Fehlermeldungen gesucht. Auf normalen Unternehmenswebsites oder Zielsites von Kampagnen bewegen sich dagegen häufiger Besucher, die sich ein Gesamtbild verschaffen möchten und dadurch eher zum Browsen via Navigation neigen. Eine genaue Analyse des Navigationsverhaltens der Besucher auf der Website kann daher ziemlich interessante Einblicke in das Besucherverhalten geben.

8.3.1 Was gemessen werden kann

Besucher, die über externe Suchmaschinen wie Google direkt auf einer Unterseite einer Website einsteigen, sind meistens bereits nahe an der gesuchten Information und navigieren nicht mehr ausschweifend und quer durch die Website. Interessant für das Navigationsverhalten sind deshalb jene Besucher, die auf der Homepage oder einer anderen Landing Page einsteigen. Auf diese Seiten legen wir deshalb den Fokus.

Um zu messen, welche Wege Besucher ab der Homepage oder Landing Page einschlagen, eignen sich so genannte Pfadanalysen. Dabei wählt man eine spezifische Seite aus – in dem Fall die Homepage – und analysiert die von dort gewählten Folgeseiten.

Im gewählten Beispiel von Abbildung 8.7 ist so ersichtlich, dass rund drei Viertel der Homepage-Besuche eine Folgeseite haben. Die anderen Besuche enden mit einem Ausstieg auf der Homepage. Bei der Auflistung der auf die Homepage nächst folgenden Seiten lassen sich nun Muster identifizieren. Wenn die URL der Sitemap, des Indexes oder der Suchtreffer-Seite darin auftaucht, dann haben die Besucher diese Informationszugriffe als ihren bevorzugten Weg gewählt. Die Übrigen sind entweder über die Navigation oder Links im Inhalt von der Homepage wegnavigiert. Um dies genauer aufzudröseln, muss man nun allerdings die aufgelisteten Links mit der Ansicht der Homepage vergleichen. Dadurch lassen sich URLs, die in der Navigation verlinkt sind, zur Navigationsnutzung addieren.

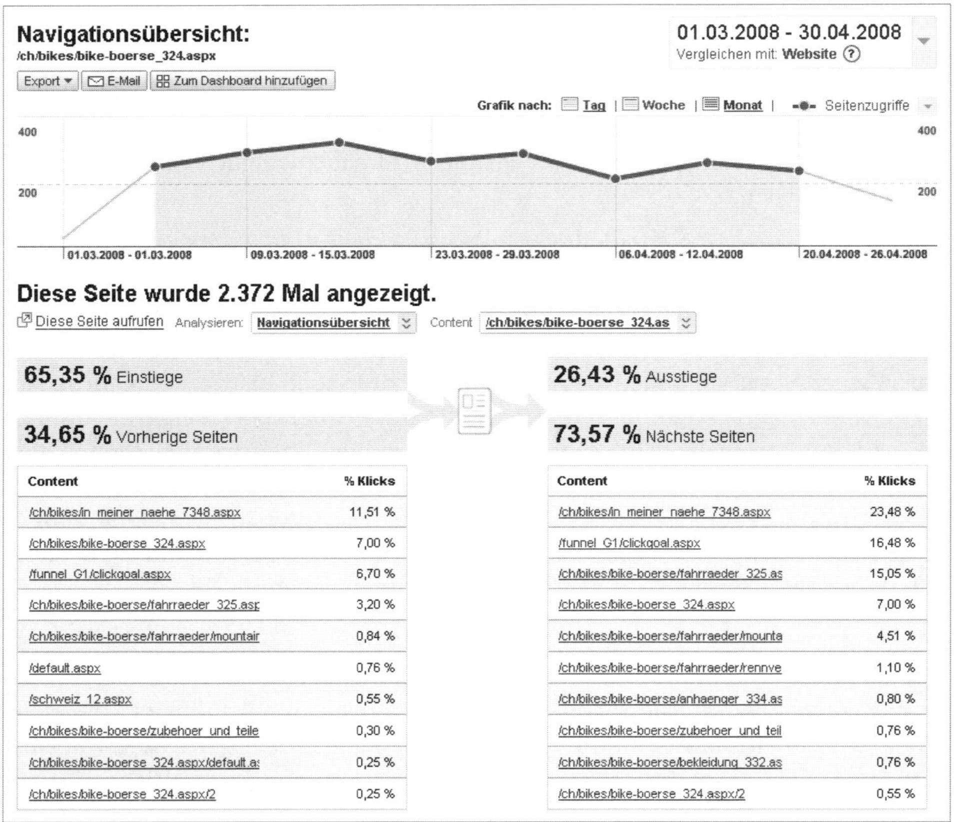

Content	% Klicks
/ch/bikes/in_meiner_naehe_7348.aspx	11,51 %
/ch/bikes/bike-boerse_324.aspx	7,00 %
/funnel_G1/clickgoal.aspx	6,70 %
/ch/bikes/bike-boerse/fahrraeder_325.asp	3,20 %
/ch/bikes/bike-boerse/fahrraeder/mountair	0,84 %
/default.aspx	0,76 %
/schweiz_12.aspx	0,55 %
/ch/bikes/bike-boerse/zubehoer_und_teile	0,30 %
/ch/bikes/bike-boerse_324.aspx/default.as	0,25 %
/ch/bikes/bike-boerse_324.aspx/2	0,25 %

Content	% Klicks
/ch/bikes/in_meiner_naehe_7348.aspx	23,48 %
/funnel_G1/clickgoal.aspx	16,48 %
/ch/bikes/bike-boerse/fahrraeder_325.as	15,05 %
/ch/bikes/bike-boerse_324.aspx	7,00 %
/ch/bikes/bike-boerse/fahrraeder/mounta	4,51 %
/ch/bikes/bike-boerse/fahrraeder/rennve	1,10 %
/ch/bikes/bike-boerse/anhaenger_334.as	0,80 %
/ch/bikes/bike-boerse/zubehoer_und_teil	0,76 %
/ch/bikes/bike-boerse/bekleidung_332.as	0,76 %
/ch/bikes/bike-boerse_324.aspx/2	0,55 %

Abb. 8.7: Im Besuchsverlauf vorhergehende und nachfolgende Seiten einer Homepage

Wesentlich einfacher geht dies vonstatten, wenn das Web-Analytics-System ein Browser-Overlay bereitstellt. Damit können Linkklicks direkt auf einem Layer über der Homepage dargestellt werden. Das umständliche Aufdröseln von Klicks auf Navigation, Inhaltlinks oder Suche und Sitemap wird so visuell unterstützt. Abbildung 8.8 zeigt eine Webseite, über die Klickhäufigkeiten auf einzelne Links in einem Overlay eingeblendet werden.

Messung des Navigationsverhaltens über Browser-Overlay und Pfadanalysen hinaus

Für sehr spezifische Fragestellungen, z. B. ob eine Navigation funktioniert bzw. von einem Nutzer erfolgreich bedient werden kann, liefern auch Pfadanalysen und Browser-Overlays zu wenig Informationen. Für fortgeschrittene Anwender wird deshalb in Kapitel 17.4.10 auf Basis von Google Analytics und dem sogenannten Ereignis-Tracking ein Ansatz vorgestellt, der zeigt, wie die erfolgreiche Navigationsnutzung detaillierter gemessen werden kann.

8.3.2 Wie Sie es nutzen sollten

Ausgehend von diesen Werten lässt sich nun das Navigationsverhalten der Besucher gruppieren. Die Klickraten in entsprechenden Navigationsbereichen in Abbildung 8.8 zusammengezählt ergeben so zum Beispiel:

- Navigation: 61,7 Prozent
- Suche: 4,8 Prozent
- Inhaltslinks/Teaser: 28,5 Prozent

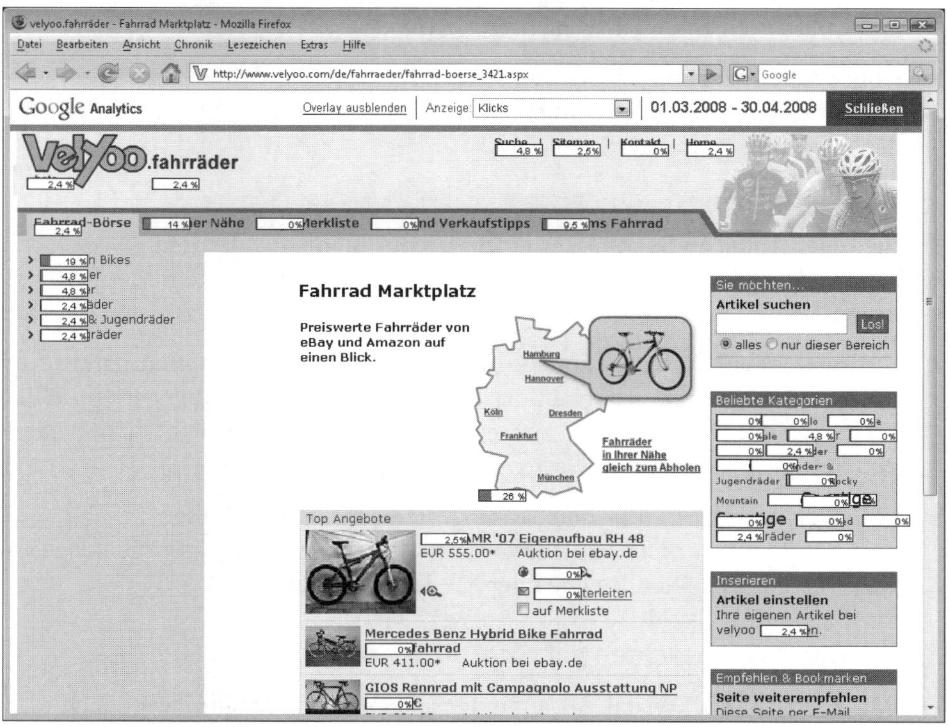

Abb. 8.8: Beispiel einer Homepage mit im Browser-Overlay darüber gerenderten Klickraten

- Sitemap: 2,5 Prozent
- Index: 0 Prozent

Wenn man solche Messungen neben der Homepage noch auf einigen Landing Pages durchführt, dann bekommt man noch ein etwas breiter abgestütztes Bild vom Navigationsverhalten. Zusätzlich lassen sich dann auch interessante Vergleichswerte ziehen, zum Beispiel ob Navigation oder Teaser auf einer Landing Page häufiger verwendet werden als auf einer anderen.

Die Verteilung des Navigationsverhaltens von Besuchern wird sich im Normalfall über die Zeit nicht groß verändern. Es reicht deshalb aus, die Verteilungen monatlich oder quartalsweise zu berechnen und dafür zu nutzen, das Verhalten der Besucher besser zu verstehen.

Falls die Verteilung zwischen Navigations- und Suchnutzern stark von den gemäß Abschnitt 8.3.1 gebräuchlichen Werten abweicht, sollte man den Ursachen etwas genauer nachgehen. Mögliche Interpretationen für solche Abweichungen können sein:

- **Hoher Anteil an Suchnutzung:** Besucher der Website sind sehr fokussiert und wissen genau, was sie wollen.
- **Hoher Anteil an Navigationsnutzung:** Besucher sind eher im Browse-Modus und wollen sich einen Überblick verschaffen.
- **Hoher Anteil an Link- und Teaser-Nutzer:** Besucher sind offen für spezielle Inhalte und Angebote, die eventuell gar nicht der ursprüngliche Grund für ihren Besuch waren.

Umgekehrt heißt dies:

- **Niedriger Anteil an Suchnutzung:** Die Suchfunktion erfüllt ihren Zweck nicht. Überprüfen Sie, ob die Suchfunktion auf jeder Seite gut angeordnet ist (oben rechts) und ob man damit zielgerichtet Inhalte findet.
- **Niedriger Anteil an Navigationsnutzung:** Begriffe in der Hauptnavigation sind schlecht gewählt bzw. sprechen das Benutzerbedürfnis nicht an. Eventuell ist die Navigation auch als solche zu wenig erkenntlich oder schlicht nicht bedienbar. Überprüfen Sie, ob die Navigation die Inhalte richtig abbildet.
- **Niedriger Anteil an Link- und Teaser-Nutzer:** Die ausgewählten Inhalte sprechen die Benutzer nicht an. Überdenken Sie die auf der Homepage oder Landing Page dargestellten Inhalte oder das Teaser-Konzept.

8.3.3 Was es zu beachten gilt

Die Messung des Klickverhaltens auf einer Seite macht nur Sinn, wenn sich während der Messung die Inhalte nicht verändern. Angenommen, während der Messperiode wird ein Teaser ausgewechselt, dann werden im Browser-Overlay Klicks auf den alten Teaser nicht mehr aufgeführt. Um diesen Fallstricken zu entgehen, sollte man deshalb für die Auswertung einen Zeitraum nur so groß wählen, wie inhaltlich keine Änderungen erfolgt sind.

Gerade beim Browser-Overlay bzw. der Klick-Analyse gibt es einige Fallstricke. Im Normalfall weiß ein Web-Analytics-System zum Beispiel nicht, auf welchen Link innerhalb einer Seite geklickt wurde – selbst wenn dies das Browser-Overlay suggeriert. Stattdessen weiß das System lediglich, welche URLs in der Besuchsabfolge auf eine Seite folgten. In der Folge heißt dies, dass, wenn von einer Seite zwei Links auf dieselbe Zielseite führen, das System nicht unterscheiden kann, auf welcher der beiden geklickt wurde. Aufgrund dessen können zum Beispiel Links in der Navigation und im Inhalt mit denselben Klickraten ausgewiesen werden, selbst wenn sie ganz unterschiedlich angeklickt wurden. Die Aussagekraft der Auswertung wird dann natürlich massiv reduziert.

Um diesen Effekt zu umgehen, muss das Web-Analytics-System jeden Link einzeln identifizieren können. Meist müssen dann den Links versteckt im HTML der jeweiligen Seite Identifikationsnummern zugewiesen werden, was die technische Implementierung eines Systems erheblich verkomplizieren kann. Jeder Produkthersteller geht dabei mit der Problematik etwas anders um – es empfiehlt sich daher, den Hersteller seiner Wahl diesbezüglich zu befragen.

8.4 Klickverhalten und Besucherfluss

Eine der am meisten unter den Fingern brennenden Fragen bei der Web-Analyse haben wir bereits tangiert: »Wo klicken die Besucher auf der Website und wie bewegen sie sich durch die Seiten durch?« Die Beantwortung dieser Frage bringt wohl am meisten Einblicke in die Denkweise, Bedürfnisse und Motivationen von Besuchern. Denn mit der Beobachtung des Klickverhaltens folgt man den Besuchern sozusagen auf Schritt und Tritt.

8.4.1 Was gemessen werden kann

Wie allen Web-Analytics-Fragestellungen gemeinsam, interessiert nicht das Verhalten des einzelnen Besuchers. Vielmehr geht es darum, Trends und ähnliche Verhaltensweisen verschiedener Nutzer herauszulesen.

Eine der gebräuchlichsten Auswertungen, um Besucherströme zu erkennen, ist die so genannte Pfadanalyse. Bei der Pfadanalyse wird die Abfolge von besuchten Seiten während eines Besuchs betrachtet. Besuche, die die gleiche Abfolge im Seitenablauf aufweisen, werden danach gruppiert. So entstehen so genannte Pfade durch die Website. Manche der Pfade sind typischerweise ausgetreten, andere werden eher selten begangen. Abbildung 8.9 zeigt ein Beispiel einer solchen Pfadanalyse. Diese stellt die Häufigkeiten bestimmter Abfolgen über zwei oder drei Seiten dar.

Wenn man sich Abbildung 8.9 etwas genauer anschaut, wird auch die Problematik von solchen Pfadanalysen sichtbar. Wirklich aussagekräftig sind die Pfade nämlich nicht. Viel zu unterschiedlich sind die Pfade, die Benutzer einschlagen, als dass sich daraus wirklich Muster erkennen ließen. Wenn eine Seite zwanzig Links hat, dann gibt es allein für diese Seite schon mal zwanzig mögliche Pfadverzweigungen. Geht man nun davon aus, dass jede weitere besuchte Seite ebenfalls über zwanzig Links verfügt und ein durchschnittlicher Besuch über fünf Seiten geht, dann gibt es allein für dieses Szenario schon einmal zwanzig hoch fünf mögliche Pfade. Das sind über drei Millionen Möglichkeiten. Hinzu kommt, dass der Startpunkt ja nicht immer die Homepage, sondern jede Seite einer Website sein kann. So gibt es auf einer Website Hunderte Millionen möglicher Pfade, denen eine einfache Pfadabbildung schlicht nicht gerecht werden kann. Solche Pfadauswertungen kann man daher getrost außen vor lassen.

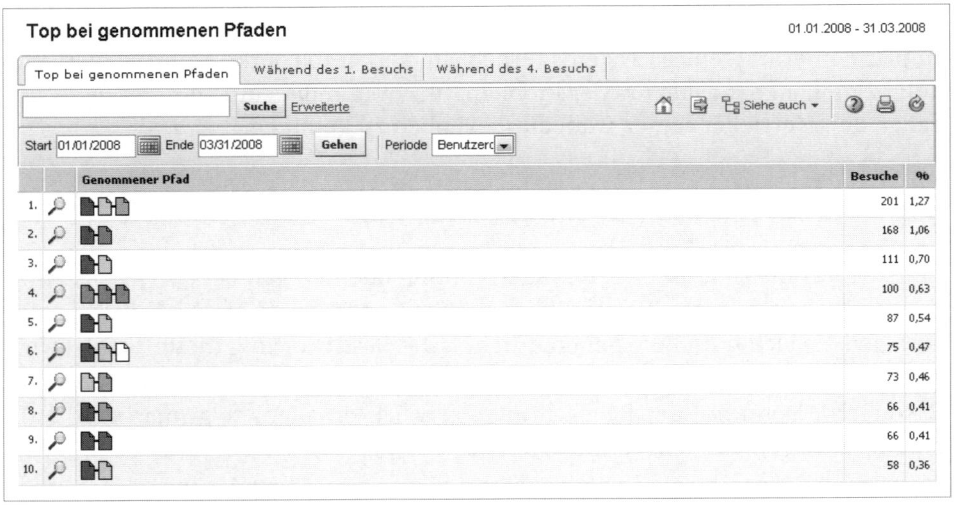

Abb. 8.9: Häufig genutzte Websitepfade oder Seitenabfolgen in Omniture SiteCatalyst HBX

Pfadansichten auf einer allgemeinen Ebene bringen höchstens dann etwas, wenn man die Millionen Möglichkeiten abstrahiert und zusammenfasst. Eine Möglichkeit, dies zu tun, sind so genannte Inhaltsgruppen. Seiten, die sich zum Beispiel inhaltlich mit einem ähnlichen Thema befassen, werden in einer Inhaltsgruppe zusammengefasst. In einem Computer-Shop werden so beispielsweise alle Seiten rund um Software in eine Gruppe zusammengefasst, genauso wie Hardware oder Games. Flussanalysen auf derart aggregiertem Niveau, wie sie Abbildung 8.10 darstellt, haben dann eine bedeutend höhere Aussagekraft. So lässt sich zum Beispiel erkennen, ob Besucher von der Startseite aus mehr auf Software-Angebote oder Gaming-Artikel reagieren. Daraus lassen sich die Interessen der Besucher relativ einfach ableiten.

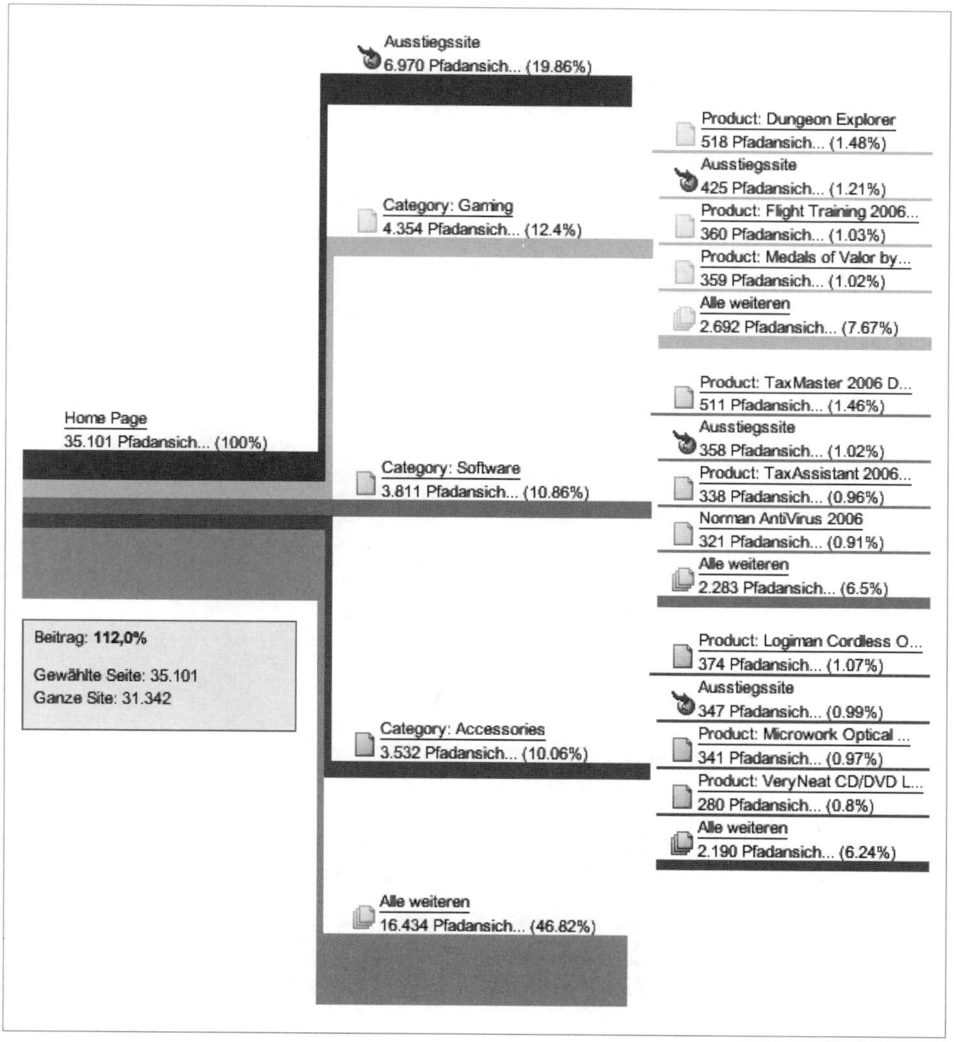

Abb. 8.10: Pfadanalyse auf Ebene von Inhaltsgruppen haben wesentlich mehr Aussagekraft (Omniture SiteCatalyst).

So richtig spannend wird's aber erst, wenn man die Vogelperspektive verlässt und einzelne Seiten betrachtet. Dann sind es nicht mehr die Besucherflüsse, sondern die einzelnen Klicks, die interessieren. Bei der Betrachtung einer Seite kann man sich dabei zwei Fragen stellen:

- Woher sind die Besucher gerade gekommen?
- Wohin sind sie unmittelbar danach gegangen?

Für erstere Fragestellungen bieten die meisten Web-Analytics-Systeme eine entsprechende Zusammenstellung. Ausgefeiltere Systeme erlauben gar noch die Analyse über mehr als eine vorhergehende Seite sowie das Herausfiltern von bestimmten Traffic-Quellen wie zum Beispiel Suchmaschinen.

Der in Abbildung 8.11 illustrierte »Pfadfinder« erlaubt zum Beispiel gar die Rückwärtsbetrachtung eines Pfades. Ausgehend von einer bestimmten Zielseite – im Beispiel die Produktdetailseite für eine Digitalkamera – lässt sich so eruieren, über welche Hauptpfade die Besucher darauf gelangt sind. So lässt sich zum Beispiel erkennen, dass der Hauptpfad über die interne Suchmaschine führte. Über diesen Pfad gelangten fast ein Drittel der Besucher auf die Beschreibung der Digitalkamera. Bei rund einem Viertel der Besucher stellte die Seite die Einstiegsseite dar – wurde also wahrscheinlich über eine externe Suchmaschine gefunden. Erst auf den hinteren Rängen erscheinen Pfade, die über die Navigation führten. Offensichtlich ist die Digitalkameraseite also gut auffindbar über interne und externe Suche – geht jedoch in der normalen Website-Navigation unter.

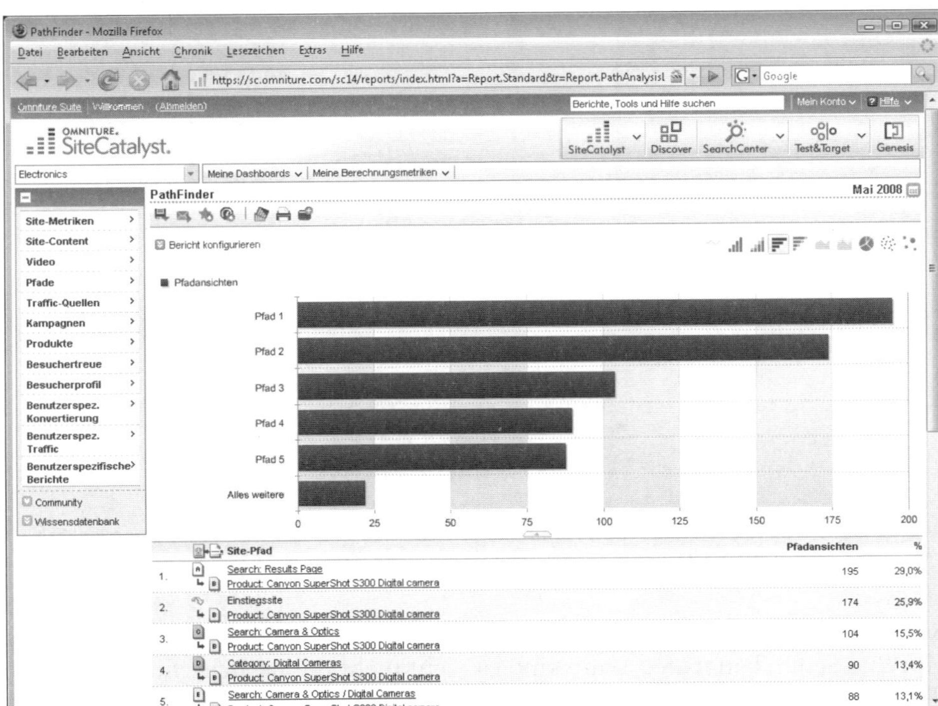

Abb. 8.11: Rückwärtsbetrachtungen von Pfaden mit dem Omniture SiteCatalyst Pfadfinder

Für die Beantwortung der Frage nach den Folgeseiten einer Seite gibt es nur eine sinnvolle Darstellung, nämlich das Browser-Overlay. Listen mit Linkhäufigkeiten bringen gar nichts für das Verständnis, wenn man nicht parallel die betreffende Seite vor Augen hat. Das Browser-Overlay löst dies, indem Klickdaten und betreffende Seite in einer Ansicht kombiniert dargestellt werden. Nicht nur, dass in solchen Darstellungen jeder intuitiv erkennt, wo Benutzer klicken. Darüber hinaus ist eine ebenso wichtige Information visualisiert, nämlich, wo Besucher nicht klicken. Letzeres kann ebenso viel Einblicke geben und bei der Optimierung einer Seite helfen und fehlt ohne das Browser-Overlay.

Abb. 8.12: Browser-Overlay von Nedstat Sitestat mit Klickhäufigkeiten in Bubble-Form

Für die Analyse von ganz spezifischen Pfaden werden häufig auch Trichterauswertungen, so genannte Funnels, eingesetzt. Trichteranalysen untersuchen den Besucherfluss über eine Abfolge von bestimmten Seiten wie die einzelnen Bestellschritte innerhalb eines Bestellprozesses oder die Zwischenschritte von einer Landing Page bis zu einer Kontaktanfrage. Abbildung 8.13 zeigt ein Beispiel eines solches Pfades und einer entsprechenden Trichterauswertung.

Trichterauswertungen setzen allerdings voraus, dass man ein konkretes Website-Ziel hat, zu dem man seine Besucher über allfällige Zwischenschritte hinführen möchte. Für eine reine Verhaltensanalyse, für die die Pfadanalyse oder das Browser-Overlay eingesetzt wird, eignen sie sich nicht. Wir werden uns deshalb erst in Kapitel 15 eingehend mit Trichterauswertungen befassen, wenn es darum geht, die Website auf bestimmte Ziele hin zu optimieren.

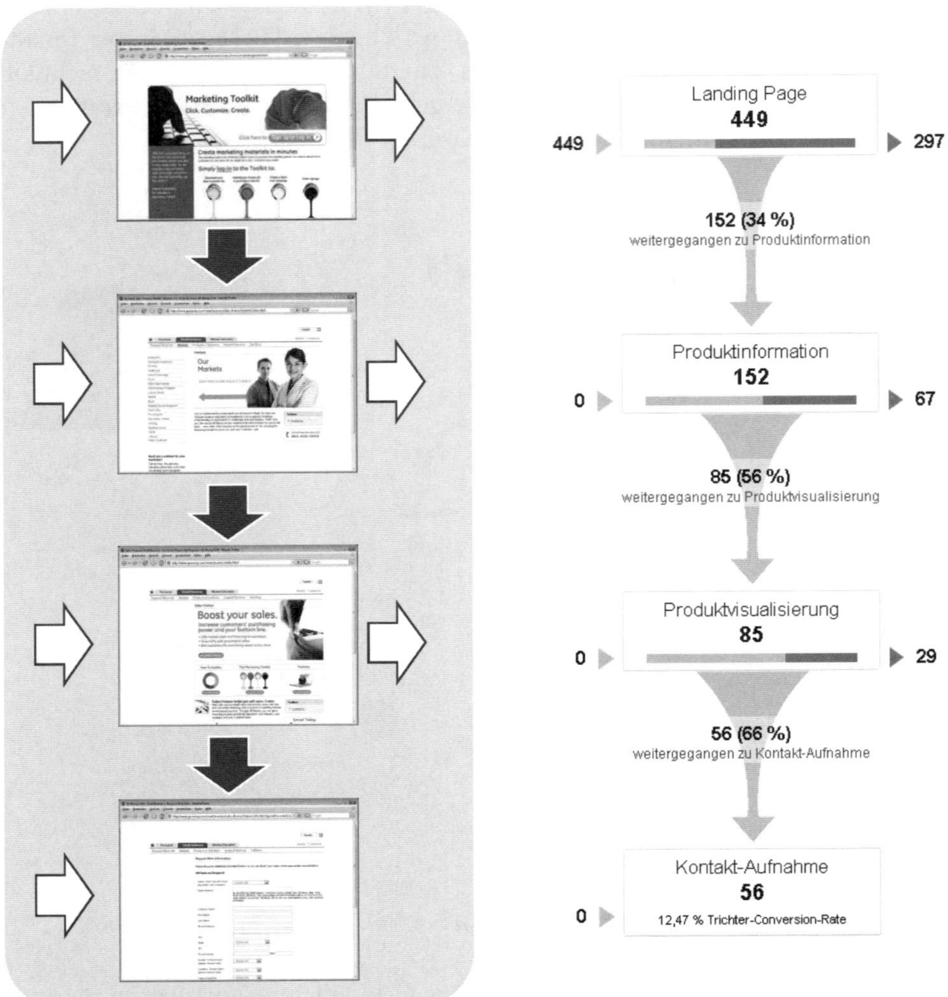

Abb. 8.13: Zielgerichteter Pfad durch die Website und analoge Trichterauswertung

8.4.2 Wie Sie es nutzen sollten

Auch wenn es anfangs ganz intuitiv ausschaut, aus dem Browser-Overlay effektiv ein Benutzerverhalten ableiten zu können, ist es wesentlich schwieriger, als es scheint. Dennoch, das Browser-Overlay ist das mit Abstand mächtigste Instrument, um den Besucher zu verstehen. Nutzen Sie es daher so oft und so viel Sie können, am besten täglich. Folgende Tipps helfen zudem, zielorientiert vorzugehen:

- Wählen Sie jeden Tag eine Seite aus, die Sie genauer analysieren möchten.
- Beginnen Sie bei der Homepage oder wichtigen Landing Pages.
- Versuchen Sie, zu verstehen, weshalb Benutzer wo klicken.
- Gehen Sie den meistangeklickten Links nach und rufen Sie die verlinkte Seite auf. Machen Sie dies wiederholt über mehrere Seiten, um ein Gefühl dafür zu bekommen, wie sich der Großteil der Benutzer durch die Website klickt.
- Vergleichen Sie Linktexte und Inhalte der Folgeseiten. Erfüllt der Inhalt die Erwartungen, die der Linktext schürt? Beschreibt der Linktext die dahinterliegende Seite treffend genug?
- Nehmen Sie die definierten Persona-ähnlichen Charaktere zur Hand: Könnte Michelle aufgrund ihres Hintergrunds woanders klicken als Kevin? Was würde Petra wohl tun?
- Machen Sie Rückwärts-Pfad-Analysen, um zu verstehen, woher die Besucher kommen.
- Falls es Ihr Web-Analytics-System unterstützt, dann betrachten Sie das Verhalten unterschiedlicher Besuchergruppen bzw. Segmente auf derselben Seite. Verhalten sich Besucher aus Suchmaschinen anders? Klicken neue Besucher anders als wiederkehrende?
- Nehmen Sie kleine Änderungen an Links und Texten vor und beobachten Sie das Klickverhalten am Folgetag. Verleitet ein kürzerer Text oder ein attraktiveres Bild mehr Besucher zum Klick auf den Teaser? Ändern sich die Klickzahlen, wenn der Link nach einem Einleitungstext nicht »mehr«, sondern »Finden Sie Ihre passende Lösung« heißt?

Wenn Sie das Browser-Overlay derart nutzen, dann können Sie sich die Pfadauswertungen praktisch sparen. Einzig die Rückwärts-Pfadanalyse liefert noch die hilfreiche Zusatzinformation, auf welchen Seiten die Besucher unmittelbar zuvor waren – dies ist mittels Klickanalyse im Browser-Overlay ja nicht feststellbar.

Bei der Pfadanalyse über Inhaltsgruppen sollten Sie das Interesse an Inhalten unterschiedlicher Gruppen gelegentlich monitoren, indem Sie die Besucherflüsse ab der Homepage oder Landing Page betrachten. Für den im Beispiel oben gezeigten Computer-Shop kann die Auswertung dann folgendermaßen aussehen:

- Hardware: 48,46 Prozent
- Software: 10,86 Prozent
- Gaming: 12,4 Prozent
- Accessoires: 10,06 Prozent

- Unternehmensinformationen: 4,28 Prozent
- HR/Bewerbungen: 5,34 Prozent

Dies gibt schon mal ein gutes Gefühl dafür, aufgrund welcher Themen sich interessierte Besucher auf der Website befinden.

8.4.3 Was es zu beachten gilt

Für die Nutzung des Browser-Overlays gelten dieselben Punkte wie in Abschnitt 8.3.3 aufgeführt: Das Browser-Overlay kann zwei Links auf einer Seite, die auf dieselbe Zielseite verlinken, nicht unterscheiden – außer sie wurden bei der technischen Implementierung speziell mit einer Identifikationsnummer versehen.

8.5 Beweggründe und Aufgaben von Besuchern

Wenn man sich intensiv mit einer Thematik beschäftigt, ist stets eine der größten Gefahren, dass man vor lauter Bäumen den Wald nicht mehr sieht. Auch bei Web Analytics tritt diese Tendenz zutage, wenn man sich tagtäglich in den Tiefen von Auswertungen, Klickpfaden und Kennzahlen bewegt. Den Hauptfehler, den viele bei der Analyse der Besucher begehen, ist – so absurd es auch klingen mag –, den Besucher an sich zu vergessen. Schließlich geht es ja nicht nur darum, Seitenaufrufe zu erhöhen, Klickraten zu verbessern und Besuchsflüsse zu optimieren. Vielmehr geht es darum, dass der Besucher seine Beweggründe oder Aufgaben, aufgrund derer er auf unserer Website angelangt ist, gelöst bekommt.

Und was sind die Beweggründe und Aufgaben Ihrer Besucher? Wenn Sie die wichtigsten fünf nun nicht aus dem Stegreif aufzählen können, dann ist es spätestens jetzt an der Zeit, diese zu untersuchen. Kennt man die Motivation der Besucher nicht ausreichend, gelangt man irgendwann an einen Punkt, wo alle Optimierungen nichts mehr helfen. Dann kann man einen Teaser oder Text noch so ausgefallen, interaktiv und fancy gestalten. Wenn der Inhalt des Teasers keinem Bedürfnis des Besuchers entspricht, dann kann man's selbst mit Gewalt nicht erzwingen.

8.5.1 Was gemessen werden kann

Nun gibt es leider kein Web-Analytics-System, das aus dem Klickverhalten, aus den eingeschlagenen Pfaden oder Ähnlichem die Beweggründe der Besucher ausliest und in einem schönen Kuchendiagramm ausgibt. Um diese ausfindig zu machen, braucht man etwas mehr Handarbeit und Anstrengungen.

Gedanken lesen mit der internen Suche

Dennoch gibt es in Web-Analytics-Systemen eine exzellente Informationsquelle, die man sich zunutze machen sollte: die interne Suche, auch Site Search genannt.

Besucher, die auf die Website gelangt sind und dann die Suche auf der Website nutzen, haben eines gemeinsam: Sie formulieren in ihrer eigenen Sprache, was sie wollen. Zwar sind die Such-Formulierungen meist etwas vom eigentlichen Wunsch abstrahiert und nicht gerade in Form eines ausformulierten Bedürfnisses wie »Mein Computer funktioniert nicht und ich suche technische Unterstützung« vorhanden. Mit etwas Interpretationsgeschick lassen sich jedoch aus den eingegebenen Suchbegriffen genau solche Beweggründe für einen Websitebesuch erahnen.

Abbildung 8.14 zeigt eine solche Auswertung von Suchbegriffen einer internen Suche. Hierbei wird relativ schnell ersichtlich, welche Inhalte und Themen offensichtlich interessieren. Interessant ist zum Beispiel, dass der meistgesuchte Begriff »referenzen« ist. Offenbar sind die Referenzen des Website-Betreibers, ein Dienstleister, ein entscheidendes Auswahlkriterium für die Besucher – oder die Referenzinformationen sind schlicht über die Navigation nicht auffindbar, so dass für diesen Anwendungsfall besonders viele Besucher auf die Site Search ausweichen. Auch weitere Themengebiete, für die sich Besucher der Website interessieren, lassen sich rasch aus der Liste der Suchbegriffe auslesen.

Neben der Erkennung von Bedürfnissen aus der internen Suche lässt sich mit solchen Auswertungen praktisch im gleichen Zuge natürlich auch noch die Qualität der Suchfunktion an sich beurteilen. Abbildung 8.14 zeigt zum Beispiel in den weiteren Spalten je Suchbegriff den prozentualen Anteil an Suchausstiegen. Diese Metrik sagt aus, wie viele Besucher nach der Nutzung der Suche den Website-Besuch abgebrochen haben. Während bei dem Begriff »referenzen« die Ausstiegsanteile noch mehr oder weniger im grünen Bereich sind, weisen die anderen Stichworte extrem hohe Ausstiegsraten auf. Dies ist ein relativ eindeutiges Zeichen dafür, dass die Suchfunktion ihre Aufgabe ziemlich schlecht erfüllt.

Eine weitere interessante Metrik zur internen Suche ist die Zeit, die Besucher nach Nutzung der Suchfunktion noch auf der Website verbrachten. Genau wie bei der allgemeinen Metrik zur Besuchsdauer kann man davon ausgehen, dass lange Besuchszeiten ein Interesse an den Inhalten kundtun. In Abbildung 8.14 verweilen so zum Beispiel Besucher, die nach »analytics« gesucht haben, anschließend über zwölf Minuten auf der Website. Da kann man davon ausgehen, dass dieses Besucherbedürfnis von der Website erfolgreich abgedeckt wird.

Nicht selten treten bei der Analyse von Suchbegriffen ganz überraschende Bedürfnisse zutage, die wieder neue Fragen aufwerfen. Warum suchen viele Besucher eines Elektronik-Shops nach »Hamburg«, wo das Geschäft seinen einzigen Standort doch in München hat? Weshalb wird auf der Website eines Versicherers nach »Krankenkasse« gesucht, wo diese Dienstleistung doch gar nicht angeboten wird? Eingegebene Suchbegriffe können so ganz tiefe Einblicke geben in das, was ein Besucher eigentlich gesucht hat. Nicht, dass man deshalb gerade eine Filiale in Hamburg eröffnen oder Krankenversicherungen ins Dienstleistungsportfolio mit aufnehmen müsste. Dennoch sind solche Denkanstöße sehr aufschlussreich.

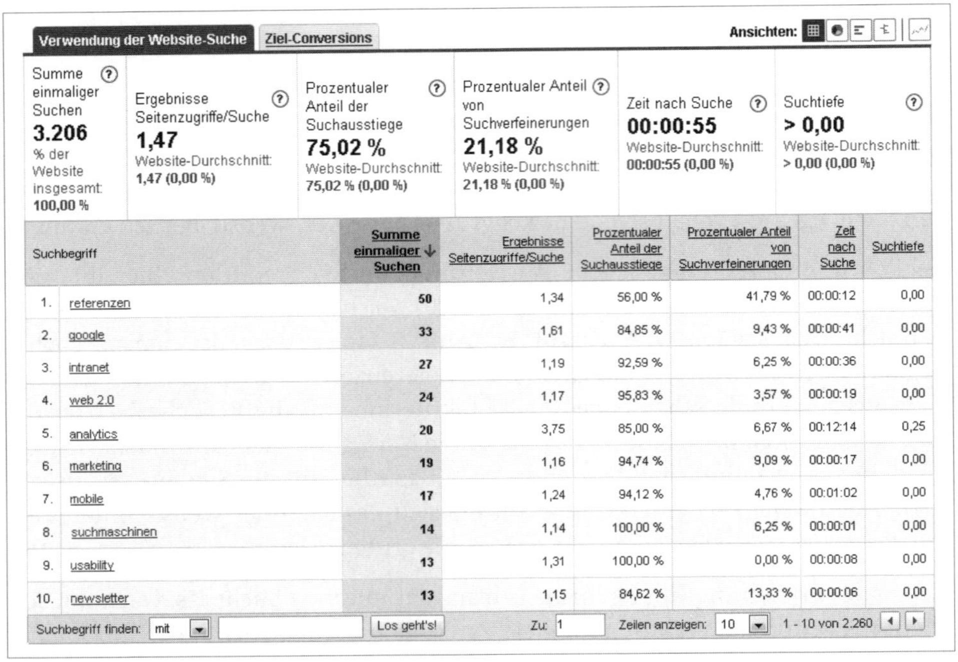

Verwendung der Website-Suche | Ziel-Conversions — Ansichten:

Summe einmaliger Suchen	Ergebnisse Seitenzugriffe/Suche	Prozentualer Anteil der Suchausstiege	Prozentualer Anteil von Suchverfeinerungen	Zeit nach Suche	Suchtiefe
3.206	1,47	75,02 %	21,18 %	00:00:55	> 0,00
% der Website insgesamt: 100,00 %	Website-Durchschnitt: 1,47 (0,00 %)	Website-Durchschnitt: 75,02 % (0,00 %)	Website-Durchschnitt: 21,18 % (0,00 %)	Website-Durchschnitt: 00:00:55 (0,00 %)	Website-Durchschnitt: > 0,00 (0,00 %)

	Suchbegriff	Summe einmaliger Suchen ↓	Ergebnisse Seitenzugriffe/Suche	Prozentualer Anteil der Suchausstiege	Prozentualer Anteil von Suchverfeinerungen	Zeit nach Suche	Suchtiefe
1.	referenzen	50	1,34	56,00 %	41,79 %	00:00:12	0,00
2.	google	33	1,61	84,85 %	9,43 %	00:00:41	0,00
3.	intranet	27	1,19	92,59 %	6,25 %	00:00:36	0,00
4.	web 2.0	24	1,17	95,83 %	3,57 %	00:00:19	0,00
5.	analytics	20	3,75	85,00 %	6,67 %	00:12:14	0,25
6.	marketing	19	1,16	94,74 %	9,09 %	00:00:17	0,00
7.	mobile	17	1,24	94,12 %	4,76 %	00:01:02	0,00
8.	suchmaschinen	14	1,14	100,00 %	6,25 %	00:00:01	0,00
9.	usability	13	1,31	100,00 %	0,00 %	00:00:08	0,00
10.	newsletter	13	1,15	84,62 %	13,33 %	00:00:06	0,00

Suchbegriff finden: mit | Los geht's! | Zu: 1 | Zeilen anzeigen: 10 | 1 - 10 von 2.260

Abb. 8.14: Eingegebene Suchbegriffe in die interne Suche mit weiteren Metriken

Falls die einzelnen Suchbegriffe zu abstrakt sind, um den dahinter stehenden Beweggrund des Besuchers zu erahnen, hilft eine weitere Auswertung der internen Suche. Jene Seiten, die ein Besucher in der Trefferliste nach einer Suche angeklickt hat, ergänzen den Suchbegriff um etwas detailliertere Informationen zum Suchbegriff, nämlich der Inhalt der betreffenden Seite. Insbesondere der Titel und der in der Resultateliste gezeigte Ausschnitt der gefundenen Seite sind relevant, da diese den Besucher dazu gebracht haben, auf den betreffenden Treffer zu klicken.

Abbildung 8.15 zeigt eine solche »umgekehrte« Analyse der Suchbegriffe. Die Auswertung stellt jene Suchbegriffe dar, die Besucher eingegeben hatten, bevor sie auf die Seite – eine Beschreibung des Organigramms des Unternehmens – gelangten. Damit lässt sich erkennen, dass das Suchbedürfnis von Besuchern, die nach »Marketing und Kommunikation« gesucht hatten, nicht etwa in deren Tätigkeiten oder Personen, sondern im organisatorischen Aufbau lag.

Die meisten Web-Analytics-Systeme haben derartige oder ähnliche Auswertungen von Suchbegriffen der internen Suche mittlerweile in den Standardreports integriert. Dennoch ist im Normalfall eine technische Anpassung des Page Tags notwendig, damit das System Suchbegriffe auswertet. Dies ist darin begründet, dass jede Site Search etwas anders funktioniert und daher die Suchbegriffe vom Web-Analytics-System nicht automatisch erkannt werden können.

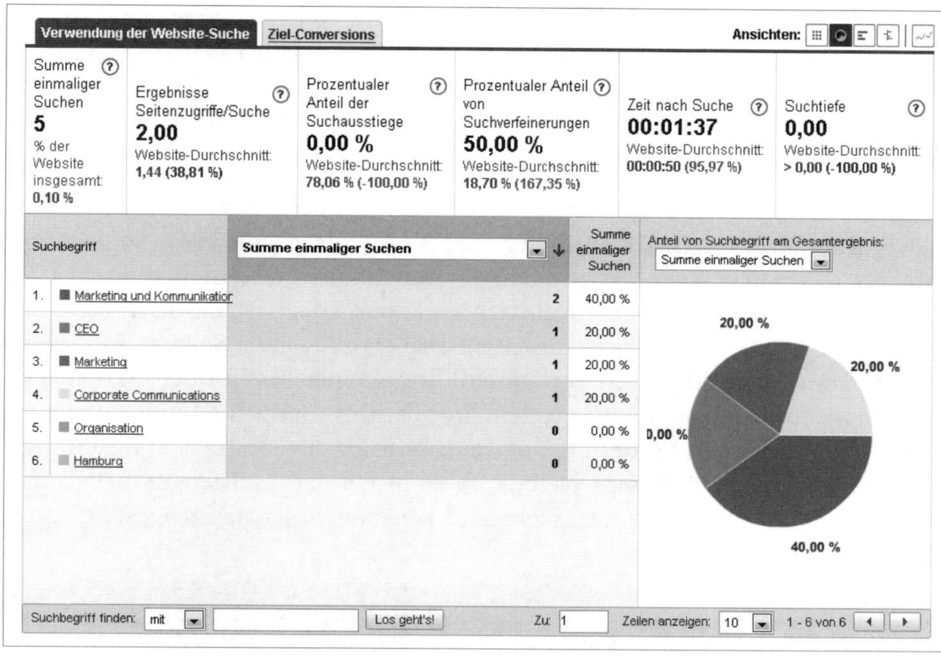

Abb. 8.15: Suchbegriffe, mit denen Besucher auf eine bestimmte Zielseite gelangt sind

Vorsicht vor Verwechslungsgefahr zwischen interner und externer Suche

Die interne Suche, die Site Search, hat nichts gemeinsam mit einer externen Suche wie Google, Yahoo oder MSN – also die entsprechenden Auswertungen nicht verwechseln! Die interne Suche ist jene Suchfunktion, die sich auf Ihrer Website befindet – sofern Ihre Website denn überhaupt über eine solche verfügt.

Von externen Suchmaschinen wie Google & Co. lassen sich zwar ebenfalls die Suchbegriffe auslesen, jedoch sagen diese aus, mit welchen Keywords die eigene Website überhaupt gefunden wurde. Darin versteckt sich zwar auch ein Stück weit das Besucherbedürfnis, ist aber bei Weitem nicht so aufschlussreich wie die interne Suche. Denn über externe Suchmaschinen finden Sie nur jene Suchbegriffe in den Auswertungen, über die Ihre Website auch tatsächlich gefunden wurde. Für die Erörterung von Beweggrund und Aufgabe sollten deshalb stets die internen Suchbegriffe herangezogen werden, die alle eingegebenen Suchbegriffe enthält.

Nachfragen hilft: Umfragen/Surveys

Auswertungen der internen Suche bringen zwar vieles zutage, dennoch ist eine strukturierte Auswertung nicht immer einfach. Um zum Beispiel herauszufinden, wie groß der Anteil jener Besucher ist, die aufgrund einer Supportanfrage auf die

Website gelangt, wird es schwierig. Wohl die wenigsten Besucher werden nämlich »Support« in ein internes Suchfeld eingeben, stattdessen die erhaltene Fehlermeldung, der Name des verwendeten Produkts oder sonst einen Begriff. Natürlich kann man auch solche Begriffe aggregieren – dahinter steckt dann aber wirklich sehr viel Handarbeit, die man kaum mehr als einmal auf sich nehmen wird.

Dagegen ist es geradezu komfortabel, wenn man den Besucher selbst nach seinen Beweggründen fragt. Das Instrument dazu sind Online-Umfragen, so genannte Surveys, die heutzutage ohne großen Aufwand aufgesetzt werden können. Üblicherweise werden solche Surveys einfach als Popup integriert, das nach bestimmten Regeln geöffnet wird. Dies kann zum Beispiel nach einem Seitenaufruf, direkt auf der Homepage oder nach der Durchführung einer bestimmten Aktion sein. Auf sich selbst öffnende Popups sollten Sie allerdings verzichten und stattdessen einen Link mit der Aufforderung zur Teilnahme an der Umfrage anbieten. Sich automatisch öffnende Popups bleiben ohnehin bei den meisten Besuchern am Popup-Blocker hängen und vermitteln auch sonst einen schalen Beigeschmack.

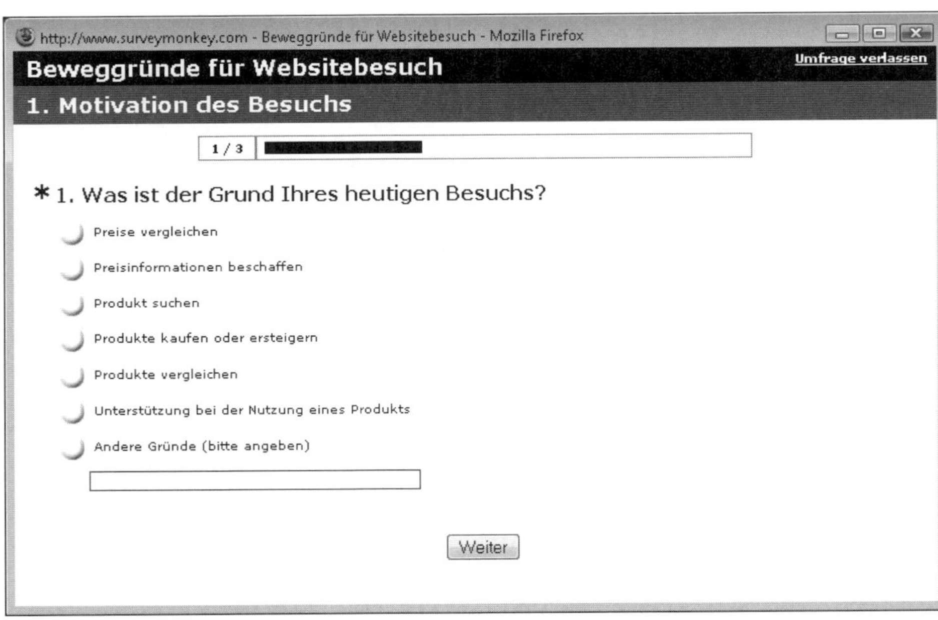

Abb. 8.16: Kurzumfrage auf der Website mit dem kostenlosen Tool von SurveyMonkey

Die ganze Logik der Umfrage genauso wie die Auswertung dazu kann bei Drittanbietern im SaaS-Verfahren gemietet werden, sofern man solch eine Software nicht selbst kaufen und installieren möchte. Das Aufschalten eines Surveys auf der eigenen Website ist dann noch vor dem Mittagessen erledigt. Umfragen sind auch im User-Centered-Design-Ansatz ein beliebtes Instrument, um schnell und kostengünstig an eine große Anzahl Feedbacks zu gelangen.

Um nun den Beweggrund eines Besuchers herauszufinden, stellt man ganz einfach die Frage nach dem Grund des Besuchs, begleitet mit einigen Auswahloptionen an möglichen Gründen und einem freien Textfeld für die individuelle Grundangabe. Zugleich mit der Frage nach der Motivation des Besuchs sollte man auch fragen, ob das Ziel des Besuchs denn erfüllt ist. Für eine spätere Auswertung ist der Erfüllungsgrad eine sehr interessante Kennzahl, sagt er doch aus, wie nützlich die Website für die Besucher ist.

Eine kurze Umfrage nach den Beweggründen der Besucher könnte sich damit aus folgenden Fragen und Antwortoptionen konstituieren:

1. Was ist der Grund Ihres heutigen Besuchs?
   - Produktinformation beschaffen
   - Produkte vergleichen
   - Produkte kaufen
   - Unterstützung bei der Nutzung eines Produkts
   - Unternehmensinformationen erfragen
   - Bewerbung
   - Andere (freie Eingabe)
2. Konnten Sie diese Aufgabe auf unserer Website erfolgreich abschließen?
   - Ja
   - Nein
3. Falls Sie die Aufgabe nicht erledigen konnten, was war der Grund dafür?
   - Freie Eingabe

Online-Umfragen (Surveys) vielfältig einsetzen

Surveys eignen sich in verschiedener Hinsicht, um die Auswertungen im Web-Analytics-System mit Zusatzinformationen anzureichern. Besonders geeignet sind sie für subjektive Beurteilungen der Besucher oder für alles, was sich nicht aus dem Verhalten eindeutig ableiten lässt. Dazu zählt:

- Gefallen des Website-Designs oder der Website generell
- Bedienbarkeit der Navigation
- Besuchserlebnis
- Glaubwürdigkeit
- Nützlichkeit von Informationen oder Funktionen
- Empfinden der Ladegeschwindigkeit
- Wahrscheinlichkeit für Kauf oder Weiterempfehlung

- Gründe für einen Besuch
- Erfüllung des Ziels des Websitebesuchs
- Qualität der Resultate der internen Suche
- Bedienbarkeit der Navigation
- Offene Anregungen

Unterschieden wird dabei in so genannte Site-Level-Surveys und Page-Level-Surveys. Site-Level-Surveys stellen Fragen zur Gesamt-Website wie zum Design oder zur Bedienbarkeit. Page-Level-Surveys versuchen zu klären, wie hilfreich eine einzelne Inhaltsseite – zum Beispiel eine FAQ-Antwort oder eine Produktinformation – für den Besucher war.

Damit ein Survey zum Erfolg wird, empfiehlt es sich, sich an folgende Regeln zu halten:

- Formulieren Sie Fragen so, dass sie für jedermann sofort verständlich sind. Halten Sie Fragen kurz.
- Stellen Sie keine Suggestivfragen, das heißt, beeinflussen Sie den Befragten nicht in der Fragestellung zum Beispiel »Finden Sie nicht auch, dass ...«
- Stellen Sie nicht mehr Fragen als unbedingt nötig. Zwar werden auch lange Surveys häufig beantwortet – der Besucher schenkt Ihnen jedoch seine Zeit, und dies sollten Sie nicht überstrapazieren.
- Besucher sollten stets alle Fragen beantworten können.
- Geben Sie bei Multioption-Antworten nicht mehr als sieben Antwortmöglichkeiten an.
- Erwarten Sie nicht mehr als eine Beteiligung an dem Survey von ein bis zwei Prozent Ihrer Besucher.
- Denken Sie daran, gegebenenfalls die Datenschutzerklärung auf der Website anzupassen, falls diese eine solche Datensammlung nicht bereits abhandelt.

Für die Frage, ob ein Survey bei allen Besuchern oder nur bei nach dem Zufallsprinzip ausgewählten erscheinen soll, gibt es keine Best-Practice-Regeln. Auch ob der Survey auf der Startseite, auf der dritten Seite oder vor dem Verlassen der Website eingeblendet werden soll, gibt es keine klar zu bevorzugende Methode. Sicherstellen sollte man aber auf jeden Fall, dass ein Besucher dieselbe Umfrage nur einmal eingeblendet bekommt. Denn andernfalls werden Surveys für den Besucher schnell zur nervtötenden Angelegenheit. Auch auf die Häufigkeit der Surveys sollte man achten. Wer ständig einen neuen Survey auf der Website laufen hat, kann das übliche Wohlwollen von Besuchern für solche Umfragen ganz schnell riskieren.

Weiterführende Anleitungen zur Erstellung und Auswertungen zu Surveys finden sich vor allem in der Literatur zu Usability und User-Centered-Design. Hierzu sei zum Beispiel auf das Buch »Measuring The User Experience« von Tom Tullis und Bill Albert verwiesen.

8.5.2 Wie Sie es nutzen sollten

Umfragen nach den Beweggründen von Besuchern sollten Sie mindestens einmal jährlich durchführen. Besser sogar quartalsweise, da sonst saisonale Bedürfnisse gern unter den Tisch fallen. Für die vorgegebenen Antwortoptionen geben die Auswertungen der Umfrage-Tools meist eine ausreichende Zusammenstellung. Am geeignetsten ist es zudem, Aufgabe und Erfüllungsgrad gegenüberzustellen, wie dies in Abbildung 8.17 unter Zuhilfenahme von Microsoft Excel erfolgt ist.

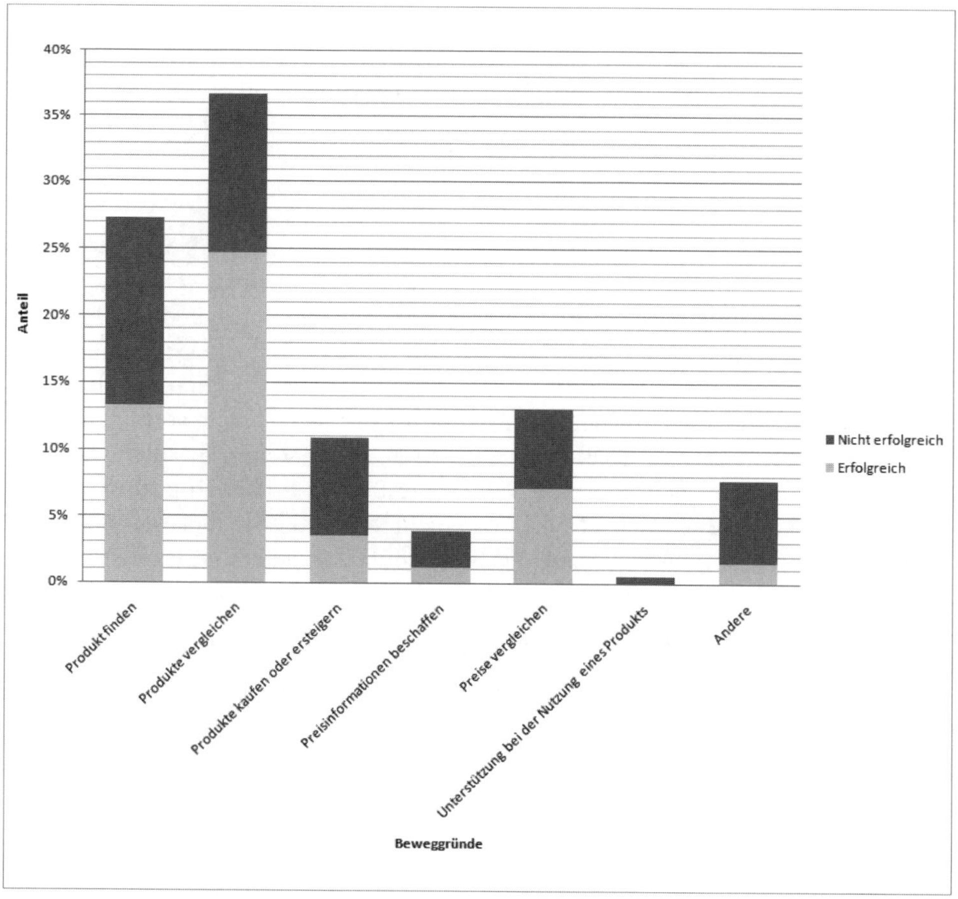

Abb. 8.17: Auswertung einer Umfrage nach den Besuchsgründen mit MS Excel

Die freien Antworten bei den Gründen für den Website-Besuch versucht man so weit wie möglich zu clustern, das heißt zu gruppieren. Falls dies möglich ist, kann man die entsprechende Dimension in der Auswertung ergänzen. Häufig eingegebene Alternativgründe kann man bei einem nächsten Survey direkt als Antwortoption mit aufnehmen. Die fünf Hauptaufgaben, mit denen Besucher auf die Website gelangen – die so genannten User Tasks –, kann man sich gleich einmal gut einprägen. Denn anhand dieser kann man später für jede Seite abwägen, inwieweit sie einen solchen User Task unterstützt. Auch Fragen, die man sich bei Klickpfadanalysen zum Verhalten der Besucher stellt, lassen sich möglicherweise beantworten, wenn man sich die User Tasks vor Augen hält.

Bei der internen Suche monitort man regelmäßig die Top 10 der eingegebenen Suchbegriffe. Sie dienen insbesondere fürs Verständnis, welche Beweggründe Besucher thematisch haben, seien es nun Digitalkameras, Computer oder Software. Wer sich die Mühe machen will oder auf eine Umfrage verzichten möchte, nimmt zudem die Top 100 der Suchbegriffe und versucht, diese nach Themenbereichen zu clustern. Mögliche Clusters können ähnlich der Antwortoptionen bei Umfragen Bereiche wie Support, Produkte, Unternehmensinformationen etc. sein.

8.5.3 Was es zu beachten gilt

Die vielen Feedbacks, die man aus der internen Suche und vor allem aus Surveys bekommt, kommen einem wie ein unglaublicher Reichtum vor, wenn man es das erste Mal durchführt. Das ist es auch, doch muss man immer den Blick fürs Wesentliche behalten. Schließlich gibt es immer Besucher, die sich schlichtweg auf der Website verirrt haben und etwas komplett Anderes suchen. Da darf man sich nicht vom eigentlichen Ziel, das man selbst mit der Website verfolgt, abbringen lassen. Wenn Sie online Blumen verkaufen, dann sollten Sie nicht Gemüse mit ins Sortiment aufnehmen, nur weil einige Besucher danach gesucht haben. Wenn hingegen häufig nach »Nelken« gesucht wird und Sie diese bislang nicht anbieten, dann ist eine Ausweitung des Sortiments durchaus überlegenswert.

8.6 Verhalten und Ziele von Nutzergruppen und Personas

Im Verlauf dieses Kapitels haben wir einiges über das Verhalten und die Ziele der Besucher auf der Website lernen können. Die Erkenntnisse darüber lassen sich natürlich gut nutzen, um die eigenen Angebote darauf abzustimmen. Zu voreilig sollte man aber dennoch nicht versuchen, Schlüsse zu ziehen. Denn wenn Besucher sich nun zum Beispiel hauptsächlich für Digitalkameras und für Drucker interessieren, dann bedeutet dies nicht, dass jeder Besucher gleichzeitig sowohl eine Digitalkamera als auch einen Drucker sucht. Solche Schlüsse sind in etwa so fundiert, als wenn man davon ausgeht, dass alle Besucher Zwitter sein müssen, da sie sich je hälftig aus weiblichen und männlichen Besuchern zusammensetzen. Vielmehr stehen die einzelnen Beweggründe und Ziele nebeneinander, das heißt, sie repräsentieren je einen bestimmten Typ eines Nutzers.

Um diese Nutzertypen zu illustrieren, greifen wir deshalb wieder auf die Persona-ähnlichen Charaktere zurück, die in Kapitel 7 skizziert wurden. Diese lassen sich nun um Verhaltensmuster und Motivationen ergänzen, wie wir sie durch die Analysen in diesem Kapitel herausgefunden haben.

Entscheidend ist, dass nicht mehrere Verhaltensmuster oder Bedürfnisse der gleichen Persona zugewiesen werden – das wären dann genau die gespaltenen Persönlichkeiten, die es wohl höchstens in Ausnahmefällen gibt. Sollte die Anzahl an Charakteren nicht für die Aufteilung aller Verhaltensmuster ausreichen, spricht nichts dagegen, weitere Charaktere zu definieren.

Aus den verschiedenen Beispielen in diesem Kapitel wählen wir wiederum nach der 80/20-Regel die wichtigsten Eigenschaften aus, wie sie in Tabelle 8.1 zusammengefasst sind.

Besuchsdauer	1–3 Minuten	28,92 Prozent
	3–6 Minuten	22,81 Prozent
	unter ½ Minute	17,29 Prozent
	½–1 Minute	16,93 Prozent
Besuchstiefe	3–4 Seiten	27,94 Prozent
	2 Seiten	22,83 Prozent
	7–10 Seiten	14,11 Prozent
	5–6 Seiten	13,75 Prozent
Navigationsverhalten	Navigation	61,7 Prozent
	Inhaltslinks/Teaser	28,5 Prozent
	Suche	4,8 Prozent
Nachgefragte Inhaltsgruppen	Hardware	48,46 Prozent
	Gaming	12,4 Prozent
	Software	10,86 Prozent
	Accessoires	10,06 Prozent
Beweggründe	Produkte vergleichen	36,62 Prozent
	Produkt finden	27,79 Prozent
	Preise vergleichen	13,05 Prozent
	Produkte kaufen	10,9 Prozent

Tabelle 8.1: Datenbasis für die Ergänzung der Personas aus den Beispielen dieses Kapitels

Mit diesen Angaben statten wir jetzt unsere Persona-ähnlichen Charaktere aus:

	Franziska	Michelle	Petra	Kevin
Besuchsdauer	1–3 Minuten	3–6 Minuten	unter ½ Minute	½–1 Minute
Besuchstiefe	5–6 Seiten	7–10 Seiten	2 Seiten	3–4 Seiten
Navigations-verhalten	Navigation	Navigation	Inhalt/Teaser	Suche
Interesse	Hardware	Hardware	Software	Gaming
Motivation	Produkte vergleichen	Produkte finden	Preise vergleichen	Produkte kaufen

Tabelle 8.2: Verhalten und Motivation der Charaktere

Damit haben wir nun eine ziemlich gute Vorstellung darüber, welche Nutzergruppen sich auf unserer Website bewegen können. Da wäre zum Beispiel die Gruppe der Jugendlichen wie Kevin. Kevin ist 17, wohnt in Hamburg und besucht das Gymnasium. In seiner Freizeit surft er gelegentlich im Internet, soweit dies seine knappe Zeit neben der Ausbildung zulässt. Da er selbst für die Internet-Kosten aufkommen muss, verfügt er nur über eine Dial-Up-Verbindung, über die er sich gelegentlich einwählt. Um die Online-Kosten niedrig zu halten, bewegt er sich relativ zielstrebig von Website zu Website. Auf Websites seiner Wahl nutzt er normalerweise die Suchfunktion, da er damit am schnellsten zum gewünschten Ziel gelangt. Für seine leidenschaftliche Freizeitbeschäftigung – Computerspiele mit Freunden – kauft er relativ häufig online Games ein, da er dort die größte Auswahl hat und sie schnell und günstig erhält. Gelegentlich prüft er auf den Websites auch nur kurz, welche neuen Games herausgekommen sind.

Um Personas in Reinform zu definieren, würde man natürlich die Datenbasis noch durch andere Methoden wie persönliche Interviews mit Benutzern weiter abstützen und ausbauen. Für unsere Zwecke, nämlich uns ein Bild von den Besuchertypen der Website zu machen, reichen jedoch die so weit definierten Persona-ähnlichen Charaktere aus.

Kapitel 9

Inhaltsnutzung

Mittlerweile kennen wir die Website-Besucher, ihren Hintergrund, ihr Verhalten und ihre Ziele schon recht gut. Wir wissen, aus welcher Region sie stammen, was sie suchen, wie sie sich durch eine Website klicken und auch mit welcher Motivation sie auf die Website gelangt sind. Was nun noch fehlt, ist die Information, wie gut diese Nutzerbedürfnisse von der Website erfüllt werden.

Die Antwort dazu steckt in den Inhalten einer Website. »Content is King« – Inhalte sind das A und O jeder Website und die Basis dafür, ob ein Besucher das Ziel seines Website-Besuchs überhaupt erfüllen kann. Noch so attraktive Teaser, eine noch so intuitiv bedienbare Navigation oder ein noch so ausgefallenes Design helfen nicht, wenn die richtigen Inhalte fehlen. Ob und wie die Inhalte die Nutzerbedürfnisse beantworten, wollen wir deshalb in diesem Kapitel mit Web-Analytics-Mitteln herausfinden.

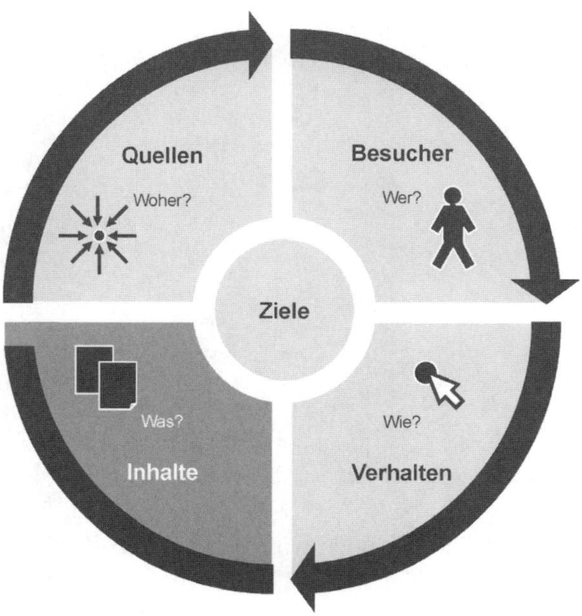

Abb. 9.1: Die Inhaltsnutzung verrät, ob die Bedürfnisse von Besuchern beantwortet werden.

9.1 Genutzte Inhalte

Ob Inhalte genutzt werden oder nicht, sagt schon viel über deren Qualität aus. Häufig aufgerufene Inhalte sprechen dafür, dass sie Besucher – oder Suchmaschinen als spezielle Art von Besucher – in irgendeiner Form ansprechen. Dennoch, etwas Vorsicht ist geboten. Häufig aufgerufene Inhalte mit Qualität gleichzusetzen, ist ein Trugschluss. Im Kino sind auch nicht immer die meistbesuchten Hollywood-Streifen die hochwertigsten Filme – klein, aber fein kann genauso bei Website-Inhalten gelten.

9.1.1 Was gemessen werden kann

Auswertungen über die Nutzung von Inhaltsseiten sind so etwa das Ursprünglichste, was mittels Analyse-Tools seit jeher gemessen wird. Die Auswertungen dazu sind typischerweise lange Listen wie Abbildung 9.2, in denen praktisch alle Seiten einer Website aufgeführt und mit der Häufigkeit der Aufrufe versehen sind.

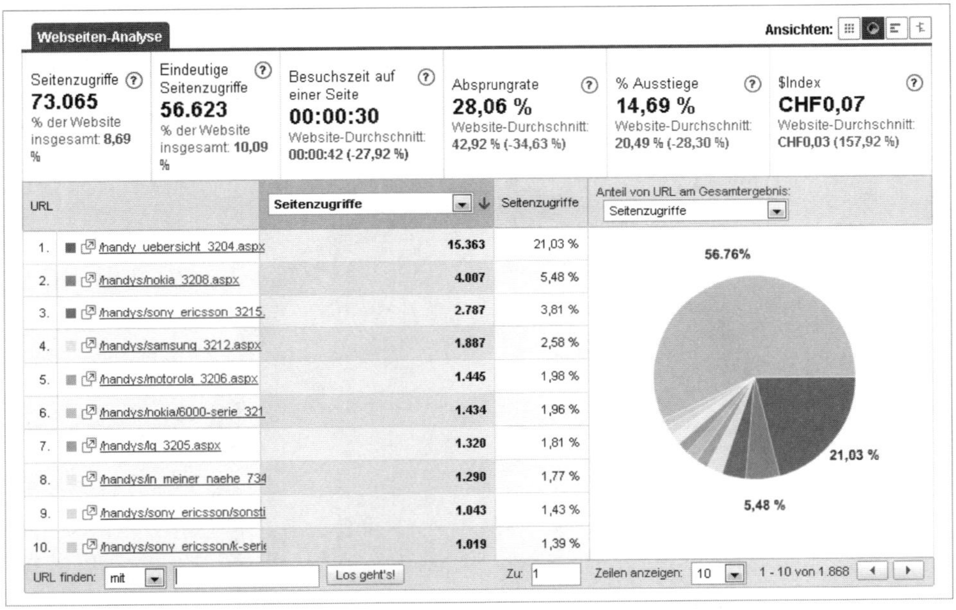

Abb. 9.2: Top-Seiten absteigend, sortiert nach Seitenzugriffen

Sortiert man die Ansicht der Seitenaufrufe nach deren Zugriffshäufigkeit, trifft man stets auf Unerwartetes. Seiten, von denen man nie gedacht hätte, dass sie groß genutzt werden, erscheinen in den oberen Rängen. Dagegen werden solche Seiten, zu denen man Besucher vielleicht gerne führen möchte – zum Beispiel die mit viel Mühe zusammengestellten, überzeugenden Unternehmensinformationen –, kaum nachgefragt. Kaum je verhalten sich Website-Besucher halt einfach so, wie dies der Website-Ersteller geplant hat – zumindest dann nicht, wenn man die Bedürfnisse der Besucher nicht ins Zentrum der Website-Planung stellt.

Die Schwierigkeit in solchen Auswertungen mit den genutzten Inhalten besteht meistens insbesondere darin, sich im Umfang der Liste zurechtzufinden. Eine Suchfunktion innerhalb des Web-Analytics-Systems, wo nach URL oder noch besser Seitentitel gesucht werden kann, ist deshalb fast ein Muss.

Viele Systeme legen Inhaltsseiten in einer weiteren Ansicht hierarchisch entsprechend den auf der Website angelegten Ordnern bzw. Datei-Verzeichnissen ab. Dies bringt gleich zwei Vorteile mit sich. Einerseits findet man die Auswertungen zu einer Seite besser, indem man sich den Verzeichnissen nach durch das Analytics-System hangelt. Voraussetzung dafür ist natürlich, dass die URL eines Webangebots ein sauberes Naming verfolgt und »sprechend« ist (siehe dazu *Sprechende URLs verwenden*). Der zweite Vorteil von solchen Verzeichnisansichten ist, dass Aufrufe aller Seiten innerhalb eines Verzeichnisses addiert werden. Wenn zum Beispiel die Verzeichnisse analog der Hauptnavigation einer Website aufgebaut sind, dann lässt sich dadurch zugleich erkennen, in welchem Teil der Website am meisten Inhalte betrachtet werden.

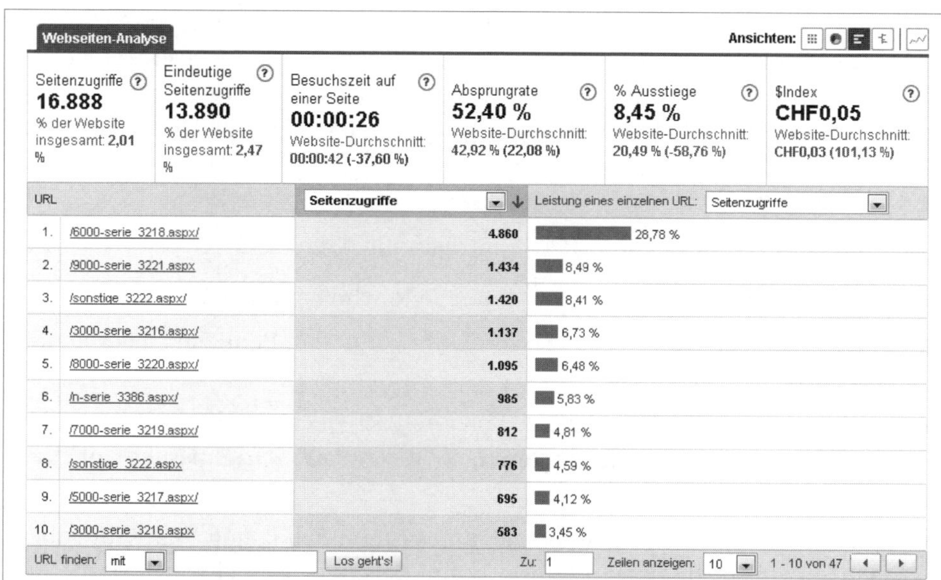

Abb. 9.3: Seitenzugriffe auf Seiten innerhalb eines Verzeichnisses

Abbildung 9.3 zeigt zum Beispiel eine Auswertung der Website eines Mobilfunk-Shops. Die Produktseiten sind dabei hierarchisch nach Hersteller, Serie und Modell abgelegt. Betrachtet man sich in den Auswertungen beispielsweise die Seitenzugriffe innerhalb eines Verzeichnisses »Nokia«, erscheinen die Zugriffszahlen auf alle Unterseiten gegliedert nach den nach Serie bezeichneten Unterverzeichnissen. So wird einfach ersichtlich, dass die Nokia-Handys aus der 6000-Serie, zu denen zum Beispiel die Modelle 6110 oder 6220 zählen, offenbar am häufigsten von den Website-Besuchern nachgefragt werden.

Sprechende URLs verwenden

URLs haben ihren Hauptzweck darin, dass sie eine Seite im Web eindeutig kennzeichnen und auffindbar machen. Eine URL wie `http://www.ihreseite.de/index.php?id=67498763&uid=489200&cat=3045&view=3463` mit vielen URL-Parametern erfüllt diesen Zweck. Diese Schreibweise hat aber einen gewichtigen Nachteil: Kein Mensch kann sich die URL merken. Eine URL wie `http://www.ihreseite.de/produkte/fahrraeder/mountainbikes/corratec.html` verfügt hierzu über wesentlich mehr Informationsgehalt. Solche URLs werden sprechende URLs genannt, weil allein anhand dieser schon verständlich ist, worum es im Inhalt der Seite geht.

Bei der Gestaltung einer Website sollte deshalb unbedingt darauf geachtet werden, solche sprechende URLs zu verwenden. Meist kann man auch bei bestehenden Websites, die URL-Parameter wie beim ersten Beispiel einsetzen, dies noch relativ einfach umbiegen. Das technische Stichwort dazu heißt »URL-Rewrite« oder »mod_rewrite«. Dies besagt, dass der Webserver nach zu definierenden Regeln eine sprechende URL in eine parametrisierte umwandelt. Damit kann der Website-Benutzer sprechende URLs verwenden, während zum Beispiel ein Content-Management-System hinter dem Webserver intern immer noch die parametrisierten URLs einsetzt.

Die Vorteile von sprechenden URLs sind vielseitig. Dazu zählen:

- Ein Besucher versteht den Inhalt einer Seite schon anhand der URL.
- Beim Versenden oder Speichern von Links ist für den Benutzer stets klar, um welche Seite es sich handelt.
- Ein Besucher erkennt, wo die Seite hierarchisch in einem Webangebot aufgehängt ist. Dies ist einer der Faktoren, der die einfache Orientierung auf einer Website unterstützt.
- Sprechende URLs sind technologie- und systemunabhängig. Das heißt, auch nach einem Technologie-Wechsel, zum Beispiel nach einem Website-Redesign, bleiben die URLs konstant. Verlinkungen von Drittseiten her funktionieren deshalb problemlos weiter.
- Suchmaschinen beachten bei der Reihenfolge ihrer Resultate auch, ob ein Suchbegriff in der URL vorkommt. Man geht davon aus, dass bei Google das Vorkommen des Keywords in der URL oder gar Domain einen beträchtlichen Einfluss auf die Platzierung in der Trefferliste haben kann.

9.1.2 Wie Sie es nutzen sollten

Viel Zeit damit zu verbringen, Seite um Seite auf Aufrufhäufigkeiten anzuschauen und zu vergleichen, lohnt sich kaum. Vielmehr sollten Sie Ihre Aufmerksamkeit auf das Wesentliche lenken, nämlich:

- Die Top 10 der am meisten genutzten Inhaltsseiten
- Die Top 10 der »Movers and Shakers«, die größten Auf- und Absteiger im Vergleich zur Vorperiode
- Die Aufrufe von Seiten, die für Ihr Webangebot als Schlüsselseiten zu bezeichnen sind
- Die am wenigsten nachgefragten Seiten

Mit den Top-nachgefragten Seiten haben Sie einen Überblick darüber, was die Besucher interessiert. Betrachten Sie die Top-Seiten unbedingt auch im Vergleich zur Vorperiode, also zur Vorwoche oder zum Vormonat. So erkennen Sie frühzeitig Änderungen im Verhaltens- und Bedürfnismuster der Besucher. Änderungen bis zu 20 Prozent brauchen einem dabei keine Kopfschmerzen zu bereiten, dies kann in der normalen Volatilität der Besuche liegen. Größeren Schwankungen sollte man aber unbedingt nachgehen. Die Top-Seiten sind ein guter Ausgangspunkt, um später mit Optimierungen zu beginnen. Auch bei der Aufschaltung von wichtigen Promotionen lässt sich auf die Liste der Top-Seiten zurückgreifen, um eine möglichst große Reichweite auf der eigenen Website zu erreichen.

Abbildung 9.4 zeigt zum Beispiel Seitenzugriffe eines kleinen Outdoor-Shops. Im Vergleich zwischen zwei Monaten – November und Dezember – wird schnell ersichtlich, dass die Nachfrage in der Woche vor Weihnachten stark angezogen hat. Schlüsselt man die Nachfrage nach Inhaltsseiten weiter auf, dann haben die Seiten aus dem Snowboard-Bereich den Großteil der Steigerung verursacht – offenbar entscheiden sich Snowboarder besonders kurzfristig vor den Weihnachtsferien zum Kauf.

Mit der Überwachung der Movers & Shakers fällt es noch eine Spur früher auf, wenn sich ein neuer Trend in der Nachfrage ergibt. Steigen in einem Outdoor-Shop so zum Beispiel sprunghaft die Aufrufe von Seiten zum Thema Kajakfahren, könnte dies ja der Indikator für den großen Sommertrend sein. Als Shopbetreiber ist man dann gut beraten, dies durch Marketing-Maßnahmen zu verstärken oder gar schon das Lager frühzeitig aufzustocken.

Schlüsselseiten sind jene Seiten eines Webangebots, die Sie einem Besucher unbedingt zeigen möchten. Wie ein Autoverkäufer alles versucht, damit sich ein potenzieller Kunde nicht nur Prospekte anschaut, sondern sich auch hinters Steuer eines neuen Autos setzt, wird es solche Schlüsselsituationen auch auf Ihrer Website geben. Dies könnte eine eindrucksvolle Produktanimation oder eine schlüssige Argumentkette sein, weshalb man Sie als Anbieter oder Hersteller auswählen sollte. Das Monitoring der Schlüsselseiten hilft Ihnen dabei zu erkennen, inwieweit Sie Besuchern das zeigen können, was Sie wollen.

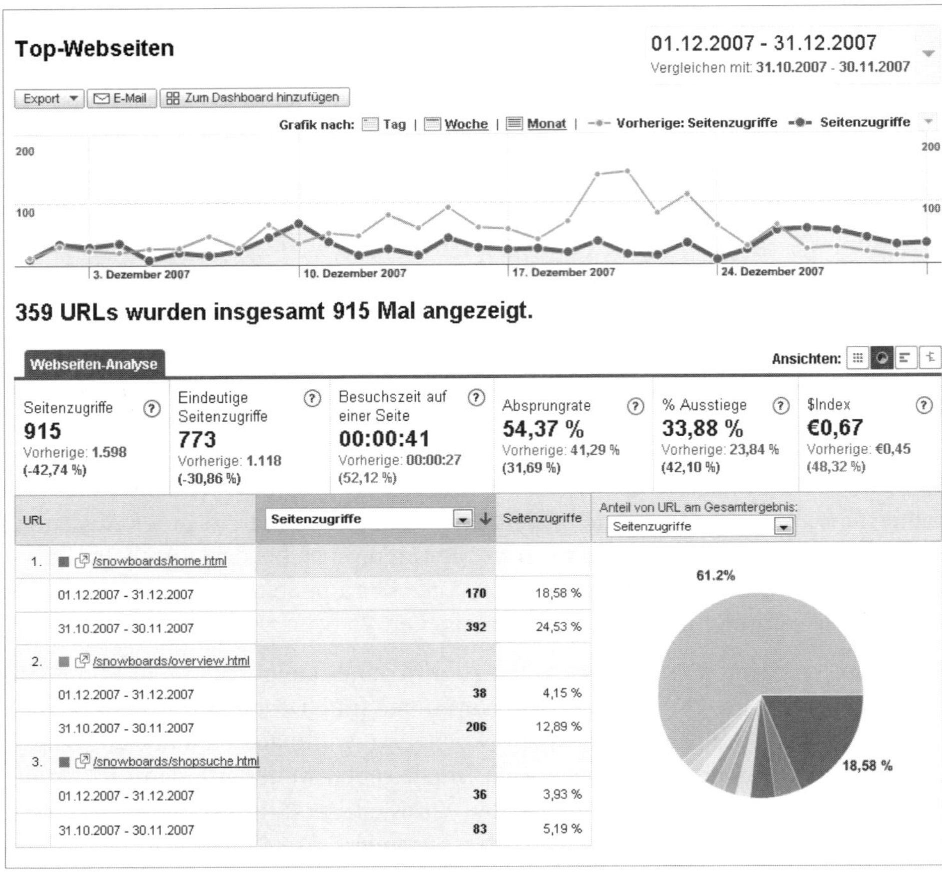

Abb. 9.4: Vergleiche von Zeitperioden lassen Nachfrage-Schwankungen deutlich erkennen.

Nicht nur die am meisten aufgerufenen Seiten, auch die Seiten, die nicht nachgefragt werden, sind aussagekräftig. Gerade bei umfangreichen Websites, wo viel Zeit und Arbeit in die Aktualisierung aller Inhaltsseiten gesteckt wird, muss man sich auch gelegentlich überlegen, wo man Ressourcen sparen kann. Längerfristig kaum aufgerufene Seiten kann man dann gut auch archivieren oder löschen. Oder man versucht, sie inhaltlich aufzuwerten und zu optimieren – wie dies geht, wird in Kapitel 15 noch ausführlich betrachtet. Leider sind jene Seiten, die überhaupt nie aufgerufen werden, auch nicht in Web-Analytics-Systemen abgebildet. Für die Analyse empfiehlt sich also, einen möglichst großen Zeitraum zu wählen, so dass die Chance eines mindestens einmaligen Aufrufes steigt.

9.1.3 Was es zu beachten gilt

Wenn man sich länger mit Web Analytics beschäftigt und eine Website mit sehr vielen Inhaltsseiten betreut, dann stößt man früher oder später auf folgende Situation: Man möchte wissen, wie oft die Seite »xyz«, eine unbedeutende und wahrscheinlich selten aufgerufene Seite, kürzlich betrachtet wurde. Dabei stellt man fest, dass zu »xyz« einfach keine Angaben im Web-Analytics-System vorhanden sind. Auch wenn man die Seite eigenhändig im Browser aufruft – womit sie ja zwangsläufig in der Auswertung erscheinen müsste –, erscheint sie keineswegs im System. Das Stichwort zu diesem Problem heißt »Table Sizes«.

Die Table Size ist die Tabellengröße, das heißt der Platz, der für die Speicherung von Nutzungsdaten in der Datenbank des Web-Analytics-Systems freigehalten wird. Bei der Festlegung dieser Tabellengröße – eine Aufgabe der IT oder des für die Installation verantwortlichen Technikers – muss zwischen Geschwindigkeit der Auswertung und Umfang der gespeicherten Seiten abgewogen werden. Dabei handelt es sich um einen »Trade Off«, das heißt, eine Verbesserung des einen geht immer zulasten des anderen.

Hat eine Website zum Beispiel 10.000 Seiten, dann werden sich die Nutzungszahlen vielleicht wie folgt zusammensetzen: 1.000 Seiten werden häufig bis sehr intensiv aufgerufen, 4.000 Seiten gelegentlich, der Rest praktisch nie. Um Speicherplatz zu sparen und die Auswertung zu beschleunigen, wird man deshalb die Tabellengröße auf 5.000 auslegen. Das heißt, für diese Anzahl Seiten werden in der Tabelle einzeln die Aufrufe gespeichert. Für die restlichen Seiten wird es lediglich eine Kategorie »Übrige Seiten« geben. Jeder Aufruf einer solchen übrigen Seite setzt den Zähler für diese Kategorie um eins hoch. Die Information, um welche Seite es sich genau handelte, geht jedoch verloren. Während die Summe der Seitenaufrufe korrekt ist, bleibt die einzelne Seite jedoch unauffindbar in der Kategorie »Übrige Seiten« verborgen. Will man dies vermeiden, hilft nur, die Tabellengröße heraufzusetzen und Speicherplatz- und Performanceverluste in Kauf zu nehmen. Normalerweise ist man mit kleineren Tabellengrößen jedoch besser bedient.

9.2 Inhaltsgruppen

Bereits in Abschnitt 9.1.1 haben Sie gesehen, dass die Zusammenfassung von einzelnen Seiten in Gruppen von Seiten eine hilfreiche Meta-Sicht auf die verwendeten Inhalte ergibt. Im genannten Abschnitt erfüllten die hierarchisch auf dem Webserver angelegten Ordner bzw. Dateiverzeichnisse diese Funktion, indem sie alle darunter liegenden Seiten gruppierten. Manche Web-Analytics-Systeme bieten darüber hinaus aber noch eine flexiblere und von der Verzeichnisstruktur auf dem Webserver unabhängige Gruppierungsvariante an, die so genannten Inhaltsgruppen.

9.2.1 Was gemessen werden kann

Inhaltsgruppen (Content Groups) sind die logische Zusammenfassung von Inhalten, die zum Beispiel ein ähnliches Thema behandeln. Die Definition der Gruppen ist dabei beliebig. Schließlich wird jede Seite einer oder mehreren solcher Gruppen zugeordnet. Auch diese Gruppen können wiederum hierarchisch aufgebaute Untergruppen enthalten.

Wenn wir als Beispiel eine Website eines Telekom-Unternehmens betrachten, dann verfügt dieses vielleicht über eine Sitemap wie in Abbildung 9.5 dargestellt.

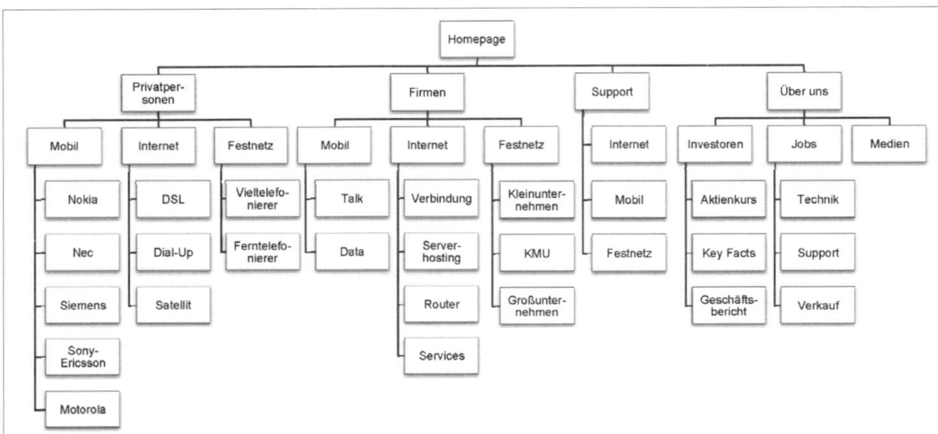

Abb. 9.5: Beispielhafte Sitemap eines Telekom-Unternehmens

Eine rein auf der Verzeichnisstruktur basierte Gruppierung ergibt die Hauptgruppen »Privatpersonen«, »Firmen«, »Support« und »Über uns«. Auf der nächsten Hierarchieebene sind sowohl der Privat- wie der Firmenbereich in »Mobil«, »Internet« und »Festnetz« aufgegliedert. Damit lassen sich jedoch zum Beispiel folgende beiden Fragestellungen nicht direkt beantworten:

- Wie hoch ist das Interesse an Produktseiten insgesamt (Firmen und Private)?
- Wie hoch ist das Interesse an allen Seiten mit Mobilfunkinhalten?

Inhaltsgruppen schaffen da Abhilfe, indem jede Seite – auch wenn sie hierarchisch an einem anderen Zweig aufgehängt ist – einer Gruppe zugewiesen werden kann. So können die Mobilfunkseiten der Privat- und Firmenkunden derselben Gruppe zugewiesen werden. Alle Produktseiten werden in einer übergeordneten Produkte-Gruppe zusammengefasst, die dann die Untergruppen »Mobil«, »Festnetz« und »Internet« enthalten. Abbildung 9.6 zeigt, wie die Seiten einer Sitemap solchen flexiblen Gruppen zugeordnet werden können.

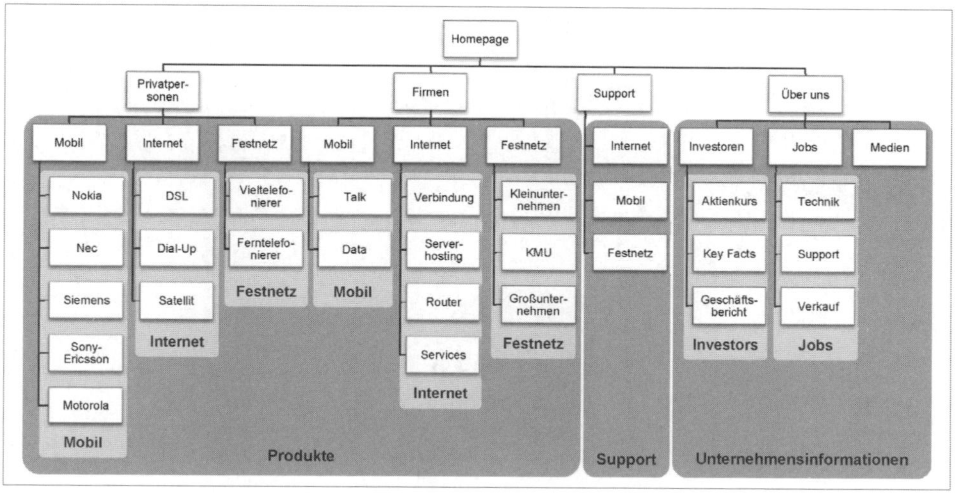

Abb. 9.6: Gruppierung der Inhalte in Inhaltsgruppen

Damit lassen sich ganz neue Auswertungssichten generieren, die eine Aggregation der Inhalte auf Inhaltsebene darstellen. Dies bringt für Inhaltsbetrachtungen folgenden Nutzen:

Erstens erhält man eine Priorisierung jener Themenbereiche, die die Besucher interessieren – so wie wir es in Kapitel 8 bereits für die Interessensdefinition von Besuchern genutzt haben. Zum Zweiten erkennt man Affinitäten unter Themenbereichen. Wenn zum Beispiel innerhalb des gleichen Besuchs häufig Seiten aus »Internet« und »Festnetz« betrachtet werden, dann müssen diese Inhalte eine hohe Affinität haben. Dies sind Indizien dafür, dass sich Cross-Promotionen auf den betreffenden Seiten lohnen würden – oder im Maximalfall gar die beiden Produkte im Bundle angeboten werden sollten. Drittens lassen sich später Erfolge je Gruppe ausweisen. So lässt sich zum Beispiel unterscheiden, ob Mobil-Produkte oder Festnetz-Produkte eine höhere Bestellrate aufweisen. Dadurch kann man lernen, wie hoch die Online-Affinität eines Produktes oder Inhaltes ist, das heißt, wie gut sich das Produkt online verkaufen lässt. Bücher weisen zum Beispiel eine sehr hohe Online-Affinität aus, während dies bei Möbeln und Autos nicht der Fall ist. Zu guter Letzt sind auch Pfadanalysen auf der Ebene von Inhaltsgruppen wesentlich aussagekräftiger. Dies haben wir bereits in Abschnitt 8.4 feststellen können.

Abbildung 9.7 zeigt die Inhaltsnutzung auf Inhaltsgruppen-Ebene. Die Auswertung der Elektronik-Website zeigt, dass in den Produktkategorien »Computer«, »Digitalkameras« und »Games« die meisten Seitenzugriffe vorgenommen werden. Für diese Bereiche stimmt demnach das Inhaltsangebot am besten mit den effektiven Bedürfnissen der Besucher überein.

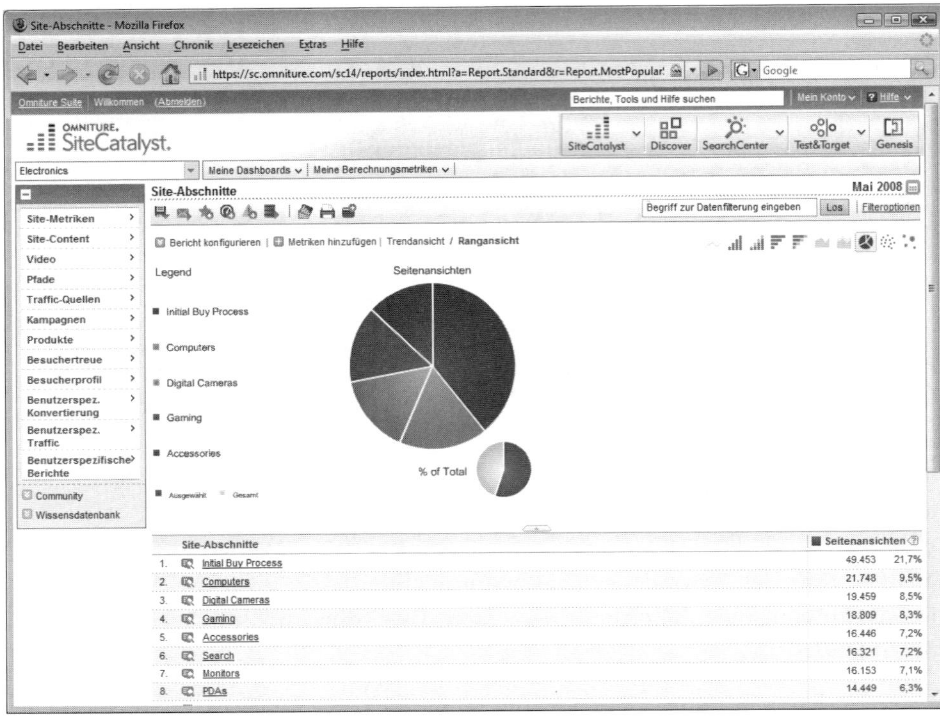

Abb. 9.7: Seitenzugriffe aggregiert nach Produktgruppen in Omniture SiteCatalyst

9.2.2 Wie Sie es nutzen sollten

Wenn man es gezielt einsetzt, dann sind Inhaltsgruppen ein sehr mächtiges Instrument, um auf einer Meta-Ebene die Nutzung von Inhalten zu verstehen. Allerdings installieren sich Inhaltsgruppen nicht Out-of-the-box, sondern man braucht einiges an kognitiver Leistung, um die Inhalte sinnvoll zu gruppieren. Die Schwierigkeit ist dabei, nach welchem Prinzip man Inhalte zusammenfassen soll. Strategien können sein:

- **Nach Produktkategorien**, zum Beispiel »Computer«, »Digitalkameras«, »Monitore«. Diese Strategie eignet sich für Websites mit hoher Produktvielfalt.
- **Nach Inhaltstyp** einer Seite, zum Beispiel »Homepage«, »Promotion«, »Produktinformation«, »Suche«, »Bestellprozess«. Dies ist insbesondere geeignet für verkaufsfokussierte Websites.
- **Nach Themen**, bei einer Bank zum Beispiel »Sparen«, »Hypotheken«, »Vorsorge«, »Jobs«, »Medien«. Diese Strategie ist tendenziell geeignet für alle inhaltsfokussierten Websites.

- **Nach Funktion** einer Seite, wie »Besucherfänger«, »Verteiler«, »Informierer« oder »Ziel-Seite«. Dies ist dann geeignet, wenn Websites konsequent solchen Seitentypen folgend aufgebaut werden.
- **Nach Nutzerbedürfnissen** ausgehend von den Aufgaben, mit denen ein Besucher auf die Website gelangt, zum Beispiel »Supportanfrage« »Preisvergleich«, »Bestellung«, »Bewerbung«, »Unternehmensinformation«. Diese Strategie ist geeignet für alle konsequent nutzerzentriert erstellten Websites.

Die Wahl der Strategie sollte man vom Ziel der Website (zum Beispiel verkaufsorientierte versus nutzerzentrierte Website) und der gewünschten Messgröße abhängig machen.

Sind die Gruppen erst einmal implementiert, sollten Sie die Inhaltsgruppen wöchentlich nutzen. Beobachten Sie dabei die fünf meistbesuchten Inhaltsgruppen auf größere Veränderungen. Rufen Sie für jede dieser Inhaltsgruppen die zugehörigen Seiten auf, die am meisten Aufrufe innerhalb der jeweiligen Gruppe haben. Neben den Top-10-Seiten über die gesamte Website bekommen auch die Spitzenseiten je Inhaltsgruppe eine Schlüsselfunktion. Nutzen Sie auch diese Seiten als Ausgangspunkt für Optimierungen, denn dies sind die wichtigsten Seiten im für Besucher interessantesten Bereich Ihrer Website.

9.2.3 Was es zu beachten gilt

Um die Nutzung von Inhaltsgruppen messen zu können, muss jede Seite einer Website einer solchen Gruppe zugeordnet sein. Die Zuordnung erfolgt in den meisten Web-Analytics-Systemen über das Page Tag. Dies bedeutet, dass im Code jeder Seite definiert werden muss, welcher Gruppe die Seite angehört. Das wiederum heißt, dass jede Seite technisch modifiziert werden muss und es nicht mit der Standard-Implementierung eines Web-Analytics-Systems getan ist. Je nachdem kann dies beträchtliche Kosten verursachen, abhängig davon, wie viele Seiten betroffen sind und welche Technologie man verwendet.

Auch nicht außer Acht gelassen werden darf der Änderungsprozess. Sowohl bei neu angelegten Seiten muss vom Autor die Inhaltsgruppe definiert werden, auch bei bestehenden Seiten kann es sein, dass sich die Zugehörigkeit zu einer Inhaltsgruppe ändert. Auch dann ist wiederum ein technischer Eingriff in die betroffene Seite unumgänglich.

Der einzige Ausweg aus dieser Abhängigkeit von der Technik ist die Editierbarkeit von Inhaltsgruppen über ein Content-Management-System (CMS) – sofern ein solches für den Website-Unterhalt eingesetzt wird. Damit kann die Inhaltsgruppe oder weitere für das Web-Analytics-System relevante Parameter je Seite von einem Autor angepasst werden – genauso wie der Titel oder Inhalt einer Seite geändert wird. Vorher muss dazu aber das CMS kundenspezifisch angepasst werden, wie in

Abbildung 9.8 geschehen. Dies bedeutet zwar auch eine technische Anpassung, jedoch lediglich einmalig – und bei häufigen Änderungen gewiss lohnenswert.

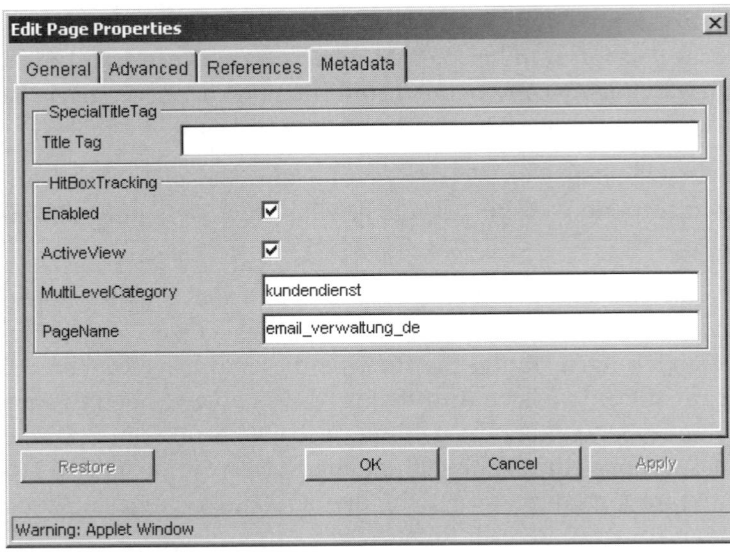

Abb. 9.8: Verwaltung von Inhaltsgruppen und anderen seitenspezifischen Analytics-Einstellungen im Content-Management-System LiveLink WCMS

Die Definition der Namen für Inhaltsgruppen sollte man sich zudem gut überlegen und systematisch durchführen. Spätere Änderungen sind nämlich schwierig bzw. rückwirkend auf bereits gespeicherte Besuche meist gar nicht mehr möglich.

9.3 Ein- und Ausstiegsseiten

Bei jedem Website-Besuch sind zwei Seiten speziell und verdienen besondere Beachtung: die erste Seite und die letzte Seite des Besuchs. Die erste Seite deshalb, weil dies sozusagen der erste Eindruck ist, den eine Website beim Besucher hinterlässt. Die letzte Seite aus dem Grund, weil der Besuch an der Stelle offenbar abgebrochen oder abgeschlossen wurde.

9.3.1 Was gemessen werden kann

Bei Einstiegsseiten, auch Entry- oder Landing Pages genannt, beginnt der Besuch einer Website. Nun würde man vielleicht meinen, dass die Homepage in den meisten Fällen die Einstiegsseite ist – das ist aber gerade komplett falsch, denn häufig wird die Homepage kaum mehr als in 20 Prozent der Fälle die Einstiegsseite sein. In der heutigen Zeit, wo Suchmaschinen eine zentrale Rolle als Traffic-Quellen einnehmen, steigen Besucher irgendwo in der Tiefe der Website ein und nicht mehr unbedingt auf der Homepage. Häufig als Einstiegsseiten aufgerufene Unterseiten sind also sozusagen die Homepages von Suchmaschinen-Benutzern, und genauso wie die Homepages sollte man die wichtigen Einstiegsseiten auch behandeln.

Abbildung 9.9 zeigt solch häufige Einstiegsseiten. Dabei stammen die ersten beiden Einträge von der Homepage und einer Landing Page, die speziell beworben wurde. Diese beiden Seiten machen aber gerade mal ein Viertel aller Einstiege auf der Website aus. Alle anderen erfolgen irgendwo in der Tiefe, beispielsweise direkt auf Produktbeschreibungsseiten. Dies lässt sich dadurch erklären, dass diese Seiten über mehr textlichen Inhalt verfügen und deshalb in Suchmaschinen weit besser auffindbar sind, als eine bildlastige Homepage oder speziell gestaltete Landing Page.

Abb. 9.9: Häufige Einstiegsseiten einer Website

Ausstiegsseiten – die letzte Seite eines Besuchs – werden im Web-Analytics-Umfeld vielfach als die »Löcher von Websites« bezeichnet. Gemeint ist damit, dass die Seiten jenen Punkt darstellen, wo ein Besuch abgebrochen wird und damit der Besucherfluss leckt.

Die Vorstellung ist allerdings etwas absurd, denn jeder Website-Besuch muss ja auf irgendeiner Seite aufhören. Dies kann aber genauso gut jene Seite sein, wo ein Besucher endlich die gewünschte Information gefunden hat. So betrachtet kann die Ausstiegsseite auch einen Erfolg darstellen. Welche dieser beiden Varianten, Erfolg oder Abbruch, es nun ist, entzieht sich leider der Kenntnis eines Web-Analytics-Systems und ist auch ziemlich schwer interpretierbar. Deshalb sollte man die Aussage von Ausstiegsseiten nicht überbewerten.

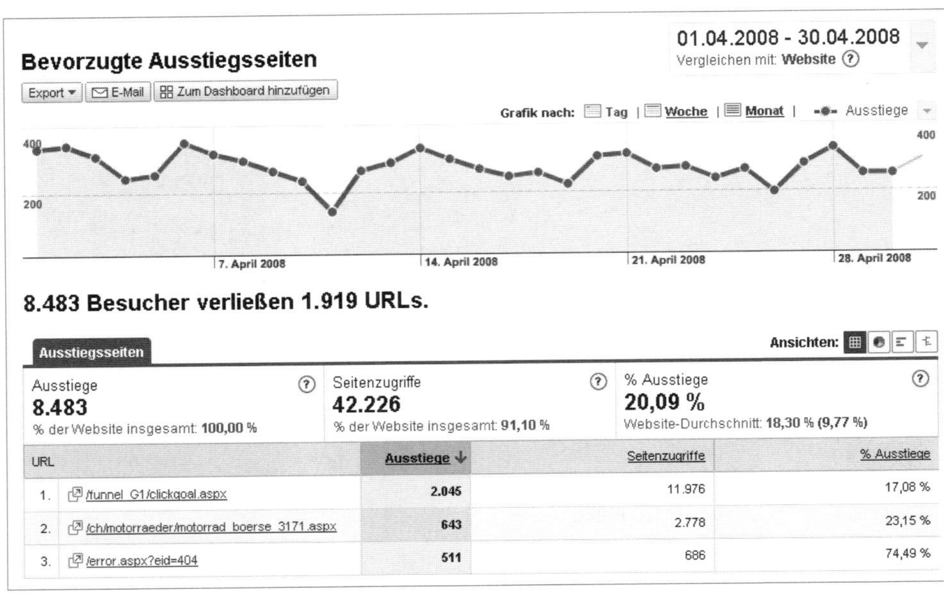

Abb. 9.10: Häufige Ausstiegsseiten einer Website

Die Situation wird in Abbildung 9.10 deutlich: Die häufigste Ausstiegsseite auf Position 1 ist eine so genannte Zielseite, eine Seite, auf die man möglichst viele Besucher lenken möchte. Erreichen sie diese Zielseite, dann ist das eine Erfolgsaussage. Darauf folgende Ausstiege liegen in der Natur der Sache und müssen nicht negativ behaftet sein. Auf der anderen Seite ist die dritthäufigste Ausstiegsseite eine Fehlerseite (»error.aspx«). Diese stellt nun tatsächlich sozusagen ein Loch in der Website dar. Denn Besucher gelangen aus zu untersuchenden Gründen auf eine Fehlerseite und verlassen dann offensichtlich die Seite. In dem Fall stellt die Ausstiegsseite einen Mangel dar. Ob häufige Ausstiegsseiten nun also ein positives oder negatives Zeichen für eine Seite sind, ist im Einzelfall und differenziert zu untersuchen.

Ein Indikator, der genutzt werden kann, um abzuschätzen, ob eine Ausstiegsseite ein Erfolgs- oder Fehlerereignis darstellt, ist die Ausstiegsrate. Wenn dieses Verhältnis der Anzahl Ausstiege zur Anzahl Seitenzugriffe der betreffenden Seite hoch ist, dann kann man davon ausgehen, dass mit dieser Seite allgemein etwas nicht stimmt. Abbildung 9.11 zeigt die Unterschiede in den Ausstiegsraten (im Vergleich zu Website-weiten Ausstiegsraten) deutlich. Ein weiterer Indikator kann die durchschnittliche Betrachtungsdauer einer solchen Seite sein: Findet ein Besucher, was er will, wird er wesentlich mehr Zeit darauf verwenden, die gewünschte Information auf der Seite zu studieren, als wenn er entnervt beschließt, auf dieser Seite den Besuch abzubrechen.

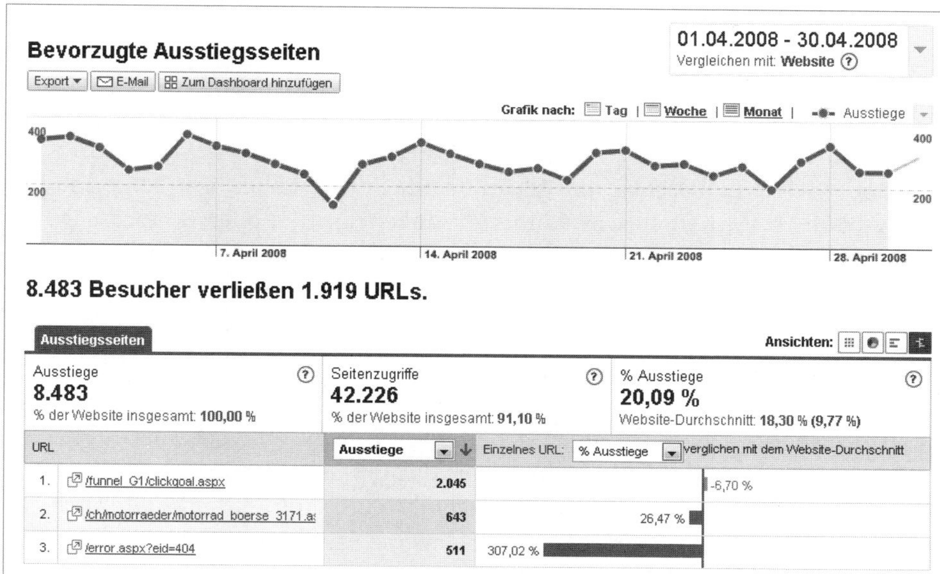

Abb. 9.11: Die Ausstiegsrate trennt die mangelhaften von den erfolgreichen Ausstiegsseiten

9.3.2 Wie Sie es nutzen sollten

Die Top 10 der Einstiegsseiten sollten Sie so im Auge behalten, wie Sie die Homepage im Auge haben – also in kürzeren Intervallen überwachen. Welche Seiten sich unter den Top 10 befinden, spielt dabei nicht einmal solch eine große Rolle. Für alle Seiten gilt nämlich folgende Vorgehensweise:

- Überprüfen Sie, ob die Botschaft, die Sie generell online kommunizieren, mit jener der Homepage und der Top-10-Einstiegsseiten konsistent ist. Die Top-Einstiegsseiten und die Homepage geben den ersten Eindruck ab. Wenn dieser Eindruck nicht mit der über die Kommunikation geschürten Erwartungshaltung des Besuchers übereinstimmt, dann besteht direkt bei Besuchsbeginn schon ein Missverhältnis.
- Forschen Sie bei den einzelnen Einstiegsseiten und der Homepage nach, welche Traffic-Quellen auf die betreffenden Einstiegsseiten verweisen. Vielleicht

stammt bei einer Einstiegsseite besonders viel Traffic aus Suchmaschinen, bei einer anderen Seite aus Partnerverlinkungen. Die notwendigen Auswertungen zu den Traffic-Quellen haben Sie bereits in Kapitel 6 kennen gelernt. Überprüfen Sie anschließend für die Haupt-Traffic-Quelle je Seite, ob die dort kommunizierte Botschaft mit jener auf der Einstiegsseite übereinstimmt.

Bei den Ausstiegsseiten sollten Sie mit den in Abschnitt 9.3.1 gezeigten Mitteln versuchen zu identifizieren, ob es sich um Abschluss- oder Abbruchseiten handelt. Finden sich Abbruchseiten wie Fehlermeldungsseiten unter den Top 10 der Ausstiegsseiten, dann sollten Sie der Ursache dafür unbedingt nachgehen.

9.3.3 Was es zu beachten gilt

Natürlich kann die Ein- und Ausstiegsseite eines Besuchs auch ein- und dieselbe Seite sein. Dies trifft dann zu, wenn ein Besucher sich auf der Website im Kreis dreht oder wenn ein Besuch nur genau eine Seite beinhaltet. Der letzte Fall tritt relativ häufig auf, man spricht dann von Einzelzugriffen oder Bounces. Da die Aussagekraft solcher Einzelzugriffe gewichtig ist, wird dieser Spezialfall im folgenden Abschnitt separat betrachtet.

9.4 Attraktivität einer Seite

Bei den bisherigen Betrachtungen haben wir meist für eine spezifische Ausprägung wie die Anzahl Seitenzugriffe jeweils die Top-Seiten angeschaut. Für detailliertere Analysen – gerade, wenn man irgendwo auf eine Auffälligkeit unter den Top-Seiten stößt – muss man jedoch eine einzelne Seite für sich alleine beurteilen. Um solche Detailbetrachtungen geht es in diesem Abschnitt.

9.4.1 Was gemessen werden kann

Für jede Seite kann man einige Kennzahlen zusammenstellen, die die Attraktivität einer Seite ausmachen. Die Attraktivität soll darüber Auskunft geben, wie gut oder schlecht eine Seite ihre Aufgabe erfüllt. Zu den interessantesten Kennzahlen zählen:

- Verweildauer auf der Seite
- Absprungrate/Einzelzugriffe
- »Haftung« der Seite

In den meisten Web-Analytics-Systemen sind diese Kennzahlen je Seite aufrufbar – oder zumindest sind die notwendigen Berechnungsgrundlagen dafür vorhanden. Abbildung 9.12 zeigt solche sowie noch einige weitere Metriken für eine einzelne Seite.

Abb. 9.12: Metriken für eine einzelne Seite

Verweildauer auf der Seite

Anders als die Dauer eines Website-Besuchs (vgl. Abschnitt 8.1) gibt die Verweildauer auf einer Seite darüber Auskunft, wie lange die betreffende Seite im Durchschnitt betrachtet wurde. Dies ist mitunter eine Qualitätsaussage für die betreffende Seite. Für Inhaltsseiten zum Beispiel ist eine lange Betrachtungsdauer als Erfolg zu werten. Dies gilt allerdings nicht für alle Seiten. Bei einer Seite, deren Funktion es ist, einen Besucher schnell auf eine andere Seite weiterzuleiten, kann auch eine kurze Verweildauer als positiv zu bewerten sein. Die Interpretation der Verweildauer ist also abhängig vom Inhalt und der Funktion der betreffenden Seite und muss in deren Kontext betrachtet werden.

Absprungrate

Die Absprungrate haben wir bereits in Abschnitt 8.2 näher betrachtet, dort jedoch mit Blick auf die gesamte Website. Bei solchen Betrachtungen dient die Metrik dazu, zu erkennen, wie viele Besuche lediglich über eine einzelne Seite führten. Dies ergibt einen guten Überblick über das Verhalten der Besucher.

Genauso spannend ist die Absprungrate oder Bounce Rate jedoch auch, wenn man sie für eine einzelne Seite betrachtet. Um die Absprungrate einer bestimmten Seite zu berechnen, nimmt man die Anzahl der Einzelzugriffe einer Seite und teilt sie durch die Anzahl der Einsteige auf dieser Seite. Dies ergibt eine Prozentzahl, die irgendwo zwischen 0 und 100 Prozent zu liegen kommt. Im Normalfall berechnen Web-Analytics-Systeme diese Metrik aber automatisch, so dass man den Taschenrechner in der Schublade lassen kann. Verfügt eine Seite nun über eine Absprungrate von 50 Prozent, bedeutet dies, dass jeder zweite Besucher, bei dem dies die erste Seite seines Besuchs ist, wieder die Website verlässt. Eine hohe Absprungrate ist demzufolge ein schlechtes Zeichen, während niedrige Absprungraten ein Qualitätsmerkmal sind.

Der Vergleich von Absprungraten einzelner Seiten lässt sich so gut verwenden, um bei Seiten die Spreu vom Weizen zu trennen. Hohe Absprungraten sind ein deutlich negatives Signal, dessen Gründen man unbedingt nachgehen muss. In Abbildung 9.13 tritt zum Beispiel die Seite an zweiter Position mit einer hohen Absprungrate von über 65 Prozent in Erscheinung. Notabene handelt es dabei um die Seite mit den zweitmeisten Seitenzugriffen – also eine alarmierende Kombination.

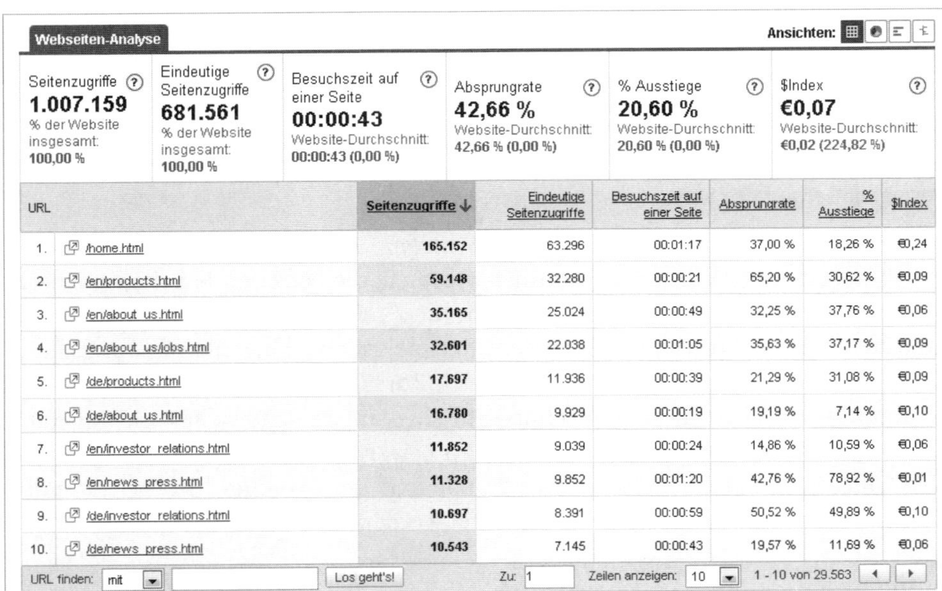

	URL	Seitenzugriffe	Eindeutige Seitenzugriffe	Besuchszeit auf einer Seite	Absprungrate	% Ausstiege	$Index
1.	/home.html	165.152	63.296	00:01:17	37,00 %	18,26 %	€0,24
2.	/en/products.html	59.148	32.280	00:00:21	65,20 %	30,62 %	€0,09
3.	/en/about_us.html	35.165	25.024	00:00:49	32,25 %	37,76 %	€0,06
4.	/en/about_us/jobs.html	32.601	22.038	00:01:05	35,63 %	37,17 %	€0,09
5.	/de/products.html	17.697	11.936	00:00:39	21,29 %	31,08 %	€0,09
6.	/de/about_us.html	16.780	9.929	00:00:19	19,19 %	7,14 %	€0,10
7.	/en/investor_relations.html	11.852	9.039	00:00:24	14,86 %	10,59 %	€0,06
8.	/en/news_press.html	11.328	9.852	00:01:20	42,76 %	78,92 %	€0,01
9.	/de/investor_relations.html	10.697	8.391	00:00:59	50,52 %	49,89 %	€0,10
10.	/de/news_press.html	10.543	7.145	00:00:43	19,57 %	11,69 %	€0,06

Abb. 9.13: Hohe Absprungraten einer Seite identifizieren potenzielle Qualitätsprobleme.

Die Absprungrate einer Seite ist auch eine exzellente Metrik, um die Qualität der Landing Page einer Kampagne zu beurteilen. Sei es eine Banner-, AdWord- oder Suchmaschinenkampagne – eine niedrige Absprungrate bezeugt, dass die Botschaft der Kampagne auf der Landing Page weitergeführt wird und der Besucher das findet, was er aufgrund der Kampagne erwartet hat.

Zu guter Letzt ist die Absprungrate die wohl beste Metrik, um Traffic-Quellen und Besucher einzustufen. Betrachtet man die Absprungraten von verweisenden Websites, Suchmaschinen, Kampagnen oder gar Suchmaschinen-Keywords, ergibt dies eine exzellente Qualitätsaussage darüber, wie wertvoll der verweisende Traffic effektiv ist. Abbildung 9.14 zeigt eindrücklich, wie unterschiedlich Absprungraten von verweisendem Traffic von Suchmaschinen sein können: Besucher, die über Google auf die Website gelangten, weisen lediglich eine Absprungrate von rund 40 Prozent auf. Bei Besuchern aus anderen Suchmaschinen ist die Absprungrate ohne Ausnahme um 20 bis 30 Prozentpunkte höher.

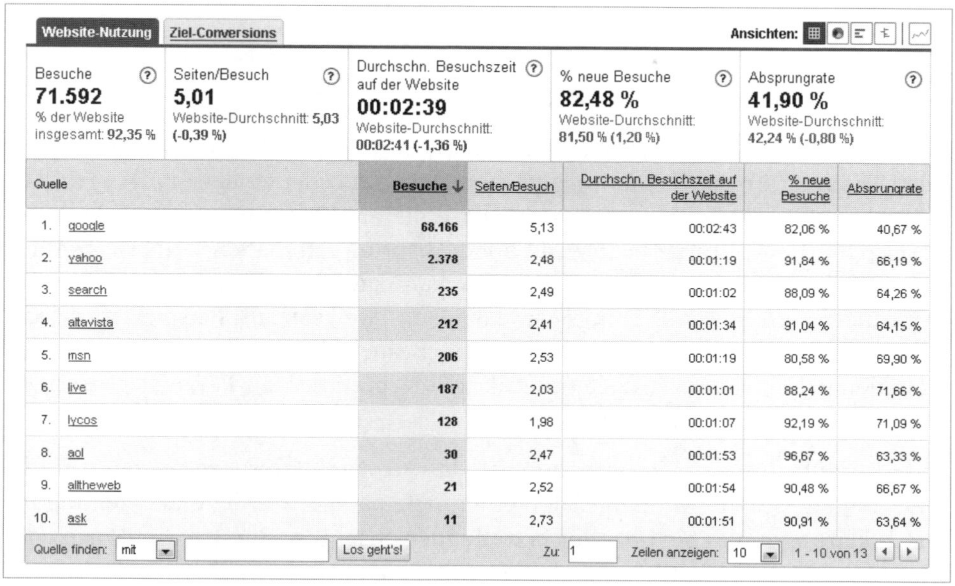

	Quelle	Besuche ↓	Seiten/Besuch	Durchschn. Besuchszeit auf der Website	% neue Besuche	Absprungrate
1.	google	68.166	5,13	00:02:43	82,06 %	40,67 %
2.	yahoo	2.378	2,48	00:01:19	91,84 %	66,19 %
3.	search	235	2,49	00:01:02	88,09 %	64,26 %
4.	altavista	212	2,41	00:01:34	91,04 %	64,15 %
5.	msn	206	2,53	00:01:19	80,58 %	69,90 %
6.	live	187	2,03	00:01:01	88,24 %	71,66 %
7.	lycos	128	1,98	00:01:07	92,19 %	71,09 %
8.	aol	30	2,47	00:01:53	96,67 %	63,33 %
9.	alltheweb	21	2,52	00:01:54	90,48 %	66,67 %
10.	ask	11	2,73	00:01:51	90,91 %	63,64 %

Abb. 9.14: Absprungraten unterschiedlicher Suchmaschinen bringen Erstaunliches zutage.

»Haftung« der Seite

Manche Leute sehen ein Glas stets halb leer, während andere es noch als halb voll bezeichnen. Genau so verhält es sich mit der Absprungrate und der Haftung einer Seite, der Page Stickiness. Die Haftung einer Seite ist die positive Betrachtungsweise der Absprungrate, da für diese Kennzahl der Anteil an Besuchen angeschaut wird, bei dem es eine Seite schafft, den Besucher zum weiteren Verbleib auf der Website zu bewegen. Die Berechnungsweise der Haftung lautet denn auch schlicht 1 – (Einzelzugriffe einer Seite/Anzahl Einstiege auf dieser Seite). Eine Haftung von 50 Prozent heißt also, dass jeder zweite Besucher nach Einstieg auf der Seite mindestens noch eine zweite Seite aufruft.

Die Haftung zeichnet die Fähigkeit einer Seite aus, einen Besucher zum Verbleiben zu bewegen. Gerade für die Homepage oder wichtige Landing Pages ist die Haftung ein guter Indikator dafür, ob die Seite ihren Job gut macht.

Gründe, weshalb die Seitenhaftung schlecht ausfallen kann, sind vielfältig. Mit zu den gewichtigsten zählen:

- Unprofessionelles Design und unklare Navigationsmöglichkeiten können bereits auf der ersten Seite zum Abbruch führen.
- Lange Ladezeiten lassen den Besucher stoppen, noch bevor die Seite ganz geladen ist.
- Entspricht der Inhalt einer Seite nicht dem in Verlinkungen oder Kampagnen kommunizierten, führt dies ebenfalls häufig zu Abbrüchen.

9.4.2 Wie Sie es nutzen sollten

So interessant die Seitenattraktivitäts-Metriken wie Verweildauer, Absprungrate oder Seitenhaftung auch sein mögen, sie haben ein bedeutendes Manko: Für sich allein lassen sie sich kaum sinnvoll interpretieren. Eine Landing Page kann im Vergleich zu einer Inhaltsseite eine hohe Absprungrate haben – aber eigentlich dennoch ihren Job gut verrichten. Genauso kann die Homepage eine niedrige Verweildauer haben – was allerdings okay sein kann, weil sie zum Beispiel hauptsächlich aus Bildinhalten besteht und einen Besucher schnell zu den Inhalten weiterleiten soll. Um also Seitenmetriken interpretieren zu können, muss man den Inhalt einer Seite vor sich haben.

Eine Variante, um dem zu begegnen, ist, das Browser-Overlay zu nutzen. Im Idealfall zeigt dieses die Nutzungsdaten einer Seite parallel zur Seitendarstellung an. Die Erklärung, ob es sich bei der betreffenden Seite um eine Landing Page oder um eine normale Inhaltseite handelt, fällt dann leicht.

So ganz glücklich wird man allerdings auch mit dem Browser-Overlay nicht werden, denn was immer noch fehlt, ist ein Anhaltspunkt, ob nun zum Beispiel eine Haftung von 45 Prozent für eine Landing Page gut oder schlecht ist. Eine gute Möglichkeit, um ein Gefühl dafür zu bekommen, ist, Seiten gleichen Typs gegeneinander zu messen. Angenommen, eine Website hat 15 Landing Pages, dann kann ein Vergleich der Landing Pages miteinander Differenzen aufzeigen. Performt dann eine Landing Page tatsächlich massiv schlechter als die beste, dann weiß man, wo man ansetzen muss.

Um so ein internes Benchmarking nicht nur für Landing Pages, sondern für alle Seiten anzuwenden, muss man zuerst ein System finden, nach dem man gleichartige Seiten kategorisiert. Empfehlenswert ist es, diese Kategorisierung abhängig von der Aufgabe einer Seite zu machen. Schaut man sich die Aufgaben von Seiten an, dann lassen sich diese für die meisten Websites in folgende sieben Kategorien gliedern:

- **Fänger-Seiten:** Sie haben die Aufgabe, Besucher zu »fangen«, das heißt sie so anzusprechen, dass sie auf der Website bleiben und weitere Seiten betrachten. Typischerweise übernehmen Landing Pages oder die Homepage diese Aufgabe.

- **Verteiler-Seiten:** Die Struktur von Websites ist im Normalfall hierarchisch aufgebaut. Übergeordneten Knotenpunkten kommt deshalb die Funktion zuteil, Besucher auf verschiedene untergeordnete Seiten weiterzuleiten.
- **Informierer-Seiten:** Die eigentlichen Inhalte von Websiten haben eine Informationsaufgabe. Sie haben den Zweck, Fragen des Besuchers zu beantworten. Beim größten Teil von Seiten einer Website handelt es sich um solche Informierer-Seiten.
- **Service-/Tool-Seiten:** Service- oder Tool-Seiten sind kleine Applikationen oder Dienste, die eine bestimmte Funktion anbieten. Dies kann ein Hypotheken-Rechner auf einer Bankenwebsite oder eine Suchfunktion auf einer Inhaltssite sein.
- **Überzeuger-Seiten:** Eine Website mit Business-Fokus will immer den Besucher von der eigenen Leistung, vom Produkt oder vom Unternehmen überzeugen. Seiten dieses Typs versuchen beim Besucher, dies zu erreichen.
- **Aktions-Seiten:** Ist ein Besucher erst überzeugt, folgt im Idealfall eine Aktion. Eine solche Aktion kann eine Bestellung, eine Kontaktaufnahme, eine Bewerbung oder vieles mehr sein.

Abbildung 9.15 zeigt Beispiele solcher Seitentypen anhand der Website von BMW. Die Fänger-Seite versucht, mit ansprechenden und emotionalen Bildern und Teasern den Besucher zum Verweilen anzuregen. Die Verteiler-Seite leitet Besucher nüchtern und schnell auf das gewünschte Fahrzeug-Modell weiter. Eine Informierer-Seite wie die Leistungsbeschreibung des Autos klärt den Informationsbedarf von interessierten Besuchern. Der Autokonfigurator ist eine Tool-Seite, mit der sich die Wunschkonfiguration des Autos zusammenstellen lässt. Auf der Überzeuger-Seite versucht der Hersteller anschließend, leicht emotional und mit Fakten den Besucher zum nächsten Schritt – der Probefahrt – zu überreden. Die Seite zur Vereinbarung eines solchen Probefahrt-Termins schließlich stellt eine Aktions-Seite dar. In Kapitel 16 wird noch gründlich auf diese Seitentypen eingegangen, wenn es darum geht, komplette Websites neu zu erstellen.

Wenn man solche Seiten derart gegenüberstellt, dann wird klar, dass zum Beispiel eine Verweildauer von zehn Sekunden auf der Verteiler-Seite gut, dagegen auf der Informierer-Seite schlecht ist. Sobald man jedoch nur noch Seiten des Typs Verteiler für sich anschaut, ist das Ziel klar: Je kürzer die Verweil-Dauer, desto besser. Umgekehrt gilt dasselbe zum Beispiel für Informierer-Seiten.

Mit diesem Ansatz lassen sich nun verschiedene Metriken von Seiten derselben Kategorie miteinander vergleichen. Da die Seiten in einer Kategorie alle dieselbe Aufgabe haben, sind auch die Metriken vergleichbar. Mit diesem Ansatz im Kopf und mit dem Browser-Overlay ausgerüstet erreicht man eine fundierte Detailanalyse einzelner Seiten. Nutzt man zudem noch Inhaltsgruppen (vgl. Abschnitt 9.2), um die Seiten nach Seitentyp zu gruppieren, ist auch eine Auswertung innerhalb des Web-Analytics-Systems einfach möglich.

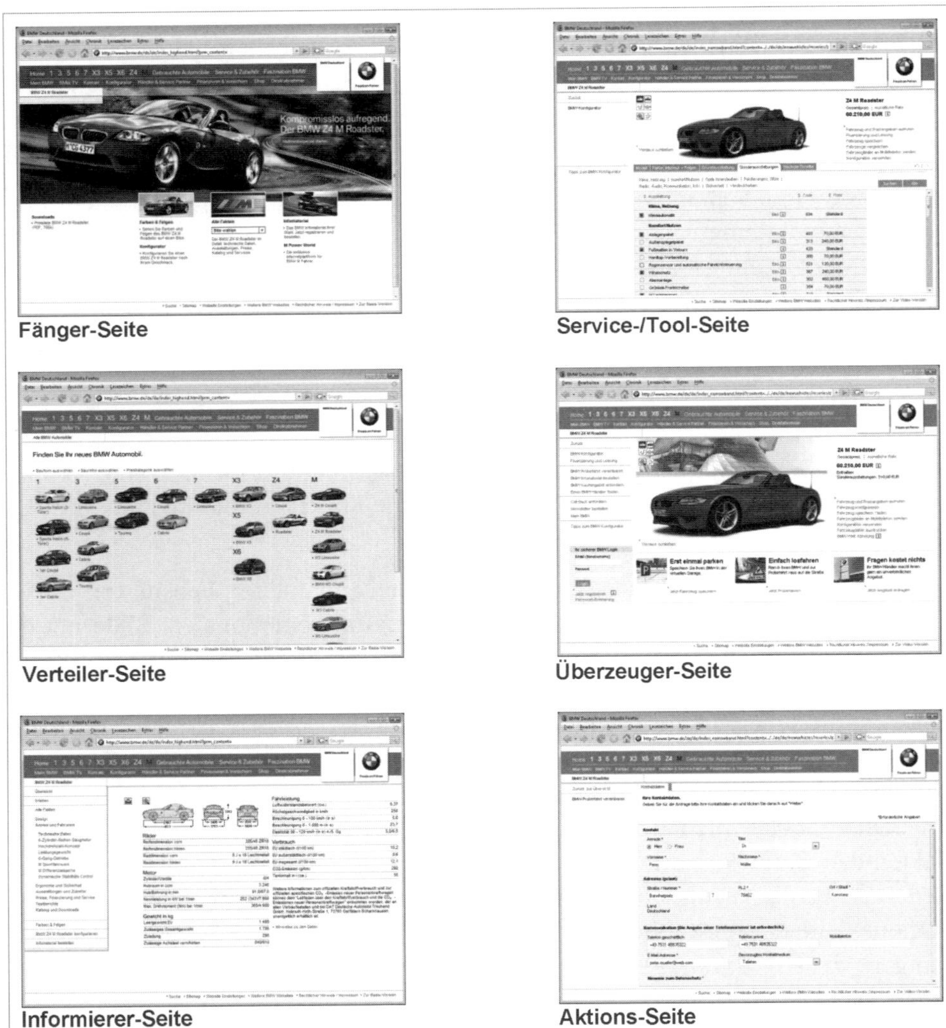

Abb. 9.15: Unterschiedliche Seitentypen am Beispiel von bmw.de

Wenn man keine Möglichkeit hat, Inhaltsgruppen im Web-Analytics-System zu definieren, dann hilft auch Excel, um eine systematische Auswertung zu fahren. Am besten nimmt man dazu im Web-Analytics-System die Auswertung der Top-Seiten und exportiert die Top 100 oder 200 der meistaufgerufenen Seiten als CSV-Datei. Anschließend liest man diese Daten einfach in Excel ein und hat dort rasch eine Kategorisierung der Seiten vorgenommen. Mit Bordmitteln von Excel lassen sich dabei schnell die Datenreihen nach Kategorie sortieren und die Zahlen mit einigen automatischen Formatierungen voneinander abheben. Für die schönen Balkengrafiken muss man allerdings über die neueste Version von Excel verfügen.

	A	B	C	E	F	G	H	I
1	URL	Seitentyp	Seitenzugriffe	Verweildauer	Absprungrate	% Ausstieg	Haftung	Bewertung
2	/ch/motorraeder/motorrad_boerse/moto	Verteiler	7191	15.76689942	0.192771077	0.063968852	0.807228923	✔ 3
3	/error.aspx?eid=404	Verteiler	5606	79.57609711	0.828655243	0.808954716	0.171344757	✘ 1
4	/ch/pocketbikes/pocket_bike_boerse/mi	Verteiler	3509	20.20509709	0.25	0.060701054	0.75	✔ 3
5	/ch/bikes/bike-boerse/fahrraeder_325.as	Verteiler	2752	18.28832407	0.101449274	0.085029073	0.898550726	✔ 3
6	/ch/bikes/bike-boerse/fahrraeder/rennve	Verteiler	1303	27.56091148	0.175084174	0.124328472	0.824915826	✔ 3
7	/ch/handys/handy_boerse/sony_ericsson	Verteiler	1181	22.28026071	0.305084735	0.090601183	0.694915265	! 2
8	/ch/bikes/bike-boerse/fahrraeder/mount	Verteiler	1155	22.33670653	0.166666672	0.058874458	0.833333328	✔ 3
12	/funnel_G1/notelistgoal.aspx	Überzeuger	552	27.43155894	0	0.047101449	1	✔ 3
13	/ch/bikes/in_meiner_naehe_7348.aspx	Tool	1156	72.69122807	0.645390093	0.260380626	0.354609907	! 2
14	/ch/motorraeder/in_meiner_naehe_7341	Tool	617	91.53647059	0.722222209	0.311183155	0.277777791	! 2
15	/ch/pocketbikes/in_meiner_naehe_7349.	Tool	559	69.14081633	0.181818187	0.123434708	0.818181813	✔ 3
16	/ch/tickets/ticket_boerse/konzerttickets/	Informierer	9314	59.34366925	0.505984306	0.501395762	0.494015694	! 2
17	/ch/motorraeder/motorrad_boerse/moto	Informierer	2691	21.00079554	0.41538462	0.065774806	0.58461538	! 2
18	/ch/pocketbikes/pocket_bike_boerse/mi	Informierer	2460	18.37786425	0.203389823	0.059756096	0.796610177	✔ 3
19	/ch/bikes/bike-boerse/fahrraeder/mount	Informierer	2384	26.81323322	0.194092825	0.106124163	0.805907175	✔ 3
23	/ch/pocketbikes/pocket_bike_boerse/mi	Informierer	1753	15.56295844	0.294117659	0.066742726	0.705882341	✔ 3
24	/ch/tickets/ticket_boerse/konzerttickets/	Informierer	1691	27.6813903	0.973333359	0.183323473	0.026666641	✘ 1
25	/ch/handys/handy_boerse/nokia_3208.as	Informierer	1680	21.67055772	0.200000003	0.08214286	0.799999997	✔ 3
26	/ch/motorraeder/motorrad_boerse/moto	Informierer	1668	21.10070108	0.349999994	0.059352517	0.650000006	✔ 3
30	/ch/bikes/bike-boerse/fahrraeder/like_a	Informierer	1385	36.81457663	0.343283594	0.326353788	0.656716406	! 2
31	/ch/motorraeder/motorrad_boerse/moto	Informierer	1330	20.93380062	0.400000006	0.034586467	0.599999994	✔ 3
32	/ch/motorraeder/motorrad_boerse/moto	Informierer	1286	18.56741108	0.333333343	0.059875581	0.666666657	✔ 3
40	/ch/notebooks/notebook_boerse/acer_3	Informierer	1011	34.85109489	0.66315788	0.322453022	0.33684212	✘ 1
41	/ch/motorraeder/motorrad_boerse/moto	Informierer	983	25.85452586	0.128205135	0.055951171	0.871794865	✔ 3
42	/ch/motorraeder/motorrad_boerse/moto	Informierer	977	19.98099261	0.666666687	0.030706244	0.333333313	✘ 1
91	/ch/motorraeder/motorrad_boerse_3171.	Fänger	21327	32.09747775	0.224104837	0.299151301	0.775895163	✔ 3
92	/ch/pocketbikes/pocket_bike_boerse_37	Fänger	9832	43.66666667	0.226757005	0.285394639	0.773242995	✔ 3
93	/ch/bikes/bike-boerse_324.aspx	Fänger	8343	39.91425943	0.281069756	0.348555684	0.718930244	! 2
94	/ch/handys/handy_boerse_3204.aspx	Fänger	5849	33.54851914	0.18463181	0.28996411	0.81536819	✔ 3
95	/ch/notebooks/notebook_boerse_3237.as	Fänger	2578	39.58121432	0.192579508	0.252521336	0.807420492	✔ 3
96	/default.aspx	Fänger	2466	51.44892086	0.552348971	0.436334133	0.447651029	✘ 1
97	/schweiz_12.aspx	Fänger	1721	31.65858726	0.181434602	0.160952941	0.818565398	✔ 3
98	/de/pocketbikes/pocket_bike_boerse_36	Fänger	1704	36.1641286	0.290379524	0.306338042	0.709620476	! 2
99	/ch/snowboards/snowboard-boerse_3357	Fänger	865	50.76642336	0.33203885	0.366474003	0.66796115	! 2
100	/ch/autos/auto_boerse_3269.aspx	Fänger	748	43.86115445	0.119999997	0.143048123	0.880000003	✔ 3
101	/ch/motorraeder/motorrad_boerse_3171.	Fänger	725	28.36550633	0.010752688	0.128275856	0.989247312	✔ 3

Abb. 9.16: Manuelle Auswertung von verschiedenen Seiten-Metriken in Microsoft Excel

In einer derartigen Gegenüberstellung werden Ausreißer schnell ersichtlich, zum Beispiel die Zeile 3 oder Zeile 24 in Abbildung 9.16. Grundsätzlich sollte man je Seitentyp die Metriken wie folgt interpretieren:

- **Verweildauer:** Bei Informierer-, Überzeuger- und Toolseiten sollte die Verweildauer hoch sein, da Besucher sich mit dem Inhalt beschäftigen sollten. Bei Fänger- und Aktions-Seiten ist die Betrachtungsdauer weniger relevant.
- **Absprungrate:** Insbesondere bei Fängerseiten ist eine niedrige Absprungrate wichtig. Aber auch bei Informiererseiten sollte die Rate niedrig sein, da Informiererseiten vielfach die Einstiegspunkte über Suchmaschinen darstellen. Tendenziell fallen die Absprungraten jedoch höher aus als bei anderen Seitentypen, da Fänger und Informierer auch häufig Einstiegsseiten darstellen. Bei den anderen Seitentypen fallen die Absprungraten weniger ins Gewicht.

- **Ausstiege:** Auch hier zeigt sich, dass Fänger meist die höchsten Werte erzielen, wenngleich ein niedriger Wert besser ist. Wesentlich entscheidender sind jedoch niedrige Ausstiegswerte bei den Verteiler-, Überzeuger- und Aktions-Seiten. Denn diese Seiten haben die klare Aufgabe, Besucher zur nächsten Seite – zum Beispiel zum Website-Ziel – zu bringen. Erfüllen sie dies nicht, dann besteht dringender Handlungsbedarf.

Wer noch weitere Kennzahlen zur Beurteilung von Seiten unterschiedlicher Typen zur Anwendung bringen möchte, der findet im hervorragenden Whitepaper »Functionalism: A New Approach to Web Analytics« der Firma Semphonic weitere Anhaltspunkte dazu (auf Englisch). Das Whitepaper, das unter `http://www.semphonic.com/resources/wpaper_005.pdf` zu finden ist, beschreibt einen Ansatz mit einer noch feineren Aufteilung der Seiten auf unterschiedliche Seitentypen.

9.4.3 Was es zu beachten gilt

Für die Metriken »Verweildauer«, »Absprungrate« und »Seitenhaftung« gilt dasselbe wie für ihre Pendants auf Gesamt-Website-Ebene. Die Verweildauer kann technisch nicht gemessen werden, wenn die Seite die letzte Seite eines Besuchs darstellt.

Die Berechnung der Absprungrate basiert ja unter anderem darauf, wie häufig eine Seite ein Einzelzugriff eines Besuchs darstellte. Nicht berücksichtigt wird dagegen, wie lange eine Seite betrachtet wird bzw. ob sie gelesen wird oder der Besucher gerade wieder wegklickt. Weshalb dies so ist, ergibt sich aus dem Fehlen der Messmöglichkeit der Betrachtungsdauer für die letzte oder einzige Seite eines Besuchs. Ungünstig wirkt sich dies insbesondere für Blogs aus. Denn dort ist es sehr häufig der Fall, dass nur einzelne Seiten – eben Blog-Posts – gelesen werden. Eine hohe Absprungrate ist bei Blogs daher natürlich und nicht weiter bedenklich.

9.5 Ausfälle und Fehler

Üblicherweise möchte man ja wissen, welche Inhalte und Seiten von Besuchern aufgerufen, betrachtet und genutzt worden sind. Es gibt jedoch auch den negativen Fall, dass Inhalte zwar nachgefragt werden, diese der Benutzer aber aufgrund eines Fehlers oder Ausfalls der Website gar nichts zu sehen bekommt. Insbesondere wenn man eine ausgedehnte Kampagne auf einen bestimmten Zeitpunkt hin aufschaltet, ist es äußerst ärgerlich, wenn genau dann die Website ausfällt und die erwartungsvoll auf einen Banner klickenden Besucher lange Ladezeiten oder gar eine Fehlermeldung hinnehmen müssen.

Web-Analytics-Auswertungen zu Performance, Ausfällen und Fehlermeldungen beugen zwar keinen Probleme vor. Sie helfen aber zu merken, dass überhaupt ein Problem auf der Website besteht. Denn schlimm ist es, wenn Besucher über Tage oder gar Wochen lange Ladezeiten oder unschöne Fehlermeldungen hinnehmen müssen oder wegen eines Ausfalls überhaupt nicht auf die Website gelangen – ohne dass man als Website-Betreiber eine Ahnung davon hat.

9.5.1 Was gemessen werden kann

Die Sicherstellung des Betriebs einer Website ist meist die Aufgabe der IT-Abteilung oder des externen Hosters. Als Web- oder Marketing-Verantwortlicher sollte man sich in der Regel deshalb eigentlich nicht um die Verfügbarkeit der Website kümmern müssen. Wenn die Website aber langsam oder schlecht verfügbar ist, dann ist man dennoch stark davon betroffen, hängt doch Reputation und unter Umständen gar Umsatz von der Verfügbarkeit der Website ab. IT-Abteilungen und Hoster neigen zudem dazu, nur die eigene Infrastruktur im Blickfeld zu behalten und nicht die Gesamtwebsite. »Die Prozessorauslastung und das Memory des Servers sind im grünen Bereich und die Bandbreite ist nur zu 30 Prozent ausgenutzt«, wird man dann häufig belehrt, wenn man das subjektive Gefühl oder gar Kundenfeedbacks hat, dass die Website einfach langsam lädt oder schon wieder nicht verfügbar ist.

Das Grundproblem ist, dass solche Aussagen aus einer internen IT-Sicht erfolgen und nicht den Besucher der Website ins Zentrum stellen. Schlussendlich ist die Wartezeit für einen Besucher nämlich in der Zeit zwischen Aufruf der Website und vollständiger Darstellung im Browser definiert – und nicht zwischen dem Zeitpunkt, wo der Server den Request bekommen und die Response ausgeliefert hat. Die Analyse von Ladezeit und Ausfällen muss daher auch hier unbedingt vom Client, also vom Besucher, aus erfolgen und nicht serverseitig. Leider eignen sich die klassischen Web-Analytics-Systeme nicht für solch eine Messung – denn wenn die Website ausfällt, dann erfolgt einfach überhaupt keine Messung, da ja auch das Page Tag nicht bis zum Besucher gelangt.

Die Lösung dafür sind so genannte Sonden, Dienste, die von verschiedenen Punkten auf der Welt aus die dortige Verfügbarkeit und Performance einer Website überprüfen. Damit bekommt man ein objektives Gespür dafür, wie lange es zum Beispiel für einen australischen Besucher dauert, bis die Website geladen ist. Sonden gibt es dabei von Kostenlosdiensten wie MyWebalert (`www.mywebalert.com`) über kostenpflichtige wie Sysformance (`www.sysformance.de`) oder Pingdom (`www.pingdom.com`) bis hin zu umfassenden Lösungen im High-End-Bereich wie Gomez (`www.gomeznetworks.com`). Das Aufsetzen solcher Sonden ist meist binnen weniger Minuten gemacht – im Wesentlichen muss nur eine URL angegeben werden, die überwacht werden soll.

Ladezeit

Zu lange Ladezeiten können eine häufige Ursache dafür sein, dass Besuche frühzeitig abgebrochen werden. Bereits in Abschnitt 8.2.1 in Abbildung 8.4 haben Sie einen entsprechenden Fall gesehen. Durch einen regelmäßigen Aufruf bestimmter Seiten eines Webangebots messen nun Sonden, wie lange es vom Aufruf einer Webseite bis zum vollständigen Erhalt aller notwendigen Dateien dauert. In grafischen Auswertungen wie in Abbildung 9.17 lässt sich so nicht nur die durchschnittliche Ladezeit für eine Seite erkennen, auch offensichtliche Ladeprobleme stechen einem direkt ins Auge.

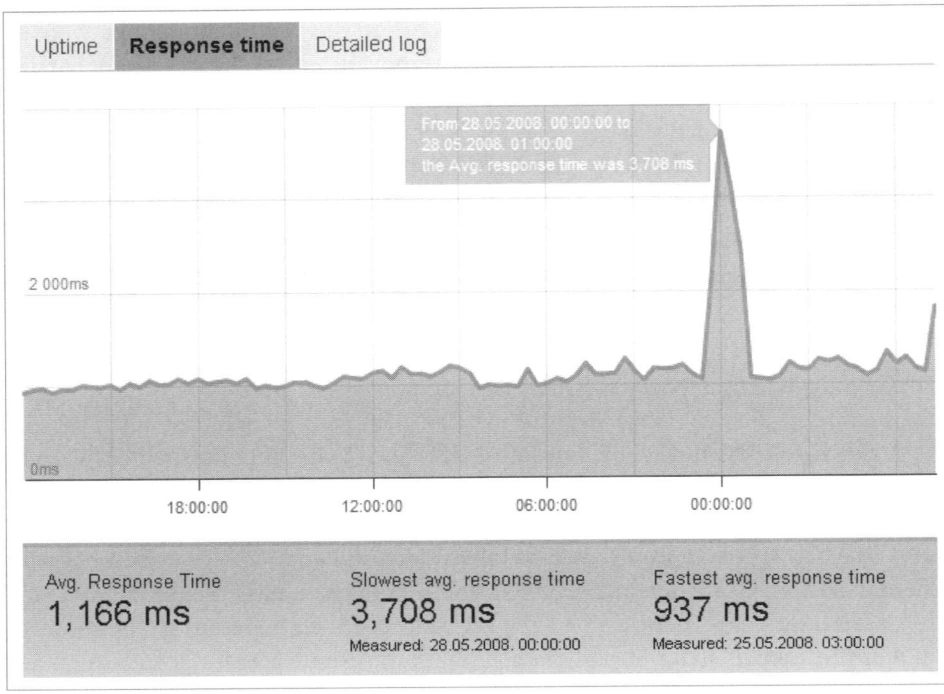

Abb. 9.17: Ausreißer in der Website-Ladezeit der Deutschen Bank, gemessen mit Pingdom

Um den Gründen für solch lange Ladezeiten auf die Spur zu kommen, kann man weitere Online-Tools zu Rate ziehen, die angeben, aus welchen Komponenten sich die Ladezeit zusammensetzt. Mit dem Instant Test des Anbieters Gomez zum Beispiel (`http://www.gomez.com/info_center/instant_test.php`) lässt sich die Ladezeit unterteilen in die Zeit für die Umwandlung des Domain-Namens in die IP-Adresse (DNS-Auflösung), Verbindungszeit oder die effektive Downloadzeit der Inhalte. Auch die Ladezeit für einzelne Elemente einer Seite wie Bilder, Stylesheets oder JavaScript-Bibliotheken lässt sich so erkennen.

Abbildung 9.18 zeigt zum Beispiel die Ladezeit der Seite `google.de`. Dank der spartanischen Ausgestaltung von Google besteht die Seite aus lediglich drei Elementen, nämlich der HTML-Basisseite und zwei Bildern. Die horizontalen Balken zeigen nun den chronologischen Ablauf des Ladevorgangs, je länger der Balken, desto mehr Zeit wurde dafür benötigt. Der erste Balken stellt die allgemeine Verbindungszeit dar, die zum Beispiel gebraucht wird, um den Domain-Namen aufzulösen. Die folgenden drei Balken zeigen die Ladezeiten der drei Elemente. Nach lediglich 0,15 Sekunden ist die Seite vollständig geladen – ein natürlich hervorragender Wert.

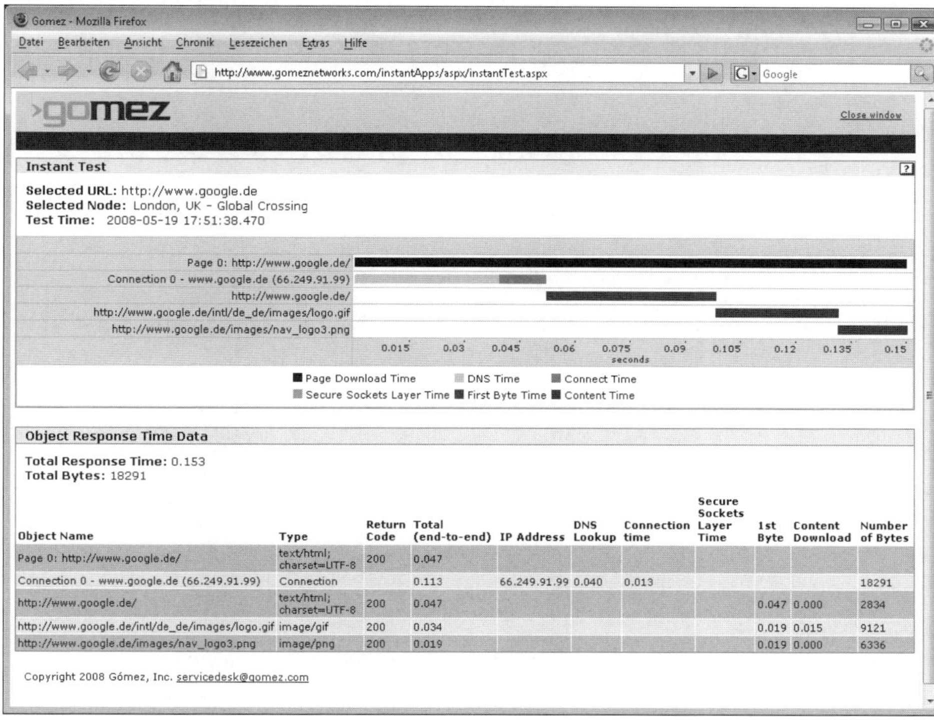

Abb. 9.18: Ladezeit von Seitenelementen von `google.de`

Verfügbarkeit

Gleichzeitig mit der Ladezeitmessung eignen sich Sonden auch für eine Ausfallmessung: Sobald die Ladezeit eine definierte Grenze wie etwa 30 Sekunden überschreitet, kann man dies aus Benutzersicht als Ausfall bezeichnen. Genau wie bei der Ladezeit ist es entscheidend, die Ausfälle von außen, das heißt vom Benutzer aus zu messen – und nicht im eigenen internen Netz. Denn der Grund für einen Ausfall muss nicht immer nur beim Webserver liegen. Alles, was zwischen Server und Benutzer steht, kann ausschlaggebend für einen Ausfall sein – zum Beispiel ein Router, die Firewall oder die Anbindung des Servers ans Internet.

Abbildung 9.19 zeigt eine solche Ausfallmessung mit einer Sonde von der Website `zdf.de`. Anhand der kleinen Delle oben rechts in der Grafik wird ersichtlich, dass die Website an einem Tag einmal für rund zwei Minuten vom Sondenstandpunkt in den USA aus nicht verfügbar war.

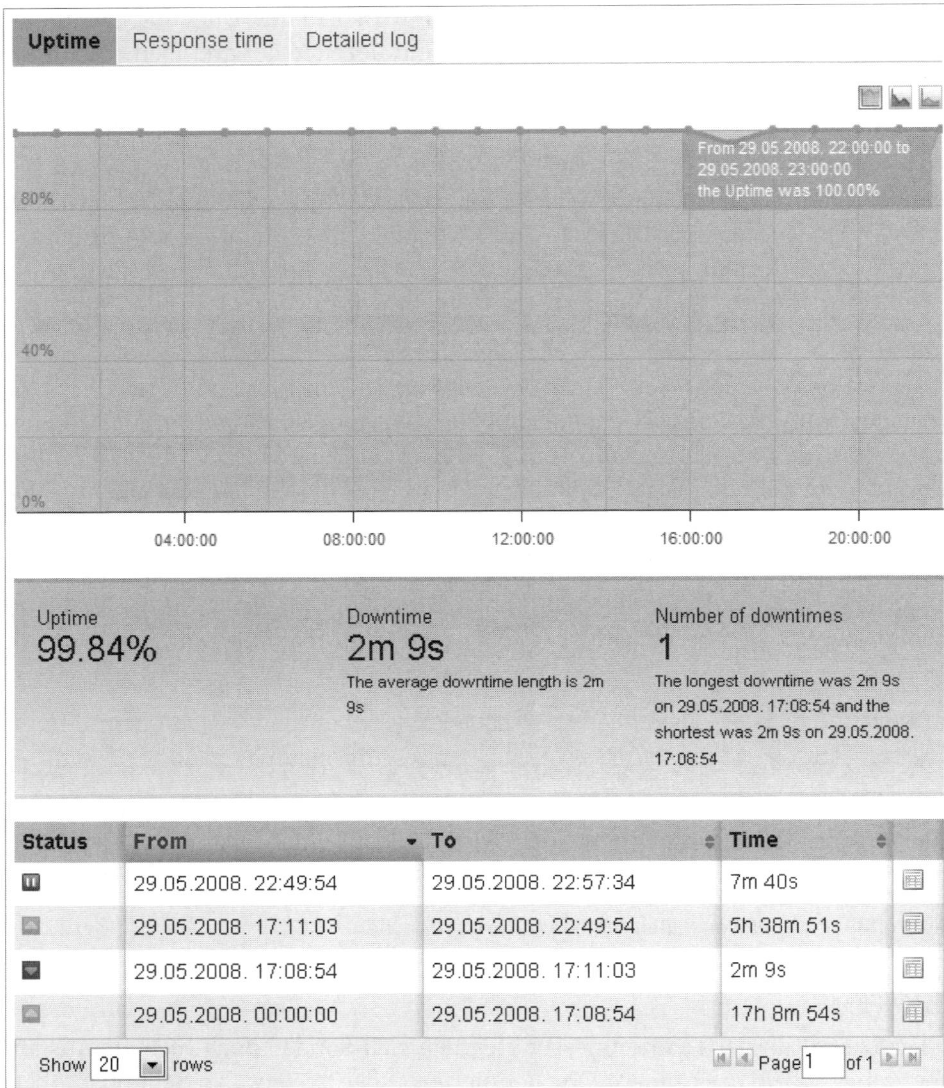

Abb. 9.19: Uptime- und Ausfallmessung für `zdf.de` mit Pingdom

Fehler

Auch wenn die Website verfügbar und schnell ist, heißt das noch nicht, dass sie fehlerfrei funktioniert. Auch innerhalb einer einzelnen Seite können Fehler oder Fehlfunktionen auftreten. Viele dieser Fehler, wie optisch unschöne Darstellungen, inhaltlich falsche Verlinkungen oder ein Layout, das durch zu lange Texte »zerrissen« wird, sind leider mit keinem Analyse-Instrument messbar. Hier hilft nur die Qualitätssicherung durch die Autoren und Webverantwortlichen.

Gravierende technische Fehler jedoch wie eine aufgerufene, aber nicht vorhandene Seite, werden jedoch von jedem Webserver protokolliert. Solche Fehler werden in das Server-Logfile notiert, das auch für die serverseitige Logfile-Analyse verwendet wird (siehe Abschnitt 2.2). Typische Beispiele solcher Serverfehler:

- Unerlaubter Zugriff auf eine Datei/Seite (Status-Code 403)
- Datei/Seite nicht gefunden (Status-Code 404)
- Allgemeiner interner Serverfehler (Status-Code 500)

Die Analyse solcher Serverfehler ist denn auch die Domäne von Logfile-Analyse-Systemen, da ihnen mit Sicherheit keiner dieser Serverfehler entgeht. Bei der Verwendung von clientseitigen Page Tags fällt die Messung etwas schwieriger aus. Denn wenn zum Beispiel eine Seite nicht gefunden und die Standard-Fehlermeldung »Seite nicht gefunden« des Browsers angezeigt wird, dann befindet sich darin kein Page Tag. Das Web-Analytics-System kann dann auch nicht erfahren, dass ein Fehler aufgetreten ist.

Die Lösung dafür sind individuell angepasste Fehlerseiten. In jedem Webserver lassen sich nämlich statt der Standard-Fehlermeldungen beliebige Webseiten konfigurieren, die im Fehlerfall angezeigt werden sollen. Erstellt man je Fehlertyp eine eigene Fehlerseite, lässt sich diese wie eine normale Seite mit dem Page Tag versehen und im Web-Analytics-System messen. Im Idealfall wird dem Page Tag sogar noch die Art des Fehlers mitgegeben, so dass dies im Web-Analytics-System ausgewertet werden kann.

Um solche Fehlerseiten einzurichten, ist zwar etwas technischer Konfigurationsaufwand auf dem Webserver notwendig. Adaptierte Fehlermeldungen haben jedoch auch noch einen anderen Vorteil. Gerade wenn eine Seite nicht gefunden wird oder sonst ein Fehler auftritt, ist dies häufig der Grund, weshalb ein Besucher seine Sitzung abbricht. Wir haben dies im Beispiel von Abbildung 9.11 anhand der Metrik der Ausstiegsseiten deutlich gesehen. Verständlich formulierte Fehlermeldungen, die den Besucher unterstützen, den Fehler zu umgehen und trotzdem zum Ziel zu gelangen, reduzieren die Ausstiegsrate erheblich.

Wie eine solch gestaltete Fehlerseite aussehen kann, zeigt Abbildung 9.20. Dem Besucher wird nicht nur verständlich erklärt, weshalb es zu dieser Situation kam (falscher Link, altes Bookmark etc.). Es werden auch mögliche Umgehungsstrategien wie die Verwendung von Sitemap oder Suchfunktion zur Auffindung des gewünschten Inhalts angeboten. Auch die sonst üblichen Navigationselemente wie Navigation oder Kontakt-Link bleiben eingeblendet.

Für andere Fehlerereignisse wie einen internen Serverfehler sollten entsprechend ähnlich Meldungen formuliert werden.

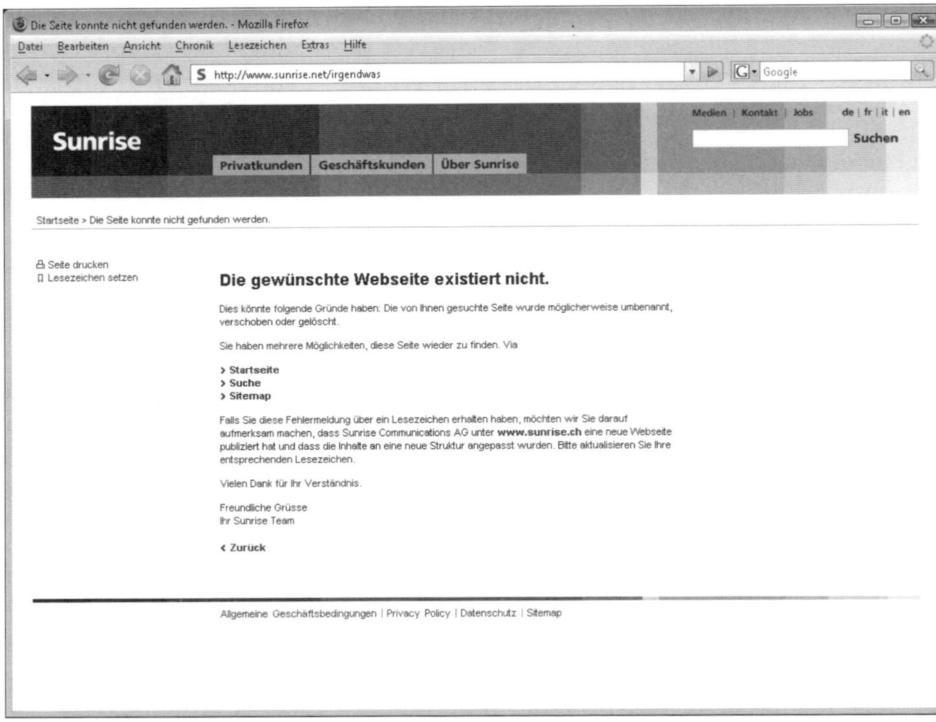

Abb. 9.20: Optimal gestaltete Fehlermeldung bei nicht gefundener Seite

9.5.2 Wie Sie es nutzen sollten

Da auch bei optimal gestalteten Fehlerseiten der Abbruch des Besuchs nur schwer vermeidbar ist, sollten Sie die Fehlerhäufigkeiten gut im Auge behalten. Da zum Beispiel durch einen geänderten und nun falschen Link auf der Homepage plötzlich eine beträchtliche Anzahl Besucher mit Fehlermeldungen konfrontiert sein können, sollten Sie im Hinblick auf eine Qualitätssicherung die Fehlerzahl gar täglich beobachten. Ein gewisses Grundrauschen an Fehlern, insbesondere nicht gefundener Seiten, ist dabei normal. Dies kann an alten Bookmarks, falsch abgetippten URLs oder alten Verweisen von Drittseiten liegen, die auf eine nicht mehr existierende Seite zeigen.

Ist aber mehr als ein halbes Prozent der Besucher mit Fehlermeldungen konfrontiert, dann sollten Sie der Ursache unbedingt nachgehen. Ursachen können nämlich auch zum Beispiel falsche interne Verlinkungen, gelöschte Seiten oder überlastete Anwendungen sein. Um den Gründen auf die Schliche zu kommen, lässt sich eine Fehlerseite im Web-Analytics-System ähnlich einer normalen Seite analysieren. Aus dem Referer einer Fehlerseite lässt sich so zum Beispiel herausfinden, welche vorherige Seite den Fehler verursacht hat. Handelt es sich um interne Seiten, lässt sich so eingrenzen, wo fehlerhafte Verlinkungen vorhanden oder Fehler in Applikationen aufgetreten sind. Bei externen Seiten lässt sich so erkennen, welche anderen Websites auf nicht existente Seiten verweisen. Handelt es sich dabei um wichtige Traffic-Lieferanten, sollte man unbedingt um Anpassung der Links bitten.

Auch Komplettausfälle der Website sind ein Ereignis, das jederzeit eintreten kann und das man dementsprechend auf dem Radar behalten sollte. Da hier sogar jede Minute zählt, um die ein Ausfall verkürzt werden kann, ist gar eine Alarmierung bei Ausfall sinnvoll. Die meisten Sonden bieten deshalb auch eine Benachrichtigung über E-Mail oder SMS, sollte die Website einmal von außen nicht verfügbar sein.

Als langfristige Metrik zur Beurteilung der Verfügbarkeit einer Website eignet sich darüber hinaus die Uptime. Dieser Prozentsatz gibt an, zu welchem Anteil die Website innerhalb eines Zeitraums verfügbar war. Eine hundertprozentige Verfügbarkeit ist dabei illusorisch, eine 99-prozentige schon gut. Da ein Ausfall von sehr vielen Faktoren verursacht werden kann (Festplatte, Prozessor, Betriebssystem, Firewall, Router, Netzanbindung etc.), ist eine höhere Verfügbarkeit nur mit sehr viel Geld erkaufbar und trotzdem nicht zu 100 Prozent realisierbar.

Bei den Ladegeschwindigkeiten von Seiten kann man sich auf zwei Metriken konzentrieren:

- Die durchschnittliche Ladezeit innerhalb eines Zeitraums, sowie
- die langsamste Ladezeit im selben Abschnitt

Mit diesen beiden Zahlen im Auge lässt sich die ungefähre Verteilung der Ladezeiten in etwa erahnen. Erst um den Ursachen für lange Ladezeiten nachzugehen, kommen dann Tools wie Gomez zum Zuge.

Ein kritischer und gern diskutierter Punkt für die Beurteilung von Ladezeiten ist, was nun genau als »lang« bzw. »zu lang« zu bezeichnen ist. Eine sinnvolle Herangehensweise, um die Grenzen kennen zu lernen, ist, zu beobachten, ab wann Benutzer Wartezeiten als störend empfinden. Bereits 1968 hat ein gewisser Robert Miller in breit angelegten psychologischen Studien das Verhältnis zwischen Computerantwortzeiten und der Wahrnehmung durch Benutzer untersucht. Dabei gelangte er zu folgenden Schwellen, die auch heute noch für die Beurteilung von Antwortzeiten herangezogen werden:

- **0,1 Sekunden Antwortzeit:** Grenze, um dem Benutzer das Gefühl zu geben, die Anwendung reagiere umgehend.
- **1 Sekunde Antwortzeit:** Grenze dafür, dass die Gedankengänge des Benutzers nicht unterbrochen werden.
- **10 Sekunden Antwortzeit:** Grenze, um die Aufmerksamkeit des Benutzers auf den Dialog mit der Anwendung zu fokussieren.

Zwei Sekunden Antwortzeit sind dabei gemäß Miller als noch optimal zu bezeichnen. Natürlich sind die Schwellen auch abhängig vom Inhalt und der Art eines Interface. Sie sind jedoch auch für heutige Websites noch anwendbar und können als Richtgröße für eine tolerable Antwortzeit genommen werden. Vom Benutzer aus gemessene Ladezeiten unter einer Sekunde sind somit als optimal, unter zwei Sekunden als tolerabel einzustufen.

9.5.3 Was es zu beachten gilt

Wenngleich Sonden nützlich sind in der Analyse von Verfügbarkeiten und Ladezeiten, gibt es zwei Fallstricke, die man bei ihrem Einsatz beachten sollte:

- Sonden rufen in kurzen Intervallen (zum Beispiel einer Minute) von verschiedenen Punkten auf der Welt mehrere Seiten einer Website auf. Dies verursacht eine beachtliche Menge an Traffic auf der Website. Schließt man diesen Traffic nicht aus den Web-Analytics-Auswertungen aus, dann meint man, wesentlich mehr Besucher zu haben, als sich effektiv auf der Website bewegen. Web-Analytics-Systeme, die Logfiles auswerten, können von solchem Traffic massiv in ihrer Aussagekraft beeinträchtigt werden. Es ist daher unbedingt notwendig, im Logfile-Analyse-System über den User Agent solche Sonden aus dem normalen Traffic herauszufiltern. Dies ist dann schwierig, wenn Web-Analytics-System und Sonde von unterschiedlichen Abteilungen aufgesetzt werden und keine an den Einfluss von Sonden auf die Analyse denkt.
- Der Einsatz von Sonden für eine Performance-Messung kann im schlimmsten Fall gar einen Einfluss auf die Website-Performance haben. Werden Sonden in sehr kurzen Intervallen, von vielen Orten der Welt und auf zahlreiche Seiten geschaltet, kann die dadurch verursachte Last auf einen Webserver nicht unerheblich sein. Gerade in Shops oder komplexen Websites, wo viele Daten aus Datenbanken oder Drittquellen gelesen werden, kann ein übermäßiger Sondeneinsatz zu einer Verlangsamung der Website führen. In gesundem Maß eingesetzt erweisen sie aber sehr hilfreiche Dienste.

Kapitel 10

Web-2.0-Inhalte

Seit 2005 spricht die ganze Internet-Welt von Web 2.0, einem vom Verlagsbesitzer Tim O'Reilly geprägten Begriff für die Evolution des Internets. Web 2.0 bezeichnet eine Reihe interaktiver und kollaborativer Elemente des Internets, die zu einer veränderten Nutzung und Wahrnehmung des Webs führten. Ein zentraler Punkt dabei ist, dass nützliche Inhalte nicht mehr nur zentral von großen Unternehmen publiziert werden, sondern in einem bedeutenden Maß durch die individuellen Benutzer selbst. Instrumente, die dies unterstützen, sind Systeme wie Wikis, Blogs, Foto- und Videoportale (zum Beispiel Flickr, YouTube) oder soziale Online-Netzwerke wie MySpace, studiVZ oder Xing. Daneben zählen gemäß Wikipedia folgende Schlüsselprinzipien zur Charakterisierung von Web-2.0-Anwendungen:

- Das Web ist die Plattform (anstatt der lokale Rechner).
- Anwendungen sind datengetrieben (Inhalte sind wichtiger als das Aussehen).
- Die Vernetzung wird verstärkt durch eine »Architektur des Mitwirkens« (jeder kann mitmachen).
- Innovationen entstehen beim Aufbau von Systemen und Seiten durch die Verwendung von Komponenten, die von verschiedenen Entwicklern erstellt worden sind und beliebig miteinander kombiniert werden können (ähnlich dem Open-Source-Entwicklungsmodell).
- einfache Geschäftsmodelle durch das verteilte, gemeinsame Nutzen von Inhalten und technischen Diensten
- Das Ende des klassischen Softwarelebenszyklus, die Projekte befinden sich immerwährend im Beta-Stadium.
- Die Software geht über die Fähigkeiten eines einzelnen Verwendungszwecks hinaus.
- Nicht nur auf die Vorhut der Web-Anwendungen abzielen, sondern auf die breite Masse der Anwendungen.

Auf Web Analytics hat Web 2.0 unterschiedliche Auswirkungen. Einerseits lassen sich viele der Web-2.0-Websites gleichermaßen analysieren wie jede andere Website. Eine Mashup-Website zum Beispiel, die Daten über APIs von eBay, Amazon oder Flickr bezieht und in einer neuartigen Weise kombiniert, muss sich äußerlich nicht groß von einem herkömmlichen Online-Shop unterscheiden. Dementsprechend können auch die gleichen Metriken für die Auswertung der Inhalte angewandt werden.

Auf der anderen Seite gibt es einige Spezifika des Web 2.0, wo die herkömmliche Web-Analytics-Betrachtungsweise nicht ausreicht und nach neuen Methoden verlangt. Zu den speziell zu behandelnden Inhalten zählen folgende:

- RSS-Feeds
- Weblogs
- Social Media, Social Networks und User Generated Content
- Rich Internet Applications (RIAs) und AJAX-Inhalte
- Videos und Podcasts

10.1 RSS-Feeds

Das Aufkommen von RSS (Really Simple Syndication) hat einen maßgeblichen Einfluss darauf, wie Inhalte von Websites heutzutage konsumiert werden. Wer früher zum Beispiel täglich oder stündlich Sport-Nachrichten online verfolgen wollte, rief im entsprechenden Rhythmus die Homepage eines Sport-Portals oder einer Zeitung auf. RSS hat dieses Verhalten insofern verändert, als dass sich Besucher einer Website Inhalte abonnieren können.

Abb. 10.1: Abonnieren von Inhalten auf der Website der FAZ

Gleichzeitig mit dem Publizieren neuer Inhalte auf der Website werden diese auch im maschinenlesbaren RSS-Format publiziert. Abonniert man sich einen entsprechenden RSS-Feed durch Klick auf das RSS-Symbol auf einer Website, werden neu erschienene Inhalte anschließend automatisch in dem vom Benutzer gewählten Feedreader dargestellt. Feedreader, synonym auch RSS-Aggregatoren oder RSS-Reader genannt, sind Programme oder Websites, wo sich Benutzer RSS-Inhalte aus verschiedenen Quellen personalisiert zusammenstellen können. Feedreader-Benutzer können so aktualisierte Inhalte verschiedener Websites mit einem Blick überschauen.

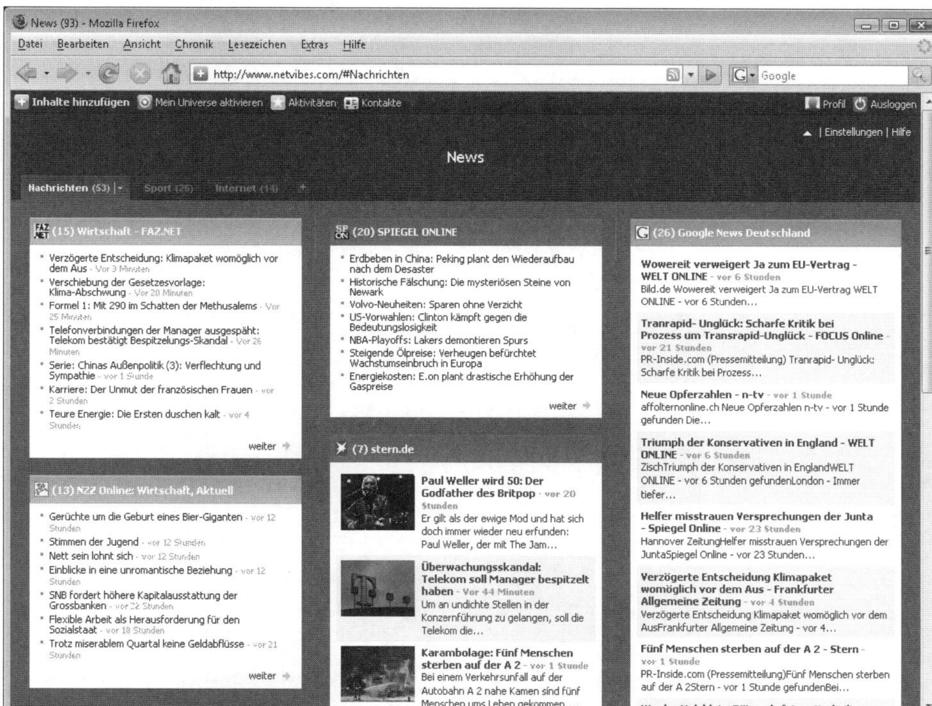

Abb. 10.2: Darstellung von RSS-Feeds aus unterschiedlichen Quellen in einem Feedreader

Die Nutzer von Feedreaders lesen anschließend Titel und Leadtexte von neuen Beiträgen direkt in ihrem Feedreader, ohne die Website selbst zu besuchen. Nur falls ein Inhalt interessant genug erscheint, um ihn vollständig zu lesen, wird ein Benutzer anschließend den Link zur Website anklicken und den ganzen Beitrag lesen. RSS macht es für den Benutzer so insbesondere einfacher, eine große Anzahl unterschiedlicher Quellen wie Blogs oder News-Portale zu beobachten. Aber auch ausgeschriebene Stellen auf Unternehmenswebsites oder von Unternehmen publizierte Produktneuheiten werden vermehrt im Feedreader gelesen.

Die Voraussetzung, damit Interessenten überhaupt Inhalte in Feedreadern beobachten können, ist die Bereitstellung von Inhalten im RSS-Format auf der Website. Als Website-Betreiber sollte man sich denn auch überlegen, welche Inhalte man Besuchern in diesem Format anbieten könnte, um dieses Nutzungspotenzial auszuschöpfen. Während es bei jeder Weblog-Software bereits zum unabdingbaren Standard gehört, dass sämtliche Inhalte auch im RSS-Format (oder in verwandten Formaten wie Atom) publiziert werden, ist die Ausgabe für normale Website-Inhalte meist noch mit Programmierarbeit verbunden.

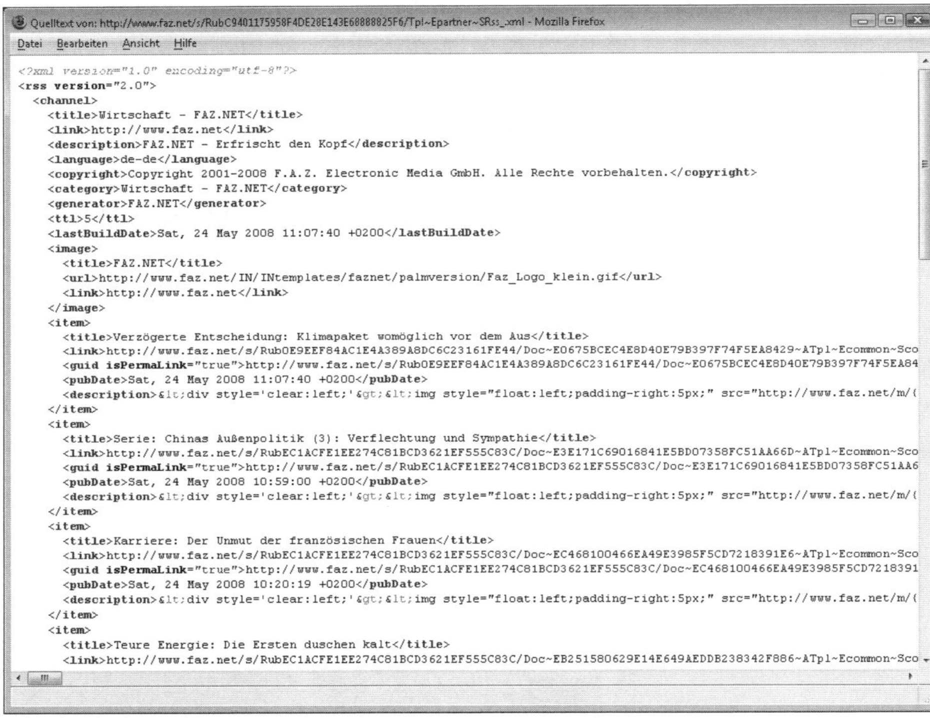


```
<?xml version="1.0" encoding="utf-8"?>
<rss version="2.0">
  <channel>
    <title>Wirtschaft - FAZ.NET</title>
    <link>http://www.faz.net</link>
    <description>FAZ.NET - Erfrischt den Kopf</description>
    <language>de-de</language>
    <copyright>Copyright 2001-2008 F.A.Z. Electronic Media GmbH. Alle Rechte vorbehalten.</copyright>
    <category>Wirtschaft - FAZ.NET</category>
    <generator>FAZ.NET</generator>
    <ttl>5</ttl>
    <lastBuildDate>Sat, 24 May 2008 11:07:40 +0200</lastBuildDate>
    <image>
      <title>FAZ.NET</title>
      <url>http://www.faz.net/IN/INtemplates/faznet/palmversion/Faz_Logo_klein.gif</url>
      <link>http://www.faz.net</link>
    </image>
    <item>
      <title>Verzögerte Entscheidung: Klimapaket womöglich vor dem Aus</title>
      <link>http://www.faz.net/s/Rub0E9EEF84AC1E4A389A8DC6C23161FE44/Doc~E0675BCEC4E8D40E79B397F74F5EA8429~ATpl~Ecommon~Sco
      <guid isPermaLink="true">http://www.faz.net/s/Rub0E9EEF84AC1E4A389A8DC6C23161FE44/Doc~E0675BCEC4E8D40E79B397F74F5EA84
      <pubDate>Sat, 24 May 2008 11:07:40 +0200</pubDate>
      <description>&lt;div style='clear:left;'&gt;&lt;img style="float:left;padding-right:5px;" src="http://www.faz.net/m/{
    </item>
    <item>
      <title>Serie: Chinas Außenpolitik (3): Verflechtung und Sympathie</title>
      <link>http://www.faz.net/s/RubEC1ACFE1EE274C81BCD3621EF555C83C/Doc~E3E171C69016841E5BD07358FC51AA66D~ATpl~Ecommon~Sco
      <guid isPermaLink="true">http://www.faz.net/s/RubEC1ACFE1EE274C81BCD3621EF555C83C/Doc~E3E171C69016841E5BD07358FC51AA6
      <pubDate>Sat, 24 May 2008 10:59:00 +0200</pubDate>
      <description>&lt;div style='clear:left;'&gt;&lt;img style="float:left;padding-right:5px;" src="http://www.faz.net/m/{
    </item>
    <item>
      <title>Karriere: Der Unmut der französischen Frauen</title>
      <link>http://www.faz.net/s/RubEC1ACFE1EE274C81BCD3621EF555C83C/Doc~EC468100466EA49E3985F5CD7218391E6~ATpl~Ecommon~Sco
      <guid isPermaLink="true">http://www.faz.net/s/RubEC1ACFE1EE274C81BCD3621EF555C83C/Doc~EC468100466EA49E3985F5CD7218391
      <pubDate>Sat, 24 May 2008 10:20:19 +0200</pubDate>
      <description>&lt;div style='clear:left;'&gt;&lt;img style="float:left;padding-right:5px;" src="http://www.faz.net/m/{
    </item>
    <item>
      <title>Teure Energie: Die Ersten duschen kalt</title>
      <link>http://www.faz.net/s/RubEC1ACFE1EE274C81BCD3621EF555C83C/Doc~EB251580629E14E649AEDDB238342F886~ATpl~Ecommon~Sco
```

Abb. 10.3: Ausgabe von Website-Inhalten im maschinenlesbaren RSS-Format

10.1.1 Was gemessen werden kann

Für Web Analytics hat die Nutzung von Feedreadern einen einschneidenden Effekt: Inhalte werden zu einem großen Teil nicht mehr auf der Website selbst – sondern eben in Feedreadern – konsumiert. Da dadurch keine Seiten auf der Website aufgerufen werden, kann die Nutzung mit den üblichen Web-Analytics-Methoden auch nicht mehr gemessen werden. Zwar hinterlassen die Aufrufe von RSS-Feeds auch Einträge im Logfile des Servers und können so zumindest dort ausgewertet werden. Die aussagekräftigere clientseitige Messung über Page Tags ist jedoch schwierig, da nur wenige Feedreader die Ausführung des JavaScripts eines Page Tags erlauben. Auch der Einsatz von Cookies – die Voraussetzung für eine verlässliche Wiedererkennung von Besuchern – ist in Feedreadern nicht durchgängig möglich. Um die Nutzung von RSS-Feeds überhaupt messen zu können, ist deshalb eine spezielle Behandlung der Feeds nach einer der folgenden Varianten notwendig:

- **Auswertung im Logfile des Webservers:** Diese Variante bedingt die Nutzung eines serverseitigen Logfile-Analyse-Tools, das aber für die Messung von normalen Website-Inhalten ungeeignet ist (siehe dazu Überlegungen in Abschnitt 2.5). Zudem ist es auch für die Messung von RSS-Inhalten nicht unbedingt gut geeignet, da zum Beispiel die Verknüpfung zwischen RSS-Aufrufen und den Inhalten innerhalb des RSS-Feeds fehlt. Man weiß dann zwar, dass etwas gelesen wurde – jedoch nicht, was.
- **Image-Tag im RSS-Feed:** Um die RSS-Nutzung auch mit clientseitigen Methoden zu messen, integriert man ein Image-Tag in den RSS-Feed. Dies ist ein unsichtbares Bild, das bei jedem Aufruf einen Eintrag in der Datenbank des Web-Analytics-Systems generiert. Die gleiche Messmethodik wird auch im clientseitigen Page Tagging verwendet, falls der Besucher JavaScript deaktiviert hat. Somit lässt sich diese Variante relativ gut in clientseitig funktionierende Web-Analytics-Systeme integrieren, bedingt allerdings eine technische Integration des Tags in den RSS-Feed. Der Nachteil der Variante ist zudem, dass gewisse Feedreader Bilder gar nicht darstellen und somit nicht alle Nutzer gemessen werden.
- **Separates RSS-Analytics-System verwenden:** Die genannten Nachteile umgehen kann man, indem man sowohl für die Bereitstellung der RSS-Inhalte wie auch deren Nutzungsmessung ein eigenes Analytics-System, zum Beispiel den Google FeedBurner (`www.feedburner.com`), einsetzt. Google FeedBurner übernimmt die Auslieferung der RSS-Feeds an Abonnenten und versieht sie gleichzeitig mit Image Tags. Mit der Syndizierung über diesen Service – momentan kostenlos angeboten und innerhalb von Minuten aufgeschaltet – erhält man eine fundierte Nutzungsauswertung. Denn die Sammlung der Daten erfolgt sowohl nach dem serverseitigen wie dem clientseitigen Verfahren. Überdies lassen sich gleichermaßen auch noch E-Mail-Abonnenten messen, die gerne über Neuheiten per E-Mail informiert werden möchten. Für die Analyse von RSS-Inhalten ist der Google FeedBurner daher ein sehr empfehlenswertes Tool. Nachteilig ist nur, dass man die Auswertungen für RSS wieder in einer separaten Lösung und nicht im gewohnten Web-Analytics-System hat.

Als Messgrößen für RSS-Inhalte haben sich die Metriken »Abonnenten«, »Reichweite« und »Hit« etabliert. Abonnenten bezeichnen die Anzahl Benutzer, die sich den Feed in ihrem RSS-Reader eingerichtet haben. Dies ist eine ziemlich aussagekräftige Kennzahl, da nur sehr interessierte Website-Besucher tatsächlich Inhalte abonnieren werden.

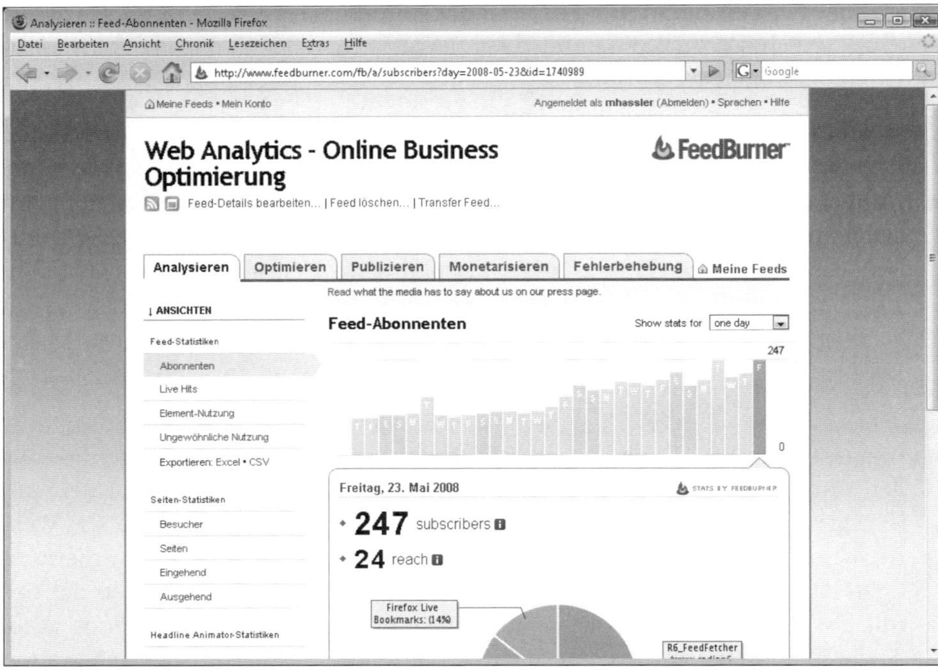

Abb. 10.4: Messung von Abonnenten bzw. Subscriber über Google FeedBurner

Die Reichweite gibt an, wie viele Abonnenten an einem Tag mit den publizierten Inhalten erreicht wurden. Als »erreicht« gilt, wenn ein Abonnent in irgendeiner Form aktiv ist, das heißt einen Inhalt betrachtet oder gar angeklickt hat. Die Reichweite bezeichnet somit jenen Teil der Abonnenten, die innerhalb des gewählten Zeitraums aktiv sind.

In der Detailanalyse interessiert natürlich, welche der einzelnen Inhaltselemente genutzt wurden. Abbildung 10.5 zeigt einen solchen Bezug zwischen Nutzung und Inhaltselementen. Erst in einem solchen Zusammenhang lässt sich effektiv erkennen, welche Inhalte das Interesse von Besuchern weckte.

Als Hit wird jedes Mal gezählt, wenn jemand die Feed-URL in den Browser oder den Feedreader lädt. Dies ist insofern noch interessant, als dass ein Nutzer typischerweise genau dann die Feed-URL im Browser aufruft, bevor er den Feed abonniert. Allerdings rufen aber auch Feedreader täglich die gleiche URL auf, um den Feed auf neue Inhalte zu prüfen. Neben den potenziellen Neuabonnenten stammt der Hauptteil der Hits also von automatisierten Feedreadern und Aggregatoren und nicht von Nutzern. Schaut man sich jedoch nur jenen Teil der Hits an, bei denen der User Agent ein Browser wie der Internet Explorer oder Firefox ist, dann kann man davon ausgehen, dass es sich dabei mit großer Wahrscheinlichkeit um Neuabonnenten handelt.

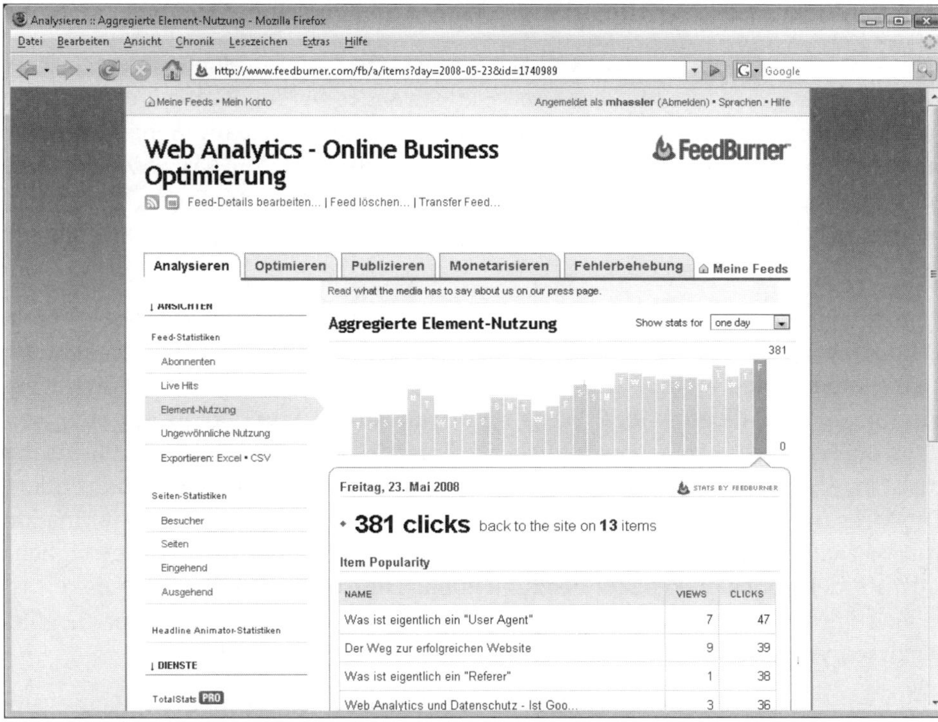

Abb. 10.5: Nachgefragte und genutzte Inhalte eines RSS-Feeds

10.1.2 Wie Sie es nutzen sollten

Die Nutzung von RSS-Feeds wird umso länger, je mehr sie ein zentrales Nutzungsszenario von Websites werden. Der Messung von genutzten RSS-Inhalten muss man deshalb genau so viel Beachtung schenken wie den über den Browser aufgerufenen Webseiten. Analog Abschnitt 9.1 zu den genutzten Webinhalten sollten Sie deshalb folgende Auswertungen zu RSS-Feeds im Auge behalten:

- Die Top 10 der am meisten genutzten Feed-Inhalte
- Die Top 10 der »Movers and Shakers«, die größten Auf- und Absteiger im Vergleich zur Vorperiode

Über die reine Inhaltsnutzung hinaus verdienen bei Feeds folgende Metriken eine wöchentliche oder mindestens monatliche Beachtung:

- Anzahl der Abonnenten im gewählten Zeitraum und im Vergleich zur Vorperiode
- Vom Browser (ohne automatisierte Agenten) generierte Hits auf den Feed (als Indikator für Neuabonnenten)
- Reichweite im gewählten Zeitraum und im Vergleich zur Vorperiode

10.1.3 Was es zu beachten gilt

Die Analyse der Nutzung von RSS-Feeds steckt noch tief in den Kinderschuhen. Die Messmethoden, die für Feeds heute angewendet werden können, erinnern an jene für Websites vor zehn Jahren. Dementsprechend ist auch die Genauigkeit, die man in der Feedmessung erreicht, stark eingeschränkt. Ein Grundproblem ist, dass sich noch keine Standards für eine Messung innerhalb der Feedreader durchgesetzt haben. Manche Feedreader interpretieren zum Beispiel Bilder oder gar JavaScripts, andere weder noch.

Am gravierendsten ist jedoch, dass Feedreader keine Cookies akzeptieren. Dadurch können Besucher bzw. Abonnenten nicht als solche eindeutig identifiziert werden. Die Messung der Abonnenten-Metrik erfolgt deshalb dadurch, dass die Anzahl Aufrufe eines RSS-Feeds innerhalb von 24 Stunden ausgewertet werden. Da Feedreader meistens täglich Feeds auf Neuigkeiten überprüfen, nimmt man an, dass jeder Aufruf innerhalb eines Tages einen Abonnenten repräsentiert. Die Messung wird noch etwas verbessert, indem mittels Prüfung der Kombination von verwendetem Feedreader und IP-Adresse versucht wird, mehrmalige tägliche Aufrufe des gleichen Readers auszublenden. Die so gemessene Genauigkeit ist jedoch bescheiden – ungefähr vergleichbar mit den Auswertungen von Logfile-Analyse-Systemen.

Einen großen Teil der »Abonnenten« machen zudem oft automatische Aggregatoren aus. Diese prüfen genauso wie ein Feedreader einer Person in regelmäßigen Abständen den Feed auf Neuigkeiten. Vergleichbar mit Suchmaschinen im Webtraffic müsste man diese Robots aus den Auswertungen ausschließen. Abgesehen von einigen bekannten Robots sind diese jedoch meist kaum von den Feedreadern der wirklichen Abonnenten zu unterscheiden. Insgesamt ist die Ausgangslage für die RSS-Feedmessung deshalb aktuell noch sehr rudimentär und mit größter Vorsicht zu genießen. Es bleibt die Hoffnung auf eine baldige Standardisierung im Hinblick auf besser abgestützte Analysemöglichkeiten.

10.2 Weblogs

Weblogs nehmen einen ständig steigenden Stellenwert im Web ein. Die Funktion und Ausrichtung von Blogs ist in vielen Bereichen ähnlich wie bei normalen Websites, in einigen Kriterien unterscheiden sie sich jedoch massiv von diesen. Die wohl zentralste Unterscheidung ist der Fokus von Blogs auf den Dialog mit dem Publikum, so dass diese als Prosumenten – eine Wortkreation aus Produzenten und Konsumenten – in die Gestaltung der Inhalte mit eingebunden werden.

10.2.1 Was gemessen werden kann

Für die Analyse der Blognutzung können als Basis zuerst einmal dieselben Metriken wie für eine Website herbeigezogen werden. Zu den wohl hilfreichsten darunter zählen Seitenaufrufe, Besucher, einkommende Links oder die Nutzung von RSS-Inhalten, wie sie in den vorangegangenen Kapiteln für die Website-Analyse beschrieben sind.

Darüber hinaus gibt es jedoch einige blogspezifische Kennzahlen, die insbesondere den Erfolg der Dialogfunktion von Blogs zu messen versuchen. Dazu zählen:

- **Durchschnittliche Anzahl Besucher-Kommentare je Post:** Dies misst die Feedbacks von verschiedenen Benutzern auf einen Blogeintrag. Falls möglich, sollten Rück-Kommentare des Autors auf einen Benutzerkommentar im Durchschnittswert nicht berücksichtigt werden.
- **Durchschnittliche Anzahl Trackbacks je Post:** Trackbacks sind Links, die andere Blogger auf den eigenen Post gelegt haben und über einen automatischen Benachrichtigungsmechanismus zwischen den betreffenden Blogs festgehalten werden. Ein Trackback ist somit als Qualitätsmerkmal für einen Post zu werten.

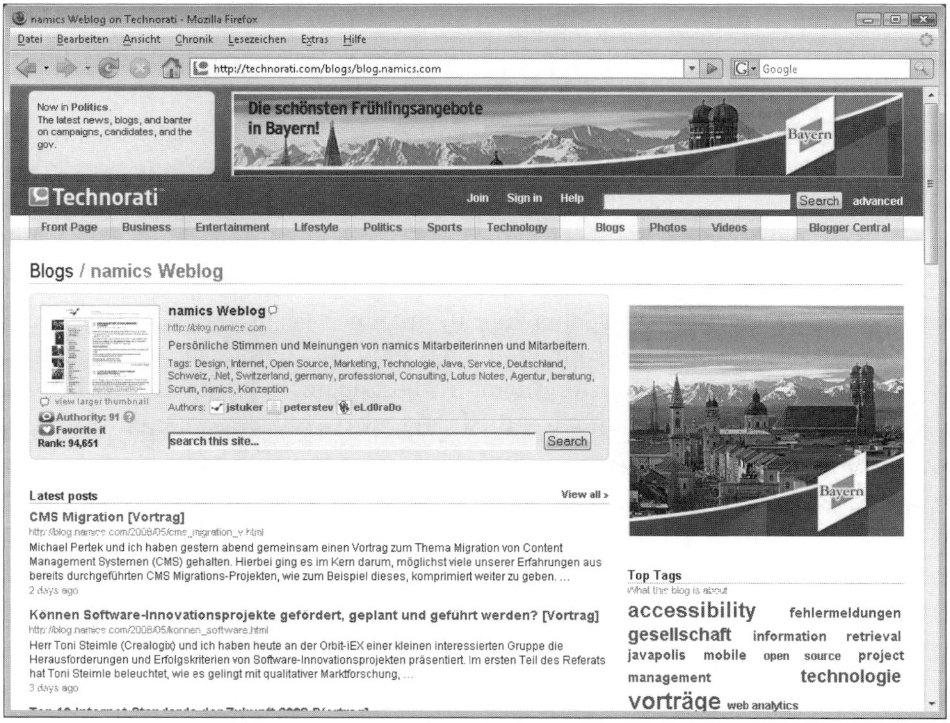

Abb. 10.6: Angaben wie der Technorati Rank eines Blogs sind bei `technorati.com` zu finden.

- **Technorati Rank:** Technorati (`www.technorati.com`) ist die wohl bekannteste Blog-Suchmaschine. Technorati führt überdies eine Liste aller dort registrierter Blogs und prüft deren Vernetzung untereinander. Die Blogs, die am meisten Links von anderen Blogs erhalten, erscheinen zuoberst auf der Liste. Der Technorati Rank bezeichnet demnach die Platzierung eines Blogs auf dieser Liste. Das Ranking kann als Indikator genutzt werden, wie stark der eigene Blog im Netz wahrgenommen wird.

Leider sind sämtliche dieser Angaben meist kaum in einem Web-Analytics-System zu finden. Stattdessen muss die Anzahl Kommentare und Trackbacks aus dem Blog-System ausgelesen werden, das für die Publikation der Inhalte verwendet wird. Das Ausrechnen von Durchschnittswerten für einzelne Posts bleibt jedoch im Normalfall Aufgabe des Taschenrechners. Auch das Überprüfen des Technorati Ranks erfolgt manuell durch Aufruf des Blogs unter `www.technorati.com`.

10.2.2 Wie Sie es nutzen sollten

Viele Blog-Leser nutzen RSS-Feeds, um die verschiedenen Blogs ihrer Wahl schnell auf neue Posts überprüfen zu können. Dies hat zur Folge, dass nach einem neuen Post typischerweise die Seitenaufrufe des betreffenden Posts in die Höhe schnellen. Mehr als bei normalen Websites haben Seitenaufrufe und deren zeitlicher Verlauf deshalb eine Bedeutung in der Nutzungsanalyse von Blogs. Nutzen Sie die Metrik der Seitenaufrufe deshalb, um das Interesse am Inhalt eines einzelnen Posts zu beurteilen und zu verstehen:

- Ein kurzfristiger Anstieg der Seitenzugriffe nach einem Post lässt sich insbesondere auf RSS-Nutzer zurückführen. Dies bedeutet für den Inhalt des Posts: Der Titel des Posts ist attraktiv formuliert, das Thema ist aktuell und interessant für die bestehende Leserschaft. Erstellen Sie in naher Zukunft Posts zum gleichen Thema.
- Eine langfristig hohe Zahl Seitenzugriffe auf einen Post ist eher auf Nutzer aus Suchmaschinen oder von verlinkten Blogs her zurückzuführen. Dies bedeutet, dass das im Post behandelte Thema insbesondere auch neue Besucher anspricht. Versuchen Sie deshalb mittelfristig, über ähnlich gelagerte Inhalte zu bloggen.

Um interessante Themengebiete herauszufinden, lassen sich auch Inhaltsgruppen wie in Abschnitt 9.2 beschrieben einsetzen. Eine mögliche Gruppierungsstrategie für Blogs ist, die Gruppen übereinstimmend mit den Blog Tags zu benennen. So lässt sich nachher erkennen, zu welchen Tags wie viele Seitenaufrufe erfolgt sind. Somit hat man einen guten Überblick, welche Themengebiete besonders ankommen.

Mehr eine qualitative statt quantitative Aussage zu den Inhalten eines Blogs geben natürlich die einzelnen Besucher-Kommentare auf Posts. Zu beachten ist allerdings, dass nur ein Bruchteil der Besucher aktiv einen Kommentar zu einem Post abgibt und die große Menge immer noch lediglich konsumiert.

Um die Dialogaufgabe des Blogs zu überwachen, sollten Sie überdies die durchschnittliche Anzahl Kommentare und Trackbacks je Post wöchentlich monitoren –

zumindest dann, wenn Sie mehrere Posts pro Woche schreiben. Setzen Sie sich dabei je Post ein Ziel, das Sie erreichen möchten – also zum Beispiel zwei Trackbacks und drei Kommentare je Post.

Der Technorati Rank schließlich hat eher eine langfristige Aussage über das Weblog insgesamt und weniger für einzelne Posts. Eine monatliche Überwachung dieser Kennzahl ist deshalb ausreichend.

10.2.3 Was es zu beachten gilt

Setzen Benutzer einen Feedreader ein, um neue Posts eines Blogs zu überwachen, ist ihr Verhalten im Vergleich zu einer normalen Website speziell. Nicht nur, dass sie unter Umständen Inhalte bereits im Feedreader lesen und die Website gar nicht besuchen. Auch das Verhalten auf dem Blog ist anders als auf einer Website. Statt mehrere Seiten anzuschauen, ist es nämlich fast üblich, lediglich den neuen Post zu lesen und dann den Blog wieder zu verlassen. Verstärkt wird dies noch dadurch, dass die Startseite eines Blogs meist aus den letzten fünf bis zehn Posts besteht, so dass auf ein und derselben Seite mehrere Posts gelesen werden können. Diese Spezifika wirken sich auf einige der für Websites verwendeten Metriken aus:

- Die Absprungrate auf Blogs ist entsprechend höher.
- Die Zahl der Einzelseitenzugriffe ist höher.
- Bei Einzelzugriffen kann die Verweildauer nicht gemessen werden, die Verweildauer wird tendenziell niedriger angegeben.

Diese Unterschiede haben eine natürliche Ursache und sind im unterschiedlichen Zweck von Blog und Website begründet. Blogs sollten deshalb nicht unter Verwendung dieser Metriken mit einer Website verglichen werden.

10.3 Social Media, Social Networks und User Generated Content

Eine ganz zentrale Eigenschaft des Web 2.0 ist die Beteiligung der Internetnutzer an der Erstellung der Inhalte im Web. Auf Sites wie MySpace, Facebook, StudiVZ erstellen Nutzer ihren eigenen Raum im Internet und verknüpfen sich zu sozialen Online-Gemeinschaften. Auf Plattformen wie flickr oder YouTube werden von jedermann Foto- und Video-Inhalte publiziert. Auf den Millionen von Blogs oder Foren sowie auf Micro-Blogging-Plattformen wie Twitter werden Meinungen kommuniziert, diskutiert und kommentiert. Diese Plattformen haben mittlerweile nicht mehr nur bei jüngerem Publikum einen größeren Einfluss auf ihre Meinung als klassische Medien-Sites oder Unternehmenswebsites. Gleichzeitig versuchen auch Unternehmen, in diese Bereiche vorzudringen und mit Fanseiten auf Facebook, Videos oder Twitter-Nachrichten von den viralen Effekten der Netzwerke zu profitieren.

Wenn nun auf solchen Sites Produkte, Dienstleistungen oder Unternehmen im Stile von Mundpropaganda besprochen und bewertet werden, dann hat dies im positiven Falle einen fördernden Einfluss auf den Verkauf des eigenen Angebots. Im negativen Falle kann es jedoch auch nachteilige Auswirkungen haben, wenn Kunden zum Beispiel Qualitätsmängel diskutieren, von denen das anbietende Unternehmen noch gar nichts weiß.

Der Klassiker für die Wirkung von Communities auf die Geschäftstätigkeit eines Unternehmens stammt vom Fahrradschlosshersteller Kryptonite. Ein Blogger in den USA fand heraus, wie sich mit einem simplen Kugelschreiber ein 50 Dollar teures Schloss in kürzester Zeit knacken ließ. Mit einem Beweisvideo gefilmt und im Blog gepostet, wurde das Ganze schnell bekannt, verbreitete sich auf anderen Blogs und Communities und fand schließlich den Weg auf `www.engadget.com`, einem Verbraucherblog mit täglich rund 250.000 Besuchern. Kryptonite war offensichtlich in Unkenntnis darüber und reagierte zunächst überhaupt nicht. Erst als die New York Times und die Agentur Associated Press über den Fall berichteten, ging Krypotonite proaktiv darauf ein und startete eine millionenteure Rückrufaktion. Diese hätte man sich wohl ohnehin nicht ersparen können – den guten Ruf hätte man aber wohl mit geeigneter Überwachung der Vorgänge in den Communities retten können.

Zu wissen, was zu den eigenen Produkten, Dienstleistungen oder der Marke im Web diskutiert wird, kann daher einigen Schaden abwehren. Eine mögliche Strategie kann es deshalb sein, proaktiv die eigene Website oder ein Blog für eine solche Diskussion zu öffnen, selbst wenn dadurch negative Bewertungen auf der eigenen Website erscheinen. Dafür weiß man zumindest davon und kann dazu Stellung nehmen.

Doch selbst bei einer solch offenen Kommunikation werden viele Diskussionen und Bewertungen über die eigenen Angebote im sozialen Web vorgenommen, verteilt auf unzählige Blogs, Foren oder Communities. Um diese Einflüsse auf die eigene Website im Auge zu behalten, ist es daher nicht ausreichend, nur die eigene Website zu monitoren. Vielmehr gehört es im Web 2.0 auch dazu, das soziale Web und dessen Einflüsse auf die eigene Website zu beobachten.

10.3.1 Was gemessen werden kann

Grundsätzlich gibt es im Social Web zwei unterschiedliche Dimensionen, welche gemessen und überwacht werden können:

- Social Web Analytics: Der Erfolg der eigenen Anstrengungen im Social Web (z. B. der eigene Facebook-Fanpage, das Twitterkonto des Unternehmens etc.)
- Social Media Analytics: Die Aktivitäten von Drittnutzern im gesamten Internet (inkl. Blogs, Foren etc.), welche sich um das eigene Unternehmen und Produkte bzw. den eigenen Brand drehen

Social Web Analytics

Für die Erfolgsmessung der eigenen Anstrengungen im Social Web bieten die betreffenden Plattformen meist eine große Anzahl losgelöster Kennzahlen. Dazu zählen zum Beispiel:

- Für YouTube: Die Anzahl Abspielungen der eigenen Videos
- Für Facebook: Die Anzahl der Freunde und Fans
- Für Twitter: Die Anzahl der Followers
- Usw.

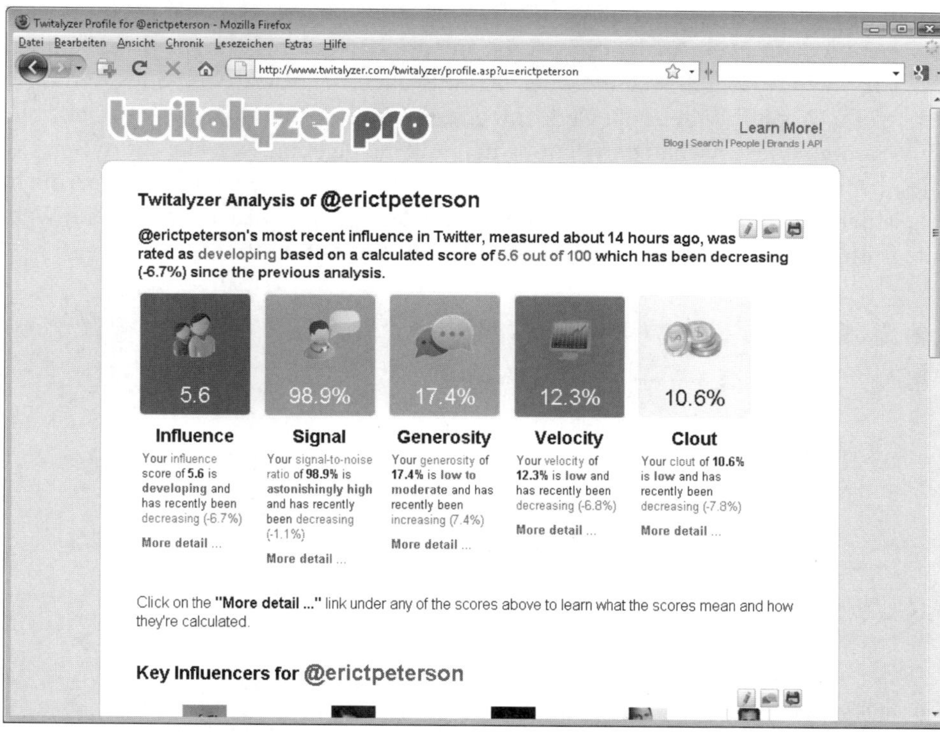

Abb. 10.7: Twitalyzer – das Twitter-Analyse-Tool der Web-Analytics-Koriphäe Eric T. Peterson

Darüber hinaus gibt es eine Reihe von Tools und Websites, welche weit detailliertere Analyse des Erfolgs als die betreffenden Plattformen selbst erlauben. Für Twitter zählt zum Beispiel Twitalyzer (`www.twitalyzer.com`) zu einem der strukturiertesten unter den zahlreichen Analyse-Tools. Twitalyzer errechnet fünf interessante Kennzahlen für das eigene Twitterkonto bzw. für die Relevanz der eigenen Twitter-Anstrengungen. Die Kennzahlen sind:

- Influence: Einfluss auf andere Twitter-Nutzer, gemessen u.a. an der Anzahl Followers und retweets (Wiederholungen) der eigenen Nachrichten
- Signal-to-Noise Ratio: Verhältnis von Tweets (Kurznachrichten), welche auf andere Nutzer, Tweets oder URLs referenzieren zu solchen ohne
- Generosity: Die eigene Großzügigkeit gemessen daran, wie häufig andere Nutzer referenziert werden
- Velocity: Zeitintervalle, innerhalb der die Posts erfolgen
- Clout: Die eigene Durchschlagskraft bzw. die errechnete Wahrscheinlichkeit, dass andere Nutzer einen referenzieren werden

All diesen Auswertungen und Kennzahlen ist jedoch eigen, dass sie noch schlecht bis gar nicht in Web-Analytics-Systeme integriert werden können. Zwar können manche Web-Analytics-Systeme über Schnittstellen der Social-Web-Sites-Kennzahlen wie z. B. die Twitter-Followers integrieren (siehe Abbildung 10.8). Der volle Zusammenhang zwischen den Plattformen und der eigenen Website – zum Beispiel die Absprungrate von generiertem Traffic eines Tweets – lässt sich damit aber nicht herstellen. Als Workaround lassen sich momentan einzig Links auf die eigene Website mittels Kampagnen-Tracking überwachen (siehe Abschnitt 6.6 in Kapitel 6).

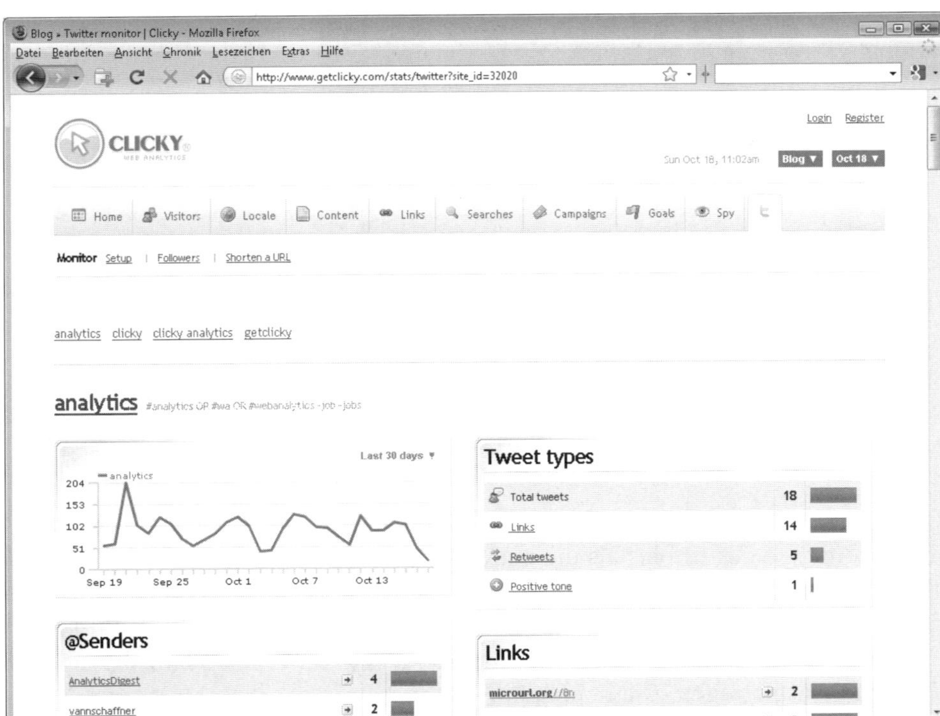

Abb. 10.8: Twitter-Kennzahlen ins Web-Analytics-System Clicky (`www.getclicky.com`) integriert

Social Media Analytics

Schwieriger, als den Erfolg der eigenen Tätigkeiten im Social Web zu prüfen, ist zu messen, was andere im Web über die eigenen Produkte, Dienstleistungen oder den Brand aussagen. Eine ganz simple Möglichkeit für das Monitoring der wichtigsten Aktivitäten bietet jedoch Google. Geht man davon aus, dass Google mehr oder weniger alle relevanteren Social Media Sites indexiert, dann werden von Benutzern erstellte Posts, Beiträge und Kommentare früher oder später im Index von Google auftauchen. Sucht man so in Google nach seinem eigenen Firmennamen oder Produktnamen, ist die Wahrscheinlichkeit relativ hoch, dass man entsprechende Beiträge findet. Geht man den Treffern anschließend nach und untersucht die Inhalte, werden einem entsprechende Stimmungen nicht mehr entgehen.

Da man eine solche Suche allerdings in regelmäßigen Abständen durchführen muss, ist der Aufwand beachtlich. Etwas Erleichterung schafft da zum Beispiel die Alert-Funktion von Google (`www.google.com/alerts`). Dort kann man sich von Google per E-Mail benachrichtigen lassen, sobald ein definierter Begriff neu in Webinhalten, Diskussionsforen oder News auftaucht. Auch die Diskussionen zu Konkurrenzprodukten lassen sich so natürlich überwachen.

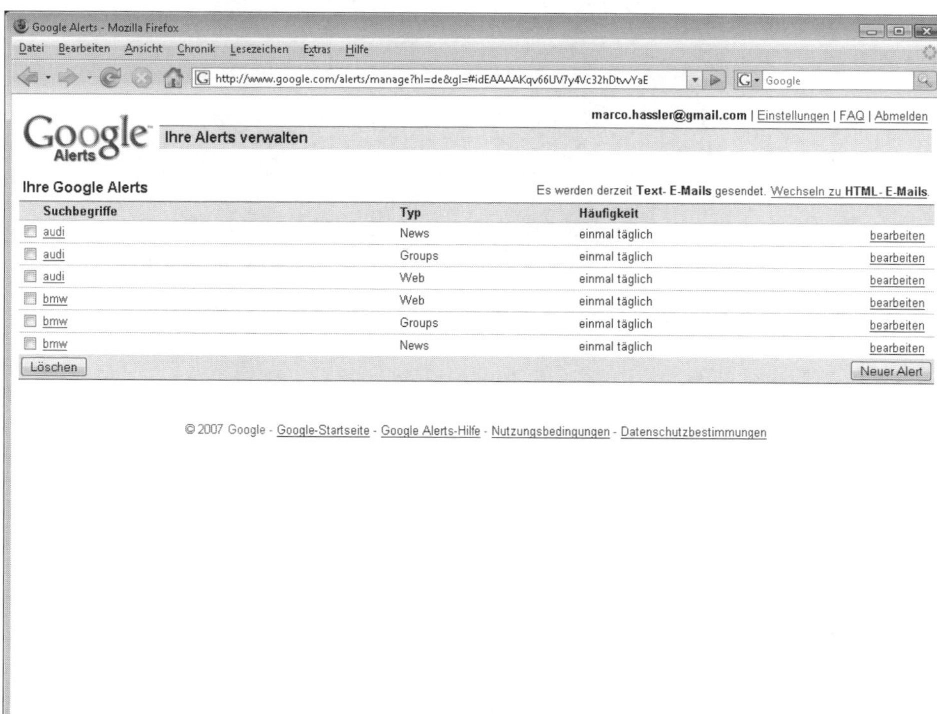

Abb. 10.9: Benachrichtigung über neue Inhalte mit bestimmten Schlüsselbegriffen

Während eine solche Überwachung für mäßig etablierte Produkte und Unternehmen funktioniert, wird es bei bekannteren Marken schwierig. Hier Hunderten von Posts und Kommentaren nachzugehen, die den eigenen Markennamen beinhalten, wird schwierig. So findet Google zum Beispiel aktuell über drei Millionen Seiten, die den Begriff »Audi« enthalten. Das Mitlesen der entsprechenden Beiträge wird bei der enormen Masse zur Sisyphus-Arbeit.

Abhilfe schaffen da Analyse-Tools, die nach einem automatischen Verfahren Webinhalte monitoren und die Aussage von Inhalten, die betreffende Suchbegriffe verwenden, einstufen. Eines der ersten dieser Tools ist Buzzient (`www.buzzient.com`), ein Social-Media-Analytics-System, das im Umfeld des Massachusetts Institute of Technology (MIT) entwickelt wurde.

Abb. 10.10: Automatische Einstufung von Posts über Audi in negativ, neutral und positiv mit dem Social-Media-Analytics-System von Buzzient (Preview Version)

Solche Systeme – die allerdings das notwendige Budget für die Lizenzierung voraussetzen – ermöglichen es, das soziale Web auch für bekanntere Brands sozusagen in Echtzeit mit zu verfolgen. Dies hilft enorm beim Verstehen der Brandwahrnehmung im Web oder bei der Früherkennung von Trends, die sich direkt auf den Unternehmenserfolg niederschlagen können. Auch Mitbewerber und deren Brandwahrnehmung lassen sich natürlich gleichermaßen verfolgen.

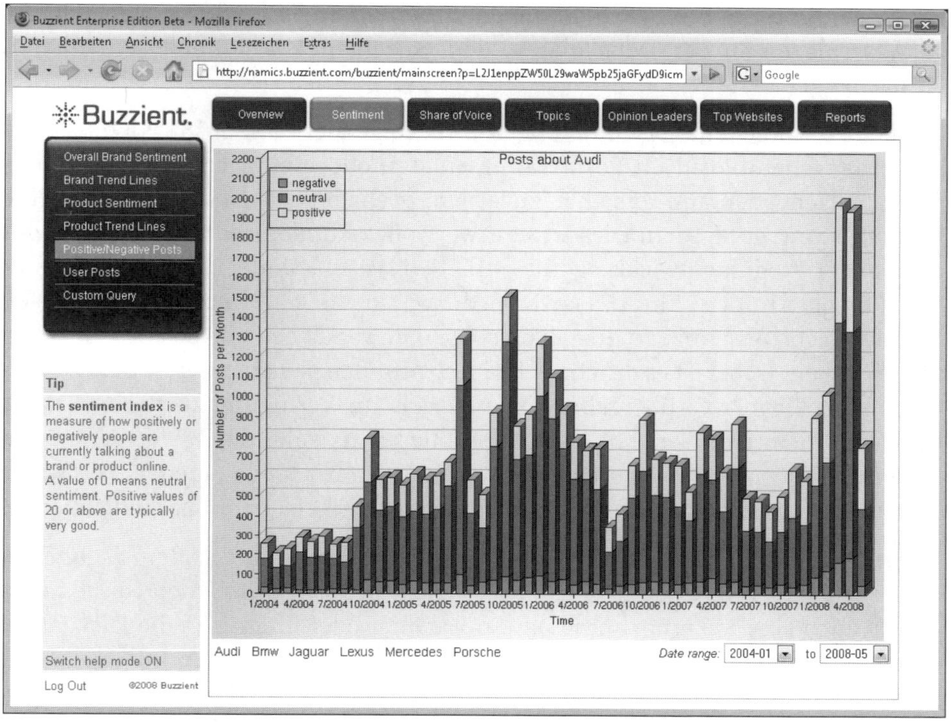

Abb. 10.11: Wahrnehmung der eigenen Marke und jener der Mitbewerber im sozialen Web in Buzzient (Preview-Version)

10.3.2 Wie Sie es nutzen sollten

Je mehr sich das soziale Web ausdehnt oder man selbst als Unternehmen darin aktiv wird, desto weniger kommt man darum herum, Social Web Analytics bzw. Social Media Analytics zu betreiben. Die eigenen Tätigkeiten im Social Web versteht man dabei am besten als kleine »Kampagnen« und monitort sie analog anderer Kampagnen (siehe dazu Abschnitt 6.6 in Kapitel 6).

Für das Monitoring sämtlicher Vorkommnisse im Social-Media-Umfeld ergeben sich folgende beiden Handlungsalternativen:

- Für kleinere Unternehmen oder weniger bekanntere Marken eignet sich Google Alert bestens, um plötzlich aufkommende Diskussionen zu erfassen. Hierzu führt man am besten zuerst mittels Google eine Bestandsaufnahme durch und klärt, wo der eigene Firmen- oder Produktname in welchem Zusammenhang im Web verwendet wird. Anschließend setzt man sich einen Alert auf die wichtigsten Produktnamen und die Firmenbegriffe.
- Bei bekannteren Brands kommt man um den Einsatz eines Tools wie jenes von Buzzient kaum herum. Die Überwachung innerhalb solcher Tools funktioniert anschließend vergleichbar der Vorgehensweise in Web-Analytics-Systemen. Im

Wesentlichen gilt es, Veränderungen zu Vorperioden zu vergleichen und bei Ausschlägen in der Detailanalyse den einzelnen Posts und Kommentaren nachzugehen.

Bei beiden Vorgehensweisen empfiehlt sich, folgendermaßen mit Vorkommnissen umzugehen: Positiven Posts, Kommentaren oder Beiträgen sollte man gelegentlich nachgehen, um verstehen zu lernen, weshalb Leute ein Produkt oder eine Dienstleistung gut finden. Dies ist sehr wertvolles Kundenfeedback, das man gut auch in der Produktentwicklung mit einfließen lassen könnte. Handelt es sich um einen Blogger mit viel Einfluss – was sich etwa über den Technorati Rank feststellen lässt (siehe Abschnitt 10.2) –, dann sollte man versuchen, die positive Meinung zu verstärken. Dabei ist es durchaus legitim, zum Beispiel ein neues Produkt auch mal einem Blogger vorübergehend zum Testen zur Verfügung zu stellen. Dieser kann sich dadurch in seinem Umfeld profilieren als einer der Privilegierten, die das Produkt schon vor dem offiziellen Verkaufsstart in Händen hielten. Die Wahrscheinlichkeit eines positiven Beitrags zu dem Produkt ist damit beachtlich.

Negativen Kommentaren und Beiträgen sollte man gleichermaßen nachgehen und versuchen, die Hintergründe zu verstehen. Bei offensichtlichen Falschaussagen ist auch eine Stellungnahme per Kommentar oder Eingriff in die Diskussion empfehlenswert. Dies kann auch mit Verweis auf weiterführende Informationen auf der eigenen Website erfolgen, wo detailliert dazu Stellung genommen werden kann. So kann vielleicht eine Diskussion auch auf die eigene Website verlagert werden, wo sie besser kontrollierbar ist. Voraussetzung ist natürlich, dass entsprechende Informationen und Statements zeitnah auf der Website aufgeschaltet werden. Schließlich ist eine offene Kommunikation bei vorhandenen Problemen meist der beste Ausweg.

10.3.3 Was es zu beachten gilt

Dadurch, dass Brands und Unternehmensnamen wie »Audi« relativ eindeutig sind, lassen sie sich mittels Tools wie Google Alert gut monitoren. Schwieriger wird es jedoch bei solchen Namen, die keineswegs eindeutig sind, weil zum Beispiel ein Unternehmen in einem anderen Land genauso heißt. Will man zum Beispiel Kommentare und Beiträge zur Deutschen Post monitoren, dann wird das etwas schwierig. Nicht nur, dass in mehreren Ländern eine »Post« existiert. Auch ist »to post« im englischen Sprachraum ein Verb und kommt dementsprechend häufig in einem anderen Zusammenhang zum Einsatz. Auch bei bekannten Abkürzungen wie etwa »DB« kann es inhaltlich sowohl um die Deutsche Bank, die Deutsche Bahn, Datenbanken wie um Dezibel gehen.

In solchen Fällen hilft nur der Einsatz eines intelligenten Social-Analytics-Systems, das algorithmisch den Inhalt rund um den betreffenden Begriff analysiert und entscheidet, in welchem Zusammenhang der Begriff steht.

10.4 Rich Internet Applications und AJAX-Inhalte

Rich Internet Applications (RIAs) sind Web-Anwendungen, die zwar über den Browser bedient werden, jedoch von ihren Funktionen und ihrem Verhalten her »reich« sind und damit eher an Desktop-Anwendungen erinnern. Ein klassisches Beispiel einer RIA sind die Office-Anwendungen von Google Docs (`docs.google.com`). Diese stellen einige Funktionen ähnlich jenen des Microsoft-Office-Pakets bereit, können jedoch komplett über den Browser bedient werden. Auch Funktionen wie Drag&Drop, Kontextmenü über die rechte Maustaste oder Tastaturbedienbarkeit lassen einen glauben, man nutze eine fest installierte Software.

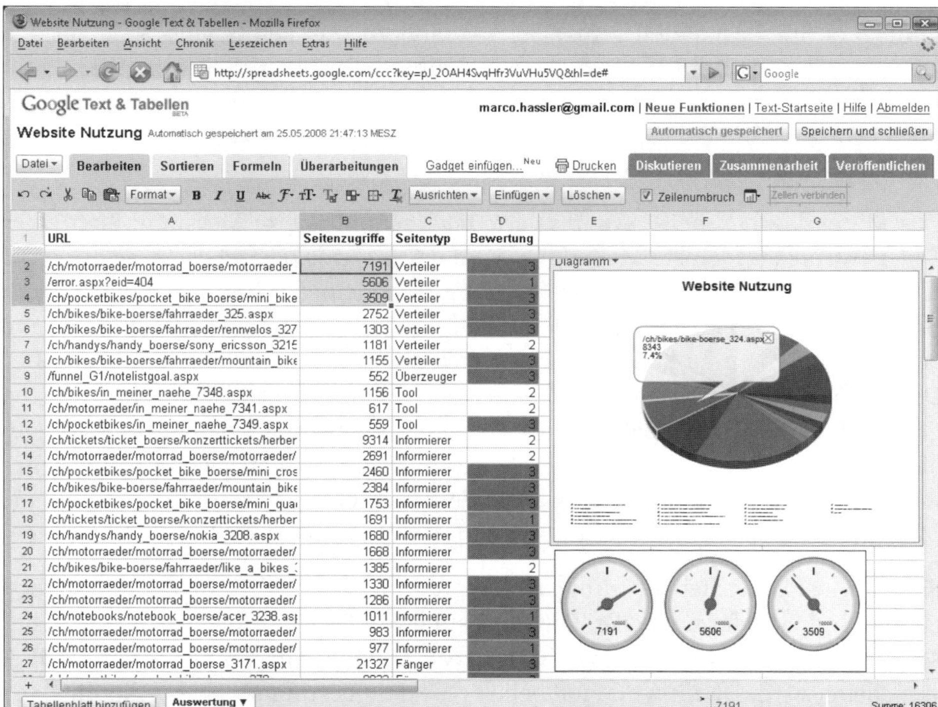

Abb. 10.12: Tabellenkalkulation und Diagramme in Google Docs

Typisch für RIAs ist, dass nach einem Mausklick nicht mehr die Seite neu geladen wird, sondern sich nur einzelne Bereiche innerhalb einer Seite ändern. Das bekannte Verhalten von Websites, wo nach jedem Klick ein so genannter Server-Roundtrip erfolgt und nach einem kurzen Flackern die neue Seite angezeigt wird, gibt es nicht mehr bei RIAs. Stattdessen speichert der Browser die Daten zwischen und sendet sie im Hintergrund an den Server – und erhält von diesem genauso im Hintergrund neu angeforderte Daten.

Die Technologie, die hinter RIAs steht, kann sehr unterschiedlich sein. Die bekannteste davon ist AJAX, Asynchronous JavaScript And XML. Der Name nennt schon das Kernprinzip der Anwendung, nämlich dass Daten mittels JavaScript asynchron, das heißt im Hintergrund und unbemerkt vom Benutzer im XML-Format nachgeladen werden. Neben AJAX können Rich Internet Applications jedoch auch auf anderen Technologien aufbauen, sei es nun Adobe Flash oder Flex, Microsoft ActiveX oder Silverlight oder Java Applets.

10.4.1 Was gemessen werden kann

Rich Internet Applications stellen die Web-Analyse vor eine neue Herausforderung. Für herkömmliche Websites gilt der Seitenzugriff ja als die zentrale Messgröße, auf die alles ausgelegt wird. Bei RIAs, wo sich bei einer Interaktion des Benutzers nur Bestandteile einer Seite verändern und keine neue Seite geladen wird, besteht ein Besuch häufig nur aus einem einzelnen Seitenzugriff. Damit werden die meisten der sonst üblichen Metriken zur Farce. Besucherflüsse, Klickpfade, Inhaltsgruppen, Ein- und Ausstiegsseiten usw. verlieren jegliche Aussagekraft, wenn nur eine Seite betrachtet wird.

Das Mittel dagegen heißt eventbasierte oder actionbasierte Messung. Statt eines Seitenaufrufs als kleinste Maßeinheit wird ein Ereignis oder eben Event auf einer Seite als solche definiert. Ein Event ist dabei irgendeine bestimmte Aktion, die der Benutzer vornimmt. Dies kann die Eingabe eines Textes in ein Formularfeld sein, der Klick auf einen Link, das Verschieben von Objekten per Drag&Drop usw. Der Definition dessen, was ein Event darstellen soll, sind praktisch keine Grenzen gesetzt. Eine Seite kann dabei beliebig viele Events beinhalten, so dass RIAs problemlos abgebildet werden können. Sobald nun ein solcher Event eintritt – zum Beispiel die Eingabe eines Wertes in ein Formularfeld –, wird im Hintergrund die Messung ausgelöst, genauso als wenn zum Beispiel ein Seitenzugriff erfolgt wäre.

Für die Auslösung der Messung wird von den meisten Web-Analytics-Systemen ein JavaScript-Code verwendet. Die Auslösung von Events erfolgt dann, indem der Aufruf einer JavaScript-Funktion in das JavaScript oder das ActionScript der RIA eingebettet wird. Damit wird eine beliebig flexible Lösung möglich. Allerdings ist das Einbetten des Tracking-Codes nicht mehr so simpel wie jene des Page Tags, sondern erfordert die Nähe zum Code der Anwendung. Der Aufwand für die Implementierung von Events in Rich Internet Applications ist daher nicht zu unterschätzen. Eine enge Interaktion mit den Entwicklern der Anwendung, seien es die eigenen Techniker und jene einer Webagentur, ist daher unumgänglich.

Ein typisches Beispiel einer RIA sind Kartenlösungen wie in Abbildung 10.13 dargestellt und wie man sie von Google Maps her kennt (`maps.google.com`). Ein Benutzer hat innerhalb dieser Seite die Möglichkeit, den angezeigten Kartenausschnitt zu verschieben, auf einen der ballonförmigen Marker zu klicken und innerhalb der geöffneten Blase zwischen einzelnen Produkten hin- und herzublättern. Genauso kann er den Marker wieder schließen und einen anderen öffnen, alles, ohne dass die Seite je neu geladen werden würde.

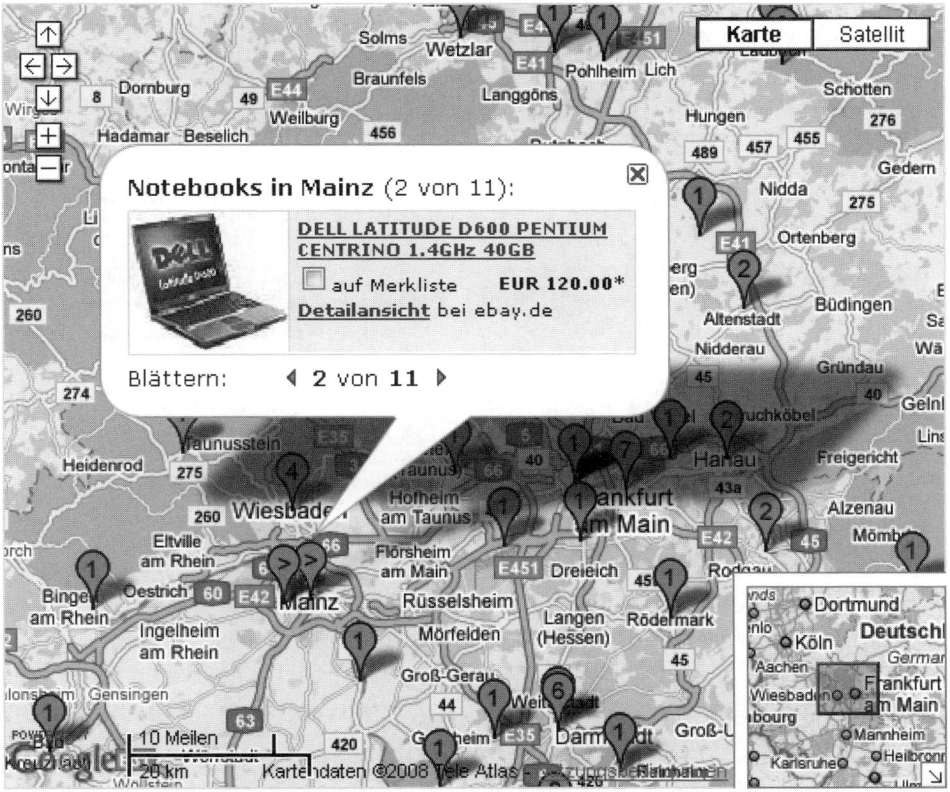

Abb. 10.13: Beispiel einer RIA, die Events zur Messung des Besucherverhaltens einsetzt

Will man nun zum Beispiel wissen, wie häufig der Kartenausschnitt verschoben wird, auf einen Marker geklickt oder innerhalb der Blase hin- und hergeblättert wird, definiert man folgende Events und Auslöser:

- Der Event »moved« tritt ein, sobald der Kartenausschnitt verschoben worden ist und der Benutzer die Maus wieder loslässt.
- Der Event »openMarker« tritt ein, wenn ein Benutzer auf einen Marker klickt und sich die Blase öffnet.
- Der Event »paging« wird ausgelöst, wenn ein Benutzer vorwärts oder rückwärts blättert bzw. auf den entsprechenden Pfeil nach links oder rechts klickt.

In einem Web-Analytics-System, das eine eventbasierte Messung unterstützt, kann eine Auswertung dann wie in Abbildung 10.14 gezeigt implementiert werden. Damit lässt sich zum Beispiel auslesen, dass Besucher das Verschieben des Kartenausschnitts sehr intensiv nutzen und im Schnitt 15 solcher Verschiebungen im Abstand von vier Sekunden machen. Pro Besuch werden zudem mehr als vier Marker geöffnet und der Inhalt für rund 15 Sekunden betrachtet. Dafür wird die Blätterfunktion praktisch kaum benutzt.

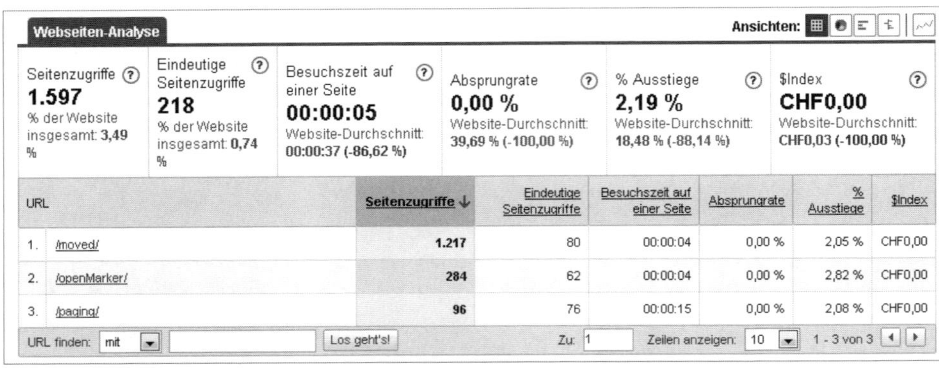

Abb. 10.14: Auswertung von Events einer Kartenanwendung in Google Analytics

10.4.2 Wie Sie es nutzen sollten

Seitenbasierte Web-Analyse bei herkömmlichen Websites ist relativ einfach zu nutzen, da das Messereignis durch den Seitenaufruf per se schon definiert ist. Bei RIAs ist dies um einiges komplizierter, da man sich zuerst überlegen muss, was denn überhaupt gemessen werden soll. Um Messereignisse für RIAs zu definieren, empfiehlt sich folgendes Vorgehen:

- Halten Sie sich zuerst vor Augen, was das Ziel der Anwendung ist. Bei einer Mapping-Anwendung wie im gezeigten Beispiel kann dies sein, schnell und intuitiv Produkte in der Umgebung des Benutzers zu finden.
- Überlegen Sie sich, was ein Benutzer tun muss, damit er zu diesem Ziel gelangt. Für die genannte Mapping-Anwendung wird ein Besucher zumindest zuerst den Kartenausschnitt auf seine Region verschieben und dann einen Marker anklicken müssen. Daraus ergeben sich die zu messenden Ereignisse, wie im Beispiel gezeigt.
- Setzen Sie sich mit den Entwicklern der RIA in Verbindung und klären Sie den exakten Auslöser des Ereignisses. Nimmt man das Öffnen des Markers als Ereignis, dann kann der Auslöser der Mausklick auf den Marker sein – oder aber erst das Aufgehen der Informationsblase. Letzeres dürfte das aussagekräftigere Ereignis sein, da ein Benutzer ja auch auf einen bereits geöffneten Marker klicken könnte.

- Damit das Ereignis bei der späteren Auswertung erkennbar und verständlich ist, empfiehlt es sich, einen sprechenden Namen für das Ereignis, wie »open-Marker«, zu definieren. Noch besser ist es, Ereignisse mit Inhalten zu verknüpfen, also zum Beispiel auch noch mitzugeben, in welcher Stadt sich der betreffende Marker befand. Sofern das Web-Analytics-Tool dies unterstützt, sollte man sich sogar eine Hierarchie von Ereignissen und Inhalten aufbauen wie in Abbildung 10.15 dargestellt.
- Implementieren Sie den Auslöser inklusive dessen Benennung in den Code der RIA oder beauftragen Sie die zuständige Technik oder Agentur damit. Spätere Anpassungen sind leider wiederum mit Aufwand verbunden, das heißt, man sollte erst mit der Umsetzung beginnen, wenn man genau weiß, was man messen möchte.

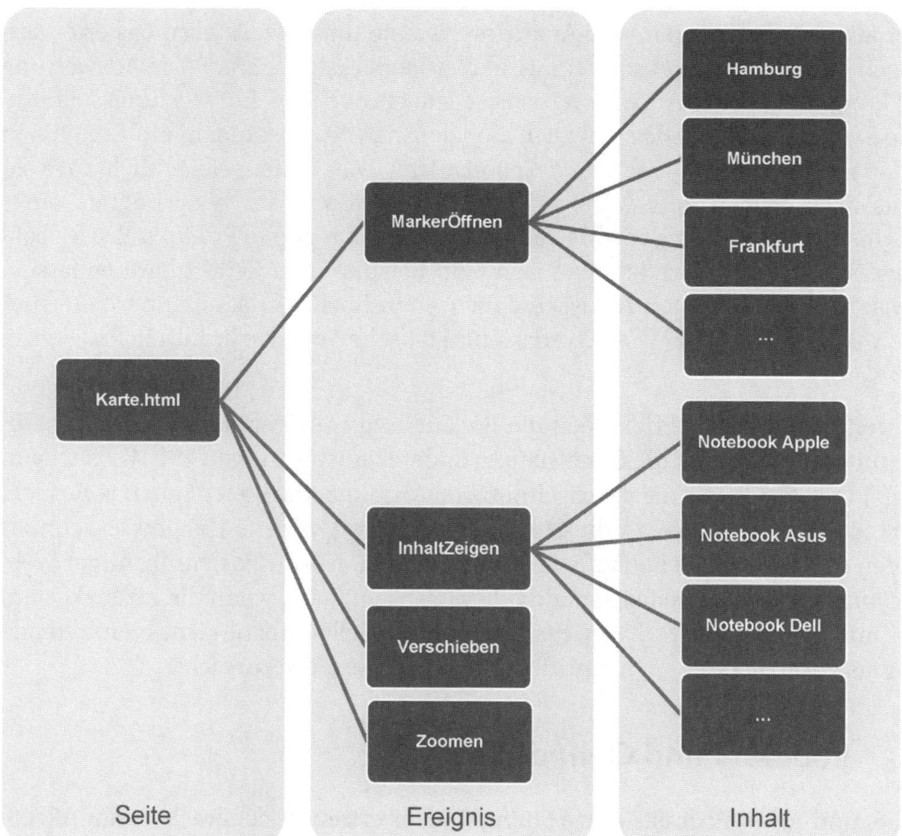

Abb. 10.15: Hierarchie von Seite, Ereignissen und Inhalten der Seite

Inhalte, die wie in Abbildung 10.15 gezeigt gemessen werden, lassen sich anschließend vergleichbar mit Seitenaufrufen überwachen. Die Top 10 der in RIAs betrachteten Inhalte oder die größten Auf- und Absteiger eignen sich so zur Beobachtung. Im gezeigten Beispiel lässt sich nachvollziehen, welche der Mini-Inhalte innerhalb der Marker-Blasen am meisten angezeigt werden oder in welcher Stadt am häufigsten nach entsprechenden Produkten gesucht wird.

Die Ereignisse an sich, wie das Verschieben der Karte oder das Öffnen eines Markers, ist ebenfalls interessant. Diese Angaben sollte man nutzen, um zu verstehen, ob und wie häufig Besucher bestimmte Funktionen überhaupt nutzen. Stellt man zum Beispiel fest, dass kaum ein Besucher die Karte mit der Maus verschiebt, dann kann dies bedeuten, dass die Zielgruppe die neue Art in der Bedienung solcher Karten noch nicht verstanden hat. Eine kleine Anleitung oder gar ein kurzes Instruktionsvideo kann dann Abhilfe schaffen.

10.4.3 Was es zu beachten gilt

Zwar können die meisten Web-Analytics-Systeme mittlerweile eventbasierte Messungen durchführen und so Ereignisse überhaupt erst erkennen. Die Auswertung von Ereignissen in den Systemen steckt jedoch noch im Entwicklungsstadium. Viele Systeme, so zum Beispiel auch Google Analytics, behandeln ein Ereignis in der Auswertung genau wie einen Seitenaufruf. Dies führt gelegentlich auch zu nichts aussagenden oder kuriosen Auswertungen wie der Absprungrate eines Ereignisses in Abbildung 10.14. Hier ist zu hoffen, dass neue Produktreleases bald Ereignisse separat behandeln und sich zum Beispiel einer Seite zuordnen lassen. Ebenso fehlen momentan Analysemöglichkeiten für Klickabläufe innerhalb einer RIA, wie sie sonst in Browser-Overlays für statische Seiten sehr hilfreiche Dienste erweisen.

Ein weiterer negativer Effekt, den die Behandlung von Ereignissen als Seitenaufrufe mit sich bringt, ist die Verfälschung anderer Auswertungen zur Website-Nutzung. Eine Metrik, wie die durchschnittliche Anzahl betrachteter Seiten je Besuch, kann so plötzlich massiv in die Höhe schnellen, wenn neue Ereignisse definiert werden und diese als Seitenaufrufe gezählt werden. Nutzer kostenpflichtiger Web-Analytics-Systeme sollten sich zudem bewusst sein, dass, wenn die Lizenzkostenberechnung auf einem Pageview-basierten Modell aufbaut, jedes eintretende Ereignis zusätzliche »Seitenzugriffe« und somit Kosten verursacht.

10.5 Podcasts und Online-Videos

Audio- und Video-Podcasts sowie Online-Videos erfreuen sich wachsender Akzeptanz und Beliebtheit und zählen mit zu den Kernelementen des Web 2.0. Plattformen wie YouTube (`www.youtube.com`) werden von einem sehr breiten Publikum genutzt und bestätigen den Trend. Aber auch auf Websites werden Podcasts und Videos vermehrt eingesetzt. Der Nutzen liegt einerseits in der einfachen Möglichkeit, komplizierte Inhalte schnell und verständlich über Filmausschnitte zu kommunizieren. Für die Handhabung oder Installation eines Produkts kann ein kurzes Video ein Handbuch beinahe ersetzen – oder zumindest einen Nutzer wesentlich schneller instruieren. Aber auch im Werbeumfeld werden Bewegtbildformate verstärkt eingesetzt, da sich Emotionen in der Bewegung wesentlich besser transportieren lassen. Ein fahrendes Auto entwickelt so zum Beispiel in einer Filmsequenz einfach eine andere Dynamik als auf einem statischen Bild.

Abb. 10.16: In Adobe Flash realisierte Videoanimation von Audi

10.5.1 Was gemessen werden kann

Bei Audio- oder Video-Daten gibt es zwei grundsätzlich unterschiedliche Arten, wie diese konsumiert werden können. Die eine Variante ist der Download: Die Audio- oder Video-Datei wird von einer Website auf die Festplatte oder einen iPod hinuntergeladen und dort abgespielt. Podcasts, sowohl in Audio- wie in Video-Form, funktionieren auf diese Weise. Die zweite Variante ist das Abspielen von Inhalten in einem direkt in die Website eingebetteten Player. Das klassische Beispiel hierfür ist YouTube oder auch die in Abbildung 10.16 gezeigte Animation, wo Videos direkt auf der Website abgespielt werden. Die Daten werden dabei meist gestreamt, das heißt, mit dem Abspielen des Videos wird bereits begonnen, noch während im Hintergrund die späteren Sequenzen heruntergeladen werden.

Die Messung von gestreamten Videoinhalten ist dem Verfahren bei Rich Media Applications sehr ähnlich. Ein Video innerhalb eines Players einer Website stellt nämlich selbst auch nichts anderes als eine RIA dar. Aktionen wie das Starten, Pausieren oder Stoppen eines Videos stellen Ereignisse dar, die analog einer RIA gemessen werden können. Darüber hinaus können natürlich zusätzliche Messereignisse definiert werden, wie das Erreichen eines bestimmten Zeitpunkts innerhalb eines Videos. Typische Messgrößen für Videoinhalte sind dann:

- Abspieldauer eines Clips: Misst, wie lange ein Clip im Schnitt abgespielt wird.
- Starts, Stopps und komplette Abspielungen: Misst die Interaktionen auf einen Clip und zählt, wie viele Male ein Clip bis zum Ende betrachtet wurde.
- Abspielrate (Anzahl Seitenaufrufe/Anzahl Starts des Clips): Gibt an, zu welchem Anteil ein in eine Seite eingebetteter Clip abgespielt wurde.
- Abbruchrate ([Anzahl Starts des Clips – Anzahl komplett abgespielte Clips]/ Anzahl Starts des Clips): Gibt an, wie häufig ein bereits gestarteter Clip wieder abgebrochen bzw. nicht zu Ende gesehen wurde.
- Wiederholte Abspielungen: Misst, wie viele Male ein Clip durch den gleichen Besucher abgespielt wurde.

Bei Video- oder Audio-Podcasts ist eine solch detaillierte Messung leider nicht möglich. Diese werden ja zuerst heruntergeladen und anschließend lokal abgespielt, zum Beispiel in Apple iTunes oder auf dem iPod. Dort fehlen schlicht die Messmöglichkeiten für irgendwelche Ereignisse.

Was sich bei Podcasts jedoch messen lässt, sind die Anzahl Downloads. Da Podcasts ähnlich Fernseh- oder Radio-Sendungen meist in mehreren, immer wieder neuen Folgen angeboten werden, erfolgt die Distribution über RSS-Feeds. Sobald ein neuer Podcast erscheint, wird dieser im RSS des Podcasts publiziert. Bei Personen, die den Podcast zum Beispiel in Apple iTunes abonniert haben, wird dieser anschließend direkt downgeloadet.

Da RSS zur Syndizierung verwendet wird, entsprechen die Messmöglichkeiten von Podcasts jenen von RSS-Feeds mit textlichen Inhalten wie in Abschnitt 10.1 beschrieben. Sinnvoll für Podcasts sind schlussendlich:

- Anzahl Abonnenten, die einen Podcast abonniert haben
- Downloads einzelner Podcasts

Für die Messung der Daten sollte eine serverseitige Methode angewandt werden, da die benutzten Clients sehr unterschiedlich sein können – zum Beispiel auch Apple iTunes. Nutzt man ein clientseitiges Web-Analytics-System, ist die einfachste Möglichkeit, Podcasts analog der RSS-Inhalte über Dienste wie Google FeedBurner (`www.feedburner.com`) zu tracken.

Abb. 10.17: Über RSS syndizierte und abonnierbare Podcasts von ProSieben

10.5.2 Wie Sie es nutzen sollten

Bei Podcasts ist die kleinste Maßeinheit der Download eines Clips, das Verhalten während des Abspielens lässt sich nicht näher betrachten. Um Downloadzahlen interpretieren zu können, ist es wichtig, dass Podcasts thematisch sehr fokussiert sind. Behandelt ein Podcast genau ein Thema, dann kann eine hohe Downloadzahl durchaus als erhöhtes Interesse an dem Thema gewertet werden. Enthält ein Podcast dagegen mehrere Themen, ist nicht mehr auszuwerten, welcher Inhalt den Ausschlag für das gezeigte Interesse gab. Stattdessen sollten lieber mehrere kürzere, dafür fokussiertere Podcasts publiziert werden.

Für eine Auswertung sollte man folgende Metriken im Auge behalten:

- **Die Top-10-Podcast-Downloads im vergangenen Monat oder Jahr:** Dies gibt Aufschluss darüber, welche Themen bzw. Inhalte grundsätzlich beim Publikum gut ankommen.
- **Anzahl Downloads eines Podcasts in den ersten fünf Tagen nach der Publikation:** Dies ist meist die konkreteste Aussage, wie gut ein Thema aktuell gerade beim Publikum ankommt. Da die Abonnenten über den RSS-Feed von jeder

Publikation benachrichtigt werden, kann die Dauer von fünf Tagen als Abgrenzung hinzugezogen werden, um einen Vergleich mit früheren Podcast-Downloads zu ermöglichen. Ohne diese zeitliche Abgrenzung erreichen ältere Podcasts einfach aufgrund der längeren Verfügbarkeit tendenziell höhere Downloadzahlen.

- **Anzahl Abonnenten:** Diese sollte man wie die Anzahl Besucher auf der Website immer etwas im Auge behalten. Bei Ausschlägen nach oben sollten Sie unbedingt nachforschen, welcher Podcast zu dem Zeitpunkt genau publiziert wurde. Mit großer Wahrscheinlichkeit hat dieser Podcast dann bewirkt, dass Interessenten zu Abonnenten wurden.

Im Vergleich zu Podcasts sind bei Online-Videos die Messmöglichkeiten ja bedeutend umfangreicher. Dabei gibt es zwei Dimensionen, die man im Auge behalten sollte. Dies ist die generelle Nutzung von Video-Inhalten auf der Website einerseits und die Qualität der einzelnen Video-Clips anderseits. Um die generelle Nutzung von Videos zu beobachten, werten Sie folgende Metriken aus:

- **Abspielrate:** Die Website-weite Abspielrate ist ein genereller Indikator dafür, wie Video-Inhalte beim Publikum ankommen. Hohe Abspielraten bezeichnen ein videoaffines Publikum oder dass sich die Inhalte Ihrer Website für Video eignen.
- **Abbruchrate:** Die Website-weite Abbruchrate ist eine gute Metrik dafür, wie ansprechend die Clipinhalte auf der Website insgesamt sind.
- **Durchschnittliche Abspieldauer:** Die durchschnittliche Abspieldauer gibt – losgelöst vom Inhalt – eine Idee dafür, wie lange ein Online-Video mit Inhalten wie den Ihrigen ungefähr sein sollte.

Um die Qualität eines einzelnen Clip-Inhalts zu beurteilen, kann man für einen solchen folgende Metriken konsultieren:

- **Abbruchrate eines Clips:** Die Abbruchrate ist der wohl eindeutigste und aussagekräftigste Indikator dafür, wie gut ein Clip ankommt. Im Vergleich von Abbruchraten verschiedener Clips lässt sich so ziemlich rasch erkennen, was Besucher mögen und was nicht.
- **Abspieldauer eines Clips:** Die Verteilung der Abspieldauer kennzeichnet jene zeitlichen Stellen, bei denen Besucher aussteigen. Wenn es eindeutige Spitzen bei den Ausstiegszeitpunkten gibt, dann sollten Sie diese innerhalb des Videos nachvollziehen und versuchen zu verstehen, weshalb Besucher diese Sequenz uninteressant finden. Ein anderer Nutzen der Abspieldauer kann sein, herauszufinden, wie lange Besucher Werbung innerhalb eines Clips aushalten, bevor sie abbrechen.
- **Wiederholte Abspielungen:** Spielt derselbe Benutzer denselben Clip mehrfach ab, kann dies zwei Aussagen haben. Entweder war der Inhalt unverständlich

und wird vom Benutzer deshalb nochmals betrachtet – oder der Clip ist äußerst spannend oder lustig. Meist lässt sich aus dem Inhalt des Clips interpretieren, um welchen Fall es sich gerade handelt. Bei Produkterklärungen oder Nutzungsanleitungen wird wohl eher Ersteres der Fall sein.

10.5.3 Was es zu beachten gilt

Die Messung von Video-Clips steckt ebenfalls noch in den Kinderschuhen wie so manches im Web-2.0-Umfeld. Wer heute die Video-Nutzung messen möchte, der muss meist tief in die technische Trickkiste greifen und etwa genauso viel Aufwand betreiben wie für die Messung einer RIA. Im Normalfall muss im Videoplayer wie bei einer RIA jedes Ereignis wie Starten und Stoppen im Code eingebettet werden. Will man unterschiedliche Sequenzen innerhalb eines Clips messen, muss auch der Clip selbst mit entsprechenden Ereignissen versehen werden. Erschwerend kommt hinzu, dass Web-Analytics-Systeme noch kaum gerüstet sind für die Auswertung von Online-Videos. Erst wenige Web-Analytics-System-Hersteller wie Nedstat mit dem spezifisch für Video-Inhalte ausgelegten Produkt »Stream Sense« haben sich intensiver mit der Auswertung von Videoinhalten befasst. Die stark wachsende Verbreitung von Online-Videos legt jedoch die Vermutung nahe, dass in Kürze weitere Anbieter nachlegen werden.

Kapitel 11

Metriken nutzen

In den vorausgegangenen Kapiteln haben Sie die Bedeutung von rund 80 Metriken kennen gelernt und gesehen, was man damit messen kann. Bei der Flut an Zahlen und Auswertungen vergisst man gern das Wesentliche, nämlich, wie man diese nun sinnvoll nutzt.

Metriken in dieser Breite helfen, den Besucher, sein Verhalten und seine Motivationen zu verstehen. Dieses Verständnis ist entscheidend, will man später eine Optimierung der Website vornehmen. Andernfalls läuft man nämlich die Gefahr, an den Bedürfnissen vorbei zu optimieren und somit gesetzte Ziele nicht zu erreichen. Um das Verständnis für die Ziele und Bedürfnisse der Besucher zu schärfen, sollten Metriken deshalb folgendermaßen genutzt werden:

- **Beobachten:** Das Observieren von zentralen Metriken ist so etwas wie ein Fiebermesser für die Befindlichkeit der Besucher und die Gesundheit der Website.

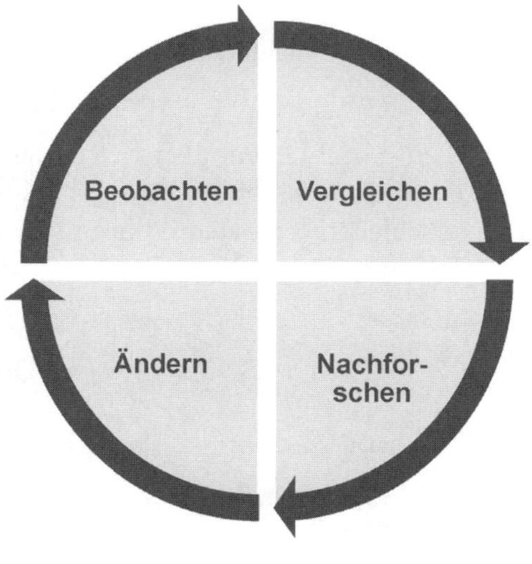

Abb. 11.1: Abbildung 11.1: Vorgehensweise bei der laufenden Nutzung von Metriken

- **Vergleichen:** Um gemessene Ergebnisse zu interpretieren, braucht man Anhaltspunkte. Um Fieber oder Untertemperatur feststellen zu können, benötigt man auch entsprechende Schwellenwerte.

- **Nachforschen:** Schlägt ein Indikator aus, dann brennt die Frage nach dem Weshalb und Warum. Zur Antwort gelangt man nur mit weiteren Untersuchungen, genau wie es vom Fieber als Symptom ein langer Weg sein kann, um die ursächliche Krankheit herauszufinden.

Erst wenn man jetzt weiß, wo die Ursache des Problems liegt, kann man später beginnen, Gegenmaßnahmen einzuleiten und das Angebot zu ändern.

11.1 Beobachten

Würde man alle Metriken ständig beobachten wollen, dann wäre man wohl die ganze Zeit nur damit beschäftigt. Für wichtigere Sachen – zum Beispiel für das Optimieren der Website – bliebe dann überhaupt keine Zeit mehr. In der Fülle der Metriken ist es deshalb wichtig zu unterscheiden, welche Metriken täglich, wöchentlich oder gar nur monatlich betrachtet werden sollten.

11.1.1 Alle Metriken im Überblick

Die folgende Zusammenstellung gibt einen Überblick über die wichtigsten Web-Analytics-Metriken, die in den Kapiteln 5 bis 10 beschrieben werden. Ergänzend dazu sind die zur Messung verwendeten Hilfsmittel und vorgeschlagenen Beobachtungsintervalle aufgeführt. Die Beobachtungsintervalle sind als Richtwert zu verstehen, die je nach Wichtigkeit der Kennzahl für die eigene Website nach unten oder oben anzupassen sind.

Traffic-Quellen

Metriken zu den Traffic-Quellen umschreiben, über welche Kanäle Besucher auf die Website gelangt sind. Da die Besuchszahlen häufig starken Schwankungen unterworfen sind und von verschiedensten Faktoren beeinflusst werden, ist eine häufigere Beobachtung empfehlenswert.

Metrik	Instrumente	Beobachtungsintervall	Abschnitt
Anzahl Direktzugriffe und Lesezeichen	Web-Analytics-System	monatlich	Abschnitt 6.1
Anzahl Del.icio.us-Bookmarks	del.icio.us	monatlich	Abschnitt 6.1
Google Page Rank	Google Toolbar	monatlich	Abschnitt 6.2
Anzahl Links bei Google.com	Google.com	monatlich	Abschnitt 6.2

Tabelle 11.1: Gebräuchliche Metriken, die Traffic-Quellen beschreiben

Metrik	Instrumente	Beobachtungs-intervall	Abschnitt
Vernetzung	TouchGraph	monatlich	Abschnitt 6.2
3–5 Top verweisende Websites	Web-Analytics-System	wöchentlich	Abschnitt 6.2
Suchmaschinen-Traffic	Web-Analytics-System	monatlich	Abschnitt 6.3
Suchmaschinen-Crawler	Web-Analytics-System	quartalsweise	Abschnitt 6.3
Organische Keywords	Google Webmaster Tool, Google Trends, Keyword-Generatoren	wöchentlich	Abschnitt 6.4
Bezahlte Keywords	Web-Analytics-System	wöchentlich	Abschnitt 6.4
Kampagnen	Kampagnen-Auswertung oder Web-Analytics-System	wöchentlich	Abschnitt 6.5
Social Network Traffic	Web-Analytics-System oder Auswertung von URL-Shortenern	wöchentlich	Abschnitt 6.6

Tabelle 11.1: Gebräuchliche Metriken, die Traffic-Quellen beschreiben (Forts.)

Besuchereigenschaften

Metriken zu den Besuchereigenschaften umschreiben über einen Besuch hinaus konstante Eigenschaften wie Herkunft, Interesse und Demografie von Besuchern. Da die Zusammensetzung der Besucherschaft im Normalfall wenig Volatilität unterlegen ist, reichen für die Betrachtungen längere Beobachtungsintervalle. Die meisten Angaben zu Besuchern lassen sich aus dem eingesetzten Web-Analytics-System auslesen.

Metrik	Instrumente	Beobachtungs-intervall	Abschnitt
Anzahl Besucher	Web-Analytics-System	monatlich	Abschnitt 5.5
Anteil neue Besucher	Web-Analytics-System	monatlich	Abschnitt 7.1
Anteil wiederkehrende Besucher	Web-Analytics-System	monatlich	Abschnitt 7.1
Interessierte Besucher	Web-Analytics-System	monatlich	Abschnitt 7.2
Treue Besucher	Web-Analytics-System	monatlich	Abschnitt 7.2
Besuchsfrequenz	Web-Analytics-System	monatlich	Abschnitt 7.3

Tabelle 11.2: Gebräuchliche Metriken für die Beschreibung von Besuchereigenschaften

Metrik	Instrumente	Beobachtungs-intervall	Abschnitt
Besuchsaktualität	Web-Analytics-System	quartalsweise	Abschnitt 7.4
3–5 Top-Herkunftsländer	Web-Analytics-System	quartalsweise	Abschnitt 7.5
3–5 Top-Herkunftsregionen	Web-Analytics-System	quartalsweise	Abschnitt 7.5
Sprache	Web-Analytics-System	quartalsweise	Abschnitt 7.6
Geschlecht	Microsoft adCenter	quartalsweise	Abschnitt 7.7
Altersgruppe	Microsoft adCenter	quartalsweise	Abschnitt 7.7
Browser/Betriebssystem-Kombination	Web-Analytics-System und Browsershots.org	halbjährlich	Abschnitt 7.8
Bildschirmauflösung/Farbtiefe	Web-Analytics-System und Browsershots.org	halbjährlich	Abschnitt 7.8
Flash/Java/JavaScript-Support	Web-Analytics-System und Browsershots.org	halbjährlich	Abschnitt 7.8
Cookies	Web-Analytics-System	halbjährlich	Abschnitt 7.8
Verbindungsgeschwindigkeit	Web-Analytics-System	halbjährlich	Abschnitt 7.8

Tabelle 11.2: Gebräuchliche Metriken für die Beschreibung von Besuchereigenschaften (Forts.)

Besucherverhalten

Metriken zum Verhalten von Besuchern während eines Besuchs auf der Website messen, wo Besucher klicken und wie sie sich durch die Website hindurchbewegen. Da das Verhalten eng mit dem Inhalt einer Website zusammenhängt, bietet das Verständnis dafür guten Nährboden, um Optimierungspotenziale festzustellen. Bei häufigen Inhaltsänderungen sollten deshalb auch die Verhaltensmetriken entsprechend oft beobachtet werden.

Metrik	Instrumente	Beobachtungs-intervall	Abschnitt
Anzahl Besuche	Web-Analytics-System	wöchentlich	Abschnitt 5.4
Interessierte Besuche	Web-Analytics-System	wöchentlich	Abschnitt 8.1
Engagierte Besuche	Web-Analytics-System	wöchentlich	Abschnitt 8.1
Website-Absprungrate	Web-Analytics-System	wöchentlich	Abschnitt 8.2
Zielorientierte Besuche	Web-Analytics-System	wöchentlich	Abschnitt 8.2

Tabelle 11.3: Metriken für die Beschreibung des Besucherverhaltens

Metrik	Instrumente	Beobachtungs-intervall	Abschnitt
Intensive Besuche	Web-Analytics-System	wöchentlich	Abschnitt 8.2
Navigationsnutzung	Web-Analytics-System	quartalsweise	Abschnitt 8.3
Suchnutzung	Web-Analytics-System	quartalsweise	Abschnitt 8.3
Teasernutzung	Web-Analytics-System	quartalsweise	Abschnitt 8.3
Klickverhalten	Browser-Overlay	täglich	Abschnitt 8.4
Top 5 nachgefragte Inhaltsgruppen	Web-Analytics-System	quartalsweise	Abschnitt 8.4
Top 10 Keywords interne Suche	Web-Analytics-System	monatlich	Abschnitt 8.5
Beweggründe	Survey	halbjährlich	Abschnitt 8.5

Tabelle 11.3: Metriken für die Beschreibung des Besucherverhaltens (Forts.)

Inhalte und Nutzung

Metriken zu Inhalten und deren Nutzung zeigen, welche Inhalte auf Bedürfnisse von Besuchern zugeschnitten sind und welche nicht. So verschiedenartig, wie Inhalte sein können, so vielfältig sind auch die Metriken dafür. Da je nach Website-Inhalt und Inhaltsaktualisierungen sich die nachgefragten Inhalte rasch ändern können, ist eine Beobachtung in entsprechend kurzen Intervallen notwendig. Aufgrund der Vielfalt der Metriken ist jedoch die Betrachtungshäufigkeit selektiv je Metrik einzustufen.

Metrik	Instrumente	Beobach-tungsintervall	Abschnitt
Anzahl Seitenzugriffe	Web-Analytics-System	täglich	Abschnitt 5.3
Top 10 genutzte Inhalte	Web-Analytics-System	wöchentlich	Abschnitt 9.1
Top 10 Movers&Shakers	Web-Analytics-System	wöchentlich	Abschnitt 9.1
Schlüsselseitenaufrufe	Web-Analytics-System	wöchentlich	Abschnitt 9.1
Minimal nachgefragte Seiten	Web-Analytics-System	quartalsweise	Abschnitt 9.1
Top 5 Inhaltsgruppen	Web-Analytics-System	wöchentlich	Abschnitt 9.2
Top 10 Einstiegsseiten	Web-Analytics-System	wöchentlich	Abschnitt 9.3
Top 10 Ausstiegsseiten	Web-Analytics-System	wöchentlich	Abschnitt 9.3

Tabelle 11.4: Metriken zur Messung der Nutzung von Inhalten

Metrik	Instrumente	Beobach-tungsintervall	Abschnitt
Seitenverweildauer	Web-Analytics-System	wöchentlich	Abschnitt 9.4
Seitenabsprungrate	Web-Analytics-System	wöchentlich	Abschnitt 9.4
Seitenhaftung	Web-Analytics-System	wöchentlich	Abschnitt 9.4
Verfügbarkeit	Sonde	täglich	Abschnitt 9.5
Uptime	Sonde	monatlich	Abschnitt 9.5
Durchschnittliche Ladezeit	Sonde	wöchentlich	Abschnitt 9.5
Langsamste Ladezeit	Sonde	monatlich	Abschnitt 9.5
Fehlerzahl	Web-Analytics-System	täglich	Abschnitt 9.5
RSS-Abonnenten	Google Feedburner	monatlich	Abschnitt 10.1
RSS-Neuabonennnten	Google Feedburner	monatlich	Abschnitt 10.1
RSS-Reichweite	Google Feedburner	wöchentlich	Abschnitt 10.1
Top 10 RSS-Inhalte	Google Feedburner	wöchentlich	Abschnitt 10.1
Top 10 RSS-Movers&Shakers	Google Feedburner	wöchentlich	Abschnitt 10.1
Durschnittliche Kommentare je Blogpost	Blog-Software	wöchentlich	Abschnitt 10.2
Durschnittliche Trackbacks je Blogpost	Blog-Software	wöchentlich	Abschnitt 10.2
Technorati Rank	Technorati.com	monatlich	Abschnitt 10.2
Twitter-Followers, Facebook-Fans etc.	Twitalyzer.com, entsprechende Plattformen	wöchentlich	Abschnitt 10.3
Positive Social Posts	Buzzient oder Google Alert	täglich	Abschnitt 10.3
Negative Social Posts	Buzzient oder Google Alert	täglich	Abschnitt 10.3
Top 10 RIA-Inhalte	Web-Analytics-System	wöchentlich	Abschnitt 10.4
Top 10 RIA Movers&Shakers	Web-Analytics-System	wöchentlich	Abschnitt 10.4
RIA-Ereignisse	Web-Analytics-System	monatlich	Abschnitt 10.4
Top 10 Podcasts	Google Feedburner	wöchentlich	Abschnitt 10.5
Podcasts-Download nach 5 Tagen	Google Feedburner	wöchentlich	Abschnitt 10.5

Tabelle 11.4: Metriken zur Messung der Nutzung von Inhalten (Forts.)

Metrik	Instrumente	Beobachtungsintervall	Abschnitt
Podcast-Abonnenten	Google Feedburner	monatlich	Abschnitt 10.5
Video Site-weite Abspielrate	Web-Analytics-System	monatlich	Abschnitt 10.5
Video Site-weite Abbruchrate	Web-Analytics-System	monatlich	Abschnitt 10.5
Video Site-weite Abspieldauer	Web-Analytics-System	monatlich	Abschnitt 10.5
Clip-Abbruchrate	Web-Analytics-System	wöchentlich	Abschnitt 10.5
Clip-Abspieldauer	Web-Analytics-System	wöchentlich	Abschnitt 10.5
Clip wiederholte Abspielungen	Web-Analytics-System	wöchentlich	Abschnitt 10.5

Tabelle 11.4: Metriken zur Messung der Nutzung von Inhalten (Forts.)

11.1.2 Wichtige Metriken selektieren

Auch wenn man versucht, sich die Kennzahlen etwas nach Beobachtungsintervallen einzuteilen, es bleibt eine große Anzahl. Je länger man sich mit Web Analytics auseinandersetzt, kommen zudem noch laufend weitere ebenfalls interessant aussehende Metriken hinzu – sei es, weil das Web-Analytics-System diese standardmäßig misst und ausgibt oder weil man selbst zusätzliche Messgrößen definiert. Hier den Überblick zu bewahren, ist schwierig oder zumindest sehr zeitaufwändig.

Indizes bilden

Ein Ausweg daraus ist, Indizes zu bilden. Ein Index ist eine Zusammensetzung bzw. ein errechneter Wert aus verschiedenen Metriken, so dass wiederum ein aussagekräftiger Indikator entsteht. Ein Beispiel für einen solchen Index ist das »Besucher-Engagement«, das Eric T. Peterson, ein amerikanischer Spezialist für Web-Analytics-Kennzahlen, wie folgt definiert:

Besucher-Engagement-Index = $(C_i + R_i + D_i + L_i + B_i + F_i + I_i + S_i)$

Ausformuliert bezeichnet das Besucher-Engagement so in etwa die Summe über folgende addierten Kennzahlen einzelner Besuche: Intensive Besuche (C_i), Besuchsaktualität (R_i), engagierte Besuche (D_i), Brand-Index (B_i), Feedback-Index (F_i), Interaction-Index (I_i), Treue-Besuche (L_i) und Subscription-Index (S_i). Wer sich für weitere derart oder auch etwas einfacher errechnete Kennzahlen interessiert, dem sei Eric T. Peterson's Buch *The Big Book of Key Performance Indicators* empfohlen.

Der Index »Besucher-Engagement« erlaubt nun, in einer Zahl verschiedene Metriken zu überwachen. Steigt der Index, dann ist offenbar das Engagement gestiegen, andernfalls gesunken.

So schön diese Aggregation auch sein mag, die Verwendung von Indizes hat einige merkliche Schwächen. Der abstrakte Wert eines Indexes macht eine Interpretation des Wertes extrem schwierig. Was bedeutet es nun genau, wenn der Index-Wert um zehn Prozent gestiegen ist? Mangels Interpretationsmöglichkeit fehlt solch kompliziert errechneten Kennzahlen jegliches Gefühl für eine Beeinflussungsmöglichkeit und damit einer Handlungsempfehlung bei einer Veränderung. Wenn die Metrik »Seitenzugriffe« sinkt, dann weiß man relativ direkt, dass man dies mit zusätzlicher Werbeschaltung wieder erhöhen könnte. Wenn aber der Index »Besucher-Engagement« sinkt, dann wird es etwas schwierig, nun konkrete Handlungen abzuleiten. Tut man es doch, dann ist die Gefahr von Fehlaktionen hoch. Würde man zum Beispiel an der Börse ohne weitere Analyse all seine Aktien verkaufen wollen, nur weil der Deutsche Aktienindex stark ins Minus rutscht, kann dies ganz ungünstig ausgehen. Unter Umständen war vielleicht ja für den Rutsch des Indexes lediglich ein gewichtiges Unternehmen verantwortlich, von dem man selbst gar keine Aktien besitzt.

Indizes haben ihre Berechtigung für eine High-Level-Betrachtung der Dinge, solange sie zielorientiert eingesetzt werden. Auf eine zielorientierte Nutzung wird ab Kapitel 12 noch näher eingegangen. Um Aktionen daraus abzuleiten und direkt etwas aus der Analyse herausziehen zu können, sind sie jedoch unbrauchbar.

Das Ujujuj!-Prinzip

Um die beträchtliche Menge Metriken auf die wesentlichen zu reduzieren, sollte man sich bei der Selektion daher vielmehr daran orientieren, ob Metriken für die eigene Website aktionsorientiert sind oder nicht. Aktionsorientiert heißt, zu wissen, dass man bei einer Veränderung der Metrik unbedingt etwas unternehmen muss, um dies wieder auszugleichen. Bestenfalls sollte man sogar bereits im Hinterkopf haben, welche Aktionen bei einer drastischen Veränderung vorzunehmen sind. Zumindest aber sollte einem bekannt sein, durch welche Faktoren die Metrik beeinflusst werden kann.

Angenommen, das Geschlecht der Besucher ändert sich von einem Monat zum nächsten von 20 Prozent männlich auf 80 Prozent männlich, dann ist dies eine massive Veränderung der Kennzahl. Kommt man zum Schluss, dass diese Veränderung bei einem Webangebot eines Süßgetränkeherstellers eigentlich keine Rolle spielt, da beide Geschlechter gleichermaßen zur Zielgruppe gehören, dann muss man diese Metrik auch nicht beobachten. Würde die Website jedoch ausschließlich Frauenkleider anbieten, dann wäre die Veränderung sehr wohl geschäftsrelevant und müsste unverzüglich zum Beispiel durch Anpassung der Kampagnen beeinflusst werden.

Um herauszufinden, ob eine Metrik nun aktionsorientiert ist oder nicht, lässt sich folgende simple Herangehensweise herbeiziehen: das »Ujujuj!-Prinzip«. Dabei muss man bei jeder Kennzahl hinterfragen, was das jetzt für die eigene Website bedeutet: »Und jetzt?« Kommt man auch nach dreimaliger Hinterfragung nacheinander – »Und jetzt?«, »Und jetzt?«, »Und jetzt?« oder eben »Ujujuj« – nicht zu einer eindeutig notwendigen Aktion, dann kann man die Metrik getrost vergessen.

Für die Metrik der Seitenzugriffe einer Corporate Website eines Großunternehmens wird das Ujujuj!-Prinzip zum Beispiel wie folgt angewandt:

- »Die Seitenzugriffe sind in den letzten vier Wochen um rund 30 Prozent eingebrochen.« »Und jetzt?«
- »Somit haben weniger Besucher unsere Inhalte gelesen.« »Und jetzt?«
- »Möglicherweise liegt dies an den Sommermonaten und der Ferienzeit.« »Und jetzt?«
- »Wir sollten dies weiter beobachten und nach den Sommermonaten überprüfen.«

Auch nach dem dritten »Und jetzt?« ist immer noch keine konkret aus der Kennzahl abgeleitete Aktion ersichtlich, so dass sich das Unternehmen die Beobachtung der Metrik auch schenken kann. Denn in dem Fall hat eine Veränderung keinen Einfluss auf die eigene Geschäftstätigkeit und Ziele und erfüllt lediglich einen Selbstzweck.

Je nach Zielvorgabe der Website kann jedoch die gleiche Metrik sehr wohl aktionsorientiert sein. Betrachtet man die Seitenzugriffe für ein Newsportal, dann kann dies folgendermaßen aussehen:

- »Die Seitenzugriffe sind in den letzten vier Wochen um rund 30 Prozent eingebrochen.« »Und jetzt?«
- »Wir verdienen weniger Geld, da wir Bannerwerbung auf Page-View-Basis verkaufen.« »Und jetzt?«
- »Wir sollten Suchmaschinen-Optimierungsmaßnahmen einleiten, um wieder zu mehr Traffic zu gelangen oder uns Traffic mittels bezahlter Suchmaschinenanzeigen kaufen.«

Damit ist bereits nach dem zweiten »Und jetzt?« klar, dass die Metrik kritisch für das eigene Geschäft ist. Auch die notwendige Aktion, um dem zu begegnen, ist bekannt. In diesem Fall sollten die Seitenzugriffe unbedingt in kurzen Intervallen observiert werden.

Geht man nun alle Standard-Metriken nach diesem Prinzip durch, wird sich aus der Menge an Kennzahlen ziemlich schnell jene Handvoll Indikatoren herausschälen, die wirklich einen Einfluss auf die Aufgabe der eigenen Website haben.

Man sollte nun diese Handvoll in hohem Intervall beobachten und bei Veränderungen rasch reagieren. Die anderen Metriken kann man stattdessen als Zusatzinformation oder für weitere Nachforschungen nutzen.

Das Ujujuj!-Prinzip ist ein Bottom-up-Ansatz, um aus vorgegebenen Standardreports von Web-Analytics-Systemen jene auszuwählen, die für die eigene Website relevant sind. Ab Kapitel 12 werden wir uns noch mit einem Top-down-Ansatz beschäftigen, der ausgehend von den Zielen einer Website die wichtigen Kennzahlen festlegt. Der Vorteil des Top-down-Ansatzes ist, dass man so auch zu Kennzahlen gelangt, die es vielleicht in den Standardreports eines Web-Analytics-Systems noch gar nicht gibt und man spezifisch definieren und messen muss. Der Bottom-up-Ansatz mittels Ujujuj!-Prinzip hat dafür den Vorteil, dass man nach der Installation eines Web-Analytics-Systems pragmatisch und schnell die individuell relevanten Metriken selektieren kann und den Fokus somit direkt auf das Wichtige lenkt.

11.1.3 Dashboards nutzen

Hat man erst die Handvoll Metriken ausgewählt, die aktionsorientiert und erfolgszentral sind, dann sollte man sich diese so zurechtlegen, dass man sie ohne viel Zeitaufwand abfragen kann. Ideal ist es dabei, wenn das Web-Analytics-System personalisiert konfigurierbare Dashboards bereitstellt. Dabei handelt es sich meist um die Einstiegsseite ins System, die nach einem Login direkt angezeigt wird. Hat man seine wichtigen Metriken im Dashboard, dann ist es eine Sache von Minuten, um den Gesundheitsstatus der Website im Blickfeld zu haben.

Als mögliche Strategie für die Gestaltung der Dashboards hat sich dabei in der Praxis bewährt, mehrere Dashboards entsprechend dem Beobachtungsintervall der ausgewählten Metriken zu bilden – sofern das Web-Analytics-System denn mehrere Dashboards bereitstellt. Andernfalls ordnet man die Metriken aufsteigend beginnend mit den täglich abzufragenden.

Wählt man eine solche Intervalleinteilung für seine Dashboards, dann sieht die Nutzung von Web Analytics im täglichen Gebrauch ungefähr wie folgt aus:

- Man loggt sich täglich in das Web-Analytics-System ein und wirft einen Blick auf die Einstiegsseite bzw. das Dashboard mit den täglich zu prüfenden Metriken. Dies können zum Beispiel die Seitenzugriffe, Klickverhalten, verweisender Traffic aus aktuellen Kampagnen und die für einzelne AdWords bezahlten Kosten sein.
- Jeweils montags investiert man zwei Minuten mehr und wirft auch noch einen Blick auf das zweite Dashboard mit den wöchentlich zu prüfenden Metriken. Da können dann zum Beispiel die Absprungrate, die Anzahl Besuche und der Anteil intensive Besuche sowie die Top-Keywords aus Suchmaschinen-Traffic stehen.

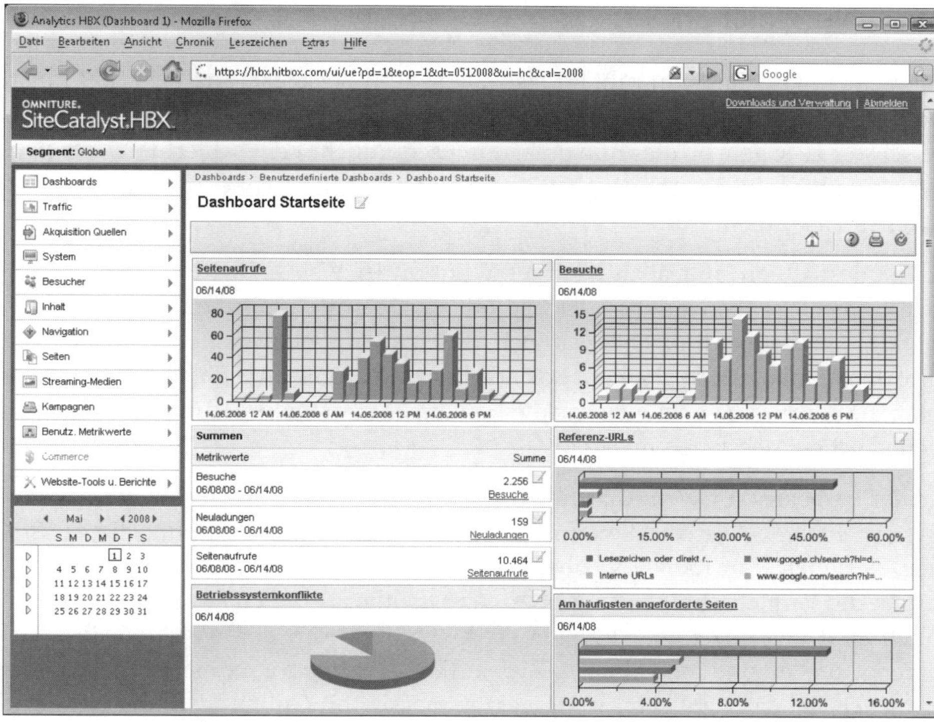

Abb. 11.2: Personalisiertes Dashboard mit Metriken in Omniture SiteCatalyst HBX

- Am ersten Montag des Monats schaut man sich zu den anderen beiden auch noch das dritte Dashboard an, das dann zum Beispiel den Anteil wiederkehrende Besucher, die Top-Keywords der internen Suche oder die meistgenutzten Inhalte enthält.
- Auf einem vierten Dashboard hält man alle übrigen Metriken fest, die man sonst noch gemäß Ujujuj!-Prinzip als aktionsorientiert ausgewählt hat. Im Idealfall betrachtet man auch dieses am ersten Montag des Monats – jedoch mit zweiter Priorität.

Damit kann man sich mit minimalem Aufwand stets und aktuell über den Gesundheitszustand der Website auf dem Laufenden halten. Nimmt man sich so täglich nur zwei Minuten Zeit – montags etwas mehr – dann kann einem schon mal zumindest nichts Wichtiges entgehen. Rein für die Beobachtung bedeutet dies insgesamt eine Stunde Aufwand im Monat, den man wirklich problemlos an Randzeiten – zum Beispiel bei Arbeitsbeginn oder nach der Mittagspause – unterbringen kann. Zeitaufwändiger wird es erst, wenn sich irgendwelche Abnormalitäten oder Ausreißer abzeichnen. Dann wird zusätzliche Zeit nötig, um in der Detailanalyse den Ursachen nachzugehen.

11.2 Vergleichen

Betrachtet man eine Kennzahl für sich allein, zum Beispiel 8.294 Besucher innerhalb einer Woche oder einen Anteil von 73 Prozent an neuen Besuchern, dann ist es schwer zu sagen, ob dies nun gute, durchschnittliche oder schlechte Werte sind. Was man braucht, ist eine Messlatte oder eine Vergleichsgröße, um entsprechend urteilen zu können.

Es ist deshalb ein nur allzu häufiger Wunsch bei Web-Analysten, einen Benchmark, das heißt eben eine Vergleichsgröße, für Metriken zu haben. Die ideale Vorstellung ist darüber hinaus meist noch, die eigenen Kennzahlen im Vergleich zur direkten Konkurrenz zu sehen. Solches Benchmarking mag nützlich sein, wenn man die gleichen Kennzahlen wie die Konkurrenz zur Optimierung nutzt und mit den gleichen Messlatten misst.

Leider ist beides im Web-Analytics-Umfeld nicht der Fall. Da von Web-Analytics-System zu Web-Analytics-System problemlos Messunterschiede um die 20 Prozent bestehen – in Kapitel 5 haben Sie gesehen, wie diese zustande kommen –, haben die Vergleiche einen so großen Vorbehalt, dass jegliche Aussagekraft fehlt. Auch sind die einzelnen Metriken stark abhängig von der Website selbst und deren aktuellen und individuellen Zielen. Eine Absprungrate von 63 Prozent kann zum Beispiel ganz gut sein, wenn gerade massiv mit Online-Werbung Neubesucher angeworben werden. Macht die Benchmark-Website jedoch gerade keine Neukundenakquise, dann sind die 63 Prozent eher als unterdurchschnittlich zu bewerten. Kennt man also nicht die genauen Umstände rund um die Benchmark-Website und verfügt diese nicht über genau dieselben Ziele und das gleiche Web-Analytics-System, dann ist der externe Benchmark praktisch wertlos.

11.2.1 Eigene Benchmarks setzen

Um dennoch einen Anhaltspunkt dafür zu haben, ob ein erzielter Wert nun gut oder schlecht ist, gibt es noch andere Möglichkeiten als Konkurrenz-Benchmarks: seine eigenen besten Resultate.

Führen wir uns folgende Metapher vor Augen: Ein Radrennfahrer oder Marathonläufer hat zwar während eines Rennens ideale Benchmarking-Möglichkeiten mit der Konkurrenz. Die Basis für den Entscheid, ob es zum Sieg reicht oder zur Niederlage wird, wird jedoch bereits in der langen Aufbau- und Trainingsphase gefällt. Während dieser ausschlaggebenden und langen Zeitdauer steht auch einem Sportler kein verlässlicher externer Benchmark zur Verfügung. Das Aufbautraining erfolgt darum gegen die eigenen Benchmarks – Leistungswerte aus der Vorsaison oder Vorjahren. Die Kennzahlen dafür können die Ruheherzfrequenz, Blutwerte oder die benötigte Zeit für eine bestimmte Teststrecke sein. Solche eigenen Werte aus der Vorperiode zu übertreffen, gilt dann als Vorgabe und Messlatte für die Bewertung des Trainingserfolgs in der aktuellen Periode.

Genauso funktioniert auch ein interner Benchmark in Web Analytics. Die Vorgabe liefern Werte aus einer vergleichbaren Vorperiode. Abweichungen davon – sowohl in positiver wie in negativer Hinsicht – bieten Stoff für die Nachforschung nach Gründen. Um aussagekräftige Vergleiche zu erreichen, ist es jedoch entscheidend, verwandte Zeitperioden auszuwählen. Wie ein Radrennfahrer auch nicht seine Form im Winter mit jener vom Hochsommer des Vorjahres vergleicht, gilt es, entsprechende saisonale Aspekte auch im Web-Umfeld zu berücksichtigen. Generell lassen sich dabei folgende Empfehlungen für zu vergleichende Zeiträume zusammenfassen:

- Beim Vergleich einzelner Tage immer den gleichen Wochentag wählen: Will man die Zugriffszahlen eines Montags beurteilen, sollte immer ein anderer Montag als Vergleichswert herhalten. An unterschiedlichen Wochentagen, zum Beispiel Freitag und Samstag, können ganz andere Nutzergruppen im Internet unterwegs sein.
- Beim Vergleich einzelner Wochen immer nahe zusammenliegende Wochen wählen. Vergleicht man eine Woche mit den Vorwochen, sind die saisonalen Abhängigkeiten meist geringer, als wenn man eine weiter zurückliegende Woche als Vergleichszeitraum wählt.
- Beim Vergleich einzelner Monate den Vormonat oder den gleichen Monat im Vorjahr wählen. Dezember und Januar sind das klassische Beispiel zweier aufeinanderfolgender, aber meist komplett unterschiedlicher Monate. Nach dem »Kaufrausch« im Weihnachtsgeschäft macht sich das »Januarloch« auch im Web bemerkbar. Für diese beiden Monate sollte man daher unbedingt das Vorjahr als Benchmark herbeiziehen. Je nach Orientierung und Saisonalität des eigenen Geschäfts lassen sich die übrigen Monate zumindest teilweise mit Vormonaten benchmarken.

Abbildung 11.3 und Abbildung 11.4 illustrieren, wie gefährlich es sein kann, falsche Vorperioden als Benchmark herbeizuziehen. Vergleicht man den Januar mit dem Januar des Vorjahrs, dann sind die Zahlen und ihre Schwankungen ungefähr vergleichbar – nur bewegen sie sich im aktuellen Monat auf einem deutlich höheren Niveau. Der eigene Benchmark aus dem Vorjahr wird also deutlich geschlagen.

Vergleicht man hingegen Januar mit Dezember, dann verlaufen die beiden Monatskurven alles andere als gleichförmig. Versucht man, daraus Schlüsse abzuleiten, gelangt man entweder zur Erkenntnis, dass man keine Ursachen ableiten kann – oder dass Weihnachten der Grund für die Schwankung ist. Beides Einsichten, zu denen man auch ohne zu messen gelangen könnte.

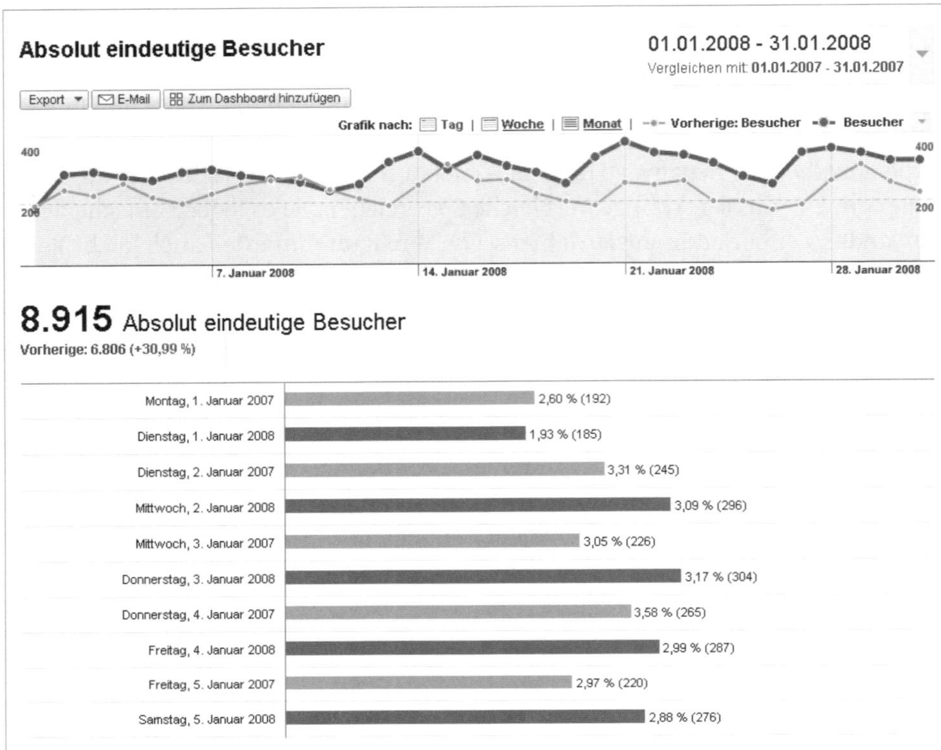

Abb. 11.3: Aussagekräftiger Benchmark bei Vergleich von Januar zu Januar: sichtbare Steigerung der Besucherzahlen

Wenn man sich sein tägliches, wöchentliches oder monatliches Dashboard zusammenstellt oder einen Bericht an Interessierte oder Vorgesetzte schickt, gehört deshalb die Veränderung zur Vorperiode immer mit dazu. Die Veränderung gibt einen Kontext und gewährt die einfache Interpretation der sonst alleinstehenden Zahlen. So könnte ein simpler Report zum Beispiel lauten:

- Seitenzugriffe aktueller Monat: 142.987 (+7,4 Prozent)
- Seitenzugriffe/Besuch: 5,4 (+0,8)
- Anteil neuer Besucher: 48,9 Prozent (-14,5 Prozent)

Im Idealfall führt das Web-Analytics-System bereits solche Rechnungen, wie mit Google Analytics für Standard-Metriken in Abbildung 11.5 gezeigt, durch. Andernfalls muss man diese Prozentangaben manuell zum Beispiel wöchentlich oder monatlich selbst ausrechnen oder in einem Excel-Sheet zusammentragen.

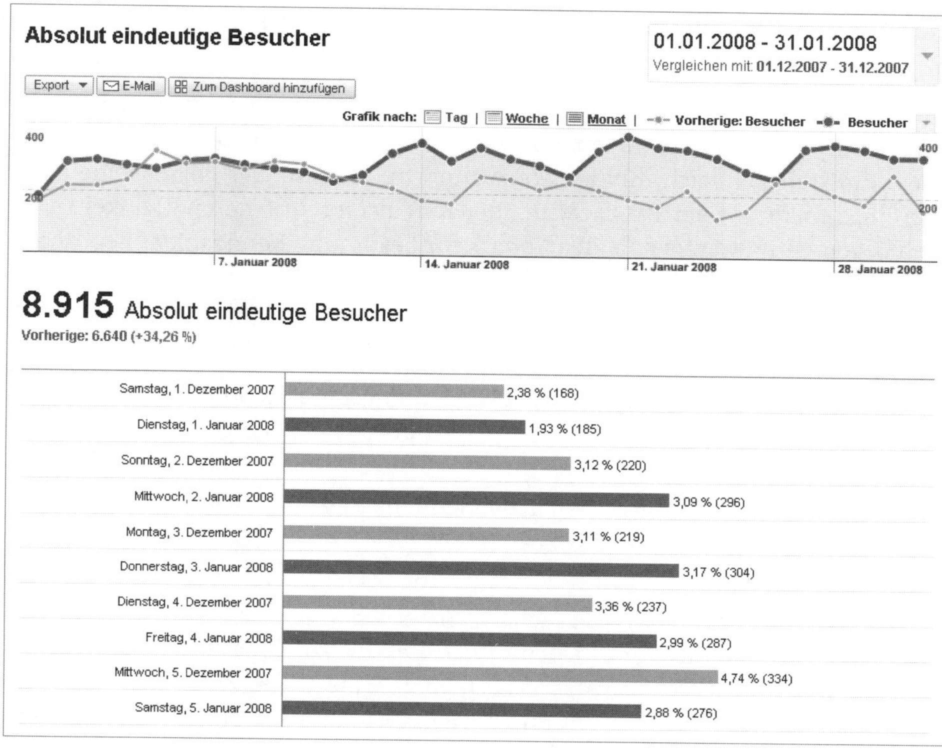

Abb. 11.4: Wenig aussagekräftiger Benchmark bei Vergleich von Januar mit Dezember: Besucherzahlen um die Weihnachtszeit stark schwankend aufgrund von Feiertagen

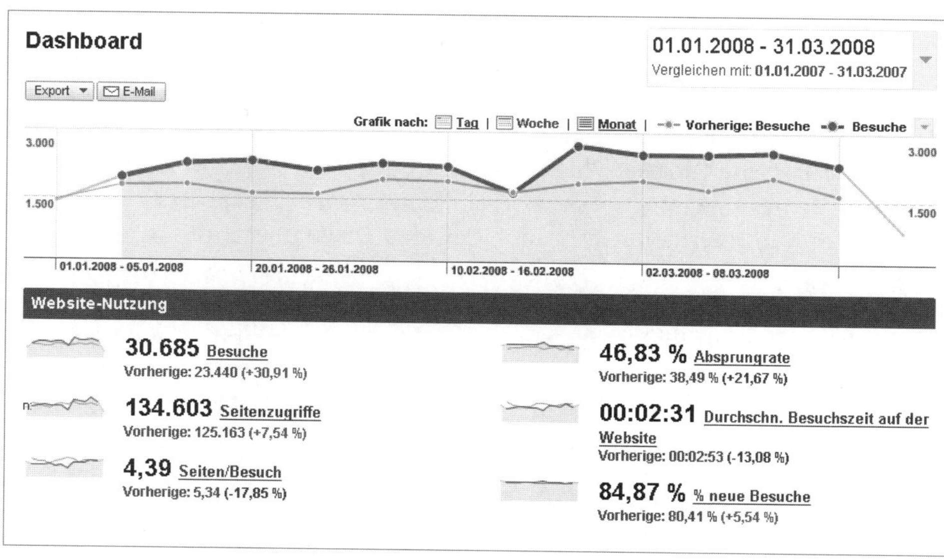

Abb. 11.5: Standard-Metriken mit Vergleichsangaben in Prozentwerten zur Vorperiode

11.2.2 Konkurrenzvergleich und externe Benchmarks

Wie der Sportler auch seine Rennen braucht, um sich effektiv mit der Konkurrenz zu messen, braucht man auch im Web gelegentlich solche Benchmarks. Trotz der einleitend proklamierten Ungenauigkeit im Vergleich macht es sporadisch Sinn, einen direkten Vergleich mit der Konkurrenz zu suchen. Der Fokus sollte dabei allerdings mehr auf der Beobachtung der Konkurrenz und deren Tätigkeiten im Web liegen – und weniger als Benchmark für bestimmte Kennzahlen. Beobachtet man Veränderungen bei wichtigen Konkurrenten, zum Beispiel steigenden Traffic aufgrund einer laufenden Kampagne oder Suchmaschinen-Optimierung, dann lässt sich unter Umständen noch zeitgerecht darauf reagieren.

Nun gibt es im Web leider kein öffentliches und geregeltes Wettrennen, bei dem Web-Analytics-Metriken aller Unternehmen transparent offengelegt werden. Vielmehr werden die Zahlen von den einzelnen Unternehmen als vertraulich behandelt, so dass es extrem schwierig ist, überhaupt an eine relevante Anzahl an Benchmarking-Daten zu gelangen. Es gibt jedoch einige Möglichkeiten, wie dies geht.

Eine erste ist, durch Panel-Untersuchungen bei repräsentativ ausgewählten Internetnutzern die Nutzung verschiedener Websites zu messen und hochzurechnen. Dabei werden die von den Nutzern besuchten Websites meist durch eine lokal installierte Software nachverfolgt und gespeichert. Dies hat den Vorteil, dass ein durchaus repräsentatives Bild von den genutzten Websites einer bestimmten Anzahl Nutzer entsteht. Auch Zusatzinformationen wie Alter und Geschlecht können so gesammelt und ausgewertet werden. Die Untersuchungen sind allerdings zeitaufwändig und meist sehr teuer.

Eine zweite Benchmark-Messmöglichkeit ist eine Hochrechnung auf Basis von Browser-Plug-ins-Messung bei einer großen Anzahl Nutzer. Genau wie die Panel-Untersuchungen, allerdings nach dem quantitativen Ansatz, funktionieren Messungen über solche Browser-Plug-ins wie die Alexa- oder Google-Toolbar. Durch Installation eines Plug-ins bzw. einer Toolbar im Browser akzeptiert eine beträchtliche Anzahl von Internetnutzern, anonymisierte Daten über ihr Surfverhalten an den entsprechenden Betreiber zu übermitteln. Dank den Hunderttausenden von Benutzern, die solche Toolbars nutzen und somit ihr Verhalten tracken lassen, entsteht ebenfalls ein Bild darüber, welche Websites im Internet wie oft aufgerufen werden. Da die »Auswahl« von Nutzern aber eher zufällig erfolgt und nicht die Gesamtheit der Internet-Nutzer widerspiegelt, sind die darauf basierenden Hochrechnungen für den Traffic nicht so verlässlich.

Über eine dritte Möglichkeit verfügen große Internet Service Provider (ISPs), indem sie allen Traffic, der über sie läuft, untersuchen. Bei ISPs mit einer entsprechenden Verbreitung in einem Land ist die Datenbasis dafür relativ gut. In den

USA basieren die Dienste von HitWise (`www.hitwise.com`) und Compete (`www.compete.com`) auf solchen Daten.

Eine letzte Möglichkeit für eine Benchmark-Messung bieten Web-Analytics-System-Anbieter. Da bei SaaS-Angeboten die Daten zentral beim Anbieter gesammelt werden, sind Nutzungsinformationen verschiedenster Websites an einem Ort gespeichert. Eine Erlaubnis der einzelnen Website-Betreiber vorausgesetzt, können diese Daten genutzt werden, um bestimmte Kennzahlen websiteübergreifend zu vergleichen. Da bei allen so gemessenen Websites ja das gleiche Web-Analytics-System eingesetzt wird, sind die Messungenauigkeiten im Vergleich irrelevant.

Seit einiger Zeit bietet zum Beispiel Google Analytics solch eine systembasierte Benchmarking-Möglichkeit an. Wer akzeptiert, dass seine eigenen Website-Nutzungsdaten anonymisiert in die Benchmark-Datenbasis mit einfließen, erhält für einzelne Kennzahlen einen Benchmarkwert von Websites aus der gleichen Branche und mit vergleichbarer Nutzung (siehe Abbildung 11.6). Auch manch anderer Web-Analytics-System-Hersteller, zum Beispiel Fireclick (`www.fireclick.com`), bietet solche Vergleichsmöglichkeiten an.

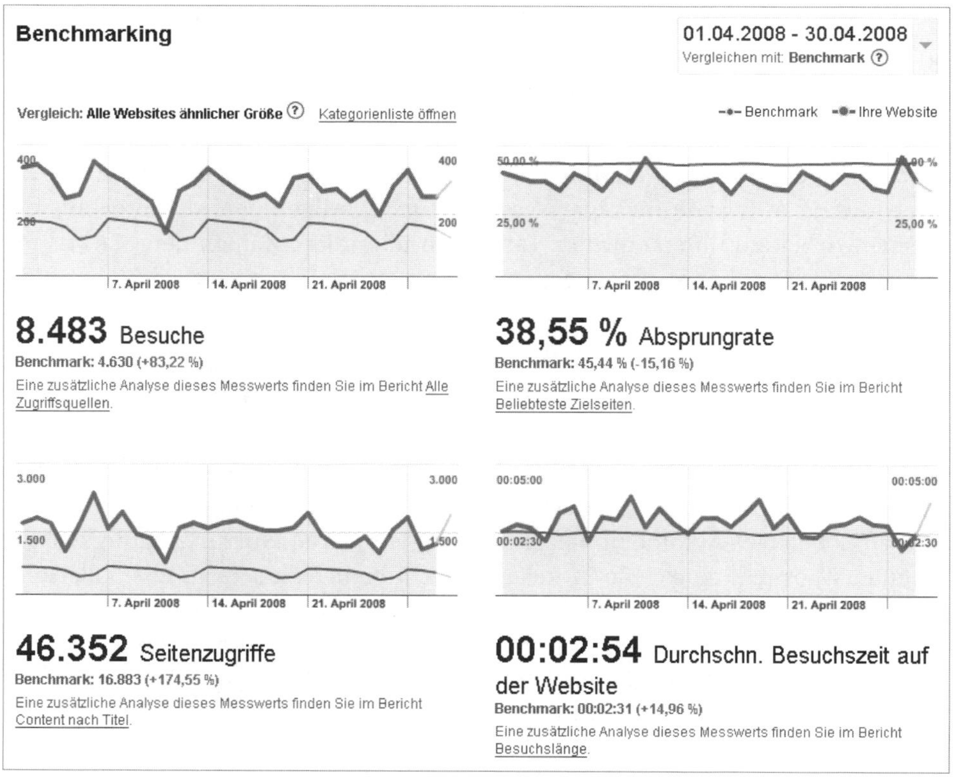

Abb. 11.6: Eigene Nutzungswerte und Benchmark-Werte in Google Analytics

Solche Angaben geben eine gute Stütze bei der Interpretation von Ausreißern in den eigenen Auswertungen. Sinkt die Zahl der Besuche auf der eigenen Website zum Beispiel an Wochenenden oder an speziellen Feiertagen, lässt sich anhand des Benchmarks erkennen, ob dies ein allgemeines, wochentagbedingtes oder doch ein hausgemachtes Problem ist. Sinken nämlich an den betreffenden Tagen auch die Besuchszahlen im Benchmark, dann kann man daraus schließen, dass dies auf Schwankungen im generellen Nutzerverhalten im Internet zurückzuführen ist.

Über diese einfachen Benchmarking-Angaben hinaus sollte man sich als Großunternehmen den kostenpflichtigen Zugang zu Panel-Daten von Marktforschungsunternehmen wie Nielsen Netratings (`www.netratings.com`), comScore (`www.comscore.com`) oder GfK (`www.gfk.com`) leisten. Für nur im nationalen Markt operierende Unternehmen gibt es auch entsprechende Pendants für Deutschland, Österreich oder die Schweiz oder Stellen wie die Informationsgemeinschaft zur Feststellung der Verbreitung von Werbeträgern IVW (`www.ivw.de`), die ähnliche Daten bereitstellen.

Mit solchen Panels erhält man je nach Anbieter nicht nur einen allgemeinen Benchmark, sondern konkrete Branchenvergleiche. Als Automobilhersteller wird so zum Beispiel ersichtlich, welchen Anteil die eigenen Besucherzahlen an den Besuchern auf Automobilwebsites insgesamt ausmachen. Auch der Vergleich dieses Anteils mit jenem der direkten Konkurrenz wird so ersichtlich.

Solche Zahlen sind äußerst hilfreich, wenn es darum geht, Investitionen, Kosten oder interne Aufwände für eine Website zu rechtfertigen oder das Ergebnis der eigenen Arbeit zu unterstreichen. Lässt man über diese Zahlen den Markt sprechen, dann zeigt dies auf Management-Ebene meist eine wesentlich höhere Wirkung, als wenn man dies nur einer einzelnen Person sagt.

Wer sich kein qualitatives Panel leisten kann oder will, dem steht eine Auswahl frei zugänglicher Daten aus quantitativen Datensammlungen über Browser-Plugins zur Verfügung. Über den Dienst der Amazon-Tochter Alexa (`www.alexa.com`) zum Beispiel gelangt man kostenlos zu Traffic-Vergleichen verschiedener Websites. Wie Abbildung 11.7 zeigt, lässt sich so die Reichweite oder die Seitenzugriffe von zum Beispiel Automobil-Websites analysieren. Die Nutzungshäufigkeit der eigenen Website lässt sich so in Relation zur Konkurrenz setzen. Ebenfalls kann man aus entsprechenden Schwankungen bei Konkurrenzsites nun vermuten, wo die betreffenden Unternehmen Kampagnen oder sonstige Aktivitäten betrieben haben. Gelegentlich lässt sich so auch der Anstieg von Besuchszahlen auf der eigenen Website besser erklären, weil zum Beispiel eine Konkurrenz-Kampagne das

Bedürfnis nach bestimmten Produkttypen geschürt hat und man selbst nun auch davon profitiert.

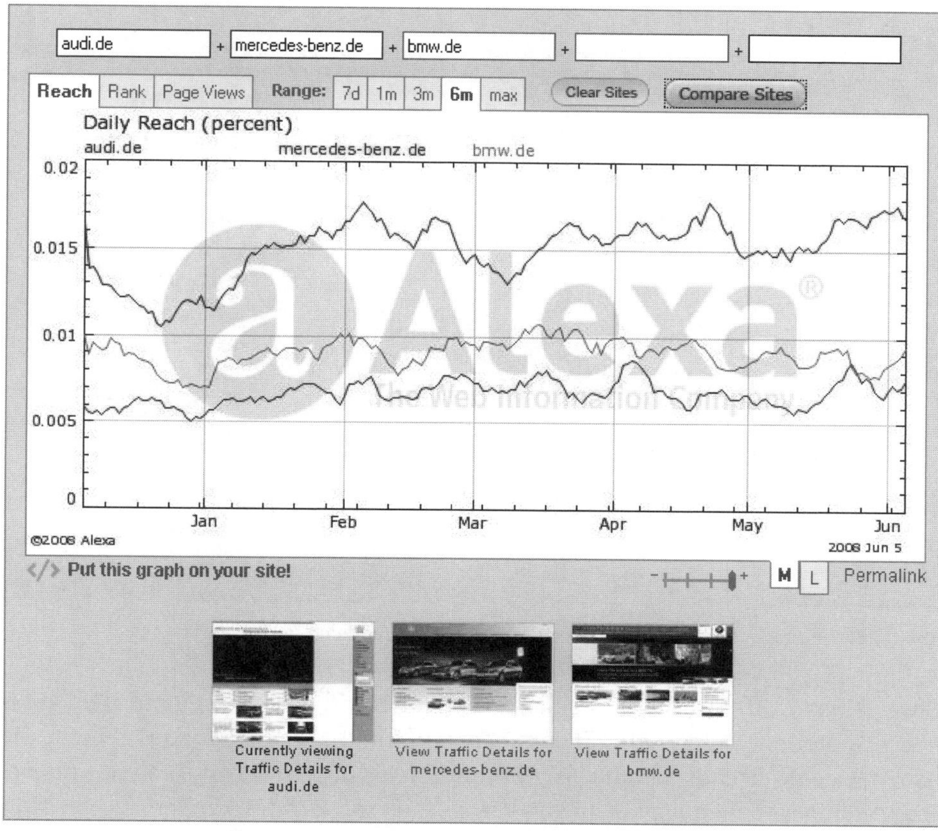

Abb. 11.7: Getrendete Ansicht der Reichweite deutscher Automobilhersteller-Websites bei `alexa.com`

Ein Nachteil solcher kostenloser Dienste wie Alexa ist zweifellos die Qualität der Angaben. Um überhaupt eine fundierte Aussage machen zu können, wird eine beträchtliche Besuchermenge benötigt. Gerade bei kleineren Websites ist diese Menge nicht gegeben, so dass entsprechende Statistiken gar nicht verfügbar sind.

Bei ISP-basierten Diensten wie jenen von Compete (`www.compete.com`, siehe Abbildung 11.8) ist zwar die Datenbasis meist ziemlich fundiert, jedoch hauptsächlich auf den amerikanischen Markt konzentriert. Die Nutzungsinformationen sind deshalb stark US-lastig und für europäische Zwecke noch schlechter zu gebrauchen.

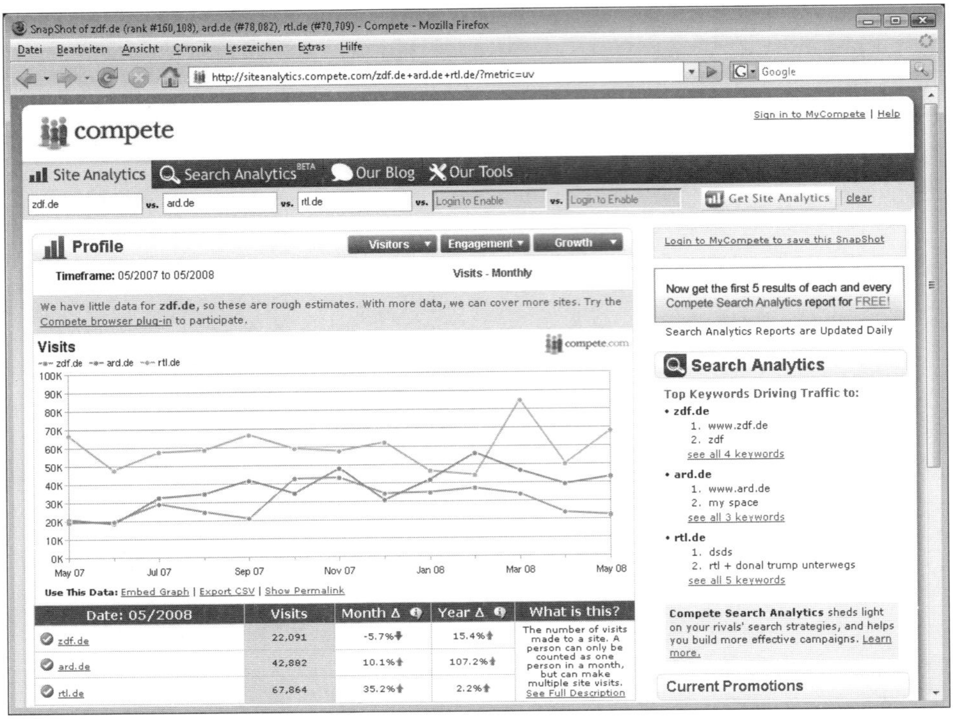

Abb. 11.8: Besuchszahlen von RTL, ZDF und ARD im Vergleich bei `compete.com`

Etwas mehr Hoffnung auf eine solide weltweite Basis liegt da in einem eben kürzlich erweiterten Dienst von Google, Google Trends (`trends.google.com`). Sie haben Google Trends bereits in Abschnitt 6.4 für die Trend-Analyse von bei Google eingegebenen Suchbegriffen kennen gelernt. Für die Auswertung der Nutzung von Websites kombiniert Google Trends nun Nutzungsdaten aus der Google-Suche, anonymisierte Google-Analytics-Daten sowie weitere Quellen wie möglicherweise die Google Toolbar. Neben einem reinen Besuchervergleich verschiedener Websites bietet Google Trends weitere interessante Auswertungen, zum Beispiel aus welcher Region die jeweiligen Website-Besucher stammten, welche anderen Websites sie sonst noch gerade besucht haben und mit welchen Keywords sie die betreffende Website fanden. Abbildung 11.9 zeigt eine solche Auswertung für die Website der Deutschen Bank im Vergleich mit zwei Schweizer Banken. Darin zeigt sich zum Beispiel, dass ein Großteil der Besucherschaft der UBS aus den USA stammt, während die Website der Deutschen Bank offenbar in Indien am stärksten nachgefragt wird.

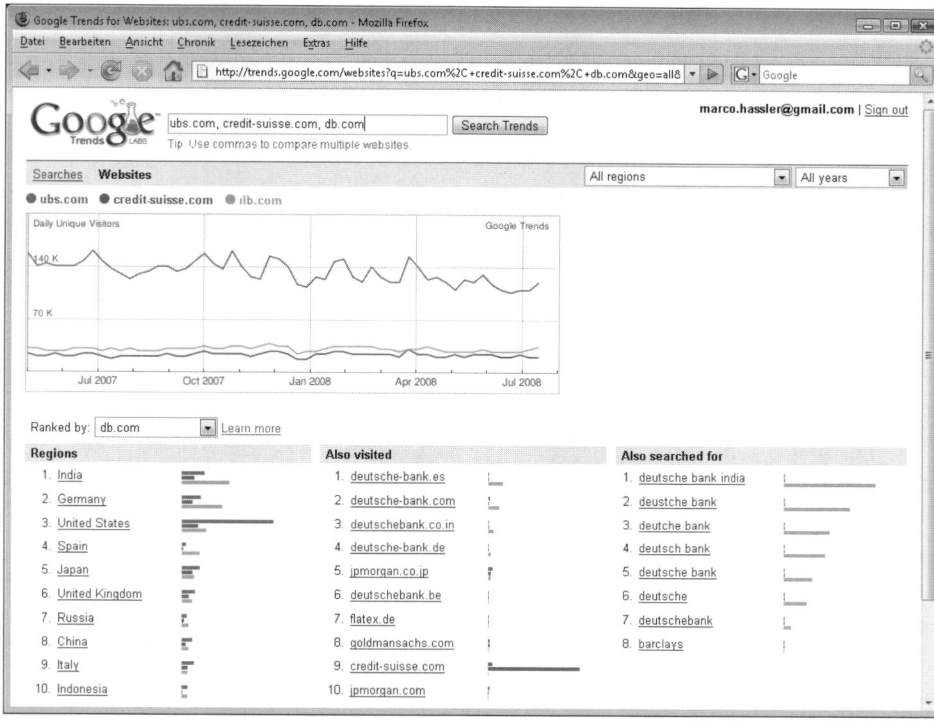

Abb. 11.9: Vergleich von Banken-Websites mit Google Trends

Neben dem direkten Vergleich mit der Konkurrenz kann man solche Vergleichsdienste auch nutzen, um die Daten aus dem Web-Analytics-System mit Zusatzinformationen zur Nutzung der eigenen Website zu ergänzen. Da solche Panels nicht nur den Besucherfluss auf einer Website, sondern auch den Fluss von Website zu Website messen, entsteht sozusagen ein Blick aus der Vogelperspektive. Dienste wie Alexa oder Google Trends geben deshalb auch an, welche anderen Websites eine hohe Affinität mit der eigenen Website haben. Die Affinität ergibt sich aus den Websites, die vor oder nach der eigenen Website betrachtet wurden. Damit kann man über den mit Web-Analytics-Systemen messbaren Referer weiter zurück in die History der Besucher schauen – oder erkennen, welche Sites nach dem Besuch betrachtet wurden.

Auch die in Panels gesammelten Metainformationen zu den Benutzern wie Geschlecht, Alters- oder Einkommensklassen komplementieren die Daten aus dem eigenen Web-Analytics-System. Abbildung 11.10 zeigt solche frei verfügbaren demografischen Daten bei Quantcast (`www.quantcast.com`).

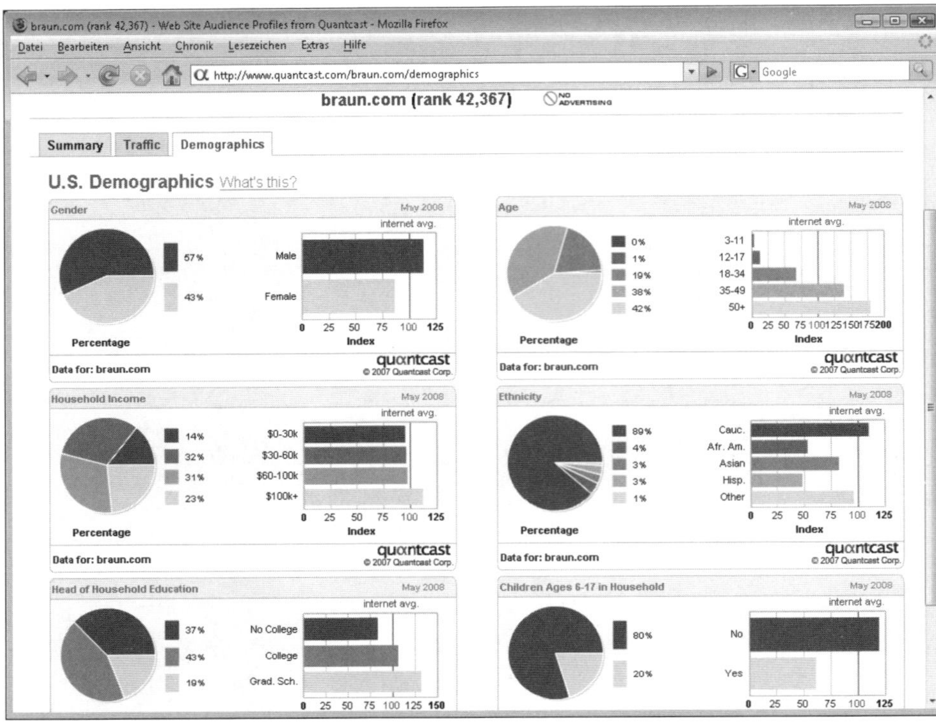

Abb. 11.10: Demografische Betrachtungen zu Websitebesuchern von `braun.com` im kostenlosen Dienst von `quantcast.com`

Analyse einer Drittseite ohne Web-Analytics-System

Gewusst wie, kann man über irgendeine Website im Internet sehr viele Nutzungsinformationen sammeln – selbst mit kostenlosen Tools. Eine grobe Analyse zum Beispiel von Konkurrenz-Websites wird so möglich, ohne dass das Unternehmen etwas davon erfährt oder gar seine Einwilligung geben muss. Einfach auswertbar sind folgende Eigenschaften einer Website:

- Traffic-Informationen wie Reichweite, Anzahl Seitenzugriffe und Besucherzahlen: Tools wie Alexa (`www.alexa.com`) oder Compete (`www.compete.com`) geben zu größeren Websites zu diesen Kennzahlen Hochrechnungen ab.
- Demografische Informationen wie Geschlecht und Altersgruppe der Nutzer: Dienste wie Quantcast (`www.quantcast.com`) oder Microsoft adCenter (`http://adlab.microsoft.com`) erweitern die Nutzungsinformationen um demografische Angaben zu den Nutzergruppen.
- Verfügbarkeit und Ausfälle: Mittels Sonden wie Pingdom (`www.pingdom.com`) oder MyWebalert (`www.mywebalert.com`) lassen sich Antwortgeschwindigkeiten und Ausfälle von Drittsites feststellen.

Analyse einer Drittseite ohne Web-Analytics-System

- Eingesetzte Technologie: Dienste wie Netcraft (`www.netcraft.com`) finden heraus, welches Betriebssystem, welcher Webserver und unter Umständen welche Programmiersprache von einer Website eingesetzt wird.
- Umfang der Website: Google kann man dazu verwenden, die Anzahl Seiten einer Website festzustellen. Mit Eingabe des Suchterms `site:firma.com` erhält man mit der Anzahl Treffer den Umfang einer Website.
- Verlinkungsgrad: Wie für die eigene Website kann man auch für Konkurrenz-Websites Google einsetzen, um die Verlinkung von Drittwebsites festzustellen. `link:firma.com` listet die darauf verlinkenden Webseiten auf.

11.3 Nachforschen

Wer glaubt, ein Web-Analytics-System würde einfach so alle Fragen zu der Website-Nutzung und dem Besucher-Verhalten beantworten, der wird schon nach kurzer Zeit desillusioniert aufgeben. Leider geben die Systeme nämlich keine Antworten, sondern werfen mit ihren Auswertungen nur immer wieder neue Fragestellungen auf. Das ist aber richtig so und Teil des Optimierungsprozesses. Aufgabe eines Web-Analysten ist es nämlich, ein großes und komplexes Problem in viele kleine Teilprobleme zu untergliedern und die einzelnen kleinen Probleme oder Fragen zu beantworten. Da die Komplexität so heruntergebrochen wird, fällt einem die Beantwortung solcher kleiner Fragen wesentlich einfacher. In der Summe lässt sich aber schließlich auch das Gesamtproblem lösen.

Das Herunterbrechen von Problemen, zum Beispiel eine plötzlich stark angestiegene Absprungrate, in mögliche Ursachen ist Teil der Nachforschungsarbeit. Als eigentlich zeitaufwändigster Teil von Web Analytics entscheidet sich dabei, ob Web Analytics erfolgreich oder erfolglos genutzt wird. Nur wer selbst Interpretationen und Antworten für gewisse Phänomene findet, kann seinen Nutzen aus der Analyse ziehen.

Eine Wunderwaffe bei der aufreibenden Nachforschungsarbeit haben Web-Analytics-Systeme jedoch zu bieten. Diese Wunderwaffe heißt »Segmentierung« und ist die Hilfe schlechthin, wenn es darum geht, komplexe Fragestellungen in ihre Einzelkomponenten zu zerlegen.

11.3.1 Segmentierung macht den Unterschied

Segmentierung ist die Unterteilung einer Gesamtheit in verschiedene Abschnitte. In Web Analytics bedeutet Segmentierung, eine Metrik oder Auswertung nach verschiedenen Dimensionen zu zerlegen. Nimmt man die Besucherzahl einer Website als zu segmentierende Metrik, dann lässt sich diese zum Beispiel wie folgt unterteilen: in die Anzahl Besucher, die über Suchmaschinen auf die Website gelangten, die Anzahl Besucher, die einen Internet Explorer verwenden, oder die Anzahl Besucher, die bereits mindestens einmal die Website besucht haben. Aus der Gesamtheit wird so wie aus einer Torte ein Stück herausgeschnitten und näher untersucht. So lassen sich plötzlich interessante Unterschiede zwischen den einzelnen Segmenten feststellen. Vielleicht fällt auf, dass von Suchmaschinen verwiesene Besucher eine höhere Absprungrate aufweisen als Besucher aus AdWord-Kampagnen. Oder dass Besucher, die einen Internet Explorer verwenden, deutlich länger auf der Website bleiben als Besucher mit einem Safari-Browser. So kann man Interessantes von Uninteressantem trennen und gelangt zu ganz neuen Einblicken und Fragestellungen, die vorher in der breiten Masse untergingen.

Hat man sich einmal mit der Segmentierung etwas näher beschäftigt, möchte man nicht mehr aufhören, die Tortenstücke weiter zu unterteilen und zu untersuchen: Wieso nicht nur genau jenes Besuchersegment betrachten, das über Suchmaschinen auf die Website gelangt, die Site bereits zum zweiten Mal besucht und zugleich einen Internet Explorer verwendet? Wie fein die Segmentstücke zusammengeschnitten werden, ist schließlich einzig durch die Fähigkeiten des Web-Analytics-Systems limitiert. Und genau da liegt auch der Bereich, wo sich Systeme massiv unterscheiden. Während einfache Tools gar keine Segmentierung erlauben, versprechen die teuren High-End-Tools wie Omniture Discover, die Segment-Schnipsel beliebig und fast in Echtzeit definieren zu können.

11.3.2 Segmentieren mit Google Analytics

Doch auch weniger ausgefeilte Systeme wie Google Analytics bieten Segmentierungsmöglichkeiten – wenn auch auf wenige Dimensionen beschränkt. Wie man mittels Segmentierung Probleme und Ausreißer isoliert, lässt sich am besten anhand eines Beispiels illustrieren. Deshalb setzten wir den Sherlock-Holmes-Hut auf und nehmen die Lupe zur Hand.

Eine typische Situation mit Nachforschungsbedarf ist zum Beispiel, dass man bei der wöchentlichen oder monatlichen Beobachtung von Reports auf außergewöhnliche Zahlen oder Ausreißer stößt, für die man sich eine Erklärung wünscht. Abbildung 11.11 zeigt einen solchen Ausreißer bei den Direktzugriffen auf eine Website. Dank der Grafik ist ein Ausreißer – an einem Tag rund das Zehnfache an Direktzugriffen wie an einem normalen Tag – leicht ersichtlich.

Als Web-Analyst interessiert einen nun natürlich, weshalb das zustande kam und ob diese Ursache eine positive oder negative Auswirkung auf die Website hat. Bei positiver Wirkung müsste man ja versuchen, diese Situation zu reproduzieren bzw. die Ursachen zu verstärken. Im negativen Falle müsste man sich darum bemühen, dass dies nicht mehr eintritt.

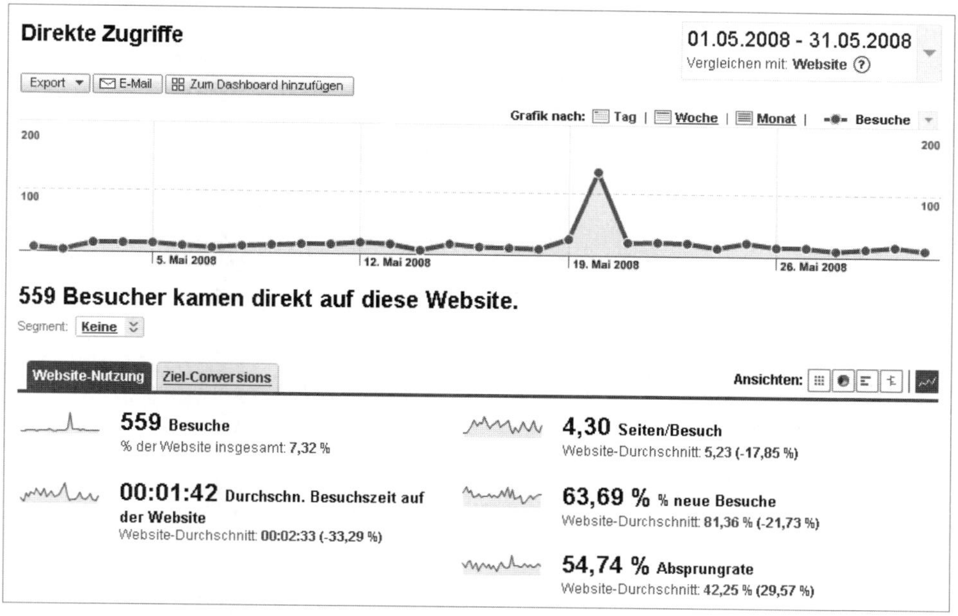

Abb. 11.11: Ausreißer in den Direktzugriffen auf eine Website

Das erste Segment, das bereits im Standardreport abgebildet wird, ist der Teil der Direktzugriffe aus allen Einstiegszugriffen. Die in Abbildung 11.11 aufgeführten Metriken wie Seitenbetrachtungen pro Besuch, durchschnittliche Besuchszeit oder Absprungraten werden nun nämlich nur für jene Besucher berechnet, die über einen Direktzugriff auf die Website kamen. Damit werden schon einmal deutliche Unterschiede dieses isolierten Besucher-Segments im Vergleich zur Gesamtwebsite ersichtlich. Google Analytics gibt diese glücklicherweise direkt in Prozenten neben den betreffenden Kennzahlen an. Allerdings lassen die allgemeinen Kennzahlen noch keine schlüssigen Interpretationen zu, was die Ursache des Ausreißers sein kann. In einem zweiten Segmentierungsschritt nehmen wir deshalb die Zeitachse und schneiden vom Kuchenstück »Direktzugriffe« die Scheibe des betreffenden Tages ab. Wenn wir nun die Kennzahlen für diesen einen Tag im Vergleich zur Gesamtwebsite betrachten (vgl. Abbildung 11.12), dann wird Folgendes erkennbar:

- Die Anzahl besuchter Seiten je Besuch ist extrem tief (1,43).
- Die durchschnittliche Besuchszeit ist äußerst kurz (26 Sekunden vs. 2 Minuten 10).
- Die Absprungrate ist nahe 100 Prozent.

Noch deutlicher werden diese Unterschiede, wenn man sie im Vergleich zum Vortag betrachtet, was mit Google Analytics durch Auswahl eines Vergleichsdatums im Feld oben rechts einfach möglich ist.

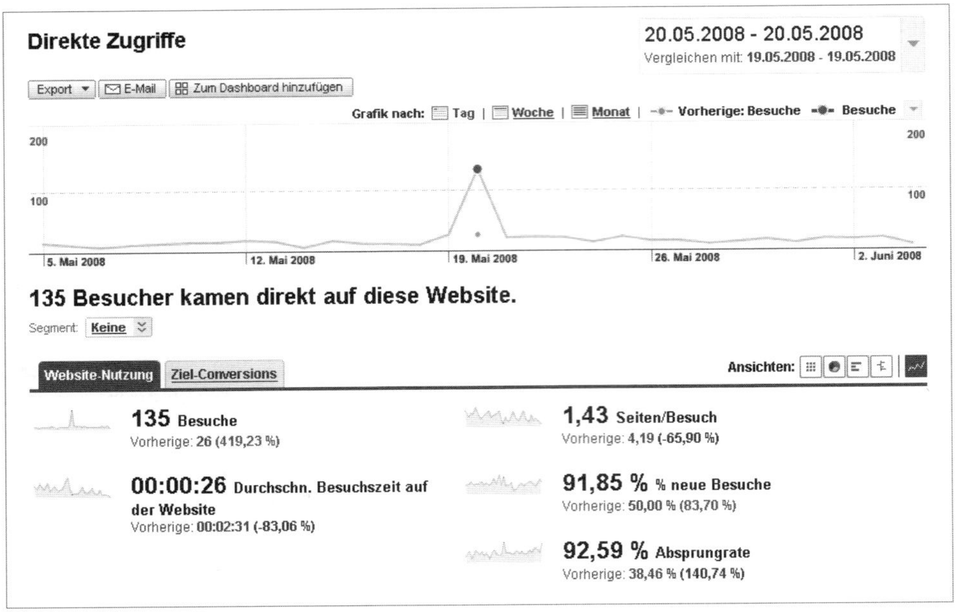

Abb. 11.12: Kennzahlen des Segments »Direktzugriffe« im Vergleich zum Vortag

Anhand dieser Zahlen wissen wir nun doch schon, dass es ein alarmierendes Ereignis ist, das künftig vermieden werden müsste. Denn wenn sich auch an anderen Tagen Benutzer mit solch geringem Interesse auf der Website bewegen würden, dann würde die Website die Besucherbedürfnisse ziemlich schlecht abdecken.

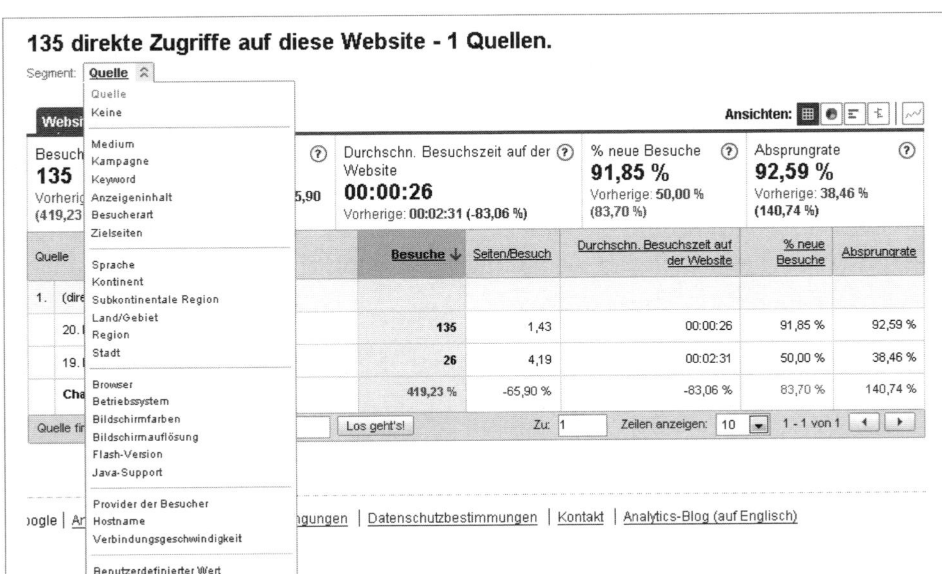

Abb. 11.13: Segmentierungsmöglichkeiten in Google Analytics

Um nun den Ursachen noch etwas weiter auf die Schliche zu kommen, zerlegen wir die eben abgeschnittene Scheibe des Kuchenstücks sozusagen noch in einzelne Krümel. Als Kuchenmesser bietet Google Analytics eine Auswahl von Segmenten, die im Dropdown in Abbildung 11.13 ersichtlich sind. All die verfügbaren Segmentierungen führen wir nun der Reihe nach durch und suchen nach weiteren Auffälligkeiten und Ausreißern, die aus einer gleichmäßigen Verteilung hervorstechen.

Die Kuchenkrümel aus Besucherart, Zielseiten oder Sprache liefern dabei leider keine wirklich neuen Erkenntnisse – alle Werte scheinen einigermaßen zufällig oder gleichmäßig verteilt zu sein. Dann fällt aber bei der Betrachtung der Regionen und Städte, aus denen die Besucher dieses Teilsegments kommen, auf, dass fast 90 Prozent der Besucher aus derselben Stadt kommen (vgl. Abbildung 11.14). Auch bei Betrachtung der Segmente nach Browser, Betriebssystem, Bildschirmauflösung und Provider wird ersichtlich, dass wiederum fast 90 Prozent der Besucher die identischen Einstellungen verwenden.

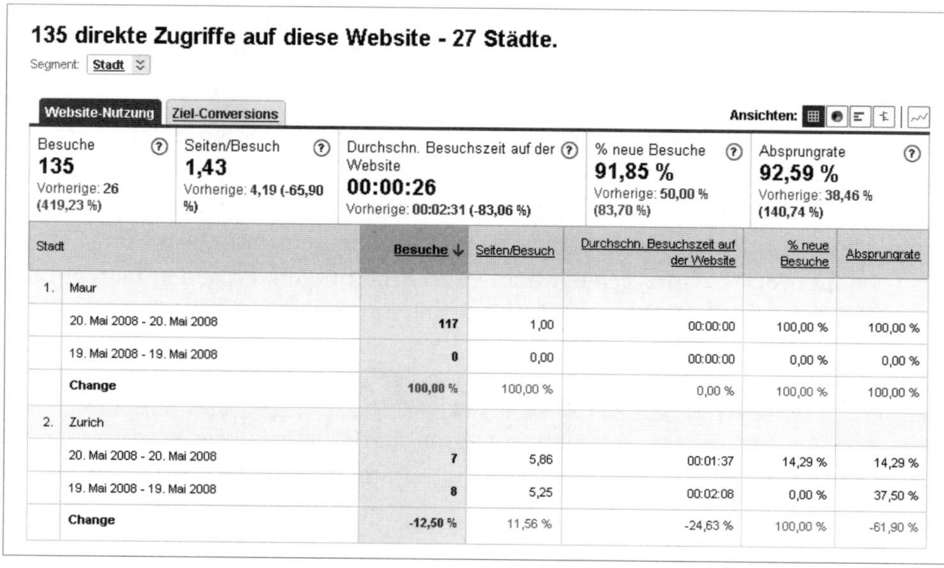

135 direkte Zugriffe auf diese Website - 27 Städte.

Segment: Stadt

Website-Nutzung | Ziel-Conversions | Ansichten:

Besuche	Seiten/Besuch	Durchschn. Besuchszeit auf der Website	% neue Besuche	Absprungrate
135	1,43	00:00:26	91,85 %	92,59 %
Vorherige: 26 (419,23 %)	Vorherige: 4,19 (-65,90 %)	Vorherige: 00:02:31 (-83,06 %)	Vorherige: 50,00 % (83,70 %)	Vorherige: 38,46 % (140,74 %)

	Stadt	Besuche ↓	Seiten/Besuch	Durchschn. Besuchszeit auf der Website	% neue Besuche	Absprungrate
1.	Maur					
	20. Mai 2008 - 20. Mai 2008	117	1,00	00:00:00	100,00 %	100,00 %
	19. Mai 2008 - 19. Mai 2008	0	0,00	00:00:00	0,00 %	0,00 %
	Change	100,00 %	100,00 %	0,00 %	100,00 %	100,00 %
2.	Zurich					
	20. Mai 2008 - 20. Mai 2008	7	5,86	00:01:37	14,29 %	14,29 %
	19. Mai 2008 - 19. Mai 2008	8	5,25	00:02:08	0,00 %	37,50 %
	Change	-12,50 %	11,56 %	-24,63 %	100,00 %	-61,90 %

Abb. 11.14: Segment der Direktzugriffe an einem bestimmten Tag aus einer bestimmten Stadt

Nun wird langsam klar, woher der Wind weht. Die Direktzugriffe scheinen alle von einem Computer oder zumindest von demselben Unternehmensnetzwerk aus gemacht worden zu sein. Die Verursacher könnten also entweder zahlreiche Leute aus demselben Unternehmen sein, die alle die gleichen Systemeinstellungen haben, ein automatisierter Crawler oder eine Sonde oder aber ein einzelner Benutzer, der sich irgendwie seltsam verhalten hat.

Gegen die These der automatisierten Crawler oder Sonde spricht, dass Angaben wie Bildschirmauflösung und Bildschirmfarben ausgewertet sind. Diese Informationen werden von Google Analytics mittels JavaScript ausgelesen, automatisierte Agenten führen jedoch im Normalfall kein JavaScript aus. Dagegen, dass es sich um zahlreiche Besucher aus demselben Unternehmen handelt, spricht etwa, dass jeder Besuch nur gerade eine Seite betrachtet hat. Schaut man sich jedoch das Segment der Zielseiten an, ist keine Häufung auf eine spezifische Seite ersichtlich. Dass über hundert Besucher aus demselben Unternehmen am selben Tag genau eine, aber kaum je dieselbe Seite aufrufen, scheint irgendwie nicht plausibel.

Damit bleibt noch die These mit dem einzelnen Benutzer mit seltsamem Verhalten übrig. Führt man sich nun vor Augen, dass jeder Besuch ein Direktzugriff war, genau einen Seitenzugriff umfasste und jedes Mal als Neubesuch gezählt wurde, dann ließe sich das seltsame Verhalten wie folgt erklären: Der betreffende Besucher hat durch seine Browsereinstellungen das Setzen eines Cookies verhindert. Dadurch wird er nicht als wiederkehrender Besucher identifiziert, und jeder Seitenaufruf wird als neuer Besuch mit Direktzugriff gewertet. Weil der Besuch extrem intensiv, das heißt über hundert Seiten tief war, fällt dieser Spezialfall in der Auswertung der Direktzugriffe ins Gewicht. Bei einer geringeren Anzahl besuchter Seiten wäre dies im allgemeinen Rauschen untergegangen – genauso wie wohl einige andere Cookie-blockende Besucher.

Somit wäre der Fall so weit geklärt, und da es sich um ein Messproblem und kein inhaltliches Problem des Websiteangebots handelt, kann man die Alarmstufe reduzieren und an der Stelle mit den Nachforschungen abbrechen. Dank der Segmentierung von Daten, der Isolation von Teilproblemen und etwas vom Scharfsinn von Sherlock Holmes gelangt man so zu Erklärungen, zu denen man auf der obersten Stufe von Betrachtungen kaum je gekommen wäre.

Segmentieren mit Google Analytics

Einige Beispiele für die erweiterten Segmentierungsverfahren spezifisch mit Google Analytics sind in Abschnitt 17.3.2 in Kapitel 17 detailliert beschrieben.

11.3.3 Segmentierungsstrategien und Herangehensweisen

So wie dieses Beispiel gibt es zahlreiche weitere Segmentierungsmöglichkeiten, die bei der Beurteilung bestimmter Begebenheiten stark helfen. Eine der einfachsten, aber extrem effektiven Metriken für eine Segmentbeurteilung ist die Absprungrate. Die Absprungrate kennen Sie aus Abschnitt 9.4 für die Beurteilung von einzelnen Inhaltsseiten in Bezug auf nutzerseitiges Interesse. Genauso wie für einzelne Seiten kann die Absprungrate jedoch auch als Hilfe genommen werden, um Traffic-Segmente zu beurteilen.

Abbildung 11.15 stellt im Standardreport verschiedene Traffic-Quellen segmentiert nach ihrer Quelle dar. Die Absprungrate je Segment zeigt nun eindrückliche

Unterschiede auf und ermöglicht eine qualitative Beurteilung der einzelnen Quellen. Interessant ist so beispielsweise, dass im konkreten Fall der über Google AdWords generierte Traffic (Google/CPC) eine deutlich niedrigere Absprungrate aufweist als zum Beispiel der Traffic aus der organischen Trefferliste. Auch im Vergleich der Suchmaschinen untereinander und von verweisenden Websites hilft die Absprungrate zu erkennen, welche Quellen eine höhere Affinität zur eigenen Website haben.

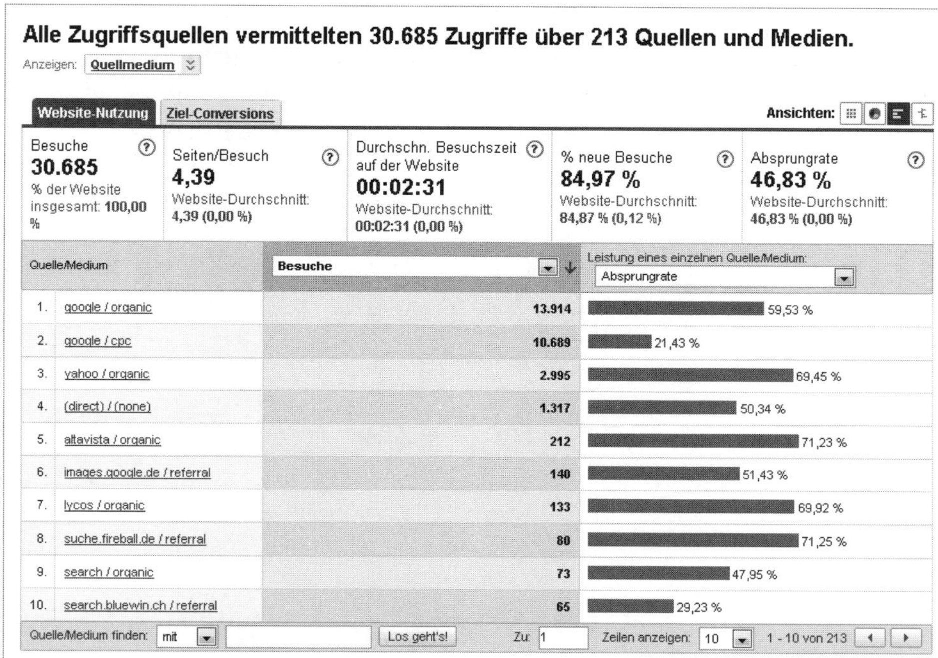

Abb. 11.15: Unterschiede bei den Absprungraten sagen viel über die Qualität von Traffic-Quellen aus.

»Segmentieren, was das Zeug hält«, lautet die unverkennbare Empfehlung. Meist ist das Web-Analytics-System jedoch der limitierende Faktor dafür, was und wie tief segmentiert werden kann bzw. wie klein die Datenwürfel zugeschnitzt werden können. Bei der Auswahl eines Systems sollte man deshalb unbedingt die Segmentierungsfähigkeiten unter die Lupe nehmen – weit mehr als andere nette Features. Ist das System entsprechend flexibel, dann gibt es jedoch neben der oben gezeigten zahlreiche weitere Segmentierungsarten, die tiefe Erkenntnisse liefern können. Zu den spannendsten zählen mitunter die unterschiedlichen Verhaltensweisen von

- neuen und wiederkehrenden Besuchern
- Nutzern der Site-Search und Navigationsnutzern

- Besuchern aus unterschiedlichen Suchmaschinen
- Besuchern, die von unterschiedlichen Websites verwiesen wurden
- Besucher, die über Kampagnen auf die Website gelangt sind, und organische Besucher
- Bestellern, Warenkorblegern (ohne zu bestellen) und Nichtbestellern
- Besucher, die eine bestimmte Zielseite erreicht haben (zum Beispiel Anfahrtsplan), und solche, bei denen dies nicht der Fall war

Stets gilt dabei der Grundsatz, Interessantes von Uninteressantem zu trennen und mit Ersterem weiter so fortzufahren, bis das gewünschte Informationsstück gefunden ist. Hat man so die Ursache isolieren und ausfindig machen können, ist es dagegen nur noch Formsache, diese durch eine Website-Anpassung zu eliminieren.

Teil III

Website optimieren und den Erfolg steigern

In diesem Teil:

Kapitel 12

Website-Ziele definieren

In Teil II dieses Buches haben wir uns mit der Beobachtung und Interpretation der Website-Nutzung beschäftigt. Dies sind die Brot-und-Butter-Aufgaben eines jeden Web-Analysten, die er im Schlaf beherrschen muss. Auf dem Verständnis für Web-Analytics-Metriken aufbauend lassen sich diese nun für die Optimierung der Website einsetzen. Um derartige Website-Optimierungen geht es in diesem dritten Teil des Buches.

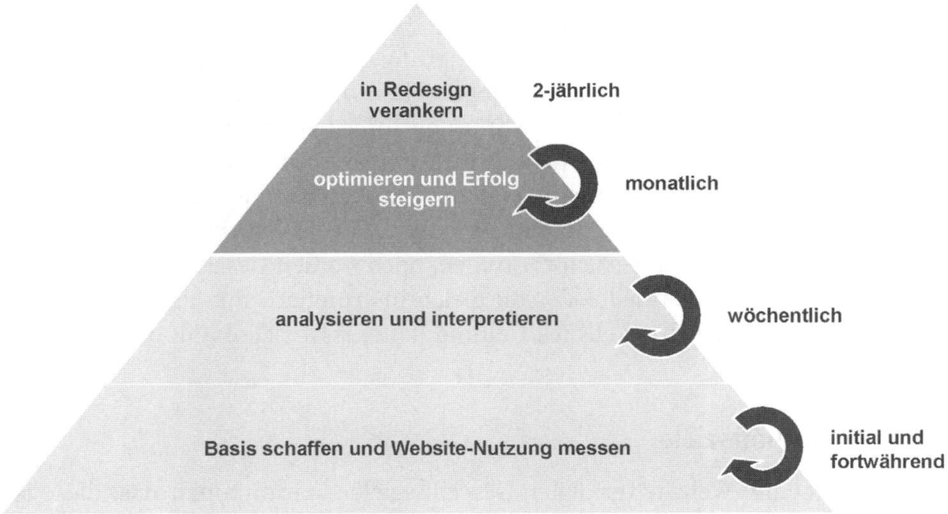

Abb. 12.1: Phase 3 in der Web-Analytics-Nutzung: Website optimieren und Erfolg steigern

Wenn man ein Problem lösen oder eine Situation verbessern will, muss man sich im Klaren darüber sein, was denn der Soll- oder Idealzustand ist. Andernfalls wird ein Optimierungsversuch ineffizient, da man nur zu gerne beginnt, sich im Kreis zu drehen. Auch auf einer Website sollte man deshalb bei allen Verbesserungsmaßnahmen ein Ziel vor Augen haben, das man schlussendlich optimieren will.

Das klingt logisch und einfach – ist es aber nicht unbedingt. Zu gerne fokussiert man sich nämlich im täglichen Business auf die Optimierung von untergeordneten und irrelevanten Faktoren und vergisst dabei das übergeordnete Ziel. Ein typisches Beispiel dafür ist der Website-Traffic. Wohl jeder Website-Betreiber würde mit dem Kopf nicken, wenn man fragt, ob »viel Traffic« ein für ihn zu optimierendes Ziel sei. Vordergründig mag dies plausibel klingen; wenn man den Sinn und Zweck einer Website jedoch hinterfragt, ist Traffic kaum je ein Website-Ziel. Viel Traffic kostet nämlich eigentlich nur Bandbreite und Infrastruktur und kann somit kaum das wirkliche Ziel sein. Die wirklichen Ziele einer Website stehen nämlich meist im Hintergrund, zum Beispiel die Vermittlung eines Marken-Images oder die Generierung von Leads und Verkäufen. Traffic kann dabei unter Umständen ein Mittel zum Zweck sein, aber keinesfalls ein Ziel an sich. Damit man also nicht den falschen Zielen hinterherrennt oder gar in eine abwegige Richtung optimiert, muss man sich zuerst sehr klar darüber sein, was die Ziele der eigenen Website sind.

12.1 Typen von Website-Zielen

Eine Website steht im Zentrum von ganz unterschiedlichen Anspruchsgruppen und Akteuren. Da wäre einerseits einmal das betreibende Unternehmen, das gewisse Geschäftsziele wie Umsatzgenerierung und Kundenbetreuung verfolgt. Auf der anderen Seite stehen Websitebesucher, die ganz andere Motivationen haben – wie das Auffinden einer bestimmten Information oder die Lösung eines für sie brennenden Problems. Nur in den seltensten Fällen werden diese beiden Zielfelder genau übereinstimmen. Zudem sind die einzelnen Zielbereiche auch innerhalb der betreffenden Gruppen heterogen. Weder haben alle Besucher das gleiche Ziel beim Websitebesuch vor Augen, noch werden Geschäftsziele intern in jeder Abteilung und von jeder Person gleich interpretiert. Ein allgemeingültiges Website-Ziel, das für alle Websites Geltung hätte, lässt sich damit ohnehin nicht definieren.

12.1.1 Geschäftsziele

Bei den mit einer Website verfolgten Geschäftszielen kommt hinzu, dass diese per se unternehmensindividuell sind. Kaum ein Unternehmen positioniert sich genau wie ein anderes und kann deshalb auch nicht die gleichen Ziele aufweisen. Zumindest lassen sich aber bei Unternehmen, die in derselben Branche sind, eine ähnliche Größe aufweisen und denselben Markt betreuen – bzw. ein vergleichbares Geschäftsmodell haben –, Ähnlichkeiten in den Website-Zielen feststellen. Je nach Online-Businessmodell eines Unternehmens lassen sich so folgende typische Ziele unterscheiden:

- **Online-Verkauf:** E-Commerce-Websites, die online Produkte oder Dienstleistungen zum Kauf anbieten, sind in puncto Ziele am klarlinigsten. Unter dem Strich gilt hier meist der Produktverkauf und ein hoher Umsatz als das Ziel. Klassische Beispiele für E-Commerce-Websites sind Versandhandels-Sites wie Quelle, Otto oder Amazon, aber auch Online-Reiseportale wie Expedia oder Ebookers.

- **Lead-Generierung:** Die meisten Dienstleistungen wie ein Restaurant-Besuch oder ein EDV-Support werden nicht im Internet, sondern in der realen Welt erbracht. Aber auch komplexe Dienstleistungen wie eine Rechtsberatung oder die Planung eines Hausbaus eignen sich genau so wenig zum Online-Verkauf wie Produkte wie Möbel oder Autos. Dienstleister oder Produktanbieter, die ihre Leistung nicht online verkaufen oder erbringen können, nutzen die Website deshalb primär zur Promotion ihres Angebots und Untermauerung ihrer Fähigkeiten. Ihre Website-Ziele fokussieren dann darauf, Anfragen (Leads) zu generieren, die später in der realen Welt möglicherweise in einem Produktkauf, einer Beauftragung oder Inanspruchnahme eines Dienstes resultieren. Eine solche Anfrage kann online in Form einer unverbindlichen Kontaktaufnahme oder im Ausfüllen einer Registrierung erfolgen.
- **Branding:** Bei Endkonsumenten-Produkten wie Süßgetränken oder Autos, die über etablierte Offline-Verkaufskanäle vertrieben werden, ist die Vorstufe zum Kauf weniger eine konkrete Kundenanfrage, sondern der Kaufentscheid aufgrund des Brands. Das Ziel der Website eines solchen Anbieters wird es deshalb sein, das Marken-Image auszubauen und so durch Online-Maßnahmen die Markenwahrnehmung der Konsumenten zu schärfen.
- **Kommunikation:** Ein Ziel, das Websites neben Verkauf und Leadgenerierung häufig aufweisen, ist die transparente Unternehmenskommunikation. Diese kann sich an verschiedene Anspruchsgruppen wie Medien, Investoren oder auch Kunden richten.
- **Administrationsreduktion:** Unternehmen mit einem großen Kundenstamm oder standardisierten Administrationsprozessen nutzen ihre Website, um Kunden zu pflegen und gleichzeitig den Verwaltungsaufwand zu minimieren. Website-Ziel ist es dann, den eigenen Administrationsaufwand zum Beispiel für Adressänderungen, Rechnungsfragen oder Produktunterstützungen zu verringern. Auf der Website kann dies zum Beispiel mittels Self-Service-Portal oder ausgeprägtem Supportbereich erfolgen, der dann hilft, arbeitsintensive schriftliche Formularanträge oder Anrufe im Callcenter zu verhindern. Typische Institutionen mit solchen Zielsetzungen sind Telekom-Unternehmen, Stromwerke oder öffentliche Verwaltungen.
- **Rekrutierung:** Auch die Gewinnung von neuen Mitarbeitern über Online-Kanäle spielt immer mehr eine tragende Rolle in der Aufgabe von Websites. Da immer mehr potenzielle Bewerber Websites als Informationskanal nutzen, bietet sich dies als kostengünstiges Website-Ziel an.
- **Hohe Nutzungsintensität:** Wenn ein Geschäftsmodell zum Beispiel aus dem Verkauf von Werbeeinblendungen je Webseitenaufruf besteht, dann ist eine hohe Nutzung der Website ein klar umrissenes Ziel. Typischerweise verfolgen viele Informationsportale und Medien-Websites, aber auch Web-2.0-Unternehmen wie MySpace oder YouTube mangels anderer Einnahme-Möglichkeiten solche Ziele.

Nicht immer sind die Ziele so eindeutig und im Normalfall sogar überschneidend. Ein Autohersteller wird so zum Beispiel sowohl ein Branding- als auch ein Leadgenerierungsziel wie auch Kommunikationsziel verfolgen. Auch weitere, hier nicht genannte Ziele können natürlich zu den Website-Zielen eines Unternehmens zählen.

Als Basis für die Findung und Definition dienen die Unternehmensziele und das Geschäftsmodell. Daraus lassen sich nachher am einfachsten die Website-Ziele ableiten. Ein Autobauer, der sich zum Ziel gesetzt hat, einer der zwei führenden Hersteller im Mittelklasse-Segment in Europa zu sein, wird die Website-Ziele primär in Branding und der Lead-Generierung finden. Ein Mobilfunkanbieter, der sich als Preisbrecher am Markt positionieren möchte, wird seine Website-Ziele eher im effizienten Online-Verkauf und in der Reduktion von Administrationskosten durch Online-Self-Service-Angebote haben.

12.1.2 Benutzerziele

Der Grund, weshalb ein Unternehmen überhaupt über eine Website verfügt, liegt in der Verwirklichung von Geschäftszielen. In erster Linie wird man eine Website-Optimierung deshalb auf diese Ziele fokussieren. Jedoch erreicht man seine Geschäftsziele kaum, wenn man die individuellen Ziele der Benutzer außer Acht lässt. Denn Produkte oder Dienstleistungen, die erfolgreich sind, erfüllen in erster Linie die Ziele der Benutzer. Die Gründe und Motivationen, weshalb ein Benutzer auf die Website gelangt, gehören daher mitberücksichtigt.

Ein guter Verkäufer weiß seinen Kunden zu beraten, seine Bedürfnisse zu erfragen und ihm anschließend die passenden Produkte zu verkaufen. Ein schlechter Verkäufer versucht, den Kunden zum Kauf von dem Produkt zu überreden, das am meisten Ertrag einbringt. Genau so darf auch eine Website nicht blind ein gesetztes Geschäftsziel verfolgen, sondern soll dieses geschickt auf die Benutzerziele abgestimmt vermitteln.

Wie man erfährt, welche Ziele die Besucher einer Website verfolgen, findet man am besten durch Umfragen oder mittels Analyse von Suchbegriffen in der internen Suche heraus. Wie dies geht, haben Sie in Abschnitt 8.5 kennen gelernt. Alan Cooper, Autor des Buchs *About Face 3 – The Essentials of Interaction Design* (in deutscher Übersetzung: About Face, mitp-Verlag 2010) unterscheidet dabei nach folgenden Typen von Benutzerzielen:

- **Erlebnisziele:** Menschen wollen Spaß haben, ausgeruht sein, träumen, sich gut fühlen usw. Ziele dieser Natur haben damit zu tun, wie eine Website erlebt wird.
- **Endziele:** Ziele dieses Typs fokussieren auf den Abschluss einer bestimmten Aufgabe. Dies kann sein, eine gesuchte Information zu finden, einen guten

Kauf zu machen oder sich über ein Problem bewusst zu sein, bevor es sich ausbreitet.

- **Lebensziele:** Lebensziele haben mit der übergeordneten Vorstellung zu tun, wie man leben möchte. Dazu zählen zum Beispiel: beliebt sein, Respekt genießen, ein gutes Leben führen, sich attraktiv fühlen etc.

Auf einer Website sind Erlebnisziele insbesondere durch das Design oder die Bereitstellung von ganz spezifischen Inhalten und Funktionen wie Online-Games oder Videos adressierbar. Eine Website kann sich meist maximal an einigen wenigen dieser Grundziele orientieren, da der Gesamteindruck zählt und man nicht zugleich mehrere Erlebnisse vermitteln kann.

Endziele adressieren ganz bestimmte Aufgaben, mit denen Nutzer auf die Website gelangen und die meist sehr konkret von der Website lösbar sind. Von dieser Art von Zielen sollte eine Website möglichst viele gleichzeitig abdecken.

Die Erfüllung von Lebenszielen schließlich kann von einer Website allein kaum beeinflusst werden. Hier kann es lediglich Strategie sein, sich in die Kette von Faktoren einzuordnen, die sich auf die Erfüllung von Lebenszielen eines Nutzers ausrichten.

12.1.3 Ziele von Website-Verantwortlichen

Zu guter Letzt steht zwischen Geschäftszielen eines Unternehmens und den Zielen eines Besuchers die Website an sich, die diesen konträren Anforderungen gerecht werden muss. Mitten in diesem Spannungsfeld befinden sich nun noch die eigentlichen Akteure bzw. Verantwortlichen für die Website: Inhaltsverantwortliche, Redakteure, Webmaster, Produktmanager, Designer, Techniker usw. Selbst wenn sie meist ein sehr gutes Verständnis sowohl für Geschäftsziele wie Benutzerziele aufweisen, ist ihnen nochmals eine zusätzliche, meist individuelle Zieldimension eigen. Diese liegt vor allem in der Erfüllung der von ihnen geforderten Funktion in der Job Description. So hat ein Produktmanager, der sein Produkt anpreisen und positionieren will, zum Beispiel etwas andere Vorstellungen von der Produktdarstellung als der Webdesigner, der für den ästhetischen Eindruck der Website verantwortlich ist. Typische und durchaus konträre Ziele von direkten Website-Verantwortlichen sind zum Beispiel:

- Einfache Pflege und Aktualisierung von Inhalten
- Reduktion von Aufwänden für die Inhaltserfassung
- Keine redundanten oder ähnliche Inhalte
- Promotion einzelner Produkte oder Dienstleistungen
- Einhaltung von Corporate Design Guidelines

- Einheitliches Erscheinungsbild sowohl auf inhaltlicher wie gestalterischer Ebene
- Technisch einwandfrei funktionierende Website
- Technisch wartungsarme Website

Im Vergleich zu den Geschäftszielen mögen Ziele dieser Natur untergeordnet erscheinen. Da jedoch direkte Website-Verantwortliche am nächsten an der Website sind, verfügen ihre Ziele über die größte Hebelwirkung und können ausschlaggebend dafür sein, wie gut ein Geschäftsziel auf der Website implementiert wird.

12.2 Vorgehen zur Zielfindung

Versucht man, all diese Ziele zusammenzuführen, stellt man schnell fest, dass dies nicht so einfach ist. Zu gegensätzlich können die einzelnen Ziele sein. All diese unter einen Hut zu bringen, ist keine leichte Aufgabe.

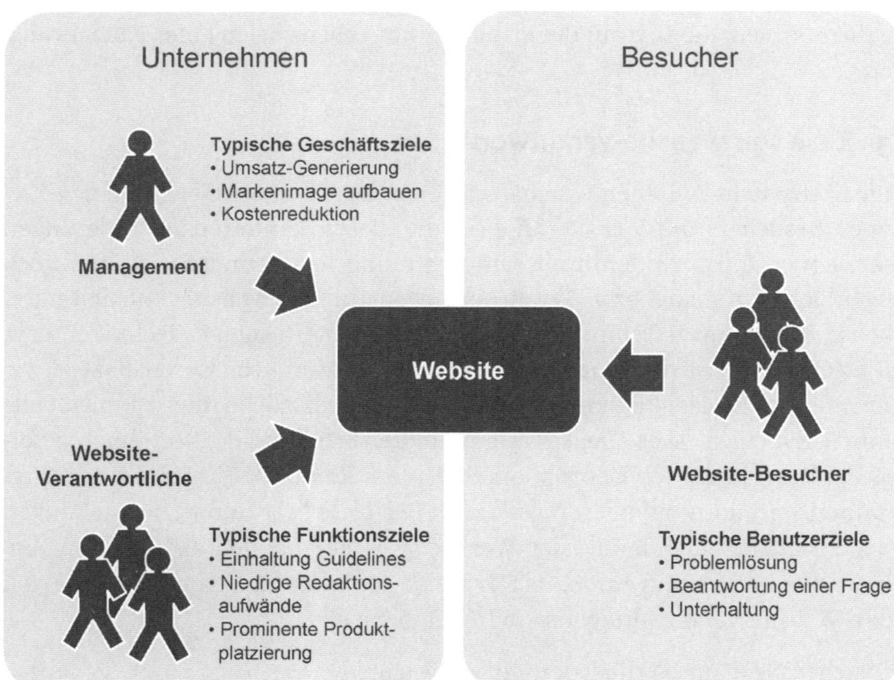

Abb. 12.2: Unterschiedliche Zielsetzungen einer Website und mögliche Ausprägung

Gerade in größeren Unternehmen, wo zahlreiche Akteure ihre Vorstellungen, Wünsche und Zielsetzungen an eine Website haben, ist es eine beträchtliche Herausforderung, strukturiert und fundiert zu den Zielsetzungen einer Website zu gelangen. Bei zahlreichen Anspruchsgruppen hat sich folgende Vorgehensweise als Best Practice erweisen, die insgesamt über sieben Zwischenschritte führt:

- Interne Anspruchsgruppen an die Website identifizieren
- Zielgruppen der Website definieren
- Global-Ziele sammeln und mit Geschäftszielen abgleichen
- Sub-Ziele ableiten und zuordnen
- Benutzerziele ergänzen
- Notwendige Website-Aktivitäten definieren
- Messgrößen ableiten

Die einzelnen Vorgehensschritte werden in den folgenden Abschnitten ausführlich erläutert. Wer in einem kleineren Unternehmen tätig ist und alleine für sämtliche Website-Belange zuständig ist, wird allerdings die einzelnen Schritte um einiges einfacher handhaben können, als hier vorgestellt. Der interne Abstimmungsaufwand, der sonst in mittelgroßen und großen Unternehmen getätigt werden muss, entfällt dann nämlich. Solch Glücklichen sei empfohlen, von den folgenden Abschnitten jeweils die einleitenden Absätze zu studieren und die weiteren Unterabschnitte jeweils selektiv zu lesen.

12.3 Interne Anspruchsgruppen identifizieren

Eine Website eines Unternehmens ist eigentlich ein komplexes System, wenn es um Zuständigkeiten und Verantwortlichkeiten geht. Vielfach ist die Hauptverantwortung für die Website in zentralen Marketing- oder Corporate-Communications-Abteilungen angesiedelt. Dann haben aber auch andere Abteilungen – insbesondere das Produktmanagement – sehr konkrete Vorstellungen, wie sie die Website nutzen wollen. In sehr spezifischen Bereichen, zum Beispiel für Bewerbungen, haben auch Human-Ressource-Abteilungen ihre Schnittstelle zum Webauftritt. Und die Informatik ist ohnehin involviert, was den technischen Betrieb der Lösung betrifft. Zu guter Letzt haben auch noch externe Firmen, zum Beispiel Web-Agenturen, Einfluss darauf, wie das Enderscheinungsbild einer Website daherkommt.

Beginnt man in solch einem Umfeld, unstrukturiert Anforderungen und Ziele zu sammeln, dann wird die Bandbreite der Zielvorstellungen von der produktorientierten und ausgefallenen Verkaufswebsite bis hin zur schlichten und zurückhaltenden Unternehmenspräsentation reichen. Macht man nun noch den Fehler und versucht, alle diese Ziele zu berücksichtigen, dann erfordert dies einen derartigen Spagat, dass das Ergebnis weder Fisch noch Fleisch ist.

12.3.1 Direkte und indirekte Akteure

Um bei solchen Verflechtungen ein gemeinsames Website-Ziel vor Augen zu haben und sich nicht in verteilten Teilzielen zu verzetteln oder sich auf Grabenkämpfe zwischen Abteilungen einzulassen, gilt es, zuerst die Anspruchsgruppen genau zu identifizieren. Dabei kann man intern nach folgenden Klassen von Anspruchsgruppen unterscheiden:

- Direkte Akteure
- Indirekte Akteure

Die direkten Akteure sind all jene Personen, die unmittelbar einen Einfluss auf die Website haben. Dies sind typischerweise Inhaltsverantwortliche, Redakteure, Designer usw. Vielfach verfügen diese Personen nicht über die Kompetenz, Entscheidungen zu den Website-Zielen zu treffen, jedoch sind sie in ihrem täglichen Handeln stetig damit konfrontiert und beeinflussen im Kleinen schließlich sehr wesentlich, welche Ziele wie umgesetzt werden. Auch liegt die eigentliche Kompetenz bezüglich Möglichkeiten und Grenzen des Webs meist bei solchen Personen.

Indirekte Akteure sind jene Leute, die zwar meist nur wenig mit der Website selbst zu tun haben, jedoch Entscheidungen treffen, die einen zentralen Einfluss auf Aussehen, Inhalt oder Technik der Website haben. Dies können zum Beispiel Budgetentscheidungen oder übergeordnete Zielvorgaben sein. Das Web ist für solche Personen, die typischerweise im Management angesiedelt sind, meist nur ein Kanal unter anderen. Dennoch prägen sie im Großen sehr stark, in welche Richtung sich eine Website entwickelt.

Um nun zu einer Auflistung sämtlicher involvierten Personen zu kommen, kann man entweder alle Job-Profile des Unternehmens durchgehen und klären, wo überall Web vorkommt. Meist ist dies allerdings nicht sehr zielführend, da die Verflechtungen wesentlich größer sind, als dies in Job-Profilen berücksichtigt ist. Alternativ empfiehlt es sich deshalb, diese Informationen nach und nach in kurzen Interviews bei bekannten Involvierten abzuholen und so nach weiteren Verantwortlichen zu fragen. So ergibt sich Schritt für Schritt ein umfassendes Bild, wer alles einen Einfluss auf die Website hat und in welcher Form dies passiert. Neben den Personen selbst notiert man ebenfalls deren Aufgaben im Zusammenhang mit der Website sowie wem sie ihre Websitetätigkeiten berichten müssen bzw. von wem sie dafür Budget erhalten. Die Informationen dokumentiert man vorerst am besten in einer Tabelle in der Form, wie sie Tabelle 12.1 als Beispiel zeigt.

Der Vorteil eines solchen sanften Vorgehens liegt nicht nur darin, dass sich die betreffenden Personen involviert fühlen und deswegen bereitwilliger Informationen abgeben. Auch hat man selbst die Möglichkeit, Web Analytics und den Nutzen davon schon einmal darzulegen und die Leute etwas zu bekehren.

Name	Abteilung	Job-Titel	Aufgabenbereich für Web	Budgetverantwortlicher	Akteur
A. Fischer	Corp. Comm.	Mitarbeiter Corp. Comm.	Redaktion Textinhalte	C. Kurz	direkt
C. Kurz	Corp. Comm.	Head of Corp. Comm.	Inhaltliche Verantwortung Gesamtauftritt	M. Rode	indirekt
A. Zünd	IT	Software Engineer	Technischer Betrieb Website	B. Moser	direkt
B. Moser	IT	Leiter IT	Technische Verantwortung	M. Rode	indirekt
F. Gerig	Services	Produktmanager	Produktverkauf	H. Müller	direkt
K. Marx	Services	Produktmanager	Produktverkauf	C. Knoll	direkt
H. Müller	Services	Verkaufsleiter		M. Rode	indirekt
P. Sears	Marketing	Marketing Manager	Offsite-Promotionen	F. Probst	direkt
F. Probst	Marketing	Marketingleiter		M. Rode	indirekt
Futura	Externe Agentur		Webdesign		direkt
Highhost	Externer Hoster		Hosting		direkt
Adway	Externe Agentur		Online-Marketing		direkt

Tabelle 12.1: Indirekt und direkt in die Websitedefinition involvierte Personen eines Unternehmens

12.3.2 Website-Stakeholder-Karte

Um einen einfachen Überblick über die Einflüsse und Verflechtungen rund um die Website zu erhalten, hilft vielfach die visuelle Aufarbeitung der Beziehungen, wie sie in Tabelle 12.1 aufgelistet sind. Abbildung 12.3 zeigt ein Beispiel, wie solch eine Stakeholer-Karte mit aufgezeichneten Anspruchsgruppen aussehen kann.

Die derartige Identifikation von direkten und indirekten Akteuren hat neben der strukturierten Website-Zielfindung noch einen weiteren nützlichen Effekt. Wir werden die Rollen und Funktionen später auch dafür nutzen können, um spezifisch auf deren Bedürfnisse ausgerichtet Web-Analytics-Reports zu erstellen.

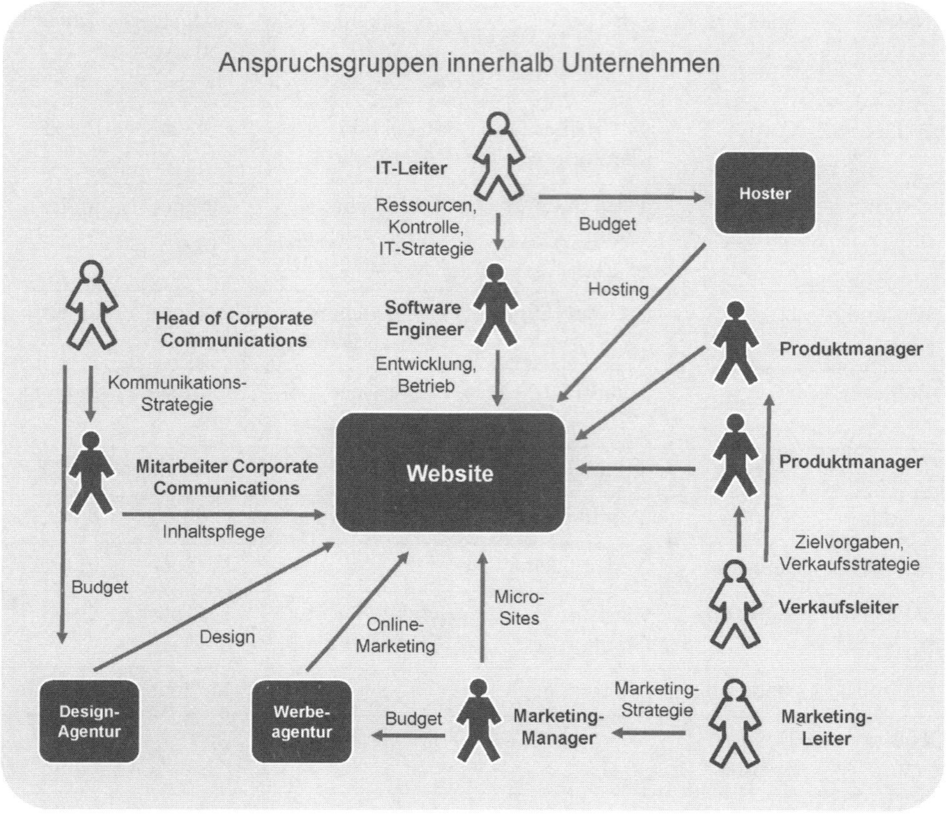

Abb. 12.3: Anspruchsgruppen rund um die Website eines Unternehmens

12.4 Website-Zielgruppen definieren

Genauso wie es unterschiedliche interne Anspruchsgruppen für eine Website gibt, gibt es solche auch extern – nämlich die bestehenden oder potenziellen Besucher. Statt von Anspruchsgruppen spricht man dagegen von Zielgruppen oder Nutzergruppen. Zielgruppen sind jene Segmente aller Internetnutzer, an die ein Unternehmen seine Kommunikation richten möchte. Die Abgrenzung einzelner Zielgruppen erfolgt vielfach über soziodemografische Merkmale wie Alter, Familienstand und Einkommen oder psychografische Merkmale wie Konsumverhalten, Vorlieben und Statusbewusstsein. Zielgruppen stellen somit eine Soll-Betrachtung der Benutzer dar, die ein Unternehmen mit einer Website ansprechen möchte.

Zielgruppen können von Nutzergruppen abweichen. Nutzergruppen sind diejenigen Benutzer, die ein Produkt oder eben eine Website effektiv nutzen. Nicht immer müssen dies auch diejenigen Benutzer-Segmente sein, die man als Unternehmen eigentlich ansprechen möchte. So kann zum Beispiel die Website eines Sportwagen-Herstellers autobegeisterte Leute jeglicher Einkommensklasse interessieren. Die Website wird so von unterschiedlichsten Nutzern besucht, selbst wenn sich nur ein Bruchteil davon ein solches Auto wirklich leisten könnte und damit in die Zielgruppe des Anbieters fällt. Auf der anderen Seite darf man die Nutzergruppen nicht vernachlässigen, da bestehende Nutzer die wertvollsten Inputs liefern können, wie ein Produkt oder eine Website verbessert werden kann. In eine Zielgruppen-Definition gehört deshalb sowohl die Berücksichtigung der Soll-Vorstellung wie auch Einbezug der Ist-Situation.

Die Untersuchung und Identifikation von Zielgruppen ist Aufgabe der Marktforschung und nicht ganz trivial. Allein mit dieser Thematik lassen sich durchaus Bücher für sich füllen. Wer also auf eine vorhandene Zielgruppendefinition aus der Kommunikations- oder Marketingabteilung zurückgreifen kann, tut gut daran, diese auch als Basis zu nutzen. Steht eine solche nicht zur Verfügung und reicht eine etwas pragmatischere Vorgehensweise aus, dann lassen sich Zielgruppen jedoch auch in einem internen Workshop bestimmen. Meist ist das Wissen darüber, welche Zielgruppen man eigentlich ansprechen möchte, intern schon vorhanden – lediglich die explizite Formulierung fehlt. Zur derartigen Zielgruppenidentifikation empfiehlt sich folgendes Vorgehen:

- Jene Personen gleichzeitig in einen Raum bekommen, die sich mit der externen Kommunikation, dem Marktauftritt, dem Verkauf oder sonst mit Markt und Kunden beschäftigen. Meist finden sich diese Vertreter in den Abteilungen Marketing, Kommunikation und Verkauf.
- In dieser Gruppe verschiedene Segmentierungsdimensionen durchgehen und jene Merkmale am Flipchart sammeln, die Unterscheidungskriterien möglicher Zielgruppen darstellen können. Als Dimensionen eignen sich beispielsweise folgende:
  - Demografische Merkmale (Alter, Geschlecht, Familienstand, geografische Region etc.)
  - Sozioökonomische Merkmale (Bildung, Gehaltsklasse, Beruf etc.)
  - Psychografische Merkmale (Einstellung, Motivation, Meinung etc.)
  - Kaufverhalten (Preissensibilität, Qualitätsverständnis etc.)
- Bei Unternehmenskunden:
  - Organisatorische Merkmale (Unternehmensgröße, Unternehmensstandort, Marktanteil etc.)
  - Ökonomische Merkmale (Finanzierungsart, Liquidität, Lagerbestände etc.)
  - Kaufverhalten (Zentraler Einkauf, Lieferantentreue, Kaufzeitpunkt etc.)
  - Charakteristika der Entscheidungsträger (Zeitdruck, Risikofreudigkeit, Innovationsfreudigkeit etc.)

- Für jedes auf dem Flipchart notierte Merkmal die relevanten Ausprägungen auf Workshop-Karten notieren lassen (zum Beispiel Altersgruppe: »18- bis 25-Jährige«, »60- bis 72-Jährige«; Bildungsstand: »Hauptschulabschluss«, »Hochschulabschluss« etc.).
- Die Ausprägungen Merkmal für Merkmal an der Pinnwand zusammentragen. Dabei fortwährend versuchen, Gruppen zu bilden mit jenen Ausprägungen, die in sich stimmig sind (zum Beispiel »18- bis 25-Jährige« und »Hauptschulabschluss«) und für die eine unterschiedliche Ansprache notwendig ist.
- Dabei laufend Gruppen durch Ergänzung um neue Karten aufsplitten, wenn eine Merkmalsausprägung eine unterschiedliche Ansprache erfordert (zum Beispiel »18- bis 25-Jährige« aufteilen in »18- bis 25-Jährige, weiblich« und »18- bis 25-Jährige, männlich«). Nach Abarbeitung sämtlicher Merkmale die einzelnen Kartengruppen versuchen zusammenzulegen, falls sie sich nicht ausreichend voneinander unterscheiden.
- Am Schluss die so noch an der Pinnwand stehenden Kartengruppen zusammenfassen und versuchen, mit einem Ausdruck zu umschreiben (zum Beispiel DINKS/Double Income No Kids, wohlhabende und gut gebildete Pensionäre).

Abb. 12.4: Ergebnis eines Workshops mit definierten Zielgruppen und Merkmalen

- Bei einer großen Anzahl derart identifizierten Zielgruppen die Workshop-Teilnehmer mittels Verteilung von Punkteklebern eine Priorisierung vornehmen lassen (zum Beispiel jedem Teilnehmer fünf Klebepunkte zur individuellen Gewichtung verteilen und diese durch die Teilnehmer an die Pinnwand aufkleben lassen).

Damit hat man seine Zielgruppen in wenigen Stunden und im gemeinsamen Verständnis zusammengetragen.

12.5 Global-Ziele und Sub-Ziele definieren

Wenn man bei der Website-Erstellung seine Hausaufgaben gemacht hat und strukturiert vorgegangen ist, dann kann man Ziele, die man mit der Website verfolgt, einfach aus der Tasche ziehen. In der Realität sieht es jedoch meist eher so aus, dass man sich vielleicht einmal Gedanken zu den Zielen der Website gemacht hat, diese dann aber irgendwo im Tagesgeschäft untergegangen sind. Und selbst wenn man sich entsprechende Zielvorstellungen einmal notiert hat, haben sich diese durch die laufenden Anpassungen längst wieder verwässert.

Im Normalfall bedarf es deshalb von Zeit zu Zeit eines Prozesses, um die Website-Ziele neu zu bestimmen. In kleineren Unternehmen, wo vielleicht gerade ein oder zwei Personen für die Website verantwortlich sind, mag dies eine Aufgabe einer kurzen Sitzung sein, um solche Ziele zu bestimmen. In größeren Unternehmen mit so vielseitigen Anspruchsgruppen wie in Abschnitt 12.3 aufgezeichnet, reicht dazu allerdings eine einfache Sitzung nicht aus. Zu unterschiedlich sind meist die Vorstellungen, als dass man ohne geeignete Hilfsmittel und Methodiken einen Konsens unter den Beteiligten herbeiführen könnte.

Versucht man nun, eine Top-down-Entscheidung durch einen zentralen Verantwortlichen oder vom Management aus zu erwirken, dann fährt man im Ergebnis auch nicht viel besser. Meist fehlt nämlich einerseits auf diesem Niveau das genaue Verständnis und Wissen für die spezifischen Mechanismen im Web. Man braucht dann häufig sehr viel Geduld, Überzeugungskraft und Argumente, um die betreffenden Entscheider von vielleicht banal scheinenden Elementen zu überzeugen – zum Beispiel, dass heutzutage Bewerbungen bevorzugt und effizienter online als offline erfolgen. Auf der anderen Seite fehlt überdies bei solchen Top-down definierten Zielen vielfach die Akzeptanz bei den direkten Website-Akteuren, da sie in den Zielfindungsprozess nicht eingebunden waren. Das wiederum ist ein schlechtes Vorzeichen dafür, dass die definierten Ziele auch in eine Website implementiert werden.

Der einzige Weg, um diese unerwünschten Effekte zu vermeiden, ist ein gemischter Ansatz nach dem Top-down- und Bottom-up-Prinzip. Dies bedeutet, alle relevanten Vertreter der unterschiedlichen Anspruchsgruppen in einen Raum zu bekommen und in einem Konsens die Ziele für die Website zu definieren. Dass ein solcher Workshop mit verschiedensten Meinungen eine gewisse Herausforderung darstellt, versteht sich von selbst. Eine gute Vorbereitung und eine geplante Durchführung ist deshalb die halbe Miete. Im Folgenden seien die Eckpunkte aus Best-Practice-Erfahrungen mit solchen Workshops zusammengestellt.

12.5.1 Vorbereitung eines Zielfindungsworkshops

Zu einem Zielworkshop laden wir sämtliche in den Vorinterviews identifizierten Website-Akteure ein (vgl. Abschnitt 12.3). Für die inhaltliche Arbeit sind die direkten Akteure wichtig (meist Inhaltsverantwortliche, Webdesigner etc.), für den Management-Support die indirekten Akteure. Da Letztere aber selbst meist über die Website hinaus Management-Aufgaben innehaben und schlechter für spezifische Workshops greifbar sind, erlauben wir ihnen auch die Vertretung durch einen direkten Akteur. Diese muss aber explizit durch den indirekten Akteur gewährt sein, da sonst die Unterstützung für im Workshop erarbeitete Definitionen fehlt.

Diesen Personenkreis laden wir zu einem rund halbtägigen Workshop mit folgenden Eckdaten:

- Titel/Ziel: Workshop zur Definition der Website-Ziele
- Agenda:
  - Einführung in Website-Zielsetzungen und Ziel des Workshops (30 min)
  - Brainstorming Website-Zweck (15 min)
  - Sammlung und Gruppierung der Website-Ziele (50 min)
  - Sammlung und Zuordnung von Sub-Zielen (60 min)
  - Zusammenfassung, Abschluss und Ausblick (10 min)

Zur Vorbereitung geben wir den Eingeladenen die Aufgabe, sich die Geschäftsziele, die die Website unterstützen soll, zu notieren. Diese Aufgabe gibt auch nicht teilnehmenden, indirekten Akteuren die Möglichkeit, ihre Anliegen über die Stellvertreter in den Workshop einzubringen. Die Vorbereitungsaufgabe ist denn auch explizit so formuliert, dass sie sich an Management-Personen richtet, die das Business und ihre Geschäftsziele vor Augen haben.

Sollten mehr als 15 Akteure in einen solchen Zielworkshop involviert sein – keine Seltenheit bei größeren Unternehmen –, dann empfiehlt es sich, aus Effizienzgründen den Workshop auf mehrere Termine und Gruppen aufzuteilen. Aus Konsensgründen ist dies zwar ungünstig, allerdings neigen Workshops bereits ab zehn Leuten dazu, ineffizient zu werden – oder sie stellen zumindest hohe Anforderungen an den Moderator, der Langschwätzer sanft, aber bestimmt abklemmen muss.

Zur eigenen Vorbereitung sollten Sie sich als Moderator die Begrüßung und die Einführungspräsentation zurechtlegen. In der Einführung zu den Website-Zielen sollten Sie den Teilnehmern eine kurze Präsentation über die verschiedenen Typen von Website-Zielen geben und dabei vorerst die Geschäftsziele in den Mittelpunkt stellen. Inhaltlich können Sie sich an die dieses Kapitel einleitenden Informationen dazu halten. Ziel ist es, die Teilnehmenden etwas auf die Website-Ziele einzuschwören und den Fokus auf den Zweck der Website zu lenken. Dies vermeidet, dass der Workshop nachher von individuellen Zielen der Beteiligten gelenkt wird, sondern fokussiert ihn stattdessen auf übergeordnete Ziele.

Damit Sie im Workshop nicht von allzu Unerwartetem überrascht werden – Workshops bergen ohnehin schon genug Überraschungen –, sollten Sie den Workshop vorher einmal im Trockenen durchspielen und selbst Inhalte zusammentragen. Dies erhöht nicht nur die Vorhersehbarkeit, sondern lässt Sie auch selbst Vorschläge oder Beispiele beitragen, sollte die Runde einmal nicht auf Touren kommen.

Zu guter Letzt gehört auch die Bereitstellung des benötigten Workshop-Materials zur Vorbereitung. Dazu zählt:

- Präsentations-Computer mit installiertem Microsoft PowerPoint und Word
- Beamer und Leinwand
- Flipchart mit genügend Papier und Stiften
- Pro Person 30 bis 40 Workshop-Karten in DIN-A6-Format, im Idealfall in unterschiedlicher Farbe je Person
- Je Person einen fetten Filzschreiber
- Je Person fünf farbige Klebe-Punkte
- Pinnwand und Nadeln oder Papierwand und Klebeband zum Anheften der Karten
- Fotoapparat für Dokumentation der erarbeiteten Ergebnisse

Ziehen Sie zudem eine Hilfsperson für den Workshop dazu, die Sie bei der Vorbereitung und während des Workshops unterstützt und die Diskussionen und Entscheidungen protokolliert. Wenn Sie den Workshop alleine moderieren, sollten Sie zumindest das Protokollschreiben am Beginn des Workshops an einen Teilnehmer delegieren.

Ebenfalls als hilfreich erwiesen hat es sich, sich den genauen zeitlichen Ablauf des Workshops auf einem Blatt Papier zu notieren. Dies hilft Ihnen, sowohl die Zeit im Auge zu behalten als auch keine notwendigen Zwischenschritte zu vergessen. Auf einem solchen Ablauf-Protokoll steht dann zum Beispiel

- Uhrzeit für die einzelnen Programmpunkte
- Notwendige Vorbereitungen für die Programmpunkte (zum Beispiel Karten austeilen, Pinnwand vorbereiten etc.)
- Zu stellende Aufgaben für die jeweiligen Programmpunkte
- Zeit, die den Teilnehmern für die Arbeit gewährt wird

Derart vorbereitet sind Sie gut für die Durchführung des Workshops gewappnet.

12.5.2 Workshop-Durchführung

Bei der Workshop-Durchführung sind Sie diejenige Person, die verantwortlich für die Moderation und Dokumentation ist. Falls Sie sich dies nicht zutrauen, sollten Sie externe Berater hinzuziehen. Dies kann auch deswegen hilfreich sein, weil externe Personen innerhalb eines Unternehmens ein ganz anderes Standing haben, da sie nicht in die Unternehmenshierarchie eingebunden sind. Die Moderation und vor allem auch das Durchgreifen und Abblocken von langen Reden fällt dann einfacher aus, da kein Vorgesetzter-Untergebener-Verhältnis besteht. Auch die Erfahrung, die Berater hoffentlich aus ähnlichen Projekten bei anderen Kunden mitbringen, kann hilfreich sein.

Brainstorming zum Website-Zweck

Beginnen Sie den Workshop wie üblich mit einigen einleitenden Worten oder einer Vorstellungsrunde, sofern sich nicht ohnehin alle Teilnehmer bereits kennen. Da Sie nachher mit einer Präsentation bzw. der Einführung in die Website-Zielsetzungen beginnen, haben die Teilnehmer noch etwas Zeit, sich mit dem Thema anzufreunden.

Das anschließende Brainstorming zum Website-Zweck ist sozusagen die Aufwärmphase, die den Teilnehmern Hemmungen nimmt. Stellen Sie ihnen dazu folgende knackige Frage: »Unsere Website fällt für zwei Tage unerwartet aus. Was fehlt uns dadurch?« Die Fragestellung prüft implizit die Ziele der Website, denn nur wenn etwas spürbar fehlt, steckt auch ein Ziel dahinter. Vermeintliche Ziele bzw. eben Mittel zum Zweck wie »die Website muss ästhetisch sein« werden dann nämlich nicht genannt. Stattdessen werden Sie Punkte wie »Wir bekommen keine Bewerbungen mehr« oder »Wir können aktuelle Pressemitteilungen nicht mehr publizieren« hören.

Sammeln Sie alle Antworten der Teilnehmer unkommentiert am Flipchart. Diskutieren Sie nicht darüber, ob Nennungen wichtig sind oder nicht, und blocken Sie andere Teilnehmer ab, die darüber diskutieren möchten. Es ist Teil der Brainstorming-Methodik, Gedanken ohne Diskussion zu erfassen.

Sobald die Gedanken und Anzahl der Nennungen langsam nachlassen, ist es eine gute Zeit, eine kurze Pause zu machen. Dies gibt den Teilnehmern die Gelegenheit, auch im ungezwungenen Gespräch Gedanken noch etwas weiterzuspinnen und auszutauschen. Nach der Pause können Sie noch kurz fragen, ob es noch etwas zu ergänzen gäbe, und notieren auch dies noch auf dem Flipchart.

Website-Ziele sammeln

Platzieren Sie in der Pause die beschriebenen Flipcharts in eine Ecke oder hängen Sie sie gut sichtbar an die Wand. Bereiten Sie anschließend die Pinnwand und die Stecknadeln vor oder trennen Sie schon einmal einige Dutzend Klebestreifen ab, um diese zum späteren Aufkleben von Workshop-Karten schnell zur Hand zu haben. Verteilen Sie zudem jetzt je Person die 20 bis 30 Workshop-Karten inklusive Stifte. Im Idealfall hat jede Person eine eigene Farbkombination aus Kartenfarbe und Stiftfarbe. So lässt sich später nachvollziehen, wer welche Beiträge genannt hat. Notieren Sie die Farbkombinationen je Person im Protokoll, damit Sie diese Zuordnung später noch kennen.

Nach der Pause kann der eigentliche Ziel-Workshop beginnen. Definieren und erläutern Sie kurz, was Website-Ziele sind, indem Sie auf die Nennungen auf dem Flipchart verweisen: Website-Ziele sind Elemente, die hinter den genannten Problemen bei einem Website-Ausfall stehen. Hinter dem Problem »Wir bekommen keine Bewerbungen mehr« steht zum Beispiel »Rekrutierung von neuen Mitarbeitern« als Ziel. Hinter dem Problem »Wir können aktuelle Pressemitteilungen nicht mehr publizieren« steht das Ziel »Kommunikation mit Medienvertretern«. Ziele haben zudem die Eigenschaft, dass sie sich über die Zeit nicht oder kaum verändern. So war es zum Beispiel schon im 18. Jahrhundert bei einer Reise von München nach Rom das Ziel, möglichst bequem, schnell und sicher anzukommen. Bequem, schnell und sicher ist auch heute noch das Ziel solch einer Reise, selbst wenn die Mittel, Reisedauer und Umstände sich längst geändert haben.

Mit dieser Definition im Hintergrund geben Sie den Teilnehmern die Aufgabe, in den nächsten fünf Minuten Website-Ziele auf die Karten vor sich zu schreiben – und zwar eine Karte je Ziel. Als Basis dürfen sie dabei die Ideen auf dem Flipchart oder die in der Workshop-Vorbereitung ausgedachten Geschäftsziele verwenden – jedoch immer vor dem Hintergrund der eben gegebenen Definition.

Nach rund fünf Minuten (oder gegebenenfalls etwas mehr) bitten Sie die Teilnehmer, aus den vor sich liegenden die drei Karten mit den für den jeweiligen Teilnehmer wichtigsten Website-Zielen auszuwählen und diese bei Ihnen abzugeben. Die restlichen Karten werden Sie später einsammeln und wenn die Zeit knapp wird, für eine umfassende Besprechung die Nennungen nur im Protokoll vermerken. Dies ist so ein kleiner Trick, um bereits eine erste Priorisierung vorzunehmen und die benötigte Zeit für den Workshop etwas zu steuern.

Mit den eingesammelten Karten gehen Sie nun folgendermaßen vor:

- Greifen Sie sich die oberste Karte auf dem Stapel und halten Sie sie für alle sichtbar in die Runde.
- Wiederholen Sie kurz das genannte Ziel und prüfen Sie, dass für alle klar ist, was damit gemeint ist. Zur Not fragen Sie in der Runde nach, was damit gemeint ist.
- Stellen Sie anschließend das Ziel vor dem Hintergrund der Definition in Frage. Hinter welchem Problem bei einem Website-Ausfall steht das genannte Ziel? Ist es über die Zeit konstant? Holen Sie dazu Stimmen aus der Runde ab, ob die Karte ein Ziel gemäß Definition darstellt oder nicht. Falls Sie der Überzeugung sind, dass es kein Ziel darstellt, fragen Sie kritisch in der Runde nach, zum Beispiel im Stile von »Was genau ist das auftretende Problem bei einem Website-Ausfall, das hinter diesem Ziel steht?« oder »Würde sich bei einem Ausfall jemand aus dem Management innerhalb von zwei Tagen vehement für die Lösung des Problems einsetzen?«
- Karten, die so den Definitionstest bestehen, positionieren Sie auf der linken Hälfte der Pinnwand. Durchgefallene Karten listen Sie auf der rechten Seite am Rande der Pinnwand auf.

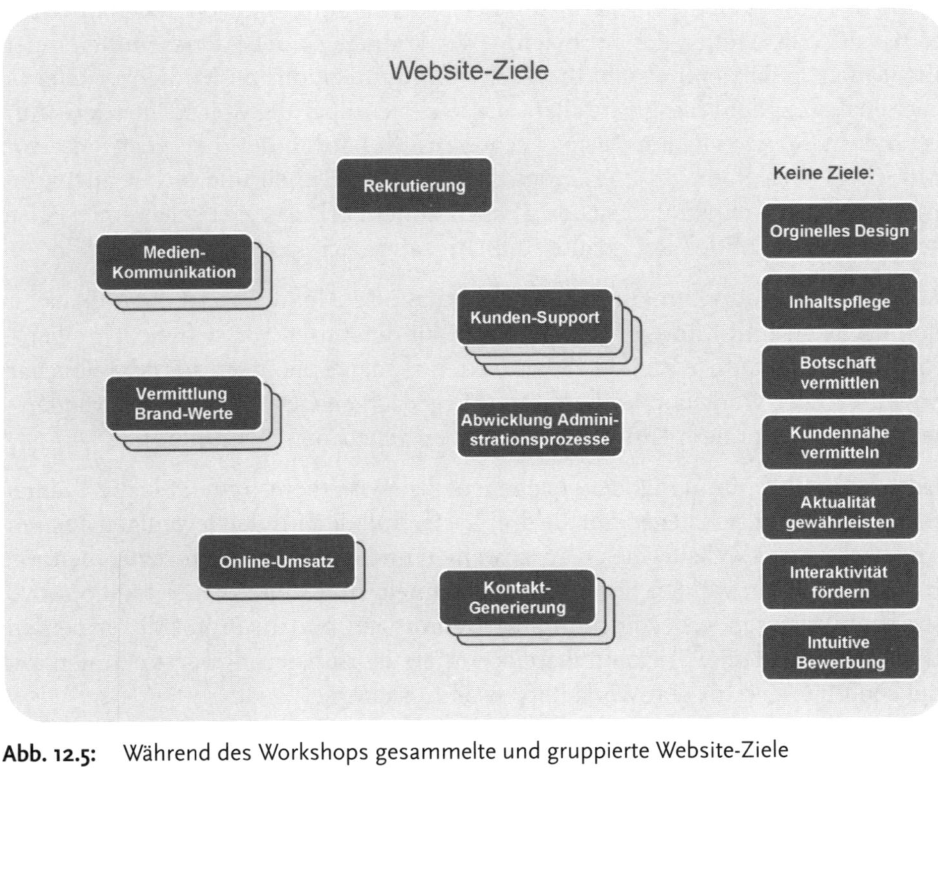

Abb. 12.5: Während des Workshops gesammelte und gruppierte Website-Ziele

- Bei Doppelnennungen von Zielen legen Sie die Karten leicht versetzt übereinander.
- Versuchen Sie, beim Anpinnen der Karten ähnliche Ziele nahe beieinander zu positionieren. Gegebenenfalls müssen Sie dadurch andere Karten zwischendurch umpositionieren.

Wenn Sie alle eingesammelten Karten durchgegangen sind und noch Zeit haben, dann lassen Sie sich von den Teilnehmern die restlichen Karten geben. Gehen Sie diese genauso durch und positionieren Sie sie auf der Pinnwand. Wenn die Zeit fehlt, sammeln Sie die Karten ebenfalls ein, gehen diese aber alleine in der Nachbearbeitung des Workshops durch. Weil die Teilnehmer die wichtigsten drei Ziele abgegeben haben, sollte diese Vorgehensweise keine wesentliche Einschränkung ihres Mitspracherechts darstellen. Am Ende dieses Workshop-Teils sollte die Pinnwand ein Muster gemäß Abbildung 12.5 aufweisen.

Ziel-Priorisierung

Falls Sie mehr als sieben Ziele auf der Pinnwand stehen haben, wird es etwas schwierig für die weitere Vorgehensweise. Auch eine Website wird kaum zehn Ziele in gleichem Maße verfolgen können. Eine gewisse Priorisierung ist deshalb angesagt. Dazu gibt es zwei unterschiedliche Vorgehensalternativen, nämlich

- Die Konsensvariante mittels Punktverteilung durch die Workshop-Teilnehmer
- Die strategische Variante mittels Effizienz/Effektivitäts-Priorisierung

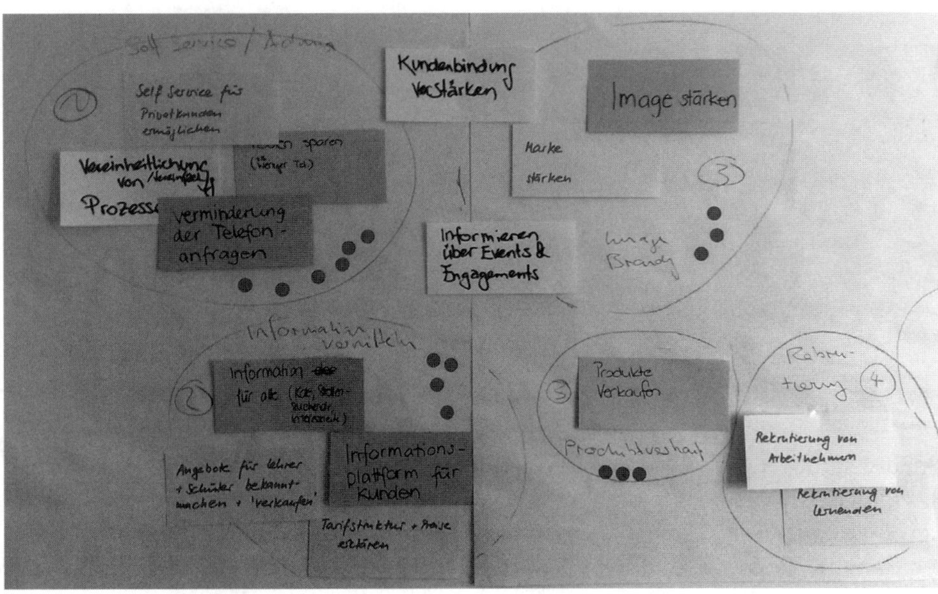

Abb. 12.6: Workshop-Ergebnis mit geclusterten und priorisierten Global-Zielen

Je nach der verfügbaren Zeit und dem Teilnehmerkreis wählen Sie eine der Varianten aus. Bei genügend Zeit und starker Durchmischung von direkten und indirekten Akteuren empfiehlt sich die strategische Variante. Bei vornehmlich direkten Akteuren oder einem Teilnehmerkreis mit kaum hierarchischen Abstufungen empfiehlt sich die Konsensvariante.

Bei letzter Variante verteilen Sie vier oder fünf Klebe-Punkte an jeden Teilnehmer. Anschließend bitten Sie alle Teilnehmer, aufzustehen und die ihnen am wichtigsten scheinenden Website-Ziele mit ihren Punkten zu bekleben. Erlaubt sind dabei maximal zwei Punkte je Ziel auf der Pinnwand. Mittels Zusammenzählen der Punkte erhalten Sie eine einfache Priorisierung der wichtigsten Ziele, mit denen Sie im Workshop nachher fortfahren. Die niedrig bewerteten Ziele legen Sie beiseite.

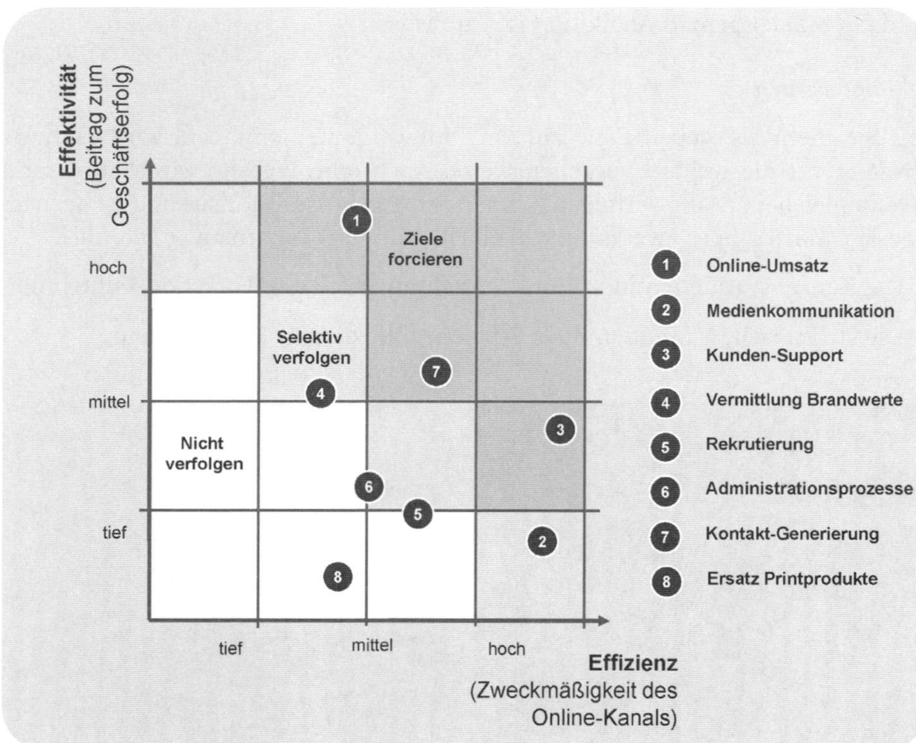

Abb. 12.7: Priorisierung von Zielen anhand der Dimensionen Effektivität und Effizienz

Bei der strategischen Variante zeichnen Sie einen Graphen mit X- und Y-Achse auf das Flipchart. Die X-Achse beschreibt dabei die Effektivität des Ziels im Hinblick auf den Geschäftserfolg. Ziele, die einen hohen Beitrag zum Unternehmenserfolg leisten – zum Beispiel Umsatz –, werden weiter oben positioniert. Die Y-Achse beschreibt die Effizienz des Online-Kanals zur Erfüllung des Ziels. Bei einem Buchhändler eignet sich der Online-Kanal zum Beispiel sehr gut zur Erfüllung des

Umsatz-Ziels, bei einem Möbelverkäufer weniger. Demzufolge wird das betreffende Ziel bei höherer Zweckmäßigkeit weiter rechts auf dem Graphen positioniert.

So erläuternd bitten Sie nun die Runde, Ihnen zu sagen, wo auf dem Graphen Sie die einzelnen Ziel-Karten platzieren sollen. Im Ergebnis sollten Sie eine Positionierung erreichen, wie Abbildung 12.7 zeigt.

Erfahrungsgemäß neigen die Teilnehmer dazu, die meisten Karten möglichst oben rechts zu platzieren. Folgend Sie diesen Wünschen, klären Sie jedoch in der Runde, ob ein Ziel jeweils höher oder niedriger als bereits positionierte zu platzieren sei. Wenn sich so zumindest Abstufungen zwischen den einzelnen Zielen festhalten lassen, können Sie zur Not am Schluss das ganze Koordinatensystem im Hintergrund skalieren oder nach oben rechts verschieben. Dadurch wird eine Ansammlung von Zielen im oberen rechten Quadranten wieder verteilt auf den gesamten Graphen.

Wenn Sie nun am Schluss eine Diagonale von oben links nach unten rechts durch den Graphen legen (und diese gegebenenfalls etwas nach links oder rechts rücken), erhalten Sie die mit der Website zu realisierenden Ziele. Je weiter oben rechts ein Ziel positioniert ist, desto höher ist die Priorität dieses Ziels. Ziele, die sich in der unteren linken Hälfte des Graphen befinden, nehmen Sie nur noch vereinzelt in die zu realisierenden Ziele mit auf bzw. legen sie beiseite.

Erfolgsfaktoren und Mittel zur Zielerreichung

Die Global-Ziele, die die Website verfolgt, sind nun bestimmt. Nach einer kurzen Pause fahren Sie mit dem Workshop fort. Am besten verteilen Sie die übrig gebliebenen Global-Ziele gleichmäßig auf der Pinnwand, so dass jeweils unterhalb einer Zielkarte genügend Platz bleibt. Die nächste Aufgabe wird sein, untergeordnete Ziele herauszufinden, die die Global-Ziele unterstützen. Einige davon stehen wahrscheinlich schon auf der Pinnwand, nämlich diejenigen, die im ersten Schritt die Global-Ziel-Kriterien nicht erfüllt haben und noch am rechten Rand der Pinnwand stehen.

Fordern Sie nun die Teilnehmer auf, sich Erfolgsfaktoren und Mittel zu überlegen, die einen positiven Einfluss auf die eben definierten Global-Ziele haben. Um Umsatz zu generieren, muss man zum Beispiel zuerst seine Produkte attraktiv präsentieren oder über einen Bestellprozess ohne große Hindernisse verfügen. Mögliche Erfolgsfaktoren zum Global-Ziel Online-Umsatz wären so »attraktive Produktpräsentation« oder »Usability des Bestellprozesses«. Lassen Sie nun die Teilnehmer ausgehend von den an der Pinnwand stehenden Global-Zielen solche Erfolgsfaktoren und Mittel auf Karten aufschreiben. Am besten verteilen Sie dazu nochmals neue Workshop-Karten. Im Idealfall definieren Sie je Ziel eine Farbe und verteilen anschließend den Teilnehmern je Ziel bzw. Farbe fünf Karten. Somit können die Teilnehmer pro Ziel die Karten mit Erfolgsfaktoren beschriften.

Nach rund fünf Minuten bitten Sie die Teilnehmer, Ihnen für das erste Ziel die jeweilig wichtigsten drei Karten abzugeben. Weitere Karten sammeln Sie für die Dokumentation ein. Positionieren Sie anschließend die genannten Erfolgsfaktoren unterhalb des ersten Ziels an der Pinnwand und gruppieren Sie ähnliche Karten. Hinterfragen Sie allenfalls die Nennungen auf der Karte, falls es sich eher um konkrete Maßnahmen (zum Beispiel »3D-Ansicht eines Produkts«) als um generelle Erfolgsfaktoren handelt. Bei Übereinstimmung, dass es sich um keine Erfolgsfaktoren handelt, heften Sie die Karte auf der rechten Seite der Pinnwand unter die Karten mit den »Nicht-Zielen«. Verfahren Sie so für jedes der auf der Pinnwand stehenden Ziele. Nachdem alle Karten positioniert sind, sollte sich auf der Pinnwand ein Ergebnis wie in Abbildung 12.8 ergeben.

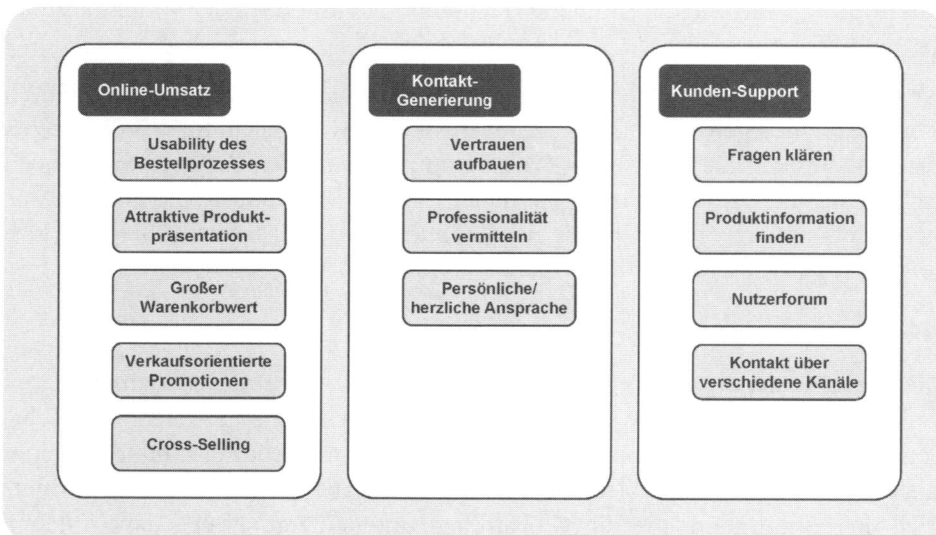

Abb. 12.8: Zuordnung von Erfolgsfaktoren zu Global-Zielen

Abschließend fragen Sie die Runde, ob eine der im ersten Workshop-Teil als Nicht-Ziel herausgefallenen Karten nun als Erfolgsfaktor bezeichnet werden könne. Im positiven Falle positionieren Sie solche Karten von der rechten Seite zum betreffenden Ziel um.

Damit hätten Sie nun zusammen mit den Teilnehmern definiert, was eigentlich der Sinn und Zweck der Website ist. Bedanken Sie sich bei den Beteiligten für die Mitarbeit und geben Sie ihnen noch folgende Aufgabe mit auf den Weg: Die Teilnehmer mögen sich bis zum nächsten Workshop überlegen, welche konkreten Aktivitäten auf der Website die gesammelten Erfolgsfaktoren unterstützen. Für den Erfolgsfaktor »Attraktive Produktpräsentation« kann dies nun die »3D-Produktvisualisierung« sein, sofern eine solche auf der Website präsent ist.

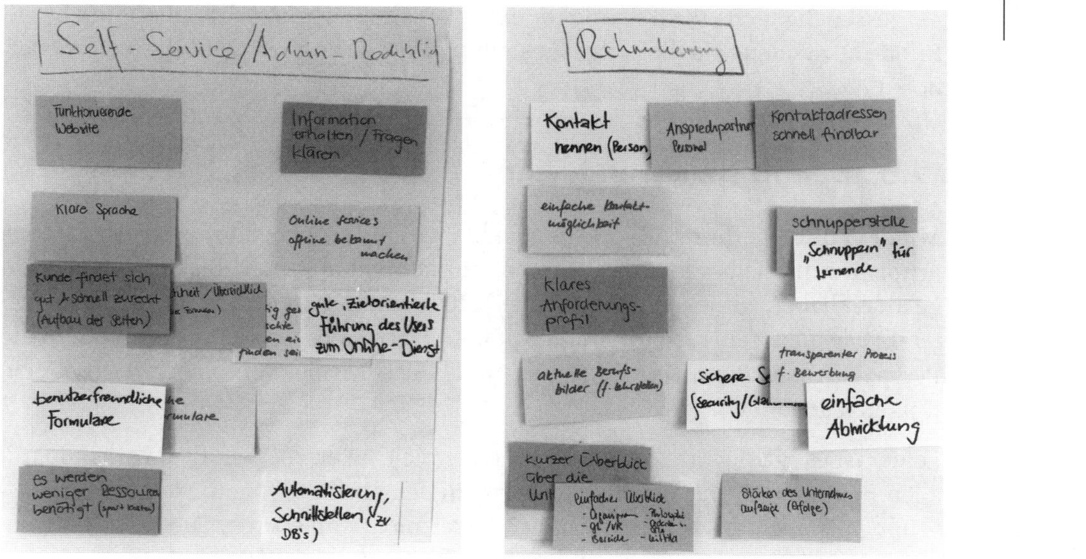

Abb. 12.9: Beispielergebnis eines Workshops: Erfolgsfaktoren für spezifische Website-Ziele

12.5.3 Nachbearbeitung

Als Workshop-Moderator ist für Sie leider die Arbeit auch nach dem Workshop noch nicht ganz abgeschlossen – die Dokumentation und Nachbearbeitung wartet noch. Am einfachsten fotografieren Sie direkt nach dem Workshop den Arbeitsstand auf der Pinnwand, so lässt sich die Nachbearbeitung auch zeitverzögert durchführen und muss nicht noch gleich im Meeting-Raum erfolgen.

Im Protokoll sollten Sie die genannten Global-Ziele tabellarisch notieren, ergänzt jeweils um eine Spalte mit den Namen derjenigen Personen, die die Ziele genannt haben, sowie eine Spalte mit der erarbeiteten Priorisierung je Ziel. Für die den Zielen zugeordneten Erfolgsfaktoren und Mittel – den Sub-Zielen – empfiehlt es sich, je Ziel kleine Pyramiden zu zeichnen. Diese Form soll die Abhängigkeit des Sub-Ziels vom Global-Ziel deutlich machen. Abbildung 12.10 zeigt eine solche Pyramidendarstellung, die wir später mit einem Fundament nach unten noch erweitern werden.

Abb. 12.10: Beispiel von Ziel-Pyramiden mit Global- und Sub-Zielen

Vergessen Sie nicht, die dokumentierten Workshop-Ergebnisse an die Teilnehmer-Runde zu senden und die Aufgabenstellung für den zweiten Workshop zu wiederholen.

12.6 Benutzerziele ergänzen

Mit dem durchgeführten Workshop haben wir die Zielvorstellung der Anspruchsgruppen innerhalb des Unternehmens umfassend abgeholt. Bislang außer Acht gelassen haben wir jedoch die Website-Nutzer. Zwar mögen manche der erarbeiteten Erfolgsfaktoren auch im Sinne von Benutzern sein – so richtig konsequent die Perspektive des Benutzers eingenommen haben wir bei den bisherigen Betrachtungen jedoch nicht.

Leider ist es nicht ganz so einfach, Benutzerziele zu erarbeiten. Ein Workshop mit allen Benutzern – was die analoge Form zu den eben durchgeführten Anspruchsgruppen-Workshops wäre – lässt sich leider nicht einberufen. Die Website-Besucher surfen ja meist anonym und verteilt auf der ganzen Welt.

Am einfachsten lassen sich Besucherziele nun noch ableiten, wenn man die Nutzergruppen oder Personas aus Abschnitt 8.6 zur Hand nimmt. Anhand deren Verhaltensmuster haben wir bereits in diesem Kapitel versucht, logische Verbindungen zwischen dem erkennbaren Verhalten und möglichen Motivationen und Zielen herzustellen. Mit genügend Erfahrung und Einfühlungsvermögen in unterschiedliche Besuchertypen kann man so pragmatisch und schnell deren Zielsetzungen ergründen. Auch mit Web-Analytics-Auswertungen kann man auf ähnliche Weise versuchen, Benutzer zu verstehen, wie wir in Teil II dieses Buches gesehen haben.

Um wissenschaftlich fundiert zu Benutzerzielen zu gelangen, ist jedoch eine etwas strukturiertere Vorgehensweise notwendig. Die verbreiteste Vorgehensweise dafür – zum Beispiel auch als Teil der User-Centered-Design-Methodik verwendet – sind qualitative Untersuchungen in Form von Benutzer-Interviews oder Benutzer-Beobachtungen. Hierzu befragt oder beobachtet man ausgewählte Personen – bestehende und potenzielle Nutzer der Website – bei ihrem Besuch. Natürlich gehört dazu vorher ein unter Umständen aufwändiges Verfahren, um solche Personen zu finden und mit ihnen einen Termin zu vereinbaren – denn das Interview oder die Beobachtung erfolgt im Idealfall beim Benutzer zu Hause oder an seinem Arbeitsplatz. Video- und Bildschirmaufzeichnungen helfen, um auch später noch Details in der Benutzung erkennen zu können.

Der Vorteil eines solchen aufwändigen Vorgehens liegt darin, dass man den Kontext und die Bedingungen, in denen sich der Besucher beim Website-Besuch befindet, besser versteht als bei einer quantitativen Analyse. Verhaltensmuster und damit auch Ziele sind so viel schneller identifizierbar als bei quantitativen

Untersuchungen. Meist reichen nämlich schon sechs bis zehn Benutzer aus, um ein einigermaßen klares Bild der Verhaltensweisen, Motivationen und Probleme der Benutzer zu bekommen. Insbesondere wenn es darum geht, Verhalten, Einstellung, soziale Aspekte, Ziele oder technischen und geschäftlichen Kontext zu ergründen, dann sind Benutzer-Interviews und -Beobachtungen trotz des aufwändigen Verfahrens meist der effizientere Weg.

Abgeleitet von solchen Erkenntnissen zum Verhalten und dem Kontext lassen sich anschließend, ähnlich wie oben beschrieben aus den Personas, Ziele von Benutzern ableiten. Wenngleich die Datenbasis aus den qualitativen Untersuchungen weit tiefgreifender ist, bleibt es jedoch der Denkleistung des Interviewers oder Analysten überlassen, die eigentlichen Benutzerziele zu ergründen. Denn kaum ein Besucher wird seine Ziele so klar und ehrlich formulieren und begründen können, dass sie direkt als Zielsetzung einer ganzen Benutzergruppe übernommen werden könnten.

Wer Benutzerziele derart fundiert erörtern möchte, dem sei deshalb weiterführende Literatur nahegelegt, die sich insbesondere mit qualitativen Untersuchungsmethodiken oder generell mit User-Centered-Design befasst. Als besonders empfehlenswert gerade im Hinblick auf die Findung von Benutzerzielen lässt sich das Buch *About Face 3 – The Essentials of Interaction Design* von Alan Cooper et al. nennen. Die deutsche Übersetzung dieses Buches erscheint im Frühjahr 2010 im mitp-Verlag, ISBN 978-3-8266-5888-4.

Wer diesen Aufwand scheut, dem sei geraten, zumindest die drei generischsten Benutzerziele zu betrachten. Zu diesen zählen:

- Einfache und effiziente Bedienbarkeit
- Ergreifendes oder erfreuliches Erlebnis
- Fehlerfreie Funktionsweise

Um diese oder mittels Untersuchungen herausgefundenen Benutzerziele in die unternehmensspezifischen Ziele einzubetten, gehen wir folgendermaßen vor:

- Für jedes Benutzerziel überlegen wir uns, ob und inwiefern es einen Einflussfaktor oder gar Erfolgsfaktor für ein Global-Ziel darstellt. Ein hürdenfreier Bestellprozess ist zum Beispiel ein Erfolgsfaktor für Online-Umsatz.
- Wenn es auf ein oder mehrere Ziele einen positiven Einfluss hat, ordnen wir es in der Pyramide als Sub-Ziel dem betreffenden Global-Ziel zu. Das Benutzerziel »Rasch Auskunft bekommen« hat zum Beispiel eine aufbauende Wirkung auf das Global-Ziel »Kontakt-Generierung«.

Damit haben wir nun auch Benutzersichten mit in die weiteren Zielbetrachtungen einfließen lassen.

12.7 Zielorientierte Website-Aktivitäten und Messgrößen definieren

Nachdem nun die allgemein gültigen und eher statischen Ziele der Website definiert sind, geht es daran, diese auf konkretere Bereiche der Website hinunterzubrechen. Schließlich gilt es zu eruieren, welche Bereiche, Inhalte oder Funktionen einer Website einen positiven Effekt auf die definierten Global- und Sub-Ziele haben. Hat man diese gefunden, lassen sich später die Messereignisse abgrenzen, die den Nutzungsgrad dieser Aktivitäten bestimmen. Nimmt man so zum Beispiel den Online-Umsatz und eine attraktive Produktpräsentation als Global- bzw. Sub-Ziel, dann stellt die interaktive 3D-Produktdarstellung eine zielorientierte verkaufssteigernde Aktivität dar. Das Messereignis für diese Aktivität ist dann beispielsweise der Aufruf jener Seite mit der integrierten Produktpräsentation oder die durchschnittliche Nutzungsdauer der 3D-Darstellung.

Auf diese Weise erweitern wir unsere Ziel-Pyramide um zwei weitere Stufen nach unten. Wie man erahnen kann, befinden wir uns auf der Ebene »Messgröße« bei Elementen, die Sie mehr oder weniger aus Teil II dieses Buches kennen. Dank der Vorgehensweise ausgehend von den Zielen stellen wir aber sicher, dass wir stets zielgerichtet operieren und nicht abschweifen.

Abb. 12.11: Nach unten um Aktivitäten und Messgrößen erweiterte Ziel-Pyramide

Um ein breit abgestütztes Verständnis für die Aktivitäten und allenfalls Messgrößen zu haben, empfiehlt es sich wiederum, dies in Form eines Workshops zu tun. Der Teilnehmerkreis richtet sich diesmal primär an die direkten Website-Akteure, das heißt mehr an jene Personen, die täglich mit der Website in Kontakt stehen, und weniger an das Management. Die vollständige Teilnahme der direkten

Akteure ist hierbei besonders wichtig, da diese Personen die Inhalte und Eigenschaften der Website am besten kennen.

12.7.1 Workshop-Vorbereitung

In der Vorbereitung laden wir deshalb die direkten Akteure (und optional die weiteren Teilnehmer des ersten Workshops) zu einem zweiten rund halbtägigen Workshop mit folgenden Eckdaten ein:

- Titel/Ziel: Workshop zur Definition von zielorientierten Website-Aktivitäten und möglichen Messgrößen
- Agenda:
  - Wrap-up des letzten Workshops, Stand der Definitionen und Ziel des Workshops (15 min)
  - Sammlung und Gruppierung der Website-Aktivitäten (100 min)
  - Sammlung und Zuordnung von Messgrößen (50 min)
  - Zusammenfassung, Abschluss und Ausblick (10 min)

Eine Aufgabe zur Workshop-Vorbereitung haben die Teilnehmer ausgangs des letzten Workshops bereits erhalten. In der Einladung zum aktuellen Workshop bitten Sie sie jedoch nochmals darum, sich Website-Aktivitäten zu überlegen, die einen positiven Einfluss auf die definierten Ziele des ersten Workshops haben.

Genau wie beim letzten Workshop bereiten Sie die Begrüßung und die einleitende Präsentation mit dem Wrap-up des letzten Workshops und den Inhalten des aktuellen Workshops vor. Zudem stellen Sie auf einer Präsentationsseite alle im letzten Workshop definierten Ziel-Pyramiden dar. Diese werden den Teilnehmern während des Workshops als Gedankenstütze dienen. Anstatt PowerPoint können Sie die Ziel-Pyramiden auch mit dickem Filzstift auf je ein A3-Blatt zeichnen und vor dem Workshop an den oberen Rand der Pinnwand hängen.

An Material stellen Sie Folgendes zusammen:

- Je Person einen Ausdruck der Tabelle mit Zielen, jeweiliger Priorisierung und Personen, die das Ziel genannt haben (aus Protokoll des letzten Workshops)
- Präsentations-Computer mit installiertem Microsoft PowerPoint und Word
- Beamer und Leinwand
- Flipchart mit genügend Papier und Stiften
- Pro Person rund 50 Workshop-Karten in DIN-A6-Format, im Idealfall in unterschiedlicher Farbe je Person
- Je Person einen fetten Filzschreiber

- Pinnwand und Nadeln oder Papierwand und Klebeband zum Anheften der Karten
- Fotoapparat für Dokumentation der erarbeiteten Ergebnisse

Derart vorbereitet sollten Sie gut für den zweiten Workshop gerüstet sein.

12.7.2 Workshop-Durchführung

Nach der Begrüßung leiten Sie den Workshop ein, indem Sie mit einer kurzen Zusammenfassung der Ergebnisse des letzten Workshops beginnen, so dass alle das Besprochene wieder mehr oder weniger präsent haben. Erklären und zeigen Sie schließlich die Pyramiden mit den verschiedenen Global- und Sub-Zielen. Erläutern Sie, wie diese im aktuellen Workshop um weitere Stufen nach unten ergänzt werden. Falls Sie nach dem Workshop Benutzerziele als Sub-Ziele ergänzt haben, geben Sie auch dazu einige Ausführungen und Begründungen an. Lassen Sie sich anschließend von den Teilnehmern bestätigen, dass diese passend in den Ziel-Pyramiden zugeordnet sind.

Sammlung zielorientierter Website-Aktivitäten

Danach beginnt mit der Sammlung von bestehenden, zielorientierten Website-Aktivitäten der Hauptteil des Workshops. Aufgrund der benötigten Dauer für diesen Teil sollten Sie zwischendurch eine kurze Pause schalten, sobald die Teilnehmer ermüden.

Geben Sie nun jeder Person einen großen Stapel an Workshop-Karten, und zwar je Person eine eigene Farbe. Falls Sie nicht über genügend Farbvariationen an Karten verfügen, schauen Sie auf eine eindeutige Kombination von Karten- und Filzstiftfarbe oder bitten Sie die Personen, jeweils ihre Namenskürzel auf die Rückseite der Karte zu schreiben. Notieren Sie sich die Farbzuordnung im Protokoll, damit Sie später die Zuordnung von Person und Karte wiederherstellen können. Geben Sie nun den Teilnehmern fünf Minuten Zeit, um für das erste Ziel aktuell auf Ihrer Website bestehende Website-Aktivitäten auf die Karten zu schreiben. Erläutern Sie an einem konkreten Beispiel, was zielorientierte Aktivitäten sein können, zum Beispiel:

- Global-Ziel: Kontakt-Generierung
- Sub-Ziele:
  - Vertrauen aufbauen
  - Professionalität vermitteln
  - Persönliche/herzliche Ansprache
  - Rasch Auskunft bekommen

- Zielorientierte Aktivitäten:
  - Kunden-Testimonials zeigen
  - Referenzliste
  - Fallstudien präsentieren
  - Bild von zuständigem Ansprechpartner je Bereich
  - Kontakt-Button und Telefonnummer auf jeder Seite
  - Kontakt-Formular mit Mail-Versand direkt an betreffenden Bereich

Nachdem die Teilnehmer Aktivitäten zum ersten Ziel auf die Karten vor sich geschrieben haben, bitten Sie sie, Ihnen maximal drei Karten zu geben, die ihrer Meinung nach eine besondere Relevanz für das Ziel haben. Gehen Sie die eingesammelten Karten einzeln durch und klären Sie gegebenenfalls, was die Aktivitäten bedeuten. Positionieren Sie die Karten an der Pinnwand unterhalb des betreffenden Ziels und gruppieren Sie gleiche oder ähnliche Kartenbeschriftungen.

Sobald Sie alle Karten an der Pinnwand angeheftet haben, dokumentieren Sie den Arbeitsstand mit einer Fotografie oder halten die bisherigen Nennungen im Protokoll fest. Das Festhalten des Zwischenstands ist deshalb wichtig, um später eine gewisse Priorisierung der einzelnen Aktivitäten nachvollziehen zu können. Sammeln Sie anschließend die restlichen Karten der Teilnehmer ein und positionieren Sie diese Aktivitäten nun ebenfalls noch an der Pinnwand. Fragen Sie am Schluss noch in die Runde, ob den Teilnehmern zwischenzeitlich noch weitere Aktivitäten in den Sinn gekommen sind, die sie noch ergänzen möchten.

Auf diese Art und Weise gehen Sie Ziel für Ziel durch, eine Prozedur, die einige Zeit in Anspruch nehmen wird. Am Ende dieses Teils – den Sie unbedingt mit einer Pause zwischendurch auflockern sollten – steht eine Serie von Ziel-Pyramiden ähnlich Abbildung 12.12. Die Ziel-Pyramiden listen nun jene Website-Aktivitäten auf, die über Erfolg oder Misserfolg Ihrer Website entscheiden. Diese mit Ihren Leuten erarbeitete Information ist das Kernelement jeder Website-Optimierung und enorm wertvoll. Es zeigt Ihnen nämlich wahrscheinlich zum ersten Mal auf, wo die Stellschrauben für die Erreichung Ihrer Website-Ziele liegen. Diese Relevanz der eben definierten Aktivitäten sollten Sie auch den Teilnehmern des Workshops vermitteln.

Sollte die Runde beim Sammeln von Aktivitäten nur mit Mühe auf einige spärliche Aktivitäten kommen, dann kann dies zweierlei bedeuten. Entweder ist es tatsächlich extrem schwierig, die Ziele, die sich die Runde gesetzt hat, im Web zu verwirklichen. Oder Sie haben aktuell tatsächlich wenig oder keine Aktivitäten, die online zur Zielerreichung beitragen. Beides sind nicht sehr gute Nachrichten, denn es bedeutet, dass die Website momentan nicht wirklich zielorientiert ausgerichtet ist. Dann nützt allerdings auch eine Optimierung, wie wir sie mit Web Analytics anstreben, nicht viel. Denn wenn man keine Kraft hat, die per se schon mal in die ungefähr richtige Richtung zieht, dann kommt man mit kleinen Optimierungsschritten zu langsam vorwärts.

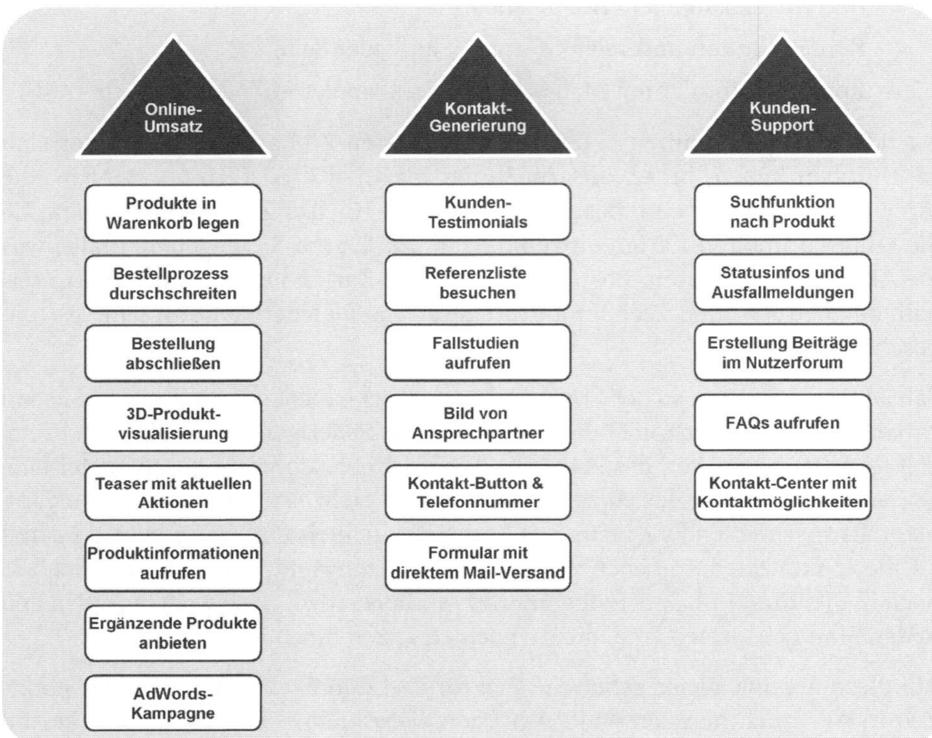

Abb. 12.12: Ziele mit zugehörigen Website-Aktivitäten

Ist es wirklich der Fall, dass Sie praktisch über keine bestehenden Aktivitäten verfügen, die auf gesetzte Ziele ausgerichtet sind, dann sollten Sie an der Stelle den Fokus des Workshops neu setzen. Statt bestehende Aktivitäten zu suchen, können Sie in so einer Situation Ihre Energien darin investieren, welche neuen Aktivitäten Sie denn auf der Website anbieten könnten, die zielgerichtet wären. Diese können als wertvollen Input dienen, wie die Website in Zukunft erweitert werden soll. Vermischen Sie aber keinesfalls bestehende und neue Aktivitäten, sondern sammeln Sie die neuen separat auf einem Flipchart oder in einer Ecke der Pinnwand.

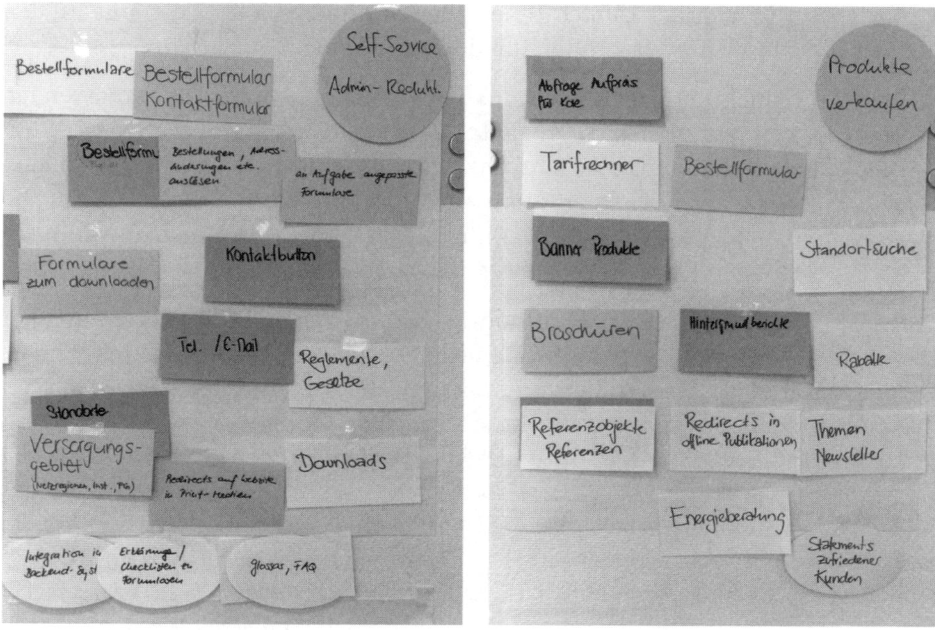

Abb. 12.13: Beispiel von zusammengetragenen zielorientierten Website-Aktivitäten

Messgrößen definieren

Sind die Aktivitäten erst einmal gesammelt, dann beginnt der richtig schwierige Teil: die Messgrößen definieren. Im Prinzip geht es in diesem letzten Teil des Workshops darum, herauszufinden, wie man die eben gesammelten Aktivitäten messen kann. Bei der Aktivität »3D-Produktvisualisierung« stellt beispielsweise die durchschnittliche Verweildauer auf der Produktvisualisierung eine messbare Größe dar. Steigt die Verweildauer, dann ist dies eine Erfolgsauszeichnung für die Produktvisualisierung, diese wiederum fördert das Sub-Ziel »Attraktive Produktpräsentation«, das einen positiven Einfluss auf das Global-Ziel »Online-Umsatz« hat.

Die Erkennung von Messgrößen erfordert einiges an Abstraktionsvermögen und Kenntnisse vom Web und Web Analytics. Eventuell macht es Sinn, wenn Sie den Teilnehmer einige Standardmessgrößen, wie sie in Teil II dieses Buches vorgestellt wurden, präsentieren. Dies gibt so etwa die Richtung vor, was standardmäßig alles gemessen werden kann. Seien Sie jedoch darauf vorbereitet, dass die im Workshop erarbeiteten Ergebnisse wahrscheinlich nicht so ergiebig und sicher nicht abschließend sein werden. Vielmehr hat dieser letzte Teil folgenden Zweck:

- Messgrößen sind sehr konkret und sehr nahe an Web-Analytics-Auswertungen. Dies sensibilisiert die Teilnehmer für die späteren Web-Analytics-Auswertungen.

- Workshop-Teilnehmer können Ihnen allenfalls interessante Ideen mit auf den Weg geben, welche Messgrößen für sie sinnvoll sind.
- Manche Teilnehmer haben sehr konkrete Vorstellungen, was sie gemessen haben möchten (zum Beispiel »Anzahl Seitenaufrufe«). Nimmt man diese Wünsche entgegen, kann man sie zum jetzigen Zeitpunkt dank der Ziel-Pyramiden sehr einfach in »zielorientiert« und »nicht zielorientiert« unterscheiden. Die Argumentation, weshalb eine bestimmte Messgröße wie Seitenaufrufe nicht zu den wichtigen Kennzahlen gehört, fällt so relativ einfach aus.

Leiten Sie nun diesen letzten Workshop-Teil so ein, indem Sie die Sammlung der Messgrößen bewusst als explorativ und nicht abschließend kategorisieren. Fragen Sie die Runde nach Messgrößen und notieren Sie diese je Ziel auf einem Flipchart. Als wichtige Abgrenzung, ob es sich um eine zielorientierte Messgröße handelt oder nicht, stellen Sie folgende Überlegung in den Raum: Wenn die Messgröße zielorientiert ist, dann verbessert sich direkt oder indirekt auch das Global- oder Sub-Ziel, sobald die Messgröße einen verbesserten Wert erzielt. Messgrößen, die nicht zielorientiert sind, sammeln Sie auch – jedoch in einer separaten Spalte auf dem Flipchart. Offensichtlich stellen diese Größen für bestimmte Teilnehmer interessante, wenngleich nicht strategisch relevante Kennzahlen dar. Wir unterscheiden später nach strategischen Kennzahlen – jene, die sich innerhalb der Ziel-Pyramide befinden – und taktischen Kennzahlen, jene, die temporär oder aus anderen Gründen für bestimmte Interessensgruppen relevant sind.

Sobald die Wortmeldungen zu den Messgrößen nachlassen und Sie sämtliche Ziele durchexerziert haben, beenden Sie den Workshop und bedanken sich bei den Teilnehmern. Vergessen Sie nicht, zum Abschluss den interessierten Teilnehmern noch einen kurzen Ausblick auf Ihre weiteren Schritte zu geben. Da Sie die in den Workshop gesammelten Erkenntnisse in die Reports aus Web-Analytics-Systemen einfließen lassen werden, können Sie den Teilnehmern dies schon einmal in Aussicht stellen.

12.7.3 Nachbearbeitung und Ausarbeitung der Messgrößen

Neben dem Erstellen des Protokolls wartet dieses Mal noch einiges an Arbeit auf Sie in der Nachbearbeitung des Workshops: Das Aufspüren von weiteren Messgrößen, die den Erfolg von Aktivitäten messen, ist nämlich eigentlich die Aufgabe eines Web-Analysten und erfordert eine große Portion an Denkleistung. Im Ergebnis sollten Sie für jedes definierte Ziel eine vollständige Ziel-Pyramidegemäß Abbildung 12.14 erhalten.

Leider gibt es kein Rezept, wie man einfach zu möglichst sinnvollen und nützlichen Messgrößen gelangt. Die noch naheliegendste Vorgehensweise ist, einfach mal alle in einem Web-Analytics-System vorhandenen Metriken zu nehmen und sich zu überlegen, ob diese in irgendeiner Form die definierten Aktivitäten messen. Meist wird man aber feststellen, dass man leicht andere als die dort direkt auslesbaren Messgrößen benötigt.

Abb. 12.14: Vollständige Ziel-Pyramide mit beispielhaften Aktivitäten und Messgrößen

Notieren Sie solche Messgrößen, unabhängig von den Möglichkeiten des eingesetzten Systems. Sind bestimmte Metriken später tatsächlich nicht oder nur mit großem Aufwand in ein System zu implementieren, dann kann man die Entscheidung zum Ausschluss einer Messgröße auch nach der Aufwandabschätzung noch fällen. Falls man noch über kein Web-Analytics-System verfügt, bilden die gewünschten Messgrößen die idealen Kriterien zur Auswahl eines solchen. Lassen Sie verschiedene Produktanbieter dann demonstrieren, wie genau die von Ihnen definierten Metriken in den Produkten zu finden sind. Mit so konkreten Anforderungen wird sich schnell die Spreu vom Weizen trennen und Zusatzaufwände für die Systemintegration werden leicht ersichtlich.

Zielorientierte Auswahl eines Web-Analytics-Systems

Bereits in Kapitel 1 haben wir uns mit der Auswahl eines passenden Web-Analytics-Systems befasst. Zu so einem frühen Zeitpunkt ist man meist gut bedient, das naheliegenste oder ein kostengünstiges System wie Google Analytics einfach zu integrieren. Damit kann man nicht nur unmittelbar Daten tracken und nutzen, sondern auch erst einmal wichtige Erfahrungen sammeln, welche Bedürfnisse man eigentlich hat.

Im Verlaufe der Beschäftigung mit Web Analytics sollten sich die konkreten Anforderungen an ein System dann immer mehr herausschälen. Auf viele dieser Faktoren sind Sie in den vergangenen Kapiteln dieses Buches gestoßen. Diese Faktoren sind meist für die Trennung von Spreu und Weizen unter den Web-Analytics-Systemen verantwortlich oder definieren, ob es sich um ein High-End-, Mid-Range- oder Low-End-Tool handelt. Zu den zu beachtenden und individuell in einer Auswahl zu gewichtenden Faktoren zählen zusammengefasst:

Allgemeine Dimensionen:

- Art und Weise der Datensammlung, clientseitig/Page Tagging oder serverseitig/Logfile (Abschnitt 2.5)
- Betriebslösung intern oder als SaaS (Abschnitt 3.1)
- Berücksichtigung von Datenschutzkriterien, zum Beispiel Unterstützung von First-Party-Cookies (Abschnitt 2.2.2), keine Abspeicherung der IP-Adresse (Abschnitt 3.2.4) oder Unterstützung der europäischen Datenschutznormen (Abschnitt 3.2)

Funktionale Dimensionen:

- Einrichtung von Kampagnen ohne IT-Eingriff (Abschnitt 6.5.1)
- Browser-Overlay und insbesondere Linkidentifikation im Browser-Overlay (Abschnitt 8.3.3)
- Suchfunktion innerhalb des Web-Analytics-Systems (Abschnitt 9.1.1)
- Erstellungsmöglichkeit für Inhaltsgruppen (Abschnitt 9.2)
- Umfang der Segmentierungsmöglichkeiten (Abschnitt 11.3.1)
- Abbildungsmöglichkeit und Implementierungsaufwand für genau die definierten, zielorientierten Messgrößen (Abschnitt 12.7)
- Abbildungsmöglichkeit von Conversions, auf Seitenbasis und bei dynamischen Ereignissen (Abschnitt 13.2.1)
- Abbildungsmöglichkeit von Conversion-Kosten und -Werten (Abschnitt 13.3)
- Abbildungsmöglichkeiten und Implementierungsaufwand von individuell definierten Key Performance Indicators (Abschnitt 14.2)
- Auswertung von Formularfeld-Abbrüchen (Abschnitt 15.1.4)

Schnittstellen:

- Exportmöglichkeit von Daten über ein Application Programming Interface (Abschnitt 4.3)

- Integrationsmöglichkeit von Google-AdWords-Daten (Abschnitt 6.4)
- Integrationsmöglichkeiten von anderen Kampagnendaten (Abschnitt 6.5)

Darüber hinaus werden Sie weitere für Sie individuell wichtige Kriterien finden, wenn Sie erst einige Zeit mit einem Web-Analytics-System gearbeitet haben. Mit Bestimmtheit wird unter den zahlreichen Herstellern von Systemen ein Produkt sein, das Ihren Bedürfnissen am nächsten kommt. Der Vollständigkeit halber seien nachfolgend einige der bekannteren Hersteller von Web-Analytics-Produkten genannt, die Sie bei einer Auswahl eines Systems auf Ihrem Radar haben sollten:

- Coremetrics Online Analytics (`www.coremetrics.com`)
- etracker (`www.etracker.de`)
- Fireclick (`www.fireclick.com`)
- Google Analytics (`www.google.com/analytics`)
- Google Urchin (`www.google.com/urchin`)
- Nedstat Sitestat (`www.nedstat.de`)
- Omniture SiteCatalyst (`www.omniture.com`)
- SAS Web Analytics (`www.sas.com`)
- Unica Affinium NetInsight (`www.unica.com`)
- Webtrends Analytics (`www.webtrends.com`)
- Webtrekk Q3 (`www.webtrekk.com`)
- Yahoo! Web Analytics (`web.analytics.yahoo.com`), ehemals Index Tools

Mit den hier vorgestellten Workshop-Schritten gelangen Sie zu einem Ergebnis, das die ideale und wohl einzige Basis ist, um Web Analytics zielorientiert zu nutzen und damit Ihren Website-Erfolg äußerst effizient zu optimieren. Sich zuerst über die Ziele im Klaren zu sein, ist sozusagen der Booster für spätere Optimierungen. Dies garantiert, dass alle Kräfte an der gleichen Seite des Strickes ziehen und den Karren Ihrem Reiseziel näherbringen.

In ähnlicher Art und Weise wie eben beschrieben sind auch bereits bei namhaften Unternehmen Web-Analytics- und Kennzahlen-Systeme eingeführt worden. Ein ausführlicher Erfahrungsbericht dazu ist zum Beispiel von zwei Mitarbeitern von Nokia verfügbar. Die beiden berichten in dem bei Google auffindbaren Papier »Implementing Web Analytics the Nokia Way: a Customer's Methodology by Vincent Kermorgant and Ilkka Manninen« über ihre Erkenntnisse bei der Einführung einer solch zielorientierten Web-Analytics-Nutzung (auf Englisch).

Kapitel 13

Zielerreichung und Conversion

In Teil II dieses Buches haben wir Dutzende Metriken kennen gelernt, die Traffic-Quellen messen, Besucher und ihr Verhalten beschreiben oder die Nutzung von Inhalten untersuchen. In Kapitel 12 haben wir uns nun näher mit der Zielsetzung von Websites auseinandergesetzt. Um Metriken zielorientiert zu nutzen und damit den Website-Erfolg zu multiplizieren, braucht es nun noch eine Kombination der Ziele einerseits und den Metriken aus der Untersuchungsbereichen zu Traffic-Quellen, Besuchern, Verhalten und Inhalten anderseits.

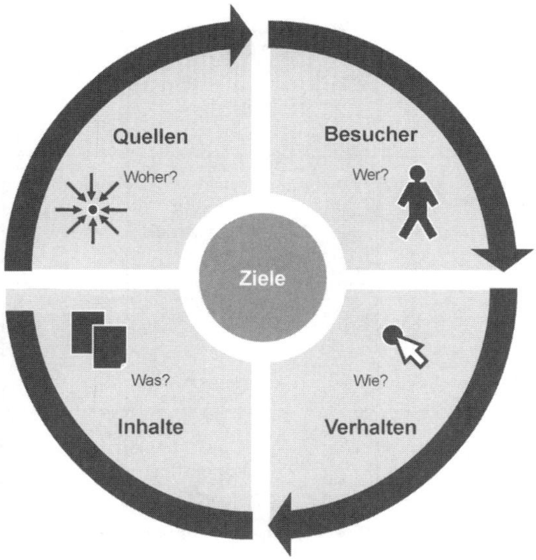

Abb. 13.1: Website-Ziele stehen im Zentrum von Quellen, Besuchern, Verhalten und Inhalten

Die Fragestellung, mit der wir uns deshalb befassen, ist, wie man den Beitrag der verschiedenen Bereiche einer Website zur Erreichung der gesetzten Ziele feststellt. Das zentrale Instrument, um dies zu messen, nennt sich Conversion.

13.1 Was Conversions sind

Eine Conversion ist wörtlich eine Umwandlung. Konkret geht es um die Umwandlung eines normalen Besuchers in einen solchen, der sich so verhält, wie dies der

Website-Betreiber möchte. Nimmt man die unternehmensindividuellen Website-Ziele als Basis, dann tritt eine Conversion dann auf, wenn ein Besucher eine Aktion unternimmt, die als zielgerichtet definiert wurde.

Das Hauptverwendungsgebiet von Conversions stammt ursprünglich aus dem E-Commerce-Umfeld. Dort wird eine Conversion nämlich meist mit einer Bestellauslösung durch den Besucher gleichgesetzt. Der Begriff Conversion wird deshalb vielfach nur so verstanden und deshalb auch gelegentlich gerügt. Avinash Kaushik, Autor des brillanten Buches *Web Analytics – An Hour a Day* kritisiert zum Beispiel, dass ein Fokus auf die Conversions wenig bei der Website-Optimierung hilft. Als Begründung dafür gibt er an, dass typischerweise nur zwei bis vier Prozent der Website-Besucher konvertieren. Das Verhalten der restlichen 96 bis 98 Prozent bliebe hingegen im Dunkeln, womit der überwiegende Teil der Besucher nicht analysiert wird – brachliegendes Potenzial.

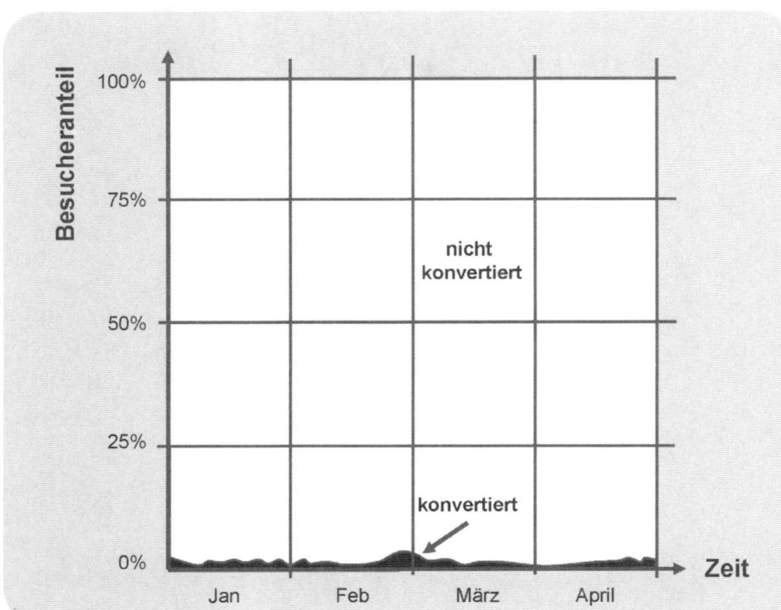

Abb. 13.2: Untersuchungsbereich der Conversion nach Definition von A. Kaushik

Diese Betrachtung ist insofern korrekt, wenn man als Conversion effektiv nur die Bestellauslösungen oder sonst das Erreichen eines einzelnen Website-Ziels betrachtet. Dann ist der Anteil an Conversions im Vergleich zu allen Besuchern tatsächlich zu gering, um mit diesen Werten eine Website gesamt zu optimieren.

Definiert man die Website-Ziele aber vielseitig und unterteilt sie in verschiedene Sub-Ziele – so wie wir dies in Kapitel 12 getan haben –, dann bringen die Conversions aber auch Einblicke und Analysen in den übrigen Teil der Besucherschaft. Da es dann eine wesentlich größere Breite an Zielen gibt, treten auch kleinere und größere Conversions häufiger ein. Somit schrumpft der Anteil an nicht konvertierenden Besuchern gut und gern auf unter 25 Prozent. Abbildung 13.3 zeigt schematisch den Abdeckungsgrad des Besucheranteils mit einer derartigen Conversion-Definition. Der von den Conversions nicht betrachtete Restteil ist dann wohl effektiv der Anteil Besucher, die auf der Website schlicht und einfach falsch sind und die man mit keinerlei Maßnahmen je dazu bringen wird, ein Global-Ziel zu erreichen.

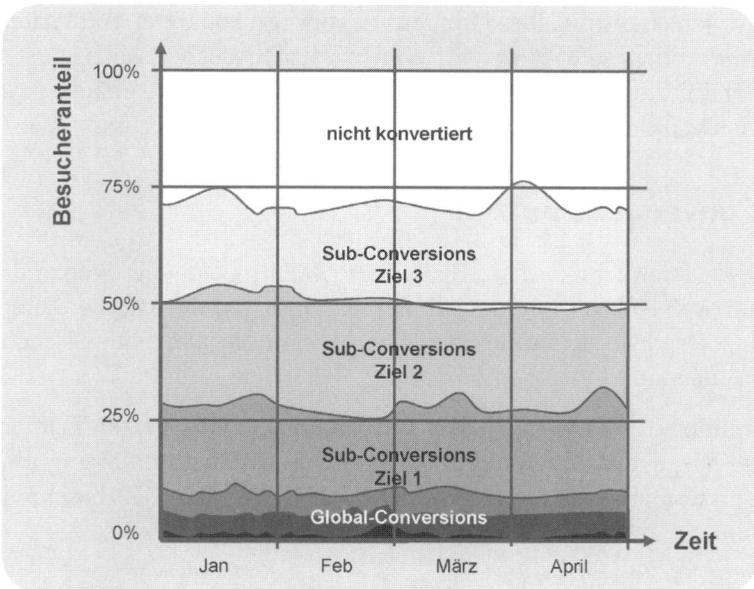

Abb. 13.3: Untersuchungsbereich von Conversions bei Einbezug von mehreren Zielen und Sub-Zielen

Für die weiteren Betrachtungen definieren wir deshalb eine Conversion so, dass sie immer dann eintritt, wenn ein Besucher ein Global-Ziel oder ein Sub-Ziel erfüllt oder eine diesen nahestehende Aktivität ausführt. Entsprechend den Global- und Sub-Zielen unterteilen wir auch die Conversions in Global- und Sub-Conversions.

Je nach Website-Ziel tritt sodann eine Global-Conversion ein, wenn ein Besucher zum Beispiel eine Bestellung auslöst (Ziel: Online-Umsatz), ein Kontaktformular absendet (Ziel: Kontakt-Generierung) oder eine FAQ-Antwort als hilfreich bewertet (Ziel: Kunden-Support). Sub-Conversions treten beim Global-Ziel Online-Umsatz zum Beispiel dann ein, wenn Produkte in den Warenkorb gelegt werden, eine Produktvisualisierung während mindestens 30 Sekunden betrachtet wird oder ein Factsheet downgeloadet wird. Für das Global-Ziel Kontakt-Generierung wären Sub-Conversions beispielsweise der Aufruf der Referenzlisten-Seite, der Download einer Fallstudie oder der Besuch von mindestens zwei Kunden-Testimonial-Seiten. Bei einer Website mit Kunden-Support-Ziel könnten die Sub-Conversions »Aufruf einer FAQ-Seite und dazugehöriger Antwort« oder »Nutzung der Suchfunktion und Betrachtung mindestens einer Trefferseite« lauten.

Derart eingesetzt sind Conversions *die* Wunderwaffe, um alle Aspekte einer Website – egal ob Online-Shop, Portal, Corporate Website oder sonst ein Websitetyp – zielorientiert zu optimieren. Hinzu kommt noch, dass Conversions im Vergleich zu anderen Metriken wie Besuchstiefe, Absprungrate oder Seitenhaftung relativ einfach zu verstehen sind. Sie sind nämlich stets mit konkreten Aktivitäten auf der Website verbunden, so dass weder technisches, statistisches, noch sonst großartiges Verständnis von Metriken notwendig ist. Somit sind Conversions praktisch in jeder Hinsicht das ideale Instrument in der Website-Optimierung.

13.2 Conversions nutzen

Anders als bei den Standard-Metriken muss man Conversions explizit definieren und in ein Web-Analytics-System implementieren, damit man sie messen kann. Dies ist insofern logisch, als die Conversion-Ereignisse ja individuell und nicht allgemein gültig sind.

Zur Definition nimmt man am besten die in Kapitel 12 festgelegten Ziel-Pyramiden zur Hand. Ausgehend von den dort stehenden Aktivitäten und Messgrößen leiten wir Ereignisse ab, die das Eintreten eines Global- oder Sub-Ziels beschreiben.

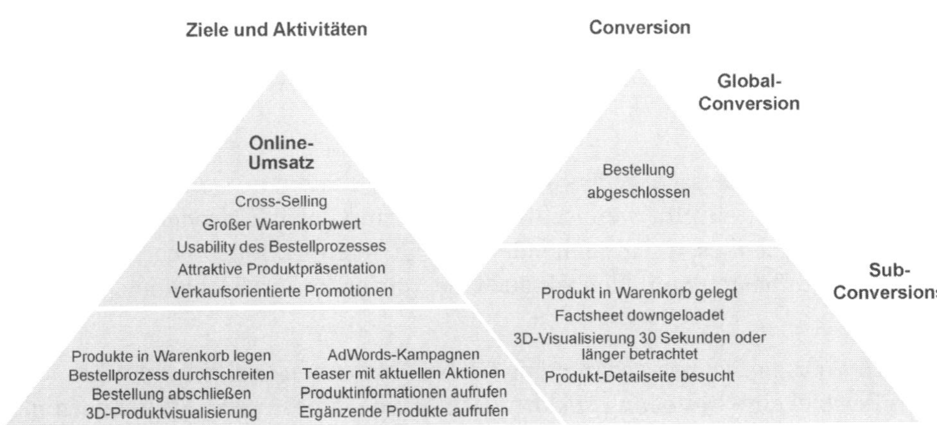

Abb. 13.4: Aus Zielen und Aktivitäten abgeleitete Global- und Sub-Conversions

Beschreibt ein Messereignis direkt ein Global-Ziel, dann nennen wir die entsprechende Conversion auch Global-Conversion. In einem Online-Shop ist der Bestellabschluss zum Beispiel eine solche Conversion, die direkt Umsatz verursacht und deshalb als Global-Conversion zählt. Andere Zielereignisse wie der Download eines Produkt-Factsheets oder das Legen eines Produkts in den Warenkorb steuern nur einem Sub-Ziel bei und werden deshalb als Sub-Conversions bezeichnet.

13.2.1 Conversions im Web-Analytics-System messen

Um nun die Conversions im verwendeten Web-Analytics-System abzubilden, ist man an dessen Fähigkeiten bezüglich Conversion-Messung gebunden. Bei vielen Systemen kann eine Conversion nur dann gemessen werden, wenn eine bestimmte Zielseite erreicht wird. Als Zielseite wird so zum Beispiel die Danke-Seite nach einer Bestellung definiert. Da auf diese Seite nur jemand gelangen kann, der vorher eine Bestellung abgeschickt hat, ist der Aufruf dieser Seite eine eindeutige Zielerreichung.

In Google Analytics zum Beispiel richtet man solche Zielseiten selbstständig ein, indem man die URL der betreffenden Seite erfasst, siehe dazu auch Kapitel 17.3.4. Abbildung 13.5 zeigt den notwendigen Schritt dazu auf. Leider ist die Anzahl der definierbaren Ziele in Google Analytics auf lediglich vier je Profil beschränkt, was die Möglichkeiten zur umfassenden Messung ziemlich einschränkt.

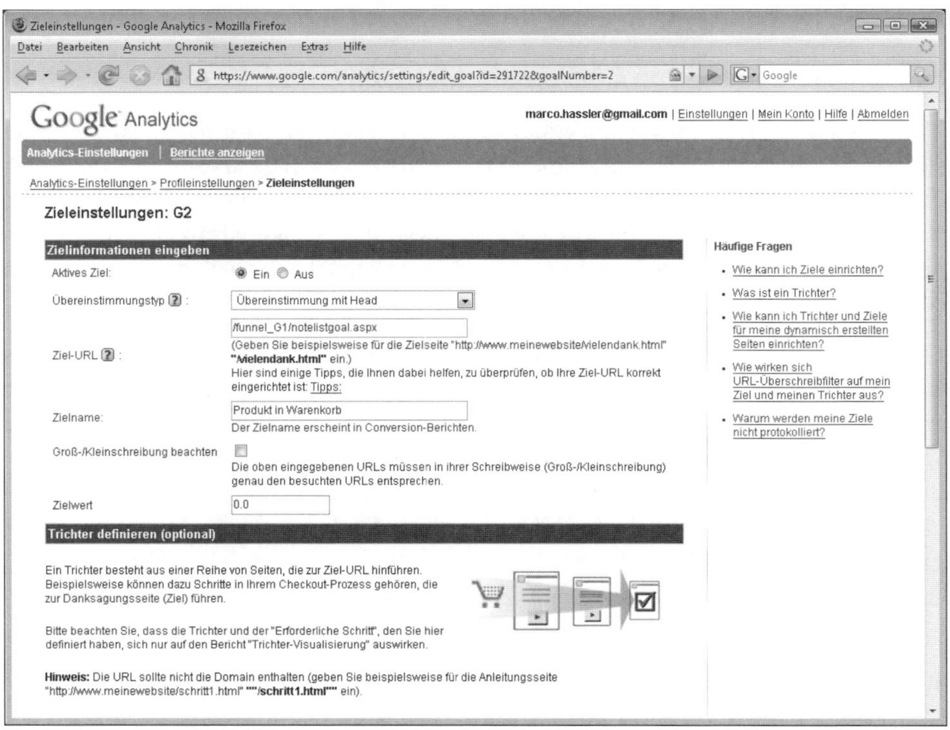

Abb. 13.5: Einrichtung von Conversions in Google Analytics

Für Global-Ziele reicht die seitenbasierte Messmöglichkeit meist relativ gut aus, da vor einem Global-Ziel vielfach ein Bestellprozess oder Kontaktprozess steht, der mit einer Bestätigungsseite endet. Wenn das Global-Ziel aber zum Beispiel »Brand stärken« heißt oder Sub-Ziele wie »3D-Visualisierung 30 Sekunden betrachtet« abgebildet werden sollen, gelangt man mit seitenbasierter Zielbetrachtung an die Grenzen der Abbildungsmöglichkeiten.

Für solche Ziele ist es dann notwendig, dass im Web-Analytics-System Conversion-Ereignisse auch dynamisch mittels JavaScript ausgelöst werden können. Klickt zum Beispiel ein Besucher auf einen Download-Link oder ist eine Seite während mindestens 30 Sekunden im Browser geladen, dann kann man dies als Ereignis für eine Conversion definieren. Das angepasste JavaScript meldet dann bei Eintreten dieses Ereignisses die Conversion an das Web-Analytics-System.

Der Einbau solcher dynamischer Zielereignisse bedeutet jedoch im Normalfall eine technische Anpassung an der Website, da die Ereignisse sehr stark mit den Funktionen der Website zusammenhängen. Im Vergleich zur seitenbasierten Messmethode ist es dann nicht mehr eine Aufgabe von einigen Klicks im Web-Analytics-System, sondern ein kleines IT-Projekt mit Implementierung der Conversion-Ereignisse in der Website und im Web-Analytics-System. Um ein vollständiges Bild der Conversions und damit des Besucherverhaltens zu erhalten, lohnt sich eine solche Implementierung aber unbedingt.

13.2.2 Verwendung von Conversion-Metriken

Der übliche Gebrauch von Conversion-Metriken ist derjenige in Form von Verhältnissen. Die allgemeine Ermittlung einer Rate erfolgt nach der Formel »Rate = Zielereignis/Basisereignis * 100 Prozent«. Wenn das Zielereignis zum Beispiel eine Bestellung während eines Besuchs ist, dann ist das Basisereignis der Besuch an sich. Die Conversion Rate ist somit der Anteil an Besuchen, die in einer Bestellung resultierten.

Conversion Rates lassen sich ideal als Segmentierungsdimension nutzen, zusätzlich zu den bereits in Abschnitt 11.3.3 genannten Segmentierungsstrategien. Die meisten Metriken, von Quellen über Besucher bis hin zu deren Verhalten und Inhalten, lassen sich unter Conversion-Gesichtspunkten beurteilen. Als nützliche Segmentierungskriterien zeigen sich so die Conversion Rates bei unterschiedlichen referenzierenden Websites oder einzelnen Suchmaschinen-Keywords. Auch zur Eruierung von Mustern, welche Eigenschaften oder welches Verhalten von Besuchern ausschlaggebend für eine Zielerreichung sind, lassen sich Conversions einsetzen. Beispiele solcher Conversion Rates sind solche von:

- unterschiedlichen verweisenden Websites
- einzelnen Suchmaschinen-Keywords
- einzelnen Google AdWords

- einzelner Kampagnen, Werbeplattformen, Banner oder Bannerformaten
- Besuchern nach Herkunftsregionen, Sprachen oder technischen Voraussetzungen
- Besuchern beim ersten Websitebesuch und beim Wiederbesuch
- Klicks auf Teaser oder Inhaltslinks
- verschiedenen Besuchsstartpunkten, zum Beispiel ab Homepage, Landing Page oder interner Suchnutzung

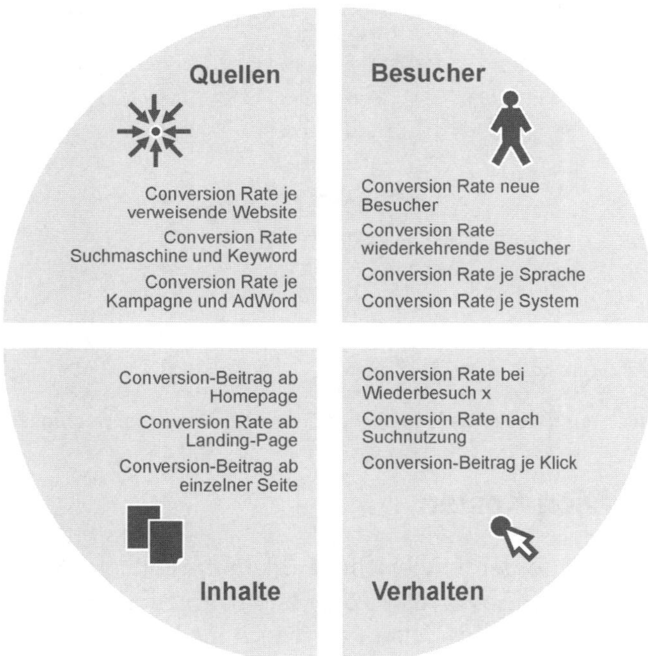

Abb. 13.6: Conversion Rates je Untersuchungsbereich einer Website

Abbildung 13.7 zeigt verschiedene Suchmaschinen und den jeweiligen Beitrag zur Conversion durch darüber vermittelte Besucher. In der Auswertung sind dabei zwei Ziele hinterlegt, nämlich ein »ItemClick« benanntes Ziel, das der Aufruf von Produktdetailseiten misst, und ein mit »Produkt in Warenkorb« bezeichnetes Ziel. Dieses misst die Klicks auf den Bestell-Button. Dabei wird ersichtlich, dass zum Beispiel die weiter hinten rangierenden Suchmaschinen wie MSN oder Ask eine relativ hohe Conversion Rate für das erste Sub-Ziel aufweisen. Dies könnte ein Indiz dafür sein, dass Traffic aus diesen Suchmaschinen qualitativ hochwertiger ist, wenngleich die Menge der verwiesenen Besucher noch nicht ausreichend groß für eine definitive Aussage ist. Für die zweite Sub-Conversion ist Google der effektivste Traffic-Lieferant, wobei diese Aussagen natürlich nicht verallgemeinernd, sondern nur für die analysierte Website gelten. Maßnahmen für eine Suchmaschinen-Optimierung lassen sich nun auf jene Quellen abstimmen, die offensichtlich über Besucher mit der höchsten Affinität zur eigenen Website verfügen.

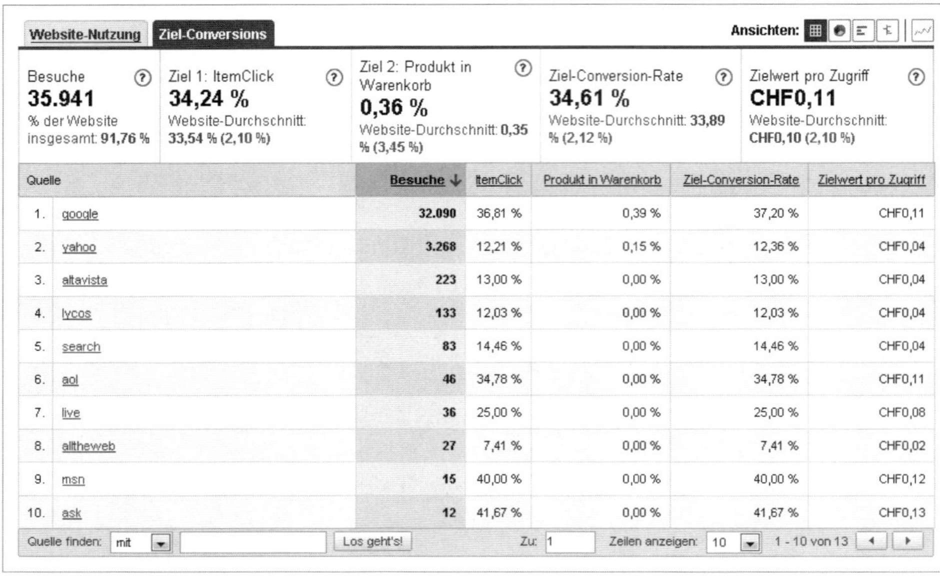

	Quelle	Besuche	ItemClick	Produkt in Warenkorb	Ziel-Conversion-Rate	Zielwert pro Zugriff
1.	google	32.090	36,81 %	0,39 %	37,20 %	CHF0,11
2.	yahoo	3.268	12,21 %	0,15 %	12,36 %	CHF0,04
3.	altavista	223	13,00 %	0,00 %	13,00 %	CHF0,04
4.	lycos	133	12,03 %	0,00 %	12,03 %	CHF0,04
5.	search	83	14,46 %	0,00 %	14,46 %	CHF0,04
6.	aol	46	34,78 %	0,00 %	34,78 %	CHF0,11
7.	live	36	25,00 %	0,00 %	25,00 %	CHF0,08
8.	alltheweb	27	7,41 %	0,00 %	7,41 %	CHF0,02
9.	msn	15	40,00 %	0,00 %	40,00 %	CHF0,12
10.	ask	12	41,67 %	0,00 %	41,67 %	CHF0,13

Abb. 13.7: Conversion Rates unterschiedlicher Ziele je verweisender Suchmaschine

13.3 Conversion-Kosten

Die Conversion Rate fördert eine wichtige Erkenntnis zutage. Nämlich jene, wie effektiv einzelne Bereiche, Aktivitäten oder Maßnahmen im Hinblick auf die Zielerreichung sind. Was die Conversion Rate jedoch nicht berücksichtigt, ist die Effizienz, mit der die Ziele erreicht werden. Als Beispiel hierzu kann man sich folgende Situation vor Augen führen:

Bei der Lancierung eines Produkts wird über verschiedene Kanäle Werbung betrieben, unter anderem über Google AdWords, mittels Banner-Werbungen auf verschiedenen Plattformen, einem Newsletter an bestehende Kunden und mit einem Direct Mailing an 20.000 Postadressen. Dank dem Einsatz eines Web-Analytics-Systems wird die Conversion Rate jedes einzelnen Kanals inklusive dem Direct Mailing gemessen. Als Ergebnis resultiert folgende Zusammenstellung der Conversion Rate:

- Google AdWords: 3,67 Prozent (843 Conversions)
- Newsletter: 2,76 Prozent (552 Conversions)
- Banner-Werbung: 0,2 Prozent (163 Conversions)
- Direct Mailing: 5,96 Prozent (1.192 Conversions)

Allein mit dieser Betrachtungsweise müsste man schließen, dass das Direct Mailing der beste Kampagnenkanal war und deshalb zu forcieren ist. Das ist allerdings ein gefährlicher Trugschluss. Denn in puncto Effektivität mag das Direct Mailing zwar das Beste sein. Was aber die Effizienz betrifft, sieht dies bei Einbezug der Kosten anders aus:

- Google AdWords: € 2.400 (€ 2,85/Conversion)
- Newsletter: € 1.900 (€ 3,44/Conversion)
- Banner-Werbung: € 5.000 (€ 30,67/Conversion)
- Direct Mailing: € 21.000 (€ 17,61/Conversion)

So betrachtet zeigt sich ein ganz anderes Bild. Die Plätze als effizienteste Aktivität machen Newsletter und AdWords unter sich aus. Währenddessen kann die vermeintlich attraktivste Maßnahme, das Direct Mailing, überhaupt nicht mithalten. Sobald Auslagen getätigt werden, reicht also die reine Betrachtung von Conversion Rates nicht mehr aus. Zieht man jedoch die Kosten mit in die Conversion-Betrachtung mit ein – zum Beispiel in Form der Kosten je Conversion –, dann wird die Aussage umso gewichtiger.

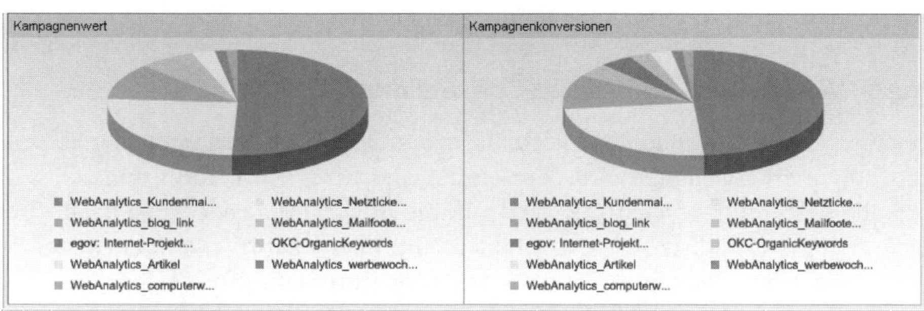

	ID	Beschreibung:	Kampagnenkosten	Kampagnenwert	Akquisitionskosten	ROI
1.	DMC-190407-001	WebAnalytics_Kundenmailing	$10.000,00	$10.800,00	$303,03	1,08
2.	BAC-190407-013	WebAnalytics_Netzticker	$4.000,00	$5.400,00	$222,22	1,35
3.	ILC-190407-011	WebAnalytics_blog_link	$700,00	$2.400,00	$87,50	3,42
4.	EMC-190407-003	WebAnalytics_Mailfooter	$250,00	$900,00	$250,00	3,60
5.	KAC-QR7453950400	egov: Internet-Projekte	$1.390,20	$0,00	$463,40	0,00
6.	OKC-OrganicKeywords	Ansicht Hilfe	$0,00	$600,00	$0,00	k.A.
7.	PAC-190407-002	WebAnalytics_Artikel	$500,00	$600,00	$250,00	1,20
8.	BAC-190407-016	WebAnalytics_werbewoche	$50,00	$300,00	$50,00	6,00
9.	BAC-190407-020	WebAnalytics_computerworld	$50,00	$300,00	$50,00	6,00

Abb. 13.8: In Omniture SiteCatalyst HBX hinterlegte Kampagnendaten mit automatischen Kostenberechnungen

Voraussetzung, um jedoch überhaupt die Kosten je Conversion messen zu können, ist, dass die Kosten der einzelnen Kampagnen im Web-Analytics-System hinterlegt werden. Die ideale Form, um solche Kampagnenkosten in ein Analytics-

System zu integrieren, bietet Google Analytics bei Google AdWords-Daten. Weil Google Analytics einfach mit einem AdWords-Konto verbunden werden kann, sind die Kampagnenkosten direkt und stets aktuell in Google Analytics integriert. Darüber hinaus bietet Google Analytics allerdings nur spärliche Unterstützung von Kampagnen. Andere Web-Analytics-Systeme erlauben da die komplette Ablage von Kampagnendaten wie gebuchte Einblendungen, Kostenmodell und natürlich Kampagnenkosten. Dadurch werden Auswertungen wie in Abbildung 13.8 möglich, wo verschiedene Vermarktungskanäle auch kostenmäßig einander gegenübergestellt werden können.

13.4 Return on Investment

Die Kosten je Conversion zu berechnen, bringt eine neue Dimension – die Effizienz – in die Betrachtung von Aktivitäten. Allein die Kosten – ob es nun € 2,85 je Conversion bei Google AdWords oder € 17,61 bei einem Direct Mailing sind – bringen zwar eine Effizienzreihenfolge, jedoch noch keine Erfolgsaussage. Wenn jede Conversion im Schnitt einen Gewinnbeitrag von € 2 leistet, dann wären auch die € 2,85 der Google AdWords mit jeder Konvertierung ein Verlustgeschäft. Um effektiv bewerten zu können, was eine Conversion bringt, muss man daher nicht nur deren Kosten, sondern auch deren Wert kennen.

13.4.1 Werte von E-Commerce-Conversions

Der Wert einer Conversion ist gleichzusetzen mit dem Gewinnanteil, der dank der Conversion erwirtschaftet wird. Wer online CDs für € 20 verkauft und weiß, mit € 16 alle Kosten für Beschaffung, Verkauf und Abwicklung gedeckt zu haben, dem bleiben € 4 je CD übrig. Diese € 4 bilden damit bei jedem Verkauf entweder den Gewinn oder den Spielraum für zusätzliche Investitionen, zum Beispiel die Finanzierung von zukünftigen Marketing-Maßnahmen. Der Wert der Conversion »Produkt-Verkauf« ist demzufolge bei € 4 anzusiedeln.

Kosten nun Google AdWords im Schnitt € 2,85 je Conversion und ist ihr Wert € 4, dann lohnt sich diese Investition. Denn mittels der Kampagne lassen sich mehr CDs verkaufen und auch nach Abzug der Kampagnenkosten bleiben immer noch über € 1 je verkauftem Stück hängen. Bei einem Direct Mailing lohnt sich dann aber die Investition offensichtlich nicht – zumindest nicht kurzfristig. Bei Kosten von über € 17 je Conversion reichen die verfügbaren € 4 bei Weitem nicht für eine Finanzierung aus.

Eine Gesamtinvestition zum Beispiel für eine Google-AdWords-Kampagne lässt sich so auch unter dem Aspekt des Return on Investment (ROI) betrachten. Der ROI misst den Gewinnanteil je Kapitaleinsatz (ROI = Gewinnanteil/Kapitaleinsatz) und sagt damit aus, ob sich eine Investition lohnt oder gelohnt hat. Nimmt man die Kampagnenkosten von € 2.400 als Kapitaleinsatz und setzt sie dem mit den 843 Conversions erwirtschafteten Gewinnanteil von € 3.372 (843 * € 4) gegenüber, dann resultiert ein ROI von 1,4 (3.372/2.400). Ist der ROI-Wert größer als 1, dann ist die Investition sinnvoll und empfehlenswert. Bei ROI-Werten unter 1 ist von der Investition abzusehen.

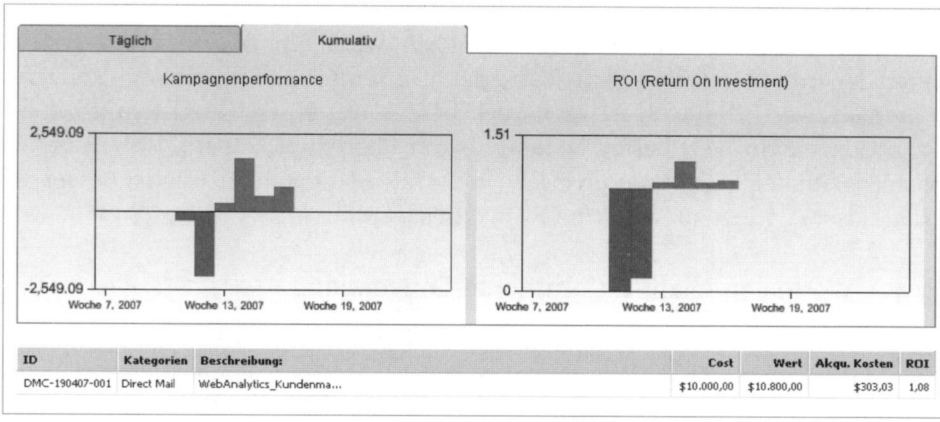

Abb. 13.9: ROI-Betrachtungen einer Kampagne in Omniture SiteCatalyst HBX

Neben den Kosten einer Conversion ist demnach immer auch der Wert einer Conversion zu beachten. Will man entsprechende ROI-Betrachtungen direkt in einem Web-Analytics-System durchführen, dann muss man neben den Investitionskosten – wie bereits in Abschnitt 13.3 gemacht – auch den Wert einer Conversion hinterlegen. Im Falle des CD-Shops würde man demnach für die Conversion »Produkt-Verkauf« € 4 hinterlegen. Abbildung 13.10 zeigt, wie ein solcher Wert in Google Analytics hinter eine Zielseite oder Conversion gelegt wird.

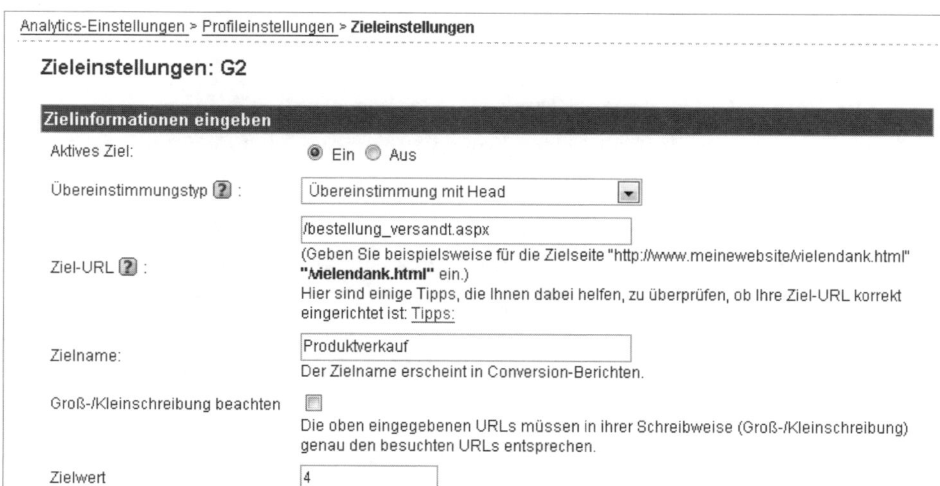

Abb. 13.10: Hinterlegung eines Conversion-Werts hinter das Conversion-Ereignis

Für das genannte Beispiel ist die Definition eines Conversion-Werts vergleichbar einfach. Der monetäre Wert der Conversion lässt sich direkt aus der Marge ableiten, die im Normalfall bekannt ist. Gleichwohl ist es in der Praxis auch im E-Commerce-Umfeld schwieriger, da Margen je Produkt oder Produktgattung unterschiedlich sein können und die Conversion-Werte genau genommen abhängig von Wert und Kategorie der im Warenkorb befindlichen Produkte sind. Eine höhere Genauigkeit ist dann zu erzielen, wenn ein Web-Analytics-System einen dynamischen Conversion-Wert erlaubt, zum Beispiel in Abhängigkeit vom Warenkorbwert. Dennoch ist man auch bereits mit einem durchschnittlichen, fixen Conversion-Wert besser bedient als mit überhaupt keinem. »It's better to be approximately right than precisely wrong.« – »Ungefähr richtig ist besser als exakt falsch«, pflegt auch Warren Buffet zu sagen.

13.4.2 Werte von Nicht-E-Commerce-Conversions

So richtig schwierig mit der Definition von Conversion-Werten wird es aber für Nicht-E-Commerce-Ziele. Was zum Beispiel ist der monetäre Gegenwert eines gelösten Support-Falles, einer Kontaktanfrage, eines Downloads von einem Factsheet oder der Betrachtung einer Produktbeschreibungsseite? Statt vor solchen Fragen zu resignieren und überhaupt keine ROI-Betrachtungen anzustellen, sollte man sich auch hier an eine Näherungslösung wagen. Denn es ist immer noch besser zu wissen, ob sich eine Investition wahrscheinlich gelohnt oder nicht gelohnt hat, anstatt komplett im Dunkeln zu tappen.

Die Vorgehensweise, die sich in der Praxis am besten bewährt hat, um monetäre Werte für nicht monetäre Ereignisse zu definieren, ist die folgende: Als Erstes nimmt man seine Global-Ziele bzw. die daraus abgeleiteten Global-Conversions zur Hand. Für diese diskutiert man intern, was der ungefähre Geldwert dafür ist. Ein einfaches Rezept dafür gibt es zwar nicht, jedoch findet man vielfach aus anderen Bereichen solche Werte.

Lautet eine Global-Conversion zum Beispiel »Über die Website gelöster Supportfall«, kann man den ungefähren Wert aus den Callcenter-Kosten ableiten. Die meist bekannten, durchschnittlichen Kosten für einen Callcenter-Call ergeben so einen Anhaltswert für einen über die Website gelösten Supportfall.

Ist die Global-Conversion einer Website die Kontakt- oder Lead-Generierung, dann lohnt sich vielleicht folgende Überlegung: Was kostet es, über andere Kanäle, zum Beispiel TV oder Print, einen Kontakt zu generieren oder einen Neukunden zu gewinnen? Wie viel Geld wird für eine Messe ausgegeben und wie viele Kontakte entstehen darüber? Da solche Kanäle bereits länger etabliert sind, sind die entsprechenden Vergleichszahlen vielfach vorhanden.

Verfolgt die Website das Ziel, die Rekrutierung darüber abzuwickeln, und lautet eine Global-Conversion »Online-Bewerbung abgesendet«, dann lässt sich auch so verhältnismäßig einfach ein Wert dafür bestimmen. Die Vergleichswerte erhält man dann, indem man die Inseratkosten für eine Stelle in Print-Medien durch die durchschnittliche Anzahl der erhaltenen Bewerbungen teilt.

Auf vergleichbare Weise lassen sich praktisch für fast jede Global-Conversion monetäre Werte ermitteln. Bei Sub-Conversions hingegen wird dies schwieriger, da kaum Vergleichswerte aus dem Offline-Bereich bestehen. Will man zum Beispiel den Wert für die Betrachtung einer 3D-Produktvisualisierung oder den Download eines Factsheets bestimmen, dann werden die Zahlen zur Spekulation.

Hilfreich dafür sind aber folgende Überlegungen: Aus dem Web-Analytics-System lässt sich herauslesen, dass zum Beispiel auf hundert Bestellungen in einem Snowboard-Shop 300 Aufrufe der Produktvisualisierungen und 200 Downloads des Produkt-Factsheets kommen. Da die beiden Sub-Conversions »Produktvisualisierungen« und »Factsheet-Download« der Global-Conversion »Produkt-Bestellung« untergeordnet sind und man den monetären Wert einer Bestellung kennt, lassen sich die fehlenden Werte berechnen. Wie Abbildung 13.11 illustriert, kann man so mittels Dreisatz den theoretischen Wert der Sub-Conversions berechnen.

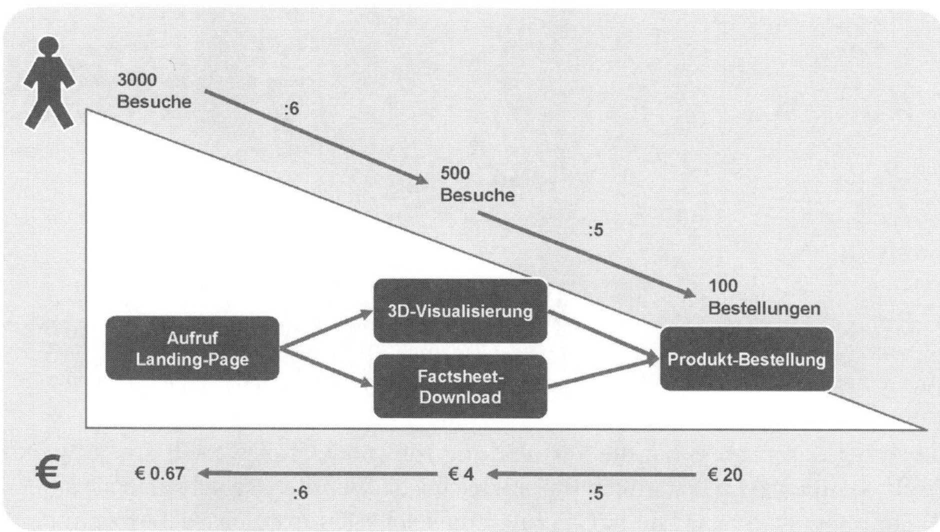

Abb. 13.11: Berechnung des Wertes von Sub-Conversions ausgehend vom Wert der Global-Conversion

Als Nebenprodukt lässt sich so gleichermaßen noch berechnen, wie viel wert einem zum Beispiel der Besuch einer Landing Page ist. Dies wiederum stellt den maximalen Betrag dar, den man auch für Cost-per-Click-Werbung auf diese Landing Page und mit diesem Ziel ausgeben darf, so dass dies noch rentabel ist.

Mit diesem Vorgehen lassen sich für jede Art von Websites monetäre Werte errechnen und in einem Web-Analytics-System abbilden. Der große Vorteil dabei liegt darin, dass plötzlich für alle Aktivitäten und Inhalte eine einheitliche und vollständig zielorientierte Messgröße zur Verfügung steht: der monetäre Wert. Jede Seite und jeder Klick bekommt so einen virtuellen Wert, wie stark sie zur Zielerreichung beiträgt. In Google Analytics nennt sich dieser Wert $Index und ist in Abbildung 13.12 in der letzten Spalte ersichtlich. Wichtige, zielorientierte Seiten sind so am höheren $Index-Wert identifizierbar. Optimierungsanstrengungen lassen sich so auf die richtigen Seiten fokussieren.

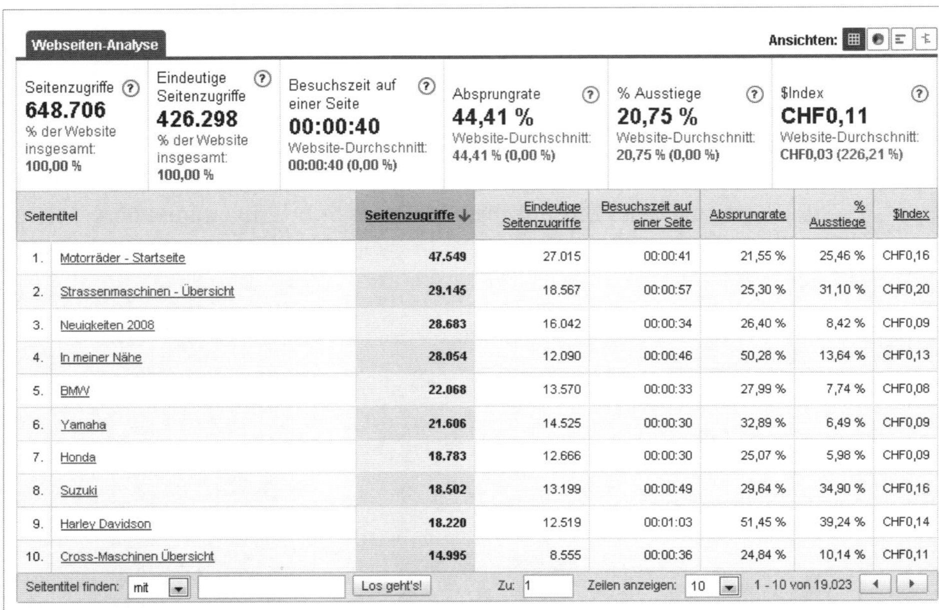

	Seitentitel	Seitenzugriffe	Eindeutige Seitenzugriffe	Besuchszeit auf einer Seite	Absprungrate	% Ausstiege	$Index
1.	Motorräder - Startseite	47.549	27.015	00:00:41	21,55 %	25,46 %	CHF0,16
2.	Strassenmaschinen - Übersicht	29.145	18.567	00:00:57	25,30 %	31,10 %	CHF0,20
3.	Neuigkeiten 2008	28.683	16.042	00:00:34	26,40 %	8,42 %	CHF0,09
4.	In meiner Nähe	28.054	12.090	00:00:46	50,28 %	13,64 %	CHF0,13
5.	BMW	22.068	13.570	00:00:33	27,99 %	7,74 %	CHF0,08
6.	Yamaha	21.606	14.525	00:00:30	32,89 %	6,49 %	CHF0,09
7.	Honda	18.783	12.666	00:00:30	25,07 %	5,98 %	CHF0,09
8.	Suzuki	18.502	13.199	00:00:49	29,64 %	34,90 %	CHF0,16
9.	Harley Davidson	18.220	12.519	00:01:03	51,45 %	39,24 %	CHF0,14
10.	Cross-Maschinen Übersicht	14.995	8.555	00:00:36	24,84 %	10,14 %	CHF0,11

Abb. 13.12: Monetärer Wert von Inhaltsseiten ausgedrückt mittels $Index (Spalte rechts)

Auch bei Kampagnen hat die Verwendung von monetären Werten eine tragende Rolle. Damit lässt sich nämlich für praktisch jede Website – selbst wenn sie keinen E-Commerce-Hintergrund hat – eruieren, welche Kampagnen wie effizient sind. Die gebräuchlichste Form dafür sind ROI-Berechnungen für einzelne Kampagnen oder gar einzelne AdWords, wie sie Abbildung 13.13 zeigt. Die Entscheidung, in welches AdWord weiter investiert werden soll, fällt so ziemlich einfach.

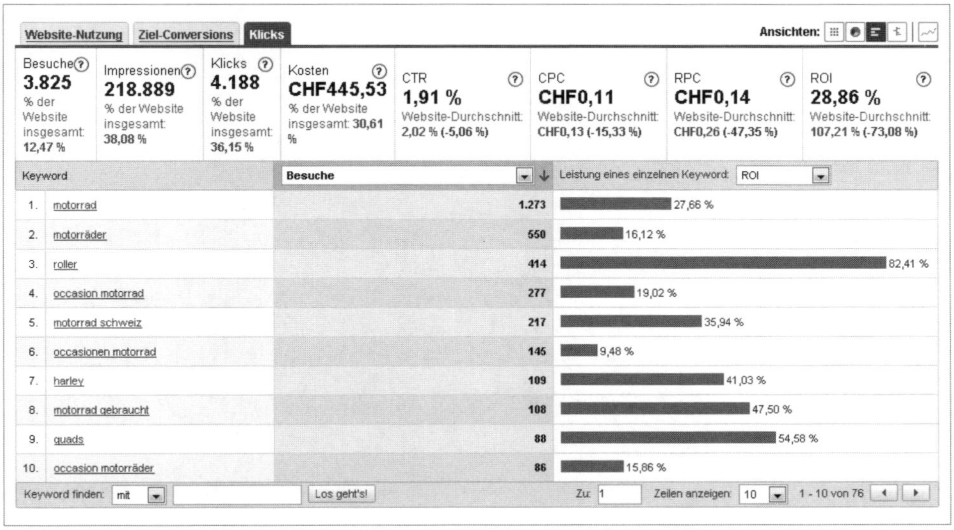

Abb. 13.13: ROI einzelner Google AdWords bei einer Nicht-E-Commerce-Website

Kapitel 14

Key Performance Indicators

Im Zusammenhang mit Web Analytics wird gerne und häufig von Key Performance Indicators (KPIs) gesprochen. KPIs bezeichnen in der Betriebswirtschaftslehre Kennzahlen, mit denen der Fortschritt oder der Erfüllungsgrad wichtiger organisatorischer Zielsetzungen gemessen werden kann. Speziell kommen KPIs dann zum Einsatz, wenn der Erreichungsgrad von Zielen selbst direkt kaum oder nur sehr schwierig messbar ist – in Web Analytics meist zutreffend.

Für die Abgrenzung von KPIs wird häufig das Akronym SMART verwendet. SMART definiert KPIs wie folgt:

- **S**pecific (spezifisch)
- **M**easurable (messbar)
- **A**chievable (erreichbar)
- **R**esult-oriented (ergebnisorientiert)
- **T**ime-bound (zeitlich gebunden)

Insbesondere ihre Ausrichtung auf organisatorisch wichtige Zielsetzungen gibt den KPIs eine individuelle Note je Unternehmen.

14.1 Identifikation und Selektion von KPIs

Leider haben sich KPIs in letzter Zeit dermaßen als Schlagwort verbreitet, dass die Bezeichnung häufig falsch eingesetzt wird. Der gebräuchlichste Fehler ist, sämtliche Kennzahlen, die zum Beispiel ein Web-Analytics-System darstellt, als KPIs zu bezeichnen. Die meisten dieser Kennzahlen mögen zwar »Performance Indicators« sein, aber eben keine »Key Performance Indicators«.

Der Unterschied macht das »Key«, nämlich dass es sich um »Schlüssel«-Indikatoren handelt. Um Schlüsselindikatoren kann es sich nämlich nur dann handeln, wenn sie den Schlüssel zum Erfolg darstellen – und das wiederum ist nur der Fall, wenn sie zielgerichtet sind. Würde man die Kennzahl »Seitenzugriffe« zum Beispiel als KPI definieren, dann wäre dies in 99 Prozent der Fälle falsch, da die Seitenzugriffe kaum je einen Schlüsselfaktor im Hinblick auf eine Zielerreichung darstellen. Nur wer vielleicht Bannerwerbung auf Basis von Seitenzugriffen schaltet und damit Geld verdient, kann die Seitenzugriffe als seinen Key Peformance Indicator bezeichnen.

Ein zweites, damit zusammenhängendes Fehlverständnis von KPIs ist der Glaube, dass es allgemeingültige KPIs gibt, die für jeden Websitetyp angewandt werden können. Für solche generischen KPIs müssten Unternehmen jedoch mit ihren Websites auch alle dieselben Ziele verfolgen und dafür die gleichen Mittel einsetzen. Dies wiederum kommt praktisch nie vor, da es ja gerade im Internet besonders entscheidend ist, sich zumindest durch den Einsatz unterschiedlicher Mittel von seinen Konkurrenten zu differenzieren.

Es gibt deshalb keine allgemeingültigen und auch keine branchentypische KPIs, sondern nur individuelle auf die eigenen Ziele und Instrumente ausgerichtete KPIs. Demzufolge ist auch die Identifikation von KPIs eine spezifische und unter Umständen schwierige Aufgabe. Das Ganze wird jedoch zum Kinderspiel, wenn man die Hausaufgaben gemacht hat und sich über die mit der Website verfolgten Ziele im Klaren ist. Hat man gar die Global-Ziele, Sub-Ziele, Aktivitäten und Messgrößen nach der in Kapitel 12 beschriebenen Vorgehensweise notiert, dann bekommt man die individuellen KPIs praktisch geschenkt. Die in den Ziel-Pyramiden notierten Messgrößen sind nämlich meist genau die Key Performance Indicators – zielgerichtete, spezifische und messbare Größen, die den Ausprägungs- oder Erreichungsgrad von Erfolgsfaktoren und Zielen einer Website anzeigen.

Ausgehend von den in den Ziel-Pyramiden definierten Messgrößen identifizieren wir KPIs deshalb folgendermaßen:

- Zielnahe Messgrößen, das heißt solche, die Global-Ziele oder Sub-Ziele selbst messen können, sind besonders wichtig. Wenn der online generierte Umsatz messbar ist und ein Website-Ziel »Online-Umsatz« heißt, dann ist dies ein sehr zielnaher KPI und dementsprechend besonders wichtig.
- Je größer der Einfluss von Aktivitäten auf die Zielerreichung ist, desto wichtiger ist auch die darunterliegende Messgröße. Wenn bekannt ist, dass eine 3D-Produktvisualisierung besonders ausschlaggebend für den Kaufentscheid ist, dann ist die »Durchschnittliche Verweildauer auf 3D-Visualisierung« ein relevanter KPI.

Indem wir alle Messgrößen durchgehen, gelangen wir so zu unserer Handvoll an Key Performance Indicators. Wer darüber hinaus als Anhaltspunkte bei der Suche von KPIs einige gebräuchliche Beispiele sucht, der sei auf Eric T. Petersons Buch *The Big Book of Key Performance Indicators* verwiesen. Peterson beschreibt einige der je Website-Zweck häufig als KPIs eingesetzten Kennzahlen, die zusammengefasst in Tabelle 14.1 notiert sind. Vor einer unkritischen und nicht zielorientierten Verwendung solcher Kennzahlen-Sammlungen sei jedoch gewarnt.

E-Commerce-Site	Inhaltssite	Marketing-Site	Support-Site
% null Resultate bei Suchanfragen	% Besuche geringer Dauer	% null Resultate bei Suchanfragen	% null Resultate bei Suchanfragen
% Besuche geringer Tiefe	% Besuche geringer Tiefe	% Besuche geringer Dauer	% Besuche geringer Tiefe
% Besuche hoher Tiefe	% Besuche hoher Dauer	% Besuche hoher Dauer	% Besuche hoher Tiefe
% Besuche mittlerer Tiefe	% Besuche hoher Tiefe	% Besuche mittlerer Dauer	% Besuche mittlerer Tiefe
% Besucher mit niedriger Häufigkeit	% Besuche mittlerer Dauer	% Besucher in spezifischem Bereich	% Besucher in spezifischem Bereich
% hohe Besucherzufriedenheit	% Besuche mittlerer Tiefe	% Besucher mit hohem Zeitabstand	% Besucher mit Suchnutzung
% niedrige Besucherzufriedenheit	% Besucher mit hoher Häufigkeit	% Besucher mit mittlerem Zeitabstand	% hohe Besucherzufriedenheit
% Umsatz von Neukunden	% Besucher mit mittlerer Häufigkeit	% Besucher mit niedrigem Zeitabstand	% niedrige Besucherzufriedenheit
% Umsatz von bestehenden Kunden	% Besucher mit niedriger Häufigkeit	Homepage-Haftung	Download-Rate
Bestellrate	% Besucher mit Suchnutzung	Kontaktgenerierungsrate	Formular-Absenderate
Bestellrate für Kampagnen	Homepage-Haftung	Kontaktgenerierungsrate für Kampagnen	ø Antwortzeit für E-Mail-Anfragen
Checkout Abschluss-Rate	Inhaltsabonnierungsrate	Landing Page-Haftung	
Conversion Rate ab Suche	Landing Page-Haftung	Verhältnis neuer zu wiederkehrenden Besuchern	
Conversion Rate neue Besucher	Verhältnis neuer zu wiederkehrenden Besuchern	ø Antwortzeit für E-Mail-Anfragen	
Conversion Rate wiederkehrende Besucher	ø Besuche je Besucher	ø Besuche je Besucher	
Homepage-Haftung	ø Kosten je Besuch	ø Kosten pro Conversion	
Käuferrate	ø Seitenzugriffe je Besuch	ø Suchanfragen je Besuch	

Tabelle 14.1: Gebräuchliche KPIs nach Hauptzweck einer Website gemäß Eric T. Peterson

E-Commerce-Site	Inhaltssite	Marketing-Site	Support-Site
Landing Page-Haftung	ø Umsatz je Besuch	ø Umsatz je Besuch (geschätzt)	
Verhältnis neuer zu wiederkehrenden Besuchern			
ø Antwortzeit für E-Mail-Anfragen			
ø Bestellwert			
ø Kosten pro Conversion			
ø Umsatz je Besuch			

Tabelle 14.1: Gebräuchliche KPIs nach Hauptzweck einer Website gemäß Eric T. Peterson (Forts.)

Die KPIs, die wir so ausgehend von den Messgrößen in den Ziel-Pyramiden identifizieren, nennen wir »strategische KPIs«. Strategisch sind sie deshalb, weil sie konsequent auf die Website-Ziele ausgerichtet sind und demzufolge auch relativ konstant bleiben. Sie eignen sich insbesondere, um langfristige Ziele zu überwachen und im Auge zu behalten.

Bei kurzfristigen Aktivitäten, wie laufenden Kampagnen, oder auch bei akuten Problemen mit der Website-Performance wird man jedoch eher kurz- bis mittelfristige Zwischenziele verfolgen. Selbst wenn diese natürlich auch auf die Global-Ziele ausgerichtet sein können, haben sie eher temporären Charakter. Die dahinterstehenden Messgrößen können dann zum Beispiel die Kosten einer Online-Kampagne oder die durchschnittliche Ladezeit der Website sein. Solche temporären KPIs nennen wir »taktische KPIs«, da sie kurzfristig für die Bewältigung einer bestimmten Situation notwendig sind. Wenn Sie sich an die Sammlung der Messgrößen im zweiten Workshop in Abschnitt 12.7.2 erinnern, dann haben wir dort als Nebenprodukt solche Kennzahlen auf dem Flipchart gesammelt.

Zu verschwenderisch mit der Auflistung von KPIs sollten Sie allerdings nicht sein. Wer fünfzig Key Performance Indicators sein eigen nennt, der kann wohl nicht mehr von »Schlüsselindikatoren« sprechen, sondern nur noch von »Indikatoren«. Ein sparsamer Umgang mit KPIs bzw. eine gesunde Selektion der wichtigsten ist deshalb entscheidend. Schließlich soll man später ja die KPIs zyklisch überwachen und Ausreißer nach unten oder oben umgehend behandeln. Eine Handvoll KPIs, mit denen man die Ziele im Auge behält, ist daher wesentlich effizienter zu handhaben als eine große Anzahl unspezifischer Indikatoren. Als Faustregel sollte man sich zumindest zu Herzen nehmen, nicht mehr als 20+5, nämlich zwanzig strategische und fünf taktische KPIs zugleich überwachen zu wollen.

14.2 Implementierung von KPIs

Spätestens jetzt ist man an jenem Punkt, an dem man die Messgrößen oder KPIs in einem Web-Analytics-System abbilden muss. Dies ist zugegebenermaßen einer der härtesten Augenblicke. Denn wenn man sich wirklich auf die Ziele und deren Messung und nicht auf die Möglichkeiten des Web-Analytics-Systems ausgerichtet hat – die einzig richtige Vorgehensweise –, dann werden die KPIs unter Umständen ganz schön kompliziert formuliert sein. Typischerweise lauten solche komplizierten KPIs dann beispielsweise:

- Prozentsatz der neuen Besucher, die drei oder mehr Produktbroschüren innerhalb des letzten Besuchs betrachtet haben.
- Prozentsatz an neuen Besuchern, die Produkte in den Warenkorb gelegt, jedoch nicht bestellt haben.
- Prozentsatz der Besucher, die die Suchfunktion benutzt haben und genau ein Suchresultat der Trefferliste angeklickt haben.
- Prozentsatz an Besuchern, die während desselben Besuchs Seiten aus den Bereichen »Mobilfunk« und »Festnetz« betrachtet haben.
- Prozentsatz an neuen Besuchern, die über AdWords auf die Website gelangten und ein Online-Game mindestens zwei Minuten lang gespielt haben.

Will man solche KPIs in einem Analytics-System abbilden, kommt der Implementierer ganz schön ins Schwitzen. Aufgrund der Individualität der KPIs muss man sich auch überhaupt keine Hoffnungen machen, dass solche Zahlen Out-of-the-box verfügbar wären. Die Implementierung solcher KPIs ist ein tiefgreifendes Customizing eines jeden Produkts und erfordert eine intensive Zusammenarbeit mit dem technischen Integrator oder dem Produkthersteller. Grundsätzlich ist zwar alles implementierbar – aber im Endeffekt ist es meist eine Frage von Aufwand und Nutzen, inwieweit man dies tun möchte. Da Budgets selten unbegrenzt sind, wird man nicht darum herumkommen, gewisse Abstriche an den gewünschten KPIs zu machen und vielleicht auf etwas einfachere, dafür nicht ganz so aussagekräftige Kennzahlen ausweichen müssen.

Als Best Practice hat sich erwiesen, wie folgt damit umzugehen:

- Setzen Sie sich eine Budgetgrenze für die Implementierung der KPIs.
- Priorisieren Sie die Wichtigkeit der einzelnen KPIs, und zwar ausgehend von der Wichtigkeit des Ziels, das die KPIs überwachen. Eventuell haben Sie auch gewisse KPIs, die ein »Must« sind – dann stehen diese an oberster Stelle der Liste. Es empfiehlt sich jedoch, sehr zurückhaltend mit solchen »Musts« umzugehen, da dies keine Priorisierung, sondern eine Bedingung darstellt.
- Lassen Sie die Kosten für die Implementierung aller KPIs schätzen.

- Verwenden Sie rund die erste Hälfte des Budgets, um KPIs gemäß Ihrer Priorisierung zu implementieren, ausgehend vom wichtigsten.
- Nutzen Sie die zweite Hälfte des Budgets, um weitere KPIs der Priorisierung folgend umzusetzen. Versuchen Sie jedoch, gemeinsam mit dem Implementierer zu klären, wo bei diesen KPIs Vereinfachungen vorgenommen werden können, so dass die notwendigen Integrationsaufwände sinken. Ziel ist, mit einigen Abstrichen an den KPIs mit dem restlichen Budget noch möglichst viele KPIs zu implementieren.
- Sparen Sie sich die innerhalb des Budgets nicht mehr implementierbaren KPIs für eine spätere Priorisierungsrunde auf, sobald Sie wieder über Budget verfügen.

14.3 KPIs überwachen und Berichte erstellen

So schön die Vorstellung sein mag, alle KPIs vollständig in einem Dashboard eines Web-Analytics-Systems integriert zu haben, so unrealistisch ist sie leider für die meisten Web-Analysten. Denn neben den initialen Implementierungsaufwänden ist auch jede Änderung an den KPIs wieder mit Aufwänden und Interaktion mit dem technischen Implementierer verbunden. Die Kosten sind also meist der limitierende Faktor, wenn es darum geht, KPIs vollständig in ein Dashboard zu implementieren.

Möchte man dies vermeiden und will man entsprechend flexibel bleiben, dann gibt es aber noch einen Ausweg, und zwar Microsoft Excel. Für die individuelle Berechnung von spezifischen Kennzahlen ist dies schlicht das flexibelste und günstigste, was es an Auswertungssystemen gibt – sofern man denn den manuellen Aktualisierungsaufwand nicht scheut. Eine Auswertung in Excel bedeutet nämlich, dass man in den gewünschten Berichtsintervallen mehr oder weniger manuell Zahlen aus dem Web-Analytics-System in Excel überträgt und die KPIs dort zusammenstellt bzw. berechnen lässt.

So unattraktiv es vielleicht klingen mag, Metriken mit Excel zusammenzustellen, solche KPI-Berichte mit Excel sind jedoch etwas äußerst Effektives im Hinblick auf eine fortwährende Nutzung und Überwachung. Die Vorteile individueller Excel-Reports liegen insbesondere in:

- Flexible Anpassungsmöglichkeit und Erweiterung bei neuen KPIs
- Gruppierung von KPIs nach eigenem Gutdünken
- Beliebig erweiterbar zum Beispiel um Vergleiche zu Vorwochen und Vormonaten
- Ergänzbar um Kommentare und Erklärungen zwecks einfacherer Interpretation für die Empfänger

Eine Gruppierung von ähnlichen KPIs erlaubt zudem, einen Abstraktionslevel einzuführen. Insbesondere bei einer größeren Anzahl an KPIs hilft dies, den Überblick zu bewahren. Wenn Unternehmen interne betriebswirtschaftliche Kennzahlen an das Management berichten, dann lauten solche Abstraktionslevels beispielsweise »Land«, »Abteilung« oder »Produktsparte«. Für solche Bereiche werden anschließend ausgewählte Kennzahlen zusammengestellt, so dass je nach Adressaten des Berichts diese sich auf die für sie interessanten Bereiche fokussieren können. Der Gesamtüberblick bleibt jedoch auch dann noch bestehen. Für Web-Analytics-Kennzahlen können solche Gruppierungsmöglichkeiten zum Beispiel »Untersuchungsthemen«, »Website-Ziele« oder »Customer Buying Cycle« lauten.

14.3.1 Berichte nach Untersuchungsthemen

Bei einer Gruppierung von KPIs nach Untersuchungsthema werden diese derart geordnet, wie Sie die Kennzahlen in Teil II des Buches kennen gelernt haben. Somit unterscheiden wir nach KPIs, die Quellen, Besucher, ihr Verhalten, genutzte Inhalte oder Ziele beschreiben.

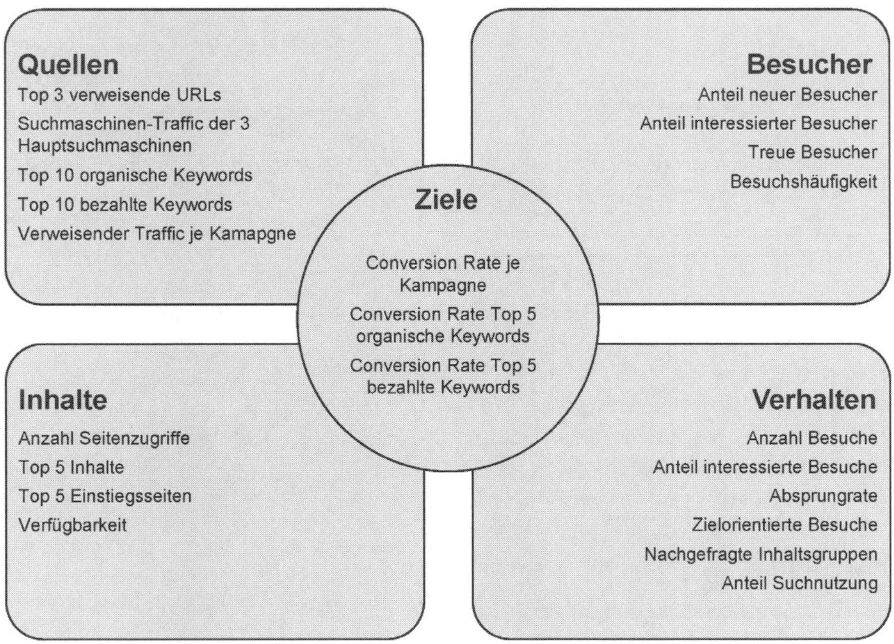

Abb. 14.1: Struktur eines KPI-Reports gruppiert nach Untersuchungsthemen

Der Vorteil einer solchen Anordnung liegt darin, dass man aufgabenorientiert den Report nutzen kann. Liegt der Fokus der Bemühungen gerade darin, mehr Besucher auf die Website zu bekommen, kann man dem Bereich »Quellen« höhere

Aufmerksamkeit schenken. Überlegt man sich, die Website-Inhalte besser auf das Nutzerbedürfnis abzustimmen, adressiert man den Bereich »Inhalte«. Bei Zielgruppen- oder Technik-Betrachtungen beobachtet man eher den Besucher-Bereich und bei Usability-Überlegungen die Verhaltenskennzahlen.

Der gebräuchlichste Einsatz eines solchen Berichttyps ist eine eher defensive Website-Überwachung. Möchte man mit dem Reporting hauptsächlich die Website im Auge behalten und auf hohem Level sämtliche ihrer Aspekte überwachen, ist eine solche Gruppierung geeignet. Weniger passend ist die Anordnung für eine zielgerichtete Optimierung der Website.

14.3.2 Berichte nach Website-Zielen

Berichte, die nach Website-Zielen aufgebaut sind, fokussieren auf die in Kapitel 12 erarbeiteten unternehmensspezifischen Zielsetzungen. Analog den dort definierten und priorisierten Zielen werden KPIs zusammengefasst, die deren Ausprägung messen. Abbildung 14.2 zeigt eine solche Gruppierung entlang von fünf Global-Zielen.

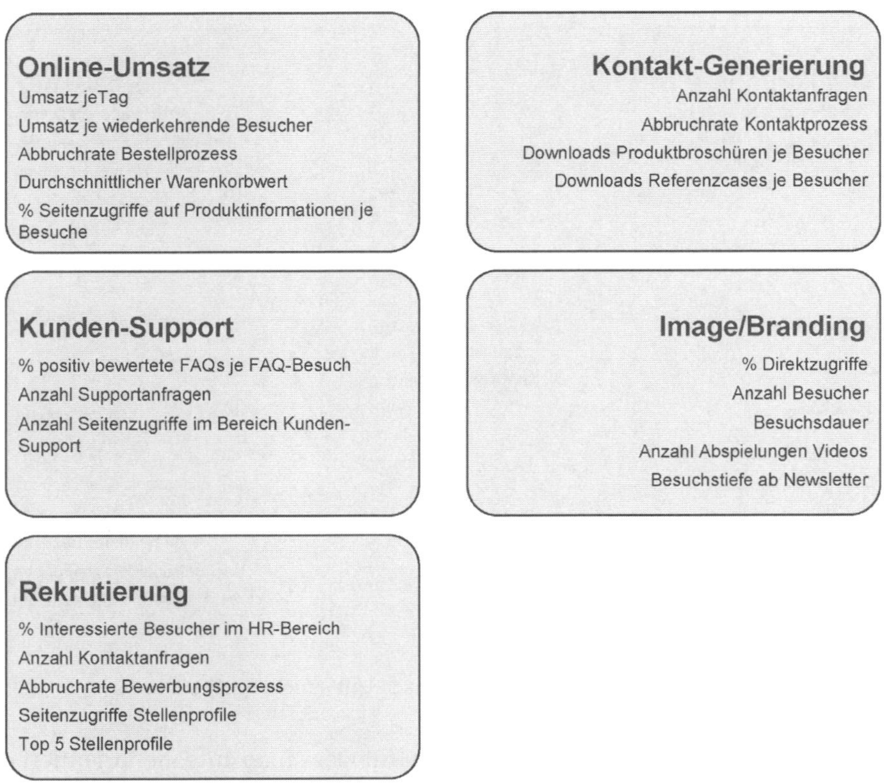

Abb. 14.2: Struktur eines KPI-Reports gruppiert nach Website-Zielen

Der Vorteil solcher Berichtstypen ist der klare Zielfokus. Der Leser des Reports kann jene Ziele, die er aktuell mit der Website verfolgt, auslesen und deren Fortschritt überwachen. Dadurch eignet sich der Bericht auch dann, wenn er an unterschiedliche Adressaten geht, die jeweils eine etwas andere Zielsetzung verfolgen. Dank Nennung der Ziele und den zugehörigen KPIs ist das Ganze auch relativ leicht verständlich. Nachteilig wirkt sich hingegen aus, dass einzelne KPIs mehrfach in dem Bericht vorkommen können, da sie vielleicht den Erfolg mehrerer Ziele zugleich bewerten.

14.3.3 Berichte nach Customer Buying Cycle

Besonders für Shopping- bzw. E-Commerce-Websites hat es sich bewährt, KPIs entlang des »Customer Buying Cycle« (Kundenkaufprozess) auszurichten. Der Customer Buying Cycle nennt die unterschiedlichen Phasen, in denen sich ein Kunde rund um den Produktkauf befindet. I

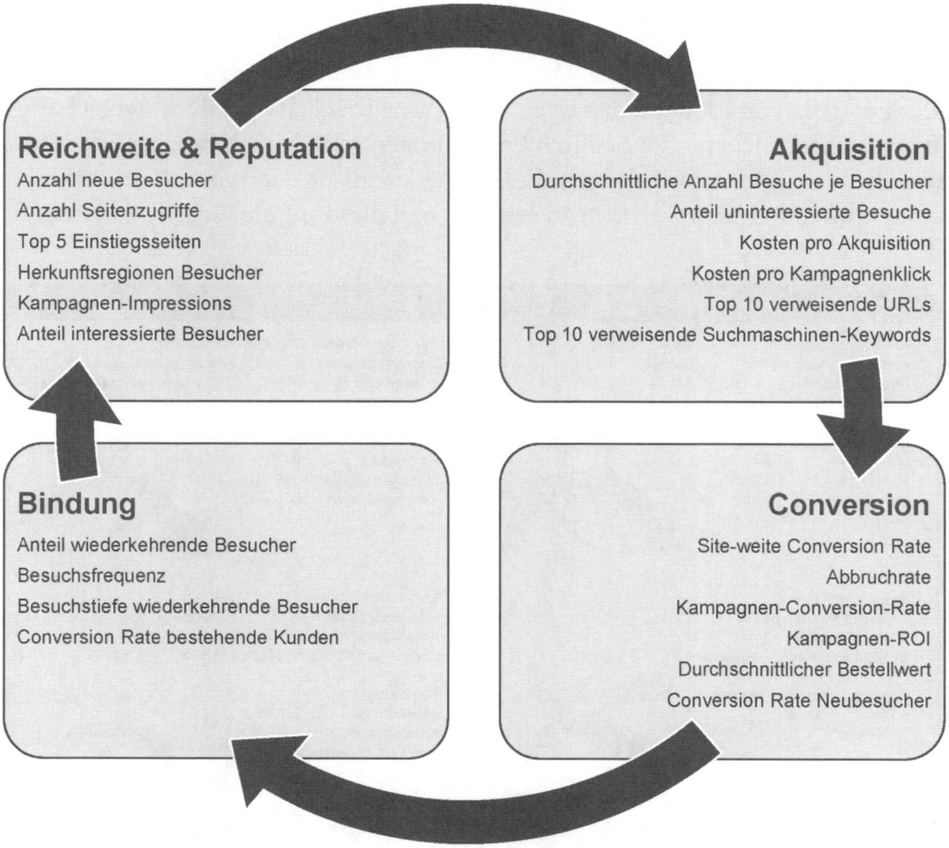

Abb. 14.3: Struktur eines KPI-Reports gruppiert nach dem Customer Buying Cycle

n einem ersten Verkaufsschritt geht es darum, einem potenziellen Kunden überhaupt bewusst zu machen, dass es das Angebot oder das Unternehmen gibt. Dies wird mit »Reichweite & Reputation« bezeichnet und beinhaltet Kennzahlen wie »Anzahl Seitenzugriffe« oder »Anzahl referenzierende Links auf eigene Website«. In einem zweiten Schritt geht es darum, beim Kunden das Interesse zu wecken und ihn auf die Website zu bekommen. Diese »Akquisition« wird durch KPIs wie »Anzahl betrachtete Seiten je Besucher und Quelle« oder »Akquisitionskosten je Quelle« ausgedrückt. Bei der »Conversion« geht es darum, die Besucher zu überzeugen und Abschlüsse zu messen, so zum Beispiel Bestellraten oder Abbruchraten in Bestellprozessen. Bei der »Bindung« geht es schlussendlich darum, den Erfolg von Kundenbindungsmaßnahmen wie Newsletter zu überwachen. Zu typischen KPIs in dieser Gruppe zählen Anteil wiederkehrende Besucher oder die Besuchshäufigkeit.

Dieser Ansatz zur KPI-Gruppierung geht in ähnlicher Form auf den Web-Analytics-Spezialisten Eric T. Peterson zurück, der in seinem Buch *Web Analytics Demystified* KPIs entlang dem Customer Buying Cycle beschreibt. Der Nutzen eines solchen Berichts liegt darin, unterschiedliche Verkaufsstrategien abzubilden. Wird beispielsweise ein Online-Service oder ein Produkt neu gelauncht, befindet sich die dazugehörige Website meist vorerst in einem »Akquise-Modus«. Das heißt, das Ziel der Website ist es, zuerst eine möglichst große Nutzerschar im Internet zu erreichen – sei es durch Verlinkungen von Blogs, Newssites oder Drittportalen her. Dies gewährleistet, die Aufmerksamkeit oder eben Reichweite bei einer großen Publikumsschicht zu erhalten und diese auf die Website zu bringen.

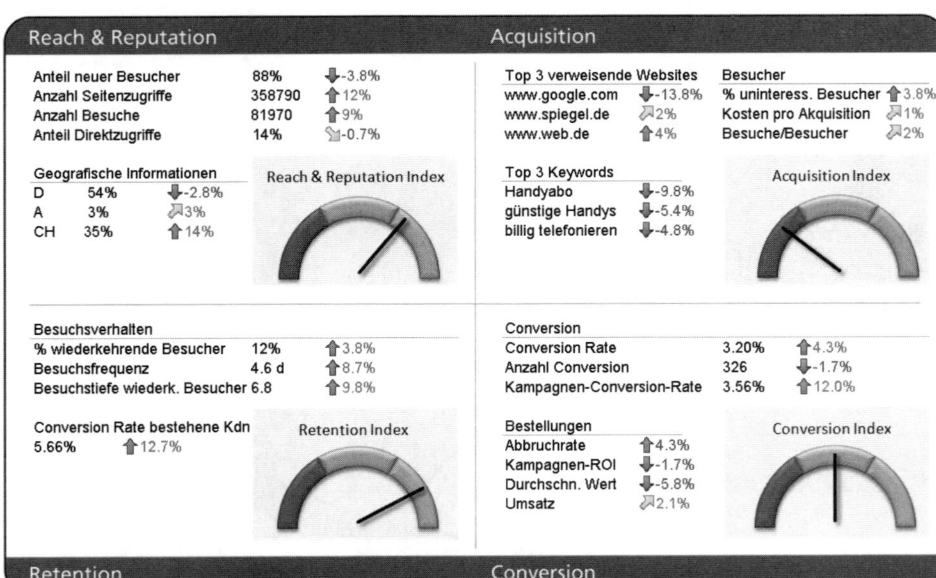

Abb. 14.4: Beispiel eines wöchentlichen KPI-Reports in Microsoft Excel

Bei einer gut etablierten Website geht es jedoch eher darum, effizient aus den Besuchern Kunden zu machen. Dann spielen der Conversion-Bereich und dessen KPIs eine zentrale Rolle. Unternehmen mit einem beträchtlichen Kundenstamm nutzen ihre Website dagegen häufig im »Retention-Modus«.

Dies bedeutet, dass das Ziel darin liegt, Kunden zu erhalten und zu Wiederkäufern werden zu lassen. In einem solchen Fall sind Kennzahlen aus den Bereichen »Conversion« und »Bindung« relevant. Abbildung 14.4 zeigt, wie ein derart ausgefüllter KPI-Report im täglichen Geschäft aussehen kann.

14.4 Adressaten von KPI-Berichten

Beim Erstellen von KPI-Berichten sowie auch bei der Nutzung von Dashboards in Web-Analytics-Systemen bleibt zu beachten, dass je nach Aufgabenbereich des Nutzers des Berichts andere Kennzahlen interessant sind. Ein Verkaufsleiter wird sich nun mal herzlich wenig für KPIs aus dem Rekrutierungsumfeld interessieren, den IT-Leiter dagegen werden wohl die Verkaufszahlen weniger interessieren.

Versucht man so alle individuellen Bedürfnisse mit einem Report zu erschlagen, dann werden diese entweder nicht erfüllt – oder es artet in einer KPI-Schlacht mit Dutzenden von KPIs aus. Eine zielgruppengerechte Anpassung von KPI-Berichten ist daher bei einem größeren Empfängerkreis durchaus angebracht.

Für so eine zielgruppengerechte Report-Konfiguration besonders geeignet sind nach Zielen ausgerichtete Berichte wie in Abschnitt 14.3.2 ausgeführt. Je nach den Zielen, die dem Report-Empfänger wichtig sind, werden unterschiedliche KPI-Gruppen berichtet. Dank des modularen Aufbaus des Berichts lässt sich dies sehr einfach zusammenstellen, indem man die Kästen mit den gewünschten Zielen zusammenträgt.

In Microsoft Excel ist dies zum Beispiel so lösbar, dass man sämtliche KPIs in einem zweiten Worksheet hinterlegt, und die KPIs zu den gewünschten Zielen auf dem ersten Worksheet referenziert. Das zweite Worksheet bleibt dann für alle Empfänger identisch und kann bei Bedarf für weitere KPI-Informationen genutzt werden. Die für den Adressaten wichtigen KPIs finden sich jedoch in aggregierter Form auf dem ersten Worksheet.

Eine Stufe detaillierter kann man KPI-Berichte gestalten, indem man jeden einzelnen KPI auf den Empfänger abstimmt. Würde man dies einfach so aus dem Stand heraus versuchen wollen, wäre es ein ungeheuerlicher Aufwand, bis jeder gewünschte KPI mit allen Adressaten einzeln abgestimmt ist. Dank der in Kapitel 12 beschriebenen und durchgeführten Ziel-Workshops hat man jedoch eine exzellente Basis, um die KPIs individuell auf die Empfänger abzustimmen. In diesen Workshops haben alle Beteiligten, direkte und indirekte Akteure, ihre individuellen Website-Ziele aufgeschrieben. Anhand der individuellen Farbe der von den einzelnen Personen beschriebenen Karten lässt sich aus der Workshop-Dokumentation problemlos herauslesen, welcher Akteur welche Ziele mit der Website verfolgt. Dadurch lassen sich auch die unterhalb dieser Ziele liegenden Messgrößen oder KPIs den einzelnen Akteuren zuordnen. Möchte man eine noch detailliertere Zuordnung der KPIs zu Akteuren, kann man auch noch die von den Teilnehmern genannten Aktivitäten für die Zuordnung der individuell interessanten KPIs verwenden.

Am einfachsten für die Zuteilung von KPIs zu Empfängern ist es, die in den Workshops erarbeiteten Ziel-Pyramiden in eine Tabelle umzugießen, so wie Tabelle 14.2 zeigt. In zusätzlichen Spalten lässt sich dann je Akteur ankreuzen, welche Messgrößen für ihn Relevanz hat.

Global-Ziele	Sub-Ziele	Aktivitäten	Maßgrößen	Empfänger/Akteur			
				A	B	C	usw.
Ziel 1	Sub-Ziel 1.1	Aktivität 1.1.1	Messgröße 1.1.1.1	x	x		
			Messgröße 1.1.1.2	x	x		
		Aktivität 1.1.2	Messgröße 1.1.2.1	x			
			Messgröße 1.1.2.2	x			
	Sub-Ziel 1.2	Aktivität 1.2.1	Messgröße 1.2.1.1	x	x		
			Messgröße 1.2.1.2	x	x		
		Aktivität 1.2.2	Messgröße 1.2.2.1	x		x	
			Messgröße 1.2.2.2	x		x	
Ziel 2	Sub-Ziel 2.1	Aktivität 2.1.1	Messgröße 2.1.1.1		x	x	
			Messgröße 2.1.1.2		x	x	
		Aktivität 2.1.2	Messgröße 2.1.2.1		x	x	

Tabelle 14.2: Tabellarisch transformierte Ziel-Pyramiden mit für Akteure relevanten Messgrößen

Geht man mit einem solchen Vorschlag eines Berichts zu den einzelnen Akteuren, ist der notwendige Abstimmungsaufwand minimal. Auch lässt sich mit der Zielfokussierung relativ einfach argumentieren, weshalb ein Akteur nun genau diese KPIs und nicht irgendwelche anderen beachten soll.

14.5 KPI-Berichte nutzen

Genau so, wie man Kennzahlen in Web-Analytics-Systemen zyklisch konsultieren muss, erfordert dies auch der Umgang mit KPI-Berichten. Wer einen KPI-Bericht nur monatlich oder quartalsweise erstellt und verteilt, dem entgehen die kleinen und großen Erfolge und Misserfolge auf der Website. Der Nutzen aus dem Aufwand für die Report-Erstellung ist denn auch erst gegeben, wenn man in kurzen

Intervallen die Berichte konsultiert und Veränderungen prüft. Das geeignete zeitliche Intervall für die Berichtsintervalle lässt sich über folgende Faktoren erörtern:

- Je größer der über die Website erwirtschaftete Umsatz ist, desto häufiger sollten KPI-Berichte erstellt und genutzt werden. Bei Unternehmen, die mindestens zwanzig Prozent ihres Umsatzes online erwirtschaften oder direkt darüber generieren, ist ein wöchentliches Reporting angebracht. Bei noch größeren Umsatzanteilen ist sogar ein tägliches Reporting zweckmäßig.
- Nach dem Launch einer Website oder nach größeren Änderungen sind kürzere Zyklen zu wählen. Nach einem Website-Launch empfiehlt es sich, mit einem wöchentlichen Zyklus zu beginnen und diesen dann langsam dem langfristigen Bedürfnis anzugleichen.
- Für eine durchschnittliche Unternehmenswebsite ist ein zwei- bis vierwöchentlicher Rhythmus zu empfehlen. Keinesfalls sollte eine Messung aber weniger als einmal im Monat erfolgen – die Reaktionsdauer auf eventuell auftretende Ereignisse wäre dann zu groß.

Tipps für die Erstellung von KPI-Berichten

Bei der Gestaltung und Erstellung von KPI-Berichten sollte man sich ein paar Punkte zu Herzen nehmen, die den Nutzen der Berichte für die Empfänger erhöhen:

- Halten Sie Berichte stets übersichtlich und gut strukturiert. Auch sollte sich der Aufbau des Berichts im Laufe der Zeit nur unwesentlich ändern. Dies hilft, den Bericht schnell zu verstehen und zu interpretieren.
- Zahlen einer Berichtsperiode sollten stets auch im Verhältnis zur Vorperiode stehen. Neben jede Zahl in einem Bericht gehört deshalb ihre prozentuale Veränderung gegenüber der Vorperiode. Dies gibt dem Leser eine wichtige Interpretationshilfe, um den Wert überhaupt einordnen zu können. Gegebenenfalls kann man auch mehrere Vergleichswerte angeben, zum Beispiel zur Vorwoche, zum Durchschnitt im Vormonat oder Durchschnitt im Vorjahr. Auch Maxima- und Minima-Werte in den vergangenen 52 Wochen helfen bei der Deutung eines Wertes.
- Die Kraft von schönen Grafiken ist nicht zu unterschätzen. Anstatt Zahlentabellen aufzulisten, macht sich eine attraktive grafische Aufbereitung von langweilig wirkenden Kennzahlen in Berichten äußerst gut. Da manche Empfänger visuell dargestellte Sachverhalte schneller erfassen können, sollten Sie dieses Mittel bei der Berichtsgestaltung unbedingt einsetzen. Besonders hilfreich für eine Interpretation sind auch hier grafische Aufbereitungen, die Werte aus Vorperioden zeigen oder Maxima/Minima-Werte zu einer Zahl zeigen. Insbesondere beliebt sind Darstellungen in Form von Füllstandsanzeigen, wie sie auch in Abbildung 14.4 zu sehen sind.

- Viele Akteure, insbesondere die indirekten, beschäftigen sich nur einen beschränkten Teil ihrer Zeit mit Key-Performance-Indicators für Websites. Was Kennzahlen wie »Absprungrate« oder »Besuchstiefe« bedeuten, kann deshalb nicht vorausgesetzt werden. Empfehlenswert ist es deshalb, je KPI-Gruppierung oder je Website-Ziel den Bericht um eine kurze Interpretationshilfe in Prosa zu ergänzen. In diesen drei bis vier Sätzen je Gruppierung interpretieren Sie die auf dem Bericht sichtbaren Informationen. Bei kritischen Veränderungen lässt sich hier auch gleich noch angeben, welche Gegenmaßnahmen eingeleitet werden können oder gar schon geplant sind – dies erspart unter Umständen einen bösen Telefonanruf oder ein ungemütliches Meeting.
- Erstellen Sie Berichte nach dem 2/20/200-Sekunden-Prinzip. In zwei Sekunden sollte der Bericht-Empfänger erkennen können, ob die Gesamtsituation gut, durchschnittlich oder schlecht ist. In 20 Sekunden sollte er erkennen, auf welche Bereiche diese Gesamtaussage zurückzuführen ist. In 200 Sekunden sollten schließlich die genaueren Gründe dafür heraus lesbar sein. Der Bericht aus Abbildung 14.4 folgt zum Beispiel diesem Prinzip: Über die vier Füllstands-Grafiken ist unmittelbar der Gesundheitszustand der Website sichtbar. Mittels Erläuterungen in Prosa-Form (nicht ersichtlich in der Abbildung) lässt sich in kurzer Zeit verstehen, wo die Ursachen liegen. Über die einzelnen Kennzahlen und deren Veränderungen lassen sich schließlich mit etwas mehr Zeitaufwand die genauen Gründe erkennen.

Kapitel 15

Web-Analytics-Erkenntnisse zur Website-Optimierung nutzen

Der große Vorteil des in den vorangegangenen Kapiteln beschriebenen zielorientierten Vorgehens ist, dass man zur Steigerung des Website-Erfolgs eigentlich nur eine Verbesserung seiner Global- und Sub-Conversions erzielen muss. Sobald man nämlich eine Steigerung auf einer tiefer liegenden Ebene der Ziel-Pyramide erreicht, ist dies automatisch auch auf den höheren Ebenen nützlich und verbessert damit die Zielerreichung. Da sämtliche definierten und gemessenen Aktivitäten auf die Ziele ausgerichtet sind und über die Sub-Conversions auch breit in der Besucherschaft abgestützt sind, lassen sich die Conversion-Werte praktisch vorbehaltslos einsetzen. Wie nun Conversions für die Optimierung einzelner Bereiche oder Aktivitäten auf einer Website genutzt werden können, zeigen die folgenden Abschnitte.

15.1 Benutzerführung optimieren

In den Überlegungen zu Global-Zielen, Sub-Zielen und Aktivitäten haben wir implizit bereits über mögliche Pfade von einer Einstiegsseite bis zur Conversion nachgedacht: Hauptziel einer Website ist es zum Beispiel, Bestellungen zu generieren. Bevor ein Besucher jedoch eine Bestellung auslöst, wird er typischerweise zuerst verschiedene andere Aktivitäten durchführen, zum Beispiel die Eigenschaften und das Aussehen eines Produktes genau klären oder dieses mit anderen Produkten vergleichen. In den Ziel-Pyramiden haben wir diese Vorläufer einer Global-Conversion Sub-Ziele und Aktivitäten genannt.

15.1.1 Konvertierungspfade identifizieren

Konvertierungspfade versuchen nun, diesen Gedanken noch etwas konsequenter weiterzuspinnen. Möchte man einen Website-Besucher früher oder später dazu bringen, eine Global-Conversion zu tätigen, überlegt man sich, welche Schritte er vorher unbedingt oder wahrscheinlich vornehmen wird. Bevor ein Besucher zum Beispiel zum Produktkäufer wird, wird er sich vorher höchstwahrscheinlich eine ausführliche Produktbeschreibung zu Gemüte führen, einige hochauflösende Produktbilder betrachten, Preisinformationen klären, eventuell die Lieferkonditionen prüfen und erst dann bestellen. Der erfolgversprechendste Pfad, der zur Global-Conversion führt, lautet dann:

- Landing Page → Aufruf Produktdetailseite → Preisplan auswählen → Bestellung

Abbildung 15.1 zeigt einen solchen Konvertierungspfad über verschiedene Schritte anhand einer Produktseite eines Telekom-Anbieters.

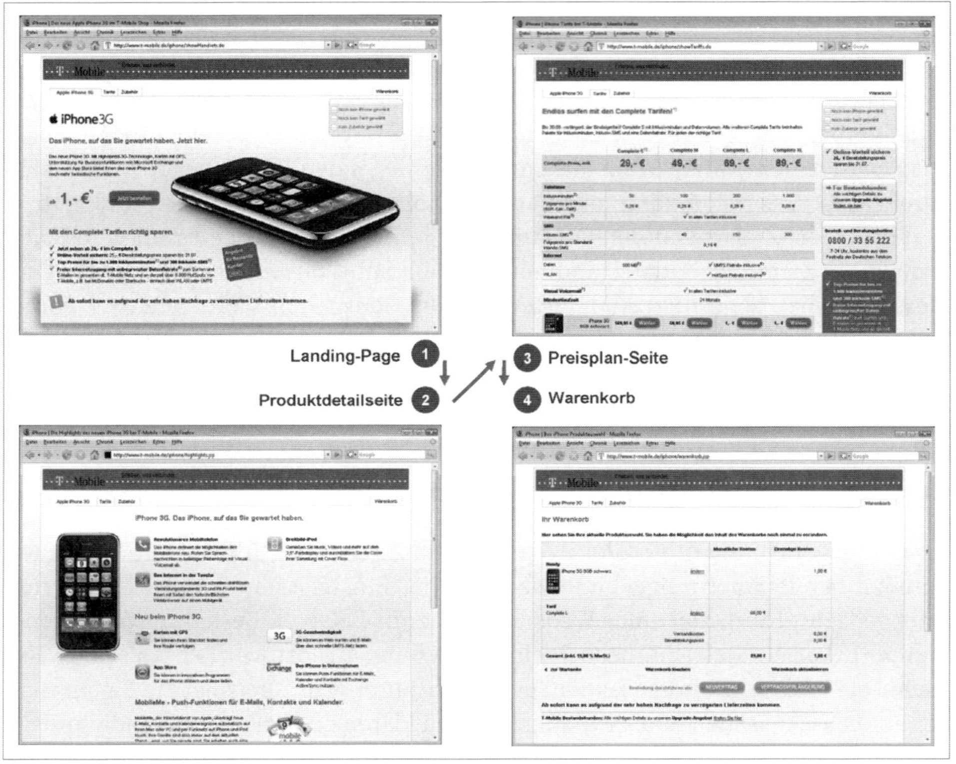

Abb. 15.1: Typischer Konvertierungspfad für die Bestellung eines iPhones

Um solche Pfade zu identifizieren, hilft es, in Besucher-Szenarien zu denken. Besucher kommen mit bestimmten Motivationen bzw. Zielen auf die Website, andererseits möchte man sie als Unternehmen zu einer bestimmten Global-Conversion bewegen. In der Schnittmenge davon liegt das Szenario, für das man dann die notwendigen Schritte zu identifizieren sucht. Ein Besucher, der aufgrund eines ausgeschriebenen Wettbewerbs auf die Website gelangt und dem man zur Kontaktaufnahme für eine Dienstleistung bewegen möchte – ein typisches Szenario für eine Marketing-Aktivität – wird im Idealfall folgende Schritte unternehmen:

- Aufruf der Landing Page oder Microsite mit dem Wettbewerb
- Teilnahme am Wettbewerb

- Aufruf von weiterführenden Informationsseiten
- Kontaktaufnahme

Gleichermaßen kann man weitere Szenarien mit einem idealtypischen Ablauf definieren, zum Beispiel die Promotion eines Produktes auf der Homepage mittels Teaser oder die Suche eines Produkts über die Suchfunktion:

- Produkt-Teaser auf Homepage → Aufruf Landing Page → Aufruf Produktdetailseite → Download Produktbroschüre
- Nutzung Suchfunktion → Trefferliste → Klick auf Treffer → Betrachtung Produktdetailseite mit Dauer > 30 s

Ein Spezialfall solcher Konvertierungspfade sind lineare Prozesse wie ein Bestellprozess über fünf Seiten mit Produktauswahl, Adresseingabe, Eingabe Zahlungsinformationen, Zusammenfassungs- und Bestätigungsseite. Abbildung 15.2 zeigt ein Beispiel eines solchen linearen Konvertierungspfades. Im Unterschied zu den allgemeinen Konvertierungspfaden ist die Abfolge der Schritte sequenziell und vom System vorgegeben. Ein Benutzer kann so zum Beispiel nicht auf die Seite für die Eingabe der Zahlungsinformationen gelangen, ohne zuvor ein Produkt ausgewählt und die Adressdaten erfasst zu haben.

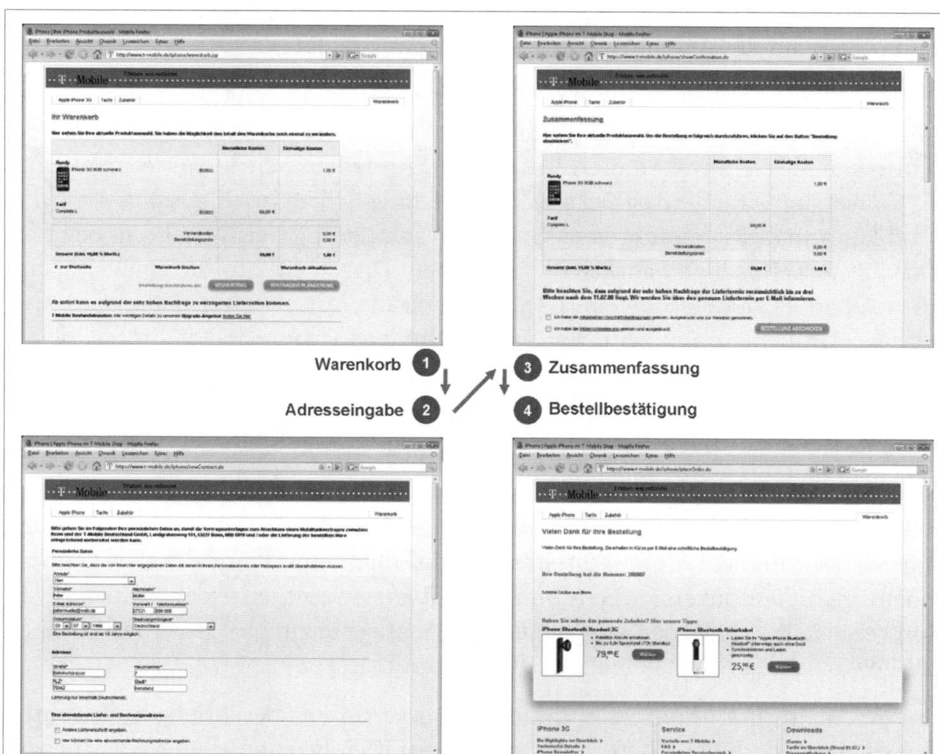

Abb. 15.2: Linearer Bestellprozess vom Warenkorb zur Bestellbestätigung

Jeder Ausstieg aus solch einem Konvertierungspfad bedeutet, dass der gesamte Prozess abgebrochen wurde. Gerade, wenn es sich um einen Ablauf handelt, der besonders nahe an einer Global-Conversion steht – bei einem Bestellprozess zweifellos der Fall –, ist jeder Ausstieg tragisch. Lineare Konvertierungspfade verdienen deshalb besondere Beachtung bei der Optimierung.

15.1.2 Vorgehen zur Optimierung von Konvertierungspfaden

Zielsetzung einer Optimierung ist es nun, einen identifizierten Konvertierungspfad möglichst effektiv zu gestalten, das heißt, möglichst viele Besucher, deren Motivation mit dem Website-Ziel übereinstimmt, durch einen solchen Pfad hindurchzuschleusen. Dies erreicht man zum einen, indem man mögliche Navigationshindernisse oder andere Hürden auf den einzelnen Seiten aus dem Weg räumt. Zum anderen sollten die Seiten der einzelnen Konvertierungsstufen gezielt so gestaltet sein, dass der Besucher auf die nächste Stufe gelenkt wird.

Da eine solche »Lenkung« des Besuchers vielleicht eher ein Wunschdenken des Website-Betreibers ist – Besucher lassen sich genauso wie Menschen sonst im Leben nicht so gerne fremdsteuern –, sollte zumindest einfach erkenntlich sein, wie man zur nächsten Stufe gelangt. Wenn also nach einer Teilnahme an einem Wettbewerb der nächste Schritt der Aufruf von Zusatzinformationen ist, dann darf der Link dazu nicht irgendwo unten rechts versteckt sein, sondern muss prominent mitten auf der Abschlussseite des Wettbewerbs platziert sein.

Die Metrik, die man für Optimierungen dieser Art heranzieht, ist die Conversion Rate. Am besten bildet man dazu Segmente für all jene Besucher, die Schritt 1, Schritt 2 und jeden weiteren erreicht haben. An jedem Schritt wertet man dann die Conversion Rate für das Ziel aus, das als letzter Schritt im Pfad steht. Anschließend kann man davon ausgehend mit der Veränderung der Gestaltung oder der Usability der einzelnen Schrittseiten beginnen. Dies kann zum Beispiel eine besser sichtbare Positionierung eines Teasers, eine attraktivere Linkposition oder eine textliche Umbenennung sein. Bei in Abbildung 15.3 dargestellter Produktdetail-Seite eines Online-Shops wird man bei einer solchen Betrachtung feststellen, dass auf der Produktdetail-Seite der Bestell-Button fehlt – eine schwerwiegende Unterlassung, wenn der Besucher auf der Detailseite die Kaufentscheidung trifft und nun eigentlich gerne bestellen möchte.

Schaltet man so veränderte Seiten nun live und lässt Nutzer einige Tage lang den angepassten Prozess durchschreiten, erhält man eine Vergleichsauswertung. Indem man die Conversion Rate von der Vorversion mit jener der aktuellen Version vergleicht, erhält man eine eindeutige Aussage dazu, ob die Verbesserungen den gewünschten Effekt gebracht haben oder nicht.

Um einen Prozess weiter zu optimieren, wird man das beschriebene Verfahren mehrmals wiederholen. Stets ändert man dabei Kleinigkeiten an der Website bzw.

den einzelnen Schritten, von denen man glaubt, dass sie anders besser funktionieren könnten. Von Rückschlägen in Form einer gesunkenen Conversion Rate sollte man sich dabei nicht betrüben lassen – sondern vielmehr davon lernen. Zur Not sind die jeweiligen Änderungen ja recht schnell auch wieder rückgängig gemacht.

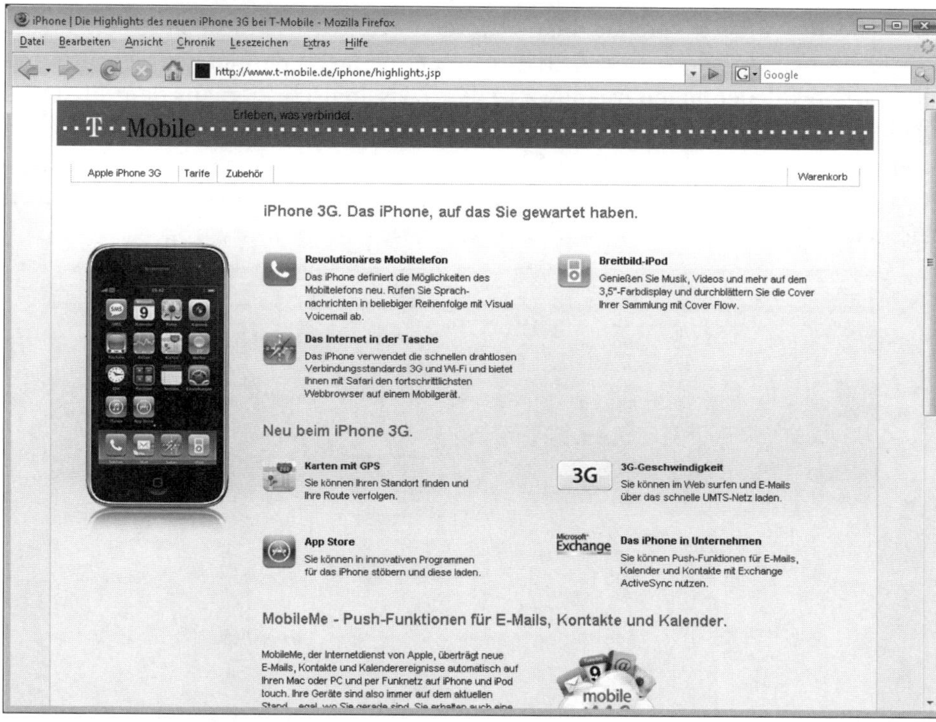

Abb. 15.3: Informative Produktdetail-Seite – aber wo kann man bestellen?

Mit diesem Verfahren nähert man sich in kleinen Trial-and-Error-Schritten einem optimierten Prozess und damit einer verbesserten Conversion Rate an. Jim Sterne, einer der Pioniere im Web-Analytics-Umfeld, nennt diese Vorgehensweise in seinem Buch *Web Metrics – Proven Methods for Measuring Web Site Success* »TIMITI«. Dies ist ein Akronym für »Try It, Measure It, Tweak It« und bedeutet ausprobieren, messen, verfeinern.

Hilfreich bei solchen Optimierungsschritten ist das Browser-Overlay, falls das Web-Analytics-Tool über ein solches verfügt. Am besten versetzt man sich dann in einen Benutzer, der mit der betreffenden Motivation auf die Ausgangsseite gelangt. Seinem Bedürfnis folgend prüft man nun, ob die jeweils gedachte Benutzerführung zum nächsten Schritt tatsächlich so offensichtlich ist. Das Browser-Overlay mit der Anzeige der Klickzahlen auf sämtlichen Links hilft dabei, direkt zu verstehen, weshalb sich die Besucher vielleicht anders verhalten als gedacht.

15.1.3 Trichteroptimierungen

Das wohl wichtigste Instrument bei der Analyse und Optimierung von Konvertierungspfaden sind jedoch so genannte Trichterauswertungen oder Funnels, wie Sie sie in Abschnitt 8.4 bei den Betrachtungen von Besucherflüssen bereits kennen gelernt haben. Wenn man sich den Konvertierungspfad von der ersten bis zur letzten Seite des Pfades vorstellt, dann werden relativ viele Besucher den ersten Schritt besuchen, jedoch nur noch ein Bruchteil davon den letzten Schritt erreichen. Die restlichen fallen irgendwo in den Zwischenschritten aus dem Pfad und wählen einen anderen Weg. Wenn man dies in der Vertikalen betrachtet, dann ergibt sich aus der abnehmenden Besuchermenge auf den einzelnen Schritten so etwas wie eine Trichterform. Abbildung 15.4 zeigt schematisch einen solchen Trichter.

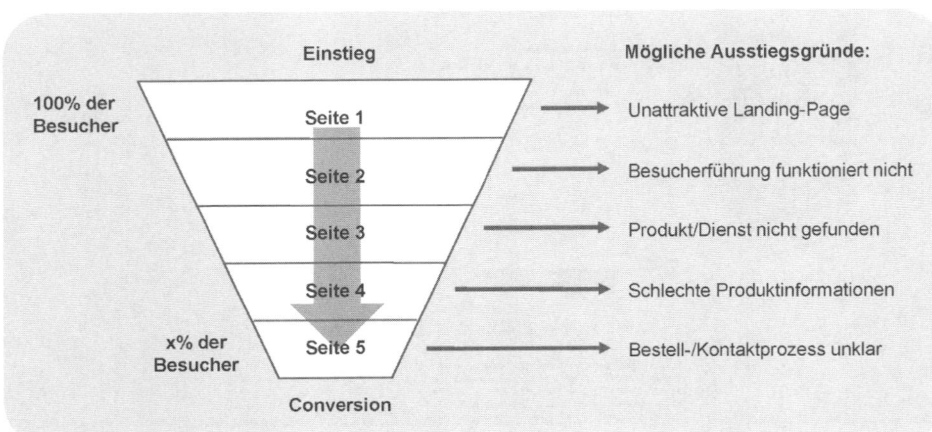

Abb. 15.4: Die Besuchermenge vom Einstieg bis zur Conversion bildet eine Trichterform.

Das Ziel einer Optimierung ist es nun natürlich, einen möglichst großen Anteil der Besucher geradlinig durch diesen Trichter durch und hin zum Website-Ziel zu bringen. Jede Optimierung, die man zwischen den einzelnen Schrittabfolgen machen kann, um mehr Besucher eine Stufe näher an das Ziel zu bringen, hat direkten und positiven Einfluss auf die Zielerreichung und damit den Erfolg der Website. Seiten, die solchen Konvertierungspfaden angehören, bedürfen deshalb besonderer Beachtung im Hinblick auf Nützlichkeit der Inhalte, Bedienbarkeit und Führung zum nächsten Zwischenschritt hin.

Indem man im Web-Analytics-System solche Abfolge von Seiten speziell hinterlegt, werden diese Trichterauswertungen möglich. Die Auswertungen zeigen die Anzahl oder den Prozentsatz der Ausstiege auf den betreffenden Zwischenschritten. Abbildung 15.6 zeigt zum Beispiel einen solchen Trichter über drei Zwischenschritte hin zu einem Conversion-Ereignis.

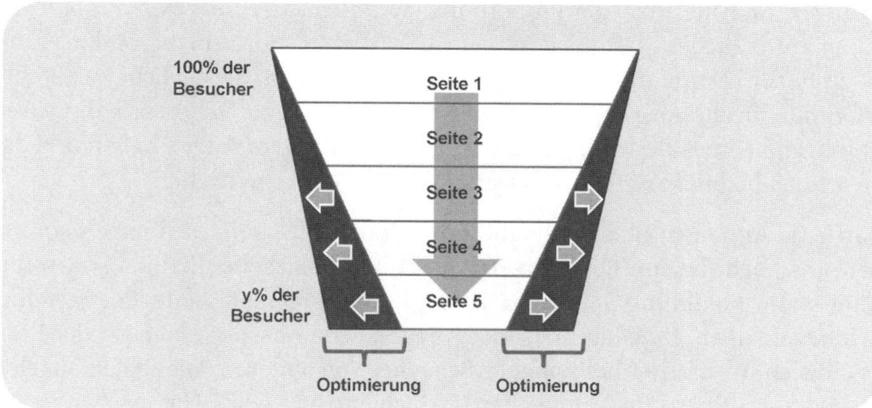

Abb. 15.5: Kleine Optimierungen in Konvertierungspfaden haben großen Einfluss auf die Erreichung von Website-Zielen.

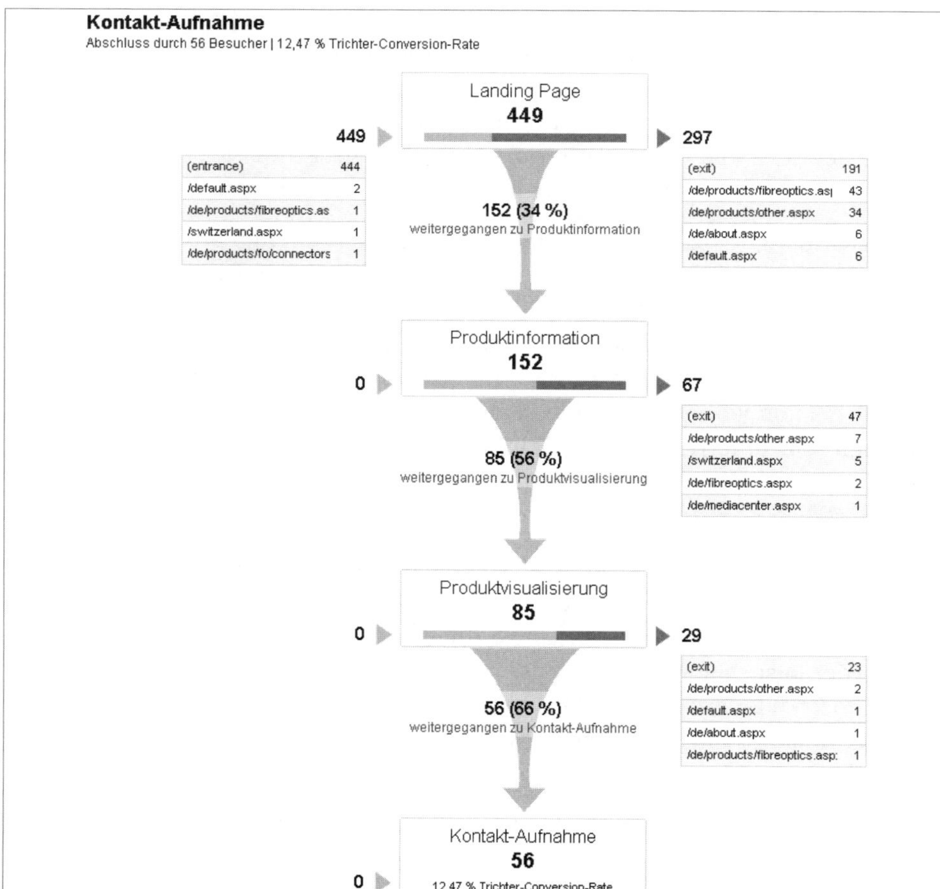

Abb. 15.6: Trichterauswertung für eine Kontakt-Aufnahme über vier Schritte mit Ein- und Ausstiegsseiten auf den Zwischenschritten

Diejenigen Schritte, wo überproportional viel Besucher aussteigen, sollte man genauer untersuchen. Offenbar scheint der Trichter dort ein besonders großes Leck zu haben. Dementsprechend muss man versuchen, diese Löcher zu stopfen. Die Gründe für die Ausstiege finden wir wiederum am einfachsten, wenn wir uns die Motivation eines Benutzers innerhalb des Trichters vor Augen halten und dann mittels eingeblendetem Browser-Overlay den Pfad durchschreiten.

Zusätzliche Anhaltspunkte, weshalb Benutzer den Pfad verlassen haben könnten, geben uns auch die von den Nutzern gewählten Folgeseiten beim Verlassen des Trichters. In Abbildung 15.6 sind diese auf der rechten Seite der jeweiligen Schritte ersichtlich. Eine häufige Ursache für solche Ausstiege ist es in der Praxis, dass ein sich im Trichter befindlicher Besucher von anderen Angeboten abgelenkt wird und von seinem ursprünglichen Task abgebracht wird. Hat ein Nutzer zum Beispiel bereits Produkte in den Warenkorb gelegt und befindet sich bei der Eingabe von Adress- oder Zahlungsinformationen, dann sollte man tunlichst auf die Anpreisung von weiteren Produkten verzichten – selbst wenn diese ideal die Produkte im Warenkorb ergänzen. Zu groß ist die Gefahr, dass der Benutzer davon abgelenkt wird, noch weitere Produktvergleiche anstellt und schließlich vielleicht bei einem anderen Anbieter oder gar nicht bestellt. In eingeschränkterem Maß gilt diese Regel auch für nichtlineare Konvertierungspfade. Auch hier sollte der Fokus für den Benutzer klar auf den nächsten Schritt im gedachten Prozess liegen. Jede Zusatzoption und jeder Quer-Teaser kann ihn von der Conversion abbringen.

Betrachtet man die Besucherzahlen innerhalb solcher Trichter aus etwas größerer Flughöhe, kann man noch weitere Muster identifizieren. Interessant für eine Interpretation ist insbesondere, welche Form die Trichter bilden in Abhängigkeit davon, an welcher Stelle des Trichters die Besucher aussteigen. Matt Cutler und Jim Sterne unterscheiden in ihrem Whitepaper »E-Metrics: Business Metrics for the New Economy« vier unterschiedliche Formen solcher Trichter, die sie mit dem Aussehen von unterschiedlichen Trinkgläsern vergleichen. Abbildung 15.7 zeigt diese Formen, die einmal ein Martini-Glas, ein Margerita-, ein Wein- und ein Cocktail-Glas repräsentieren.

Weist ein Trichter die Form eines Martini-Glases auf, lässt sich Folgendes aussagen: Offensichtlich gelingt es gut, Besucher anzusprechen, allerdings scheinen es die falschen zu sein, denn das effektive Angebot entspricht nicht der Erwartungshaltung der Besucher. Möglicherweise ist der Teaser oder die Werbung für das Ziel zu reißerisch oder auf die falsche Zielgruppe ausgerichtet. Weist ein Trichter eine solche Form auf, sollte man also die Werbebotschaft oder die Ankündigungen und Teaser besser mit dem effektiven Angebot abgleichen.

Hat ein Trichter die Form eines Margarita-Glases, lässt sich Folgendes aussagen: Besucher fühlen sich von dem Angebot angezogen und zeigen auch näheres Interesse. Dann allerdings lassen sie sich offensichtlich verwirren und brechen die weiteren Schritte ab. Möglicherweise ist das Produkt oder die Dienstleistung zu wenig umfassend beschrieben, die Benutzerführung ist schlecht oder die Navigation verwirrend. Häufig ist eine solche Trichter-Form in allgemeinen Usability-Problemen auf der Website begründet. Eine grundsätzliche Überprüfung der Informationsarchitektur und der Bedienbarkeit ist daher angebracht.

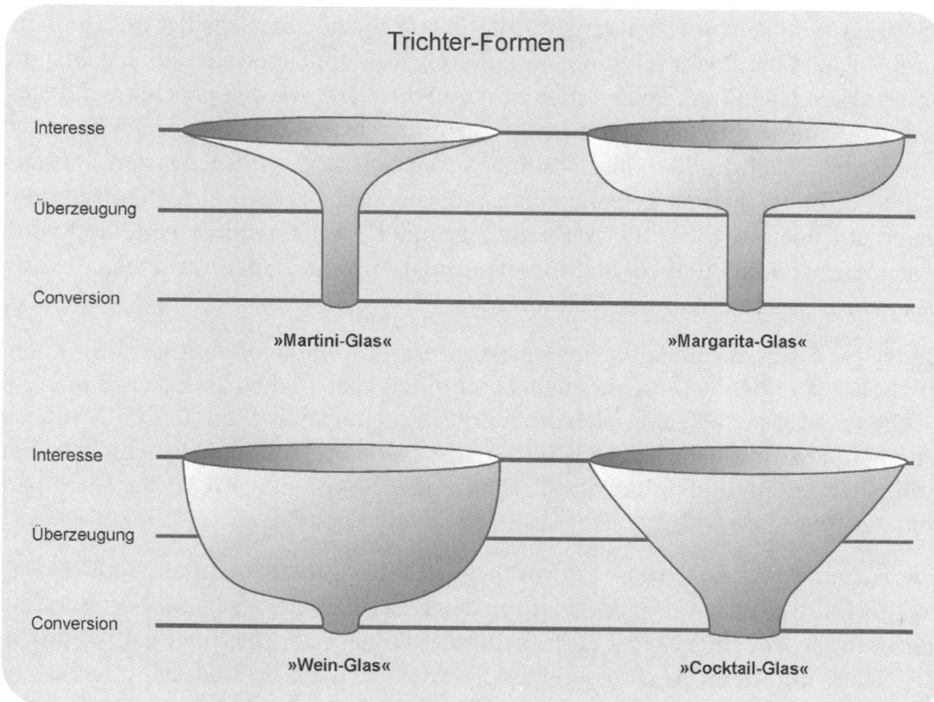

Abb. 15.7: Unterschiedliche Trichter-Formen mit Ähnlichkeiten zu Getränkegläsern gemäß Cutler/Sterne

Zeigt der Trichter die Form eines Weinglases, dann zeigen sich Besucher interessiert und sind schließlich auch überzeugt vom Angebot. Allerdings scheitert das Ganze dann am Abschluss. Dies ist meist ein Indiz dafür, dass Kleinigkeiten mit großer Wirkung in einem Abschluss- oder Bestellprozess nicht stimmen. Eventuell fragt ein Kontaktformular nach zu sensiblen Daten, eine Checkbox verlangt das Akzeptieren von unklaren AGBs oder ein Bestellprozess ist schlichtweg nicht bedienbar. Wenn ein Trichter ein solches Muster aufweist, dann sollten Sie den Abschlussprozess auf mögliche Hürden und die Erfüllung der wichtigsten Usability-Kriterien prüfen.

Gleicht ein Trichter einem gleichförmigen Cocktail-Glas, dann läuft der Besucherfluss im Trichter so, wie er sollte. Offensichtlich gelingt es dann in einem guten Verhältnis, Besucher anzulocken, ihr Interesse zu wecken, sie zu überzeugen und schließlich zum Abschluss zu führen.

15.1.4 Formularoptimierungen

Vielfach besteht der letzte Schritt vor einer Global-Conversion aus einem Formular – zum Beispiel einem Kontakt-Formular oder Bestellformular –, in dem der Besucher persönliche Daten preisgibt. Da bei Bestellungen häufig zwanzig und mehr Angaben wie Name, Adresse, Zahlungsinformationen etc. gesammelt werden, teilt man solche Formulare auf mehrere Schritte auf. Schritt 1 nimmt dann zum Beispiel die Rechnungsadresse auf, Schritt 2 die Lieferadresse, Schritt 3 die Zahlungsangaben usw. Solche mehrstufige Formulare werden anschließend vom Benutzer linear durchschritten. Jeder Absprung in einem solchen Formular ist nun für den Website-Betreiber besonders tragisch, da der Besucher den Kaufentscheid offenbar bereits getroffen hat, jedoch durch irgendwelche Umstände – meist nur noch in Usability-Ursachen begründet – am Abschluss gehindert wird. Formulare generell und mehrstufige Formulare im Speziellen verdienen deshalb besondere Beachtung in der Web-Analyse.

Bildet man für die linearen Formularprozesse in einem Web-Analytics-System Trichter wie in den vorhergehenden Abschnitten beschrieben ab, erkennt man im Groben relativ schnell, bei welchem Schritt Besucher abbrechen. In der Detailanalyse wird man deshalb zuerst jenen Schritt mit der größten Abbruchrate näher untersuchen. Ein Hilfsmittel, das dann Wunder bewirken kann, ist die Formularfeld-Analyse.

Die Formularfeld-Analyse ist ein wirklich mächtiges Instrument zur Aufdeckung von Usability-Hürden. Die Auswertung zeigt nämlich, bei welchem Formularfeld genau innerhalb einer Seite ein Besucher die Eingabe abgebrochen hat. Wenn ein Besucher mit dem Ausfüllen eines Formulars beginnt und dann an einer bestimmten Stelle ins Stocken gerät, dann ist dies ein ziemlich gutes Indiz dafür, dass das betreffende Feld eine schwer überwindbare Hürde im Prozess darstellt.

Aufgrund der Komplexität der Messung werden solche Auswertungen jedoch nur von einigen wenigen High-End-Systemen, Beispiel Omniture SiteCatalyst HBX, angeboten. Im Idealfall werden Formularfeld-Ausstiegspunkte gar in einem Browser-Overlay über das Formular gelegt, so dass direkt ersichtlich ist, welches Feld hauptsächlich für den Ausstieg verantwortlich ist. Abbildung 15.8 blendet solche Abbrüche in einem Overlay über das Formular ein.

Häufig sind solche Hürden mit Ausstiegsfolge darin begründet, dass für das vom Besucher angestrebte Ziel zu sensible Daten gesammelt werden. Ist es in einem Bestellprozess für ein Produkt noch legitim, nach Adresse oder gar Geburtsdatum zu fragen, ist dies bei einer einfachen Kontaktanfrage sicher zu viel. Auch E-Mail-Adressen geben Besucher nur ungern preis, da sie Angst davor haben, später dadurch mit Spam-Mails überhäuft zu werden.

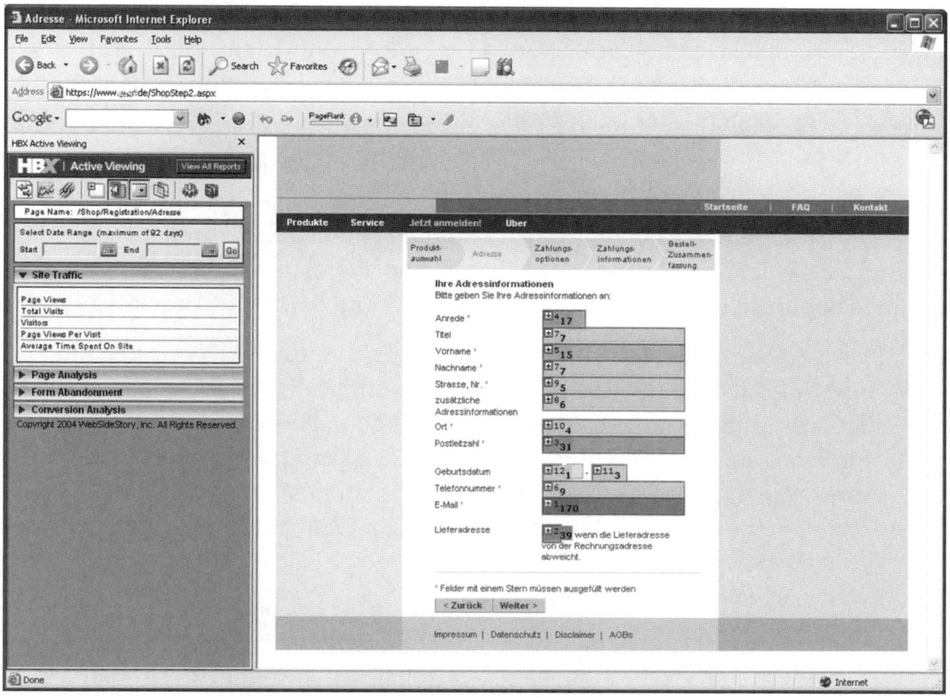

Abb. 15.8: Anzeige der Abbruchfelder innerhalb eines Formulars in Omniture SiteCatalyst HBX

Abbildung 15.8 zeigt recht eindrücklich, wie die E-Mail-Adresse in einem fünfstufigen Bestellprozess offenbar der Hauptgrund für zahlreiche Abbrüche des Prozesses ist. In einem solchen Fall gibt es nur zwei Möglichkeiten: entweder die E-Mail-Adresse gar nicht erfragen oder die Eingabe nicht als Pflichtfeld gestalten – oder dann eine klare und transparente Erklärung abgeben, weshalb die E-Mail-Adresse benötigt wird und was damit geschieht. Da im gezeigten Beispiel von Abbildung 15.8 die E-Mail-Adresse zwingend für eine spätere Passwort-Zustellung benötigt wurde, hat man an der Stelle eine kurze Bemerkung zum Verwendungszweck angebracht – und so die Abbruchrate massiv gesenkt.

Allgemein lassen sich für Formulare und Dateneingaben folgende Beachtungspunkte zusammenfassen:

- Sammeln Sie nur so viel Daten, wie unbedingt nötig sind, um das angestrebte Benutzer-Ziel zu erfüllen. Wenn der Benutzer etwas zugesandt erhält, dann ist es notwendig, nach der E-Mail-Adresse oder physischen Adresse zu fragen – sonst nicht.
- Bei der Erfragung von Daten, die nicht für die Erfüllung des Benutzerziels notwendig sind, geht man das Risiko ein, dass der Prozess abgebrochen wird. Man kann dies riskieren, wenn der angebotene Nutzen für den Benutzer hoch ist.

Bei einem Wettbewerb mit hohen Gewinnchancen oder attraktiven Preisen hat das Ziel einen solch hohen Wert, den Besucher eventuell mit der Preisgabe von persönlichen Informationen »bezahlen«. Der Download eines durchschnittlichen Whitepapers oder einer Produktbroschüre wird dem Benutzer hingegen kaum die Preisgabe persönlicher Informationen wert sein.

- Im Zweifelsfall sollten Sie für solche Felder die Eingabe optional lassen. Dies bedeutet, dass das Feld kein Pflichtfeld darstellt, das zur Absendung des Formulars zwingend notwendig ist. Allerdings sollte man sich bewusst sein, dass auch optionale Felder eine gewisse Abschreckung bewirken können.
- Wenn Sie nach Daten fragen, die Sie für die Erbringung der Dienstleistung benötigen, dies jedoch für den Benutzer nicht offensichtlich ist, erklären Sie die Situation in einem kurzen Statement. Als kompakte Möglichkeit haben sich kleine Icons oder Text-Fragezeichen neben den betreffenden Formularfeldern bewährt, die sich bei Mouse-Over um das Statement erweitern. Bei E-Mail-Adressen kann so eine Erklärung zum Beispiel lauten, dass die Mail-Adresse zwecks Bestellbestätigung und Rückfragen benötigt, jedoch für keine weiteren Zwecke wie Werbung verwendet wird.
- Platzieren Sie auf jeder Seite einen gut sichtbaren Link zu ihrer Datenschutzerklärung. Wie eine solche aufgebaut sein soll, ist in Abschnitt 3.2.4 erläutert.

15.2 Website-Inhalte optimieren

Bei den bisherigen Betrachtungen haben wir uns damit beschäftigt, wie wir Besucher möglichst von einer Seite zur nächsten Seite führen, damit sie ein gewünschtes Website-Ziel erreichen. Diese Vogelperspektive wollen nun verlassen und uns auf die Ebene der einzelnen Seiten begeben und untersuchen, welche Bestandteile und Inhalte sich dort optimieren lassen.

15.2.1 Testen statt glauben

Sicher haben Sie sich bei der Gestaltung von Webseiten oder beim Texten von Inhalten auch schon gefragt, wie ein Titel wohl nun am besten formuliert sein sollte, um Besucher anzusprechen. Oder ob ein Bild auf einer Landing Page nun besser emotional oder plakativ und reißerisch wirken soll. Um sich hier für die eine oder andere Variante zu entscheiden, kann man sich gut und gerne – und vor allem auch lange – den Kopf zerbrechen.

Selbst wer bereits über langjährige Erfahrung mit Zielgruppen, Website-Besuchern sowie deren Verhalten und Bedürfnisse verfügt, wird nie mit letzter Sicherheit eine Antwort auf solche Fragen geben können. Denn das Verhalten von Besuchern ist rein durch das gedachte Hineinversetzen in die Situation des Besuchers kaum ergründbar. Auch Benutzer-Interviews und Usability-Tests geben meist lediglich einen Ausschnitt der Besuchermeinungen wieder und liefern für subjektive Empfindungen selten eine ausreichende Entscheidungsbasis.

Statt sich nun endlos den Kopf zu zerbrechen oder mit anderen darüber zu streiten, wie ein Titel, ein Banner oder ein Text auf einer Seite ausgestaltet sein soll, kann man es auch einfach ausprobieren und die Besucher entscheiden lassen. Wenn das Verhalten der Besucher schließlich bestimmt, welche Text- oder Bildvariante am besten funktioniert, gibt es wohl keine fundiertere Entscheidungsgrundlage.

Die naheliegendste Vorgehensweise für ein solches Testing ist, verschiedene Varianten nacheinander auszuprobieren. Hierzu schaltet man zum Beispiel auf einer Landing Page während einer Woche ein emotional ansprechendes Bild und misst ihren Erfolg im Hinblick auf die Zielerreichung bzw. Conversion. In der Woche darauf tauscht man das Bild durch ein reißerisches und verkäuferisches aus und misst wiederum den Erfolg dieser Version. Am Ende stellt man die Conversion Rates der beiden Wochen einander gegenüber und entscheidet sich für jenes Bild, das in der Woche mit der höheren Conversion Rate geschaltet war. Vorausgesetzt natürlich, dass die Unterschiede in der Conversion Rate eine gewisse Signifikanz aufweisen.

Das klingt so weit gut und entspricht weitgehend dem in Abschnitt 15.1.2 als »TIMITI« bezeichneten Trial-and-Error-Verfahren für Konvertierungspfade. Doch in der Realität ist ein solch sequenzielles Varianten-Testing relativ mühsam und wenig praktikabel. Denn will man nicht nur zwei Varianten, sondern drei, vier oder mehr gegeneinander testen, dann ist nur schon die benötigte Zeitdauer dafür beträchtlich. Damit das Ergebnis genügend Relevanz aufweist, müssten überdies während der gesamten Zeit alle anderen Faktoren möglichst konstant bleiben. Würde man nämlich unterdessen noch andere Bereiche der Seite modifizieren, dann wäre nicht eindeutig erkennbar, auf welche Veränderung die Conversion Rate zurückzuführen ist. Auch saisonale Aspekte beeinflussen und verfälschen die Resultate, je weiter die Vergleichsperioden auseinander liegen.

Glücklicherweise gibt's aber für ein solches Varianten-Testing Unterstützung von Web-Analytics-Systemen oder zumindest von damit verwandten Tools. Diese ermöglichen es, unterschiedliche Versionen einer Seite zur gleichen Zeit zu testen. Dies erfolgt in der Form, dass einem Teil der Besucher die eine Variante eines Seitenelements, dem anderen die zweite Variante eingeblendet wird. Mittels statistischer Berechnungen erörtern die Systeme anschließend selbstständig, welche Variante die zielführendere ist. Als Benutzer des Systems kann man sich so auf die Erstellung von unterschiedlichen Varianten fokussieren und die statistischen Berechnungen dahinter dem Tool überlassen.

15.2.2 A/B- und multivariates Testing

Testing-Systeme unterstützen im Normalfall zwei Testverfahren: A/B-Tests und multivariate Tests. Das A/B-Testverfahren ermöglicht es, zwei komplett unterschiedliche Webseiten gegeneinander zu testen. Diese können sich zum Beispiel durch ein komplett unterschiedliches Design oder durch andere Inhalte und Bildwelten unterscheiden. Auch businesskritische Prozesse wie einen neuen Bestellprozess kann man so testen. Hat man in einer Überarbeitungsrunde einen Bestellprozess zum Beispiel auf weniger Schritte als bisher verschlankt, schaltet man den neuen Prozess für einen Bruchteil der Besucher bereits auf und vergleicht den Erfolg mit jenem des herkömmlichen Prozesses. Nur wenn der neue Prozess besser in Bezug auf die Zielerreichung abschneidet, wird man ihn für alle Besucher live schalten.

Nachteilig beim A/B-Test ist zum einen, dass man nur wenige, dafür offensichtliche Unterschiede einander gegenüberstellen kann. Zum anderen ist der Aufwand nicht zu unterschätzen, da man immer auch eine zweite eigenständige Version von etwas braucht, also ein zweites Design, einen zweiten Bestellprozess usw. Das Risiko besteht zudem, dass der Aufwand für die zweite Variante Eulen nach Athen tragen bedeutet – nämlich dann, wenn sich herausstellt, dass die bestehende Variante die bessere ist und den Test gewinnt. In der Praxis mögen genau dieses Risiko leider nur wenige auf sich nehmen. Zu groß ist die Angst vor möglicher, wenn auch unbegründeter, Kritik. Für businesskritische Prozesse, wo man mit jeder falschen Anpassung bereits bedeutende Verluste einfahren kann, sollte man sich solche Tests aber unbedingt leisten.

Will man nicht zwei komplett unterschiedliche Varianten einer Seite, dafür mehrere leicht modifizierte Inhaltsbereiche gegeneinander testen, dann eignen sich multivariate Tests. Multivariate Tests sind ein Segen für all jene, die schon immer ein Faible für Details hatten. Denn damit lassen sich Feinheiten anpassen und verbessern – und man hat zudem den Beleg dafür, wie diese Feinheiten Großes bewirken. Momentan ist multivariates Testing wohl noch das am meisten unterschätzte Instrument für die Optimierung einer Website – das könnte sich aber bald ändern.

Bei multivariaten Tests teilt man eine Seite in verschiedene Inhaltsbereiche wie Titel, Bild, Text und Action-Button auf, so wie Abbildung 15.9 schematisch aufzeigt.

Für jeden Bereich lassen sich nun unterschiedliche Inhalte festlegen, von denen man Gewissheit möchte, welcher am besten bei den Besuchern ankommt bzw. am meisten zum Website-Erfolg beiträgt. Bei der Gestaltung einer Landing Page für eine Sommeraktion eines Telekom-Anbieters wären so zum Beispiel je Bereich die Inhalte aus Abbildung 15.10 mögliche Inhaltselemente.

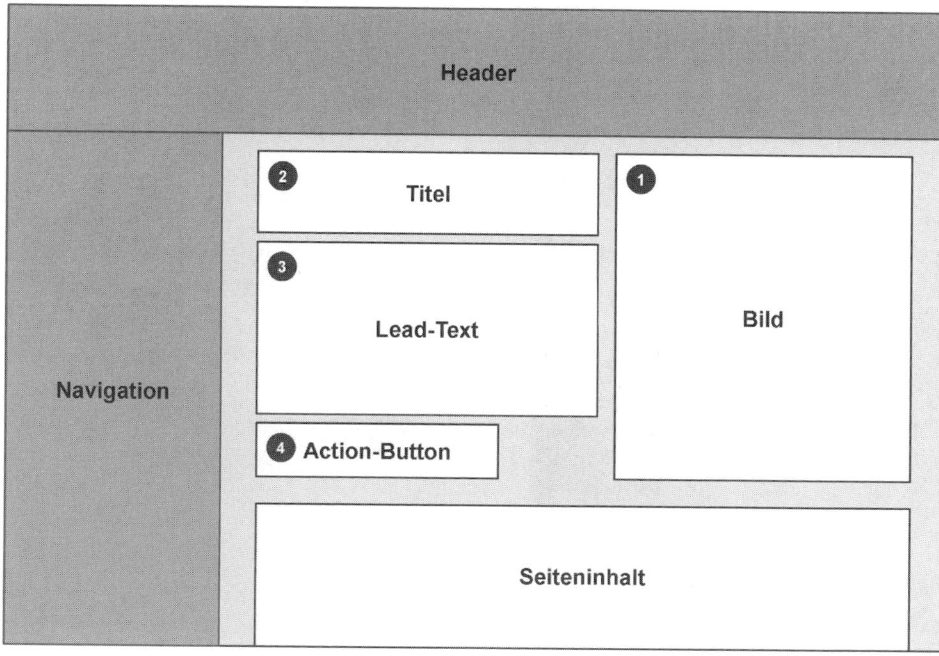

Abb. 15.9: Schematische Aufteilung einer Seite in verschiedene Elemente

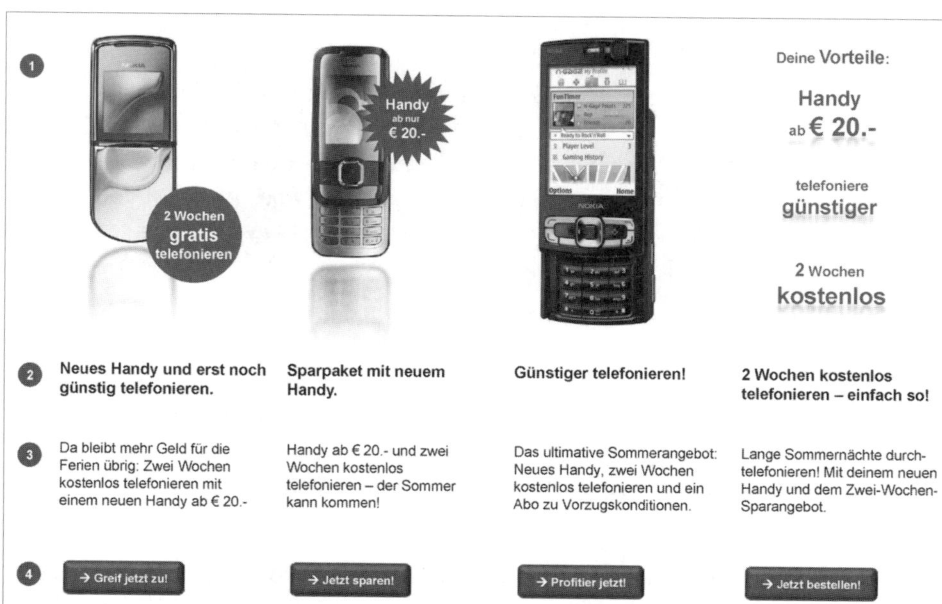

Abb. 15.10: Vier Varianten für jeden der vier Inhaltsbereiche einer Landing Page

Aus diesen Elementen lässt sich nun der Promotionsbereich der Landing Page zusammenbauen. Abbildung 15.11 zeigt zwei mögliche Varianten solcher resultierender Inhalte.

Abb. 15.11: Zwei Varianten des Landing-Page-Promotionsbereichs

Bereits bei vier Inhaltsbereichen mit je vier Varianten wird ersichtlich, wie kompliziert Variantentests sind. Denn interessant ist ja nicht nur, welches Bild nun am meisten zur Conversion beiträgt, sondern auch, in welcher Kombination mit welchem Titel, welchem Text und welchem Button dies am besten funktioniert. Nicht zwingend muss nämlich die Kombination der jeweilig besten Inhalte der einzelnen Bereiche die optimale Gesamtkombination ergeben. So kann beispielsweise der Button GREIF JETZT ZU! für sich alleine am wirksamsten sein. In der Gesamtkombination kann jedoch auch jene Konstellation an Elementen gewinnen, die in sich am besten abgestimmt ist. Gewinnt die auf das Spar-Angebot fokussierte Kombination, dann könnte diese auch einen JETZT SPAREN!-Button enthalten, selbst wenn dieser für sich alleine vielleicht nicht ganz so erfolgreich ist.

Möchte man alle erdenklichen Kombinationsmöglichkeiten solcher Inhalte testen, dann gelangt man an eine Unzahl an Varianten. Bei vier Bereichen, für die jeweils vier Varianten zur Auswahl stehen (gemäß Abbildung 15.10), gelangt man so an vier hoch vier, also insgesamt 256 Kombinationsmöglichkeiten. Dass man für eine solche Vielfalt nicht mehr manuell, sondern mit Unterstützung durch ein Tool vorgehen muss, liegt auf der Hand.

Eines dieser Tools ist der Google Website Optimizer, der für Google-AdWords-Kunden kostenlos verfügbar ist. Das Tool ist in die AdWords-Kampagnenverwaltung eingebunden und ermöglicht einfache A/B- wie auch multivariate Tests. Etwas umfangreiche Systeme – zum Teil mit Integration in Web-Analytics-Systeme – bieten Hersteller wie Omniture, SiteSpect oder Maxymizer an.

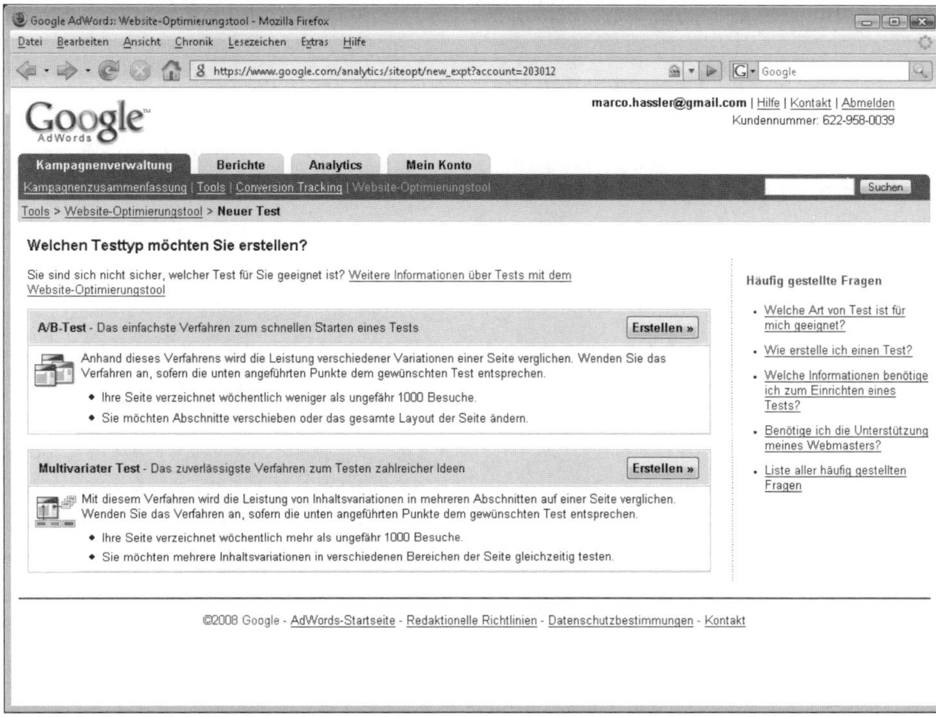

Abb. 15.12: Der Google Website Optimizer ist in die AdWords-Kampagnenverwaltung integriert.

15.2.3 Vorgehen zum Optimieren von Inhalten

Um Inhalte mittels eines solchen Testverfahrens zu optimieren, sollten Sie eine Vorgehensweise wählen, die folgende Schritte umfasst.

- Selektion der zu optimierenden Seiten
- Hypothesen aufstellen
- Testfälle ableiten und Varianten ausgestalten
- Festlegung von Zielen bzw. relevanter Conversions
- Technisches Präparieren der Seitenbereiche und Conversions
- Testlauf durchführen
- Auswerten und Gewinnervariante fest implementieren

Als Erstes wählen Sie jene Seiten aus, die Sie optimieren möchten. Da auch mit Unterstützung durch ein Testing-System einiges an Aufwand dahintersteht – zum Beispiel für die Ausgestaltung der verschiedenen Variationen der Inhalte –, werden Sie nur die zentralen Seiten einer Website derart optimieren können. Zentrale Seiten sind sicher die Homepage oder Landing Pages oder andere wichtige Einstiegsseiten. Solche weiteren Seiten finden Sie, indem Sie in Ihrem Web-Analytics-System die häufigsten Einstiegsseiten herausfiltern oder jene Seiten suchen, die einen hohen monetären Beitrag zum Website-Ziel leisten (zum Beispiel $Index in Google Analytics, vgl. Abschnitt 13.4).

Für diese Seiten sollten Sie sich anschließend genau überlegen, was Sie testen möchten. Es bringt wenig bis nichts, von einer bestehenden Seite einfach einmal Abweichungen zu gestalten, von denen man nicht der Überzeugung ist, dass sie eine Verbesserung bringen könnten. Stattdessen sollte jedem Testfall eine Hypothese zu Grunde liegen, die man überprüfen möchte. Interessante Hypothesen findet man insbesondere dort, wo in Web-Analytics-Auswertungen schwer erklärbare Ausreißer auftreten oder keine Datenbasis vorhanden ist. Typische Fragestellungen betreffen so zum Beispiel die Motivationen und Einstellungen von Besuchern oder das Besuchserlebnis und Design. Insbesondere sehr konträre Ausprägungen in solchen Bereichen fördern jeweils die nützlichsten Ergebnisse zu Tage. Eine solch konträre These könnte beispielsweise sein: »Eine emotionalere Kundenansprache bringt mehr Verkäufe ein als eine produktfokussierte« oder »Unsere Besucher reagieren mehr auf Angebote mit Preisreduktion als auf solche mit kostenlos angebotenen Zusatzdiensten.«

Solch interessante Hypothesen lassen sich anschließend in Testfälle umformulieren. Um eine emotionale einer produktorientierten Ansprache gegenüberzustellen, braucht man beispielsweise einen Promotionsbereich, in dem zwei Varianten platziert werden, die sich vielleicht im Bild, im Titel und im beschreibenden Text unterscheiden. Für diese Elemente überlegen Sie sich Variationen, die der einen oder anderen Hypothese beisteuern – also zum Beispiel ein Bild mit emotionaler Nahaufnahme einer Person und eines mit einem in Szene gesetzten Produkt. Alternativ können Sie natürlich Ihre Webagentur beauftragen, dies unter diesen Vorgaben zu gestalten.

Entscheidend für die spätere Auswertung der Tests ist die zugrunde liegende Messgröße. Bei multivariaten Tests wird schließlich aufgrund der Conversion Rate entschieden, welche Variante die effektivste ist. Demzufolge ist es wichtig, die richtige Conversion hinter den Testfall zu legen. Am besten nehmen Sie dazu wieder Ihre in Kapitel 12 definierten Ziel- bzw. Conversion-Pyramiden zur Hand. Mit ihnen sollte einfach ersichtlich sein, auf welche der Global- oder Sub-Conversions die zu optimierende Seite ausgerichtet ist.

Nun ist es Zeit für etwas Technik. Die zu optimierenden Seiten müssen präpariert werden, damit sie je Besucher unterschiedliche Kombinationen der Inhaltselemente ausgeben. Dies ist in der Regel eine einmalige technische Anpassung der betreffenden Seite, wo die IT-Abteilung oder die implementierende Agentur benötigt wird. Im Normalfall ist der technische Eingriff jedoch relativ klein. Im Wesentlichen werden die einzelnen Inhaltsbereiche der Seite, die später die unterschiedlichen Inhaltselemente aufnehmen, mittels Tags im HTML-Code markiert. Auch die Conversions, die als Messgrundlage dienen, müssen mit einem entsprechenden Codefragment versehen werden. Eine zusätzlich referenzierte JavaScript-Datei regelt anschließend die dynamische Anzeige der verschiedenen Varianten. Alles andere – zum Beispiel die Einpflege von Titel-, Text- und Bildvarianten – lässt sich später meist ohne Interaktion mit der IT-Abteilung steuern.

Nachdem Sie die unterschiedlichen Varianten in das System eingepflegt haben, lassen Sie den Test laufen. Automatisch werden nun unterschiedlichen Besuchern andere Varianten eingeblendet und deren Verhalten gemessen. Meist wird über ein Cookie sichergestellt, dass ein Besucher stets dieselbe Variante zu Gesicht bekommt, so dass er nicht bei Wiederbesuch der Seite durch unterschiedliche Inhalte verwirrt wird. Abhängig von der Besucherzahl, die die zu optimierende Seite besucht, werden Sie sich nun einige Tage oder gar Wochen gedulden müssen. Je näher die Varianten beieinanderliegen, desto mehr Besucher werden unter Umständen benötigt, damit das System eine signifikante Aussage bezüglich der einen oder anderen Variante machen kann. Das Test-System wird Sie jedoch benachrichtigen, sobald eine ausreichend große Grundgesamtheit vorhanden ist. Um Signifikanz und Versuchsdauer brauchen Sie sich deshalb nicht zu kümmern.

Je länger der Test läuft, desto klarer sollte sich ergeben, welche der Varianten am besten im Hinblick auf die definierte Conversion funktioniert. Der Google Website Optimizer wertet den Erfolg der einzelnen Inhaltsbereiche wie in Abbildung 15.13 dargestellt aus. Über horizontale Kerzendiagramme lässt sich so erkennen, inwieweit eine Variante eines Bereichs die Basisversion in puncto Conversion Rate übertrifft.

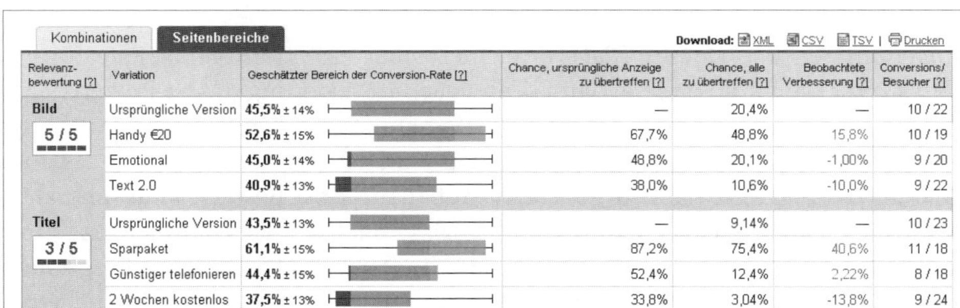
Kombinationen | Seitenbereiche
Download: XML CSV TSV | Drucken

Relevanz-bewertung [?]	Variation	Geschätzter Bereich der Conversion-Rate [?]	Chance, ursprüngliche Anzeige zu übertreffen [?]	Chance, alle zu übertreffen [?]	Beobachtete Verbesserung [?]	Conversions/ Besucher [?]
Bild 5 / 5	Ursprüngliche Version	45,5% ± 14%	—	20,4%	—	10 / 22
	Handy €20	52,6% ± 15%	67,7%	48,8%	15,8%	10 / 19
	Emotional	45,0% ± 14%	48,8%	20,1%	-1,00%	9 / 20
	Text 2.0	40,9% ± 13%	38,0%	10,6%	-10,0%	9 / 22
Titel 3 / 5	Ursprüngliche Version	43,5% ± 13%	—	9,14%	—	10 / 23
	Sparpaket	61,1% ± 15%	87,2%	75,4%	40,6%	11 / 18
	Günstiger telefonieren	44,4% ± 15%	52,4%	12,4%	2,22%	8 / 18
	2 Wochen kostenlos	37,5% ± 13%	33,8%	3,04%	-13,8%	9 / 24

Abb. 15.13: Geschätzte Conversion Rate und Verbesserungswahrscheinlichkeit von Varianten je Seitenbereich

Auch die zahlreichen Kombinationen der Varianten werden so ausgewertet. Abbildung 15.14 zeigt eine solche Auswertung im Google Website Optimizer. Im Idealfall zeigt sich so eindeutig, welche Kombination die beste ist. Liegen mehrere Kombinationen nahe beieinander, kann man immer noch aufgrund von persönlichem Gutdünken entscheiden, welche nun fest auf der Seite implementiert werden soll.

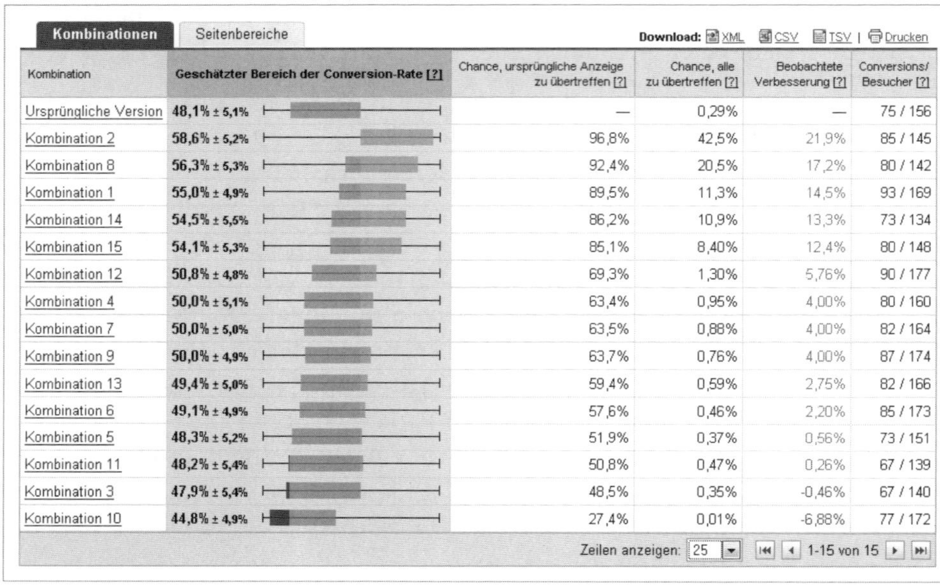
Kombinationen | Seitenbereiche — Download: XML CSV TSV | Drucken

Kombination	Geschätzter Bereich der Conversion-Rate [?]	Chance, ursprüngliche Anzeige zu übertreffen [?]	Chance, alle zu übertreffen [?]	Beobachtete Verbesserung [?]	Conversions/ Besucher [?]
Ursprüngliche Version	48,1% ± 5,1%	—	0,29%	—	75 / 156
Kombination 2	58,6% ± 5,2%	96,8%	42,5%	21,9%	85 / 145
Kombination 8	56,3% ± 5,3%	92,4%	20,5%	17,2%	80 / 142
Kombination 1	55,0% ± 4,9%	89,5%	11,3%	14,5%	93 / 169
Kombination 14	54,5% ± 5,5%	86,2%	10,9%	13,3%	73 / 134
Kombination 15	54,1% ± 5,3%	85,1%	8,40%	12,4%	80 / 148
Kombination 12	50,8% ± 4,8%	69,3%	1,30%	5,76%	90 / 177
Kombination 4	50,0% ± 5,1%	63,4%	0,95%	4,00%	80 / 160
Kombination 7	50,0% ± 5,0%	63,5%	0,88%	4,00%	82 / 164
Kombination 9	50,0% ± 4,9%	63,7%	0,76%	4,00%	87 / 174
Kombination 13	49,4% ± 5,0%	59,4%	0,59%	2,75%	82 / 166
Kombination 6	49,1% ± 4,9%	57,6%	0,46%	2,20%	85 / 173
Kombination 5	48,3% ± 5,2%	51,9%	0,37%	0,56%	73 / 151
Kombination 11	48,2% ± 5,4%	50,8%	0,47%	0,26%	67 / 139
Kombination 3	47,9% ± 5,4%	48,5%	0,35%	-0,46%	67 / 140
Kombination 10	44,8% ± 4,9%	27,4%	0,01%	-6,88%	77 / 172

Zeilen anzeigen: 25 — 1-15 von 15

Abb. 15.14: Die Kombinationsauswertung zeigt die optimale Kombination der Inhaltselemente an.

Im gewählten Beispiel hat die in Abbildung 15.11 rechts dargestellte Kombination der Elemente im Promotionsbereich eine Verbesserung der Conversion um rund 22 Prozent eingebracht. Dies kann beträchtlich sein, wenn man sich folgendes Rechenbeispiel vor Augen führt:

Angenommen, die Landing Page erreichte bisher eine Conversion Rate für ein Verkaufsziel von drei Prozent, dann bedeutet eine Steigerung um 22 Prozent, dass die Conversion Rate mit der betreffenden Variante 3,7 Prozent beträgt. Das klingt vielleicht erst mal nach wenig, bei bedeutenden Besucherzahlen schlägt das aber deutlich zu Buche. Gelangen in einem Monat 100.000 Besucher auf eine aktiv beworbene Landing Page, dann heißt dies, dass man vor der Optimierung 3.000 und nachher 3.700 Bestellungen erzielen konnte. Bringt jede Bestellung einen Gewinnbeitrag von durchschnittlich € 12, dann macht dies einen Differenzbetrag von jährlich über € 100.000 aus. Unter solchen Umständen werden sich die Investitionen in Variantentests rasch lohnen.

15.2.4 Allgemeine Tipps für die Inhaltsoptimierung

Genauso wie Web Analytics selbst ist auch multivariates Testing eine Vorgehensweise, die hilft, Probleme aufzudecken und die richtigen Entscheidungen zu fällen. Das Denken und Finden von Lösungen wird einem jedoch nicht abgenommen – das bleibt die herausfordernde, aber auch die spannende Aufgabe des Web-Analysten.

Um Lösungen bzw. Optimierungsmöglichkeiten für eine Website zu finden, ist es deshalb stets hilfreich, auf grundlegendes Web-Wissen zurückgreifen zu können. Gerade bei Inhaltsoptimierungen liegen die Verbesserungspotenziale meist darin, Usability-Hürden aus dem Weg zu schaffen oder die Benutzer und deren Ziele, Bedürfnisse und Motivationen besser verstehen zu lernen. Dazu lohnt es sich, über den Tellerrand von Web Analytics hinauszublicken und sich etwas mit nutzerzentriertem Design und Usability vertraut zu machen. Eine Koryphäe auf diesem Gebiet ist Jakob Nielsen, der praktisch schon seit Anbeginn des Webs sich mit der Nutzbarkeit von Webangeboten auseinandersetzt. In einem seiner bekanntesten Werke, *Prioritizing Web Usability*, untersucht er zusammen mit Hoa Loranger die häufigsten Usability-Fehler, die namhafte Unternehmen auf ihrer Website machen. Davon kann man gut lernen, wenn es darum geht, das eigene Angebot zu optimieren – oder auch nur, um daraus Hypothesen zu formulieren, die man an den eigenen Website-Besuchern testen kann.

Tipps für das Texten von Inhalten

Zu den wichtigsten Punkten für die Gestaltung und Optimierung von Texten auf Websites zählen demnach die folgenden:

- Schreiben Sie exakte und beschreibende Titel und Unterüberschriften.
- Verwenden Sie kurze Sätze mit prägnanten Aussagen.
- Schreiben Sie in einer einfachen Sprache, die auch ein Zwölfjähriger verstehen würde.
- Verwenden Sie keine internen Begriffe oder Produktnamen in Navigationen oder Überschriften.
- Zählen Sie im Hauptinhalt Fakten auf und keine verschwommenen Verkaufsbotschaften.
- Schreiben Sie Texte, die gut »scannbar« sind, das heißt, die man schnell überfliegen kann. Wichtige Elemente dafür sind kurze Absätze, zahlreiche Untertitel, Aufzählungspunkte oder die Hervorhebung wichtiger Begriffe.
- Die ersten zwei Sätze einer Seite sind entscheidend dafür, ob weitergelesen wird. Bringen Sie die wichtigste Information der Seite hier unter.

- Achten Sie auf die Aktualität von Inhalten.
- Fassen Sie die Kernaussage zusammen.
- Setzen Sie Links innerhalb des Textes.
- Verwenden Sie spezifische und das Ziel treffend beschreibende Linktexte (zum Beispiel »mehr Wirtschafts-Nachrichten« statt nur »mehr«).

Tipps für die grafische Gestaltung von Websites

Bei der Gestaltung eines Webdesigns, aber auch von einzelnen Designelementen, Grafiken oder Teasern empfiehlt es sich, Folgendes zu beachten:

- Achten Sie auf einen konsistenten Aufbau der Seiten bzw. der Informationsarchitektur. Dies bedeutet, dass zum Beispiel die Navigation durchgängig links, Kontextinformationen stets rechts auf all Ihren Seiten zu finden sind.
- Strukturieren Sie auch innerhalb des Inhaltsbereichs Informationseinheiten entsprechend, so dass ein Besucher schnell versteht, in welchem Seitenbereich er welche Informationsarten vorfindet.
- Achten Sie darauf, dass die wichtigen Inhalte auch ohne Scrollen im sichtbaren Bereich des Browserfensters zu sehen sind.
- Verwenden Sie keine Designelemente, die wie Banner aussehen. Besucher werden diese aus Gewohnheit gedanklich einfach ausblenden.
- Achten Sie auf einen hohen Kontrast zwischen Text und Hintergrund. Dies ermöglicht die Lesbarkeit auch für Personen mit einer Sehbehinderung (zum Beispiel Farbenblindheit).
- Ermöglichen Sie eine Skalierbarkeit der Schrift, damit sehbehinderte Menschen die Schriftgröße über die Browsereinstellung beeinflussen können.
- Verwenden Sie keine sich bewegenden Bilder oder Textboxen, die man zur Betrachtung der Inhalte scrollen muss.
- Verwenden Sie Standardelemente für Formulare, ohne diese weiter zu formatieren, zum Beispiel für Buttons, Eingabefelder, Optionsfelder und Auswahllisten. Eigenkreationen werden häufig nicht als solche erkannt.

Tipps für Navigationselemente

Die Navigation ist eines der zentralen Hilfsmittel, damit sich Besucher durch die Website bewegen können. Achten Sie deshalb besonders auf folgende Bereiche:

- Die Navigation sollte konsistent über alle Seiten sein und sich überall gleich verhalten.

- Achten Sie auf kurze Navigationspfade, das heißt wenige Klicks, bei den zentralen, sprich meistnachgefragten, Inhalten. Es müssen jedoch nicht alle Inhalte mit drei Klicks erreichbar sein, wie dies manchmal proklamiert wird.
- Die Navigationsstruktur einer Website sollte auf die Benutzerbedürfnisse ausgerichtet sein. Navigationen, die hauptsächlich die interne Organisation abbilden, sind meistens nicht verständlich für einen Besucher.
- Verwenden Sie für die Navigation oder andere Bedienungselemente kein Flash. Es gibt immer noch Benutzer, die kein Flash installiert haben (zum Beispiel vielfach bei Banken aus Sicherheitsgründen am Arbeitsplatz nicht erlaubt).
- Dem Benutzer sollte auf jeder Seite klar sein, woher er kommt, wo er ist und wohin er gehen kann. Nützliche Elemente dafür sind eine Navigation mit Auszeichnung des hierarchischen Pfads, ein Bread Crumb Trail (»Brotkrümel-Pfad«) sowie deutlich als solche gekennzeichnete Links.
- Alles, was auf einer Seite anklickbar ist (Navigation, Link, Teaser, Button etc.), sollte als solches sofort ersichtlich sein – auch ohne mit der Maus darüberfahren zu müssen.
- Verwenden Sie keine Popups – oder nur in absoluten Ausnahmefällen. Popups werden von Popup-Blockern geblockt oder nerven Ihre Benutzer.
- Links öffnen die dahinterstehende Seite im gleichen Fenster. Sich in neuen Fenstern öffnende Links sind ärgerlich für Besucher. Das geflügelte Wort für ständig neue Browserfenster nennt sich »Window Polution« (Fensterverschmutzung). Einzig für Links, die auf eine Drittsite verweisen, hat es sich eingebürgert, diese in einem neuen Fenster zu öffnen.
- Der Zurück-Button des Browsers muss immer funktionieren – auch in Bestellprozessen und Applikationen. Dort ist es meist eine technische Schwierigkeit, dies sauber zu implementieren. Für Benutzer ist es jedoch ein extremes Ärgernis, wenn der Zurück-Button nicht funktioniert und alle vorgängigen Eingaben beispielsweise in einem Bestellprozess verloren gehen.

Tipps für die Darstellung von Produkten

Wenn Sie online Produkte anbieten oder verkaufen, sollten Sie auf folgende Punkte achten:

- Verwenden Sie qualitativ hochwertige Inhalte zur Verkaufsunterstützung. Dies können zum Beispiel Zusatzinformationen zum Gebrauch des Produktes oder unbeschönigte Erfahrungsberichte von Kunden sein.
- Der Preis eines Produktes sollte direkt sichtbar sein. Der Preis ist eine so zentrale Produkteigenschaft, dass es hinderlich ist, ihn nicht anzugeben. Geben

Sie ungefähre oder empfohlene Verkaufspreise an, falls die Vertriebsbeziehungen dies erfordern. Das ist immer noch besser, als keinen Preis anzugeben.

- Geben Sie zusätzliche Kosten wie Lieferkosten so früh wie möglich an. Es ist ärgerlich für Besucher und entzieht Ihnen jedes Vertrauen, wenn er diese erst im letzten Schritt des Bestellprozesses aufs Auge gedrückt bekommt.
- Beschreiben Sie die Produkte so detailliert wie möglich. Listen Sie Fakten auf und klären Sie alle möglichen Fragen, die ein Besucher haben könnte.
- Bieten Sie die Möglichkeit, große Produktbilder aufzurufen, wenn möglich aus verschiedenen Perspektiven.

Tipps für die technische Lösung

Bei der technischen Implementierung einer Website gilt es, aus Benutzersicht auf Folgendes zu achten:

- Halten Sie sich an Standards, insbesondere jene des World Wide Web Consortiums (W3C). In solchen Standards ist zum Beispiel definiert, wie HTML valide einzusetzen ist.
- Setzen Sie nicht auf die allerneuesten Technologien oder Plug-ins. Es kann nicht davon ausgegangen werden, dass der durchschnittliche Benutzer diese bereits einsetzt oder extra für Sie downloadet.
- Verwenden Sie keine Framesets. Diese verursachen Probleme für Besucher mit eingeschränkten Bedienungsfähigkeiten und sind kritisch für die Suchmaschinen-Auffindbarkeit.
- Optimieren Sie nicht nur für einen Browser, sondern testen Sie die Funktionsweise auch mit weiteren, häufig eingesetzten Browsern. Als Anhaltspunkt für die zu unterstützenden Browser können Sie aus dem Web-Analytics-System jene Browserversionen auslesen, die 80 Prozent oder 90 Prozent der neuen Besucher einsetzen.
- Achten Sie auf kurze Ladezeiten für die Inhaltsseiten.
- Verwenden Sie einfach zu merkende, sprechende URLs (vgl. Kasten in Abschnitt 9.1).

15.3 Marketing-Aktivitäten analysieren und optimieren

Wenn es darum geht, die Wirksamkeit von Werbemaßnahmen oder Marketing-Aktivitäten zu beurteilen, dann sollte man einige unterstützende und etablierte Modelle zu Rate ziehen. Ein solches ist das AIDA-Modell, ein Stufenmodell über vier oder fünf Phasen, die ein Kunde durchläuft, bis er letztendlich die Kaufentscheidung fällt. AIDA ist ein Akronym, das sich aus den Anfangsbuchstaben der einzelnen Phasen zusammensetzt:

- **A**ttention (Aufmerksamkeit) Die Aufmerksamkeit des Kunden wird angeregt.
- **I**nterest (Interesse) Er interessiert sich für das Produkt oder die Dienstleistung.
- **D**esire (Verlangen) Der Wunsch oder das Verlangen nach dem Produkt wird geweckt.
- **A**ction (Handeln) Der Kunde kauft das Produkt oder führt sonst eine gewünschte Aktion durch.

In letzter Zeit wird das Modell gerne noch um eine weitere Stufe, die Satisfaction (Zufriedenheit), erweitert, um eine etwas höhere Kundenorientierung zu erreichen. Während für eine dialogorientierte Marktkommunikation andere Modelle mittlerweile mehr Unterstützung bieten, ist das AIDA-Prinzip für die Beurteilung und Optimierung einstufiger Werbemaßnahmen wie Banner, AdWords oder E-Mail immer noch äußerst treffend – selbst wenn das Modell nun doch schon einige Jahre auf dem Buckel hat.

Die »Attention« betrachtet so zum Beispiel, inwieweit es einer Anzeige gelingt, die Aufmerksamkeit eines Benutzers auf sich zu lenken. Mit »Interest« wird untersucht, inwiefern die Botschaft der Anzeige ankommt und das Interesse des Betrachters geweckt wird. »Desire« zeigt den Nutzeranteil, der sich effektiv konkret mit den Eigenschaften des Angebots auseinandersetzt. Als »Action« wird schließlich bezeichnet, wenn ein Besucher eine gewünschte Aktion, wie den Kauf eines Produkts oder sonst eine Conversion, ausführt.

15.3.1 Aufmerksamkeit, Interesse, Verlangen und Handeln steigern

Ob eine Kampagne erfolgreich ist, entscheidet sich also nicht nur in Form der kommunizierten Botschaft und der Ausgestaltung des Werbemediums. Zu einem wesentlichen Teil liegt der Erfolg darin, wie die Kampagne auf der Website fortgesetzt und bis zum Abschluss geführt wird. Im Prinzip stellt die Marketing-Aktivität außerhalb der Website dann die Verlängerung eines Trichters dar, wie Sie ihn in Abschnitt 15.1.3 kennen gelernt haben. Auch hier gilt es, von der Kampagne bis zur Conversion eine wohlgeformte Trichterform zu haben, so wie in Abbildung 15.15 dargestellt. Liegt der Flaschenhals oder die Verengung weiter oben, spricht dies dafür, dass die Kampagne nicht ganzheitlich durchdacht, das heißt nicht durchgängig bis auf die Conversion ausgerichtet ist. Dies ist beispielsweise dann der Fall, wenn die Botschaft einer Anzeige zwar bei vielen Leuten Interesse weckt, jedoch das Versprechen auf der Website nicht eingelöst wird.

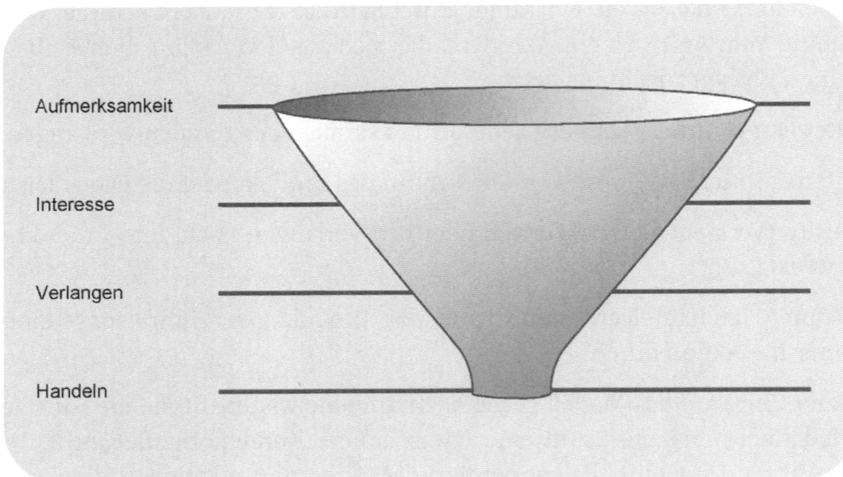

Abb. 15.15: Ausgewogener Besucher-Trichter von der Attention bis zur Action

In manchen Web-Analytics-Systemen lassen sich nun Kampagnendaten wie Impression-Zahlen von Werbeschaltungen hinterlegen, so dass die Form solcher erweiterter Trichter genau wie für Konvertierungspfade analysiert werden können. Abbildung 15.16 zeigt so einen um weitere Stufen erweiterten Trichter.

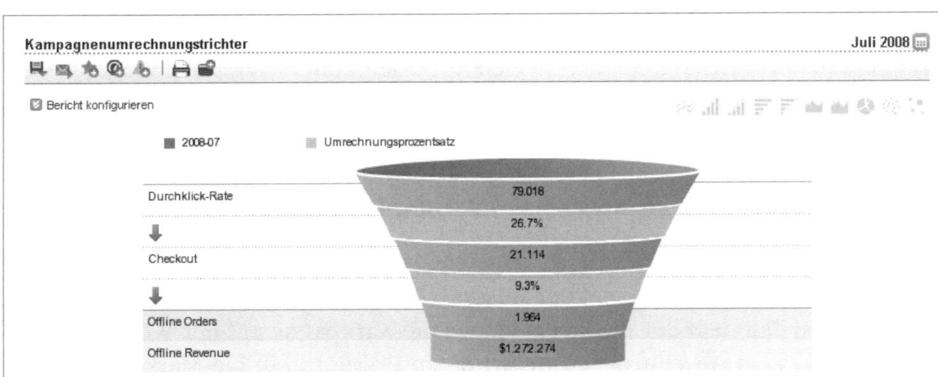

Abb. 15.16: Kampagnentrichter in Omniture SiteCatalyst

Allerdings handelt es sich dabei um eine ziemliche High-Level-Betrachtung, die sich für Optimierungsschritte nur bedingt eignet. Interessant wäre nämlich, nicht für eine ganze Kampagne, sondern zum Beispiel für jeden einzelnen Banner je geschalteter Plattform oder jedes einzelne Keyword einer AdWords-Anzeige einen solchen Trichter zu haben. Oft lassen sich dann erst in dieser Tiefe der Analyse sinnvolle Maßnahmen ableiten.

Trichter-Analysen auf Anzeigen- oder Keyword-Ebene bieten allerdings die wenigsten Web-Analytics-Systeme an. Für die Detailbeurteilung lassen sich jedoch auch einige Metriken heranziehen, die die einzelnen Phasen des AIDA-Modells untersuchen und sozusagen die Breite des Flaschenhalses auf den einzelnen Stufen des Trichters messen. Zu diesen Metriken je Phase zählen:

- Für die Aufmerksamkeit: Klickrate (Klicks pro Einblendungen) auf ein AdWord oder einen Banner, Öffnungsrate einer E-Mail.
- Für das Interesse: Seitenhaftung der Landing Page (das heißt, Komplement zu Absprungrate bzw. »1 minus Absprungrate«).
- Für das Verlangen: Betrachtete Seiten je Besuch, durchschnittliche Besuchszeit.
- Für das Handeln: Conversion, ROI.

Solche Metriken bieten Web-Analytics-Systeme oft bis auf Anzeigen- oder Keyword-Ebene an. Abbildung 15.17 zeigt, wie Google Analytics diese Metriken für einzelne Keywords eines AdWords ausgibt. So wird ersichtlich, dass zum Beispiel bei derselben Anzeige eine deutlich höhere Verweildauer auf der Website resultierte, wenn Besucher nach dem Keyword »occasion notebook« als nur nach »notebook« suchten. Das Verlangen bzw. der Wunsch nach dem angebotenen Produkt scheint sich also bei Besuchern, die ersteres Keyword formulieren, stärker auszuprägen.

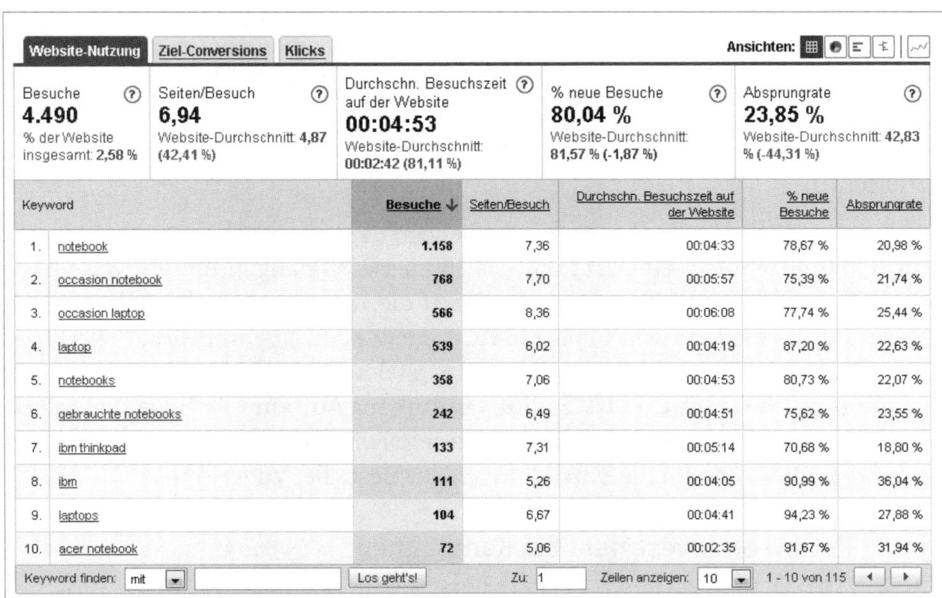

	Keyword	Besuche ↓	Seiten/Besuch	Durchschn. Besuchszeit auf der Website	% neue Besuche	Absprungrate
1.	notebook	1.158	7,36	00:04:33	78,67 %	20,98 %
2.	occasion notebook	768	7,70	00:05:57	75,39 %	21,74 %
3.	occasion laptop	566	8,36	00:06:08	77,74 %	25,44 %
4.	laptop	539	6,02	00:04:19	87,20 %	22,63 %
5.	notebooks	358	7,06	00:04:53	80,73 %	22,07 %
6.	gebrauchte notebooks	242	6,49	00:04:51	75,62 %	23,55 %
7.	ibm thinkpad	133	7,31	00:05:14	70,68 %	18,80 %
8.	ibm	111	5,26	00:04:05	90,99 %	36,04 %
9.	laptops	104	6,67	00:04:41	94,23 %	27,88 %
10.	acer notebook	72	5,06	00:02:35	91,67 %	31,94 %

Abb. 15.17: Website-Nutzungsmetriken von Besuchern via Google AdWords

Nimmt man noch die Click-Trough-Rate (CTR), das heißt die Klickrate auf ein Keyword, sowie die Conversion-Zahlen je Keyword dazu, dann kann man damit je Keyword ablesen, wie gut dieses auf die einzelnen AIDA-Phasen abgestimmt ist. Greift man nun zu Microsoft Excel und trägt die einzelnen Metriken je Anzeige oder Keyword zusammen, dann kann man gar so genannte Mikro-Trichter wie in Abbildung 15.18 erstellen. Diese zeigen übersichtlich, wie gut jede einzelne Anzeige, jeder Banner oder gar jedes Keyword in puncto Aufmerksamkeit, Interesse, Verlangen und Handlung performt.

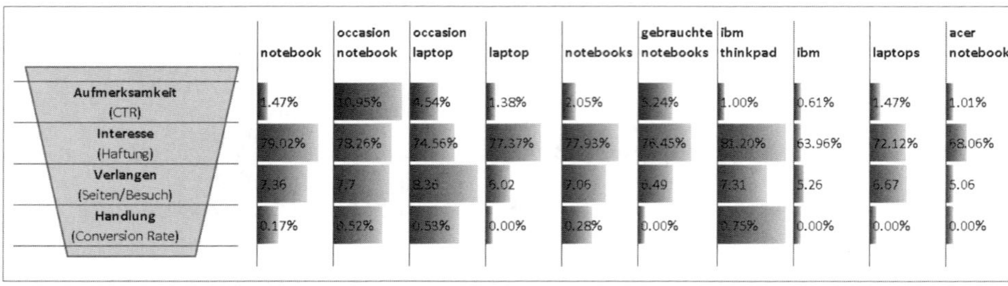

Abb. 15.18: »Mikro-Trichter« für jedes Keyword mit Microsoft Excel visualisiert

Für die Anzeige »occasion notebook« zum Beispiel ergibt sich ein sehr ausgeglichenes Verhältnis in den einzelnen Schritten. Die Botschaft in der Anzeige adressiert offenbar den Benutzer geradezu optimal. Auch die Landing Page auf der Website scheint die Message der Anzeige gut weiterzuspinnen – zumal lediglich rund 20 Prozent der Besucher die Website direkt wieder verlassen. Auch die Detailinformationen auf den Unterseiten scheinen überzeugend zu sein und führen im Vergleich zu den anderen Anzeigen zu einer hohen Zahl an Seitenaufrufen und Conversions. Anzeigen mit einem so stimmigen Bild sollte man unbedingt und massiv forcieren, denn da hat man offenbar den Nerv der Zielgruppe genau getroffen.

Bei der Anzeige »ibm thinkpad« werden jedoch dank dem Mikro-Trichter Mängel umgehend ersichtlich. Hier ist zwar das Interesse, Verlangen und die ausgelöste Handlung auch sehr positiv. Jedoch entbehrt die Anzeige offensichtlich jeglicher Attraktion. In so einem Fall muss die Aussage der Anzeige unbedingt attraktiver gestaltet werden. Gelingt dies nämlich, dann ist der Erfolg gewiss, da die Metriken zu Interesse, Verlangen und Handlung stimmen. Auf eine Anzeige wie »ibm« hingegen kann man getrost verzichten. Diese scheint zu generisch zu sein und in keiner der AIDA-Phasen die Vorstellungen der Besucher zu treffen.

15.3.2 Return on Investment bei Kampagnen

Die Conversion Rate ab einer Anzeige ist so etwas wie die integrale Betrachtung der Abstimmung von Anzeige und dahinterliegendem Website-Angebot. Damit lässt sich exzellent bestimmen, wie die Gesamtqualität einer Kampagne von der Kundenansprache bis hin zum Abschluss ist.

Sobald Kosten und Investitionen im Spiel sind – bei Kampagnen eigentlich immer der Fall –, interessiert jedoch nicht nur die Qualität, sondern auch wie viel denn diese Qualität gekostet hat. Das Element für die gesamtheitliche Betrachtung auf monetärer Ebene heißt Return on Investment. In Abschnitt 13.4 haben Sie den ROI und seine Berechnung bereits kennen gelernt. Diese Metrik berücksichtigt nicht nur die Kosten von Marketing-Aktivitäten, sondern zieht auch die Conversion und den Wert einer Conversion mit in die Betrachtung ein.

Abbildung 15.19 zeigt in der zweiten Spalte von rechts automatische ROI-Berechnung für einzelne Kampagnen bzw. Google-AdWords-Begriffe an. Auch eine Margen-Berechnung, die die prozentuale Differenz zwischen Ausgaben und Einnahmen angibt, wird in der letzten Spalte direkt je Keyword ausgegeben. Damit lässt sich schon einmal auf einen Blick erkennen, welche Anzeigen sich rentieren und daher forciert werden sollten und welche sich eigentlich nicht lohnen.

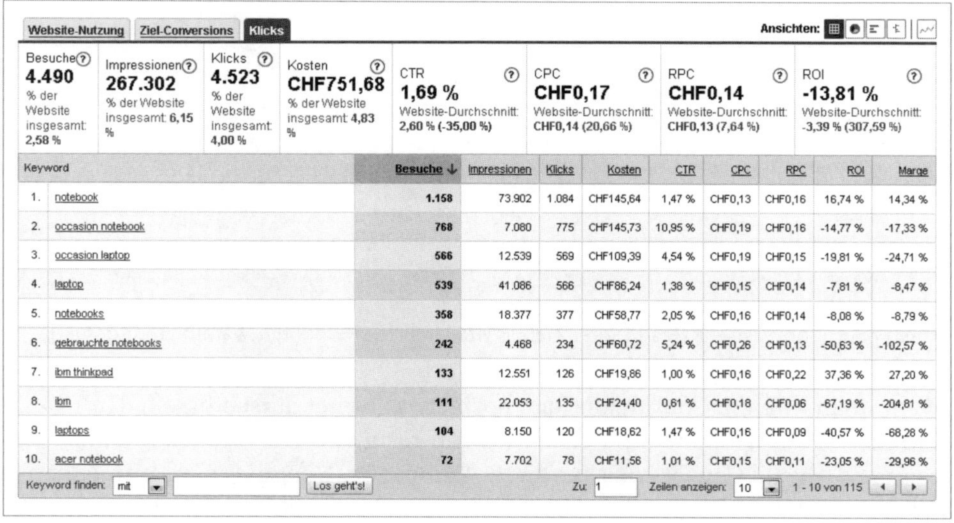

Website-Nutzung | Ziel-Conversions | Klicks — Ansichten:

Besuche	Impressionen	Klicks	Kosten	CTR	CPC	RPC	ROI
4.490	267.302	4.523	CHF751,68	1,69 %	CHF0,17	CHF0,14	-13,81 %
% der Website insgesamt: 2,58 %	% der Website insgesamt: 6,15 %	% der Website insgesamt: 4,00 %	% der Website insgesamt: 4,83 %	Website-Durchschnitt: 2,60 % (-35,00 %)	Website-Durchschnitt: CHF0,14 (20,66 %)	Website-Durchschnitt: CHF0,13 (7,64 %)	Website-Durchschnitt: -3,39 % (307,59 %)

	Keyword	Besuche ↓	Impressionen	Klicks	Kosten	CTR	CPC	RPC	ROI	Marge
1.	notebook	1.158	73.902	1.084	CHF145,64	1,47 %	CHF0,13	CHF0,16	16,74 %	14,34 %
2.	occasion notebook	768	7.080	775	CHF145,73	10,95 %	CHF0,19	CHF0,16	-14,77 %	-17,33 %
3.	occasion laptop	566	12.539	569	CHF109,39	4,54 %	CHF0,19	CHF0,15	-19,81 %	-24,71 %
4.	laptop	539	41.086	566	CHF86,24	1,38 %	CHF0,15	CHF0,14	-7,81 %	-8,47 %
5.	notebooks	358	18.377	377	CHF58,77	2,05 %	CHF0,16	CHF0,14	-8,08 %	-8,79 %
6.	gebrauchte notebooks	242	4.468	234	CHF60,72	5,24 %	CHF0,26	CHF0,13	-50,63 %	-102,57 %
7.	ibm thinkpad	133	12.551	126	CHF19,86	1,00 %	CHF0,16	CHF0,22	37,36 %	27,20 %
8.	ibm	111	22.053	135	CHF24,40	0,61 %	CHF0,18	CHF0,06	-67,19 %	-204,81 %
9.	laptops	104	8.150	120	CHF18,62	1,47 %	CHF0,16	CHF0,09	-40,57 %	-68,28 %
10.	acer notebook	72	7.702	78	CHF11,56	1,01 %	CHF0,15	CHF0,11	-23,05 %	-29,96 %

Keyword finden: mit | Los geht's! | Zu: 1 | Zeilen anzeigen: 10 | 1 - 10 von 115

Abb. 15.19: Keyword-Kosten und daraus berechnete monetäre Metriken

Um jedoch eine Optimierung voranzutreiben, lohnt sich folgende differenziertere Überlegung: Der Return on Investment besteht aus dem Verhältnis zwischen Gewinnbeitrag und Investition, oder anders ausgedrückt dem Wert einer Conversion und den Kosten dieser Conversion. Der Wert einer Conversion ist jener, den man für die Erreichung eines bestimmten Ziels hinterlegt hat – so wie in Abschnitt 13.4 erarbeitet. Die Kosten einer Conversion erhält man hingegen, indem man die Kosten der gesamten Kampagne ins Verhältnis zur Conversion

Rate setzt. Die Kosten je Kampagne sind bekannt – das ist die Media-Rechnung, die man für die Schaltung der Anzeigen erhält. Für AdWords oder andere in das Analytics-System integrierte Kampagnenkosten sind diese auch direkt in den Auswertungen ersichtlich, zum Beispiel in der vierten Zahlenspalte in Abbildung 15.19. Die Conversion Rate erhält man dann, wenn man zu einer Kampagne auch das betreffende Conversion-Ereignis hinterlegt hat. Google Analytics zeigt diese zum Beispiel in einer eigenen Ansicht für alle hinterlegten Ziele (siehe Abbildung 15.20).

	Keyword	Besuche ↓	Detailansicht	Produkt in Warenkorb	Kontakt-Aufnahme	Ziel-Conversion-Rate	Zielwert pro Zugriff
1.	notebook	1.158	47,93 %	0,17 %	0,00 %	48,10 %	CHF0,15
2.	occasion notebook	768	54,95 %	0,52 %	0,00 %	55,47 %	CHF0,16
3.	occasion laptop	566	50,53 %	0,53 %	0,00 %	51,06 %	CHF0,15
4.	laptop	539	48,79 %	0,00 %	0,00 %	48,79 %	CHF0,15
5.	notebooks	358	49,16 %	0,28 %	0,00 %	49,44 %	CHF0,15
6.	gebrauchte notebooks	242	40,50 %	0,00 %	0,00 %	40,50 %	CHF0,12
7.	ibm thinkpad	133	66,17 %	0,75 %	0,00 %	66,92 %	CHF0,21
8.	ibm	111	25,23 %	0,00 %	0,00 %	25,23 %	CHF0,07
9.	laptops	104	35,58 %	0,00 %	0,00 %	35,58 %	CHF0,11
10.	acer notebook	72	41,67 %	0,00 %	0,00 %	41,67 %	CHF0,12

Abb. 15.20: Conversion Rates für drei Ziele (Detailansicht, Produkt in Warenkorb, Kontakt)

Wenn man nun die Conversion Rate noch etwas weiter aufschlüsselt, dann steckt dahinter ja das Verhältnis zwischen Anzahl resultierender Besucher einer Kampagne zu Anzahl Conversions aus dieser Kampagne. Über diese Zusammenhänge sollte man sich im Klaren sein, bevor man zur ROI-basierten Optimierung einer Kampagne ansetzt. Abbildung 15.21 stellt diese Zusammenhänge nochmals dar.

Um sich über die nicht ganz einfachen Zusammenhänge klarzuwerden, hilft es, die Kampagnen nach ROI in einem Graphen aufzuzeichnen. Indem man in Microsoft Excel die Kosten einer Conversion jeder Kampagne den Conversion-Werten einzelner Ziele gegenüberstellt, erhält man eine Ansicht, die eine verständlichere Entscheidungsbasis bietet als nur die Auswertungen in Web-Analytics-Systemen. Abbildung 15.22 zeigt beispielhaft Kosten-und-Wert-Gegenüberstellungen von einzelnen Google-AdWord-Keywords sowie drei Bannervarianten auf drei verschiedenen Zielplattformen.

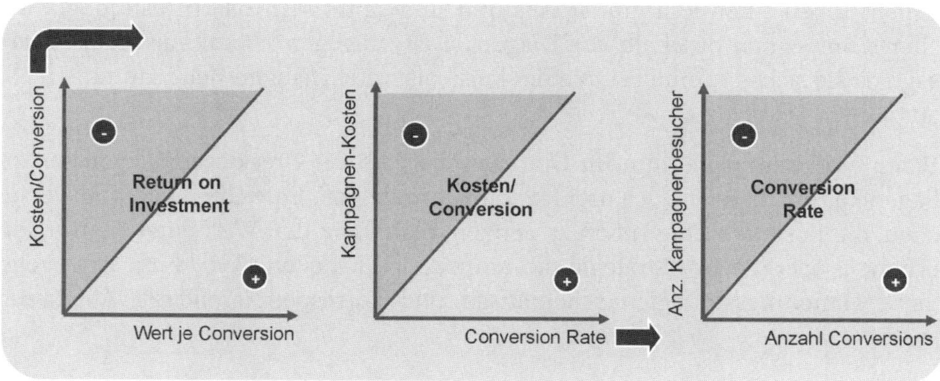

Abb. 15.21: Zusammensetzung des ROIs aus anderen Dimensionen

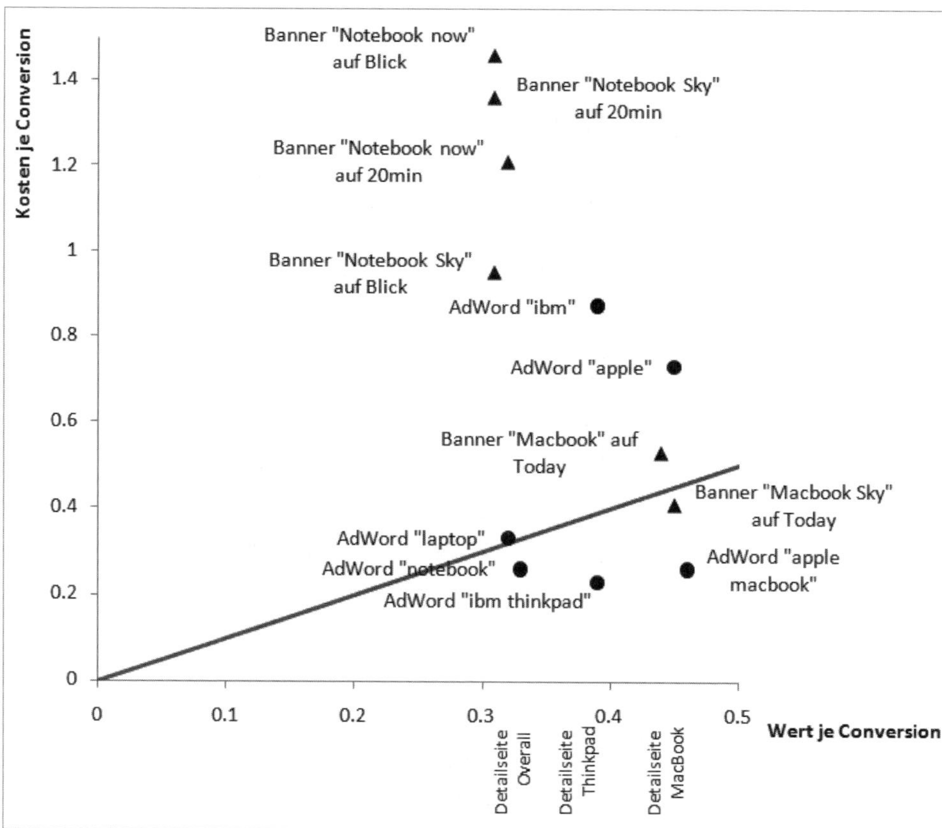

Abb. 15.22: ROI oder Kosten zum Wert von verschiedenen Kampagnen

Die Diagonale im Graphen markiert nun den Break-even, das heißt den Punkt, wo sich Investition und Ertrag ausgleichen. Kampagnen, die unterhalb der Diagonale liegen, haben einen ROI größer eins und sind damit sinnvolle Investitionen. Bei allen Kampagnen oberhalb der Diagonale ist hingegen Handlungsbedarf angesagt, da sie sich – zumindest in einer kurz- bis mittelfristigen Betrachtung – nicht auszahlen.

Wenn eine Kampagne nun im Graphen oberhalb der Break-even-Diagonalen zu liegen kommt, ergeben sich drei Handlungsstrategien. Entweder kann man versuchen, die Kosten je Conversion zu senken, man kann den Wert einer Conversion erhöhen, oder als Exit-Strategie die Kampagne einstellen. Abbildung 15.23 zeigt diese Handlungsstrategien schematisch und korrespondierend zu Abbildung 15.22.

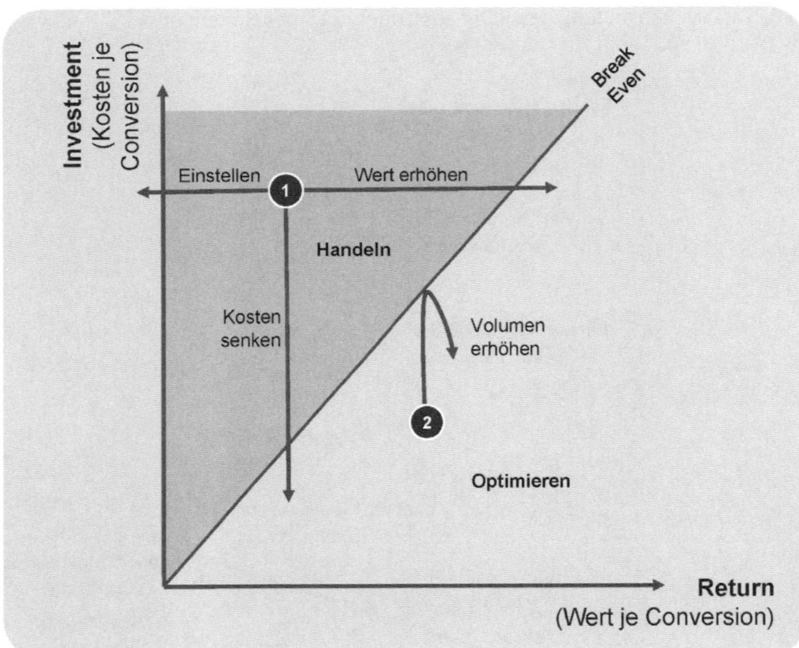

Abb. 15.23: Handlungsoptionen abhängig vom ROI von Kampagnen

Den Wert einer Conversion zu steigern ist kurzfristig praktisch nicht möglich. Denn hinter der Wertdefinition steckt ja die Erreichung bestimmter Ziele, und die müssten für eine Steigerung umso effizienter erreicht werden – zum Beispiel durch die kostengünstigere Abwicklung einer Bestellung. Versucht man also bei dieser Dimension, am kleinen Faden zu ziehen, dann kommt unweigerlich der ganze Knäuel hervor. Für eine mittelfristige Kampagnenoptimierung empfiehlt es sich deshalb, den Wert einer Conversion als gegeben hinzunehmen.

Die Kosten einer Conversion bieten hingegen mehr Spielraum. Denn wenn man sich die Zusammenhänge dahinter vor Augen hält (Abbildung 15.21), kann man versuchen, unter gleichbleibenden Umständen entweder die Gesamtkosten der Kampagne zu senken oder die Conversion Rate zu erhöhen.

Was die Erhöhung der Conversion Rate anbelangt, lässt sich dies wie in Abschnitt 15.1.2 beschrieben angehen. Das Senken der Kampagnenkosten als Alternativmöglichkeit sollte man jedoch auch prüfen – und das ist nicht einmal so unrealistisch. Da man ja die Grenze kennt, ab der eine Kampagne rentabel ist, kann man auch ganz einfach berechnen, welchen Betrag man maximal für eine Kampagne bezahlen kann. Die Entscheidungs- oder auch Verhandlungsposition gegenüber einem Plattformbetreiber ist dann klar und simpel: Entweder der Preis liegt unterhalb dieses Betrags – oder die Kampagne wird nicht mehr geschaltet. Wenn Sie jeweils ein einigermaßen großes Volumen an Werbung auf einer Plattform schalten, werden Sie erstaunt sein, zu welchen Konzessionen sich die Betreiber hinreißen lassen.

Auch bei anderen Kampagnenarten, wie Google AdWords, liegt das Senken der Kampagnenkosten im Rahmen des Möglichen bzw. gar in den eigenen Händen. Da AdWords im Auktionsverfahren an die Meistbietenden verkauft werden und sich mehrheitlich aus dem gebotenen Betrag je Klick die Position einer AdWord-Anzeige ergibt, entsteht folgender Effekt: Will man sich viel Traffic in einem kurzen Zeitraum erkaufen, wird man seine Anzeige möglichst in den oberen Positionen schalten und deshalb verhältnismäßig viel Geld für einen einzelnen Besucher bzw. Klick bezahlen müssen. Kann man sich für die gleiche Anzahl an Besuchern mehr Zeit lassen, dann reichen auch günstigere Positionen in der AdWords-Reihenfolge. Durch Ausdehnung der Zeitspanne einer AdWords-Schaltung kann man also die gleiche Anzahl Besucher zu niedrigeren Kosten erhalten, womit der ROI der betreffenden Kampagne steigt.

Genau wie bei Bannerkampagnen kann man auch bei AdWords den ROI nutzen, um den maximalen Betrag zu errechnen, den man für ein Keyword zu zahlen bereit ist. Google Analytics zeigt diesen Betrag gar in den Auswertungen an. In Abbildung 15.19 wird dieser als RPC, Return per Click, ausgewiesen. So viel darf man für den Klick auf die Anzeige maximal bezahlen, damit sie sich noch rentiert. Auch hier ist der Zusammenhang mit der Conversion Rate interessant, denn je höher diese ist, desto höher sind auch die Kosten pro Klick, die man sich maximal leisten kann. Mittelfristig wird das Erfolgsrezept bei der Optimierung von AdWords deshalb darin liegen, die Conversion Rate von der Anzeige bis zur Zielerreichung zu erhöhen. Denn nur mit einer hohen Conversion Rate wird man sich langfristig die steigenden Klickkosten für begehrte AdWords-Positionen noch leisten können.

Neben solchen operativen Optimierungen von Kampagnen ergeben sich bei der Betrachtung eines ROI-Graphen auch noch einige strategische Überlegungen. Versucht man zum Beispiel die einzelnen Typen von Kampagnen wie Banner, AdWords, Direct Mailing oder E-Mail etwas zu gruppieren, lassen sich folgende Fragen untersuchen:

- Sind unterschiedliche Kampagnentypen oder Werbebotschaften nur für bestimmte Conversion-Ereignisse geeignet? Gibt es Ziele, die sich für bestimmte Kanäle besser eignen? Vielleicht findet man so heraus, dass Bannerkampagnen sich eher für Kontakt-Ziele eignen, AdWords eher für Kaufziele.
- Können bestimmte Kanäle für das eigene Geschäftsmodell überhaupt effizient sein? Hat man beispielsweise bereits mehrere Bannerkampagnen gefahren und trotz Optimierungsversuchen nie den Break-even erreicht, dann eignet sich dieser Kanal möglicherweise nicht für das eigene Geschäft. Hat jedoch mindestens eine Kampagne gezeigt, dass ein Ertrag möglich ist, dann kann diese Kampagne als interner Benchmark für eine funktionierende Werbeform auf diesem Kanal gelten.

15.3.3 Schritt für Schritt zum ganzheitlichen Kampagnenerfolg

Unabhängig davon, ob es sich um Google AdWords, Bannerschaltungen verschiedener Formate oder Plattformen oder auch um E-Mail-Marketing-Maßnahmen handelt: Sämtliche Marketing-Aktivitäten lassen sich mit Conversion- und ROI-Betrachtungen in ihre Einzelbestandteile herunterbrechen und jeweils gleichermaßen optimieren.

Die Strategie dazu ist die folgende: Zuerst versucht man, einen gleichförmigen Trichter von den Werbeeinblendungen bis zur Conversion zu erzielen, so wie in Abschnitt 15.1.3 gezeigt. Am sinnvollsten optimiert man diesen Trichter nur bei einem Teil der eigentlichen Zielgruppe, also bei einer geringen Anzahl Bannereinblendungen oder einer Auswahl von E-Mail-Adressen aus dem Pool der Newsletter-Empfänger. Sobald der Trichter für diese Testkampagnen optimiert abläuft, kann man die gesamte Zielgruppe ansprechen – also beispielsweise die Impressions erhöhen oder E-Mails an alle Empfänger versenden. Die maximale Reichweite wird dabei vom ROI definiert: Der Empfängerkreis kann maximal so weit ausgedehnt werden, wie die Kampagne selbst noch einen Ertrag bringt.

Zusammengefasst gestaltet sich diese Strategie in folgende fünf Teilschritte aus:

1. **Kampagnenziel definieren:** Jede Kampagne muss auf ein Ziel auf der Website ausgerichtet sein, entweder auf ein Sub-Ziel oder gar ein Global-Ziel. Dieses definiert man vor der Ausgestaltung der Kampagne. Lässt sich kein Website-Ziel identifizieren, dann kann man sich die Kampagne schenken.
2. **Konvertierungspfade optimieren:** Wird die Kampagne geplant, geht es in erster Linie darum, zuerst auf der Website alle Hindernisse, die zwischen Landing Page und Ziel-Ereignis liegen, aus dem Weg zu schaffen. Solche Hindernisse können vielfach Usability-Probleme sein. In Abschnitt 15.2.4 finden sich einige Tipps für eine Usability-Verbesserung. In zweiter Linie geht es darum, dass der nächste Schritt des gedachten Konvertierungspfads für den Besucher immer

prominent sichtbar ist. Als Messgröße für die Optimierung des Konvertierungspfads nutzt man die Conversion Rate ab der Landing Page.

3. **Landing Page optimieren:** Bei der Optimierung der Landing Page geht es darum, dem Besucher emotional und rational das Gefühl zu geben, dass er sich genau am richtigen Ort befindet. Dazu zählt, im Inhaltsbereich die Kernbotschaft, die zur Conversion überzeugen soll, kurz und prägnant zu formulieren. Alles, was von dem Conversion-Ziel ablenkt, zum Beispiel Werbung für andere Produkte, überflüssige Links und Navigationen, sollte man weglassen. Dafür helfen vertrauensbildende Elemente wie positive Kundenaussagen, Bilder oder schlicht der Brand bei der Vermittlung der Botschaft. Nützlich auf Landing Pages ist ebenfalls das Austesten verschiedener Botschaften und Ansprachevarianten, zum Beispiel eine Ansprache mit Preisfokus versus einer solchen mit Fokus auf den Nutzen für den Besucher. Abschnitt 15.2.2 zu multivariatem Testing zeigt die Vorgehensweisen dazu. Als Metriken dafür, ob eine Landing Page anspricht und überzeugen kann, dienen Seitenhaftung, Seitenaufrufe je Besuch oder Verweildauer.

4. **Klickrate der Anzeige steigern:** Erst jetzt beschäftigen wir uns mit der Anzeige oder der Werbung. Ziel ist es nun, die Klickrate auf das Werbe-Element zu steigern, ohne dass die Seitenhaftung oder die Conversion Rate sinkt. Genau dies ist nämlich die Gefahr, denn die Klickrate lässt sich durch reißerische Anzeigetexte oder Aufmache problemlos steigern, allerdings nicht zielorientiert. Der Kasten auf Seite 407 gibt einige praktische Tipps zur nachhaltigen Verbesserung von Google-AdWords-Anzeigen.

5. **Kampagnen-Volumen erhöhen:** Hat man derart die Kampagne von der Anzeige bis zur Conversion optimiert, lässt sich nun das Anzeige-Volumen erhöhen und die Adressaten einer Kampagne ausdehnen. Als Grenze für die Ausdehnung dient der ROI einer Kampagne. Über den ROI lässt sich der Maximalbetrag auslesen, wie viel eine bestehende Kampagne kosten darf. Abschnitt 15.3.2 hat sich näher mit diesen Berechnungen befasst.

Schließlich ist der Kampagnenerfolg dann praktisch sicher, wenn alles durchgängig von der Anzeige über die Landing Page bis hin zur Conversion fein aufeinander abgestimmt ist.

Tipps für die Optimierung von Google-AdWords-Kampagnen

Google AdWords sind eine der effizientesten Marketing-Aktivitäten, die es derzeit im Internet gibt. Der Grund für den Erfolg liegt darin, dass Suchmaschinenbenutzer mit AdWords sehr transaktionsnah und bedürfnisspezifisch angesprochen werden können.

Dies bedeutet, dass Suchende die Suchmaschine mit einem konkreten Ziel nutzen, das häufig darin besteht, einen Dienst oder ein Produkt zu finden und zu kaufen (Transaktion). Hinzu kommt, dass der Suchende seinen Wunsch auch noch ziemlich konkret formuliert, indem er Suchbegriffe ins Suchfeld eingibt. Auf diese zwei Faktoren ausgerichtete Anzeigen sind deshalb sehr effizient – weit effizienter als auf ein breites Publikum ausgerichtete Bannerwerbung, die zum Beispiel auf einem News-Portal eingeblendet wird und dabei den Zielen des Nutzers eher hinderlich als zutragend ist.

Die Schaltung von Google AdWords ist deshalb ein sehr lohnenswertes Marketing-Instrument. Einige Punkte gilt es aber dennoch zu beachten, wenn man erfolgreich sein will. In seinem Buch *Google AdWords* beschreibt Alexander Beck Methoden und Faktoren für eine Erfolgssteigerung von Suchmaschinen-Anzeigen bei Google. Dazu zählen zum Beispiel:

- Anzeigen sollen relevante, originelle und wesentliche Inhalte enthalten.
- Der Text einer Anzeige muss einen klaren Bezug zum eingegebenen Suchbegriff aufweisen.
- Der Suchbegriff kann und soll in Überschrift und im Text der Anzeige aufgenommen werden.
- Die Überschrift soll knackig sein und die Neugier wecken. Dies kann zum Beispiel in der Formulierung als provokante Frage wie »Geschenk vergessen?« oder als Leistungsversprechen wie »Schlank in 4 Wochen!« münden.
- Der Anzeigentext soll etwas Substanz geben, aber natürlich in Kürze. Nach der Überschrift geht's nun darum, auszuführen, worum es geht. Die letzte der beiden Textzeilen soll schließlich als »Call-to-Action« formuliert sein, die den Besucher zur Handlung auffordert. »10-Tage-Testversion« oder »Gleich hier kaufen« sind Beispiele von gut formulierten Call-to-Actions. Auch Verknappungen wie »Nur bis 30.6.« oder »Solange Vorrat reicht« eignen sich als Auslöser für eine Benutzeraktion.

Was schließlich am besten funktioniert, lässt sich mittels der Kampagnen-Verwaltung von Google sehr gut herausfinden – zum Beispiel indem man zwei unterschiedliche Anzeigen-Versionen über eine bestimmte Zeit gegeneinander laufen lässt und Klickraten wie Conversions überwacht.

Kapitel 16

Websites mit Web Analytics zielorientiert neu konzipieren

So, nun haben wir uns über mehrere hundert Seiten damit beschäftigt, wie man eine bestehende Website analysiert, um sie nachher zu optimieren. »Kann man Websites eigentlich nicht auch schon von Anfang an richtig bauen, anstatt sie nachträglich optimieren zu müssen?«

So blöd die Frage vielleicht zuerst klingen mag, sie hat durchaus eine Berechtigung. Natürlich ändern sich Inhalte und Angebote im Verlaufe des Lebens einer Website, so dass diese vielleicht nicht mehr gut auffindbar sind. Natürlich gibt es immer wieder neue Produkte, die promotet werden wollen, und natürlich kann sich die Zusammensetzung der Besucher einer Website komplett ändern. Trotzdem stößt man aber mit Web-Analytics-Untersuchungen immer wieder auf Ursachen, die man eigentlich auch schon bei der ursprünglichen Erstellung der Website hätte wissen müssen. Zum Beispiel, dass man wichtige Funktionen wie eine Suchfunktion oder einen Bestellprozess nicht irgendwo in der Navigation verstecken, sondern prominent hervorheben sollte.

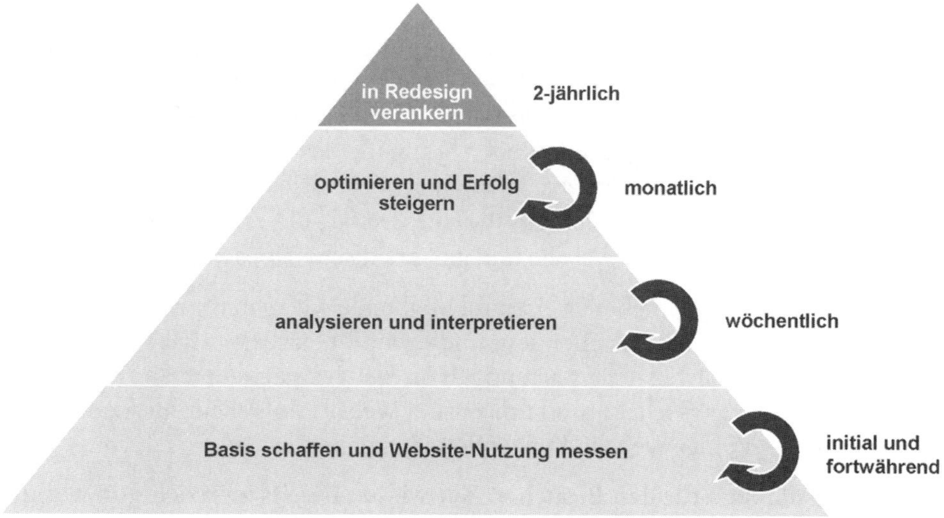

Abb. 16.1: Verankerung der Web-Analytics-Erkenntnisse in einem Website-Redesign

Damit es in Zukunft nicht überflüssiger Optimierungsschritte bedarf, befasst sich das letzte Kapitel von Teil III des Buches damit, wie man die wertvollen Erkenntnisse aus Web-Analytics-Untersuchungen in die Erstellung oder in das Redesign einer Website einfließen lässt.

16.1 Allgemeine Erkenntnisse für die Website-Konzeption

Wenn Sie sich intensiv mit Ihrer Website beschäftigen, werden Sie feststellen, dass sich schon innerhalb eines Jahres sehr viel ändert, was auf die Website Einfluss hat. Vielleicht erweitert Ihr Unternehmen die Geschäftsfelder, ändert die Kommunikationsstrategie – oder die Menge der Inhalte auf der Website wächst ins Unermessliche. So gut ein Grundgerüst einer Website auch sein mag, meist gelangt es nach zwei oder drei Jahren intensiven Betriebs an seine Grenzen. Dann ist es an der Zeit für eine grundlegende Website-Überarbeitung oder ein Redesign.

Die Konzeption einer neuen Website ist eine durchaus komplizierte Angelegenheit. Viele Faktoren und Anforderungen aus ganz unterschiedlichen Bereichen treffen jeweils aufeinander: Die Site soll das Unternehmen und den Brand repräsentieren, Benutzerbedürfnisse treffen, nützlich und nutzbar für den Besucher sein, gut auffindbar in Suchmaschinen sein, auch für Behinderte zugänglich sein sowie mittels eines effizienten und einfachen Publikationsmechanismus die Inhaltsredaktion erleichtern. Schließlich soll natürlich mit dem Auftritt auch noch ein Geschäftsziel verfolgt werden, also zum Beispiel ein Verkaufs- oder Kommunikationszweck abgedeckt sein. Auch nicht zu vergessen ist, dass das Ganze auch noch technisch einigermaßen kostengünstig realisiert werden soll – oder zumindest gewisse Restriktionen bestehen, was das Budget anbelangt.

All diese Faktoren unter einen Hut zu bringen, ist eine Herausforderung und mit Bestimmtheit nicht in einem Kapitel eines Buches zu Web Analytics abhandelbar. Dafür gibt es dedizierte Literatur, zum Beispiel für die Teilbereiche User Experience und Kreation Inga Reeps *Joy-of-Use* oder bezüglich des Informationsaufbaus von Websites Henrik Arndts *Integrierte Informationsarchitektur.* Unter einem breiteren Fokus beleuchtet auch Mario Fischers *Website Boosting* die verschiedenen Faktoren und Anforderungen an eine Website und gibt praktische Tipps zur Lösung.

Unabhängig von der Vorgehensweise und Methodik, wie man nun eine neue Website konzipiert oder eine bestehende grundlegend überarbeitet, haben wir jedoch durch die Web-Analytics-Untersuchungen in den vergangenen Kapiteln einen immensen Erfahrungsschatz rund um unsere Website aufgebaut. Besonders hilfreich für jede Art einer Website-Konzeption sind dabei:

- **Das Verständnis für den Besucher:** Wir wissen bereits ziemlich gut, wer unsere Besucher sind, was ihre Ziele und Motivationen sind und wie sie sich verhalten.

- **Das Verständnis für Inhalte:** Wir wissen Bescheid darüber, welche Inhalte interessant und überzeugend sind und was von unseren Besuchern nachgefragt wird.
- **Das Geschick für die Benutzerführung:** Wir haben die Möglichkeiten ausgelotet, die Besucher am ehesten zu einem von uns gewünschten Ziel hinführen.
- **Das Bewusstsein für Usability-Hürden:** Wir kennen die Hauptfehler aus Usability-Sichtweise und wissen diese zu vermeiden.
- **Die Fähigkeit der Kundenansprache:** Wir verfügen aus multivariaten Tests über einen breiten Erfahrungsschatz darüber, auf welche Art und Weise man die Besucher am erfolgversprechendsten anspricht.
- **Die Kenntnis der Geschäftsziele:** Schließlich wissen wir sehr genau, welche Ziele mit der Website verfolgt werden sollen.

All dies wird zur wertvollen Basis, zum Beispiel für die visuelle Gestaltung einer Website, den benutzerzentrierten Aufbau von Inhalten und Informationsblöcken oder die Erstellung von Navigationselementen.

16.2 Benutzer zu Conversion-Ereignissen führen

Darüber hinaus lässt sich jedoch auch die Philosophie, mit der wir mit Web-Analytics-Instrumenten Konversionspfade vom »Landen« des Besuchers auf der Website bis hin zur Zielerreichung gelegt haben, für die Neugestaltung von Websites nutzen.

In Kapitel 12 haben wir uns damit beschäftigt, wie man die Ziele einer Website definiert. Davon ableitend haben wir nach bestehenden Aktivitäten und Zwischenschritten gesucht, die diesen Zielen beisteuern. Ist man sich erst einmal den generischen Zielen einer Website bewusst geworden, lassen sich jedoch mit der gleichen Vorgehensweise nicht nur bestehende, sondern auch neue Aktivitäten finden, die zielorientiert sind.

Hilfreich bei der Identifikation solcher neuen Zwischenschritte ist uns dabei das AIDA-Modell, wie Sie es in Kapitel 15 kennen gelernt haben. Mit der Zieldefinition für die Website hat man sozusagen die letzte Stufe in der AIDA-Denkweise, die Action oder Handlung, festgelegt. Stufe für Stufe kann man sich nun rückwärts bewegen, indem man sich überlegt, welche Aktivitäten, Inhalte oder Funktionen das Interesse und das Verlangen nach der definierten Handlung stützen. Damit kreiert man sozusagen einen Trichter von unten her, indem man beim Flaschenhals beginnt und diesen langsam und gleichförmig nach oben öffnet.

Jede Seite einer Website erhält so eine Aufgabe, definiert durch die Stufe, die sie auf dem Weg zwischen Landing Page und Website-Ziel einnimmt. Die Homepage oder eine Landing Page hat so normalerweise die Aufgabe, eintreffende Besucher zu »fangen«, indem sie deren Aufmerksamkeit weckt. Beschreibungen des Angebots, Übersichten und gegebenenfalls Produktvergleichsseiten haben die Funktion, mittels Information das geweckte Interesse der Besucher zu stillen. Seiten, die die Produktvorteile nochmals zusammenfassen oder in einer zeitlichen oder mengenmäßigen Verknappung des Angebots den Abschluss forcieren wollen, fördern das Verlangen nach dem angebotenen Produkt oder Service. Abschlussseiten wie Kontaktformulare oder die Bestellauslösung markieren dann die Aktion, die der Erreichung des Ziels vorgelagert ist.

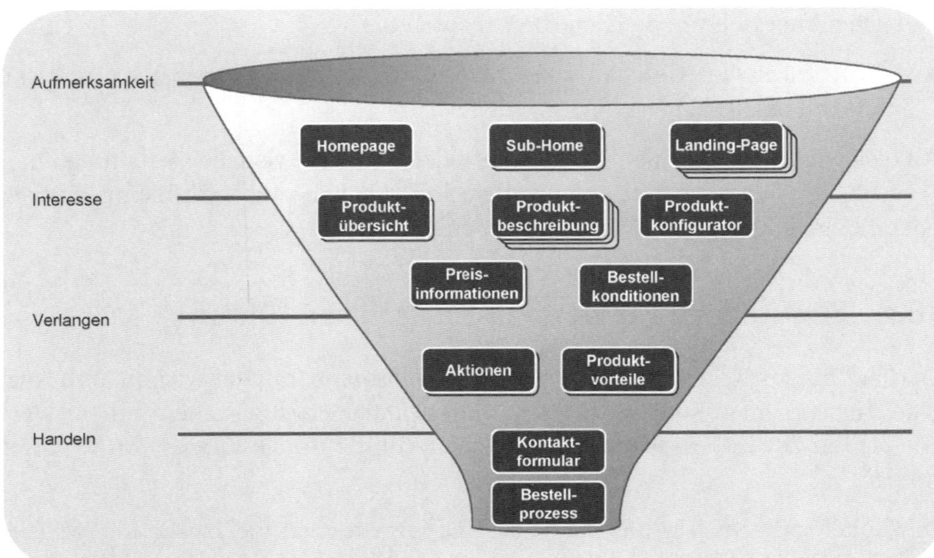

Abb. 16.2: Verschiedene Seiten einer Website und deren Aufgabe im Ziel-Trichter

16.3 Besucherflüsse auf der Website planen

Die unterschiedlichen Aufgaben von Seiten einer Website kann man sich auch in der Analogie zu einem Kaufhaus vor Augen führen. Die Schaufenster eines solchen Kaufhauses, die auf die vielbegangene Fußgängerzone ausgerichtet sind, haben den Zweck, die Aufmerksamkeit von Passanten zu erlangen und sie in das Kaufhaus hineinzulocken. Auf der Website übernehmen diese Aufgabe die »Fänger-Seiten« wie Landing Pages oder auch die Homepage.

Ist ein Passant im Kaufhaus, wird er erst mal in der Absicht vorgehen, die im Schaufenster gesehenen Artikel näher zu betrachten. Dazu wird er sich anhand von Informationstafeln orientieren, um das Stockwerk oder die Abteilung zu finden, wo der betreffende Artikel ausgestellt ist. Auf einer Website gibt es dazu »Verteiler-Seiten«, die Inhalte zusammenfassen und Besucher auf Unterbereiche weiterleiten.

Befindet sich ein Kaufhausbesucher in der gewünschten Abteilung, wird er das Produkt seiner Gunst betrachten, die Verpackungsbeschreibung lesen oder mit ähnlichen Produkten im Regal vergleichen. Auf der Website übernehmen diese Aufgabe die »Informierer-Seiten« oder die »Service-/Tool-Seiten«, die Produkte und Dienste möglichst ausführlich beschreiben oder gar individuelle Konfigurationen ermöglichen.

Um die Kaufentscheidung zu forcieren, hilft im Kaufhaus vielleicht das Anprobieren eines Produktes – wenn es sich zum Beispiel um ein Kleidungsstück handelt – oder die Bestätigung durch den Verkäufer. Auf einer Website übernehmen so genannte »Überzeuger-Seiten« diese Funktion. Die resultierende Aktion – der Gang zur Kasse im Kaufhaus – wird auf der Website durch entsprechende »Aktions-Seiten« wie den Bestellprozess repräsentiert.

Solche funktionsabhängigen Seitentypen haben Sie bereits in Abschnitt 9.4.2 im Zusammenhang mit der Bewertung der Attraktivität von Seiten kennen gelernt. Dort ging es darum, dass je nach Seitentyp die Werte von Metriken eine unterschiedliche Aussagekraft haben. Im Zusammenhang mit der zielorientierten Ausrichtung von Webseiten lässt sich nun auch erkennen, dass die Seitenfunktionen einen Konvertierungspfad ergeben, wenn man sie in der richtigen Reihenfolge nacheinander reiht. Abbildung 16.3 zeigt den gedachten Pfad des Besuchers über verschiedene Seitentypen.

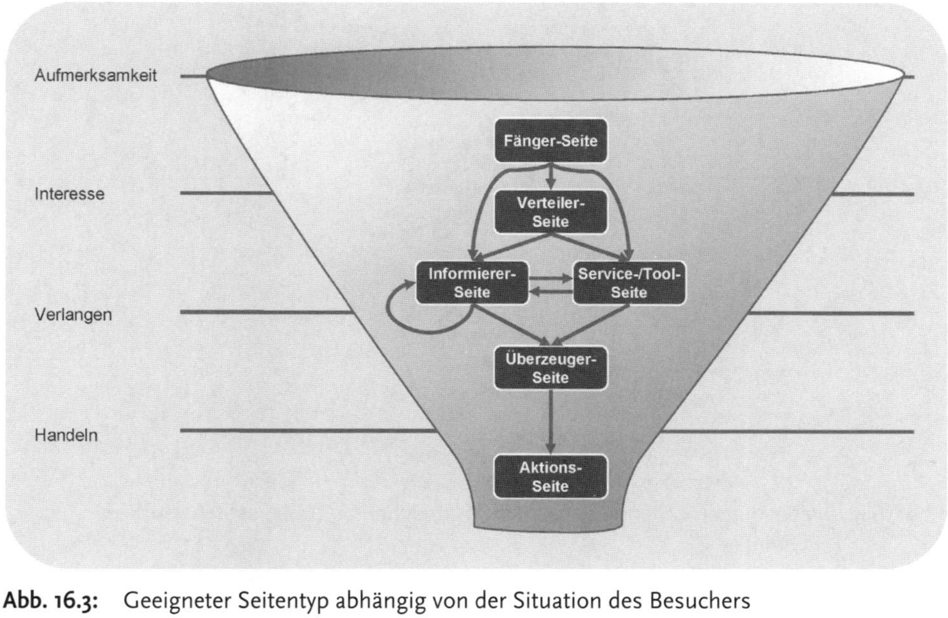

Abb. 16.3: Geeigneter Seitentyp abhängig von der Situation des Besuchers

Auf Fänger-Seiten folgt so entweder eine Verteiler-Seite oder direkt Informierer- oder Service-/Tool-Seiten. Da es bei letzteren drei Seitentypen erst einmal darum geht, das Informationsbedürfnis des Besuchers zu klären, muss der Pfad nicht ganz linear verlaufen und wird in den meisten Fällen über mehrere Verteiler- oder Informierer-Seiten gehen. Dann allerdings sollte der Pfad geradlinig über die Überzeuger-Seite zur Aktions-Seite gehen.

Entscheidend bei der Ausgestaltung der Pfade ist insbesondere, dass die Schritte zurück auf höhere Ebenen nicht forciert werden. Einem Besucher, der sich bereits auf einer Überzeuger-Seite befindet, sollte man nicht noch weiterführende Informationen oder gar Alternativ-Produkte anbieten und ihn so von der Aktion ablenken. Einem Kaufhausbesucher, der bereits in der Schlange an der Kasse steht, präsentiert man ja auch keine Angebote mehr, für die er zurück in den zweiten Stock müsste. Höchstens die Kaugummis und Süßigkeiten, die sich auch in der Schlange stehend noch in den Warenkorb legen lassen, sind dann noch als Upselling-Möglichkeit erlaubt.

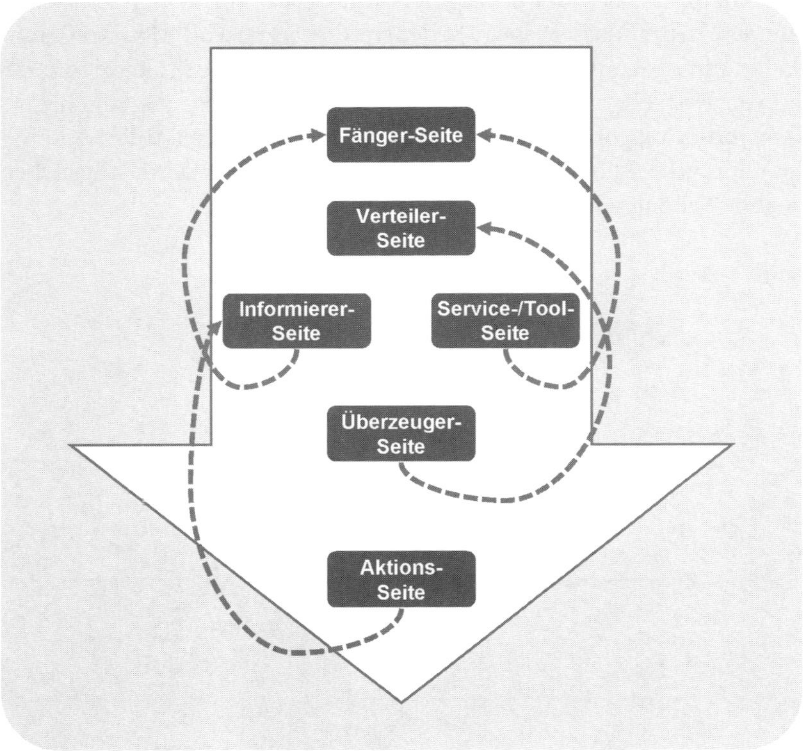

Abb. 16.4: Verlinkungen entlang der gestrichelt gezeichneten Linien sollten vermieden werden.

Abbildung 16.4 zeigt auf, in welche Richtung im Web solche Inhalts-Verlinkungen zwischen unterschiedlichen Seitentypen erfolgen sollten bzw. welche Varianten eben nicht zielführend sind. Dies gilt natürlich nur für Elemente im Inhaltsbereich einer Seite. Bei Navigationselementen wie Haupt-Navigation oder Bread-Crumb-Pfad, die zur Orientierung oder Navigation dienen, sind solche Rück-Verlinkungen ein zentrales Element, das keinesfalls weggelassen werden darf.

16.4 Seitentypen funktionsorientiert definieren

Konsequent angewendet bedeutet dies, dass jede Seite eines Webauftritts genau eine Funktion hat und diese im Inhaltsbereich abbildet. Diese Reduktion auf eine Funktion einer Seite ist zwar nicht immer ganz einfach zu realisieren, aber eine wichtige und richtige Abgrenzung einer Seite. Im Ergebnis resultieren daraus sehr fokussierte Seiten, die nicht nur in Bezug auf die Benutzerführung Vorteile aufweisen, sondern auch in Bereichen wie Suchmaschinenoptimierung oder allgemeine Benutzbarkeit. Eine Seite mit einem sehr starken Fokus auf ein Thema lässt sich so zum Beispiel besser inhaltlich auf bestimmte Keywords und somit auf die Auffindbarkeit bei Suchmaschinen optimieren. Für einen Besucher der Seite ist zudem immer sofort und klar ersichtlich, worum es auf der Seite geht. Dadurch kann er schneller entscheiden, ob ihm die Seite einen Nutzen bringt oder nicht.

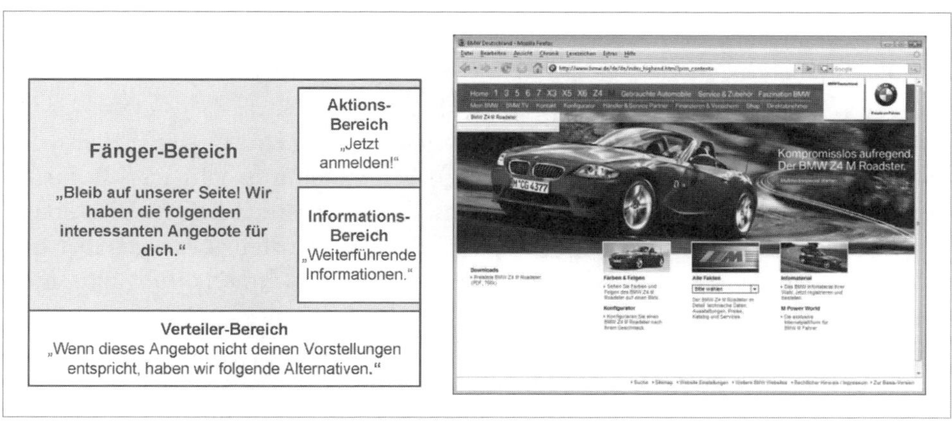

Abb. 16.5: Informationsarchitektur und Beispiel einer typischen Fänger-Seite

Trotz des starken Fokus einer Seite auf eine Funktion dürfen natürlich auch ergänzende, nicht der Funktion zusteuernde Elemente enthalten sein. Dies ist sogar notwendig, um den Besucher einen Schritt weiter auf die nächste Stufe im Konvertierungspfad zu bringen. Abbildung 16.5 zeigt auf der linken Seite eine mögliche Informationsarchitektur einer Fänger-Seite. Während der Inhaltsbereich für die Hauptfunktion der Seite genutzt wird, verweisen Elemente am rechten und unteren Seitenrand auf Aktions-, Informierer- oder Verteiler-Seiten. Sie versuchen damit, den Besucher auf die nächste Stufe zu führen. Die rechte Seite von Abbildung 16.5 zeigt ein reales Beispiel einer typischen Fänger-Seite, das mit einem emotionalen und großflächigen Bildelement die Fängerfunktion auszuüben versucht.

Vielfach ist es sinnvoll, die dahinterliegende Aktion bzw. das Website-Ziel bereits auf der Fänger-Seite zu platzieren. Dies ermöglicht einen Schnelleinstieg für all jene, die bereits informiert und überzeugt sind. Vielfach werden solche Einstiege von Wiederbesuchern benutzt, die sich bereits informiert haben und nun ohne Umwege zum Abschluss gelangen möchten.

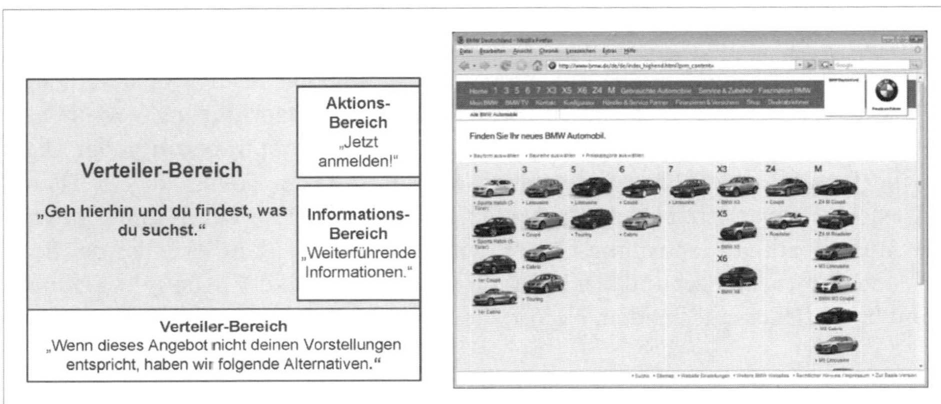

Abb. 16.6: Informationsarchitektur und Beispiel einer typischen Verteiler-Seite

Sowohl bei Fänger- wie bei Verteiler-Seiten (oder auch den weiteren Seitentypen mit Ausnahme der Überzeuger- und Aktions-Seiten) kann es sein, dass Besucher zwar interessiert sind, aber eigentlich etwas anderes gesucht haben. Dies erkennen sie aber vielfach erst, nachdem sie die Seite aufgerufen und sich über den Inhalt im Klaren sind. Auch Besucher, die über Suchmaschinen direkt auf Unterseiten eingestiegen sind, finden eventuell auf der Seite nicht genau das, was sie gesucht haben. Deshalb ist es zweckmäßig, am besten am Ende einer Seite auf ähnliche Inhalte oder Angebote hinzuweisen. Ein solches Verteiler-Element stellt dann sozusagen die Alternative dar, um den Besucher auf der Website zu behalten und ihn auch dann noch zu seinem gewünschten Ziel zu führen, wenn die betreffende Seite nicht auf seinem Konvertierungspfad liegt.

Bei Überzeuger- und Aktions-Seiten, wie sie in Abbildung 16.8 schematisch und mit Beispiel dargestellt sind, gilt es nun, den Inhaltsbereich auf den aktuellen und folgenden Schritt im Konvertierungspfad zu fokussieren. Bei solchen Seiten tut jeder Besucher weh, der jetzt noch durch überflüssige Querverweise oder falsch gemeinte Cross-Selling-Angebote von seinem Konvertierungspfad abgebracht wird. Informations- oder Verteiler-Bereiche sollten auf solchen Seitentypen deshalb leer gelassen werden.

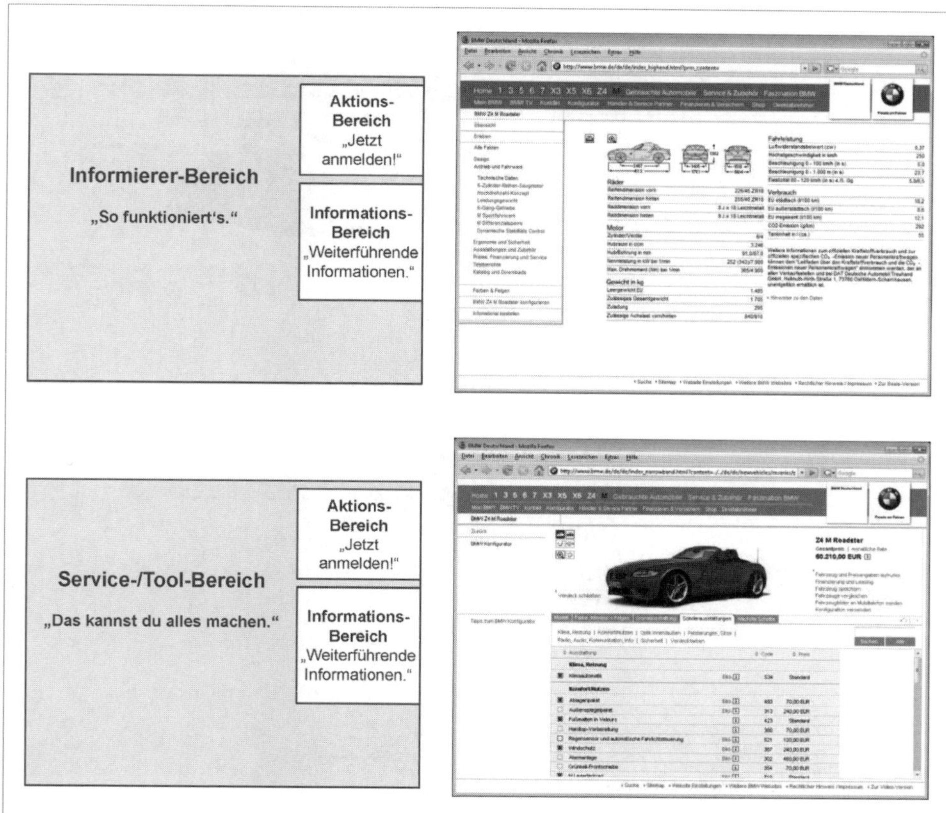

Abb. 16.7: Informationsarchitektur und Beispiel typischer Informierer- und Service-/Tool-Seiten

Websites, die bereits von Beginn an in dieser Form aufgebaut werden, werden in einem hohen Maße die gesetzten Ziele erreichen. Natürlich sind weitere Erfolgsfaktoren genauso zu berücksichtigen, zum Beispiel ein professionelles Design, das die Botschaft der Website stützt, sowie ein benutzerzentrierter Informationsaufbau. Auch die fehlerfreie und performante technische Umsetzung trägt schließlich das Ihrige zum Erfolg bei.

Ganz sicher lassen sich solche ziel- und konvertierungsfokussierten Websites später besonders einfach mit Web Analytics messen und optimieren. Denn die Ziele und Conversion-Ereignisse sind schon von Anfang an klar gegeben und brauchen nur noch im Web-Analytics-System hinterlegt zu werden. Damit kann man seine

Zeit mehr in die weiteren Optimierungsschritte investieren – und solche gibt es ja immer, egal auf welchem Niveau man sich befindet.

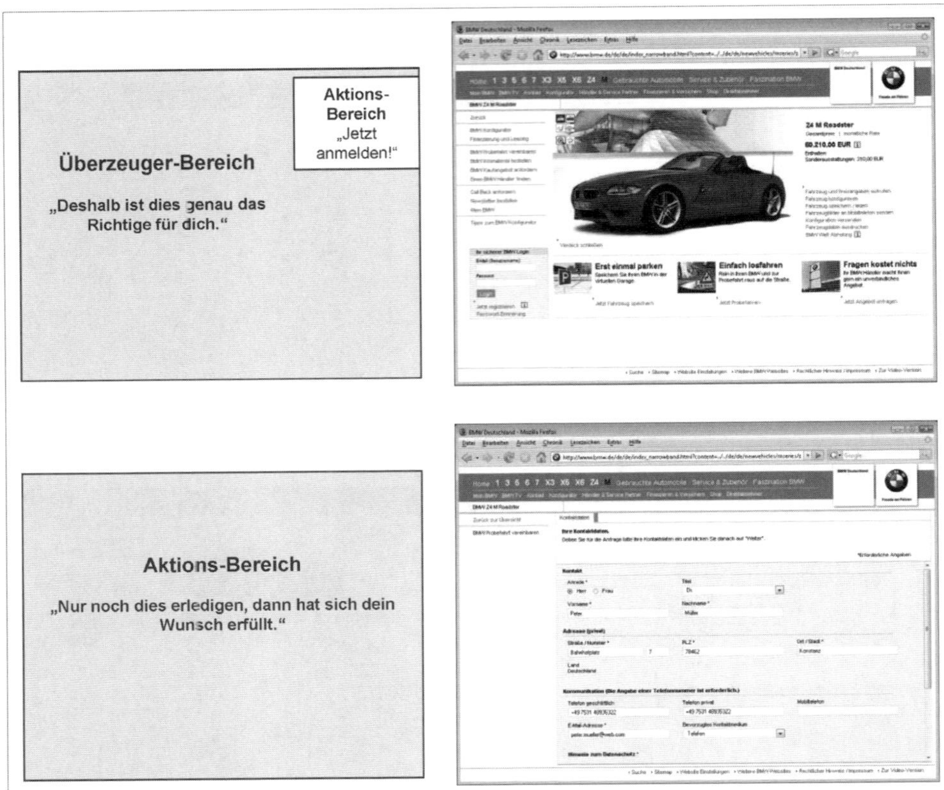

Abb. 16.8: Informationsarchitektur und Beispiel einer typischer Überzeuger- und Aktions-Seiten

Teil IV

Web-Analytics-Systeme einsetzen

In diesem Teil:

Kapitel 17

Google Analytics

Als Google Ende 2005 eine erste Version des Web-Analytics-Systems ins Netz stellte, löste dies ein unheimliches Echo aus. Funktionen, die bislang nur mit einigem an IT-Know-how oder einem guten Batzen Geld zu haben waren, standen plötzlich kostenlos für praktisch jedermann zur Verfügung. Im Verlauf der letzten Jahre hat sich Google Analytics mit ständig erweiterten Features zu einem ziemlich umfassenden System entwickelt, das schon mal einen Großteil der typischen Anforderungen an ein Web-Analytics-System abdeckt. Google Analytics zählt heute zum wohl am verbreitetsten eingesetzten Tool, wenngleich die meisten Nutzer nicht mehr als an der Oberfläche der Funktionen kratzen werden. Die folgenden Abschnitte geben sowohl einen einfachen Einstieg in Google Analytics, bringen aber auch viele verborgene Funktionen zu Tage und zeigen jene Tricks, mit denen Poweruser das Letzte aus dem Tool herausholen können.

17.1 Installation und erste Schritte

Die Standard-Installation von Google Analytics ist denkbar einfach gehalten und mit rudimentären Technikkenntnissen zu bewerkstelligen. Für den eigenen Blog oder die private Website wird man üblicherweise kaum mehr als eine Viertelstunde Zeit und minimale HTML-Kenntnisse benötigen. Die Installation auf einer größeren Unternehmenswebsite wird für einen von fünf Schritten die Involvierung der IT-Abteilung bzw. des technischen Betreibers der Website benötigen.

17.1.1 Schritt 1: Für Google Analytics registrieren

Als Erstes ist eine Online-Registrierung für ein Google-Analytics-Konto notwendig. Hierzu rufen Sie die Website `http://www.google.de/analytics/` auf und wählen den Link für die Neuanmeldung aus. Voraussetzung für die Anmeldung ist ein »Google Account« – ein Google-Nutzerkonto. Falls Sie noch über kein solches verfügen, richten Sie es gleich im ersten Schritt ein (oder unter `www.google.de/accounts`). Voraussetzung hierfür ist lediglich eine gültige E-Mail-Adresse sowie die Zustimmung zu den Nutzungsrichtlinien von Google.

Bei der Google-Analytics-Registrierung ist die URL der Website anzugeben, die getrackt werden soll. Achten Sie auf die korrekte Schreibweise bei der Eingabe der URL und geben Sie dem Konto einen Namen (z. B. »Corporate Website« oder gleich die URL). Falls mehrere Websites gemessen werden sollen, können diese später ergänzt werden.

Neben der URL werden Sie noch einige weitere Daten wie Kontaktinformationen, Land und Zeitzone festlegen müssen (vgl. Abbildung 17.1). Letztere ist wichtig, damit später die Reports die Datumsgrenze und die Uhrzeit auf unsere Zeit legen und Sie sich nicht fragen werden, weshalb die Besucherspitze nicht mittags, sondern nachts um drei Uhr ist.

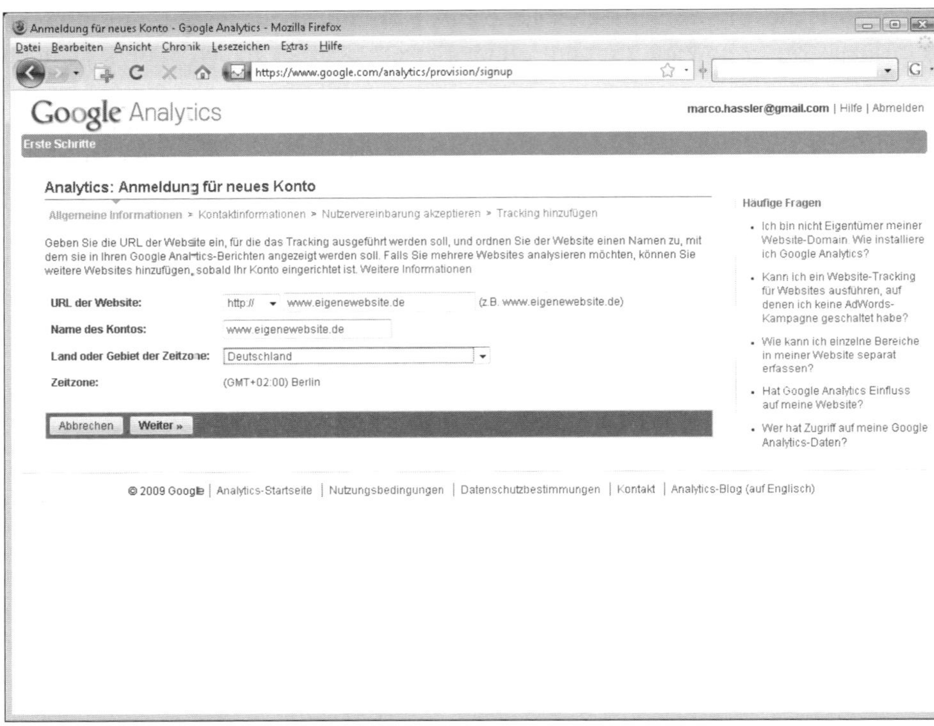

Abb. 17.1: Registrierung der Website für Google Analytics

17.1.2 Schritt 2: Tracking-Code installieren

Nach Durchschreiten der Anmeldung stellt Ihnen Google einen individuellen JavaScript-Code für den Einbau in die Website bereit – den Google Analytics Tracking Code (GATC). Das Individuelle an dem Code ist die Konto-Nummer des eben eröffneten Kontos, in unten stehendem Listing mit UA-XXXXXXX-X angegeben.

```
<script type="text/javascript">
  var gaJsHost = (("https:" == document.location.protocol) ?
  "https://ssl." : "http://www.");
```

```
    document.write(unescape("%3Cscript src='" + gaJsHost + "google-
      analytics.com/ga.js' type='text/javascript'%3E%3C/script%3E"));
</script>

<script type="text/javascript">
    try {
      var pageTracker = _gat._getTracker("UA-XXXXXXX-X");
      pageTracker._trackPageview();
    }
    catch(err) {}
</script>
```

Listing 17.1: Google Analytics Tracking Code (GATC)

Dieser kleine Code macht lediglich drei Sachen:

- Im ersten Schritt ruft er eine weitere Datei auf (`http(s)://www.google-analytics.com/ga.js`), die auf dem Google-Analytics-Server liegt und den Haupt-Code von Google Analytics enthält. Durch diesen Aufruf wird der Browser des Website-Besuchers mit den notwendigen Tracking-Funktionen ausgestattet und der Kontext des Besuchs ausgelesen (z. B. Name und URL der aktuellen Seite, benutzter Browser, Bildschirmauflösung etc.).
- Im zweiten Schritt wird mittels der Code-Zeile `_gat._getTracker("UA-XXXXXXX-X")` jenes Google-Analytics-Konto definiert, an das die Nutzungsdaten später gesendet werden sollen.
- Im letzten Schritt wird schlussendlich ein Seitenaufruf mittels `pageTracker._trackPageview()` an Google abgesetzt. In diesem Aufruf werden alle beim Besucher ermittelten Umgebungsdaten an Google übergeben.

Damit das Tracking funktioniert, ist nun dieser Code auf jeder einzelnen Seite der eigenen Website einzubauen. Bei einer großen Anzahl Seiten klingt dies erst mal aufwändig. Wenn Sie jedoch ein Content Management System oder ein Blogsystem verwenden, muss dieser Code lediglich einmal und zentral in ein Template hineinkopiert werden – danach »erbt« jede bestehende und neue Seite automatisch diese Ergänzung.

Falls Sie den Einbau des Codes nicht selbst vornehmen können oder wollen, kommt jetzt der Moment, an dem Sie den Code an die IT-Abteilung oder Ihre Webagentur übergeben. Neben diesem Code wird zum Einbau lediglich noch die Anweisung benötigt, diesen ganz am Ende einer Seite (unmittelbar vor dem schließenden Tag </body>) hineinzukopieren. Die Platzierung am Ende der Seite stellt sicher, dass zuerst die Inhalte der Seite geladen werden – und nicht der Tracking-Code.

17.1.3 Schritt 3: Tracking überprüfen

Nach der Anmeldung finden Sie sich auf der Einstellungsseite (vgl. Abbildung 17.2) von Google Analytics wieder. Von hier aus können Sie Einstellungen im Analytics-Konto entweder durch Klick auf BEARBEITEN ändern oder mit BERICHTE ANSEHEN die Auswertungen aufrufen. Auswertungen werden allerdings erst eine gewisse Zeit nach der Installation des Tracking-Codes vorhanden sein. Über das Symbol in der Spalte STATUS lässt sich erkennen, ob Google bereits korrekt Daten von Ihrer Website empfängt. Falls maximal 24 Stunden nach der Installation des Tracking-Codes immer noch keine Daten in den Auswertungen erscheinen, dann ist die Installation nicht korrekt erfolgt.

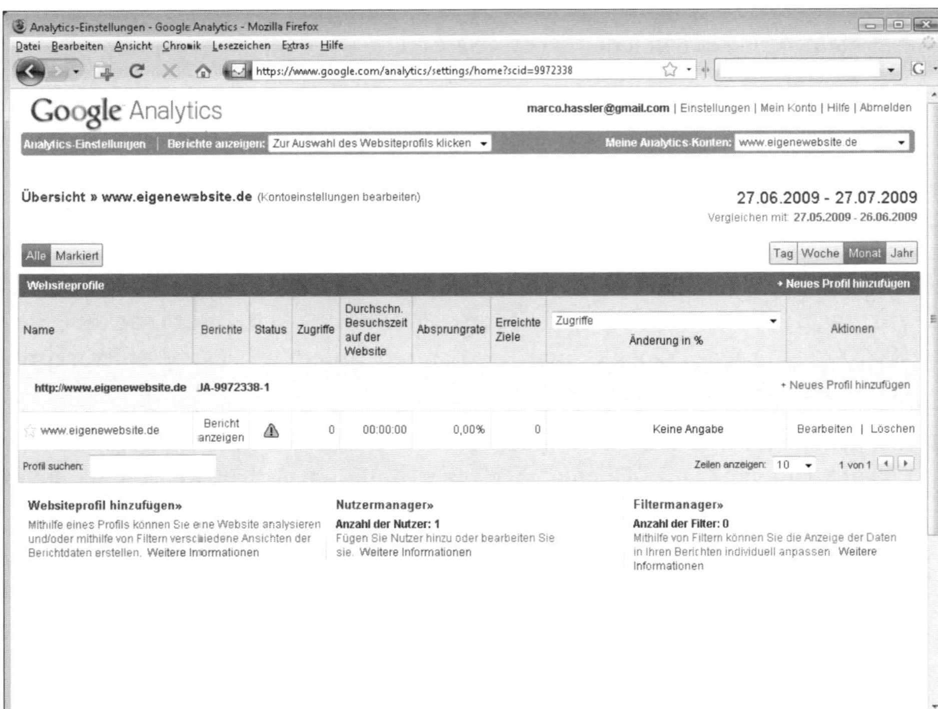

Abb. 17.2: Einstellungs- und Kontoübersichtsseite

Wenn Sie sich die Berichte des eben eingerichteten Kontos anzeigen lassen (BERICHT ANZEIGEN), gelangen Sie auf das Dashboard von Google Analytics (vgl. Abbildung 17.3). Direkt nach der Einrichtung eines Kontos wird sich dieses noch leer zeigen. Die angezeigten Metriken im Dashboard können Sie später personalisieren bzw. je Nutzer konfigurieren.

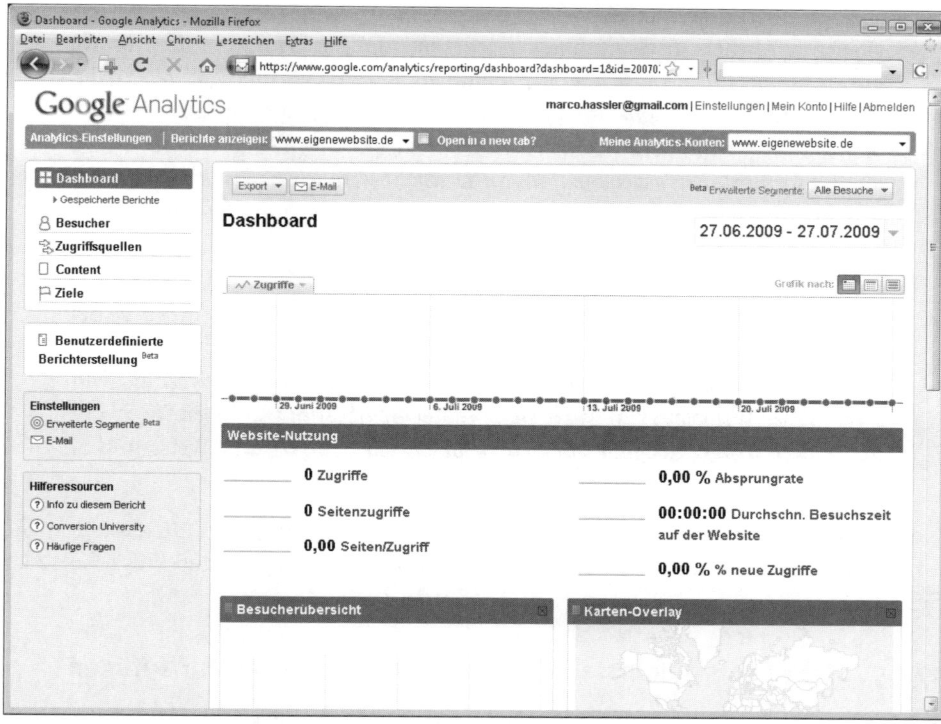

Abb. 17.3: Google Analytics Dashboard

17.1.4 Schritt 4: Datenschutzerklärung anpassen

Zugleich mit der Installation des Tracking-Codes (GATC) sollte noch eine andere Anpassung an Ihrer Website erfolgen: die Überarbeitung der Datenschutzerklärung. Mit dem Sammeln von Besucher- und Verhaltensdaten werden Informationen bei Google gespeichert, die in manchen Ländern unter einschlägige Datenschutzgesetze fallen. Insbesondere das Speichern der IP-Adresse ohne Einwilligung der betroffenen Person ist auch in Deutschland juristisch umstritten (siehe dazu auch Abschnitt 3.2 in Kapitel 3). Das datenschutzrechtliche Minimum für einen Einsatz von Google Analytics ist deshalb eine gut sichtbare Erklärung auf der Website, dass anonyme Besucherdaten gespeichert werden. Bei der Anmeldung zu Google Analytics haben Sie sich zudem in den Allgemeinen Bestimmungen gegenüber Google dazu verpflichtet, eine entsprechende Klausel in Ihre Website zu integrieren. Der Wortlaut muss nahe an der von Google vorgeschlagenen Standardformulierung sein:

> *Diese Website benutzt Google Analytics, einen Webanalysedienst der Google Inc. („Google“). Google Analytics verwendet sog. „Cookies“, Textdateien, die auf Ihrem Computer gespeichert werden und die eine Analyse der Benutzung der Website durch Sie ermöglichen. Die durch den Cookie erzeugten Informationen über Ihre Benutzung dieser Website (einschließlich Ihrer IP-Adresse)*

> *wird an einen Server von Google in den USA übertragen und dort gespeichert. Google wird diese Informationen benutzen, um Ihre Nutzung der Website auszuwerten, um Reports über die Websiteaktivitäten für die Websitebetreiber zusammenzustellen und um weitere mit der Websitenutzung und der Internetnutzung verbundene Dienstleistungen zu erbringen. Auch wird Google diese Informationen gegebenenfalls an Dritte übertragen, sofern dies gesetzlich vorgeschrieben oder soweit Dritte diese Daten im Auftrag von Google verarbeiten. Google wird in keinem Fall Ihre IP-Adresse mit anderen Daten von Google in Verbindung bringen. Sie können die Installation der Cookies durch eine entsprechende Einstellung Ihrer Browser-Software verhindern; wir weisen Sie jedoch darauf hin, dass Sie in diesem Fall gegebenenfalls nicht sämtliche Funktionen dieser Website vollumfänglich nutzen können. Durch die Nutzung dieser Website erklären Sie sich mit der Bearbeitung der über Sie erhobenen Daten durch Google in der zuvor beschriebenen Art und Weise und zu dem zuvor benannten Zweck einverstanden.*

Falls Ihre Website noch über keine Datenschutzerklärung verfügt, erstellen Sie eine neue Seite DATENSCHUTZERKLÄRUNG und verlinken aus der Fußzeile jeder Seite darauf.

17.1.5 Schritt 5: Profileinstellungen und weitere Nutzer hinzufügen

Hiermit wäre die Einrichtung von Google Analytics auch schon fast abgeschlossen. Was sich gleich zu Beginn noch empfiehlt, ist, einige generelle Einstellungen für das eben erstellte Websiteprofil festzulegen. Diese können über den Link BEARBEITEN rechts neben dem Profil im Einstiegsbildschirm erreicht werden.

Klickt man in den Profileinstellungen auf den etwas schlecht als solchen erkennbaren Link BEARBEITEN (rechts außen in der dunkelgrauen Leiste des ersten Untertitels), lässt sich unter anderem die Standardseite definieren. Die Standardseite ist jene Seite, die innerhalb eines Webserver-Verzeichnisses auch dann ausgegeben wird, wenn kein Dateiname explizit in der URL enthalten ist. Wenn also `www.eigenewebsite.de` und `www.eigenewebsite.de/index.html` den gleichen Inhalt ausgeben, dann ist `index.html` eine solche Standardseite. Die Standardseite ist abhängig von der Konfiguration des Webservers und der eingesetzten Technologie – die typischen Standardseiten lauten jedoch neben `index.html` oft `index.htm`, `default.aspx` oder `index.php`. Die Definition der Standardseite in den Einstellungen hat den Vorteil, dass Google Analytics die beiden unterschiedlichen Aufrufarten einer selben Seite nicht unterscheidet, sondern dies als eine Seite behandelt.

Falls Ihre Website über eine Site Search, d. h. eine Suchfunktion auf Ihrer Website verfügt, dann sollten Sie im Weiteren in den Profileinstellungen die Protokollierung der Website-Suche aktivieren. Dies ermöglicht es, später zum Beispiel Auswertungen zu machen, nach welchen Begriffen Ihre Website-Besucher suchen.

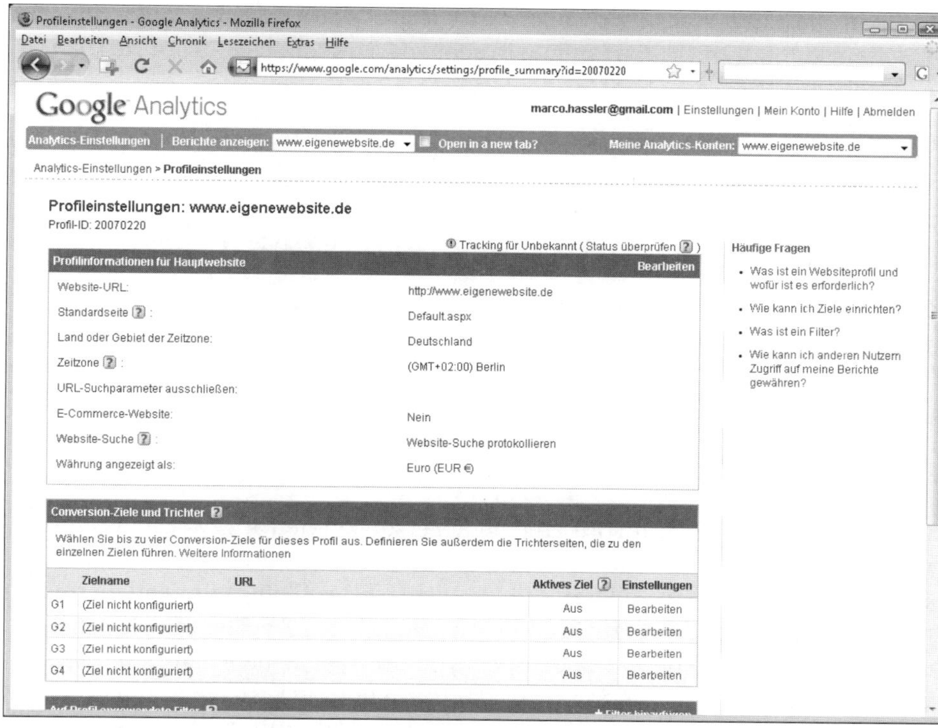

Abb. 17.4: Profileinstellungen anpassen

Zur Einrichtung wählen Sie die Option WEBSITE-SUCHE PROTOKOLLIEREN aus. Anschließend müssen Sie den Suchparameter festlegen, damit Google Analytics den Suchbegriff, den ein Besucher eingegeben hat, erkennen kann. Der Suchparameter ist ein Bestandteil der URL und kann wie folgt herausgefunden werden:

- Rufen Sie Ihre Website auf.
- Suchen Sie mittels Ihrer Website-Suchfunktion nach einem bestimmten Begriff und senden Sie die Suche ab.
- Betrachten Sie die URL der Resultatseite. Im Normalfall sollte der eben eingegebene Suchbegriff in der URL nach einem Gleichheitszeichen erscheinen. Falls die URL Ihren Suchbegriff nicht enthalten sollte, ist es leider ohne einen technischen Eingriff in die Website nicht möglich, die Suche zu tracken.
- Der Wert vor dem Gleichheitszeichen (und nach dem letzten ?- oder &-Zeichen) ist der Suchparameter.
- Tragen Sie diesen Suchparameter in das betreffende Feld in Google Analytics ein.

Für die Spiegel.de-Website würde dies wie folgt lauten:

- Sucht man auf Spiegel.de nach »Wirtschaft«, lautet die URL der Resultatseite wie folgt: `http://wissen.spiegel.de/wissen/resultset.html;iso?suchbegriff=wirtschaft&site=SPIEGEL`
- Der Suchparameter lautet demnach bei Spiegel.de »suchbegriff«.

Die weiteren Einstellungen für die Suche sind optional und erst später für detaillierte Auswertungen entscheidend. Auch die weiteren Einstellungen für Conversion-Ziele, Trichter und angewendete Filter werden wir später behandeln.

Zum jetzigen Zeitpunkt sollten Sie lediglich noch weiteren Web-Analysten Zugriff auf Ihr Google-Analytics-Profil gewähren, sofern Sie dies möchten. Wählen Sie dazu ganz unten auf der Profileinstellungsseite den Link NUTZER HINZUFÜGEN aus und geben Sie die E-Mail-Adresse von Personen an, die Zugriff auf die Auswertungen haben sollen. Für die E-Mail-Adresse muss wie für Ihren Zugriff auch ein Google-Konto eingerichtet sein (`www.google.de/accounts`).

Bei der Freigabe des Zugriffs für eine neue Person können Sie zwischen Administratoren und normalen Nutzern unterscheiden. Administratoren haben im Unterschied zu den normalen Nutzern die Möglichkeit, Profileinstellungen zu ändern und weitere Nutzer hinzuzufügen. Jeder Nutzer wird später die Möglichkeit haben, einzelne Bereiche von Google Analytics für sich zu personalisieren. Zu diesen Bereichen zählen das Dashboard, benutzerdefinierte Berichte (siehe Abschnitt Abschnitt 17.3.1) und erweiterte Segmente (siehe Abschnitt 17.3.2).

Damit haben Sie nun aber die wichtigsten Einrichtungen für Google Analytics abgeschlossen und sind bereit, in die Welt der Berichte und Kennzahlen einzutauchen.

17.2 Die wichtigsten Berichte im Überblick

Die Startseite von Google Analytics ist das personalisierbare Dashboard. Hier lassen sich besonders interessante Berichte und Metriken zusammenstellen und beliebig anordnen. Um einen Bericht auf das Dashboard zu setzen, rufen Sie diesen zuerst normal über die Menü-Navigation auf. Kann ein Bericht dem Dashboard hinzugefügt werden, findet sich eine Schaltfläche ZUM DASHBOARD HINZUFÜGEN direkt unterhalb der orange Titelleiste. Nicht alle Berichte können dem Dashboard hinzugefügt werden.

In der Tiefe des Menüs sind über 60 Standard-Berichte und -Kennzahlen in Google Analytics abgebildet – rechnet man die Segmentierungsmöglichkeiten dazu, ist es gar ein Vielfaches davon. Um sich hier schnell zurechtzufinden, ist es als Erstes wichtig, die Struktur zu verstehen, nach der die Berichte in Google Analytics gruppiert sind.

17.2.1 Struktur der Berichte und Metriken

Im Verlaufe dieses Buches haben Sie Kennzahlen aus fünf Hauptkategorien kennen gelernt:

- Traffic-Quellen (Kapitel 6)
- Besuchereigenschaften (Kapitel 7)
- Besucherverhalten (Kapitel 8)
- Inhalte und Nutzung (Kapitel 9 und 10)
- Conversions (Kapitel 13)

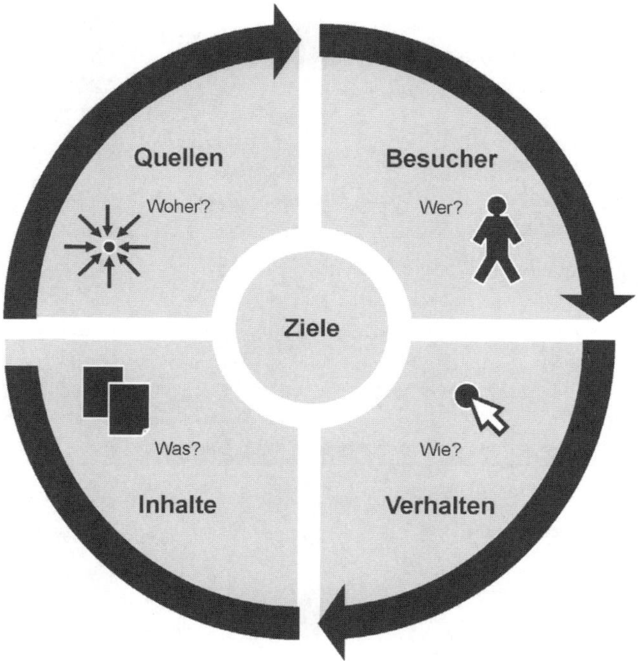

Abb. 17.5: Gruppierung von Kennzahlen

In Google Analytics finden sich die illustrierten Metriken für die Traffic-Quellen unter dem Hauptnavigationspunkt ZUGRIFFSQUELLEN (vgl. Abbildung 17.6). Die einzelnen Metriken sind im Buch meist kongruent zu den Navigationseinträgen in Google Analytics bezeichnet.

Die Metriken für die Besuchereigenschaften und das Besucherverhalten finden sich zumeist unter dem Hauptnavigationspunkt BESUCHER (vgl. Abbildung 17.7).

Abb. 17.6: Zugriffsquellen in Google Analytics

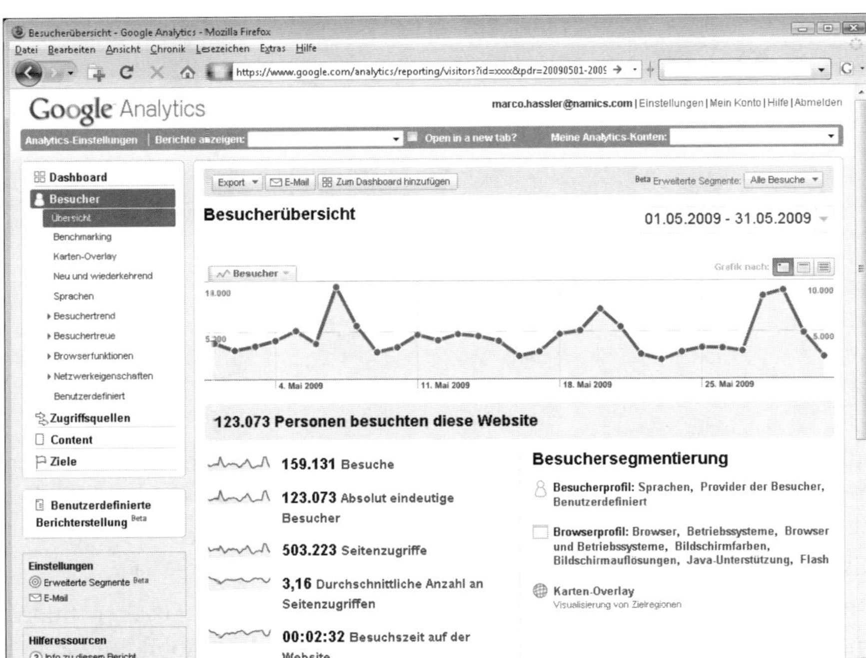

Abb. 17.7: Besucher-Metriken in Google Analytics

Die Metriken für die Nutzung von Inhalten finden sich unter dem Hauptnavigationspunkt CONTENT (vgl. Abbildung 17.8).

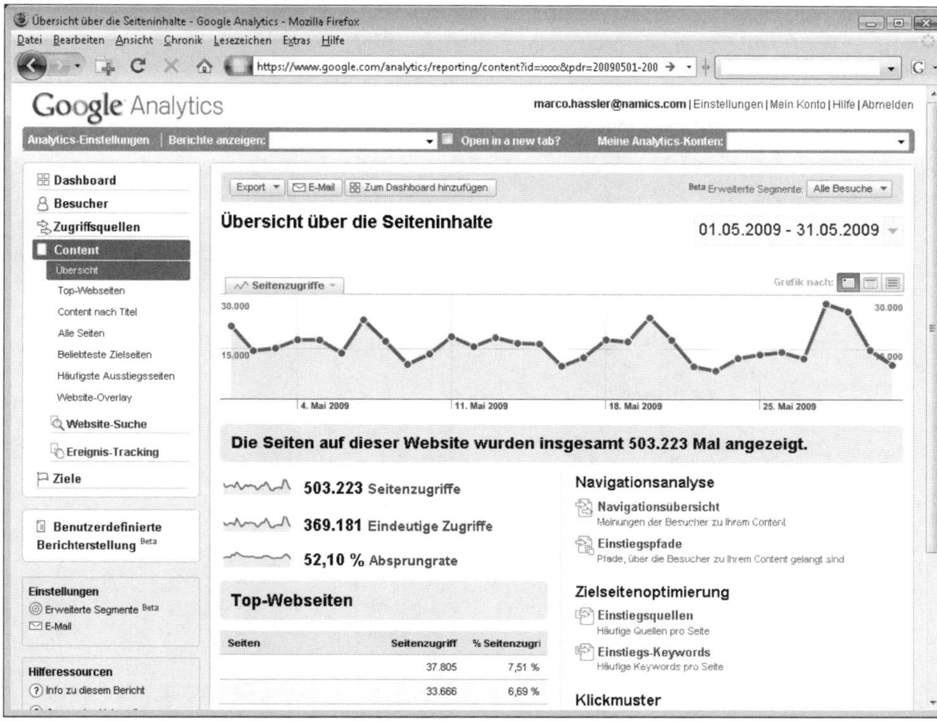

Abb. 17.8: Inhaltsmetriken in Google Analytics

Die Conversions-Metriken schließlich sind unter dem Navigationspunkt ZIELE zu finden. Allerdings werden Sie zuerst Ziele in Google Analytics definieren müssen, damit Auswertungen dazu sichtbar werden. Damit werden wir uns etwas später in Abschnitt 17.3.4 noch ausgiebig beschäftigen.

17.2.2 Einstellungsmöglichkeit für Berichte

Innerhalb eines einzelnen Berichtes ist der Aufbau der Informationen stets ähnlich. Meist setzt sich der Bericht für eine Metrik aus einer Visualisierung über die ganze Bildschirmbreite entlang der Zeitachse und der tabellarischen Auflistung von Einzelwerten zusammen. Verschiedene Einstellungselemente innerhalb der Seite ermöglichen es, die Datenbereiche einzugrenzen oder weitere Metriken sichtbar zu machen (siehe Abbildung 17.9).

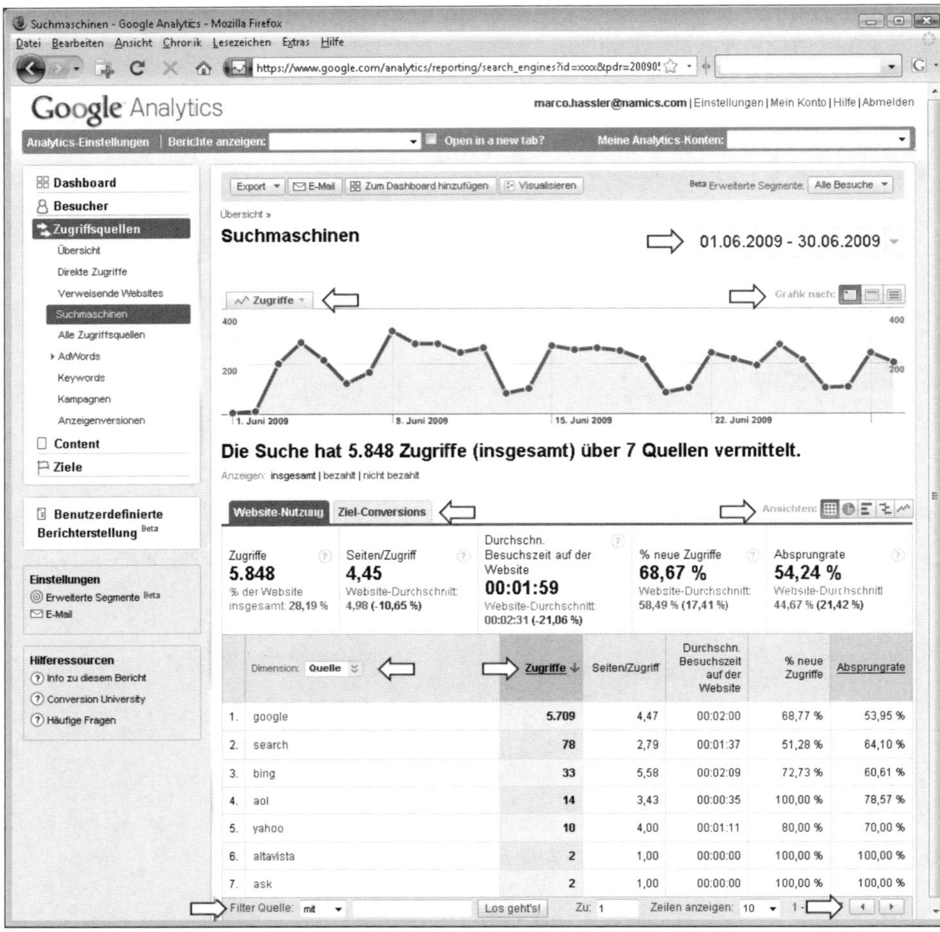

Abb. 17.9: Einstellungselemente der Berichte

Einstellung des Auswertungszeitraums

Für beide Ausgaben lässt sich der Auswertungszeitraum mittels eines speziellen Dropdowns oben rechts definieren. Clever an der Einstellung des Zeitraums sind insbesondere folgende beiden Funktionen:

- Über einen Schieberegler kann der Zeitraum mit der Maus in die gewünschte Dimension ausgedehnt oder verkürzt werden. Innerhalb des Schiebereglers sind dabei bereits Traffic-Daten sichtbar, so dass die Analyse sehr einfach auf einen Ausreißer-Zeitpunkt eingeschränkt werden kann (siehe Abbildung 17.10).
- Das Dropdown unterhalb des Datums ermöglicht es, zwei Zeiträume – z. B. aktuelle Woche und Vorwoche oder der Vorjahreszeitraum – miteinander zu vergleichen. Achten Sie darauf, dass die Vergleichszeiträume stets mit dem gleichen Wochentag beginnen – ansonsten erschweren wochentagbedingte Unterschiede die Interpretation.

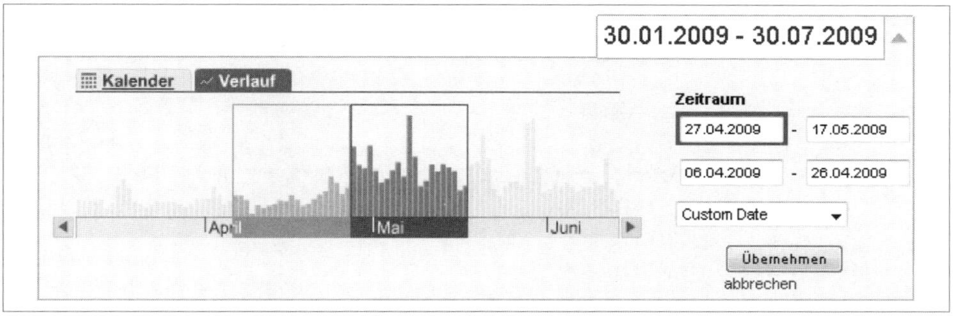

Abb. 17.10: Auswahl von zwei Datenbereichen mittels Slider

»Real-time«-Daten anzeigen

Standardmäßig setzt Google das Ende des Auswertungszeitraums auf den jeweiligen Vortag. Manuell lässt sich jedoch bei der Datumsauswahl auch das heutige Datum einstellen und damit aktuelle Daten des Tages anzeigen. Ganz »realtime« sind diese Daten allerdings nicht, sondern hinken mit einer Verzögerung von ca. vier bis sechs Stunden den Geschehnissen auf der Website hinterher. Dies hängt damit zusammen, dass Google die Unmengen an Tracking-Daten zuerst aggregieren muss, bevor sie zur Auswertung zur Verfügung stehen. Bei gewissen Berichten und unter gewissen Umständen kann es gar bis zu 24 Stunden dauern, bis die Daten zur Auswertung bereit sind.

Einstellung für das Hauptdiagramm

Die meisten Berichte in Google Analytics enthalten die Visualisierung einer Metrik über die ganze Bildschirmbreite und entlang der Zeitachse. Je nach Bericht lässt sich die dargestellte Metrik austauschen und mehrere Metriken vergleichen. Wenn diese Möglichkeit verfügbar ist, erscheint links oben am Diagramm ein Dropdown zur Metrikauswahl (siehe Abbildung 17.11).

Insbesondere der Vergleich von zwei Metriken, wie in Abbildung 17.11 dargestellt, lässt sich gut nutzen, um erste Zusammenhänge zu erkennen. In der Abbildung ist zum Beispiel im ersten Monat ein Anstieg der Besuchszahlen bei sinkender Absprungrate festzustellen. Dies spricht für die Qualität der Traffic-Steigerungsmaßnahme (z. B. Bewerbung der Website), da das Mehr an Besuchen offensichtlich mehrere Seiten der Website betrachtet. Im vierten und fünften Auswertungsmonat ist dagegen ein Anstieg der Absprungrate bei der Besuchssteigerung erkennbar. Dies ist typisch für breit gestreute Kampagnen und lässt erkennen, dass in der Tendenz viele der neuen Zugriffe der Website nur einen sehr kurzen Besuch abstatten.

Ebenfalls eine nützliche Funktion zur Einstellung des Hauptdiagramms ist die zeitliche Aggregationsstufe. Standardmäßig setzt das Diagramm für jeden Tag für die ausgewählte Metrik einen Wert und verbindet die Punkte zu einer Linie. Bei den üblichen Schwankungen von Tag zu Tag kann das Liniendiagramm starke

Ausschläge nach unten und oben aufweisen, ohne dass etwas Spezielles vorgefallen wäre. Dies macht die Erkennung eines Trends schwierig bis unmöglich.

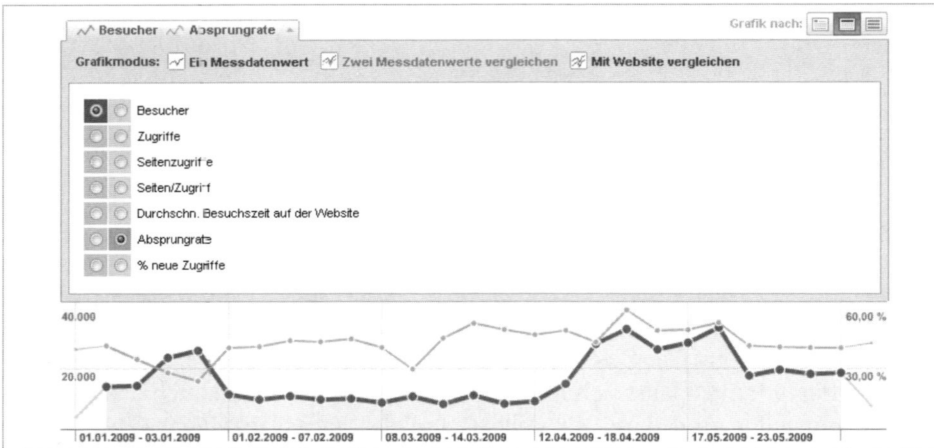

Abb. 17.11: Auswahl und Vergleich von Metriken im Hauptdiagramm

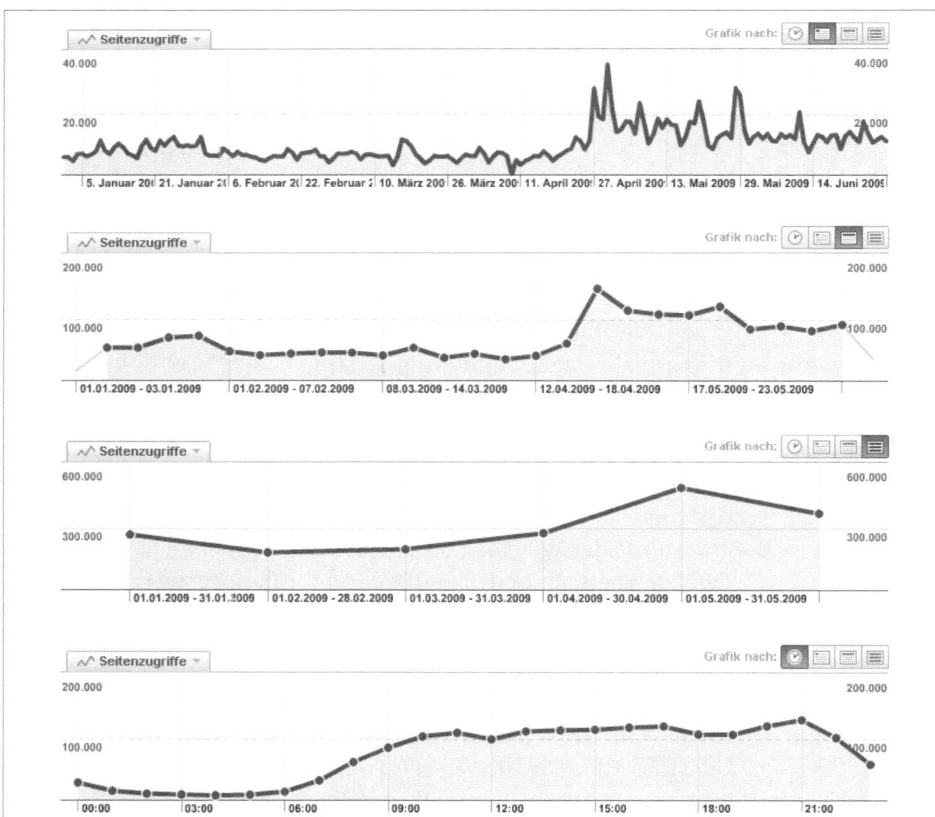

Abb. 17.12: Gleiche Auswertung in den Aggregationsstufen Tag, Woche, Monat und Stunde

Ein solcher ist bei Auswertungen über einen längeren Zeitraum wesentlich einfacher zu erkennen, wenn im Liniendiagramm nicht pro Tag, sondern pro Woche oder gar pro Monat ein Wert gesetzt wird bzw. die Tageswerte pro Woche oder Monat aggregiert werden. Zwischen den verschiedenen Aggregationsstufen kann schnell über die Schaltflächen rechts oberhalb des Diagramms hin- und hergeschaltet werden. Bei einigen Metriken wie den Besuchen oder Seitenzugriffen ist auch eine Aufschlüsselung in die andere Richtung – nämlich nach Stunden – möglich.

Tabellarische Auswertung

Unterhalb des Hauptdiagramms findet sich bei den meisten Berichten eine tabellarische Aufschlüsslung der oben angezeigten Daten nach verschiedenen Dimensionen. Zu jeder Dimension – z. B. die Suchmaschine »Google« im Bericht des Suchmaschinentraffics – sind einige Standardmetriken wie Zugriffe, Seiten/Zugriff, Verweildauer oder Absprungrate angegeben. Diese Metriken sind bereits segmentiert, das heißt, sie geben den Wert für die jeweilige Dimension an und nicht für die gesamte Website. So lässt sich zum Beispiel sehr einfach die Absprungrate von Besuchern vergleichen, die von Yahoo und Google vermittelt wurden. Die Zeilen der Tabelle lassen sich übrigens durch Klick auf den jeweiligen Spaltentitel sehr einfach nach einem Spaltenwert sortieren.

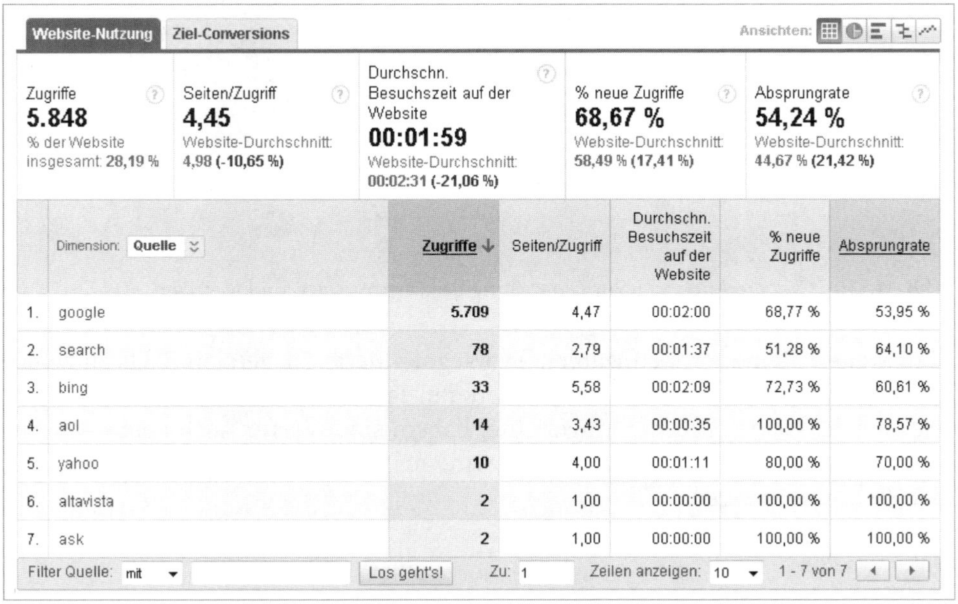

	Dimension: Quelle	Zugriffe ↓	Seiten/Zugriff	Durchschn. Besuchszeit auf der Website	% neue Zugriffe	Absprungrate
1.	google	5.709	4,47	00:02:00	68,77 %	53,95 %
2.	search	78	2,79	00:01:37	51,28 %	64,10 %
3.	bing	33	5,58	00:02:09	72,73 %	60,61 %
4.	aol	14	3,43	00:00:35	100,00 %	78,57 %
5.	yahoo	10	4,00	00:01:11	80,00 %	70,00 %
6.	altavista	2	1,00	00:00:00	100,00 %	100,00 %
7.	ask	2	1,00	00:00:00	100,00 %	100,00 %

Abb. 17.13: Tabellarische Darstellung von Dimension und Metriken

Auch in der Kopfzeile der Tabelle finden sich solche vorsegmentierten Metriken. Diese zeigen die Werte für den ausgewählten Bericht im Vergleich zur gesamten

Website an. In Abbildung 17.13 zeigen die Kennzahlen so zum Beispiel Werte für den gesamten, durch Suchmaschinen vermittelten Traffic an – im Vergleich zu allem anderen Traffic beispielsweise aus Direktzugriffen oder verweisende Websites.

Die je Dimension vorsegmentierten Metriken sowie ihre anteilmäßige Verteilung unter den Dimensionen lassen sich nicht nur tabellarisch, sondern auch in Balken oder Kuchendiagrammen anzeigen. Um zu dieser Darstellungsform zu gelangen, klicken Sie rechts oben neben der Tabelle auf die Umschaltfläche ANSICHTEN (siehe Abbildung 17.14). Verschiedene weitere Kennzahlen stehen in den Drop-downs zur Anzeige in den Diagrammen zur Auswahl.

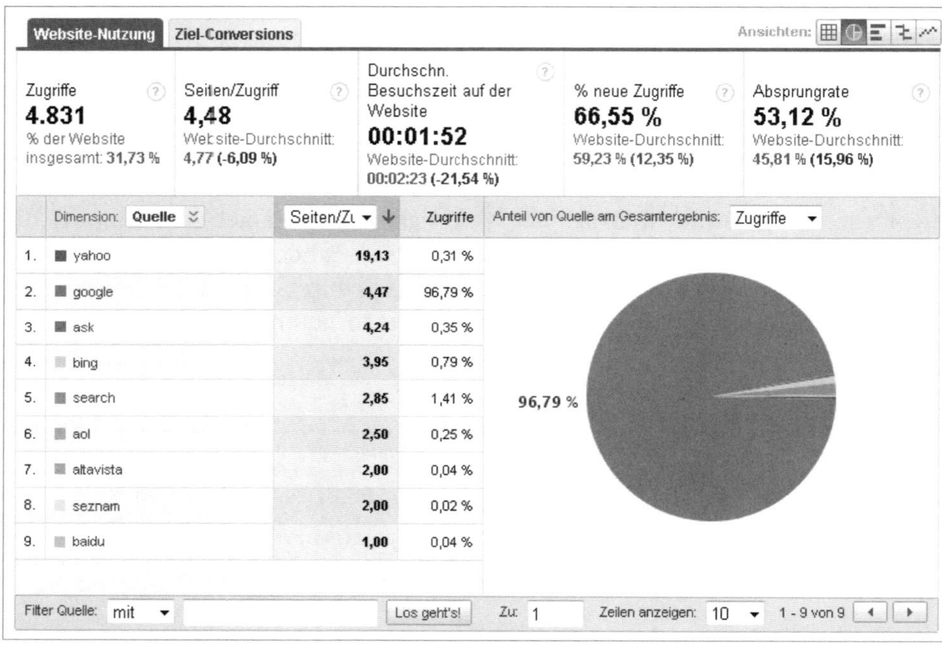

Abb. 17.14: Weitere Ansichten zur Darstellung der Dimensionen und Metriken

Eine weitere Reihe von Kennzahlen – vorsegmentierte Conversion-Rates einzelner Dimensionen – finden sich in einem weiteren Tab ZIEL-CONVERSIONS. So weit, wie Sie Google Analytics bisher eingerichtet haben, sind hierfür noch keine Auswertungen vorhanden. In Abschnitt 17.3.4 wird auf die Einrichtung und Auswertung der Ziele eingegangen.

Filterfunktion

Manche Berichte, wie jene zur Auswertung von Suchmaschinenkeywords oder zu Seiteninhalten, werden je nach Wahl des Betrachtungszeitraums gerne sehr lang und damit unübersichtlich. Sich hier jeweils seitenweise durch die Tabellendarstellung durchzublättern ist nicht jedermanns Sache. Eine sehr hilfreiche Lösung ist dann die Filterfunktion, die am Ende jeder Tabelle in Form eines Freitextfeldes steht. Gibt man hier ein oder mehrere Wörter ein, werden in der Tabelle nur jene Zeilen dargestellt, in denen der Begriff vorkommt. So lassen sich zum Beispiel alle Keywords herausfiltern, die »Analytics« enthalten (siehe Abbildung 17.15). Ebenfalls eine sinnvolle Anwendung ist es, in den Content-Reports jene Seiten herauszufiltern, die innerhalb eines bestimmten Verzeichnisses liegen (z. B. alle aufgerufenen Seiten aus »/privatebanking/« oder »/hypotheken/« bei einer Bankenwebsite).

Abb. 17.15: Filterung jener Keywords, die »Analytics« enthalten

Für die Filterung nach mehreren Suchbegriffen ist leider keine einfache Suchanfrage mit Operatoren, wie man sie von google.com her kennt, möglich (z. B. »analytics -google« für die Suche nach Einträgen, die »analytics«, aber nicht »google« enthalten). Stattdessen muss für solche Filter die Syntax von so genannten Regular Expressions verwendet werden, z. B.:

- »google|yahoo« für die Suche nach »google« oder »yahoo«
- »web analy(se|tics)« für die Suche nach »web analyse« oder »web analytics«
- »web*« für die Suche nach »web«, »webanalyse«, »website«, »social web« etc.

Regular Expressions und ihre Verwendung sind in Abschnitt 17.3.3 näher beschrieben.

Cross-Segmentierung

Ein etwas verborgenes, aber ganz mächtiges Instrument für eine detaillierte Analyse ist die Cross-Segmentierung. Die Cross-Segmentierung lässt sich auf die meisten Berichte anwenden, indem im Dropdown DIMENSION ein Eintrag ausgewählt wird (siehe Abbildung 17.16). Das Gute daran ist, dass ein Bericht so weiter »seziert« werden kann. Das heißt, dass aus dem Bericht ein Stück herausgeschnitten wird und nur für dieses Stück wiederum Metriken wie Anzahl Zugriffe, Seiten/Zugriff, Besuchszeit, Absprungrate oder Zielerreichung gesondert betrachtet werden können. Damit lassen sich viele »und«-Fragen beantworten, nämlich z. B. »Wie viele Zugriffe kommen aus der Schweiz *und* werden von Google vermittelt?«

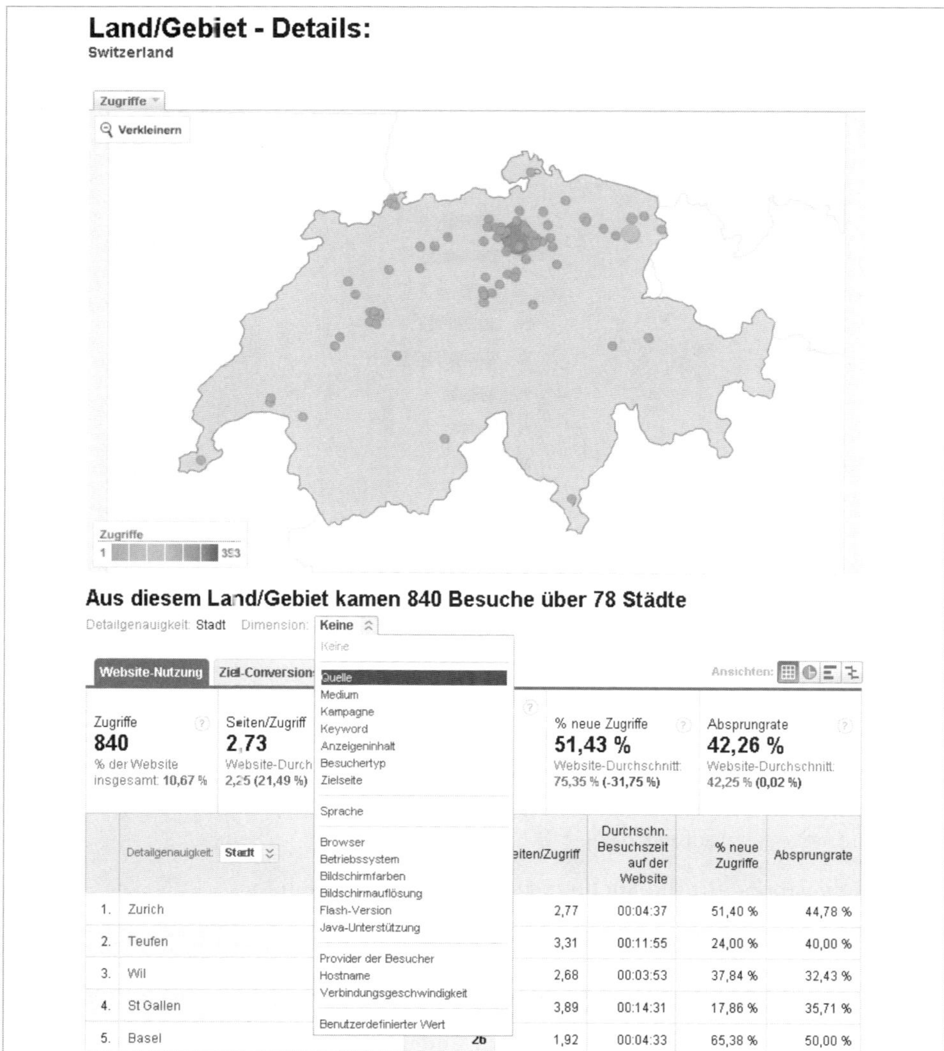

Abb. 17.16: Segmentierung der Quellen von Website-Besuchern aus der Schweiz

Weitere interessante Fragestellungen, die sich so beantworten lassen, sind z.B:

- Zeige die Zugriffszahlen für die verwendeten Betriebssysteme von Besuchern aus China.
- Vergleiche die Absprungrate jener Besucher, die auf unserer Kampagnen-Landing-Page gelandet und englischsprachig sind, mit jener von deutschsprachigen Besuchern.
- Zeige die Einstiegsseiten von Besuchern, die über einen Twitter-Link auf die Website gelangt sind.
- Vergleiche die beiden Absprungraten von Besuchern, die über die Suchmaschinen Yahoo und Google auf die Website kamen und dabei nach dem Begriff »web analytics« gesucht haben.

Zusatz-Plug-ins für Google Analytics für noch mehr Features

Wem Google Analytics bei all den Einstellungs- und Selektionsmöglichkeiten immer noch zu wenig Auswertungsmöglichkeiten bietet, dem sei empfohlen, den Firefox-Browser mit dem Add-On »Greasemonkey« zu verwenden. So bietet sich nämlich die Möglichkeit, verschiedene Skripts in den Browser zu laden, die Google Analytics lokal noch mit einigen zusätzlichen Funktionen versehen (die allerdings nicht offiziell von Google supported sind und gelegentlich auch gewisse Bugs aufweisen). Folgende Skripts sind dabei interessant:

Report Enhancer

Der Report Enhancer ergänzt zahlreiche kleine Helferchen, die die Arbeit mit Google Analytics erleichtern. Zu den nützlichsten zählen:

- Anzeige der absoluten Anzahl Conversion im Ziel-Conversion-Report
- Ergänzung des Cross-Segmentierungs-Dropdowns um weitere Dimensionen, z. B. Suchbegriffe, Suchkategorie, Source/Medium u.a.

URL: `http://www.roirevolution.com/script/GAREnhancer.user.js`

Movers und Shakers

Dieses Skript setzt einen Button WHO SENT ME UNUSUAL TRAFFIC in die Berichte zu den Verweisen und zu den Keywords. Damit lässt sich erkennen, wenn plötzlich viel Traffic über einen neuen Link oder zu einem bestimmten Keyword hineinkommt.

URL: `http://userscripts.org/scripts/source/24729.user.js`

Schnelle Inhaltssuche

Wenn man Kennzahlen zu einer bestimmten Seite sucht, dann klickt man sich normalerweise mit mehreren Klicks durch das Menü durch, bis man die betreffende Seite gefunden hat. Dieses Skript stellt eine Suchbox unterhalb des Menüs dar, mit der man einfach nach den Auswertungen einer Seite suchen kann.

URL: `http://www.tysonkirksey.com/scripts/gm_ga_content_search.user.js`

Notizen

Analysedaten alleine sagen nur die Hälfte. Die andere Hälfte sind Kontextinformationen, die Ausreißer oder Trends erklären – zum Beispiel eine gestartete Marketingkampagne oder der Ausfall der Website. Das Notizen-Skript erlaubt es, solche Informationen im Google-Analytics-Interface zu ergänzen und zur einfacheren späteren Erklärung vorzuhalten.

URL: `https://ga-notes.appspot.com/ganotes.xpi`

Social Media Daten

Dieses Skript stellt in Google Analytics Daten von einigen Social Media Sites dar bzw. zählt Links, die von dort auf bestimmte Inhaltsseiten führen. Zu den Medien zählen Digg, Reddit, Del.icio.us sowie einige weitere.

URL: `http://blog.vkistudios.com/downloads/greasemonkey/smmPluginForGA/1.2/smmPluginForGA.user.js`

Goolge Spreadsheet-Exporter

Neben dem Export als PDF, XML etc. erlaubt dieses Skript einen Export in ein Google-Spreadsheet.

URL: `http://userscripts.org/scripts/source/27673.user.js`

Zielkopierer

Dieses Skript bietet die Möglichkeit, Ziele einfach von einem Profil in ein anderes zu kopieren. Wer mit mehreren Profilen arbeitet, wird der Funktion danken.

URL: `http://lunametrics.com/goalcopy/goalcopy.xpi`

Profil- und Filter-Kopierer

Wer mit mehreren Profilen arbeitet, wird sich auch über den Profil- und Filter-Kopierer freuen. Das Skript ermöglicht es, Profile oder Filter auszuwählen und zu duplizieren bzw. Filter in einem anderen Profil einzufügen.

URL: `http://roirevolution.com/script/copy_profiles.user.js`

Um eines oder mehrere dieser Skripts zu verwenden, gehen Sie folgendermaßen vor:

1. Nutzen Sie den Firefox-Browser (Download unter `www.mozilla.org`).
2. Installieren Sie das Greasemonkey-Add-On, das unter `https://addons.mozilla.org/addon/748` zu finden ist.
3. Downloaden Sie das entsprechende Skript, indem Sie obige URLs mit dem Firefox-Browser aufrufen.

17.2.3 Die fünf interessantesten Reports

Die meisten der Reports und Metriken, die Google Analytics darstellt, lassen sich genau so anwenden und interpretieren, wie in den vorausgegangenen Kapiteln dieses Buches beschrieben. Einige Reports jedoch sind etwas spezieller in der Handhabung oder in der Auswertung und im Folgenden deshalb herausgegriffen.

AdWords

Eine der Stärken von Google Analytics ist die nahtlose Integration in Google AdWords. Analytics- und AdWords-Konten können einfach verknüpft werden, danach ist es nicht nur möglich, mit einem Klick zwischen den beiden Auswertungen hin- und herzuschalten. Die AdWords-Auswertungen können auch fast vollumfänglich in Google Analytics integriert werden.

Voraussetzungen dafür sind:

- Sie benötigen ein Google-AdWords-Konto der Standard-Edition (nicht Starter-Edition). Eine Starter-Edition kann upgegradet werden (siehe dazu `http://adwords.google.com/support/bin/answer.py?answer=31757`).
- Sie müssen für das AdWords- und das Google-Analytics-Konto dieselbe E-Mail-Adresse verwenden.
- Im AdWords-Konto muss diese E-Mail-Adresse über Administrationsrechte verfügen.

Die Verknüpfung zwischen AdWords- und Analytics-Konto verläuft anschließend wie folgt:

- Loggen Sie sich unter `https://adwords.google.de` in Ihr AdWords-Konto ein.
- Klicken Sie nun auf den Tab ANALYTICS.
- Falls Sie noch kein Analytics-Konto besitzen sollten, klicken Sie zur Registrierung auf die Schaltfläche WEITER.
- Andernfalls klicken Sie auf den Link ICH HABE BEREITS EIN GOOGLE ANALYTICS-KONTO.

- Im Dropdown VORHANDENES GOOGLE ANALYTICS-KONTO wählen Sie den Namen des Analytics-Kontos aus, mit dem eine Verknüpfung hergestellt werden soll.
- Falls das gewünschte Konto dort nicht angezeigt wird, fügen Sie Ihren AdWords-Nutzernamen zu Ihrem Analytics-Konto als Kontoadministrator hinzu (siehe Abschnitt 17.1.5).
- Klicken Sie nun auf KONTO VERKNÜPFEN.

Damit sind die AdWords-Daten bereits in Google Analytics integriert, die entsprechenden Berichte finden sich unter dem Menüpunkt ZUGRIFFSQUELLEN.

Das Interessante an dieser Verknüpfung ist nun, dass zu einem Keyword nicht nur Klickdaten wie in AdWords vorhanden sind, sondern auch weitere Metriken wie zum Beispiel die Absprungrate. So wird einfach ersichtlich, ob eine Anzeige bzw. ein Keyword nicht nur den Nutzer zum Klicken verleitet hat, sondern auch, ob und wie lange er anschließend auf der Website geblieben ist. Natürlich lassen sich auch Ziel-Conversions direkt je Keyword anzeigen, sofern Website-Ziele eingerichtet sind (siehe dazu Abschnitt 17.3.4). Ist in diesen Zielen ein monetärer Wert hinterlegt, lassen sich gar Return-on-Investment- oder Margen-Berechnungen direkt je Keyword anzeigen (siehe Abbildung 17.17)

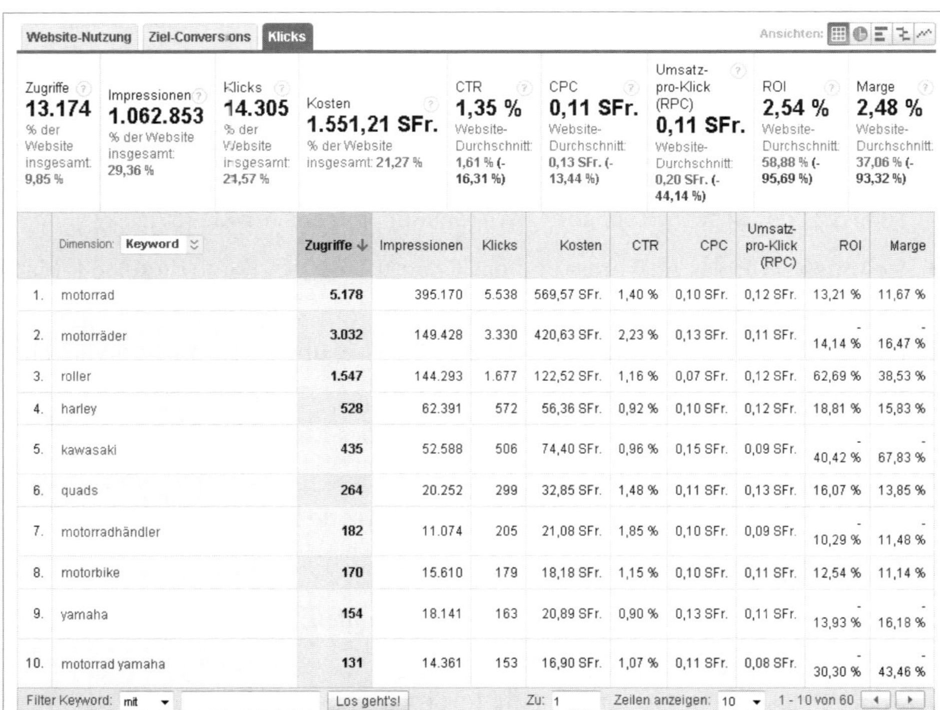

	Dimension: Keyword	Zugriffe ↓	Impressionen	Klicks	Kosten	CTR	CPC	Umsatz-pro-Klick (RPC)	ROI	Marge
1.	motorrad	**5.178**	395.170	5.538	569,57 SFr.	1,40 %	0,10 SFr.	0,12 SFr.	13,21 %	11,67 %
2.	motorräder	**3.032**	149.428	3.330	420,63 SFr.	2,23 %	0,13 SFr.	0,11 SFr.	-14,14 %	-16,47 %
3.	roller	**1.547**	144.293	1.677	122,52 SFr.	1,16 %	0,07 SFr.	0,12 SFr.	62,69 %	38,53 %
4.	harley	**528**	62.391	572	56,36 SFr.	0,92 %	0,10 SFr.	0,12 SFr.	18,81 %	15,83 %
5.	kawasaki	**435**	52.588	506	74,40 SFr.	0,96 %	0,15 SFr.	0,09 SFr.	-40,42 %	-67,83 %
6.	quads	**264**	20.252	299	32,85 SFr.	1,48 %	0,11 SFr.	0,13 SFr.	16,07 %	13,85 %
7.	motorradhändler	**182**	11.074	205	21,08 SFr.	1,85 %	0,10 SFr.	0,09 SFr.	-10,29 %	-11,48 %
8.	motorbike	**170**	15.610	179	18,18 SFr.	1,15 %	0,10 SFr.	0,11 SFr.	12,54 %	11,14 %
9.	yamaha	**154**	18.141	163	20,89 SFr.	0,90 %	0,13 SFr.	0,11 SFr.	-13,93 %	-16,18 %
10.	motorrad yamaha	**131**	14.361	153	16,90 SFr.	1,07 %	0,11 SFr.	0,08 SFr.	-30,30 %	-43,46 %

Abb. 17.17: Google-AdWords-Daten zu bestimmten Keywords in Google Analytics

Eine ganz besondere – und in den AdWords-Auswertungen erstaunlicherweise nicht enthaltene Ansicht – ist jene der AdWords-Keyword-Positionen. Google Analytics zeigt in dieser Auswertung grafisch an, an welcher Position auf der Google-Resultatseite sich ein angeklicktes Keyword befand – mit entsprechendem Einfluss auf Standardmetriken. In Abbildung 17.18 lässt sich so zum Beispiel herauslesen, dass das Keyword »motorrad« eine höhere Absprungrate aufweist, wenn es an zweiter oder dritter Stelle der Top-Treffer oder an erster Stelle auf der rechten Position eingeblendet wird.

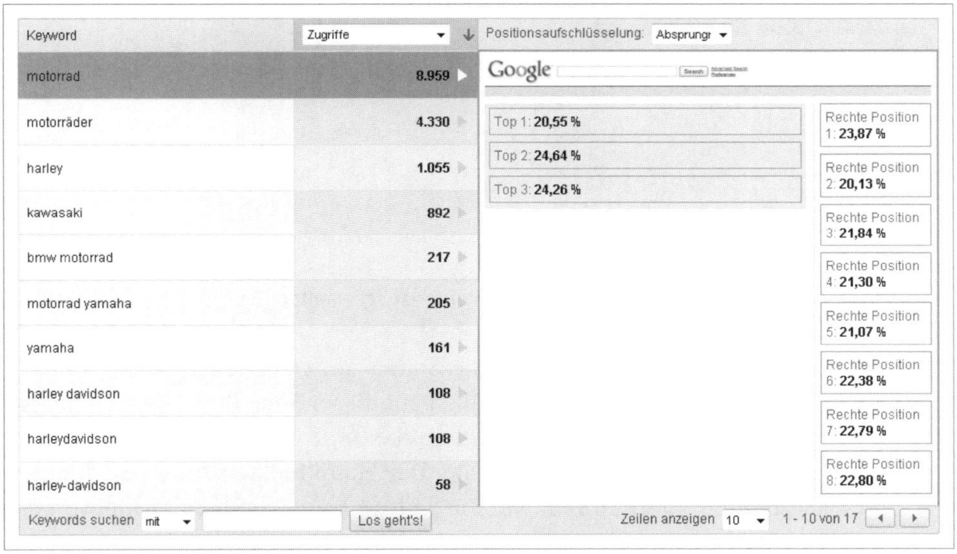

Abb. 17.18: Keyword-Positionen und jeweilige Absprungrate

Navigationsübersicht

Wenn man sich in der Navigation in den Bereich CONTENT begibt, findet man nicht im Menü links, sondern etwas versteckt rechts im Inhaltsbereich der Seite einen Link NAVIGATIONSÜBERSICHT.

Die Navigationsübersicht hilft zu verstehen, wie Besucher auf eine bestimmte Inhaltsseite gelangt sind und wo sie anschließend hingegangen sind. Hierzu wählt man im Dropdown eine zu analysierende Webseite aus (siehe Abbildung 17.19). In der linken Spalte werden nun anteilsmäßig jene Seiten angezeigt, die ein Besucher unmittelbar zuvor aufgerufen hatte. Auf der rechten Seite befinden sich die Folgeseiten. Der Anteil jener Besucher, die auf der untersuchten Seite den Besuch begannen oder beendeten, wird oben in der Auswertung mit EINSTIEGE und AUSSTIEGE angegeben.

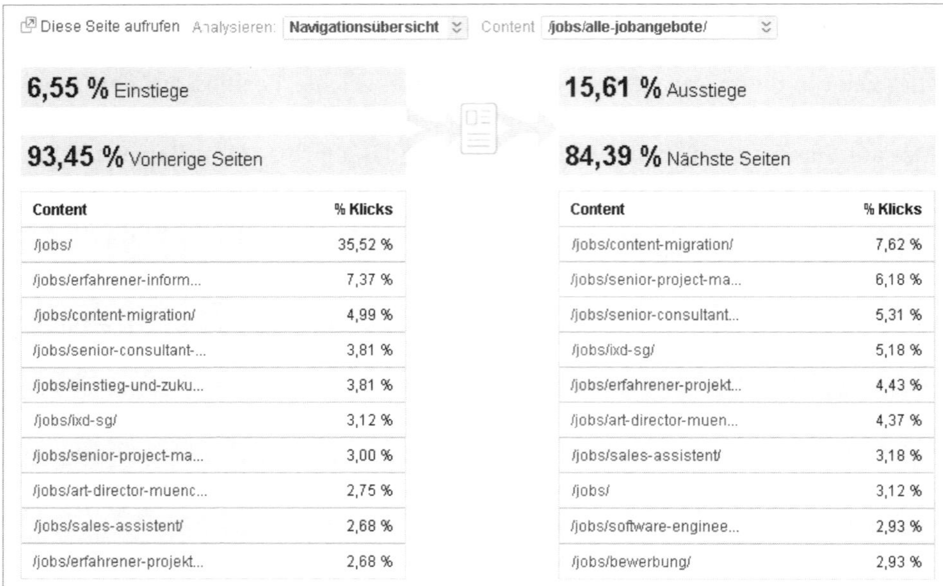

Diese Seite aufrufen Analysieren: Navigationsübersicht Content /jobs/alle-jobangebote/

6,55 % Einstiege

93,45 % Vorherige Seiten

Content	% Klicks
/jobs/	35,52 %
/jobs/erfahrener-inform...	7,37 %
/jobs/content-migration/	4,99 %
/jobs/senior-consultant-...	3,81 %
/jobs/einstieg-und-zuku...	3,81 %
/jobs/ixd-sg/	3,12 %
/jobs/senior-project-ma...	3,00 %
/jobs/art-director-muenc...	2,75 %
/jobs/sales-assistent/	2,68 %
/jobs/erfahrener-projekt...	2,68 %

15,61 % Ausstiege

84,39 % Nächste Seiten

Content	% Klicks
/jobs/content-migration/	7,62 %
/jobs/senior-project-ma...	6,18 %
/jobs/senior-consultant...	5,31 %
/jobs/ixd-sg/	5,18 %
/jobs/erfahrener-projekt...	4,43 %
/jobs/art-director-muen...	4,37 %
/jobs/sales-assistent/	3,18 %
/jobs/	3,12 %
/jobs/software-enginee...	2,93 %
/jobs/bewerbung/	2,93 %

Abb. 17.19: Vorgänger- und Nachfolger-Seiten einer ausgewählten Seite

In Abbildung 17.19 wird zum Beispiel die Seite »/jobs/alle-jobangebote/« analysiert. Etwas mehr als 6% der Besucher haben auf dieser Seite ihren Besuch begonnen – vermutlich durch einen Direkteinstieg über eine Suchmaschine oder sonst eine Verlinkung von einer externen Website. Der Hauptteil der Besucher ist durch einen Klick auf einen internen Link auf die Seite gelangt, rund ein Drittel von der Seite »/jobs/« her.

Nach dem Aufruf der Seite haben rund 16% der Besucher die Website verlassen. Die anderen rund 84% haben weitere Seiten betrachtet, mehrheitlich eine der rechts aufgelisteten Jobangebote-Seiten.

Einstiegspfade

Gleich neben der Navigationsübersicht findet sich die Auswertung der Einstiegspfade. Einstiegspfade ähneln der Navigationsübersicht denn auch etwas, beantworten jedoch eine andere Frage. Hier interessiert nicht, wo ein Besucher vor und nach einem Seitenbesuch war, sondern wohin Besucher einer Seite schlussendlich hingelangten. Nimmt man zum Beispiel die Homepage als Ausgangsseite, kann man in einem ersten Schritt nachvollziehen, wie viele Besucher zum Beispiel den Weg Richtung Produktkatalog einschlugen. In einem zweiten Schritt lässt sich dann gleich auch noch erkennen, wie viele davon schlussendlich auch noch bestellten.

Vereinfachend folgendes Beispiel von meinem Weblog `www.web-analytics-nutzen.de` (siehe Abbildung 17.20): Die Homepage gilt als Ausgangspunkt, die Buchbeschreibung wird als Folgeseite gewählt. Spannend ist, wie oft schlussendlich der Klick auf den Bestellbutton resultierte. Um dies herauszufinden, wählt man als Erstes die Homepage »/web_analytics« im Dropdown CONTENT aus. Die ausgewählte Seite repräsentiert nun DIESE SEITE in der linken Spalte. Aus der mittleren Spalte wählt man die Folgeseite aus, in dem Fall den dritten Eintrag, da hinter der dortigen URL die Buchbeschreibungsseite steckt. Nun lässt sich in der Spalte rechts erkennen, wo Besuche mit dieser Seitenabfolge endeten. 23,73% – der dritte Eintrag in der rechten Spalte – klickten schlussendlich auf den Bestellbutton (ein Link zu Amazon).

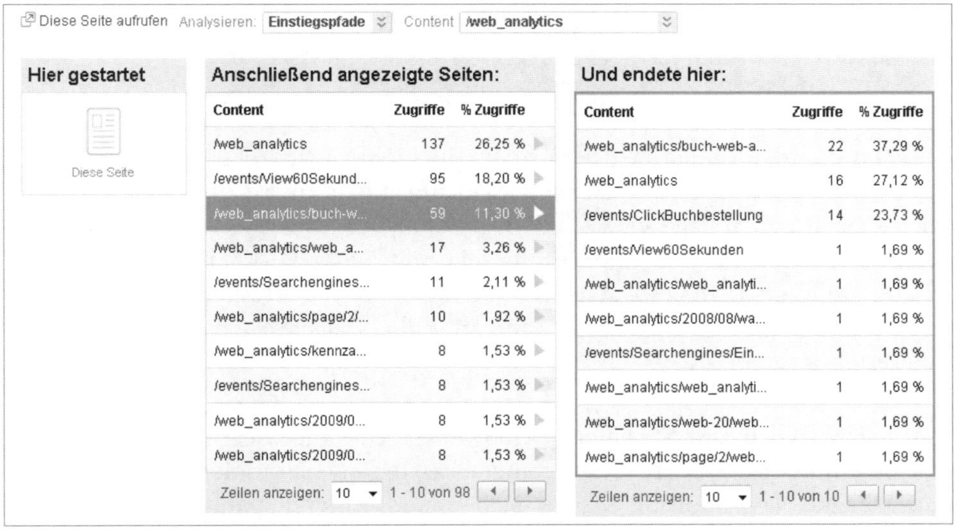

Abb. 17.20: Die Verfolgung von Pfaden über Zwischenschritte mit Einstiegspfaden

Die Berichte zu Navigationsübersicht und Einstiegspfade geben damit wichtige Einblicke in die Zwischenschritte auf der Website bis zum Aufruf einer bestimmten Seite. Die beiden verwandten Berichte EINSTIEGSQUELLEN und EINSTIEGSKEYWORDS geben Aufschluss darüber, von woher außerhalb der Website Besucher zu einer Seite gelangten und mit welchen Keywords sie dies taten. Auch dies sind sehr wertvolle Informationen, um den Besucherfluss zu verstehen.

Website-Suche

Neben der Navigation ist die Suche ein häufig genutztes Instrument auf der Website, um Inhalte zu finden. Wie dieses genutzt wird, zeigen Auswertungen zur Website-Suche, wenn man diese wie in Abschnitt 17.1.5 beschrieben eingerichtet hat.

Website-Suche ohne URL-Parameter

Voraussetzung für die Aktivierung der Website-Suche ist, dass der Suchbegriff auf der Resultatseite als Parameter in der URL erscheint. Ist dies nicht der Fall, lassen sich mit einem kleinen Trick und etwas Technik die Suchbegriffe dennoch tracken. Hierzu implementiert man folgenden JavaScript-Aufruf direkt nach dem `pageTracker._initData()`-Aufruf im Google Analytics Tracking Code:

```
searchTerm = document.SearchForm.Term.value
pageTracker._trackPageview('/Site Search/?q=' + searchTerm);
```

Voraussetzung für das Funktionieren dieses Codes ist, dass der Suchterm auf der Resultatseite in einem Sucheingabefeld angezeigt wird. Für das Beispiel wird ein Suchformular mit folgender Terminologie verwendet:

```
<form action="" name="SearchForm">
Suchbegriff: <input type="text" size="30" name="Term">
<input type="submit" name="Search" value="Search">
</form>
```

Das JavaScript liest den Begriff aus dem Suchfeld aus (ggf. Formular- und Feldname im obigen Code auf das eigene Suchformular anpassen) und sendet diesen als »virtuellen Page View« an Google Analytics. Dies bedeutet, dass sich die Suche so verhält, als ob eine Resultatseite mit dieser URL aufgerufen worden wäre. Definiert man nun den Suchparameter in den Profileinstellungen entsprechend (im Beispiel ein »q«), dann kann die Website-Suche wie gehabt ausgewertet werden.

Auf der Übersicht zur Suche zeigt Google Analytics die wichtigsten Kennzahlen zur Suchnutzung. Weitere Auswertungen verstecken sich in den Unterberichten, die über die Navigation links zu erreichen sind. Zu den spannendsten zählt die Auswertung zur Häufigkeit der eingegebenen Suchbegriffe, wie sie Abbildung 17.21 zeigt. Hier lässt sich erkennen, was Besucher genau in das Suchfeld eingetippt haben.

Nicht überrascht sein sollte man, wenn als häufigster Suchbegriff »Suche« oder » « angegeben wird. Ein häufiges Verhalten vieler Besucher ist nämlich, einfach auf die Schaltfläche SUCHEN zu klicken, ohne einen Begriff einzugeben. Steht bereits ein Standard-Text im Suchfeld (z. B. »Suche« oder »Suchbegriff hier eingeben«), dann wird auch dieser übermittelt. Stellt man dieses Phänomen auf der eigenen Website fest, sollte man auf der resultierenden Trefferliste eine verständliche Anleitung unterbringen, wie die Suchfunktion zu nutzen ist.

Die Auswertung der Suchbegriffe zeigt, wonach am häufigsten gesucht wird. Das muss nicht unbedingt identisch sein mit dem, was am häufigsten gefunden wird. Letztere Information ist in den Auswertungen zu den Zielseiten zu finden. Hier finden sich jene Seiten, die am häufigsten nach einer Suche aufgerufen wurden.

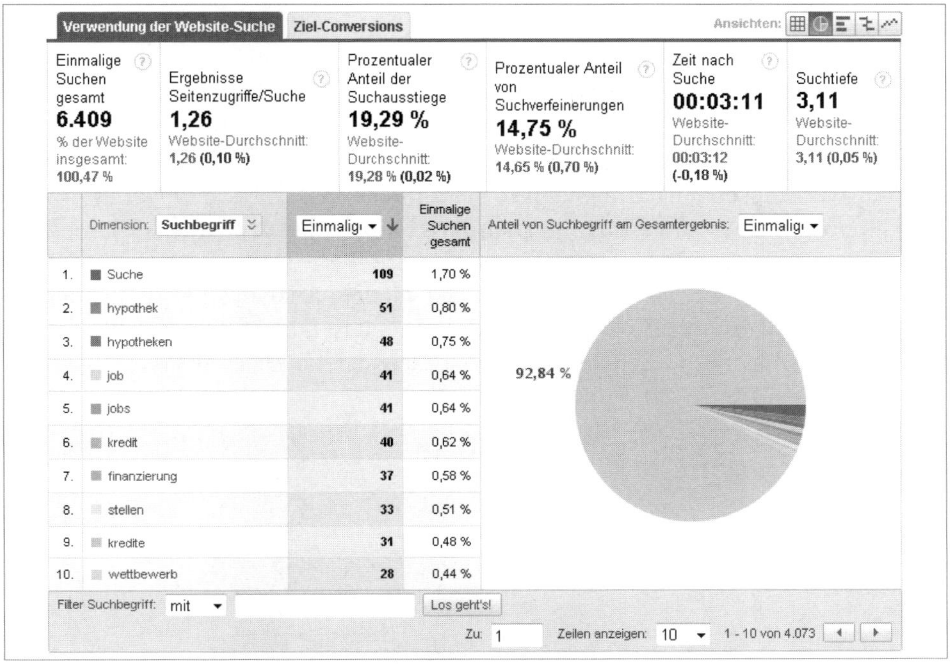

Abb. 17.21: Eingegebene Suchbegriffe in der internen Suche

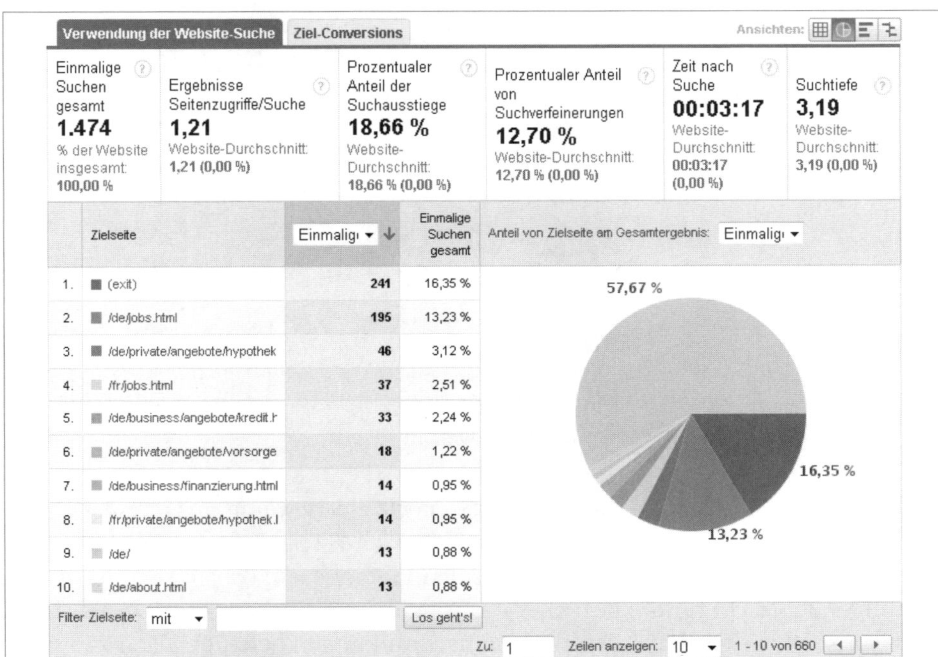

Abb. 17.22: Zielseiten, d. h. Seiten, die nach einer Suche aufgerufen werden

Website-Overlay

Ebenfalls unter dem Navigationspunkt CONTENT findet sich der Aufruf des Website-Overlays. Klickt man auf den entsprechenden Link (unterster Eintrag in der Content-Navigation), öffnet sich ein neues Fenster außerhalb von Google Analytics. Das Fenster ruft die mit Google Analytics getrackte Website auf und legt eine Auswertungsebene darüber, ein so genanntes Overlay. Dieses Overlay ermöglicht es nun, Auswertungen zu internen Links kontextbezogen auf der jeweiligen Seite anzuzeigen. So können je Link verschiedene Werte angezeigt werden. Neben den Klicks sind über das Dropdown in der Google-Analytics-Leiste am oberen Website-Rand Werte für Zielerreichen oder monetäre Linkwerte auswählbar (Einrichtung von Zielen und Zielwerten vorausgesetzt, siehe Abschnitt 17.3.4).

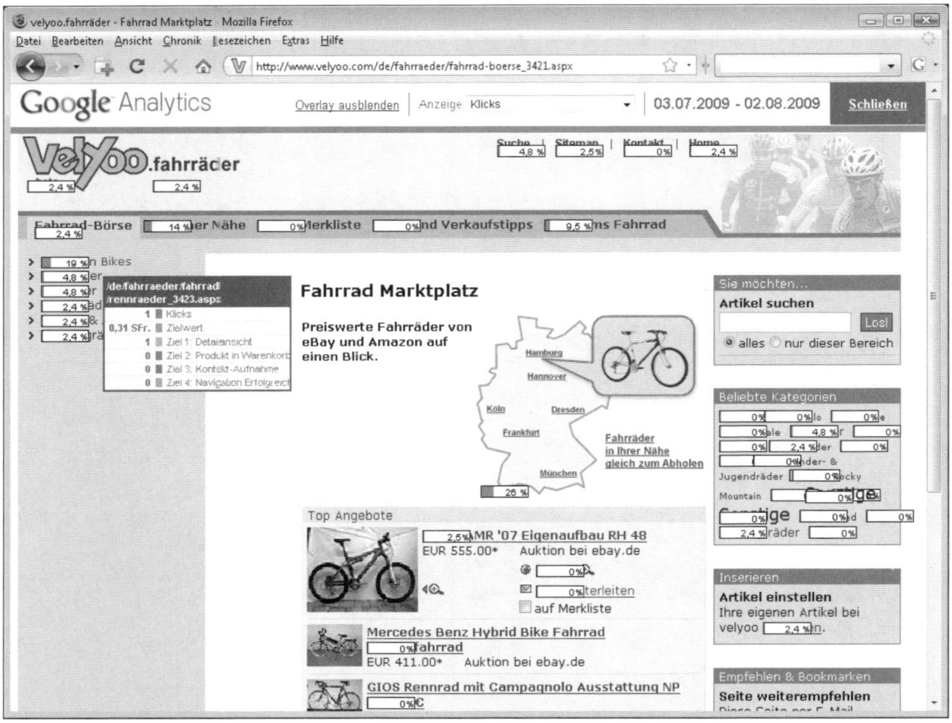

Abb. 17.23: Einblendung der Linknutzung im Website-Overlay

Leider muss man sagen, dass das Overlay noch etwas wenig ausgereift ist bzw. man häufig mit Problemen kämpfen muss. Je nach HTML-Code der Website wird nämlich die Darstellung der Website auseinandergerissen, sobald man das Overlay einblendet (nicht für die Besucher der Website, nur für den Google-Analysten). Auch sonst ist das Overlay mit einigen Einschränkungen behaftet. Dazu zählt:

- Je nach eingesetzten Filtern (z. B. für das Umschreiben von URLs) bekundet das Overlay Mühe mit korrekten Zahlen (siehe dazu Abschnitt 17.3.3).

- Nicht alle Links werden als solche erkannt.
- Mehrere Links auf die gleiche Zielseite werden nicht unterschieden.

Damit Links im Overlay dargestellt werden, müssen sie im HTML-Code auch in einem `href` notiert sein. Links, die zum Beispiel von einem JavaScript aufgerufen werden oder in einem Flash-Element eingebettet sind, werden so nicht als solche erkannt. Auch über eine Link-Schaltfläche abgesendete Formulare erkennt das Overlay nicht.

Weisen auf einer Seite mehrere Links zur selben Zielseite – zum Beispiel ein Eintrag in der Navigation und ein Banner im Inhaltsbereich –, dann kann das Overlay die beiden Links nicht unterscheiden. Die Werte sind dann für beide Links identisch, auch wenn der eine eventuell häufiger angeklickt wurde.

Um diesen meist unerwünschten Effekt zu korrigieren, muss das Linkziel eindeutig gemacht werden. Dies lässt sich erreichen, indem man die URL mit einem URL-Parameter ergänzt. Dieser hat auf der Zielseite keinen Effekt, bringt aber die Unterscheidbarkeit für Google. Eine Zielseite `http://www.abc.de/zielseite.html` kann so z. B. einmal mit `zielseite.html?linkid=navigation` und einmal mit `zielseite.html?linkid=banner` verlinkt werden. Nachteil dieses Vorgehens wiederum ist, dass in den Berichten zu TOP CONTENT die Seite anschließend mit zwei Einträgen erscheint und die Werte manuell addiert werden müssen.

17.3 Wichtige Tipps & Kniffe

Soweit die Standard-Reports-Einstellungen von Google Analytics. Wem das noch nicht ausreicht, der hat eine ganze Reihe an weiteren teilweise mehr, teilweise weniger verborgenen Möglichkeiten, Google Analytics auf seine Bedürfnisse zu konfigurieren.

17.3.1 Benutzerdefinierte Berichte

Wer zum Beispiel bei den Standard-Berichten das Gefühl hatte, eigentlich lieber andere Werte angezeigt zu sehen, der ist bei den benutzerdefinierten Berichten richtig aufgehoben. Direkt unterhalb der Navigation auf der linken Seite findet sich der Einstieg zu diesem mächtigen Tool (siehe Abbildung 17.24).

Die Erstellung solcher benutzerdefinierten Berichte ist in folgenden Situationen sinnvoll:

- Wenn Metriken aus verschiedenen Berichten nach eigenen Vorstellungen in einem kombiniert werden sollen
- Wenn ein Bericht in mehrere (und flexibel definierbare) Unterstufen unterteilt werden soll, das heißt, ein Drilldown eines Reports nach ausgewählten Segmenten gewünscht ist

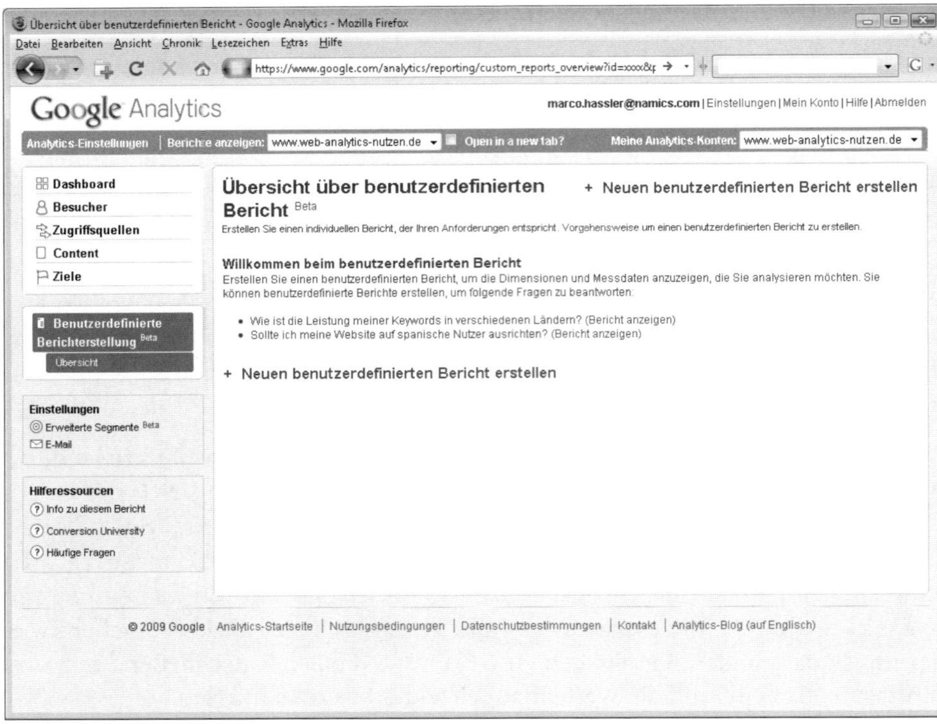

Abb. 17.24: Der Einstieg in die benutzerdefinierten Berichte

Ersterer Fall tritt zum Beispiel dann ein, wenn man zu AdWords die Klicks, Absprungrate und Ziel-Conversion einblenden möchte. Diese typischerweise auf drei Ansichten verteilten Keyword-Kennzahlen lassen sich so auf einer Ansicht vereinen. Die zweite Situation liegt dann vor, wenn man sich zum Beispiel im Bericht »Keywords« bei Klick auf ein Keyword nicht wie standardmäßig implementiert die Detailmetriken anzeigen lassen möchte, sondern z. B. Einstiegsseiten, auf denen Besucher je Keyword gelandet sind. Durch die benutzerdefinierte Unterordnung einer Dimension unter die andere lässt sich ein solcher Bericht erstellen.

Benutzerdefinierte Berichte erstellen

Mit dem Link Neuen benutzerdefinierten Bericht erstellen im Bereich der benutzerdefinierten Berichte legt man einen neuen Bericht an. Auf der linken Seite erscheint nun ein neues Auswahlfeld, das verschiedene Metriken und Dimensionen anbietet (siehe Abbildung 17.25).

Für die Erstellung von Berichten ist entscheidend, dass man sich den Unterschied von Metriken und Dimensionen bewusst macht: Metriken sind vereinfacht ausgedrückt Zahlenwerte, d. h. zum Beispiel die Absprungrate, Seiten pro Zugriff oder die durchschnittliche Besuchszeit. Jeder dieser Werte ist eine einzelne Zahl – entweder ein Prozentsatz oder ein absoluter Wert. Dimensionen hingegen sind

Kategorien, in die die Daten hineinfallen. Dazu zählen etwa die URLs der Einstiegsseiten oder der verweisenden Seiten, die Namen von Suchmaschinen oder eingegebene Suchbegriffe.

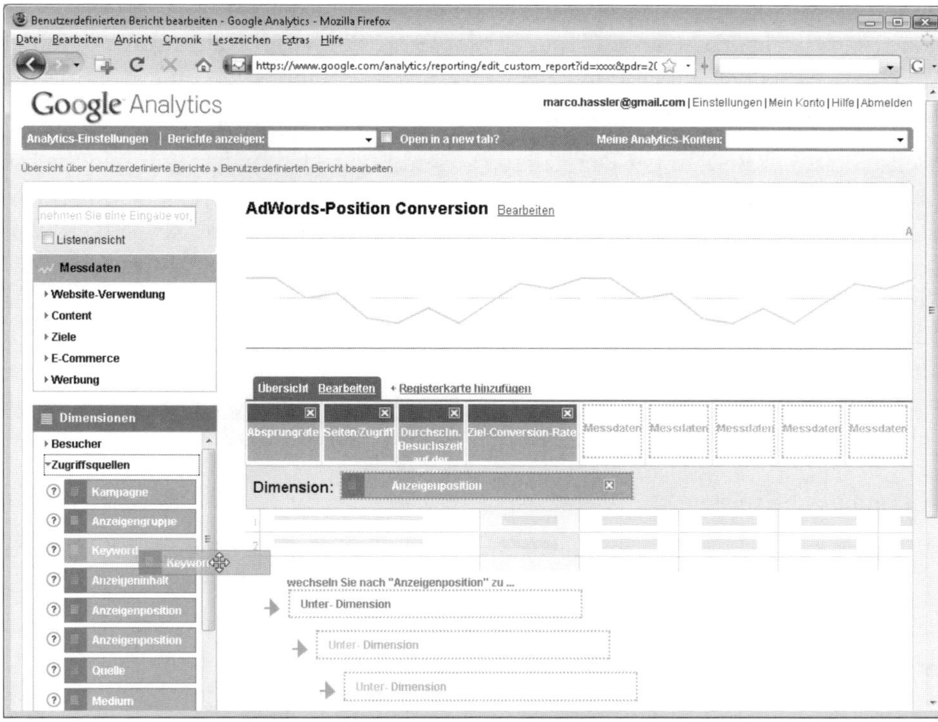

Abb. 17.25: Erstellung von benutzerdefinierten Berichten

Dimensionen und Metriken werden nun in einem Bericht kombiniert, zum Beispiel die Dimension »Suchbegriff« mit der Metrik »Absprungrate«. Durch diese Kombination zeigt der Bericht anschließend je Suchbegriff die jeweilige Absprungrate auf. Auf diese Weise können nun verschiedene Metriken auf eine Dimension angewendet werden.

Dazu zieht man einfach per Maus eine oder mehrere der links aufgelisteten und blau eingefärbten Metriken auf das entsprechend ausgesparte Feld im Inhaltsbereich des Berichts. Bei den grün eingefärbten Dimensionen geht man analog vor, wobei sich bei den Dimensionen fünf hierarchisch anordnen lassen. Durch diese Anordnung kann man sich später durchklicken, um so die betrachteten Daten scheibchenweise einzugrenzen. Reicht der Platz für die Metriken nicht aus, lassen sich weitere Registerkarten ergänzen. Am besten gelingt die Berichterstellung übrigens, wenn man schon eine möglichst konkrete Vorstellung hat, wie der Bericht am Ende ausschauen soll.

Beim Zusammenstellen der Metriken und Dimensionen werden Sie feststellen, dass nicht immer alle Dimension und Metriken verfügbar sind bzw. manche gelegentlich ausgegraut sind. Dies hängt damit zusammen, dass Google gewisse Kombinationen nicht erlaubt bzw. nicht auswerten kann. Die erlaubten Kombinationen stellt Google in einer Matrix unter `https://www.google.com/support/googleanalytics/bin/answer.py?answer=99174&hl=de_DE` zusammen – in der Praxis ist es jedoch meist einfacher, kurz auszuprobieren, ob eine gewünschte Kombination möglich ist.

Wenn Sie einen Bericht per Drag&Drop zusammengestellt haben, können Sie ihn über die Schaltfläche VORSCHAU DES BERICHTES ANZEIGEN aufrufen. Entspricht der Bericht Ihren Vorstellungen, speichern Sie ihn über BERICHT SPEICHERN. Vergessen Sie dabei nicht, dem Bericht einen sprechenden Titel zu geben, damit Sie ihn später im Navigationsmenü links leicht finden. Die so gespeicherten Berichte sind übrigens nur für Sie verfügbar und leider nicht für andere Nutzer mit Zugriff auf das gleiche Konto oder Profil. Dieser Nachteil wird dadurch etwas wettgemacht, dass die Berichte für den Ersteller nicht nur in einem Profil, sondern in all seinen Profilen und Konten angewendet werden können.

Anwendungsbeispiele

Wenn Sie sich jetzt noch fragen, wozu man denn die benutzerdefinierten Berichte genau brauchen kann, dann folgen hier ein paar Anregungen. Mögliche Fragestellungen, die sich beantworten lassen, sind zum Beispiel:

- Welche Quelle bringt die treuesten Besucher?
- In welchem Land und welcher Region werden noch alte Browser eingesetzt?
- Welche Position bei der Einblendung von AdWords führt zur höchsten Conversion-Rate?
- Braucht man sich um Besucher, die einen Safari-Browser einsetzen, bei der Website-Gestaltung zu kümmern – beziehungsweise könnte es sein, dass der kleine Nutzeranteil einen gewichtigen Beitrag zum Umsatz leistet, da diese Nutzergruppe weniger preissensibel ist?

Für die letzte Fragestellung zum Wert von Safari-Nutzern klickt man einen einfachen Bericht gemäß Abbildung 17.26 zusammen. Voraussetzung für ein sinnvolles Ergebnis ist, dass das Ziel-Conversion-Tracking aktiviert ist und Ziele mit einem Wert hinterlegt sind (siehe Abschnitt 17.3.4). Der generierte Bericht liefert anschließend eine Auswertung gemäß Abbildung 17.27 und im konkreten Fall damit die Antwort, dass Safari-Nutzer nicht wesentlich mehr zum Umsatz beitragen (jedoch die Nutzer von anderen Spezialbrowsern).

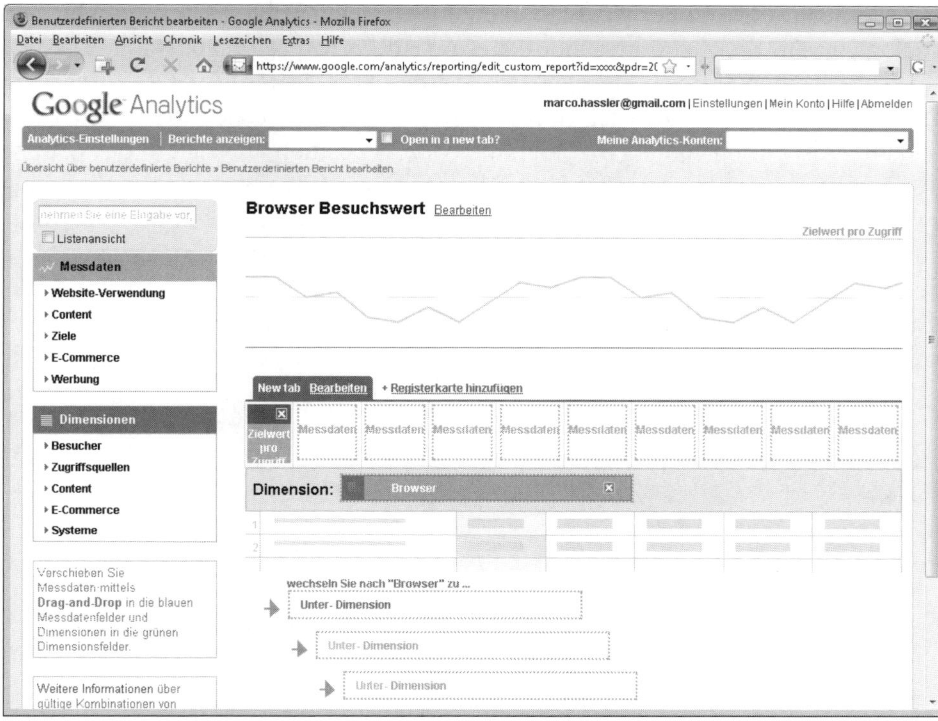

Abb. 17.26: Erstellung eines einfachen Berichts für Zielwert je Browser

Übersicht

Zielwert pro Zugriff
0,09 SFr.
Website-Durchschnitt: 0,09 SFr. (0,00 %)

	Browser	Zielwert pro Zugriff ↓
1.	linux	0,31 SFr.
2.	Galeon	0,16 SFr.
3.	Camino	0,12 SFr.
4.	Netscape	0,11 SFr.
5.	Playstation 3	0,10 SFr.
6.	Safari	0,09 SFr.
7.	Internet Explorer	0,09 SFr.
8.	Mozilla Compatible Agent	0,08 SFr.
9.	Firefox	0,07 SFr.
10.	Chrome	0,07 SFr.

Filter Browser: mit | Los geht's! | Zu: 1 | Zeilen anzeigen: 10 | 1 - 10 von 16

Abb. 17.27: Auswertung des Beitrags zum Zielwert je eingesetztem Browser

Für die Beantwortung der weiteren oben aufgelisteten Fragestellungen geht man analog vor. Für die Ziel-Conversion-Rate von AdWords-Positionen wählt man beispielsweise einen Satz von Metriken wie Absprungrate, Seiten/Zugriff, Durchschn. Besuchszeit und eben die Ziel-Conversion-Rate aus dem blauen Metrik-Auswahlfeld aus. Als Dimension ergänzt man die Anzeigeposition, die sich in der Gruppe der Zugriffsquellen befindet. Im Ergebnis erhält man einen Bericht, wie Abbildung 17.28 ihn zeigt. Für den untersuchten Fall lässt sich so erkennen, dass AdWords eine höhere Ziel-Conversion-Rate aufweisen, wenn sie erst ab Position 5 eingeblendet werden. Die obersten AdWords-Positionen bei Google.com (die drei Top-Links und der erste auf der rechten Seite) sind demnach für die gewählte Kampagne im vorliegenden Fall nicht unbedingt die effizientesten Plätze für eine Anzeige.

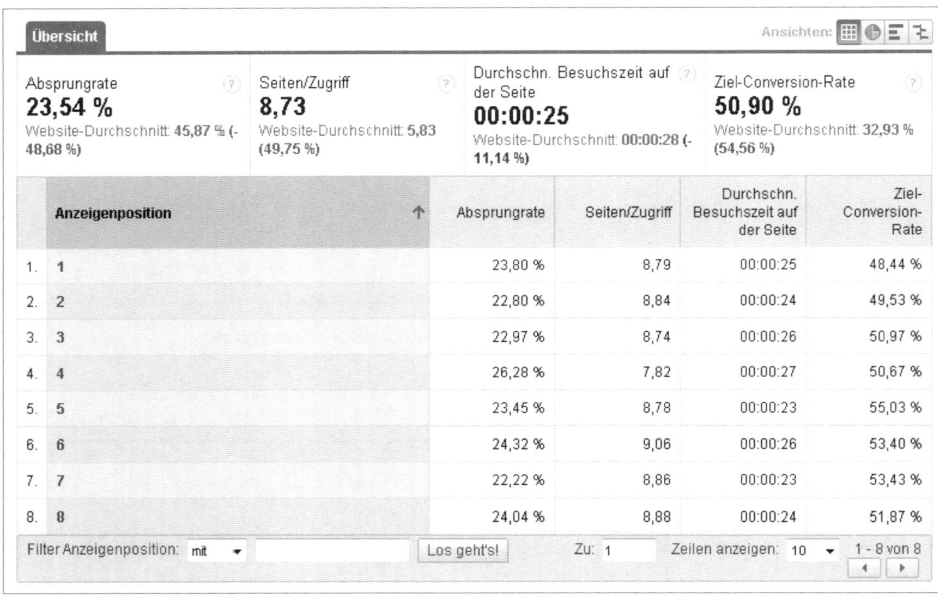

	Anzeigenposition	Absprungrate	Seiten/Zugriff	Durchschn. Besuchszeit auf der Seite	Ziel-Conversion-Rate
1.	1	23,80 %	8,79	00:00:25	48,44 %
2.	2	22,80 %	8,84	00:00:24	49,53 %
3.	3	22,97 %	8,74	00:00:26	50,97 %
4.	4	26,28 %	7,82	00:00:27	50,67 %
5.	5	23,45 %	8,78	00:00:23	55,03 %
6.	6	24,32 %	9,06	00:00:26	53,40 %
7.	7	22,22 %	8,86	00:00:23	53,43 %
8.	8	24,04 %	8,88	00:00:24	51,87 %

Abb. 17.28: Unterschiedliche Ziel-Conversion-Rates je nach Position eines Keywords

17.3.2 Erweiterte Segmente

Benutzerdefinierte Berichte sind schon ein gutes Mittel, um mehr über seine Besucher und ihr Verhalten herauszufinden. Endgültig in den Analytics-Himmel gelangt man allerdings mit den erweiterten Segmenten. Die meisten Standard-Reports verfügen zwar über die so genannten Cross-Segments, mit denen sich ein Report auf eine bestimmte zusätzliche Dimension einschränken lässt (siehe Abschnitt 17.2.2). Die erweiterten Segmente gehen aber weit über diese Möglichkeiten hinaus und lassen die zu betrachtenden Daten mit noch schärferem Messer sezieren. Eine derart ausgewählte Teilmenge von Besuchern oder Verhaltensweisen lässt sich anschließend mit einem anderen Segment vergleichen. Dies bringt interessante Einblicke, wie sich bestimmte Nutzergruppen im Vergleich zu anderen verhalten.

Erweiterte Segmente erstellen

Ein einfaches Beispiel für ein solches Segment ist, nur jene Besucher zu untersuchen, die zum ersten Mal auf der Website sind. In einem zweiten Schritt möchte man dieses Segment vielleicht weiter einschränken und nur jene neuen Besucher aus einem bestimmten Land – zum Beispiel Deutschland und der Schweiz – betrachten. Verhalten sich neue Besucher aus Deutschland anders als solche aus der Schweiz oder einem anderen Land?

Um ein solches einfaches Segment zu erstellen, klicken Sie auf das Dropdown ALLE BESUCHE, das sich oben rechts in Google Analytics mit der Beschriftung ERWEITERTE SEGMENTE befindet. In dem Dropdown findet sich eine Reihe von vordefinierten Standardsegmenten, die sich einfach durch Anklicken der Checkbox auswählen lassen (siehe Abbildung 17.29).

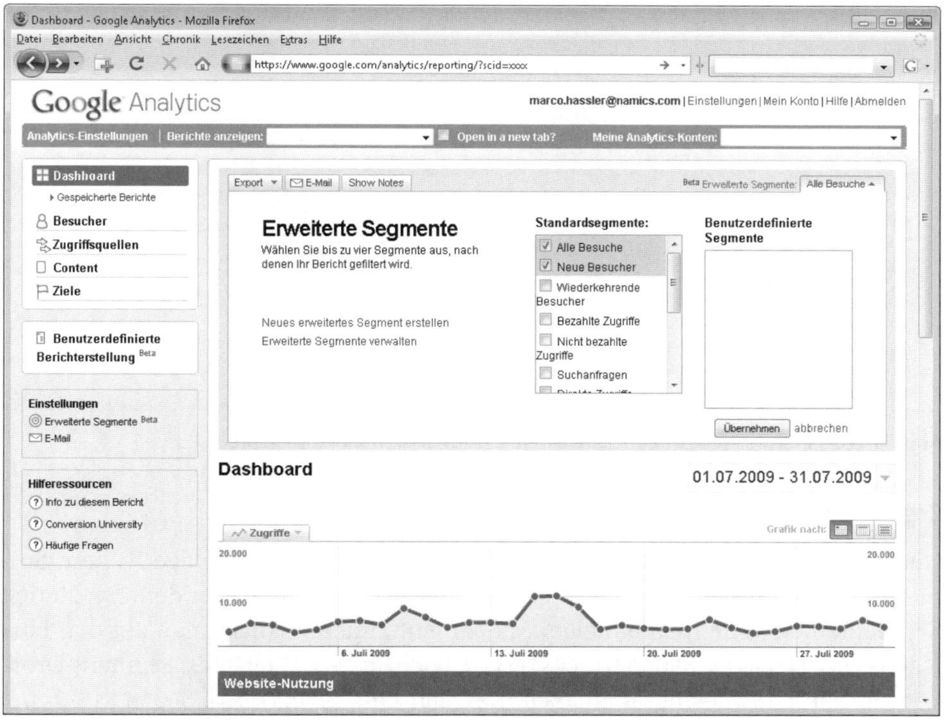

Abb. 17.29: Erstellung bzw. Anwendung von Standardsegmenten

Wenn Sie nun das Segment NEUE BESUCHE auswählen und anschließend auf ÜBERNEHMEN klicken, wird das Segment angewandt. Wenn Sie mehrere Segmente auswählen – oder ALLE BESUCHE vorausgewählt lassen –, dann wird im Hauptdiagramm je Segment eine Linie angezeigt. Damit lassen sich sehr einfach mehrere Segmente miteinander vergleichen. Auch weiter unten in der tabellarischen Darstellung wird der Vergleich von Segment zu Segment dargestellt. Je nach gewähltem Bericht kann man so Unterschiede erkennen – z. B. dass der Anteil neuer Besucher aufgrund einer Kampagne sprungartig angestiegen ist, während die Gesamtzahl der Besucher nicht so markant in die Höhe gestiegen ist.

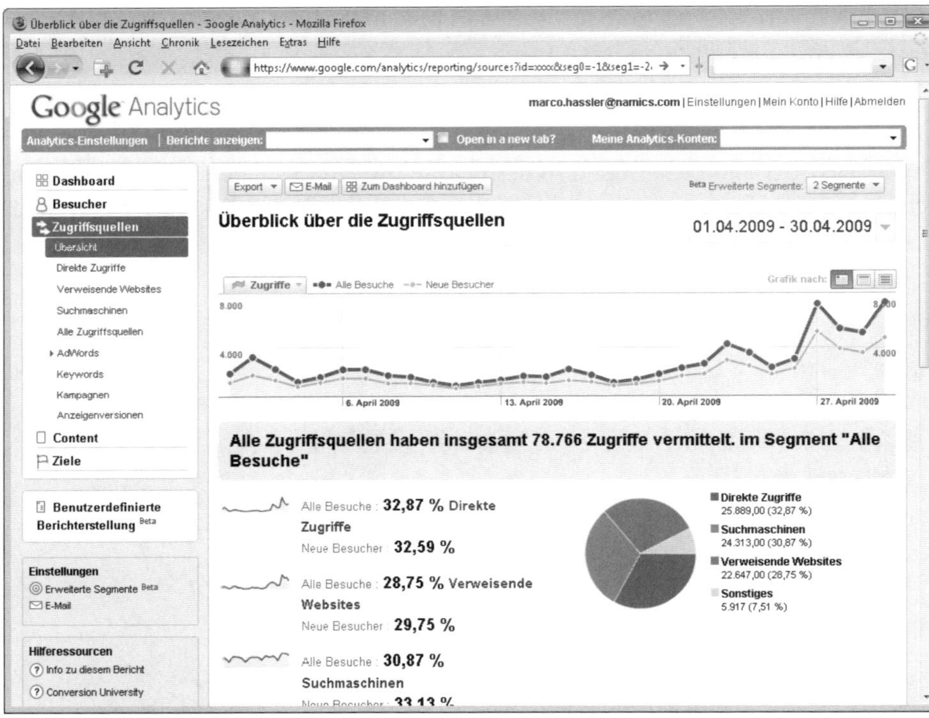

Abb. 17.30: Vergleich der Segmente »neue Besuche« zu »alle Besuche«

Segmentkriterien definieren

Neben der Handvoll vordefinierter Segmente lassen sich beliebige weitere Segmente selbst anlegen – und das ist das wirklich Fantastische an den erweiterten Segmenten. Möchte man ein eigenes Segment kreieren, klickt man auf den Link NEUES ERWEITERTES SEGMENT ERSTELLEN nach dem Öffnen des Segment-Dropdowns. Alternativ gelangt man auch über den Link ERWEITERTE SEGMENTE unterhalb des linken Menüs auf die Segmenteinstellungen.

Bei der Erstellung von Segmenten findet man eine ähnliche Ansicht wie bei der Erstellung der benutzerdefinierten Berichte – es stehen wiederum Metriken und Dimension in einer Liste links zur Auswahl. Um ein Segment mit Besuchern aus der Schweiz zu erstellen, wählen Sie im Auswahlmenü die Dimension LAND/GEBIET aus. Am schnellsten finden Sie das Feld übrigens, indem Sie in das Suchfeld oberhalb der Auswahlliste einen entsprechenden Begriff eingeben – anstatt sich durch das Menü durchzuklicken.

Dieses Feld ziehen Sie einfach mit der Maus auf den obersten Platzhalter auf der Seite. Mit dem Loslassen der Maustaste erscheinen neben dem Feld zwei Dropdowns, eines mit Bedingungen und eines mit Werten. Im Bedingungsdropdown lassen Sie den Eintrag GENAUE ÜBEREINSTIMMUNG stehen. Damit wird in allen Land/Gebiet-Daten nach exakt dem Wert gesucht, den Sie nun ins zweite Dropdown eingeben. Wenn Sie das Dropdown aufklappen, zeigt Ihnen Google Analytics sogar alle Werte an, die im Feld LAND/GEBIET vorkommen – schön sortiert nach der Häufigkeit des Vorkommens. Für das Segment der Schweizer Besucher wählen Sie SWITZERLAND aus.

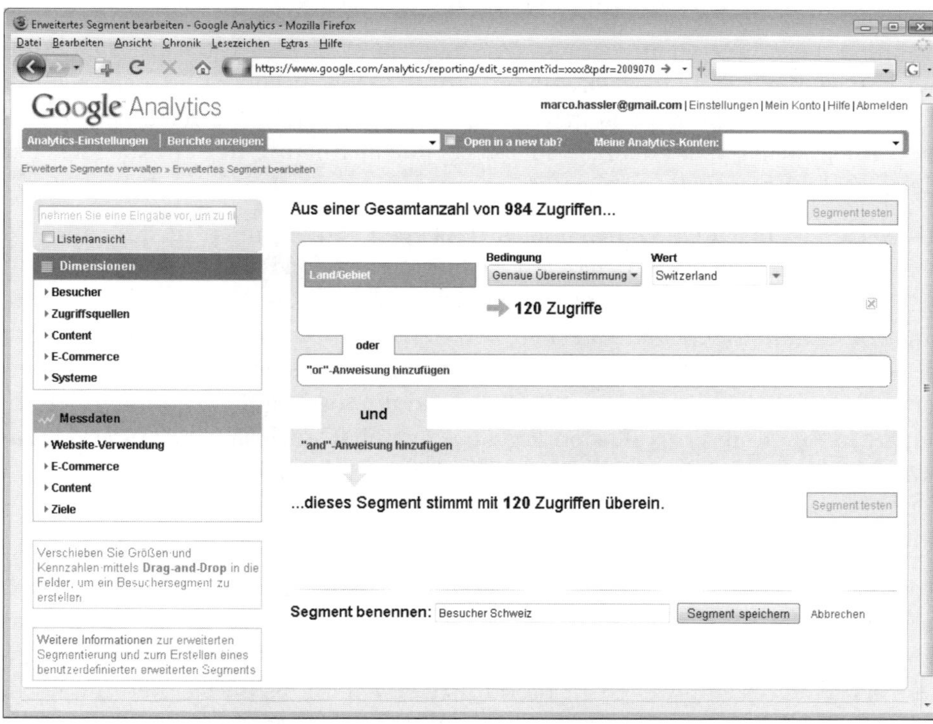

Abb. 17.31: Erstellung eines Segments mit Besuchern aus der Schweiz

Je schärfer man ein Segment aus dem gesamten Datenbestand »herausschnipselt«, desto komplexer werden auch die Segmentabfragen. Deshalb ist es sinnvoll, dass man ein Segment testen kann, um zu sehen, ob überhaupt Besuche in die definierten Segmentkriterien fallen. Einen solchen Test kann man einfach fahren, indem man die Schaltfläche SEGMENT TESTEN betätigt. In der Ansicht wird dann zusammengestellt, wie viele der gesamten Zugriffe in das gewählte Segment fallen. Im in Abbildung 17.31 dargestellten Segment fallen zum Beispiel 120 von insgesamt 984 Zugriffen auf die Kriterien. Um das Testing des Segments durchführen zu können, müssen Sie in der aktuellen Version von Google Analytics dem Segment im Feld SEGMENT BENENNEN erst noch einen Namen geben.

Anstatt der Bedingung GENAUE ÜBEREINSTIMMUNG bei der Segmentdefinition lassen sich auch andere Optionen auswählen, die eine weniger scharfe Linie zwischen den Besuchen ziehen. Mit der Bedingung ENTHÄLT kann z. B. nach Zeichenketten innerhalb eines Feldes gesucht werden. Während dies bei Ländern wenig Sinn macht, kann dies bei einem Segment, das Besuche mit Suchbegriffen wie »handy«, »günstige handys« und »handy billig« filtert, sehr nützlich sein. Die Bedingung ENTHÄLT mit Wert `handy` filtert dann alle Besuche mit entsprechendem Suchbegriff heraus. Die Bedingung BEGINNT MIT filtert Besuche, die die eingegebene Zeichenkette nur am Anfang des Werts haben.

Während bei Dimensionen meist Zeichenketten als Selektionskriterien Sinn machen, sind dies bei Metriken Zahlen. Um Besuche zu filtern, die mehr als fünf Seiten betrachtet haben, wählt man als Bedingung GRÖSSER ALS aus und setzt den Wert auf 5. Analog wählt man die entsprechende Bedingung aus, um kleinere oder gleich große Werte auszuwählen.

Als besonders mächtige Waffe lassen sich bei den Dimensionen auch Regular Expressions einsetzen. Wählt man im Bedingungs-Dropdown ÜBEREINSTIMMUNG MIT REGULÄREM AUSDRUCK aus, lassen sich verschiedene Werte selektieren, die einer bestimmten Regel entsprechen. Mit dem Wert `Switzerland|Austria` ließe sich zum Beispiel ein Segment mit Zugriffen sowohl aus der Schweiz wie aus Österreich einrichten. Genaueres zu der Verwendung von Regular Expressions erfahren Sie in Abschnitt 17.3.3 (Kasten *Regular Expressions – Reguläre Ausdrücke*) – man braucht allerdings einiges an Knobelei und Wille, um sich damit zurechtzufinden.

Kriterien verknüpfen

Anstatt mittels einer komplizierten Regular Expression lassen sich Segmente vielfach viel einfacher über eine AND- oder OR-Anweisung verfeinern. Wenn Sie auf den Link „OR“-ANWEISUNG HINZUFÜGEN klicken, haben Sie nämlich die Möglichkeit, den Filter um ein weiteres Kriterium zu erweitern. Wenn Sie hier nun nochmals LAND/GEBIET als Dimension auswählen und `Austria` als exakten Wert eingeben, dann erhalten Sie ein Segment für die Zugriffe sowohl aus der Schweiz wie aus Österreich.

Die OR-Anweisung dient also dazu, Werte auszuwählen, die entweder die eine oder die andere Bedingung erfüllen. Die AND-Anweisung dagegen, die Sie auch verwenden können, um ein Segment zu verfeinern, verlangt, dass ein Wert sowohl die eine wie auch die andere Bedingung erfüllt. Damit lässt sich zum Beispiel ein

Segment kreieren, das nur jene Besucher aus der Schweiz beinhaltet, die mehr als fünf Seiten betrachtet haben (siehe Abbildung 17.32).

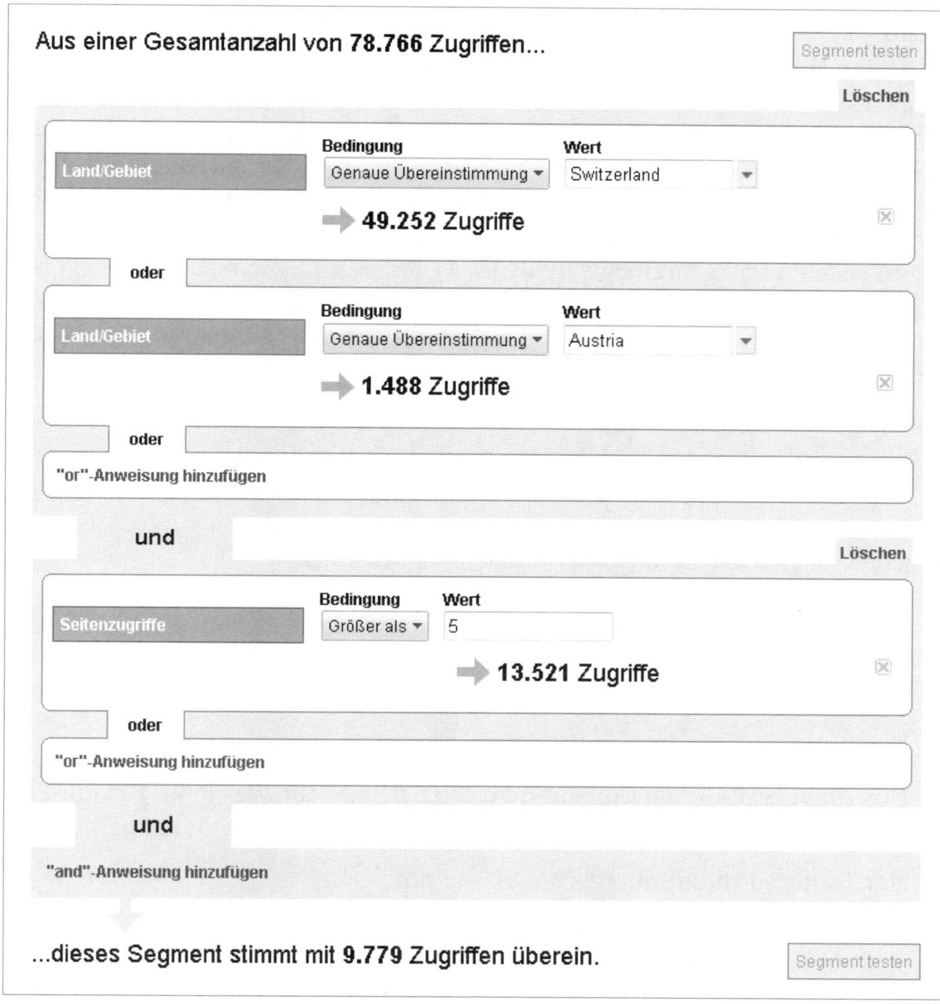

Abb. 17.32: »Or«- und »And«-Verknüpfungen von Segmentkriterien

Mit all diesen Bausteinen in der Hand lässt sich nun ein gewünschtes Segment sehr feingliedrig aufbauen – eine Wunderwaffe in den Händen eines begeisterten Web-Analysten.

17.3.3 Filter verwenden

Wie im vorhergehenden Abschnitt vorgestellt, sind Segmente sozusagen Abfragen, die aus der gesamten Datenmenge mittels Bedingungen einen Teil auswählen. Diese Abfragen sind temporär, das heißt, sie können jederzeit auf die gesamte Datenbasis erstellt und auch wieder entfernt werden.

Die Anwendung eines Filters hat einen ähnlichen Effekt wie derjenige eines Segments – es wird nach bestimmten Bedingungen ein Teil der Daten herausgefiltert. Im Unterschied zum Segment ist ein Filter jedoch radikaler: Daten, die im Filter hängen bleiben, werden nämlich unwiderruflich modifiziert oder weggeworfen. Der Filter »sitzt« sozusagen zwischen der Website bzw. dem Tracking-Code (GATC) und der Google-Analytics-Datenbank. Will nun der Tracking-Code einen Seitenaufruf oder sonst ein Ereignis an Google Analytics senden, muss er unweigerlich den Filter passieren. Die im Filter festgelegten Regeln entscheiden nun, ob die gesendeten Daten an Google Analytics weitergereicht, modifiziert oder gar verworfen werden. Wenn dieser Vorgang abgeschlossen ist, sind die übermittelten Daten entweder verändert oder unverändert in der Google-Analytics-Datenbank drin – oder irreversibel verworfen.

Mit dieser Funktionsweise sind die Filter ein sehr mächtiges Instrument – bergen jedoch auch ihre Gefahren. Man sollte sie deshalb stets bedacht und mit der notwendigen Vorsicht anwenden, um nicht Tracking-Daten fälschlicherweise zu verändern oder zu verwerfen. Sinnvoll eingesetzt können Filter aber zum Beispiel folgende Aufgabenstellungen sehr effizient übernehmen:

- Bestimmten Traffic aus den Auswertungen ausschließen, z. B. die eigenen Websitebesuche
- Kryptische URLs regelbasiert umformulieren
- Nur einen Teilbereich einer Website tracken (z. B. `eshop.abc.de`)
- Nur einen bestimmten Content-Bereich (z. B. `www.abc.de/jobs/`) in ein Profil tracken, um Nutzern nur darauf Berechtigungen erteilen zu können.
- Nur Traffic aus bestimmten Ländern tracken
- und so weiter

Segment oder Filter?

Die erweiterten Segmente wurden von Google vor noch nicht allzu langer Zeit eingeführt und befinden sich immer noch im Beta-Stadium. Bevor die Segmente verfügbar waren, wurden häufig Filter eingesetzt, um eine segmentähnliche Unterteilung zu erreichen. So richtete man zum Beispiel häufig ein eigenes Profil ein, um nur jene Besuche auszuwerten, die über AdWords auf eine Website kamen. Heute lassen sich solche Anforderungen viel bequemer über Segmente lösen – und sogar noch rückwirkend auf historische Daten anwenden. Deshalb gilt: So weit möglich mit erweiterten Segmenten arbeiten und nur für das damit nicht Lösbare Filter verwenden!

Standardfilter erstellen und anwenden

Um einen Filter zu erstellen, wechseln Sie von der Google-Analytics-Auswertungsansicht in die Einstellungen (z. B. via Link ANALYTICS EINSTELLUNGEN im orange Titel-Balken) und wählen den Link BEARBEITEN beim gewünschten Profil aus. Neben bekannten Definitionen wie den allgemeinen Profileinstellungen findet sich beim Scrollen ans Ende der Seite der Pflegebereich für die Filter. Über den Link FILTER HINZUFÜGEN in der grauen Titelleiste des Bereichs AUF PROFIL ANGEWENDETE FILTER lässt sich ein neuer Filter erstellen. Im folgenden Dialogfenster (siehe Abbildung 17.33) wählen Sie die Option NEUEN FILTER DEM PROFIL HINZUFÜGEN aus. Die alternative Option, VORHANDENER FILTER AUF PROFIL ANWENDEN, lässt sich später einsetzen, um bereits innerhalb eines Kontos erstellte Filter auf weitere Profile anzuwenden.

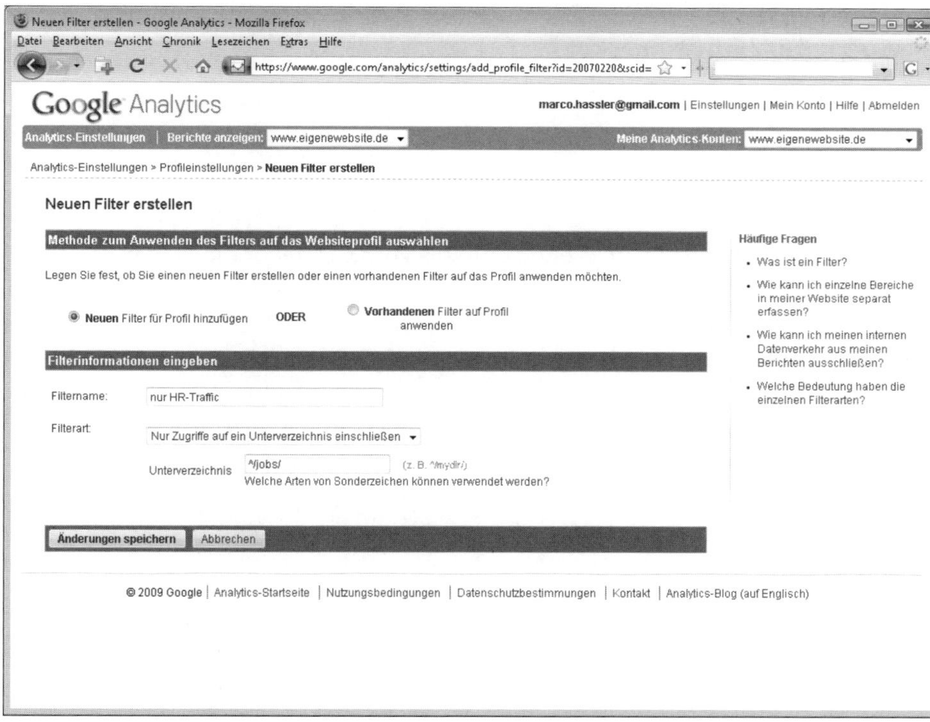

Abb. 17.33: Einrichtung eines neuen Filters, der nur den Traffic eines Website-Asts enthält

Bei der Eingabe der Filterinformationen stehen drei Standardfilter zur Auswahl:

- ALLE BESUCHER VON EINER DOMAIN AUSSCHLIESSEN
- ALLE BESUCHER VON EINER IP-ADRESSE AUSSCHLIESSEN
- NUR ZUGRIFFE AUF EIN UNTERVERZEICHNIS EINSCHLIESSEN

Über den vierten Dropdown-Eintrag BENUTZERDEFINIERTER FILTER gelangt man zu erweiterten Filtereinstellungen, die in Abschnitten weiter unten beschrieben sind. Mit den Standardfiltern lassen sich aber schon mal einige der häufigsten Fragestellungen lösen, z. B. nur ein bestimmtes Unterverzeichnis einer Website tracken. Hierzu wählt man den Eintrag NUR ZUGRIFFE AUF EIN UNTERVERZEICHNIS EINSCHLIESSEN aus dem Dropdown aus und gibt den Pfad des gewünschten Unterverzeichnisses im nebenstehenden Feld ein.

Angenommen, es gibt auf Ihrer Website folgende fünf Seiten:

- `www.abc.de/home.html`
- `www.abc.de/ueberuns/uebersicht.html`
- `www.abc.de/jobs/uebersicht.html`
- `www.abc.de/jobs/job1.html`
- `www.abc.de/jobs/job2.html`

Wenn Sie nun als Unterverzeichnis `^/jobs/` eintragen, dann werden im Google-Analytics-Profil nur Zugriffe und Seiten ausgewertet, die auf die letzten drei Seiten der Aufzählung fallen. Ein Besucher, der nur die Homepage aufruft, wird demzufolge in diesem Google-Analytics-Profil gar nicht aufgezeichnet.

Bei der Bezeichnung des Unterverzeichnisses kommt wieder die Syntax von Regular Expressions zum Einsatz (siehe Kasten *Regular Expressions – Reguläre Ausdrücke*). Um die richtigen Seiten herauszufiltern, sollten Sie diese Syntax auch weitmöglichst berücksichtigen. Angenommen, Sie hätten als Verzeichnis nur `jobs` eingegeben, dann würde auch eine Seite `www.abc.de/ueberuns/top-jobs.html` in dem Profil gespeichert werden, da sie die Zeichenfolge `jobs` enthält. Ein Zirkumflex am Anfang einer Zeichenkette bewirkt nun in der Syntax von Regular Expressions, dass die Zeichenkette ganz am Anfang vorkommen muss. `^/jobs/` findet deshalb `/jobs/uebersicht.html`, aber nicht `/ueberuns/jobs/uebersicht.html`.

Ebenfalls eine sehr hilfreiche Funktion übernimmt der Standardfilter ALLE BESUCHER VON EINER IP-ADRESSE AUSSCHLIESSEN. In Abschnitt 17.3.5 ist mit einem Beispiel gezeigt, wie sich dieser Filter auf Ihre Gegebenheiten einrichten lässt.

Benutzerdefinierte Filter verwenden

Richtig spannend – aber auch komplizierter – wird's, wenn man sich über die Standardfilter hinaus an die benutzerdefinierten Filter wagt. Bei benutzerdefinierten Filtern lassen sich wiederum verschiedene Typen auswählen, nämlich

- Ausschließen-/Einschließen-Filter
- Kleinschreibung/Großschreibung

- Suchen-und-Ersetzen-Filter
- Erweiterte Filter

Ein Einschließen-Filter ist vergleichbar mit dem Job-Beispiel von oben. Treffer, die auf das Muster matchen, werden in die Auswertung eingeschlossen. Alle anderen verworfen. Ausschließen-Filter funktionieren dagegen genau umgekehrt: Was auf das Muster passt, wird ausgeschlossen. Somit lassen sich ganz einfach bestimmte Bereiche aus dem Tracking ausgrenzen, z. B. alle Zugriffe auf einer Testumgebung unter `test.abc.de`.

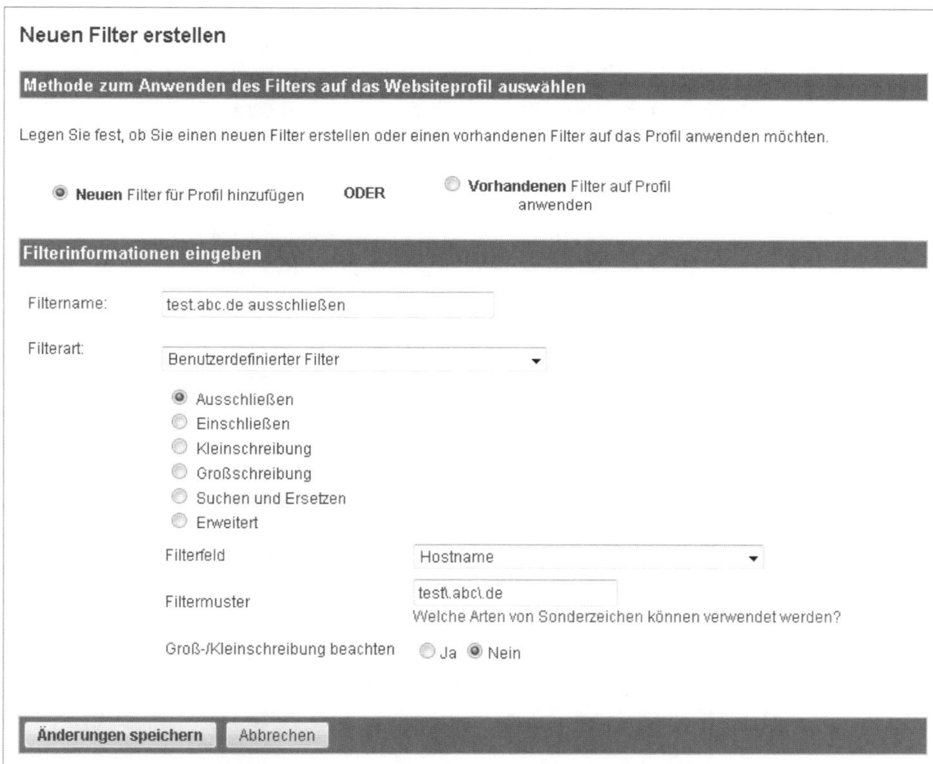

Abb. 17.34: Filter zum Ausschließen von Zugriffen auf der Testumgebung

Bei der Notation dieser URL im entsprechenden Feld (siehe dazu Abbildung 17.34) ist wiederum die Syntax von Regular Expressions zu beachten. Punkten (».«) kommt in dieser Syntax eine spezielle Funktion zu – sie repräsentieren ein beliebiges Zeichen. Damit sie nicht diese Funktion wahrnehmen, sondern eben den Punkt als Zeichen in der Zeichenkette darstellen, muss jeweils ein Backslash (»\«) als Steuerzeichen vorangestellt werden. Um den Hostnamen `test.abc.de` zu treffen, muss deshalb im Filtermuster `test\.abc\.de` angegeben werden.

Der Filtertyp KLEINSCHREIBUNG wandelt – wie der Name vermuten lässt – die Zeichenkette des ausgewählten Filterfeldes in Kleinbuchstaben um. GROSSSCHREIBUNG macht dies genau umgekehrt.

SUCHEN UND ERSETZEN verlangt dagegen wieder etwas anspruchsvollere Einstellungen, der Filtertyp ist dafür auch um einiges mächtiger. Damit lässt sich nämlich eine Zeichenfolge in einem bestimmten Feld ganz einfach austauschen. Hierzu gibt man im FILTERFELD das gewünschte Feld, in der SUCHZEICHENFOLGE den gesuchten Wert und in der ERSATZZEICHENFOLGE den neuen Wert ein. Dies kann ganz nützlich sein, um beispielsweise kryptische URLs in teilweise sprechende umzuwandeln.

Für zwei Kategorieseiten eines Produktkatalogs zum Beispiel, die die URL `/shop/showcategory.aspx?id=01` für Bücher und `/shop/showcategory.aspx?id=02` für Filme haben, lassen sich folgende zwei Suchen-und-Ersetzen-Filter einrichten:

- Filtername »Buchkategorie ersetzen«
  - Suchzeichenfolge: `showcategory\.aspx\?id=01`
  - Ersetzungszeichenfolge: `showcategory\.aspx/buecher`
- Filtername »Filmkategorie ersetzen«
  - Suchzeichenfolge: `showcategory\.aspx\?id=02`
  - Ersetzungszeichenfolge: `showcategory\.aspx/filme`

Damit erscheint später in den Contentauswertungen die Seite `showcategory.aspx` als eine Seite – mit den beiden Unterseiten `buecher` und `filme`.

Ebenfalls sehr elegant mit Suchen-und-Ersetzen-Filtern entfernen lässt sich ein überflüssiges Verzeichnis auf oberster Ebene. Werden zum Beispiel alle Seiten in einem Verzeichnis wie `www.abc.de/cms/` abgelegt, weil dies das Content Management System so will, lässt sich dies mit einem Filter wieder entfernen. Mit einem Suchen-und-Ersetzen-Filter wie in Abbildung 17.35 dargestellt erscheinen die Content-Auswertungen in Google Analytics anschließend so, als ob das Verzeichnis `/cms/` in der URL nicht vorkäme.

Einen gewichtigen Nachteil hat das Umschreiben der URL allerdings: Das Website-Overlay (siehe Abschnitt 17.2.3) kann zu den Links keine Nutzungsdaten mehr zuordnen, da sie in Google Analytics unter einer anderen URL gespeichert sind, als auf der Website angegeben.

Wem nun Ein- und Ausschließen- sowie Suchen-und-Ersetzen-Filter noch nicht ausreicht, der wird mit dem Typ ERWEITERT die Vollendung der Filtermöglichkeiten finden. Dieser Filtertyp erlaubt es zum Beispiel, Zeichenketten aus einem Feld wie der URL auszuschneiden und in ein anderes Feld – z. B. die Keyword-Bezeichnung – wieder einzufügen. Um dies allerdings anwenden zu können, sind tiefgreifende Kenntnisse von Regular Expressions notwendig. Ein Beispiel, was mit solchen erweiterten Filtertypen angestellt werden kann, findet sich ausführlich beschrieben in den Abschnitt 17.4.2 und 17.4.6.

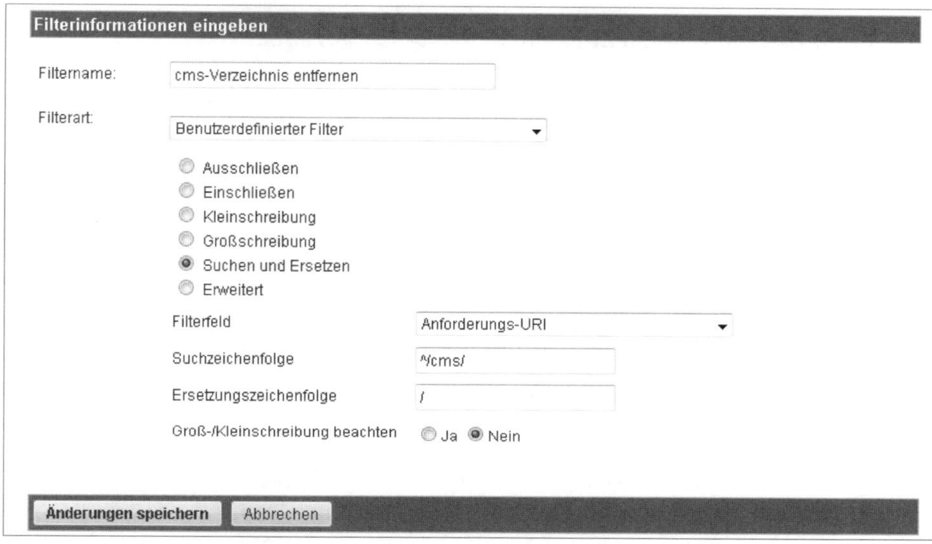

Abb. 17.35: Filter zur Ersetzung eines Verzeichnisses in der URL

Regular Expressions – Reguläre Ausdrücke

Das wohl am wenigsten benutzerfreundliche Element in Google Analytics sind die Regular Expressions, die an verschiedenen Stellen wie Suchfunktionen, benutzerdefinierten Berichten, erweiterten Segmenten und vor allem Filter angewendet werden können. Regular Expressions werden in Programmiersprachen häufig verwendet, um nach einem definierten Muster Zeichenketten aus anderen herauszusuchen und zu modifizieren. Um zum Beispiel zu prüfen, ob ein eingegebener Wert ein gültiges Datum im Format Tag.Monat.Jahr (`dd.mm.yyyy`) darstellt, reicht die Regular Expression `(0[1-9]|1[012])[- /.](0[1-9]|[12][0-9]|3[01])[- /.](19|20)\d\d`. Mit diesem einzelnen Ausdruck können sehr effizient Tausende von Werten auf gültige Datum-Formate geprüft werden. Wer deshalb die Syntax von Regular Expressions beherrscht, wird bestimmte Aufgabenstellungen wesentlich effizienter lösen können.

Dabei ist die Syntax im Grunde genommen relativ einfach zu verstehen, wenn man sich etwas damit auseinandersetzt. Jede Regular Expression ist nämlich ein Suchmuster, nach dem Zeichenketten durchsucht werden. Entspricht die durchsuchte Zeichenkette dem Muster, wird der gefundene Wert zurückgeliefert. Ansonsten bleibt der resultierende Wert leer. Ein Suchmuster kann zum Beispiel einfach `bc` lauten. Für die zu durchsuchende Zeichenketten `bc`, aber auch `abc`, `abcd`, `bcd` etc. liefert die Regular Expression stets den Treffer `bc` zurück. Bei `acd`, `cde`, `cb` etc. gibt es keinen Treffer, das Ergebnis bleibt leer.

Neben solchen exakten Mustern gibt es nun noch eine Reihe von Steuerzeichen, die nicht nur genau nach einem Zeichen suchen, sondern mehrere repräsentieren. Zu den wichtigeren zählen:

- . (Punkt): Findet irgendein Zeichen. `a.c` findet `aac`, `abc`, `acc` usw.
- * (Asterisk): Findet das vorausgehende Zeichen null oder beliebig viele Male. `ab*c` wird in `ac`, `abc`, `abbc` usw. fündig.
- + (Pluszeichen): Findet das vorausgehende Zeichen ein oder beliebig viele Male. `ab+c` wird in `abc`, `abbc` usw. fündig.
- ? (Fragezeichen): Das vorausgehende Zeichen ist optional. `juni?` trifft sowohl auf `jun` wie auf `juni` zu.
- | (Pipe): Drückt eine Oder-Verknüpfung aus. `a|b` findet `a` oder `b`.
- ^ (Zirkumflex): Ein Anker, der eine Zeichenkette am Anfang einer anderen sucht. `^a` wird fündig in `abc`, `^b` in `abc` jedoch nicht.
- $ (Dollar-Zeichen): Ein Anker, der eine Zeichenkette am Ende einer anderen sucht. `c$` wird fündig in `abc`, `a$` und `b$` jedoch nicht.
- \ (Backslash): Das folgende Steuerzeichen wird ausgeschaltet. `\?` findet das Fragezeichen in der Zeichenkette `abc?`.
- () (Klammer): Gruppierung einer Zeichenkette: `Nov(ember)?` wird fündig in `Nov` und `November`.
- [] (Eckige Klammer): Spezifiziert eine Klasse von Zeichen. `[0-9]` findet ein einzelnes Zeichen `1`, `2`, `3` usw. `ju[nl]i` findet `juni` und `juli`.

Daneben gibt es noch eine Reihe weiterer Steuerzeichen, die aber für den Einsatz in Google Analytics eine geringere Bedeutung haben. Wer sich für die komplette Syntax von Regular Expressions interessiert, dem sei eines der vielen Online-Tutorials empfohlen (bei Google nach »Regular Expressions« suchen).

Mehrere Filter verwenden

Ein Filter allein reicht in der Regel nicht aus, um eine gewünschte Aufgabenstellung zu lösen. Deshalb lassen sich problemlos mehrere Filter auf ein Profil anwenden. Ein Filter ist dabei einem Google-Konto zugeordnet und kann in mehreren Profilen eingesetzt werden. Das ist insofern vorteilhaft, als dass zum Beispiel ein Filter zum Ausschluss des eigenen Traffics nur einmal erstellt und nachher auf mehrere Profile innerhalb eines Google-Analytics-Kontos angewendet werden kann (siehe Abbildung 17.36).

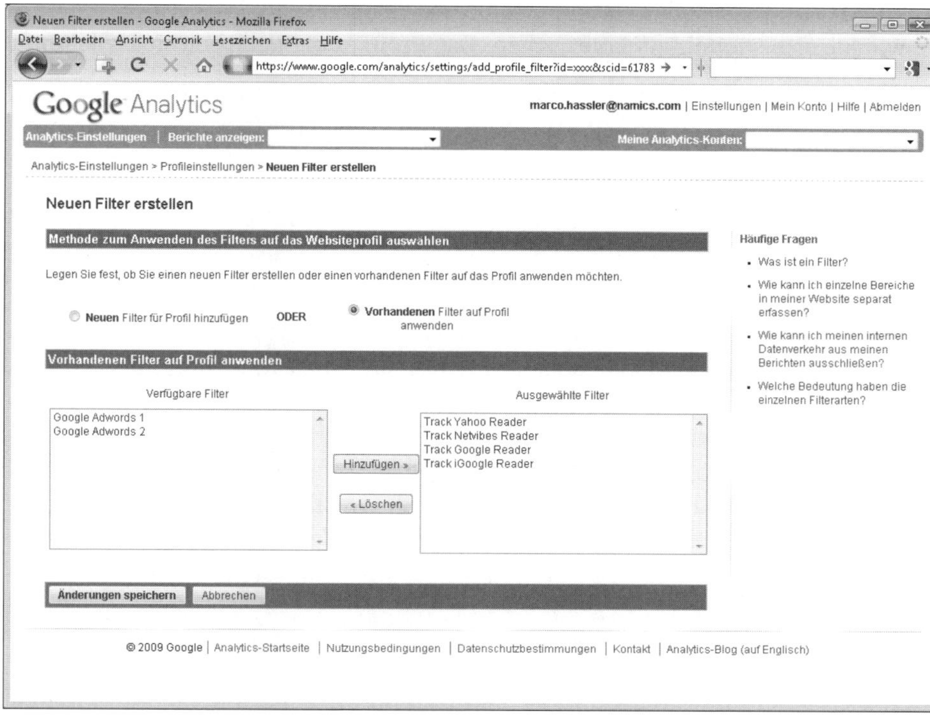

Abb. 17.36: Anwendung von vorhandenen Filtern auf ein Profil

Bei der Verwendung von mehreren Filtern ist jedoch zu beachten, dass diese in der gespeicherten Reihenfolge von oben nach unten angewendet werden. Die Reihenfolge ist deshalb wichtig, weil Filterkriterien gegenläufig sein können und je nach Abfolge nicht immer die gleichen Daten in Google Analytics hineingelangen. Angenommen, Sie ersetzen zuerst mit einem Suchen-Ersetzen-Filter das Verzeichnis `/ueber_uns/` durch `/about_us/` und inkludieren nachher mit einem Einschließen-Filter das Unterverzeichnis `/about_us/`, dann gelangen mehr Seiten in Google Analytics hinein als in umgekehrter Reihenfolge. Die Reihenfolge der Filter lässt sich über den Link FILTERREIHENFOLGE ZUWEISEN in den Profileinstellungen ändern.

Da die Anwendung von Filter irreversibel ist – d. h. herausgefilterte oder veränderte Daten nicht mehr hergestellt werden können –, ist Vorsicht geboten. Merkt man zum Beispiel erst nach Wochen, dass die Reihenfolge der Filter falsch war, dann kann dies ganz schön ärgerlich werden. Als Best Practice hat sich deshalb etabliert, verschiedene Profile für den Einsatz und Test von Filtern zu verwenden. Mindestens folgende drei Profile sollten Sie daher anlegen, bevor Sie beginnen, mit Filtern zu arbeiten:

- Live-Profil: Dies ist das Hauptprofil für die Google-Analytics-Auswertungen, so wie Sie es bisher eingerichtet haben. Das Profil enthält alle getesteten Filter.
- Filter-Test-Profil: In diesem Profil testen Sie neue Filter auf ihre korrekte Funktionsweise. Hat sich ein Filter bewährt, wird er ins Live-Profil übernommen.
- No-Filter-Profil: Dieses Profil ist sozusagen der Backup, falls alle Stricke reißen. Das Profil enthält überhaupt keinen Filter und speichert somit alle Daten.

17.3.4 Ziele und Conversions messen

Zu den wohl wichtigsten Web-Analytics-Aufgaben zählt das Messen der Zielerreichung bzw. von Conversions. Leider ist genau das nicht unbedingt die herausragendste Stärke von Google Analytics. Der Grund dafür ist, dass sich mit Google Analytics lediglich vier Ziele je Website-Profil definieren lassen. Zwar kann man die Anzahl Ziele erhöhen, indem man für dieselbe Website ein weiteres Website-Profil anlegt, trotzdem bleibt dieser Workaround aber umständlich zu handhaben. Bei der Definition von Zielen muss man sich deshalb vorderhand stark beschränken.

Ziel- und Conversion-Tracking über das Limit hinaus

Wer sehr intensiv mit Zielen und Conversions arbeitet und mit den vier möglichen Standard-Zielen pro Profil nicht auskommt, dem bietet sich neben der Verwendung mehrerer Profile noch ein weiterer Workaround: Mit dem E-Commerce-Tracking (in den Analytics-Einstellungen zu aktivieren) lassen sich Ereignisse wie der Download eines PDF oder die Kontaktaufnahme so messen, als wenn es Bestellungen in einer E-Commerce-Anwendung wären. Hinterlegt man nun einer solchen »Bestellung« einen monetären Wert, lassen sich auch für Nicht-E-Commerce-Sites feingranulare Conversions messen. Mehr zum E-Commerce-Tracking von Google Analytics ist unter `http://www.google.com/support/googleanalytics/bin/topic.py?hl=de&topic=11001` zu erfahren.

Ziele einrichten

Um ein neues Ziel einzurichten, begibt man sich zunächst in die Profileinstellungen, die Sie in Abschnitt 17.1.5 kennen gelernt haben. Im Abschnitt CONVERSION-ZIELE UND TRICHTER finden sich die vier verfügbaren Ziele, mit G1 – G4 gekennzeichnet. Über den Link BEARBEITEN lassen sich nun Ziele einpflegen.

Für Google Analytics ist eine Zielerreichung der Aufruf einer bestimmten Seite – zum Beispiel die Bestätigungsseite eines Kontaktformulars. Um ein Ziel einzurichten, muss man daher die URL dieser Seite kennen. Diese so genannte Ziel-URL pflegt man anschließend ohne den Domainnamen in das so bezeichnete Feld in den Ziel-Einstellungen ein. Heißt die URL z. B. `http://www.abc.de/kontakt/bestaetigung.html`, trägt man `/kontakt/bestaetigung.html` in das

Feld ein. Damit man die genaue URL einträgt, sucht man sie am besten im Bericht TOP-WEBSEITEN im Bereich CONTENT. Kopiert man die dort aufgelisteten Anforderungs-URI der Seite, kann bei der Eingabe nichts mehr schiefgehen.

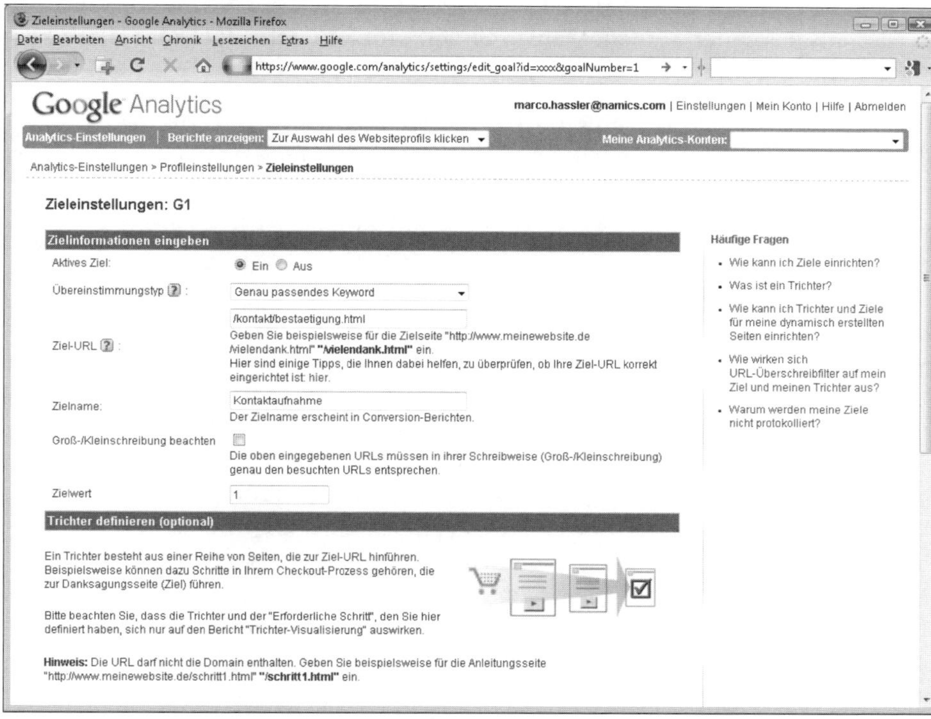

Abb. 17.37: Einrichtung eines Zieles

Eine solche Zieldefinition anhand einer fixen URL bezeichnet man im Dropdown ÜBEREINSTIMMUNGSTYP als GENAU PASSENDES KEYWORD. Damit wird die Zielerreichung nur gemessen, wenn die URL exakt so aufgerufen wird – und nicht etwa noch um Parameter wie `kontakt/bestaetigung.html?sessionid=1234` (bei dynamischen generierten Seiten wie Shops häufig der Fall) ergänzt ist.

Mit dem Eintrag ÜBEREINSTIMMUNG MIT HEAD können hingegen genau für solche Fälle Ziele flexibel definiert werden. Mit dieser Einstellung gilt eine Zielerreichung auch dann, wenn nur der vordere Teil der Ziel-URL übereinstimmt. `kontakt/bestaetigung.html?sessionid=1234` wird dann genauso als Zielerreichung gezählt wie z. B. `kontakt/bestaetigung.html?sessionid=5678`.

Der Übereinstimmungstyp ÜBEREINSTIMMUNG MIT REGULÄREM AUSDRUCK gibt schlussendlich wiederum die Möglichkeit, mit Regular Expressions zu arbeiten, womit eine praktisch beliebige Flexibilität erreicht werden kann. Mit dem Ausdruck `.*/(bestaetigung|danke)\.html.*` wird zum Beispiel sowohl die Seite `/bestaetigung.html`, `/kontakt/bestaetigung.html?sessionid=1234` als auch

/danke.html als Zielerreichung gezählt. Auch dies kann ein Hilfsmittel sein, um mit der Beschränkung auf vier Ziele umgehen zu können.

Die weiteren Einstellungsmöglichkeiten bei den Zielen haben folgende Bedeutung:

- AKTIVES ZIEL EIN / AUS: Mit dieser Option kann die Messung eines Ziels ein- oder ausgeschaltet werden. Wählen Sie EIN, um ein neu angelegtes Ziel zu aktivieren.
- ZIELNAME: Mit diesem Namen wird das Ziel bezeichnet, z. B. `Kontaktaufnahme`. Diese Bezeichnung erscheint später in den Berichten bzw. den Kennzahlen zu der Zielerreichung.
- GROSS-/KLEINSCHREIBUNG BEACHTEN: Mit Aktivierung dieser Einstellung wird bei der Ziel-URL zwischen Groß- und Kleinschreibung unterschieden. `/bestaetigung.html` ist dann ungleich `/Bestaetigung.html`. Im Normalfall lassen Sie diese Einstellung deaktiviert.
- ZIELWERT: Der Zielwert ist der monetäre Betrag, den Ihnen die Zielerreichung wert ist. Angenommen, eine Kontaktaufnahme stellt für Ihr Unternehmen einen virtuellen Wert von 15 € dar, tragen Sie diesen Betrag in das Feld ZIELWERT ein. Auf Basis dieses Betrags wird später in den Auswertungen der Wert einer Conversion, der Wert einzelner Seiten ($Index) oder ROI-Berechnungen (z. B. bei AdWords) durchgeführt. Vorgehensweisen und Methoden zum Herausfinden und Berechnen von Zielwerten finden Sie in Abschnitt 13.4 in Kapitel 13 beschrieben. Falls Sie sich auf keinen monetären Wert festlegen können oder wollen, dann erfassen Sie für alle Ziele `1` als Wert. Damit erhalten Sie später in den Auswertungen wenn auch keine monetären Werte, so doch zumindest eine Gewichtung des Beitrags einzelner Inhalte zu einem Ziel.

Über die Schaltfläche ÄNDERUNGEN SPEICHERN wird ein so eingerichtetes Ziel gemessen. Die ersten Auswertungen zu den Zielen finden sich allerdings erst mit einigen Stunden bis zu einem Tag Verzögerung. Prüfen Sie daher am Folgetag, ob die eingerichteten Ziele korrekt gemessen werden.

Wissenswertes zu Zielen in Google Analytics

Folgende Punkte gilt es, bei der Zielmessung zu berücksichtigen:

- Die Messung und Berechnung von Zielen erfolgt ab ihrer Einrichtung. Es ist daher nicht möglich, rückwirkend auf historische Daten eine Zielerreichung auszuwerten.
- Pro Profil ist die Einrichtung von maximal vier Zielen möglich. Als umständlicher Workaround, um an mehr Ziele zu gelangen, lassen sich mehrere Profile für eine Website einrichten.

- Innerhalb eines Besuchs wird die Erreichung eines Ziels nur einmal gezählt. Beim mehrmaligen Ausfüllen eines Kontaktformulars während eines Besuchs wird dies nur als eine Zielerreichung gezählt.
- Ziele sind immer an den Aufruf einer Seiten-URL gekoppelt. Das Anklicken von Links, der Download von Dokumenten oder weitere Ereignisse kann somit nicht direkt als Zielerreichung eingegeben werden. Allerdings können solche Events als »virtuelle Seiten« behandelt werden. Dabei wird z. B. beim Download eines Dokuments mit dem Aufruf <a href="http://www.abc.de/dateien/broschuere.pdf" onClick="javascript:pageTracker._trackPageview('/downloads/broschuere.pdf); "> der Aufruf einer nicht existierenden Seite /downloads/broschuere.pdf generiert. /downloads/broschuere.pdf kann anschließend als Ziel-URL hinterlegt und somit das Ziel gemessen werden.

Trichter einrichten

Trichter oder Funnels (mehr dazu in Abschnitt 15.1.3 in Kapitel 15) sind geplante Zwischenschritte bzw. Zwischenseiten, die ein Besucher vor der Erreichung eines Ziels idealerweise durchschreitet. Bei einem Kontaktformular lauten die Trichterschritte vielleicht Homepage, Servicebeschreibung, Kontaktformular, Bestätigungsseite. In der Trichterdefinition, die jeweils zu einem Ziel optional ergänzt werden kann, würde man daher die URLs gemäß Abbildung 17.38 angeben. Die URLs sind analog der Angabe bei der Ziel-URL vorzunehmen, d. h. zum Beispiel exklusive den Domainnamen.

Besondere Beachtung schenken sollte man der Checkbox ERFORDERLICHER SCHRITT neben der ersten Seite in der Trichterdefinition. Bei Aktivierung dieser Funktion muss ein Besucher zwingend diese erste Seite besuchen, um in den Trichter-Auswertungen berücksichtigt zu werden. In obigem Beispiel würde ein Besuch nicht im Trichter erscheinen, wenn der Besucher statt über die Homepage direkt via Suchmaschine auf der Servicebeschreibungsseite landet, das Kontaktformular ausfüllt und schlussendlich die Bestätigungsseite sieht.

Der Aufruf der anderen Schritte außer dem ersten ist jedoch optional. Ein Besucher, der auf der Homepage beginnt und direkt ins Kontaktformular springt (ohne Umweg über die Servicebeschreibung), wird also auch bei aktivierter Checkbox im Trichter berücksichtigt. Ist die Checkbox deaktiviert, fallen hingegen auch Besuche in den Trichter, die nicht auf der Homepage begonnen haben. Damit wird später der Zufluss von Besuchern auf einzelnen Trichterschritten auch von Seiten außerhalb des Trichters ersichtlich.

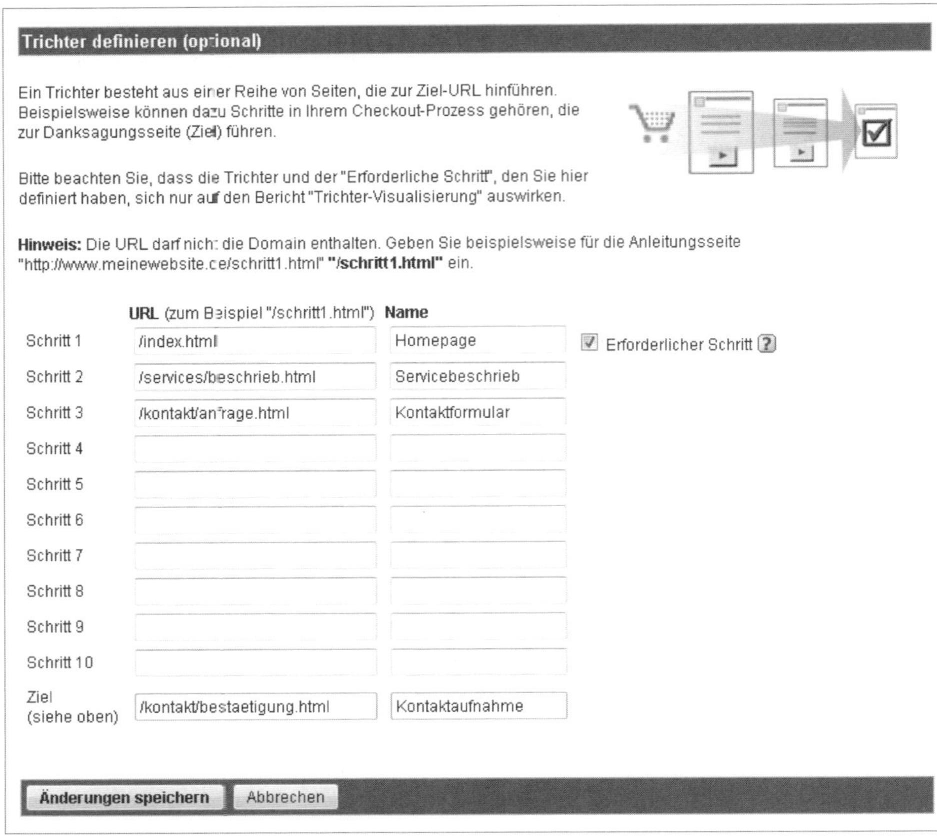

Abb. 17.38: Einrichtung eines Trichters über drei Zwischenschritte bis zum Ziel

Zielerreichung und Trichter auswerten

Die Auswertung zu den eben eingerichteten Zielen und Trichter findet sich unter einem eigenen Menüpunkt ZIELE. Die Ziel-Übersicht (siehe Abbildung 17.39) stellt die Conversions (Zielerreichungen) für die eingerichteten Ziele dar. In den Untermenüs finden sich weitere zielbezogene Kennzahlen wie Conversion-Rate und Zielwerte.

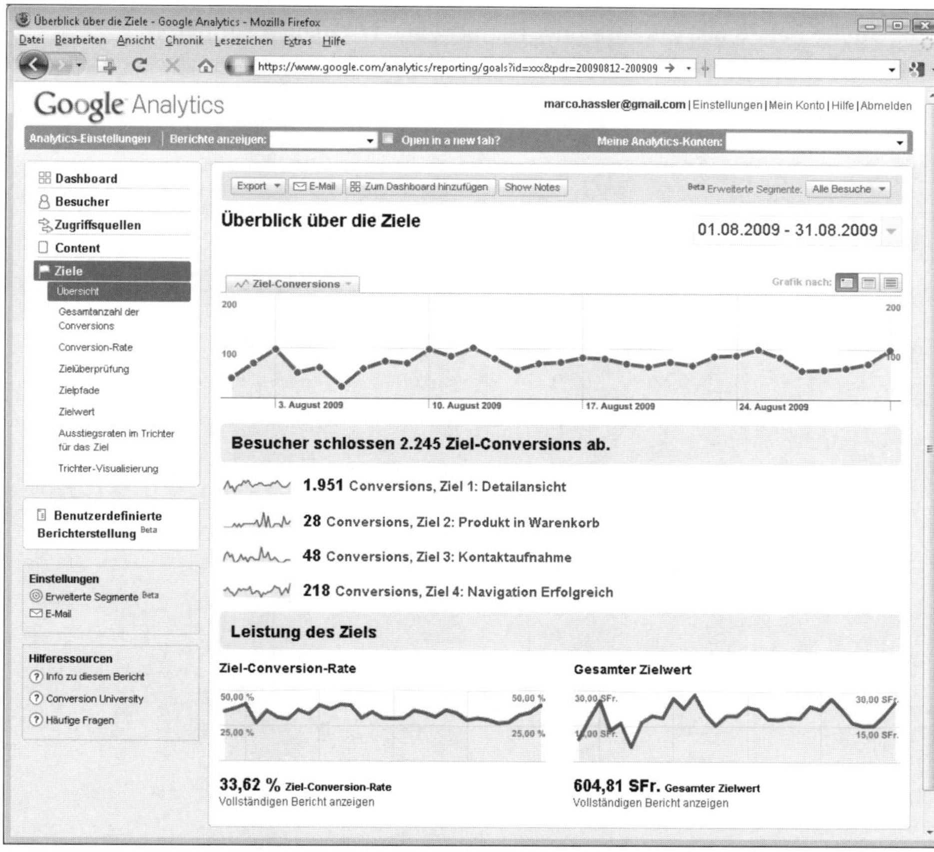

Abb. 17.39: Zielauswertungen

Interessant sind aber insbesondere die vorsegmentierten Conversion-Raten und Zielwerte, die bei den meisten Reports (Besucher und Traffic-Quellen) in einem eigenen Reiter ZIEL-CONVERSION verborgen sind. Vorsegmentiert bedeutet, dass zum Beispiel beim Suchmaschinen-Report je Suchmaschine die Conversion-Rate und der erreichte Zielwert angegeben werden. Damit lassen sich sehr effektiv einzelne Dimensionen bewerten.

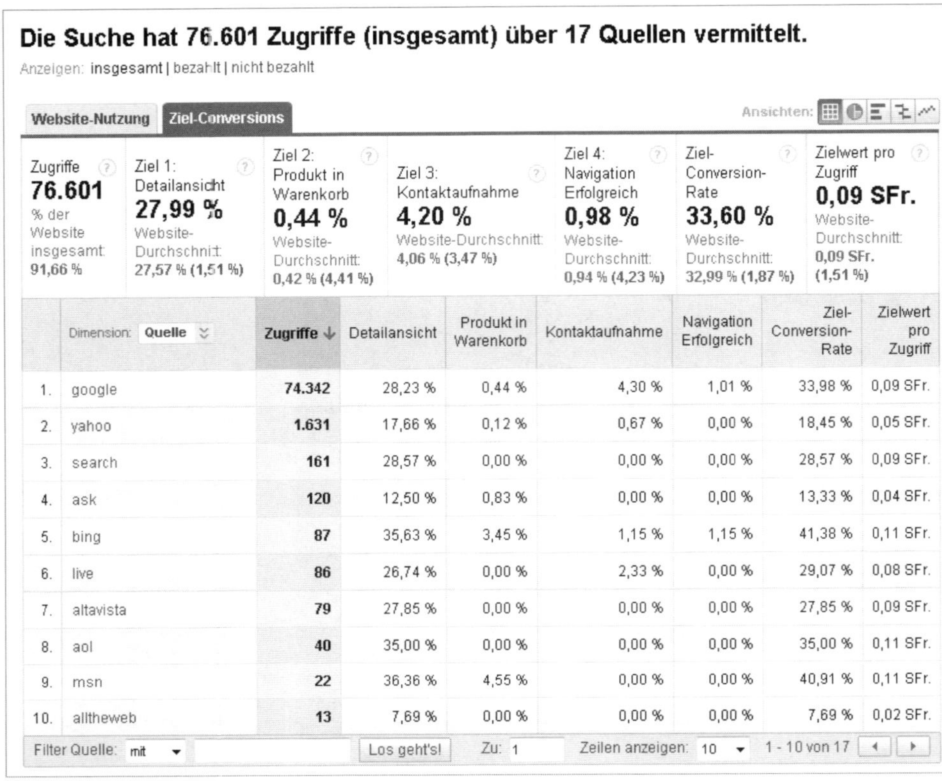

Die Suche hat 76.601 Zugriffe (insgesamt) über 17 Quellen vermittelt.

Anzeigen: insgesamt | bezahlt | nicht bezahlt

Website-Nutzung | Ziel-Conversions | Ansichten:

Zugriffe	Ziel 1: Detailansicht	Ziel 2: Produkt in Warenkorb	Ziel 3: Kontaktaufnahme	Ziel 4: Navigation Erfolgreich	Ziel-Conversion-Rate	Zielwert pro Zugriff
76.601	**27,99 %**	**0,44 %**	**4,20 %**	**0,98 %**	**33,60 %**	**0,09 SFr.**
% der Website insgesamt: 91,66 %	Website-Durchschnitt: 27,57 % (1,51 %)	Website-Durchschnitt: 0,42 % (4,41 %)	Website-Durchschnitt: 4,06 % (3,47 %)	Website-Durchschnitt: 0,94 % (4,23 %)	Website-Durchschnitt: 32,99 % (1,87 %)	Website-Durchschnitt: 0,09 SFr. (1,51 %)

	Dimension: Quelle	Zugriffe ↓	Detailansicht	Produkt in Warenkorb	Kontaktaufnahme	Navigation Erfolgreich	Ziel-Conversion-Rate	Zielwert pro Zugriff
1.	google	74.342	28,23 %	0,44 %	4,30 %	1,01 %	33,98 %	0,09 SFr.
2.	yahoo	1.631	17,66 %	0,12 %	0,67 %	0,00 %	18,45 %	0,05 SFr.
3.	search	161	28,57 %	0,00 %	0,00 %	0,00 %	28,57 %	0,09 SFr.
4.	ask	120	12,50 %	0,83 %	0,00 %	0,00 %	13,33 %	0,04 SFr.
5.	bing	87	35,63 %	3,45 %	1,15 %	1,15 %	41,38 %	0,11 SFr.
6.	live	86	26,74 %	0,00 %	2,33 %	0,00 %	29,07 %	0,08 SFr.
7.	altavista	79	27,85 %	0,00 %	0,00 %	0,00 %	27,85 %	0,09 SFr.
8.	aol	40	35,00 %	0,00 %	0,00 %	0,00 %	35,00 %	0,11 SFr.
9.	msn	22	36,36 %	4,55 %	0,00 %	0,00 %	40,91 %	0,11 SFr.
10.	alltheweb	13	7,69 %	0,00 %	0,00 %	0,00 %	7,69 %	0,02 SFr.

Filter Quelle: mit | Los geht's! | Zu: 1 | Zeilen anzeigen: 10 | 1 - 10 von 17

Abb. 17.40: Ziel-Conversions von Suchmaschinen

Bei den Inhaltsauswertungen unter dem Navigationspunkt CONTENT repräsentiert der $INDEX (jeweils in der letzten Spalte) die Zielwert-Erreichung. Die Spalte ist mit Werten gefüllt, falls ein Zielwert bei einem Ziel erfasst wurde. Der $Index sagt etwas über den Wert einer Inhaltsseite aus: Wurde eine Seite innerhalb eines Besuchs vor einer Zielerreichung aufgerufen, dann erhält sie der Zielwert zugesprochen. Der so erreichte Wert wird durch die Gesamtzahl der Aufrufe dieser Seite geteilt, was den $Index ergibt. Ein hoher $Index deutet damit darauf hin, dass die Seite einen starken Beitrag zur Erreichung eines Ziels von hohem Wert leistet.

Ist bei der Einrichtung eines Ziels auch ein Trichter definiert worden, findet sich die Auswertung dazu unter dem Menüpunkt TRICHTER-VISUALISIERUNG im Bereich ZIELE. Für die Interpretation von Trichter-Visualisierungen sei auf Abschnitt 15.1.3 in Kapitel 15 verwiesen.

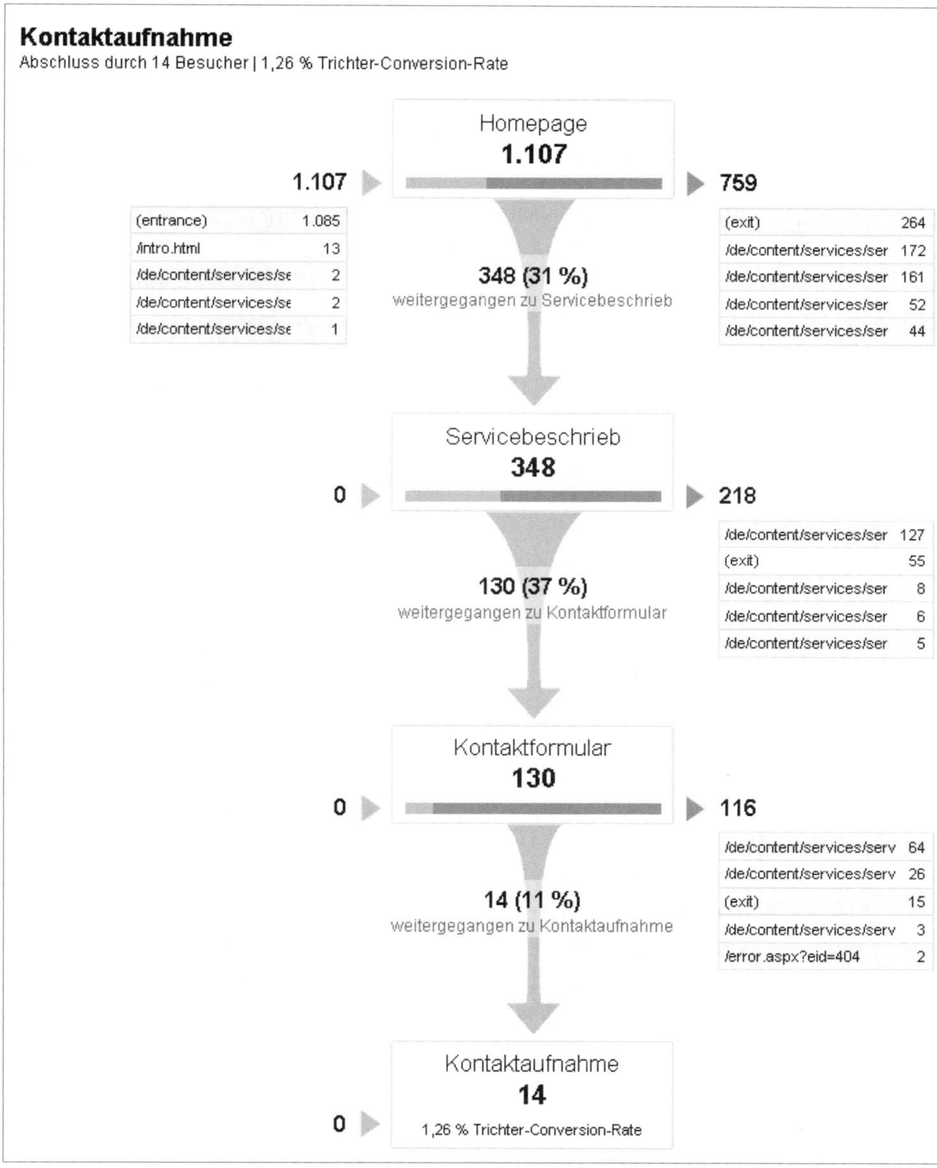

Abb. 17.41: Auswertungsansicht eines Trichters

17.3.5 Die fünf wichtigsten Poweruser-Kniffe

So weit haben Sie nun schon mal alles in der Hand, was man braucht, um Google Analytics intensiv zu nutzen und gar die Grenzen auszuloten. Im Folgenden seinen nun noch fünf wichtige Kniffe vorgestellt, die bei intensiverer Nutzung garantiert hilfreich sein werden.

Eigenen Traffic exkludieren

Egal ob man Google Analytics auf dem privaten Blog oder für die Unternehmenswebsite einsetzt, die eigenen Klicks oder jene von Mitarbeitern interessieren kaum. Im Gegenteil – sie verfälschen die Auswertungen, gerade wenn der Anteil an eigenen Klicks nicht unerheblich ist.

Google Analytics bietet deshalb die Möglichkeit, mittels eines Filters Traffic auszuschließen, der von bestimmten IP-Adressen ausgeht. Mitarbeiter eines Unternehmens surfen normalerweise mit IP-Adressen innerhalb eines oder mehrerer definierter Bereiche (d. h. von IP-Adresse xxx.xxx.xxx.000 bis xxx.xxx.xxx.255 o.Ä.). Den genauen Range kann Ihnen jemand aus der IT-Abteilung mit Sicherheit sagen. Solche IP-Ranges lassen sich nun in Google Analytics herausfiltern, und zwar wie folgt:

- Legen Sie für Ihr Website-Profil einen neuen Filter an (siehe Abschnitt 17.3.3).
- Benennen Sie den Filter z. B. mit AUSSCHLUSS INTERNER TRAFFIC.
- Wählen Sie als Filtertyp ALLE BESUCHE VON EINER IP-ADRESSE ausschließen aus.
- Geben Sie in das Feld IP-ADRESSE den gewünschten IP-Range in Form einer Regular Expression an.

Da der letzte Schritt, die IP-Adresse als Regular Expression einzugeben, nicht ganz so simpel ist, gibt es ein ausgesprochen nützliches Tool von Google. Dieses konvertiert zwei IP-Adressen in eine Regular Expression. Aus den beiden den Bereich abgrenzenden IP-Adressen `63.212.171.1` und `63.212.171.254` wird so die Regular Expression `^63\.212\.171\.([1-9]|[1-9][0-9]|1([0-9][0-9])|2([0-4][0-9]|5[0-4]))$` generiert. Bei mehreren Adressbereichen lassen sich solche generierten Ausdrücke mittel Pipe-Zeichen (|) auch verknüpfen. Das Generierungstool findet sich unter der URL `http://www.google.com/support/analytics/bin/answer.py?hl=de&answer=55572`.

Downloads tracken

Ein Problem des Page Taggings, wie es auch Google Analytics verwendet, ist, dass nur Dokumente getrackt werden, die den Page-Tag-Code enthalten. Während sich bei HTML-Dokumenten der Code einfach einbetten lässt, ist dies z. B. bei PDF-Dokumenten oder anderen Downloads nicht möglich. Um auch solche Downloads zu messen, ist daher ein kleiner Trick notwendig: Alle Links, die auf ein solches Dokument zeigen, müssen mit einem Link-Tracking-Code versehen werden. Jeder Klick auf den Link impliziert dann, dass das dahinterliegende Dokument geöffnet bzw. downgeloadet wurde.

Technisch gesehen bedingt dies den Einbau eines kleinen JavaScripts im onClick-Event eines Links. Dies sieht folgendermaßen aus:

```
<a href="http://www.abc.de/dateien/broschuere.pdf" onClick="javascript:page
Tracker._trackPageview('/downloads/broschuere.pdf);">Dokument downloaden</a>
```

Listing 17.2: Tracking eines virtuellen Seitenaufrufs im onClick-Event

Bei einem bestehenden Link auf ein Dokument (`<a href ...></a>`) wird dabei der Code `onClick="javascript:pageTracker._trackPageview('/downloads/broschuere.pdf);"` ergänzt. Dieses kleine Script macht nichts anderes, als beim Link-Klick einen Seitenaufruf an Google Analytics zu senden. Dabei handelt es sich um einen so genannten virtuellen Seitenaufruf – denn die aufgerufene Seite existiert ja nicht wirklich, sondern bildet nur den Download-Aufruf ab.

Die URL, unter der die virtuelle Seite nachher in Google Analytics erscheint, kann frei definiert werden. Natürlich sollte sie aber von einer realen URL abweichen, sprechend und eindeutig sein – anders wird die Unterscheidung bei einer späteren Auswertung schwierig.

Um alle Downloads aggregiert auswerten zu können, empfiehlt es sich, ganze virtuelle Pfade anzulegen. Auf der obersten Ebene lässt sich so zum Beispiel `/downloads/` definieren. Auf zweiter Ebene können z. B. bestimmte Seitenbereiche wie `/produkte/` oder `/ueberuns/` festgelegt werden. Die virtuelle URL für eine Produktbroschüre könnte so schlussendlich `/downloads/produkte/broschuere_kb400.pdf` lauten.

Sobald Sie mehrere Dokumente mit virtuellen URLs tracken, sollten Sie auf die fehlerfreie und übereinstimmende Schreibweise der virtuellen Verzeichnisse achten – ansonsten wird die Auswertung in Google Analytics ziemlich schnell unübersichtlich.

Link- und Banner-Tracking einrichten

Genauso wie die Anzahl Downloads interessieren häufig auch Klicks auf bestimmte Links innerhalb einer Website. Typische Beispiele dafür sind:

- Klick auf den Banner auf der Startseite
- Klick auf Link zu einer externen Drittseite (abgehende Links)
- Klick auf eine E-Mail-Adresse (mit Aufruf des E-Mail-Programms)
- Klick auf die Abspielen-Schaltfläche zum Start eines Videos
- Klick auf Link »RSS-Feed abonnieren«
- und so weiter

Mit virtuellen Seitenaufrufen lassen sich auch solche Ereignisse tracken. Dazu wird genau wie beim Download ein `track_Pageview`-Aufruf im onClick-Event des Links eingebaut:

```
<a href="http://www.abc.de/feeds/news.rss" onClick="pageTracker._trackPageview
('/klicks/RSS-Feeds/news.rss);">RSS-Feed abonnieren</a>
```

Listing 17.3: Tracking eines RRS-Feed-Links als virtueller Seitenaufruf

Klicks auf so getrackte Links werden anschließend wie ein Seitenaufruf behandelt. Die Auswertungen zu den geklickten Links findet sich demnach auch unter CONTENT – ALLE SEITEN (siehe Abbildung 17.42).

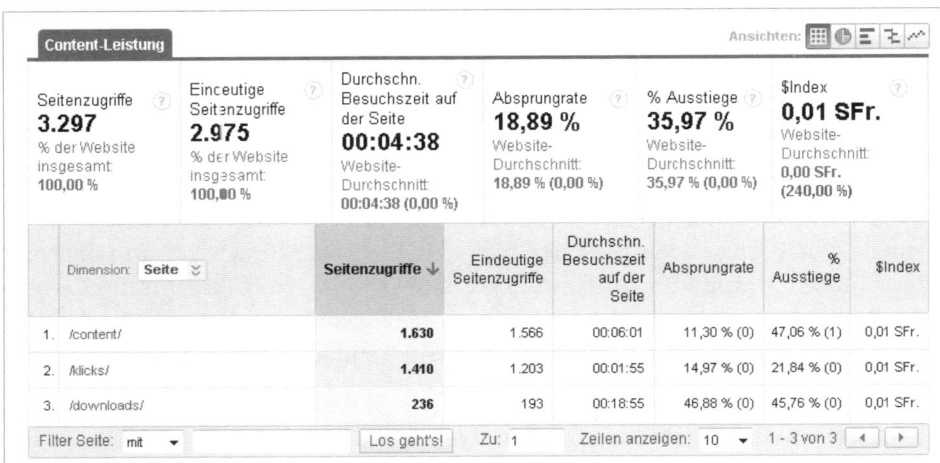

Abb. 17.42: Klick-Auswertung in der Content-Ansicht

Um die Übersicht zu bewahren, empfiehlt es sich auch hier, mit virtuellen Verzeichnissen zu arbeiten. Klicks sollte man konsequent in ein Verzeichnis (z. B. `/klicks/` wie im Beispiel) speichern. Darunter lassen sich für verschiedene Klick-Typen Unterverzeichnisse anlegen, z. B. »Banner«, »externe Links« und »RSS-Feeds«. Erst dort hinein sollten schlussendlich die verschiedenen Link-Ziele getrackt werden, z. B. »news.rss« oder »jobs.rss«. Der virtuelle Seitenaufruf für diese beiden Link-Ziele würde dementsprechend `/klicks/RSS-Feeds/news.rss` bzw. `/klicks/RSS-Feeds/jobs.rss` lauten.

Der Nachteil dieser Variante der Link-Messung ist, dass jeder Klick eigentlich als Seitenaufruf gezählt wird. Die Metrik »Seitenzugriffe« wird dementsprechend verfälscht bzw. wird als globale Kennzahl unbrauchbar – Klicks und Seitenzugriffe lassen sich nur noch in den Auswertungen auf Inhaltsebene auseinanderhalten. Besser ist es daher, bei Link-Klicks mit dem Ereignis-Tracking zu arbeiten.

Mehr dazu folgt in einem späteren Abschnitt. In einem bestimmten Fall ist das Tracken von Klicks mittels virtuellen Seitenzugriffen aber unumgänglich. Nämlich dann, wenn ein Klick als Ziel definiert werden soll. Denn für die Definition eines Ziels ist eine Seiten-URL anzugeben – Ereignisse können nicht als Ziele hinterlegt werden.

Kampagnen und Newsletter tracken

Links, die von Drittseiten auf die eigene Website verlinken, werden standardmäßig unter ZUGRIFFSQUELLEN|VERWEISENDE WEBSITE aufgelistet. Schaltet man zum Beispiel einen Banner auf einer Drittwebsite und verlinkt diesen einfach auf die eigene Website, wird ein Besuch in diesem Bericht aufgeführt.

Bei Kampagnen möchte man normalerweise aber nicht nur die verweisende Website kennen, sondern auch nach unterschiedlichen Kampagnen, Anzeigen oder Anzeigenformaten unterscheiden. Um diese Informationen an Google Analytics zu übergeben, muss die URL der zu verlinkenden Zielseite mit solchen Parameter-Werten ergänzt werden. Eine URL für die Zielseite `http://www.abc.de/landingpage.html` kann dann zum Beispiel wie folgt aussehen:

```
http://www.abc.de/landingpage.html?utm_source=Yahoo&utm_medium=Banner&utm_
campaign=Herbstkampagne%2B2009
```

Hinter der URL der Zielseite werden mehrere utm-Parameter angegeben (der Begriff *utm* stammt noch aus einer Vorversion von Google Analytics und steht für »Urchin Tracking Module«). Die Bedeutung der Parameter ist wie folgt:

- `utm_source`: Kennzeichnet die Kampagnenquelle und ist erforderlich. Mit diesem Parameter kann die Website, Suchmaschine, der Name des Newsletters oder eine andere Quelle angegeben werden.
- `utm_medium`: Kennzeichnet das Medium wie E-Mail, Banner, Preis-pro-Klick (CPC) oder andere. Der Parameter ist erforderlich.
- `utm_campaign`: Kennzeichnet die Werbeaktion oder Kampagne (z. B. Herbstkampagne 2009) und ist erforderlich.
- `Utm_term`: Dieser optionale Parameter bezeichnet einen Kampagnenbegriff, bei dem auf den Link geklickt wurde. Der Parameter wird insbesondere bei bezahlten Suchtreffern in anderen Suchmaschinen als Google verwendet (analog zu den Google AdWords). Die so übergebenen Begriffe sind in den Berichten separat auswertbar.
- `utm_content`: Kennzeichnet den Anzeigeninhalt (optionaler Parameter). Mit dieser Angabe können Anzeigen unterschieden werden, die auf dieselbe Zielseite verweisen. Der Banner im Hochformat kann so zum Beispiel vom Banner im Querformat der gleichen Kampagne unterschieden werden.

Damit solche Kampagnen-URLs nicht fehleranfällig von Hand zusammengesetzt werden müssen, gibt es das komfortable URL-Erstellungstool von Google. Dieses findet sich unter folgender URL:

`http://www.google.com/support/analytics/bin/answer.py?hl=de&answer=55578`

Mit diesem Tool lassen sich die Website-URL sowie die Parameter-Werte einfach in einem Formular erfassen, die komplizierte Ziel-URL wird dann einfach mit einem Knopfdruck generiert.

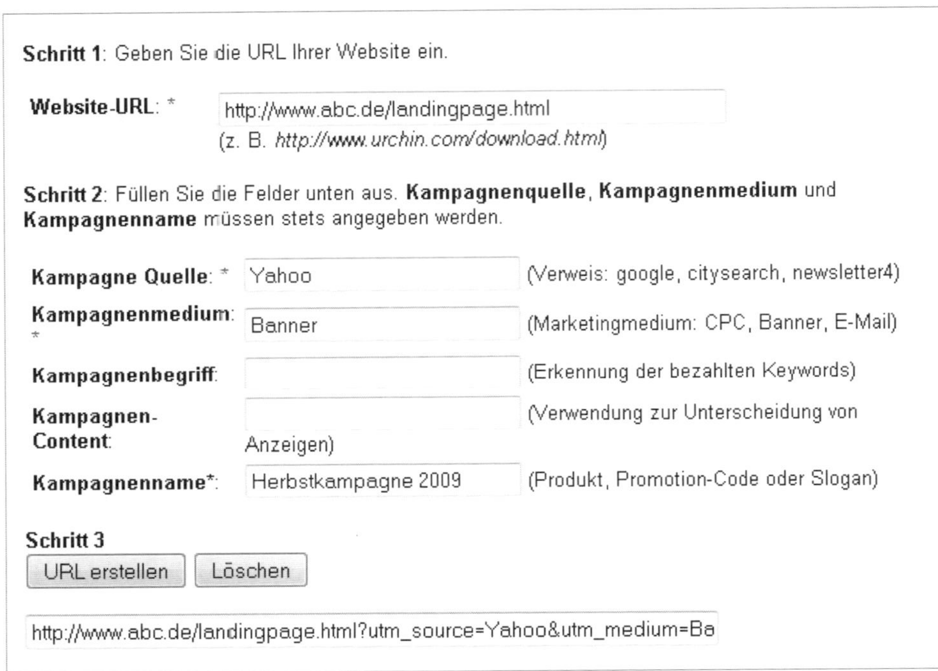

Abb. 17.43: Das komfortable Tool für die Erstellung von Kampagnen-URLs

Entscheidend für die Auswertung von Kampagnen oder auch E-Mail-Newslettern ist, dass man vor der Schaltung der Anzeigen oder dem Versand der E-Mails solche URLs generiert und in den entsprechenden Medien verlinkt. Wird dies nämlich vergessen – und das kann in der üblichen Hektik vor einem Kampagnenstart gerne passieren –, sind die Daten nachträglich nicht mehr rekonstruierbar. Hat man dies aber konsequent vorgenommen, sind anschließend Auswertungen in Google Analytics verfügbar, wie sie Abbildung 17.44 zeigt.

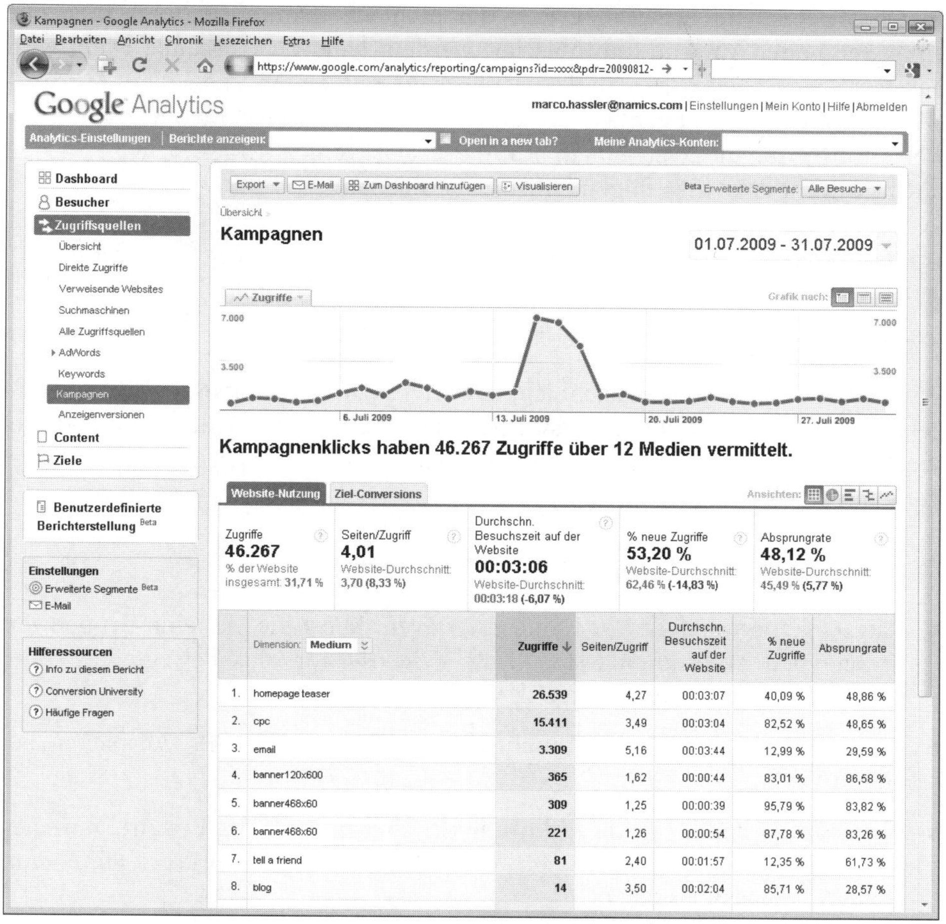

Abb. 17.44: Auswertung von Kampagnen-Zugriffen über unterschiedliche Medien

Ereignisse tracken

Moderne Internet-Anwendungen mit Videos oder Kartenanwendungen oder anderen Features von Rich Internet Applications können allein mit Seitenzugriffen nicht mehr sinnvoll gemessen werden. Denn ein Seitenaufruf sagt nichts darüber aus, ob innerhalb einer Seite ein Kartenausschnitt gezoomt, auf einen Link geklickt oder sonst eine Interaktion ausgeführt wurde.

Abhilfe schaffen für solche Anwendungen so genannte »Ereignisse« oder »Events«. Ein Event ist ein Ereignis, das in einer bestimmten Situation eintritt, z. B. wenn der Benutzer auf einen Link klickt, einen Film startet oder in eine Kartenanwendung hinein- oder herauszoomt. Das Ereignistracking bringt damit eine ganz neue Dimension und Tiefe in Web Analytics mit sich.

In Google Analytics müssen Events derzeit noch manuell in den Quellcode einer Seite oder Anwendung integriert werden. Jeder zu messende Event wird per JavaScript abgefangen und anschließend mit einem speziellen Aufruf – `pageTracker._trackEvent()` – an Google Analytics gesendet. Um beispielweise die Anmeldung zu einem RSS-Feed als Event zu tracken, wird in den onClick-Event des Links folgender Aufruf eingebaut:

```
<a href="http://www.abc.de/feeds/news.rss" onClick=" pageTracker._trackEvent
('Klicks', 'RSS-Feeds', 'News');">RSS-Feed abonnieren</a>
```

Listing 17.4: Tracking eines RSS-Feed-Links als Event

Wie in dem Code-Beispiel ersichtlich, können einem Event mehrere Werte mitgegeben werden, die nachher zu Auswertungszwecken zur Verfügung stehen. Insgesamt stehen für einen Eventaufruf vier Gefäße mit nachfolgend beschriebener Funktion bereit:

```
_trackEvent(Kategorie, Aktion, Bezeichnung, Wert);
```

- Kategorie (notwendig): Der Name einer Event-Kategorie, der eine Gruppe von Event-Typen zusammenfasst – z. B. »Videos« für alle Bewegtbilder oder »Klicks« für alle Linkmessungen.
- Aktion (notwendig): Typ der durchgeführten Interaktion, z. B. »Abspielen« bei einem Video.
- Bezeichnung (optional): Bezeichnung des Ereignisses bzw. Beschreibung des Inhalts des Ereignisses. Bei einem Video könnte dies der Name des Films sein, z. B. »Ansprache des CEO«.
- Wert (optional): Ganzzahl, um einem Event einen numerischen Wert mitzugeben. Bei einem Video könnte dies zum Beispiel die Downloadzeit in Sekunden sein, die so übergeben werden können.

Mit diesen Metadaten, die zu Events übergeben werden können, entsteht eine Reihe von Möglichkeiten, für die sich das Event-Tracking nutzen lässt – zum Beispiel die Messung von Abspielraten und Abspieldauer von Videos, von Ladezeiten einer Seite oder der Häufigkeit von Scrolling innerhalb einer Seite. Voraussetzung, um so etwas einrichten zu können, sind aber tiefere Kenntnisse von JavaScript – und insbesondere der JavaScript-Ereignisse, bei denen sich solche Tracking-Events einhängen lassen. Typische JavaScript-Ereignisse, bei denen sich einfach ein Tracking-Event starten lässt, sind:

- onAbort (bei Abbruch)
- onBlur (beim Verlassen eines Feldes oder des Fensterfokus)
- onClick (beim Anklicken z. B. eines Links)

- onDblclick (bei doppeltem Anklicken)
- onFocus (bei Erhalt des Fokus, z. B. wenn das Browserfenster den Fokus erhält)
- onKeydown (beim Drücken einer Taste)
- onLoad (beim Laden einer Seite)
- onMouseover (beim Überfahren eines Elements mit der Maus)
- onSubmit (beim Absenden eines Formulars)
- onUnload (beim Verlassen einer Seite)

Für die Implementierung eines Tracking-Events in solche Ereignisse empfiehlt es sich, sich etwas detaillierter mit der JavaScript-Programmierung auseinanderzusetzen. Empfehlenswert für eine Einführung in die JavaScript-Programmierung sind Online-Quellen wie zum Beispiel `http://de.selfhtml.org`.

Um nun zum Beispiel innerhalb einer integrierten Google-Maps-Anwendung das Verschieben der Karte zu tracken, ergänzt man folgenden JavaScript-Code der integrierten Map-Anwendung:

```
GEvent.addListener(map, "moveend", function()
  { pageTracker._trackEvent('Karte', 'Verschieben'); });
```

Listing 17.5: Einbettung eines Ereignis-Tracking-Aufrufs in eine Google-Maps-Integration

Mit diesem Aufruf wird jedes Mal, wenn die Karte verschoben wird, ein Tracking-Ereignis ausgelöst. In Google Analytics ist dieses anschließend in der Ansicht CONTENT|EREIGNIS-TRACKING|KATEGORIEN ersichtlich (siehe Abbildung 17.45).

Weitere Code-Beispiele für die Integration von Events finden sich in den Abschnitten 17.4.7, 17.4.9 oder 17.4.10.

Zwei Sachen sollte man sich indes merken, wenn man beschließt, das Event-Tracking einzusetzen:

- Einfluss auf Absprungrate (Bounce Rate): Der Einsatz von Event-Tracking kann die Absprungrate verändern. Der Grund für dieses Phänomen ist folgender: Als Absprung bzw. Bounce wird ein Besuch bezeichnet, der nur eine Seite bzw. eben nur einen Aufruf (Request) beinhaltet. Ruft nun ein Besucher nur eine Seite auf, wird aber auf der Seite auch noch ein Event ausgelöst (z. B. durch Starten eines Videos), dann gilt dieser Event als ein zweiter Request. Verlässt der Besucher direkt danach die Website, wird dies folglich nicht mehr als Bounce gezählt, obwohl der Besucher nur eine Seite betrachtet hat. Die Absprungrate sinkt damit insgesamt, ist aber meistens dadurch auch aussagekräftiger.
- Maximale Anzahl Aufrufe je Besuch: Pro Besuch übermittelt der Tracking-Code (GATC) maximal 500 Aufrufe an Google Analytics. Beim herkömmlichen seitenbasierten Tracking wird diese Grenze kaum je ausgereizt. Kom-

men jedoch die Events hinzu – die genauso wie die Seitenzugriffe als Aufrufe zählen –, ist die Grenze schneller erreicht. Löst eine Seite zum Beispiel 20 oder 30 Events aus (z. B. bei jedem Scrolling oder jeder Mausverschiebung), ist die Grenze innerhalb eines längeren Besuchs bald überschritten. Zu viele Events innerhalb einer Seite sollten deshalb vermieden werden.

Beide Punkte sind jedoch marginale Einschränkungen und sollten keinesfalls von der Nutzung des Event-Trackings abhalten.

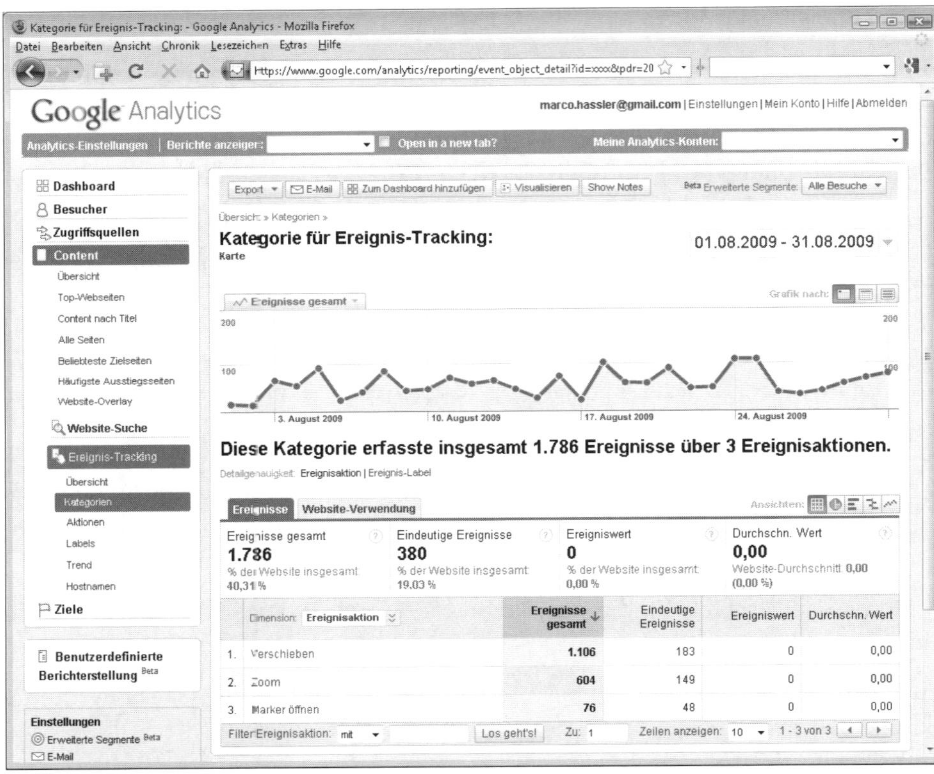

Abb. 17.45: Auswertung von Events

17.4 Zehn Anwendungsbeispiele für Fortgeschrittene

17.4.1 Lokale Suchmaschinen hinzufügen

Bei den Zugriffsquellen unterscheidet Google Analytics unter anderem nach verweisenden Websites und Suchmaschinen. Um zu unterscheiden, ob ein Besucher über eine Suchmaschine oder eine andere verweisende Website hereinkam, führt Google Analytics eine Liste aller wichtigen Suchmaschinen wie Google, Yahoo, Bing usw. Entstammt der Referer einer Website, die in dieser Liste geführt wird,

wird der Besuch den Suchmaschinen zugerechnet. Andernfalls erscheint er als normale verweisende Website.

Nun ist Googles Liste der Suchmaschinen nicht ganz vollständig. Manche nur landesweit bekannte Suchmaschinen fehlen. Deshalb kann es vorkommen, dass solche Suchmaschinen unter den verweisenden Websites, statt der Suchmaschinen aufgelistet werden. Dies verfälscht nicht nur die Aufteilung des Traffics von Suchmaschinen und anderen Websites, auch fehlen die verwendeten Suchkeywords solcher Suchmaschinen in den Keyword-Statistiken.

Nun erlaubt es Google Analytics zum Glück, diese Liste der Suchmaschinen zu ergänzen – wenn auch auf etwas komplizierte Art. Statt in den Analytics-Einstellungen die Liste bearbeiten zu können, müssen diese nämlich im Tracking-Code (GATC) definiert werden. Kennt man jedoch die notwendigen technischen Handgriffe, geht dies sehr einfach vonstatten.

Um solche nicht erkannte Suchmaschinen zu finden, schaut man am besten zuerst einmal in den Bericht der verweisenden Websites. Entdeckt man dort eine Suchmaschine wie z. B. jene von T-Online, dann fehlt diese offensichtlich in der Liste von Google.

Als Nächstes öffnet man die verweisende Seite der verkannten Suchmaschine und schaut sich die URL genauer an. Im Falle der T-Online-Suche lautet die URL z. B.

```
http://suche.t-online.de/fast-cgi/tsc?mandant=toi&portallanguage=de&userlangu-
age=de&device=html&context=internet-tab&tpc=internet&ptl=std&dia=suche_start&
classification=internet-tab_internet_std&q=web+analytics&lang=any
```

Für die Erfassung dieser Suchmaschine als solche sind nun zwei Punkte relevant:

- Die Domäne – im Beispiel `t-online.de`
- Der Parameter für den Suchbegriff – im Beispiel `q`. Dieser Parameter findet sich direkt vor dem eingegebenen Suchbegriff und ist ggf. durch ein »&« vom vorhergehenden und nachfolgenden abgetrennt (`...&q=web+analytics&...`)

Diese beiden Werte fügt man anschließend mit einem Aufruf dem Tracking-Code bei. Folgender Code zeigt das Ergebnis für das Beispiel der T-Online-Suche:

```
<script type="text/javascript">
  try {
    var pageTracker = _gat._getTracker("UA-XXXXXXX-X");
    pageTracker._addOrganic("t-online.de", "q");
    pageTracker._trackPageview();
  }
  catch(err) {}
</script>
```

Listing 17.6: Ergänzung einer lokalen Suchmaschine

Download der Code-Beispiele

Die hier aufgeführten längeren Listings sind auf dem Blog zum Buch unter `http://www.web-analytics-nutzen.de/web_analytics/codelistings.html` downloadbar.

Gleichermaßen lassen sich natürlich weitere Suchmaschinen ergänzen, z. B. Web.de mittels einer weiteren Code-Zeile `pageTracker._addOrganic("web.de", "su");` oder Allesklar mit `pageTracker._addOrganic("allesklar.de", "words");`. Auch die länderspezifische Suche von Google oder die Google-Bildsuche können in der Liste ergänzt werden, falls diese fälschlicherweise unter den verweisenden Websites statt Suchmaschinen erscheinen.

```
pageTracker._addOrganic("t-online.de", "q");
pageTracker._addOrganic("allesklar.de", "words");
pageTracker._addOrganic("web.de", "su");
pageTracker._addOrganic("google.de", "q");
pageTracker._addOrganic("google.at", "q");
pageTracker._addOrganic("google.ch", "q");
pageTracker._addOrganic("images.google", "q");
```

Listing 17.7: Ergänzung weiterer länderspezifischer Suchmaschinen

17.4.2 Exakte AdWords-Suchbegriffe messen

Wer Google-AdWords-Anzeigen schaltet, tut gut daran, die mit Google Analytics getrackte Website mit dem AdWords-Account zu verknüpfen. Das ist in einer Minute gemacht (siehe Abschnitt 17.2.3) und bringt sehr hilfreiche Erkenntnisse darüber, wie erfolgreich bestimmte Keywords wirklich sind.

So weit, so gut und bekannt. Nun entsprechen aber die in den Google-Analytics-Auswertungen dargestellten Keywords exakt jenen, für die man die Anzeigen geschaltet hat – und das muss nicht zwingend der Suchbegriff sein, den ein User eingegeben hat: Wird z. B. auf den Begriff »Web Analytics« eine Anzeige geschaltet, dann wird diese auch bei einer Suche mit dem Term »Web Analytics Tools« eingeblendet. Klickt ein Googler nach so einer Suche auf den Link, erscheint aber in den Google-Analytics-Auswertungen trotzdem »Web Analytics« als jenes Keyword, das den Besuch vermittelt hat. Damit entgeht einem ein wichtiger Teil der Information, nämlich wie der exakte Suchbegriff gelautet hat. Gerade, wenn man für teures Klickgeld sehr allgemeine Begriffe schaltet, verhindert dies eine effiziente Kostenoptimierung der AdWords.

Dem lässt sich nun glücklicherweise mit zwei intelligenten Filtern in Google Analytics entgegnen. Fügen Sie hierzu dem Google-Analytics-Profil zwei neue Filter gemäß Abbildung 17.46 und Abbildung 17.47 hinzu (zum Anlegen von Filtern siehe dazu Abschnitt 17.3.3).

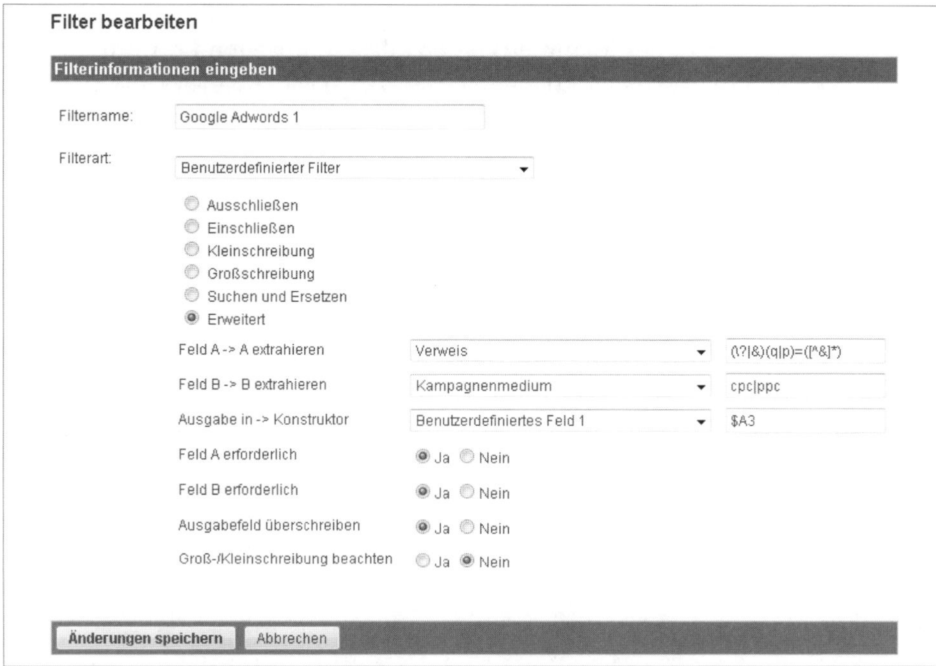

Abb. 17.46: Erster Filter zur Extraktion des exakten Suchbegriffs aus der URL

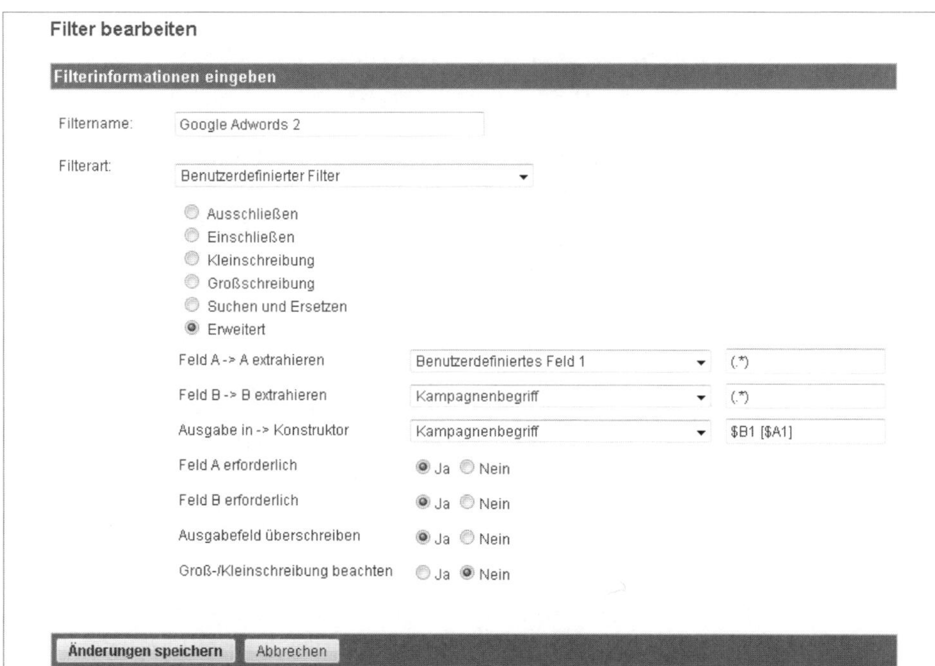

Abb. 17.47: Zweiter Filter zur Ergänzung des exakten Keywords an das Kampagnen-Keyword

Der erste Filter extrahiert mittels einer Regular Expression den exakten Suchbegriff. Der zweite ergänzt in Klammern gesetzt das Kampagnen-Keyword um diesen Suchbegriff. Im Ergebnis erhält man so in Google Analytics die gleichen Auswertungen, nur dass zu jedem Keyword in Klammern noch der exakte Suchbegriff ergänzt ist (siehe Abbildung 17.48).

	Dimension: **Keyword**	**Zugriffe** ↓	Seiten/Zugriff	Durchschn. Besuchszeit auf der Website	% neue Zugriffe	Absprungrate
1.	webanalyse [webanalyse]	**5**	1,60	00:00:04	80,00 %	40,00 %
2.	klickpfadanalyse [klickpfadanalyse]	**2**	1,00	00:00:00	100,00 %	100,00 %
3.	analyse internetseite [analyse-internetseite]	**1**	1,00	00:00:00	100,00 %	100,00 %
4.	auswertung webseiten [webseiten+auswert...	**1**	2,00	00:00:01	100,00 %	0,00 %
5.	besucherstatistik [besucherstatistik+kostenl...	**1**	2,00	00:00:00	100,00 %	0,00 %
6.	logfile auswertung [logfile+auswertung]	**1**	1,00	00:00:00	100,00 %	100,00 %
7.	webanalyse [pixelbasierte+webanalyse]	**1**	2,00	00:00:00	100,00 %	0,00 %
8.	webanalyse [webanalyse+dienste+]	**1**	3,00	00:00:27	100,00 %	0,00 %
9.	webseiten analyse [webseiten+analyse]	**1**	1,00	00:00:00	100,00 %	100,00 %
10.	webstatistiken [webstatistiken+kostenlos]	**1**	2,00	00:00:01	100,00 %	0,00 %

Filter Keyword: mit ▾ | Los geht's! | Zu: 1 | Zeilen anzeigen: 10 ▾ | 1 - 10 von 10

Abb. 17.48: Exakte Suchbegriffe in den AdWords-Auswertungen

17.4.3 Besucher klassifizieren

Ergänzend zu den vordefinierten Segmenten wie Land, Region oder Sprache, die in den Standardberichten oder für die erweiterte Segmentierung (siehe Abschnitt 17.3.2) zur Verfügung stehen, lassen sich Besucher auch benutzerdefiniert klassifizieren. Für diesbezügliche Auswertungen gibt es im Menüpunkt BESUCHER den Bericht BENUTZERDEFINIERT (siehe Abbildung 17.49).

Solche benutzerdefinierten Klassifikationen lassen sich nun anwenden, um abhängig von einem Ereignis oder einem bestimmten Verhalten Besucher zu markieren. Ein Besucher, der zum Beispiel eine Shop-Bestellung abschließt, könnte so das Fähnchen »bestehender Kunde« erhalten. Kommt er später wieder einmal auf die Website, wird er als solcher wiedererkannt – und das Verhalten von bestehenden Kunden kann von normalen Besuchern unterschieden werden.

Weitere sinnvolle Anwendungsmöglichkeiten für eine solche Klassifizierung sind zum Beispiel:

- Besucher klassifizieren, die Produkte auf die Wunschliste setzen, in den Warenkorb legen, den Bestellprozess beginnen und abschließen: »Besucher mit Wunschliste«, »Besucher mit Warenkorb«, »Besucher im Bestellprozess«, »Kunde«

- Besucher eines bestimmten Website-Bereichs klassifizieren, z. B. »Job-Suchende« und »Supportanfragen« (beim Aufruf einer entsprechenden Seite aus diesem Bereich)
- Besucher nach Alter klassifizieren, das sie in einem Kontaktformular ausfüllen, z. B. »18-30-Jährige« (beim Absenden des Kontaktformulars)

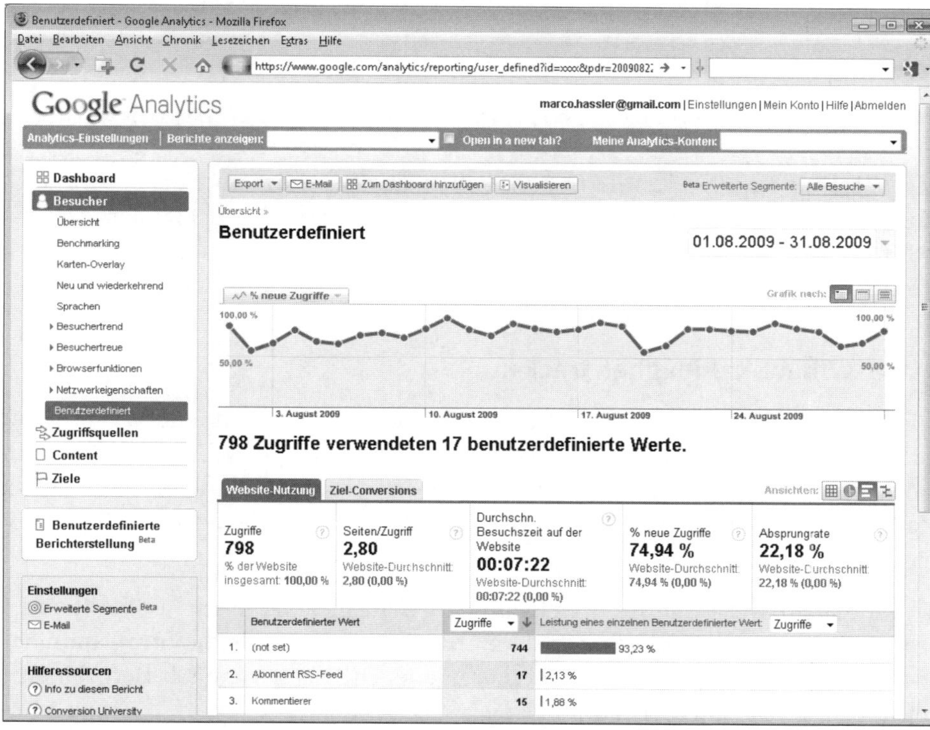

Abb. 17.49: Klassifikation von Blog-Kommentierern und RSS-Feed-Abonnenten

Wichtig zu wissen ist, dass die Klassifikation immer dem ganzen Besuch zugewiesen wird. Auch Seiten, die während des Besuchs vor dem Klassifikationsereignis aufgerufen wurden (z. B. die Seiten vor einer Bestellung), erhalten also diese Zuordnung. Werden verschiedene Klassifikationen nacheinander zugewiesen, bleibt schlussendlich die letzte Zuweisung im Cookie des Besuchers gespeichert.

Um eine Klassifikation einzurichten, ergänzt man den Tracking-Code um folgende Zeile (beim Seitenaufruf, beim Klick auf einen Link, beim Absenden eines Formulars etc.)

```
pageTracker.setVar('Abonnent RSS-Feed');
```

Der Name der Klasse kann dabei irgendein Text sein, wobei Sonderzeichen vermieden werden sollten. Im vollen HTML-Code sieht dies für die Klassifizierung von RSS-Feed-Abonnenten wie folgt aus:

```
<a href="http://feeds.feedburner.com/Web-Analytics-nutzen"
  onclick="pageTracker._setVar(‚Abonnent RSS-Feed');"
  rel="alternate" type="application/rss+xml"><b>Feed abonnieren (RSS)
</a>
```

Listing 17.8: Klassifikation eines Seitenbesuchers bei Klick auf einen Link

Besucher und nicht Besuche oder Seiten klassifizieren

Zu beachten ist, dass mit der Klassifikation nur Besucher, nicht aber einzelne Besuche oder Inhaltsseiten klassifiziert werden können. Dies ist zu berücksichtigen, wenn man sich Gedanken über mögliche Anwendungsfelder der benutzerdefinierten Klassifikationen macht.

17.4.4 Offline-Kampagnen tracken

Wie man die Messung von Online-Kampagnen wie Banneranzeigen oder AdWords einrichtet, wurde in Abschnitt 17.3.5 ausführlich beschrieben. Nun möchte man aber eventuell auch messen, über welche Offline-Kanäle wie Direct Mailings, Zeitungsinserate, Radiowerbung oder TV-Spots Besucher auf die Website gelangt sind.

Die Vorgehensweise hierfür ist eigentlich genau gleich wie in Abschnitt 17.3.5 beschrieben: Für die Zielseite mit dem URL-Tool von Google die utm-Parameter ausfüllen und sich je Kampagne eine eigene URL generieren lassen. Heraus kommt dann eine URL wie zum Beispiel:

```
http://www.abc.de/landingpage.html?utm_source=RadioBerlin&utm_medium=
Radio&utm_campaign=Herbstkampagne%2B2009
```

Wird die Landing-Page unter dieser URL aufgerufen, ist in Google Analytics später nachvollziehbar, über welche Quelle und welches Medium der Besucher auf die Website gelangte. Zugegebenermaßen ist es nun etwas unsinnig, eine solche URL im Radio zu kommunizieren – kein Mensch wird sich die merken können und in den Browser eintippen.

An der Stelle kommt ein kleiner Trick zum Zug, und der heißt »verborgener Redirect«. Idee ist es nämlich, eine gut merkbare URL wie zum Beispiel `www.abc.de/herbst09` einzurichten, bei deren Eingabe einfach auf die komplizierte und vollständige URL weitergeleitet wird. Die gut merkbare URL kann dann problemlos in einem Offline-Medium verwendet werden.

Wichtig ist jedoch, dass es pro Medium und Kampagne (bzw. schlussendlich pro mit dem Google-URL-Tool generierter URL) eine separate Kurz-URL gibt. Denn nur so können die Quellen auseinandergehalten werden. Ebenfalls entscheidend – und darum auch der Name »verborgener Redirect« –, die URL darf außer in dem betreffenden Medium nicht bekannt sein oder verwendet werden. Denn jeder Aufruf wird später direkt der definierten Quelle zugeordnet.

Das Einrichten eines Redirects ist zwar eine kleine Sache, allerdings ist es ein technischer Eingriff auf dem Webserver. Die Konfiguration ist deshalb mit den IT-Verantwortlichen abzusprechen und durch diese vorzunehmen. Als möglicher Workaround bieten sich einzig URL-Shortener wie z. B. bit.ly an, die unter einer Dritt-URL Redirects erstellen können. Der kommunizierte Link heißt dann aber auch z. B. `www.bit.ly/herbst09` – und enthält nicht den eigenen Domainnamen.

Der Trick mit dem »verborgenen Redirect« ist übrigens nicht nur für Offline-Medien nutzbar, sondern ist in bestimmten Fällen auch online sinnvoll. Möchte man z. B. in Text-E-Mails keine langen URLs mit Tracking-Parameter haben, lässt sich dort das genau gleiche Verfahren anwenden.

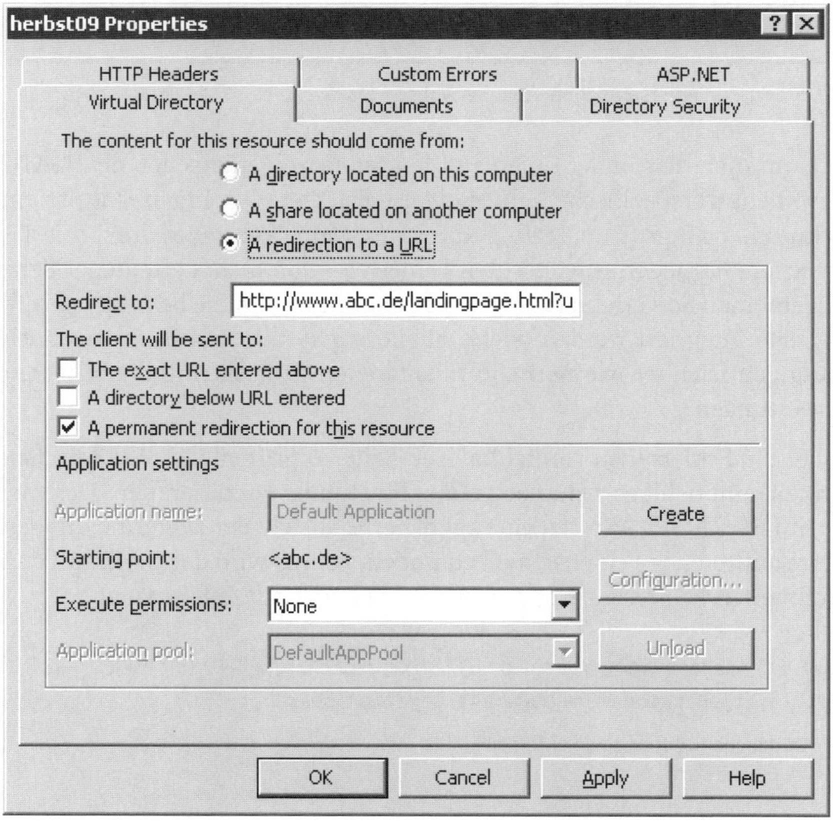

Abb. 17.50: Einrichtung eines Redirects auf einem Webserver (IIS)

17.4.5 Fehlerseiten und tote Links tracken

Mit der Standardintegration von Google Analytics werden Fehlermeldungen wie nicht gefundene Seiten, Applikationsfehler oder Zugriffsverweigerungen nicht automatisch getrackt. Der Grund hierfür liegt darin, dass der Webserver im Fehlerfall spezielle Fehlerseiten ausliefert, die sonst nichts mit der erstellten Website zu tun haben müssen. Auf diesen Standard-Fehlerseiten ist kein Google Analytics Tracking Code (GATC) eingebettet – und deshalb nimmt Google Analytics auch keine Kenntnis davon.

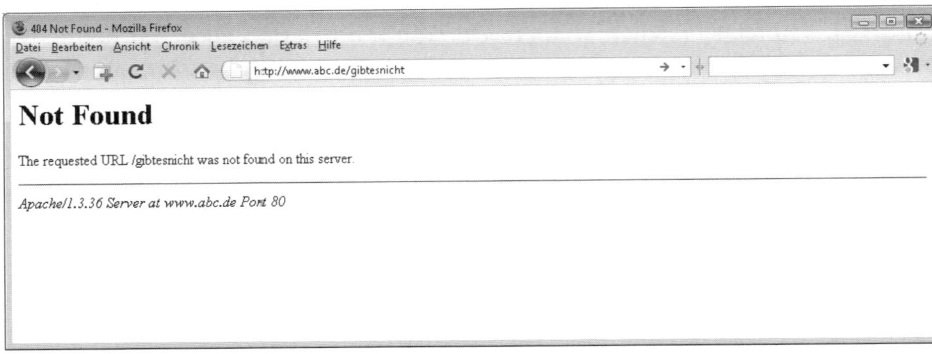

Abb. 17.51: Standard-Fehlerseite eines Apache-Webservers

Umgehen kann man dies, indem man auf den Standard-Fehlerseiten den GATC ergänzt bzw. benutzerspezifische Fehlerseiten einrichtet. Die Ergänzung ist ein kleiner technischer Eingriff und erfolgt direkt auf dem Webserver durch die IT-Verantwortlichen. Für jeden gewünschten Fehlertyp – von nicht gefundener Seite bis zum allgemeinen Serverfehler – muss der Code einzeln in die benutzerspezifische Fehlerseite integriert werden (siehe Abbildung 17.52). Damit werden auch Fehlermeldungen nachher wie normale Inhaltsseiten gemessen und erscheinen in den Auswertungen.

Um nun aber die Fehlerseiten von fehlerlosen Seitenzugriffen besser unterscheiden zu können, empfiehlt es sich, noch etwas Finetuning vorzunehmen. Das Ziel ist es dabei, im Bericht ALLE SEITEN eine aggregierte Ansicht der Fehlermeldungen zu haben, um auftretende Fehler schnell zu finden. Hierzu wird der GATC auf den benutzerdefinierten Fehlerseiten noch um eine weitere Codezeile ergänzt:

```
pageTracker._trackPageview("/errors/404/error.html?page=" +
  document.location.pathname + document.location.search);
```

Listing 17.9: Codezeile für eine 404-Fehlerseite

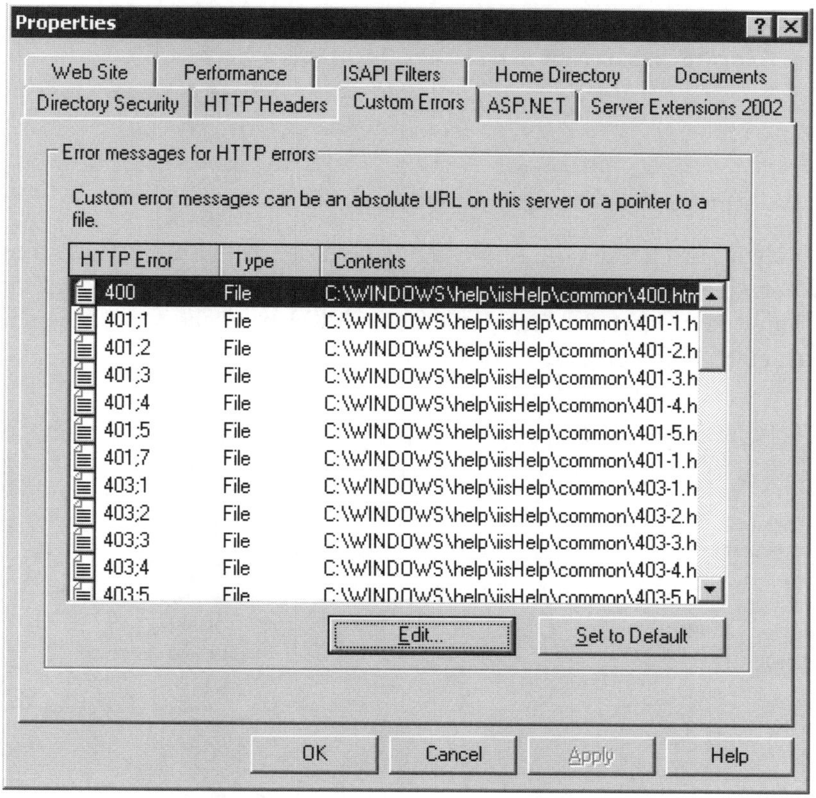

Abb. 17.52: Fehlerdateien auf einem Internet Information Server (IIS)

Für jeden Fehlertyp bringt man dabei den Fehlercode als virtuellen Seitenaufruf im Tracking-Code unter. Wenn man dabei noch virtuelle Pfade anlegt, lassen sich die Fehlerzahlen auch aggregiert betrachten. Das obige Beispiel gilt für eine 404-Fehlerseite, wobei 404 der Status-Code für eine nicht gefundene Seite ist. Der vollständige GATC für eine 404-Fehlerseite sieht dann wie folgt aus:

```
<script type="text/javascript">
  var gaJsHost = (("https:" == document.location.protocol) ? " https://ssl ." :
    "http://www.");
  document.write(unescape("%3Cscript src='" + gaJsHost + "google-
  analytics.com/ga.js' type='text/javascript'%3E%3C/script%3E"));
</script>

<script type="text/javascript">
try{
  var pageTracker = _gat._getTracker("UA-xxxxx-x");
```

```
    pageTracker._trackPageview("/errors/404/error.html?page=" +
      document.location.pathname + document.location.search);
}
catch(err) {}
</script>
```

Listing 17.10: Vollständiger GATC mit ergänzender Codezeile für 404-Fehler

In Google Analytics erscheinen die Auswertungen zu den Fehlermeldungen nun als eigenes Verzeichnis im Report ALLE SEITEN. Über die Navigationsübersicht (siehe Abbildung 17.53) lässt sich nun eruieren, von welcher Seite aus die Fehler generiert wurden (z. B. fehlerhafte Verlinkungen).

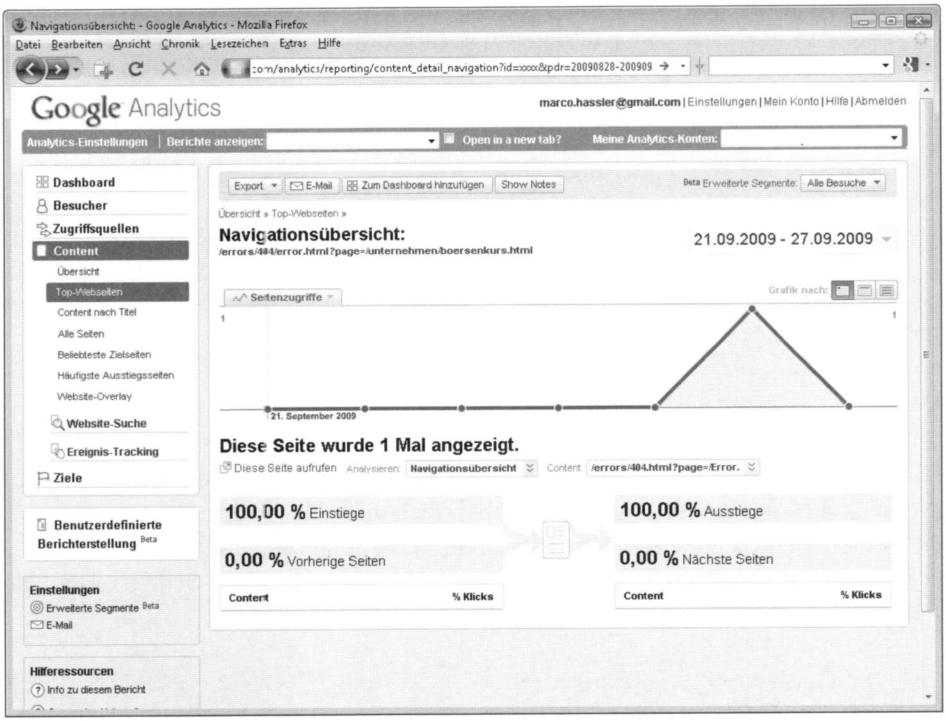

Abb. 17.53: Auswertung zu aufgerufenen 404-Fehlerseiten

17.4.6 RSS-Feed-Leser tracken

RSS-Feeds mit Google Analytics zu tracken, ist ein ganz schwieriges Unterfangen, da Google Analytics rein clientbasiert funktioniert, RSS-Reader mit dem Tracking-Code aber meist nicht viel anfangen können. Man muss sich deshalb einen kleinen Trick überlegen, um zu messen, ob Inhalte in einem RSS-Feed gelesen werden.

Die Überlegung dabei ist folgende: Um identifizieren zu können, ob ein RSS-Abonnent einen Inhalt liest, muss man ihn auf die Website locken, auf der Google Analytics implementiert ist. Dies kann man relativ einfach bewerkstelligen, indem man im RSS-Feed nur die ersten 250 Zeichen ausgibt und für den vollständigen Inhalt auf die Website verlinkt. In den meisten Blogsystemen lässt sich die Ausgabe des RSS-Feeds entsprechend konfigurieren. Findet ein Abonnent den Beginn eines RSS-Eintrags spannend und möchte ihn lesen, muss er zwangsläufig die Website aufrufen.

Tut er dies, hinterlässt er auf der Website in Google Analytics in den meisten Fällen einen Referer – von Ausnahmen wie installierte News-Reader oder Mail-Clients mal abgesehen. Über diesen Referer wiederum lässt sich erschließen, dass es sich um einen RSS-Abonnenten handelt.

Um in Google Analytics die Verweise von verschiedenen News-Readern zu aggregieren und auszuwerten, erstellt man für jeden bekannteren News-Reader einen Filter. Für den Google-News-Reader sieht die Konfiguration des Filters wie in Abbildung 17.54 dargestellt aus.

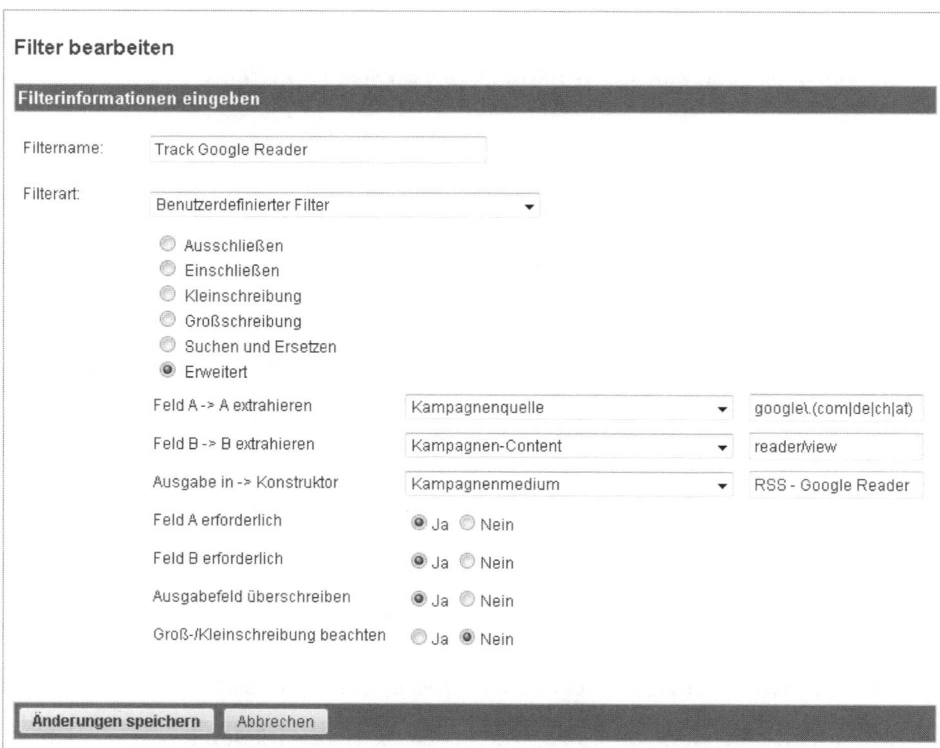

Abb. 17.54: Filter zur Erkennung des Google-Readers

Für andere bekannte Reader sind analog Filter mit folgenden abweichenden Einstellungen anzulegen:

iGoogle Reader

- Kampagnenquelle: `google\.(com|de|ch|at)`
- Kampagnen-Content: `ig`
- Kampagnenmedium: `RSS - iGoogle`

Yahoo Reader

- Kampagnenquelle: `cm\.my\.yahoo\.com`
- Kampagnen-Content: `p/1\.html`
- Kampagnenmedium: `RSS - Yahoo Reader`

So umgewandelte Reader-Verweise lassen sich anschließend als »Kampagne« in Google Analytics auswerten (im Bericht KAMPAGNEN die Dimension MEDIUM auswählen). Sucht man nach dem Begriff »RSS«, lassen sich alle eben via Filter eingerichteten Kampagnen herauslesen (siehe Abbildung 17.55).

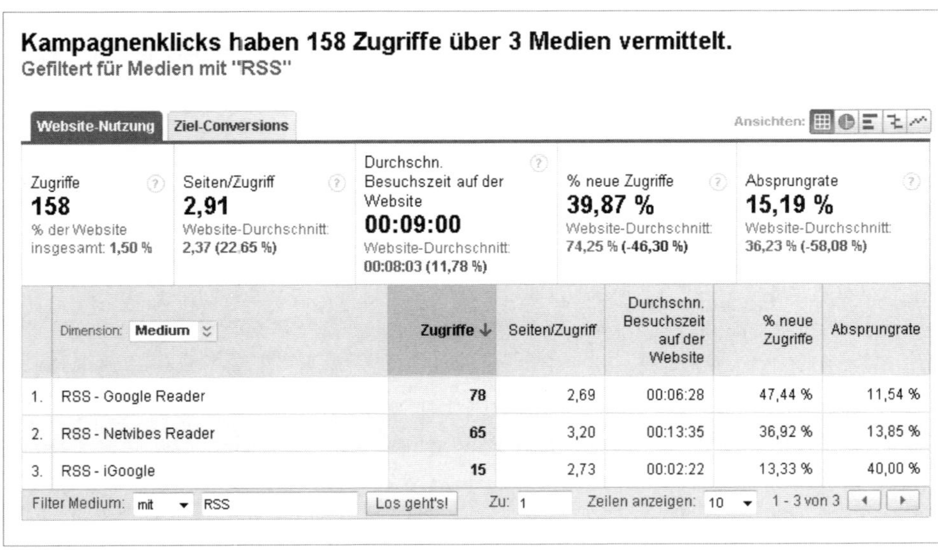

Abb. 17.55: Kennzahlen von Zugriffen aus RSS-Readern

17.4.7 Blogkommentare und Feed-Anmeldungen messen

Die relevanten Metriken von Blogs unterscheiden sich stark von jenen von Unternehmenswebsites. Statt der Nutzung von Inhalten oder Verkäufen interessiert vielmehr die Interaktion mit den Lesern. Zwei Metriken, die dies zum Ausdruck bringen, sind die Anzahl der Kommentare auf einen Post sowie die Anzahl der Abonnenten des RSS-Feeds. Beides lässt sich mittels Event-Tracking technisch relativ einfach einrichten, sofern man auf die Templates des Blogs Zugriff hat.

Für die Messung der Kommentare wird ein Event beim Abschicken eines Kommentars hinterlegt. Dazu wird folgender Code in das Kommentar-Formular eingebettet:

```
<input type="submit" name="Post" id="comment-post" onclick="
   pageTracker._trackEvent('Interaktionen', 'Kommentar', 'Post');"
   value="Absenden" />
```

Listing 17.11: Formular mit Messereignis bei Klick auf die Schaltfläche

Für die Messung der RSS-Feed-Anmeldungen wird ein Event auf das Klicken des RSS-Feed-Links eingerichtet. Mit dieser Methode allerdings nicht gemessen werden Feed-Anmeldungen, die außerhalb des Browserinhalts passieren.

```
<a href="http://www.abc.de/feed.rss" rel="alternate" type="application/rss+xml"
   onClick="pageTracker._trackEvent('Links', 'Subscription', 'RSS-Feed');">
   Feed abonnieren (RSS)
</a>
```

Listing 17.12: Link mit Messereignis bei Klick

In den Google-Analytics-Auswertungen sind anschließend beide Ereignisse unter CONTENT|EVENT TRACKING aufgeführt. Um beide Ereignisse als Conversion-Ziele in Google Analytics zu hinterlegen, kann man zusätzlich zum Event auch analog noch einen virtuellen Seitenzugriff auslösen – leider können zurzeit Events noch nicht als Conversion-Ereignisse in den Zieleinstellungen definiert werden.

17.4.8 Nutzerfeedback messen

Direktes Feedback von Website-Besuchern hilft besser als jede Web-Analytics-Auswertung zu verstehen, wie das eigene Angebot beim Nutzer ankommt. Relativ einfach lassen sich heute zwei Formen von Nutzerfeedback in Websites integrieren, nämlich Nutzerumfragen (Surveys) und Inhaltsbewertungen mittels einem Sterne-Rating. Nutzerumfragen wie solche von Anbietern wie `surveymonkey.com` oder `kampyle.com` werden typischerweise als Popup-Fenster über die Website eingeblendet. Inhaltsbewertungen wie jene von `outbrain.com` oder `polldaddy.com` sind insbesondere von Blogs oder FAQs bekannt, wo sich Posts oder Antworten bewerten lassen. In die meisten Blogsysteme lassen sich die Bewertungen einfach als Widgets integrieren und erfreuen sich deshalb einer starken Beliebtheit. Auch Nutzerumfragen lassen sich mit lediglich einem kleinen technischen Eingriff (JavaScript in die Website integrieren) einbauen.

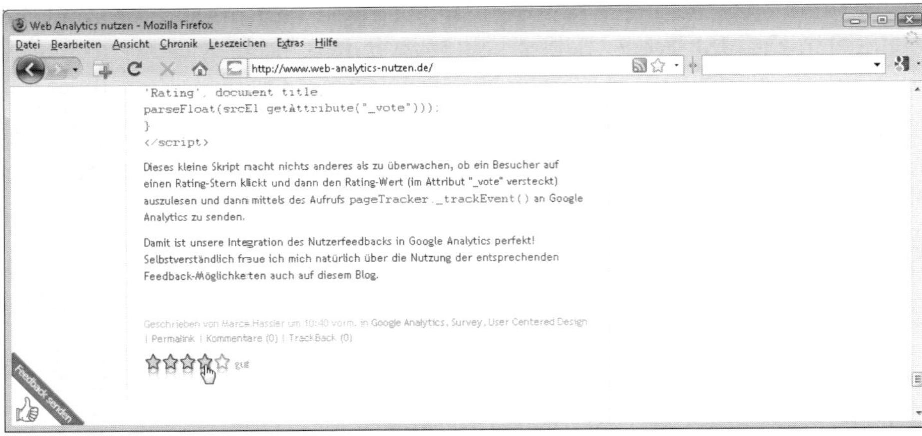

Abb. 17.56: Nutzerumfrage bzw. -feedback (links unten) und Inhaltsbewertung

Hat man erst mal so ein Umfrage- oder Bewertungssystem eingeführt und ihren Nutzen schätzen gelernt, ist der nächste Schritt, diese Daten wiederum mit Web-Analytics-Daten direkt zu kombinieren bzw. in das Web-Analytics-System zu integrieren. Wie dies in Google Analytics erfolgen kann, zeigt das folgende Beispiel für die Integration des Outbrain-Ratings und des Kampyle-Surveys.

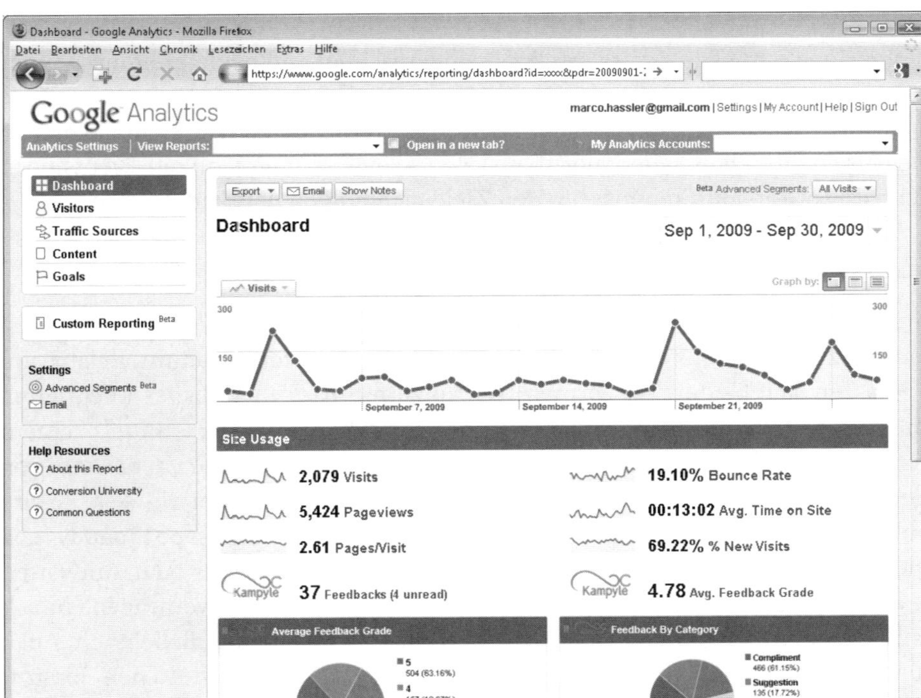

Abb. 17.57: Integration von Kampyle-Feedbacks in das Google-Analytics-Dashboard

Die Integration von Umfrage-Auswertungen aus Kampyle erfolgt dabei denkbar einfach mittels eines Firefox-Greasemonkey-Skripts. Im Ergebnis erhält man in seinem Google-Analytics-Dashboard eine Zusammenfassung der Nutzerbewertungen (Abbildung 17.57).

Um zu diesem Ergebnis zu gelangen, sind folgende Schritte vorzunehmen:

- Registrierung bei `kampyle.com`
- Kurze Konfiguration der Umfrage und Einbau eines Kampyle-JavaScripts in die eigene Website (dazu ist etwas HTML-Wissen oder die Einbindung der Web-Abteilung notwendig)
- Verwendung des Firefox-Browsers
- Installation des Greasemonkey-Firefox-Plug-ins unter `https://addons.mozilla.org/en-US/firefox/addon/748`
- Download und Installation des Kampyle-Greasemonkey-Skripts (aus Firefox-Browser heraus) unter `https://www.kampyle.com/zlib_off/kampyle.user.js`

Etwas schwieriger ist die Integration des Sterne-Ratings, da hier mit Ereignissen gearbeitet werden muss. Die Auswertungen sind dafür anschließend im Menü CONTENT unter EREIGNIS-TRACKING zu sehen – inklusive den übermittelten Rating-Werten und Inhalten (siehe Abbildung 17.58).

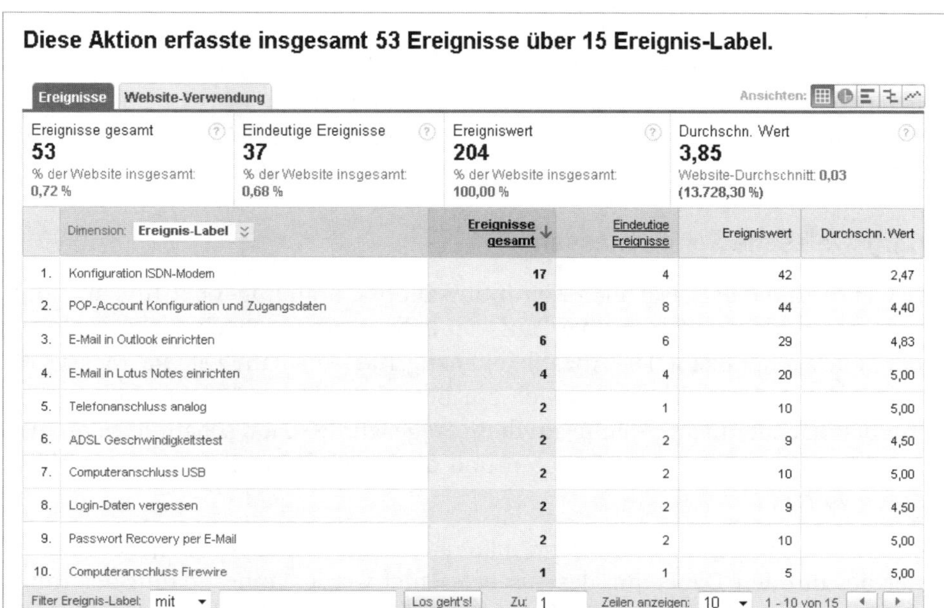

	Ereignis-Label	Ereignisse gesamt	Eindeutige Ereignisse	Ereigniswert	Durchschn. Wert
1.	Konfiguration ISDN-Modem	17	4	42	2,47
2.	POP-Account Konfiguration und Zugangsdaten	10	8	44	4,40
3.	E-Mail in Outlook einrichten	6	6	29	4,83
4.	E-Mail in Lotus Notes einrichten	4	4	20	5,00
5.	Telefonanschluss analog	2	1	10	5,00
6.	ADSL Geschwindigkeitstest	2	2	9	4,50
7.	Computeranschluss USB	2	2	10	5,00
8.	Login-Daten vergessen	2	2	9	4,50
9.	Passwort Recovery per E-Mail	2	2	10	5,00
10.	Computeranschluss Firewire	1	1	5	5,00

Abb. 17.58: Feedbackwerte auf FAQ-Inhaltsseiten

Um zu diesem Ergebnis zu gelangen, sind folgende Schritte notwendig:

- Für unterstützte Blogsysteme wie Typepad, WordPress, Blogger & Co.: Installation eines Widgets unter `outbrain.com` oder von einem anderen Anbieter.
- Für Websites oder andere Systeme: Download des Outbrain-JavaScripts und sein Einbau auf der eigenen Website (dazu ist wiederum etwas Technik bzw. HTML-Wissen notwendig).
- Einbau des unten stehenden JavaScripts in den Body-Bereich der eigenen Website zwecks Auslösen des Rating-Ereignisses.

```
<script>
if(window.addEventListener){document.addEventListener('click', clickHandler,
  false);}
else {document.attachEvent('onclick', clickHandler);}

function clickHandler(e){
  if (window.event) e = window.event;
  var srcEl = e.srcElement? e.srcElement : e.target;
  if (srcEl.getAttribute("_vote")) pageTracker._trackEvent('Bewertungen',
    'Rating', document.title, parseFloat(srcEl.getAttribute("_vote")));
}
</script>
```

Listing 17.13: Messung von Nutzerfeedback

Dieses kleine Skript macht nichts anderes, als zu überwachen, ob ein Besucher auf einen Rating-Stern klickt. Tritt dieses Ereignis ein, dann wird der Rating-Wert (im Attribut `_vote` versteckt) ausgelesen und mittels des Aufrufs `pageTracker._trackEvent()` an Google Analytics gesendet.

17.4.9 Gelesene Seiten messen

Bei Websites, die hauptsächlich Kommunikations-, Branding- oder Informationscharakter und kein konkretes Verkaufsziel haben, zählt vielfach die Betrachtung einer Seite als Kennzahl. Die Anzahl Seitenzugriffe – die naheliegende Messgröße – sagt jedoch nichts darüber aus, ob ein Besucher die gewünschte Information gefunden hat oder nicht. Abhilfe auf diese Frage würde schon schaffen, wenn man wüsste, ob eine Seite nur aufgerufen und direkt wieder verlassen oder wirklich gelesen wurde.

Genau dies lässt sich messen, wenn man davon ausgeht, dass eine Seite während einer bestimmten Dauer mindestens betrachtet werden muss, damit der Inhalt erfasst und verstanden werden kann. Braucht man zum schnellen Lesen der Unternehmensbeschreibung zum Beispiel 45 Sekunden, dann lässt sich ein Messereignis definieren, das sich nach dieser Zeit automatisch auslöst. Näherungsweise lässt sich dann so beurteilen, ob die Seite tatsächlich gelesen werden konnte oder nicht – Kurzaufrufe der Seite werden herausgefiltert. Um die Messung nicht zu verfälschen, darf die Stoppuhr natürlich nur laufen, solange sich die Seite auch wirklich auf dem Bildschirm befindet und nicht durch irgendwelche anderen Fenster überdeckt wird.

Folgendes Google-Analytics-Skript führt eine solche Messung durch und listet gelesene Seiten sowohl als Event wie auch als virtuellen Seitenzugriff in Google Analytics auf. Dank des virtuellen Seitenzugriffs ließen sich gelesene Seiten sogar als Conversion-Ziel betrachten.

```
<body onunload="calculateViewDuration()" onblur="stoppingTime()" onfocus=
"startingTime()">
```

Listing 17.14: Aufruf der Tracking-Skripts im Body der Seite

Dieser Aufruf ist die eigentliche Stoppuhr, die läuft, solange sich die Seite im Vordergrund des Bildschirms befindet. Der Code ist im <body>-Bereich der zu messenden Seite unterzubringen.

Im <head>-Bereich der gleichen Seite folgendes Skript unterbringen:

```
<script type="text/javascript">
var start;
var startTime;
var eventFired = 0;
var eventTracked = 0;
var duration = 0;
var diffTime;
startingTime();

function startingTime() {
   start = new Date();
   startTime = start.getTime();
   eventFired = 0;
}

function stoppingTime() {
   var end = new Date();
   var endTime = end.getTime();
   diffTime = Math.floor((endTime - startTime) / 1000);
   duration += diffTime;
}

function calculateViewDuration () {
   stoppingTime();
```

```
    if (eventFired == 0)
    {
      eventFired = 1;
      if (duration > 44 && eventTracked == 0)
      {
        eventTracked = 1;
        pageTracker._trackPageview('/events/View45Sekunden');
        pageTracker._trackEvent('Seitenbetrachtung', 'Unternehmensbeschrieb',
        '45 Sekunden');
      }
    }
}
</script>
```

Listing 17.15: Messung von gelesenen Seiten

Die Funktion `calculateViewDuration()` wird aufgerufen, sobald der Benutzer das Browserfenster schließt oder auf eine andere Seite surft. In dem Moment wird das Messereignis ausgelöst, falls die Seite vorher mindestens 45 Sekunden (oder eine andere Sekundenzahl) betrachtet wurde. Mit `pageTracker._trackPageview ('/events/View45Sekunden');` wird nun ein virtueller Seitenaufruf und mit `pageTracker._trackEvent('Seitenbetrachtung', 'Unternehmensbeschrieb', '45 Sekunden');` auch noch ein Event an Google Analytics gesendet. In der Auswertung sieht das dann wie in Abbildung 17.59 aus.

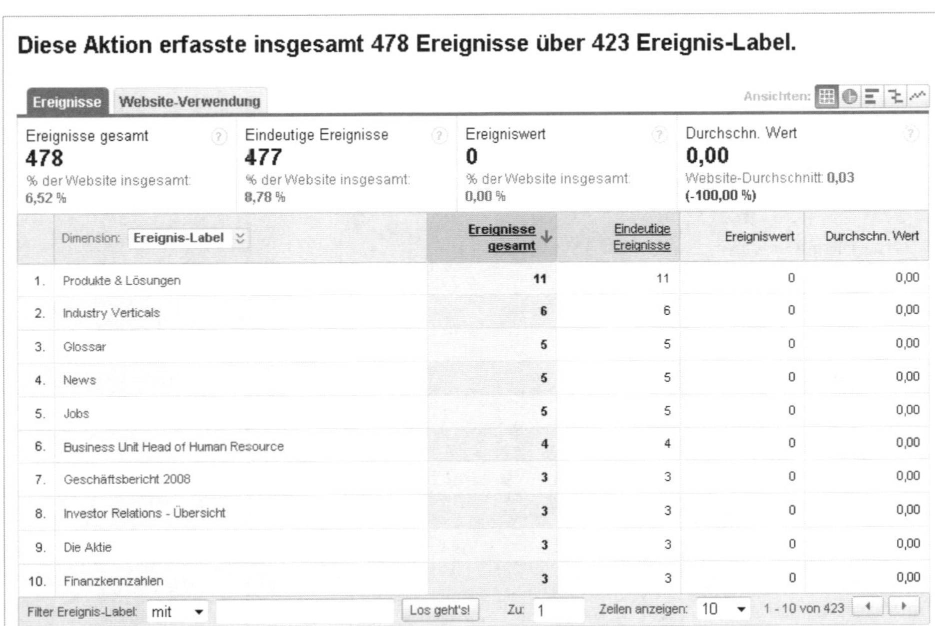
Diese Aktion erfasste insgesamt 478 Ereignisse über 423 Ereignis-Label.

Ereignisse | Website-Verwendung | Ansichten:

Ereignisse gesamt	Eindeutige Ereignisse	Ereigniswert	Durchschn. Wert
478	477	0	0,00
% der Website insgesamt: 6,52 %	% der Website insgesamt: 8,78 %	% der Website insgesamt: 0,00 %	Website-Durchschnitt: 0,03 (-100,00 %)

	Dimension: Ereignis-Label	Ereignisse gesamt	Eindeutige Ereignisse	Ereigniswert	Durchschn. Wert
1.	Produkte & Lösungen	11	11	0	0,00
2.	Industry Verticals	6	6	0	0,00
3.	Glossar	5	5	0	0,00
4.	News	5	5	0	0,00
5.	Jobs	5	5	0	0,00
6.	Business Unit Head of Human Resource	4	4	0	0,00
7.	Geschäftsbericht 2008	3	3	0	0,00
8.	Investor Relations - Übersicht	3	3	0	0,00
9.	Die Aktie	3	3	0	0,00
10.	Finanzkennzahlen	3	3	0	0,00

Filter Ereignis-Label: mit | Los geht's! | Zu: 1 | Zeilen anzeigen: 10 | 1 - 10 von 423

Abb. 17.59: Seitentitel von gelesenen Inhaltsseiten einer Website

Hinterlegt man den virtuellen Seitenaufruf als Ziel in der Analytics-Konfiguration, dann lassen sich die gelesenen Seiten als Conversions abbilden (siehe Abbildung 17.60).

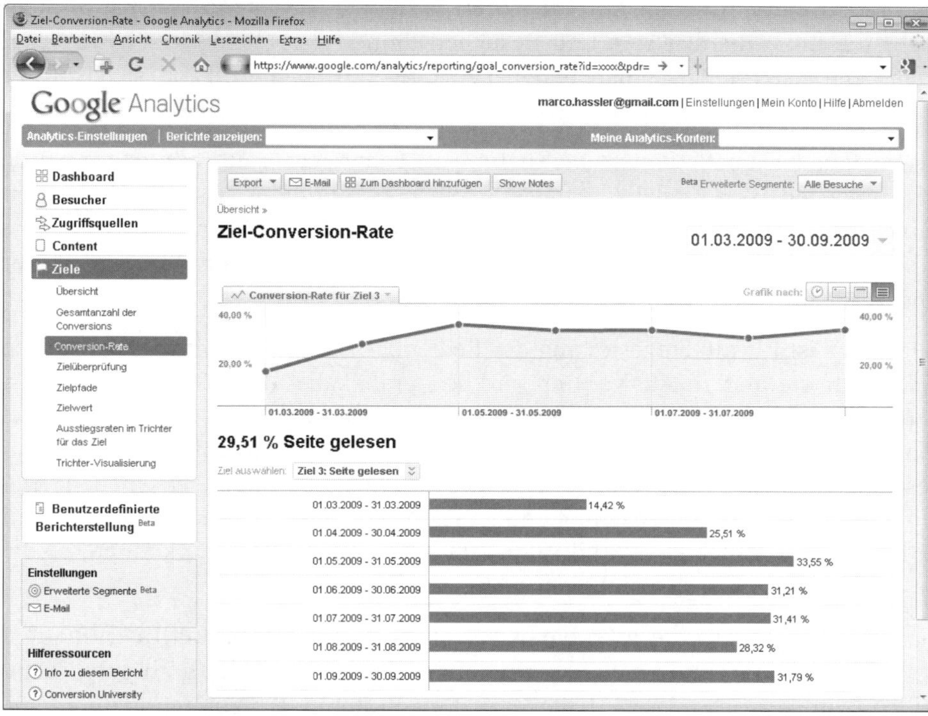

Abb. 17.60: Verhältnis von Lesern zu Besuchern als Conversion-Rate definiert

17.4.10 Navigationsnutzung messen

Besucher, die auf eine Website gelangen, können typischerweise zwei unterschiedliche Verhaltensmuster für die Informationsauffindung aufweisen: Sie nutzen die eingebaute Suchfunktion (Site Search) oder versuchen, sich durch die hierarchische Navigation zum gewünschten Inhalt durchzuklicken. Die Qualität von Suche und Navigation kann daher stark ausschlaggebend sein, ob ein Besucher erfolgreich sein Ziel erreicht bzw. seine Aufgabe auf der Website erledigen kann – oder eben nicht.

Insbesondere auf eine verständliche und begrifflich trennscharfe Navigation wird daher bei der Website-Konzeption ein starker Fokus gelegt. Website-Konzeptionen, die konsequent den User-Centered-Design-Ansatz verfolgen, testen solchen Navigationen sogar ausführlich in Usability-Labors mit Testnutzern. So stellt man zum Beispiel einem Tester die Aufgabe, einen bestimmten Inhalt zu finden, und beobachtet dann sein Verhalten, wie direkt oder indirekt er über die Navigationseinträge zu einer entsprechenden Seite gelangt.

Während bei einem Website-Relaunch die Inhaltsstruktur noch optimal auf die Erkenntnisse aus den Usability-Tests angepasst ist, kann sich dies im Verlaufe der Zeit ändern: Neue Inhaltsseiten und Bereiche werden von Autoren auf der Website hinzugefügt, andere fallen weg. So kann schon wenige Monate nach dem Launch eine ursprünglich nutzerzentriert gestaltete Navigation überhaupt nicht mehr intuitiv bedienbar sein und Besucher können ihre Ziele nicht mehr erreichen. Alle paar Monate einen neuen Labor-Test zu machen, kann sich auf der anderen Seite aber auch kaum ein Unternehmen leisten.

Als weitaus kosteneffizientere Maßnahme als Labor-Tests mit Endnutzern würde sich hingegen Web Analytics anbieten, sofern es denn ein passendes Verfahren gäbe, um die Bedienbarkeit einer Navigation zu messen. Web-Analytics-Systeme sehen für solche Fälle typischerweise das Browser-Overlay und Auswertung der Klickpfade durch die Website vor.

Allerdings ist für die Fragestellung der Bedienbarkeit einer Navigation weder die eine noch die andere Auswertung wirklich praktikabel. Das Grundproblem ist nämlich, dass man bei diesen Auswertungen nie weiß, ob der Besucher sein Ziel nun wirklich erreicht hat – oder ob er zwar den üblichen Pfad auf der Website eingeschlagen hat, vielleicht aber dann in ein paar Schlaufen über verschiedene Seiten umhergeirrt ist und anschließend frustriert die Website verlassen hat. Genau dafür muss es jedoch einen Indikator geben, um entscheiden zu können, ob die Navigation ihren Zweck erfüllt oder nicht.

Ein neuer Ansatz für diese Problemstellung ist nun, mit den drei Instrumenten Trichter, Zielseiten und Event-Tracking ein neues Messverfahren zu entwickeln. Hierzu wird versucht, das Verhaltensmuster von Benutzern zu identifizieren, die die Navigation als primäres Instrument für die Auffindung von Information nutzt und schlussendlich ihre Website-Aufgabe erfolgreich abschließt.

Als Erstes werden zur Vereinfachung die Betrachtungen lediglich auf jene Besucher konzentriert, die von der Homepage aus starten – also ohne solche, die über Suchmaschinen direkt auf eine hierarchisch in der Tiefe liegende Seite einsteigen. Klickt ein solcher Besucher nun also von der Homepage aus auf einen Navigationseintrag, kann davon ausgegangen werden, dass er versucht, seine Aufgabe über die Navigation zu lösen.

Der nächste und zugegebenermaßen schwierigste Schritt ist es nun herauszufinden, ob ein solcher Besucher irgendwann sein Website-Ziel erreicht oder nicht. Ganz sicher herausfinden könnte man dies eigentlich nur, wenn man jeden Benutzer befragen würde – bei Web Analytics aber keine praktikable Vorgehensweise. Etwas Abhilfe schaffen da hingegen Feedback-Möglichkeiten wie in Abschnitt 17.4.8 zur Feedbackintegration vorgestellt: Bewertet ein Besucher einen Inhalt (z. B. eine FAQ-Antwort) als positiv, dann ist dies ein relativ klares Indiz dafür, dass er seine Aufgabe erfolgreich abschließen konnte. Das Problem ist jedoch, dass wiederum nur ein marginaler Teil der Besucher überhaupt ein solches Feedback gibt – der große Besucheranteil bliebe dann eine Blackbox.

Geht man nun aber mal davon aus, dass es bei einer typischen Nutzeraufgabe darum geht, dass der Besucher eine bestimmte Information sucht, lässt sich auch schon die Betrachtungsdauer als Indikator für die erfolgreiche Auffindung einer Information herbeiziehen und damit folgende These aufstellen: Ein Besucher, der die Navigation über mehrere Klicks nutzt und irgendwann eine Seite über einen längeren Zeitraum betrachtet (das heißt wahrscheinlich liest), konnte mit großer Wahrscheinlichkeit über die Navigation sein Informationsbedürfnis befriedigen. Ein Besucher, der hingegen nach mehreren Klicks in der Navigation die Website verlässt, ohne eine Information detaillierter zu lesen, hat wahrscheinlich sein Informationsbedürfnis nicht befriedigen können – die Navigation oder Website hat damit ihre Aufgabe schlecht erfüllt. Alternativ zur Betrachtungsdauer können natürlich auch bestimmte Website-Ziele, z. B. die Kontaktaufnahme, der Download von Dokumenten usw., als Indikator für einen erfolgreichen Abschluss des Nutzerziels gewertet werden.

Geht man nun also davon aus, dass solche Verhaltensmuster eine Aussage über die Qualität der Navigation machen, dann wird das Messen der Navigationsnutzung mit Web-Analytics-Methoden möglich. Mittels des Einsatzes von Events lässt sich nun nämlich das genannte Verhaltensmuster wie folgt abbilden:

- Besucher, die auf der Homepage einsteigen und auf die Navigation klicken, lösen einen ersten Event »Navigationsnutzer ab Homepage« aus. Den Klick auf die Navigation kann man mit einem kleinen JavaScript-Code abfangen. Anschließend sendet man das Ereignis mittels `pageTracker._trackEvent('Navigation', 'Nutzung ab Homepage');` an Google Analytics.
- Derart klassifizierte Besucher, die nun mindestens zwei oder drei Mal in der Navigation klicken, kann man als »Informationssucher via Navigation« klassifizieren. Die Mehrfachklicks findet man wiederum heraus, indem man die Klicks auf die Navigation mit einem kleinen JavaScript überwacht und die Klickzahl in einem Cookie speichert. Nach zwei oder drei Navigationsklicks erfolgt die Übergabe an das Tracking-System mit `pageTracker._trackEvent('Navigation', '2 Clicks');`
- Wenn solche Besucher eine Inhaltsseite während z. B. mindestens 45 Sekunden betrachten, wird ein weiterer Event via `pageTracker._trackEvent('Navigation', 'Erfolgreich abgeschlossen');` ausgelöst. Wie dies genau erfolgt, ist in Abschnitt 17.4.6 ausgeführt.

Der gesamte JavaScript-Code, wie so etwas in Google Analytics aussehen kann, findet sich in unten stehendem Listing. Der vorgestellte Code muss lediglich leicht auf die eigene Website bzw. Navigation adaptiert werden, damit die betreffenden

Klicks in der Navigation getrackt werden. (Die anzupassenden Elemente sind im Listing fett ausgezeichnet.)

```
<!-- im <head>-Bereich unterbringen -->

<script type="text/javascript">
  if(window.addEventListener){document.addEventListener('click',
    clickHandler, false);}
  else {document.attachEvent('onclick', clickHandler);}
  var docUrl = document.URL;
  var homepage = false;
  if (docUrl.indexOf("home.html") > 0) homepage = true;
  // home.html auf den Dateinamen der Homepage anpassen (muss eindeutig
  als Homepage identifiziert werden können)

function clickHandler(e){
  if (window.event) e = window.event;
  var srcEl = e.srcElement? e.srcElement : e.target;
  var prevHpClicked = getCookie('hpClicked');
  var hpClicked = prevHpClicked? prevHpClicked : 0;
  var prevClickCount = getCookie('clickCount');
  var clickCount = prevClickCount? parseFloat(prevClickCount) : 0;
  var pathTaken = getCookie('pathTaken');
  var pathTaken = pathTaken? pathTaken : '';

  if (srcEl.className && (srcEl.className.substr(4,3) == 'Nav'))
  // substr(4,3) und 'Nav' auf die Klasse der Navigation anpassen
  {
    clickCount += 1;

    //Auf Homepage genutzte Navigation
    if(homepage && hpClicked==0)
    {
      hpClicked = -1;
      clickCount = 1;
      pageTracker._trackPageview('/events/Navigation/Homepage');
      pageTracker._trackEvent('Navigation', 'Nutzung ab Homepage');
    }
    if (hpClicked!=0 && clickCount == 2) //Navigation 2x genutzt
    {
      pageTracker._trackPageview('/events/Navigation/2 Clicks/' +
        document.title);
      pageTracker._trackEvent('Navigation', '2 Clicks', document.title);
    }
```

```
    document.cookie = 'clickCount=' + clickCount + ';path=/;';
    document.cookie = 'hpClicked=' + hpClicked + ';path=/;';
    document.cookie = 'pathTaken=' + document.title + ';path=/;';
  }

  //Ziel-Link angeklickt (alternativ durch Betrachtungsdauercode ersetzen)
  if (srcEl.parentNode.id && (srcEl.parentNode.id.indexOf("Goal") > 0 ))
  // "Goal" auf Element-ID des Ziellinks anpassen
  {
    var navFinished = getCookie('navFinished');
    if (hpClicked!=0 && clickCount >= 2 && (navFinished == null ||
    !navFinished)){
      pageTracker._trackPageview('/events/Navigation/Erfogreich
        abgeschlossen' + pathTaken? '/' + pathTaken : '');
      pageTracker._trackEvent('Navigation', 'Erfolgreich abgeschlossen',
        pathTaken? pathTaken : '');
      document.cookie = 'navFinished=-1;path=/;';
    }
  }
}

function getCookie(value) {
  var dc = document.cookie;
  var prefix = value + "=";
  var begin = dc.indexOf("; " + prefix);
  if (begin == -1) {
    begin = dc.indexOf(prefix);
    if (begin != 0) return null;
  }
  else {
    begin += 2;
  }
  var end = document.cookie.indexOf(";", begin);
  if (end == -1) {
    end = dc.length;
  }
  return dc.substring(begin + prefix.length, end);
}
</script>
```

Listing 17.16: Messung der Navigationsnutzung

Die Auswertungen zu der Navigationsnutzung können anschließend im Content-Bereich unter EVENT-TRACKING gefunden werden (siehe Abbildung 17.61).

Abb. 17.61: Nutzung der Navigation mit Erfolgsmessung

Kapitel 18

Yahoo! Web Analytics

Mit »Yahoo! Web Analytics« bietet Yahoo! ein kostenfreies Web-Analytics-Tool an, das aufgrund seiner Features dem Enterprise-Segment zugeordnet werden kann.

Dies erklärt sich aus der Geschichte: Im Frühjahr 2008 wurde der Hersteller »IndexTools« gekauft. Dieser hatte sich davor zum Ziel gesetzt, dem Marktführer Omniture an Funktionalität möglichst nahe zu kommen. Im letzten Jahr wurde das Tool nun von Yahoo! nochmals deutlich erweitert.

Es liegt wohl nahe, dass Yahoo! sich damit zum Mitbewerber »Google Analytics« gut rüsten will. Besonders interessant ist die Tatsache, dass zwar einerseits Microsoft sein Analytics-Projekt mit dem Codenamen »Gatineau« eingestellt hat, aber jüngst die enge Kooperation von Microsoft und Yahoo! im Suchmaschinen-Markt bekannt gegeben wurde.

Grund genug, sich einmal mit den Eigenschaften und Merkmalen von »Yahoo! Web Analytics« auseinanderzusetzen und uns mit der Version 9.5 des Tools zu beschäftigen.

Gastkapitel von Siegfried Stepke

Als Mitglied des »Yahoo! Web Analytics Consultants Network« und zahlreichen umgesetzten Webanalyse-Projekten verfügt er über ein detailliertes Wissen und langjährige Erfahrung nicht nur mit diesem, sondern auch mit anderen Webanalyse-Tools und der optimalen Einführung in die Unternehmensprozesse.

Seine Firma »e-dialog« ist spezialisiert auf Webanalyse, Conversion-Optimierung und Search und betreut Kunden in Deutschland, Österreich und der Schweiz (`www.e-dialog.at`). Ehrenamtlich unterstützt er die »Web Analytics Association« als Länder-Koordinator für Österreich.

Das Kapitel ist nicht offiziell von Yahoo! Web Analytics autorisiert.

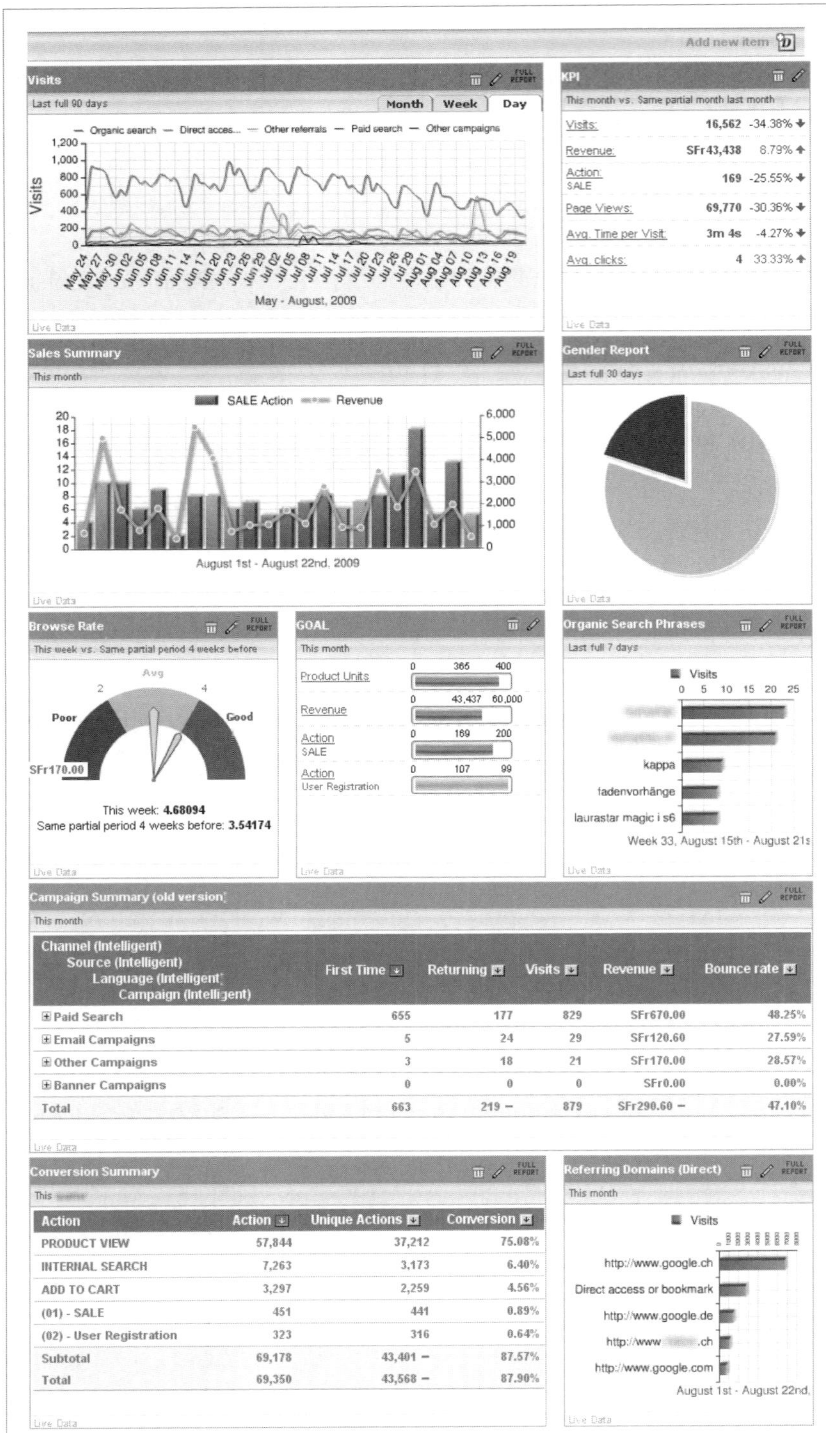

Abb. 18.1: Ein Dashboard, individuell zusammengestellt

18.1 Stärken und Besonderheiten

Dass die Lösung von Yahoo! den Ansprüchen eines Enterprise-Tools gerecht wird, zeigen unter anderem die vier folgenden exemplarischen Merkmale:

- Echtzeit-Analyse
- Individuelle Metriken
- E-Commerce-Tracking und Analysen
- API – Schnittstelle zwischen dem Tool und Ihren Systemen

Darüber hinaus zählen Individuelle Dashboards, Individuelle Reports und Report-Anpassungen, Goals und Actions, Demographics & Interest Groups, Trigger-Alerts, der Datenschutz sowie Download- und Exit-Links zu weiteren Stärken von Yahoo! Web Analytics. Diese sowie weitere Besonderheiten sind in den folgenden Abschnitten ausgeführt.

18.1.1 Echtzeit-Analyse

Alle erfassten Ereignisse auf der Website stehen unmittelbar danach in der Analyse für das Reporting zur Verfügung. Das zeigt, dass das zugrunde liegende Mess-System samt Datenbank extrem mächtig und performant implementiert ist.

Einen hohen Nutzen bietet die Echtzeit-Auswertung z. B. für Medien-Sites, die etwa die Positionierung ihrer Aufmacher-Artikel Interessen- und damit Klick-abhängig optimieren wollen. Da die Halbwertszeit von Nachrichten oftmals nur Stunden beträgt, ist eine unmittelbare Analyse der Klick-Rate oder Verweildauer höchst interessant. Auch kann so der Einfluss unterschiedlicher Headlines für die gleiche Nachricht kurzfristig getestet und damit optimiert werden.

18.1.2 Individuelle Metriken

Jedes Webanalyse-Tool stellt ein Set von Standard-Metriken und -Dimensionen für die Analyse zur Verfügung. Doch reichen diese aus, um die speziellen Eigenschaften jeder Website abzubilden? Wohl kaum, denn es lassen sich nicht alle Websites über den gleichen Kamm scheren!

In Yahoo! Web Analytics lassen sich bis zu 38 so genannte »Custom Fields« definieren und verwenden. Diese sind entweder seiten- oder besuchsbezogen.

Besucher-Merkmale erfassen

In dem Moment, wo einem Besucher aufgrund seines Verhaltens ein eindeutiges Merkmal zuordenbar ist, ist es doch höchst interessant, dies auch später auswerten zu können. Zwei Beispiele:

- Gelangt ein Besucher etwa im Falle einer Nachrichten-Site in den Bereich »Politik«, so könnte man dieses Interesse erfassen und später analysieren: Wie viele Besucher waren sowohl an Politik als auch Kultur interessiert? Und vor allem: Wie sind die Mehrfach-Interessen verteilt und in welchen Kombinationen treten sie auf? Welcher Interessentyp bringt die meisten Seitenzugriffe und hat die höchste Besuchsfrequenz?
- Wird in einer Tourismus-Site etwa die gewünschte Personenanzahl abgefragt, so sollte dies unbedingt auch im Web-Analytics-System erfasst werden. Zwar sind diese Daten dann später bei einer Buchung auch im Buchungssystem vorhanden, allerdings ohne die Vorteile der Verknüpfbarkeit: Welche Quellen und Kampagnen generieren hauptsächlich Anfragen von Familien – welche von Singles? Ist die Anfrage- oder Buchungsrate bei allen Personen-Anzahlen gleich oder gibt es in einem Segment ein Defizit, das optimiert werden sollte?

Seiten-Merkmale erfassen

Eine Website besteht nicht nur aus vielen verschiedenen einzelnen, unterschiedlichen Webseiten, sondern auch aus unterschiedlichen Arten, wie z. B. Einstiegsseiten, Artikelseiten, Listen usw. Werden diese entsprechend gekennzeichnet, so können später wertvolle Erkenntnisse gewonnen werden. Auch wenn die Seiten spezielle Eigenschaften aufweisen, so können diese für eine spätere Auswertung erfasst werden. Hier drei Beispiele:

- Mit den Standard-Metriken kann nur erfasst werden, wie viele Seiten pro Besucher durchschnittlich oder je Segment betrachtet werden. Verborgen bleibt dann aber, wie viele dieser Seitenansichten für den Website-Betreiber wertvolle oder eher wertlose Seiten waren. Daher könnten die Seiten nach ihrer Art etwa so markiert werden: Übersichts-/Navigations-Seiten, Detailseiten, Auflistungen, Angebotsseiten, Interaktions-Seiten, Landing-Pages etc. Im Anschluss lässt sich genau analysieren, welcher Seitentyp wie viele Aufrufe bekommt, ob die Nutzer auch wirklich zu den Angeboten kommen oder auf dem Weg zum Ziel abspringen u.v.m.
- Sind Sie in der Conversion-Optimierung schon etwas fortgeschritten, so könnten Sie beispielsweise auch Layout-Attribute als Seiten-Eigenschaften erfassen: Wenn Sie bei der Artikel-Darstellung etwa die Möglichkeit haben, eine Bilder-Galerie einzublenden, Nutzer-Bewertungen zu erlauben, vertiefende Informationen zu verlinken oder einen Aktions-Banner einzublenden, so könnte das Vorhandensein jedes Attributs eigens erfasst werden. Im Anschluss ließe sich analysieren, in welcher Kombination die Conversion-Rate am besten ist oder – noch besser – welche Besucher-Typen bei welcher Seiten-Kombination am besten konvertieren.
- Sehr aufschlussreich kann auch die Erfassung von scheinbar banalen Metriken wie »Ladezeit der Seite« oder auch »Zeichenlänge der Seite« sein: Hier können

Reports Aufschluss darüber geben, ob eine bestimmte Ladezeit die Ausstiegsrate extrem negativ beeinflusst oder etwa welche Länge der Webseitentexte für Ihre Besucher in Hinblick auf die Verweildauer ideal ist.

Beispiel für den Einsatz von individuellen Metriken

In dem beispielhaften Bericht in Abbildung 18.2 werden drei individuell definierte und erfasste Metriken dargestellt:

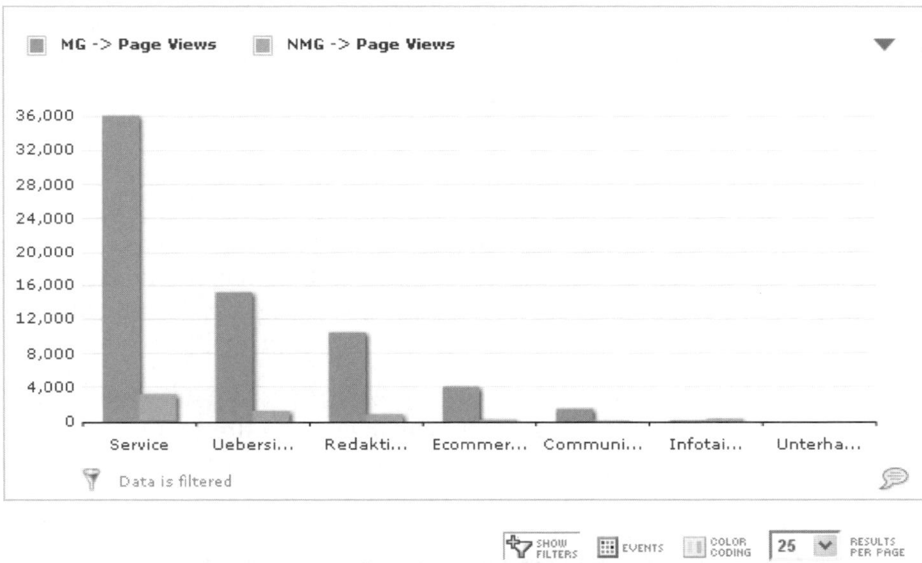

Seiten-Art Kontaktart	MG Page Views	NMG Page Views	Total Page Views
⊞ Service	36,052	3,171	39,223
⊞ Uebersicht	15,166	1,257	16,423
⊞ Redaktionell	10,507	871	11,378
⊞ Ecommerce	4,039	218	4,257
⊞ Community	1,478	99	1,577
⊞ Infotainment	140	289	429
⊞ UnterhaltungGames	9	1	10
Subtotal	**67,391**	**5,906**	**73,297**
Unknown	**120**	**2**	**122**
Total	**67,511**	**5,908**	**73,419**

Abb. 18.2: Individuelle Metriken in einem Report

- Seiten-Art: Die Dimension in der ersten Spalte; hier Service, Übersicht etc.
- Kontaktart: Würde nach Klick auf das »+«-Symbol je Seiten-Art sichtbar. Man kann also sofort erkennen, wie viele Kontaktarten jede Seiten-Art ausgelöst hat.

- Mitglieds-Status: Die Dimension in der Pivot-Tabelle mit den Werten »MG« (Mitglied) und »NMG« (Nicht-Mitglied).

Somit zeigt uns dieser Bericht also die Seitenzugriffe (Page Views) je »Seiten-Art«, »Kontaktart« und »Mitglieds-Status« auf unserer Website. Die einzelnen Dimensionen können natürlich auch mit allen anderen kombiniert werden.

18.1.3 E-Commerce-Tracking und Analysen

Das reine Erfassen von E-Commerce-Transaktionen gehört zur Standard-Aufgabe von Web-Analytics-Systemen. Sieht man jedoch genauer hin, so gibt es bei Yahoo! Web Analytics Tracking- und Analyse-Möglichkeiten, die über die Basis-Funktionalität hinausgehen und einen signifikanten Mehrwert für die Auswertung und Optimierung von Shops bieten.

Product Views statt Page Views

Viele Systeme setzen voraus, dass ein Produkt auf einer eindeutigen Seite (Page) dargestellt wird und dann hoffentlich aufgrund der aufgerufenen Seiten-URL oder des Seiten-Titels auf die individuelle Produkt-Performance geschlossen oder geraten werden kann.

Dies entspricht allerdings nicht der Realität von Web-Shops: Produkte werden zwar einerseits auf der Produkt-Detail-Seite einzeln angezeigt, oftmals und hoffentlich manchmal auch auf Landing-Pages, in Aktions-Teasern, in Sucherergebnissen und vielerorts mehr. »Yahoo! Web Analytics« bietet nun die Möglichkeit, eben diese Product Views getrennt vom Page View zu erfassen, und ermöglicht damit eine viel akkuratere Auswertung der Product View zur Kauf-Rate (siehe Abbildung 18.3).

Product Category Product Subcategory Merchant Product Name	Product Views	Add To Cart	Cart Complete	Units	Amount	Avg. Product Order Value
⊞ Computer	41,799	1,719	241	292	EUR 70,334.15	EUR 291.84
⊞ Mobiltelefonie	40,879	2,229	538	604	EUR 57,635.50	EUR 107.13
⊞ Unterhaltungselektronik	29,085	1,593	298	361	EUR 31,352.25	EUR 105.21
⊞ Haushaltswaren	21,331	992	164	196	EUR 25,175.70	EUR 153.51
⊞ Sport & Freizeit	14,755	696	152	191	EUR 12,959.40	EUR 85.26
⊞ Beauty + Gesundheit	13,949	504	21	21	EUR 5,270.90	EUR 251.00
⊞ Geschenkartikel	6,820	297	20	21	EUR 3,602.25	EUR 180.11
⊞ Heimtextilien	6,476	349	47	62	EUR 4,735.40	EUR 100.75
⊞ Mö	5,749	101	8	10	EUR 1,732.00	EUR 216.50
⊞ Spielwaren	4,808	1,464	252	771	EUR 140,817.00	EUR 558.80
Subtotal	185,651	9,944	1,741	2,529	EUR 353,614.55	EUR 203.11
Total	186,460	9,966	1,745	2,534	EUR 354,068.55	EUR 202.90
« PREVIOUS 10						NEXT 10 »

Abb. 18.3: Merchandising Summary Report

Add-to-Cart Action

Weiter ist es möglich, die Aktion »Produkt XY wurde soeben in den Warenkorb gelegt« zu erfassen. Damit lassen sich mehrere überaus wertvolle Erkenntnisse gewinnen:

- Die »Add-to-Cart Rate«: Als so genannte Micro-Conversion kann nun abgelesen werden, welche Produkte besonders häufig (oder eben selten) in den Warenkorb gelegt werden. Dies lässt einerseits Rückschlüsse auf die Sortiments-, Gestaltungs- und Preissteuerung zu. Andererseits hilft diese »kleine« Conversion auch bei Shops mit geringeren Transaktionsvolumina, sehr gute Rückschlüsse auf Kampagnen-, Quellen- und Keyword-Performance zu ziehen.
- Abandoned Products: Diese Metrik hilft Produkte, die besonders häufig im Warenkorb landen, dann aber nicht bestellt werden, zu identifizieren. Da hier bereits ein höchstes Maß an Interesse des Nutzers unterstellt werden kann, ist es offensichtlich, dass diese Produkte die höchste Chance auf eine Steigerung der Kaufabschlüsse und damit der Profitabilität bieten. Nun können diese Produkte erkannt werden und es kann analysiert werden, welche Anpassungen nötig sind, um den Umsatz zu steigern (Preisanpassung, Beschreibungstext, Vertrauensverstärker usw.).

Stornierte Transaktionen und »Pending Sales«

Die Stornierung bzw. Retournierung von Bestellungen ist nichts Unübliches und kann durchaus auch eine recht hohe Rate erreichen. Haarig wird die Sache jedoch, wenn diese Storni nicht auch im Web-Analytics-System abgebildet werden. Dies lässt sich an folgendem Beispiel ablesen:

Eine klassische Kampagnen-Auswertung vergleicht die beiden Kampagnen A und B aufgrund ihrer Kosten, ihres Erlöses und des resultierenden Deckungsbeitrages (= Umsatz - Kosten):

Kampagne	Kosten	Umsatz	Deckungsbeitrag
A	€ 2.000,-	€ 20.000,-	€ 18.000,-
B	€ 2.000,-	€ 15.000,-	€ 13.000,-

Tabelle 18.1: Tabelle 18.1: Deckungsbeitrag zweier Kampagnen

In dieser Rechnung geht ganz klar die Kampagne A als Sieger hervor und würde die Empfehlung auf eine Verlängerung oder Erhöhung bekommen. Fließen nun aber auch die Storni in die Berechnungen ein, könnte sich das folgende Bild zeigen:

Kampagne	Kosten	Umsatz	Storni	Real-Umsatz	Deckungsbeitrag
A	€ 2.000,-	€ 20.000,-	€ 7.000,-	€ 13.000,-	€ 11.000,-
B	€ 2.000,-	€ 15.000,-	€ 1.000,-	€ 14.000,-	€ 12.000,-

Tabelle 18.2: Tabelle 18.2: Um Storni bereinigter Deckungsbeitrag der Kampagnen

Mit diesen zusätzlichen, höchst wichtigen Informationen, zeigt sich plötzlich, dass die zuvor präferierte Kampagne A eine wesentlich höhere Storno-Rate aufweist und nun sogar die Kampagne B die weitaus bessere Performance aufweist.

In der Praxis kommt dies durchaus häufig vor und kann etwa dadurch verursacht werden, dass das Werbeumfeld (die Zielgruppe) der Kampagne B wesentlich relevanter ist, oder aber auch, dass die Botschaft des Werbemittels aus Kampagne A irreführend war.

Die Stornierung von Transaktionen kann in Yahoo! Web Analytics auf zweierlei Arten erfolgen:

- Automatisch via Schnittstelle (API): Mittels einer XML-RPC-Schnittstelle können stornierte Transaktionen vom E-Commerce-System, der Warenwirtschaft oder dem ERP-System übergeben werden. Dies empfiehlt sich bei der Verwendung von größeren E-Commerce-Systemen.
- Händisch im Web-Analytics-System: Einzelne Transaktionen können auch händisch im Web-Analytics-Interface storniert werden. Dies ist die bevorzugte Methode bei einer geringen Anzahl von Storni.

Cross-Selling-Analyse

Ein Standard-Feature von E-Commerce-, Warenwirtschafts- oder ERP-Systemen ist die Ermittlung von Cross-Selling-Kombinationen, das heißt Produkten, die oftmals gemeinsam gekauft werden. In den genannten Systemen haben wir allerdings einen gravierenden Nachteil: Wir wissen nicht mehr, aus welchen Quellen, Kampagnen und von welchen Nutzertypen diese Transaktionen entstehen.

Daher bietet Yahoo! Web Analytics die Möglichkeit, solche Cross-Selling-Kombinationen zu analysieren und nach ihren Quellen (sowie allen anderen Dimensionen) zu untersuchen.

Produktkategorisierung

In kleinen Shops reicht die folgende Produktkategorisierung:

- Hauptkategorie
- Subkategorie
- Produktname

In komplexeren Shops reicht diese einfache Einteilung oftmals nicht mehr aus, deshalb erlaubt Yahoo! Web Analytics die Kategorisierung von Produkten in bis zu zehn frei definierbaren Ebenen.

Beispielsweise könnten folgende Ebenen für die Analyse noch Sinn machen:

- Marke: Hugo Boss, Joop, Armani usw.
- Zielmarkt: Deutschland, Österreich, Schweiz usw.
- Preisklasse: Normalpreis, Angebot, Schnäppchen, Ausverkauf usw.
- Geschlecht: Damen, Herren, Kinder
- Größe: XL, L, M, S
- und so weiter

18.1.4 API – Schnittstelle zwischen dem Tool und weiteren Systemen

Die Integration von Web-Analytics-Daten in die Unternehmensprozesse und bestehenden Systeme ist oft eine Herausforderung. Neben den typischen Funktionen zum Export der Reports in den verschiedensten Formaten (HTML, Excel, PDF, ...) und zum automatischen Versand per E-Mail sollen die Daten idealerweise automatisch mit den eigenen vorhandenen Systemen abgeglichen werden können.

Egal, ob

- Rohdaten in das eigene Business-Intelligence-System (BI) für eine standardisierte Weiterverarbeitung übernommen oder
- Conversion-Daten mit dem CRM abgeglichen oder
- die Key-Performance-Indikatoren in einem eigenen Dashboard zusammengefasst

werden sollen: Yahoo! Web Analytics bietet eine API (Application Programming Interface) – eine Schnittstelle, die den Zugriff auf die erfassten Daten, Reports und Dashboards erlaubt.

Neben dieser abfragenden bzw. lesenden Form des Zugriffs gibt es auch eine Reihe von befüllenden bzw. schreibenden Zugriffsmöglichkeiten, etwa um das Kampagnen-Management zu steuern oder die E-Commerce-Produkt-Details upzudaten.

Die Schnittstelle basiert auf den offenen Standards XML-RPC (SOAP) und kann leicht integriert werden. Dies ist eine Aufgabe der technischen Implementierung.

18.1.5 Individuelle Dashboards

Jeder Benutzer kann sich mehrere, individuelle Dashboards einrichten und konfigurieren. Dabei können die einzelnen Widgets, unterschiedlichen Reports, KPIs

(Key Performance Indikatoren) und Benchmarks in Charts, Tabellen, Barometern oder in KPI-Übersichten dargestellt werden.

Jedes einzelne Widget kann dabei für einen unterschiedlichen Zeitraum mit einem äußerst sinnvollen Vergleichszeitraum konfiguriert werden, zum Beispiel »Gestern vs. gleicher Tag vor einem Jahr« oder »Dieser Monat vs. gleicher Zeitraum im vorigen Monat«.

Beispiele für solche Dashboards finden sich in Abbildung 18.1 und Abbildung 18.8.

18.1.6 Individuelle Berichte und Bericht-Anpassungen

Yahoo! Web Analytics präsentiert sich mit der üblichen Vielzahl an Standard-Berichten. Zum einen kann allerdings niemand die individuellen Anforderungen von vornherein abdecken und zum anderen sind ja gerade für die selbst definierten Metriken eigene Analysen zu definieren.

Anpassung und Erstellung von Reports

Die erste Besonderheit ist, dass jeder Report sofort an die eigenen Bedürfnisse angepasst werden kann: Fehlt etwa eine Metrik, kann sie einfach als weitere Spalte hinzugefügt und auf Wunsch auch gleich im Chart mit angezeigt werden. Gefällt einem der Report, so kann er gleich als solcher abgespeichert werden und steht später sofort wieder zur Verfügung. Natürlich kann ein Report auch von null weg neu erstellt und konfiguriert werden.

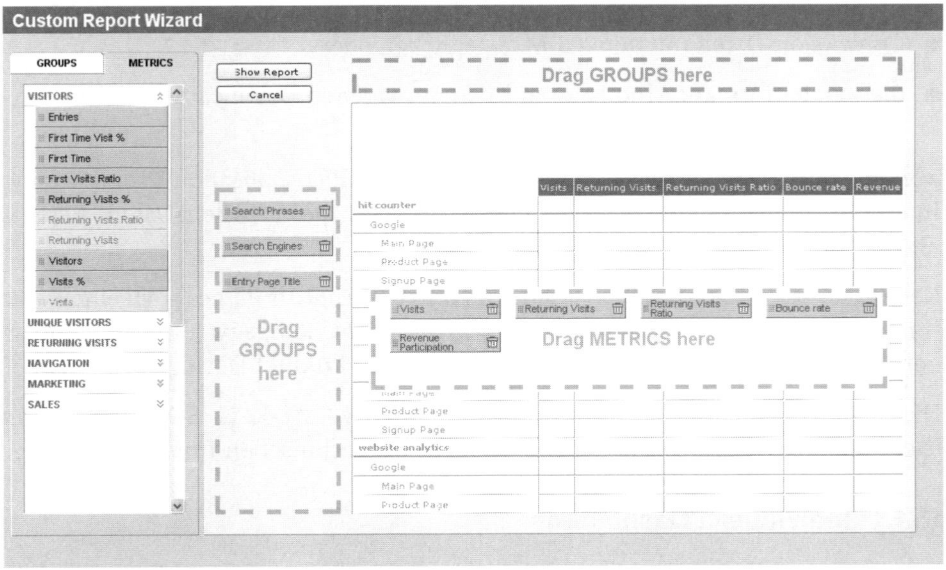

Abb. 18.4: Custom Report Wizard

Search Phrases (Direct) / Search Engines (Direct) / Entry Page Title	Visits	Returning	Returning Visits Ratio	Bounce rate	Revenue Participation
⊟ **dolce gusto**	**1,119**	**166**	**14.83%**	**53.53%**	**EUR 2,307.00**
⊟ Google	1,112	166	14.93%	53.51%	EUR 2,307.00
Nescafè - NESCAFÉ Dolce Gusto - Küchengeräte - /	1,044	160	15.33%	53.07%	EUR 2,198.00
Nescafè - NESCAFÉ Dolce Gusto - Küchengeräte - /	54	4	7.41%	62.96%	EUR 109.00
Nescafè - NESCAFÉ Dolce Gusto - ...er pour la cuisine - /	7	1	14.29%	57.14%	EUR 0.00
/	4	0	0.00%	50.00%	EUR 0.00
Nescafè - NESCAFÉ Dolce Gusto - ...tici per la cucina - /	2	0	0.00%	0.00%	EUR 0.00
Nescafè - NEUE Nescafé Dolce Gusto - Küchengeräte - /	1	1	100.00%	100.00%	EUR 0.00
⊞ Ask Jeeves	3	0	0.00%	66.67%	EUR 0.00
⊞ Cnet	3	0	0.00%	66.67%	EUR 0.00
⊞ My Search	1	0	0.00%	0.00%	EUR 0.00
⊞ **blick online**	**308**	**61**	**19.81%**	**91.56%**	**EUR 0.00**
⊞ **fadenvorhänge**	**242**	**20**	**8.26%**	**81.82%**	**EUR 0.00**
⊞ **sonntagsblick**	**225**	**29**	**12.89%**	**89.78%**	**EUR 0.00**
⊞ **orbitrac**	**198**	**10**	**5.05%**	**71.21%**	**EUR 199.00**
⊞ **autozubehör**	**183**	**15**	**8.20%**	**48.09%**	**EUR 0.00**
⊞ **betten**	**182**	**6**	**3.30%**	**57.14%**	**EUR 0.00**
⊞ **gaelle boissonnard**	**160**	**13**	**8.12%**	**63.12%**	**EUR 0.00**
⊞ **kappa**	**160**	**11**	**6.88%**	**30.63%**	**EUR 285.00**
⊞ **aufblasbare matratze**	**148**	**8**	**5.41%**	**78.38%**	**EUR 0.00**
Subtotal	**2,925**	**339**	**11.59%**	**64.27%**	**EUR 2,791.00**
Total	**261,151**	**32,816**	**12.57%**	**62.55%**	**EUR 437,645.35**

« PREVIOUS 10 NEXT 10 »

Abb. 18.5: Custom Report als Ergebnis der Wizard-Anwendung

Des Weiteren können für den Drilldown auch mehrere Dimensionen geschachtelt werden, so dass etwa auf einen Blick die Top-Keywords je nach Suchmaschine eingeblendet werden können.

Und schließlich können die Dimensionen auch als Pivot-Tabellen genutzt werden, um die Daten sinnvoll auswerten zu können.

Ordnen und Verwalten von Reports

Die neu erstellten oder angepassten Reports können im Tool in einem Bereich abgelegt werden, der »Bookmarks« heißt – nicht zu verwechseln mit den Bookmarks im Browser, deren Konzept allerdings gleich ist.

Diese Bookmarks können in einzelnen Kategorien oder Ordnern abgelegt und mit eigenen Bezeichnungen benannt werden. Darüber hinaus können die individuellen Reports mit den folgenden Eigenschaften belegt werden:

- Name und Beschreibung des Reports
- Lese-Berechtigung: Nur der aktuelle Nutzer oder alle Nutzer
- Schreib-Berechtigung: Dürfen andere auch die Einstellungen ändern?
- Default-Reporting-Zeitraum: Fixer Zeitraum oder aktuelle Nutzer-Einstellungen

- Sortierung und Segmente: Sollen die aktuellen Nutzer-Segmente und die Sortierung fix mit dem Report abgespeichert werden?
- Ordner: Damit bei vielen Reports noch eine Übersicht herrscht

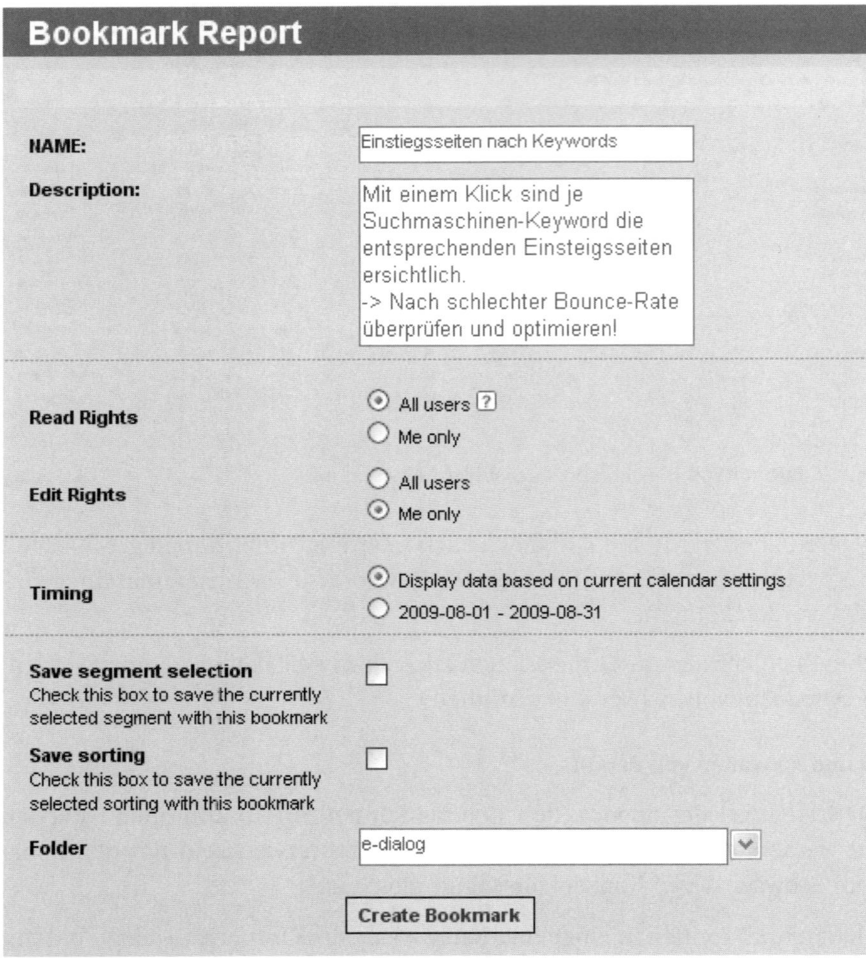

Abb. 18.6: Einstellungen von als Bookmark abgespeicherten Reports

18.1.7 Kampagnen-Analyse

Beginnen wir die Reise durch die überaus aufschlussreiche, intelligente und daher notgedrungen etwas komplexe Kampagnen-Analyse von Yahoo! Web Analytics.

Neben den herkömmlichen Metriken wie Impressions und Klicks gibt es hier drei Besonderheiten:

- ROAS (Return on Advertising Spend): Umsatz / Kampagnen-Kosten
- CPA (Cost per Action): Kampagnen-Kosten / erreichte Ziele (Aktionen). Dieser Wert wird abhängig vom gewählten Ziel im Dropdown unterhalb der Grafik berechnet. In Abbildung 18.7 ist dies »Sale«.
- ACC (Average Cost per Click): Kampagnen-Kosten durch Klicks, auch bei TKP oder anderen Abrechnungsarten.

Channel (Intelligent) / Source (Intelligent) / Campaign (Intelligent)	Impressions	Clicks	Unique Clicks	Bounce rate	Cost	Revenue	Action	Conversion	ROAS	CPA	ACC
Paid Search	**2,279,345**	**48,408**	**28,978**	**52.03%**	**€ 14,775.09**	**€ 14,367.30**	**113**	**0.23%**	**97.24%**	**€ 130.75**	**€ 0.31**
Other Campaigns	**0**	**6,039**	**5,189**	**65.08%**	**€ 21,581.15**	**€ 5,860.40**	**53**	**0.88%**	**27.16%**	**€ 407.19**	**€ 3.57**
Facebook	0	3,879	3,601	75.22%	€2,141.15	€1,336.40	8	0.21%	62.42%	€267.64	€0.55
Advertorial	0	2,160	1,588	42.71%	€19,440.00	€4,524.00	45	2.08%	23.27%	€432.00	€9.00
Email Campaigns	**0**	**2,535**	**1,644**	**36.38%**	**€ 0.00**	**€ 28,923.20**	**97**	**3.83%**	**0.00%**	**€ 0.00**	**€ 0.00**
Banner Campaigns	**0**	**0**	**0**	**0.00%**	**€ 0.00**	**€ 0.00**	**0**	**0.00%**	**0.00%**	**€ 0.00**	**€ 0.00**
Total	**2,279,345**	**56,982**	**35,811**	**53.16%**	**€ 36,356.24**	**€ 49,150.90**	**263**	**0.46%**	**135.19%**	**€ 138.24**	**€ 0.64**

Abb. 18.7: Kampagnen-Analyse

Anzahl der Kategorisierungs-Ebenen von Kampagnen

Die in Abbildung 18.7 abgebildeten Kampagnen-Kategorien sind die Standard-Einstellungen des Systems. Allerdings lassen sich die Kampagnen in bis zu zehn individuell definierbare Kategorien einteilen und erlauben damit eine höchst feingliedrige Analyse. Mögliche Kategorisierungen wären etwa:

- Channel: Banner, E-Mail, Affiliate, Paid Search, Other
- Vendor: Google, Yahoo!, MSN usw.
- Subcategory: Display, Video usw.
- Format: Text, Full-Banner, Skyscraper usw.

- Markt: Deutschland, Österreich, Schweiz usw.
- Region: Bayern, Nordrhein-Westfalen usw.
- Kampagnen-Manager: Susi, Otto, Max usw.
- Kostenstelle: Marketing B2C, Marketing B2B, Product-Management XY usw.
- und so weiter

Kostenmodelle

Allen Kampagnen können ihre tatsächlichen Kosten zugeordnet werden, was eine höchst präzise Auswertung erlaubt. Möglich sind dabei die folgenden Kostenmodelle:

- One-time Cost: CPM (= TKP) oder Fixpreis
- CPC: fixe Kosten per Klick
- PPC: Pay per Click (SEM-Kampagnen)
- CPA: fixe Kosten per Action (Affiliate)
- Other: Gratis- und andere Kampagnen

Kampagnen-Verwaltung

Die Anzahl der Kampagnen-Kategorien und Kostenmodelle lassen darauf schließen, dass das Tool für die Verwaltung einer sehr großen Anzahl von Kampagnen ausgelegt ist. Denkt man an einen Konzern, der in zehn Ländern in fünf Kanälen jeweils nur zehn Kampagnen fährt – dann ist man schon bei der Verwaltung und Analyse von 500 Kampagnen mit allen Attributen und der damit verbundenen Auswertung und Optimierung. Aber auch KMUs können dieses Feature sinnvoll nutzen.

Natürlich bietet Yahoo! Web Analytics ein Interface im Backend, um die Kampagnen anzulegen und zu verwalten. Da dies in dem oben beschriebenen Szenario kaum mehr administrierbar wäre, bietet das System die folgenden Möglichkeiten zur Kampagnen-Verwaltung:

- Bulk-Campaign-Management via Excel-Down- und -Upload
- Bulk-Campaign-Management über die API (Schnittstelle)
- Händische Kampagnen-Verwaltung

Search Engine Marketing: Google AdWords und andere PPC-Anbieter

Natürlich will und muss der Marketing-Verantwortliche die Kosten seiner Search-Engine-Marketing-Kampagnen (SEM) bei Google & Co genau analysieren und ihre Erfolge messen. Dazu bietet Yahoo! Web Analytics die automatische Kostenübernahme von den Suchmaschinen an. Diese erfolgt auf Keyword-, Anzeigen- und Kampagnen-Ebene unter anderem für die folgenden Netzwerke:

- Google AdWords
- Yahoo! und Overture
- Microsoft
- u.v.m.

Traffic-Attribution: Welcher Kampagne verdanken wir den Erfolg?

Eine Frage, die zunehmend von Online-Marketern gestellt wird, ist: »Welcher meiner unzähligen Kampagnen verdanke ich wirklich den Erfolg?«

Dass diese Frage überaus berechtigt ist, zeigt das folgende typische Besuchsverhalten vor einem Kauf oder einer anderen Conversion:

Besuch Nr.	Besuchs-Quelle	Besucher-Aktion
1	Banner-Kampagne	Springt sofort ab
2	SEM (z. B. Google Adwords)	Merkt sich Shop-Namen
3	SEO (organisches Suchergebnis)	Setzt ein Bookmark
4	Bookmark	Kauft

Tabelle 18.3: Häufige Abfolge von Besuchen vor Conversion

Die Schlüsselfrage ist nun: Welcher der vier unterschiedlichen Besuchsquellen weist meine Web-Analyse-Lösung nun den Erfolg zu?

Für die richtige Steuerung und Planung von zukünftigen Kampagnen ist diese Information unverzichtbar, da sonst aufgrund von falschen Rückschlüssen entschieden wird, wie dieses Beispiel zeigt:

Unterschiede zu Google Analytics

Google Analytics weist im obigen Beispiel den Erfolg dem organischen Traffic (Besuch Nr. 3) zu. Grund: Der Erfolg wird bei Google Analytics immer der letzten Quelle zugewiesen, die nicht ein Direktzugriff ist. Dies führt dazu, dass in der Regel in Google Analytics der organische Traffic die höchsten Conversion-Raten aufweist und Kunden enttäuscht von der Performance ihrer AdWords- und Banner-Kampagnen sind – ein Trugschluss.

Yahoo! Web Analytics wählt hier einen entschieden besseren Ansatz: Jederzeit können die Kampagnen nach den folgenden drei Zuordnungsarten analysiert werden:

- Direct: Die unmittelbare Quelle, »last click«
- Original: Die erste Quelle, über die der Besucher kam, »first click«
- Intelligent: Die erste Kampagnen-Quelle, über die ein Besucher kam

Die Anrechnung von Erfolgen oder Conversions zu den entsprechenden Quellen nennt man also »Traffic Attribution«.

Im obigen Beispiel aus Tabelle 18.4 würde nun der Erfolg im Falle von »Direct-Attribution« dem Bookmark zugewiesen werden, im Falle von »Original-Attribution« der Banner-Kampagne und im Falle von »Intelligent-Attribution« auch der Banner-Kampagne.

Grenzen des Yahoo!-Web-Analytics-Ansatzes

Natürlich ist auch dies noch nicht der Weisheit letzter Schluss, denn in Wirklichkeit haben alle Quellen einen Anteil am Erfolg, der ihnen zugerechnet werden muss. Dies wird auch schon von hoch spezialisierten Lösungen (beispielsweise im Bid-Management) eingesetzt. Wenn man allerdings weiß, dass die allermeisten Tools einfach das »last click«-Modell oder eine nur einmal fix definierbare andere Option unterstützen, so ist dieses Traffic-Attribution-Konzept von Yahoo! Web Analytics ein hervorstechendes Merkmal.

18.1.8 Goals und Actions

In Yahoo! Web Analytics werden Ziele »Actions« genannt. Der ureigenste Sinn von Web Analytics ist es, die Ereignisse auf der Website oder die Erfolge von Kampagnen statt nach deren Quantität vielmehr nach ihrer Qualität zu beurteilen. Daher ist die Erfassung und Auswertung von Zielen unerlässlich.

Yahoo! Web Analytics erlaubt deshalb die Definition von bis zu 50 Zielen, also reichlich Raum zur qualitativen Messung der Site- und Kampagnen-Erfolge.

18.1.9 Demographics & Interest Groups

Als spezielle Besonderheit versucht Yahoo!, anonymisiert demografische Informationen über die Besucher zur Verfügung zu stellen. Dies sind:

- Alter der Besucher
- Geschlecht der Besucher
- Interessengebiete der Besucher (Technologie, Reise, Politik usw.)

Dies wird über einen Ausschnitt von Besuchern, die bei einem Yahoo!-Service registriert sind, ermittelt und anschließend auf die Gesamtmenge hochgerechnet. Da dies natürlich nur eine Schätzung ist, kann man bei diesen Berichten selbst den gewünschten »Confidence level« – die statistische Sicherheit – definieren.

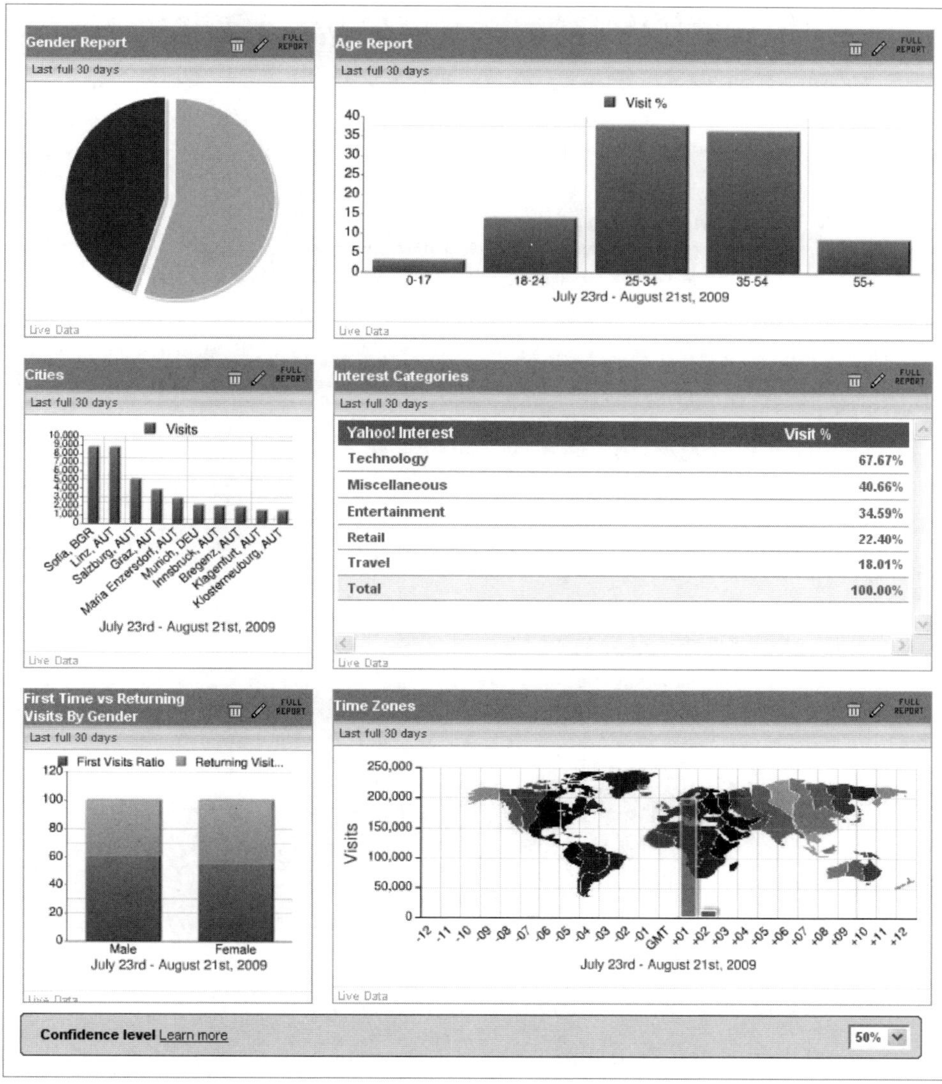

Abb. 18.8: Demographic Dashboard

18.1.10 Trigger-Alerts

Die Aufgabe eines Webanalysten ist einerseits die Aufbereitung und Bereitstellung von regelmäßigen Berichten, Zusammenfassungen und Reports und andererseits die aktive Analyse der Website, ihrer Nutzung und des Kampagnen-Erfolgs sowie deren Optimierung.

Wäre es da nicht extrem hilfreich, wenn plötzliche Abweichungen von der Norm oder die Erreichung von Schwellwerten automatisch eine Benachrichtigung auslösen würden? Genau das kann Yahoo! Web Analytics mit so genannten »Alerts«.

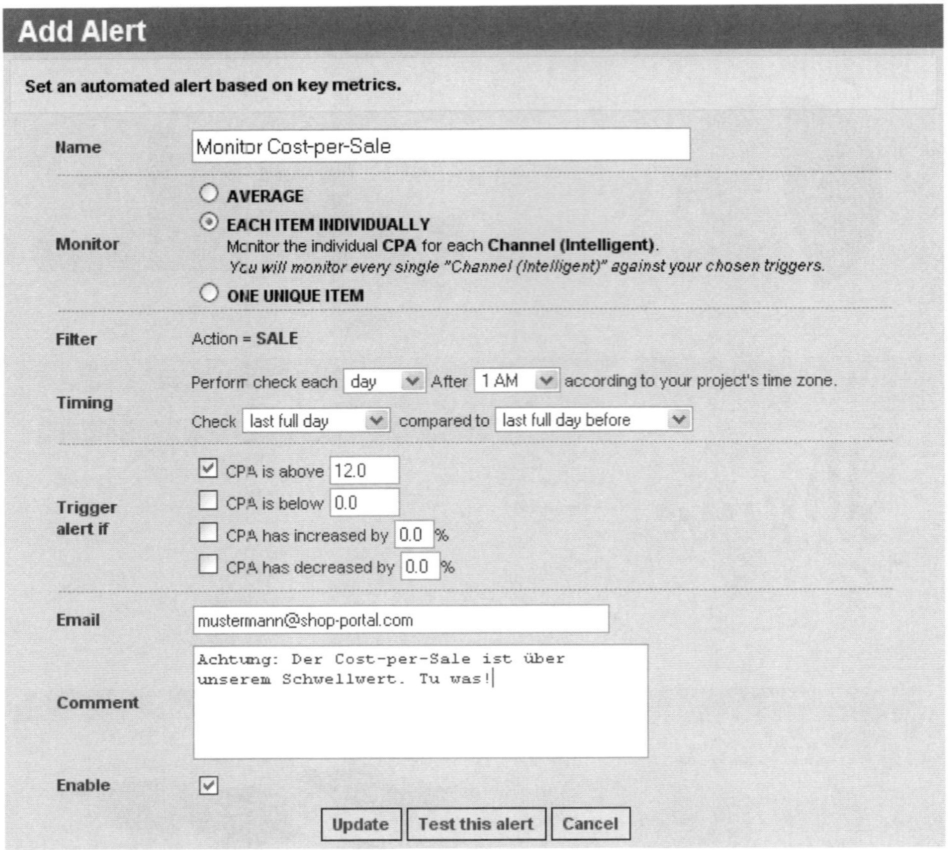

Abb. 18.9: Einen Alert konfigurieren

Damit können also Trigger definiert werden, die

- den Durchschnitt oder den absoluten Wert
- in einem definierten Zeitraum
- in bestimmten Intervallen beobachten und
- bei Erreichung eines Schwellwerts (oder bei einer definierten Veränderung) eine Benachrichtigungs-E-Mail auslösen.

18.1.11 Download- und Exit-Links

Yahoo! Web Analytics erfasst automatisch den Klick auf Download-Links sowie auf alle Exit-Links, also Klicks auf Links der eigenen Website, die zu anderen Websites führen. Das Praktische daran ist, dass diese Links *nicht* extra markiert oder gekennzeichnet werden müssen – das wird vom Tracking-Skript automatisch erledigt.

Neben dem Report, welche Dateien oder Exit-Links im Zeitverlauf aufgerufen wurden, kann auch weiter analysiert werden, von welchen Quellseiten aus diese Links aufgerufen wurden.

18.1.12 Datenschutz

Yahoo! nimmt den Datenschutz äußerst ernst. Dies merkt man auch in den Maßnahmen, die bei Yahoo! Web Analytics getroffen wurden:

- Opt-Out-Möglichkeit der User: Jedes Unternehmen, das Yahoo! Web Analytics einsetzt, ist dazu verpflichtet, den Website-Benutzern einen Link anzubieten, unter dem sie sich vom Tracking abmelden können (»Opt-Out«). Zwar ist dies Cookie-basiert (d. h. also, wenn sich der User von einem anderen Rechner oder auch Browser wieder auf die Website bewegt, gilt das Opt-Out nicht mehr), allerdings ist das derzeit die einzige Möglichkeit und zudem weit mehr, als andere Systeme anbieten.
- IP-Adressen-Maskierung: Unternehmen, die besonderen Wert auf Datenschutz legen, können auch ein Feature aktivieren, das den letzten Teil der IP-Adressen schon vor dem Abspeichern der Daten löscht (maskiert). Damit ist es technisch unmöglich, einen Rückschluss auf den Benutzer über die IP-Adresse vorzunehmen.
- Europäisches Data-Center in der Schweiz: Für Kunden in Europa befinden sich die Tracking-Data-Center in der Schweiz. Somit gibt es eine klare Deklaration, wohin die Daten fließen.

18.1.13 Weitere Features

Yahoo! Web Analytics bietet noch zahlreiche weitere Features, die allerdings den Umfang dieses Kapitels bei Weitem übersteigen würden. Allerdings sind einige davon, wie etwa »Ad Hoc Scenarios«, »Segmente«, »Internal Search Analyse«, »Cross Reference Filter« und »Advanced Charts« in den folgenden Abschnitten beschrieben.

18.1.14 Besonderheiten

Wie anhand der beschriebenen Merkmale von Yahoo! Web Analytics bereits erkennbar sein sollte, gibt es auch ein paar Besonderheiten zu beleuchten.

Installation und Konfiguration – mehr als Copy & Paste

Natürlich kann für das erste Tracking der Standard-Tracking-Code einfach so, wie er ist, an das Ende der Webseiten-Templates kopiert werden. Allerdings verzichtet man dann auf eine Vielzahl der herausragenden Features und Analyse-Möglichkeiten dieses mächtigen Tools und wirft damit Perlen vor die Säue.

Erst mit der Anpassung des Tracking-Codes an die eigenen, speziellen Bedürfnisse und der Nutzung der anpassbaren Variablen, der individuellen Metriken sowie dem Erfassen von Zielen und Transaktionen erschließt sich das volle Potenzial eines Enterprise-Webanalyse-Tools.

Die Einführung von Yahoo! Web Analytics ist also ein gestandenes Web-Analytics-Projekt, wie in diesem Buch beschrieben. Es erfordert die Schritte:

- Erhebung der Anforderungen
- Konzeption und Planung
- Erstellung einer Einbauanleitung
- Individuelle Konfiguration von:
  - Dashboards
  - Individuellen Reports
  - Kampagnen-Tracking
  - Nutzer und Zugriffsrechte
  - E-Mail-Reports
  - Alerts
  - und so weiter
- Überprüfung und Abnahme des Systems
- Schulung
- Einführung in den regelmäßigen Webanalyse-Prozess

Damit wird auch verständlich, warum sich Yahoo! für ein spezielles Distributionsmodell entschieden hat.

Gratis – aber nicht frei verfügbar

Yahoo! Web Analytics ist kostenfrei nutzbar, und das bei all den Features und auch für High-Volume-Websites. Der Nachteil: Nicht jeder kann sich einfach so dafür registrieren. Es ist derzeit über die beiden folgenden Kanäle beziehbar:

- Für Yahoo!-Search-Marketing-Kunden: Bestehende Kunden von Yahoo! Search Marketing können einen Account bekommen. In diesem Fall kontaktieren Sie Ihren Account Manager bei Yahoo!.
- Über »Yahoo! Web Analytics Consultant Network«-Mitglieder: Im Juli 2009 hat Yahoo! ein Netzwerk von zertifizierten Beratern ins Leben gerufen. Das sind Experten für die Beratung, Implementierung, Anpassung und Schulung für Web Analytics im Allgemeinen und fundiertem Know-how für Yahoo! Web Analytics im Speziellen.

Abb. 18.10: Logo des Yahoo! Web Analytics Consultants Network

Mitglieder dieses Netzwerks können auch Accounts anlegen. Kontaktieren Sie eine der Firmen, um Informationen und Beratung für den optimalen Einsatz des Tools für Ihre Website zu beziehen.

Die Liste aller autorisierten »Yahoo! Web Analytics«-Berater finden Sie unter

`http://web.analytics.yahoo.com/ywacn.php`

18.2 Installation

Die Installation von Yahoo! Web Analytics umfasst zwei Bereiche:

- den zur Verfügung gestellten Basis-Tracking-Code
- die Erweiterung um die individuellen Tracking-Anforderungen

18.2.1 Basis-Code

Der Basis-Code ist nach dem Login im Haupt-Menü INSTALLATION verfügbar. Nach Auswahl der http- oder https-Version kann er ausgewählt und übernommen werden:

```
<!-- Yahoo! Web Analytics - All rights reserved -->
<script type="text/javascript" src="http://d.yimg.com/mi/eu/ywa.js"></script>
<script type="text/javascript">
/*globals YWA*/
var YWATracker = YWA.getTracker("xxxxx");
//YWATracker.setDocumentName("");
//YWATracker.setDocumentGroup("");
YWATracker.submit();
</script>
<noscript>
<div><img src="http://s.analytics.yahoo.com/p.pl?a=12345&amp;js=no" width="1"
  height="1" alt="" />
</div>
</noscript>
```

Listing 18.1: Yahoo! Web Analytics Basis Tracking-Code

Im Basis-Code ist bereits die individuelle Tracking-ID enthalten, hier mit `xxxxx` angegeben.

Beachten Sie, dass dieser Tracking-Code auch bei deaktiviertem JavaScript beim Nutzer zumindest ein Basis-Tracking durchführt, indem in diesem Fall das Zählpixel im `<noscript>`-Bereich aufgerufen wird.

Bereits im Basis-Code enthalten, aber noch mittels der Kommentar-Funktion deaktiviert, sind die beiden optionalen Variablen »Document Name« und »Document Group«. Diese müssen zur Laufzeit von der Server-Applikation (CMS, Shop-System usw.) mit den richtigen Inhalten befüllt werden.

Document Name

Die Variable »Document Name« wird vom Tracking-Skript automatisch mit dem Inhalt des `<title>`-Tags der aktuell aufgerufenen Webseite befüllt. Allerdings kann dieser Wert folgendermaßen überschrieben werden, falls dies der Lesbarkeit der Auswertungen dient:

```
YWATracker.setDocumentName("Beratung zu Yahoo Web Analytics");
```

Das ist unter anderem dann sinnvoll, wenn der Seiten-Titel

- auf allen Seiten gleich ist (ja, das kommt noch oft vor ...),
- nur eine Seiten-ID statt einer aufschlussreichen Bezeichnung enthält,
- für Suchmaschinen optimiert, aber in den Auswertungen schwer verwendbar ist
- oder immer gleiche Wortkombinationen enthält, die man einfach kürzen kann.

Document Group

Mit der Variablen »Document Group« lassen sich Bereiche auf der Website zu Gruppen zusammenfassen, die im Anschluss gemeinsam ausgewertet oder miteinander verglichen werden können. Oft werden hier die Haupt-Navigation sowie weitere Bereiche (wie etwa alle Checkout-Seiten) zusammengefasst.

```
YWATracker.setDocumentGroup("Dienstleistungen");
```

18.2.2 Erweiterung des Tracking-Codes

In der Regel sollten aber gleich von Anfang an weitere Tracking-Variablen genutzt werden, um angereicherte, wertvolle Reports zu erhalten.

Actions

Damit die Ziele bzw. deren Erreichung in Yahoo! Web Analytics erfasst werden können, muss dem System das Eintreten dieses Ereignisses über den Tracking-Code mitgeteilt werden:

```
YWATracker.setAction("ADD_TO_CART");
```

Wie bereits ausgeführt, ist die Erfassung und Auswertung von bis zu 50 verschiedenen Zielen möglich, darunter sind die folgenden vordefiniert und die restlichen frei verwendbar:

- Sale
- Pending Sale
- Cancelled Sale
- Product View
- Add to Cart
- Internal Search

E-Commerce-Variablen

Um den mächtigen E-Commerce-Teil des Systems voll nutzen zu können, sind die folgenden Variablen verwendbar:

Variable	Inhalt
Order ID	Eindeutige Bestellnummer
Amount	Bestellsumme gesamt
SKU	Eindeutige Produkt-Nr. (Stock Keeping Unit)
Units	Menge je bestelltem Produkt
Amounts	Preis je bestelltem Produkt
Tax	Enthaltene Steuer
Shipping	Versandkosten
Discount	Angewandter Rabatt

Tabelle 18.4: E-Commerce-Variablen

Weitere Produktinformationen

Die Produkt-Details wie Kategorien, Marken, Hersteller, Größen etc. werden nicht beim Tracking erfasst, sondern über das Backend dem System mitgeteilt. Dies erfolgt entweder per File-Upload oder über die XML-RPC-Schnittstelle. Das Schlüsselfeld für die Verknüpfung ist die SKU.

Individuelle Metriken

Wie schon in der Einleitung erwähnt, stellt die Möglichkeit, individuelle Metriken zu erfassen, eine der besonderen Stärken von Yahoo! Web Analytics dar.

Nehmen wir nun beispielsweise an, dass wir drei solcher Variablen wie folgt definiert haben:

Variablen-Nr.	Bezeichnung und Inhalt
1	Seiten-Typ, z. B. Übersicht, Detailseite, Formular etc.
2	Promotion-Code, den der User eingegeben hat
3	Ladezeit der Seite in Millisekunden

Tabelle 18.5: Beispiele für individuelle Metriken in Variablen

Nun können diese Variablen wie folgt befüllt werden:

```
YWATracker.setCF(1, "Angebots-Liste"); // Seiten-Typ
YWATracker.setCF(2, "Ostern09"); // Promotion-Code
YWATracker.setCF(3, "2510"); // Ladezeit in ms, im Browser per JS errechnet
```

Listing 18.2: Variablen für individuelle Metriken

Die Verwendung der Kommentare ist natürlich optional.

Alleine die Befüllung dieser drei zusätzlichen Variablen wird uns in Zukunft folgende spannende Auswertungen ermöglichen:

- Wie viele Besucher habe ich über meine Promotion-Codes auf die Website holen können?
- Welche Promotions haben funktioniert und gute Conversions gebracht?
- Welche Seiten-Typen werden wie stark genutzt bzw. gebraucht?
- Welche Seiten-Typen sind besonders bei Besuchern wichtig, die anschließend eine Bestellung tätigen?
- Wie hoch sind die Ladezeiten meiner Seiten und gibt es Probleme mit verschiedenen Browsern?
- Gibt es eine Korrelation der Ladezeiten zu den Ausstiegsraten?
- und so weiter

Es lässt sich erkennen, dass schon beim Einsatz von nur drei zusätzlichen Variablen wesentliche Aufschlüsse über Ihre Website und Ihre Kampagnen möglich sind, die Ihnen ansonsten entgangen wären.

18.3 Benutzung der Reports – ein Überblick

Nach erfolgreicher Installation wird der eigentliche Arbeitsbereich des Webanalysten ersichtlich: die Benutzeroberfläche von Yahoo! Web Analytics. Beginnend bei den allgemeinen Funktionen und Bedienelementen wird in den folgenden Abschnitten ein Streifzug durch die wichtigsten Reports von Yahoo! Web Analytics gemacht.

18.3.1 Funktionen und Bedienelemente

Die Bedienelemente wie in Abbildung 18.11 ersichtlich werden im Folgenden der Reihe nach von oben nach unten kurz umrissen. Den Startpunkt macht die linke Spalte, gefolgt von der Hauptspalte.

Abb. 18.11: Das Webanalyse-Interface am Beispiel der meistaufgerufenen Seiten

Datums-Auswahl

Wie von jedem Web-Analytics-System zu erwarten ist, kann auch hier ein individueller Auswertungszeitraum definiert werden. Wird die Funktion DATUMSVERGLEICH ausgewählt, so erscheinen zwei Kalender zur Auswahl der zu vergleichenden Zeiträume nebeneinander.

Report-Menü

Hier werden die Bereiche und Sub-Bereiche der gewünschten Reports ausgewählt. Auf die verfügbaren Reports gehen wir im nächsten Abschnitt ein.

Funktionsleiste

Bookmark Report

Wie bereits ausgeführt, kann mit dieser Funktion der aktuelle Report als Bookmark im systemeigenen Bereich namens BOOKMARKS abgespeichert werden. Dies dient vor allem dazu, angepasste Reports abzuspeichern, um sie in der gleichen Form wiederverwenden zu können oder sie mit anderen zu teilen (siehe dazu auch Abbildung 18.6).

Customize Report

Will man den gerade angezeigten Report an die eigenen Bedürfnisse anpassen, indem man beispielsweise die angezeigten Metriken in den Spalten und Zeilen verändern will, so gelangt man über dieses Icon zum CUSTOM REPORT WIZARD. Diesen haben Sie bereits in Abbildung 18.4 und Abbildung 18.5 kennen gelernt. In Abschnitt 18.5.4 werden Sie noch die Möglichkeit der Pivotierung von Daten kennen lernen.

Segmentation Selector

Die Reports können nicht nur auf die Gesamtmenge aller Website-Besucher angewendet werden, sondern auch auf einzelne oder mehrere Besucher-Segmente. Wie diese zu definieren sind und was ihre Stärke ausmacht, lesen Sie in Abschnitt 18.4.3. Mit diesem Icon können die Segmente ausgewählt werden.

Add to Dashboard

Will man den gerade betrachteten Report einem Dashboard hinzufügen, so kann dies mit diesem Button ausgelöst werden.

Export, Mail & Print

Zum Exportieren, Versenden per Mail und Drucken des aktuellen Reports stehen diese Icons und Funktionen zur Verfügung:

- CSV
- XLS

- PDF
- Für Ausdruck optimiertes HTML

Compare

Mit der COMPARE-Funktion kann der Vergleich von Zeitperioden aufgerufen werden.

Notizen

Gleich oberhalb der Grafik befindet sich ein Notiz-Bereich, der in der Regel eine kurze Erklärung des gerade aufgerufenen Reports enthält. Das Besondere hier ist, dass man selbst diesen Text mittels des Notiz-Icons bearbeiten und mit anderen teilen kann. Das ist einerseits bei »Custom Reports« sehr hilfreich, andererseits aber auch, wenn man anderen – vielleicht weniger versierten Kollegen – eine Hilfestellung für die Interpretation des gerade Gesehenen geben will.

Grafische Auswertung

Je nach Report wird standardmäßig eine grafische Darstellung der Ergebnisse angeboten. Dies kann sowohl eine Zeitreihe sein wie auch eine Darstellung nach der Haupt-Dimension. Zur Bedienung der überaus aufschlussreichen grafischen Darstellung sei auf den Abschnitt 18.4.1 verwiesen.

Search Report Results

In manchen Reports gibt es die Möglichkeit, innerhalb der Ergebnisse nach Einträgen zu suchen. Viel wertvoller sind aber die folgenden Filter.

Filter

Die Filter-Funktion in Yahoo! Web Analytics ist überaus mächtig: Die so genannten »Cross-Reference Filters« können zehnfach verschachtelt werden und auf so gut wie alle erfassten Dimensionen angewandt werden.

Im Beispiel in Abbildung 18.12 sollen alle aufgerufenen Seiten angezeigt werden, die von Besuchern mit folgenden Kriterien aufgerufen wurden:

- Frauen
- im Alter von 0 bis 17 *oder* 18 bis 24 (also insgesamt von 0 bis 24)
- die über die Quelle »organic search« auf die Website kamen
- im Verlauf ihres Besuches eine Seite mit dem URL-Anteil `search` besucht haben.

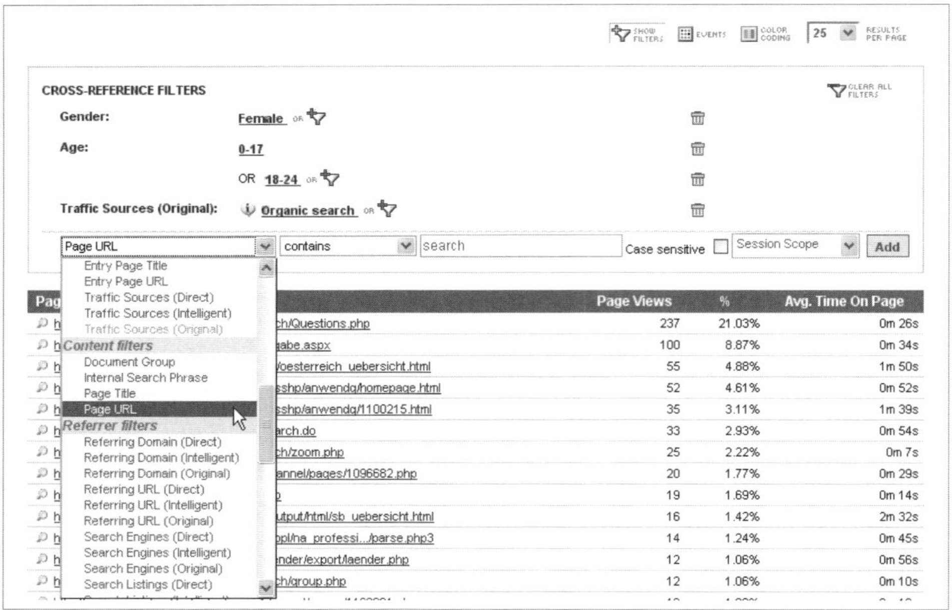

Abb. 18.12: Definition von Report-Filtern

Beachten Sie dabei das Attribut SESSION SCOPE beim letzten Filter: Damit wird definiert, dass alle Seiten ausgegeben werden sollen, sofern innerhalb des Besuchs (d. h. Visit) eine Seite mit dem URL-Text `search` dabei war.

Das Gegenteil davon wäre »Page View Scope«: Dann würden nur alle Seiten aufgelistet werden, die selbst `search` enthalten.

Tabellen

Die Tabelle stellt nun die zum Report gehörenden Daten dar. Die Sortierung kann durch einfachen Klick auf die Spalten-Überschrift geändert werden. Die Anzahl der dargestellten Reihen ist im System-Menü definierbar.

Gruppierung und Details

In manchen Reports sind bereits verschiedene Ebenen miteinander verschachtelt dargestellt, wie etwa in Abbildung 18.7 zu sehen. Der immense Vorteil ist, dass innerhalb eines Reports ein Klick auf das »+«-Symbol eine weitere Ebene in die Tiefe anzeigt, wie im gezeigten Beispiel von der Kampagnen-Übersicht bis hinunter zu den Details.

Dies ist natürlich und vor allem in individuellen Reports sehr hilfreich, nicht nur um von Grob- zu Detailansichten zu gelangen (etwa »Document Group« verschachtelt mit »Document Name«), sondern auch, um unterschiedliche Dimensionen zu gruppieren, wie etwa im Beispiel in Abbildung 18.13.

Search Phrases (Direct) / Entry Page Title	Visits	Bounce rate	Browse Rate
⊟ conversion optimierung	139	51.80%	2.52
Conversion-Optimierung, Conversion-Rate Optimierung	108	44.44%	2.83
Know-How & FAQs, Conversion-Optimierung: Begriffe & Glossar	26	76.92%	1.46
Webanalyse, Controlling & Optimi...Kampagnen- und Budgetoptimierung	4	75.00%	1.25
Conversion-Optimierung, Übersicht	1	100.00%	1.00
⊞ google zertifizierung	75	72.00%	1.88
⊞ online marketing	74	37.84%	4.50

Abb. 18.13: Keywords und zugehörige Einstiegsseiten in einem Report geschachtelt

Hier lässt sich direkt in einem Report erkennen, was die häufigsten Einstiegsseiten je Suchwort sind. Abbildung 18.13 zeigt also, dass die häufigste Einstiegsseite für das Wort »conversion rate« auch die niedrigste »Bounce rate« ausweist. Die anderen Einstiegsseiten sehen hier wesentlich schlechter aus. Es sollten also entweder diese Seiten optimiert werden oder SEO-Maßnahmen ergriffen werden, so dass nur noch die erste Einstiegsseite in den Suchmaschinen referenziert wird.

Drilldown nach allem

Das besonders Spannende ist, wenn alle Zusammenhänge von Daten analysierbar sind: wenn also in einer Analyse begonnen wird und man herausfinden möchte, wie sich diese Eigenschaft auf ein anderes Attribut auswirkt. An einem konkreten Beispiel betrachtet sieht dies wie in Abbildung 18.14 aus.

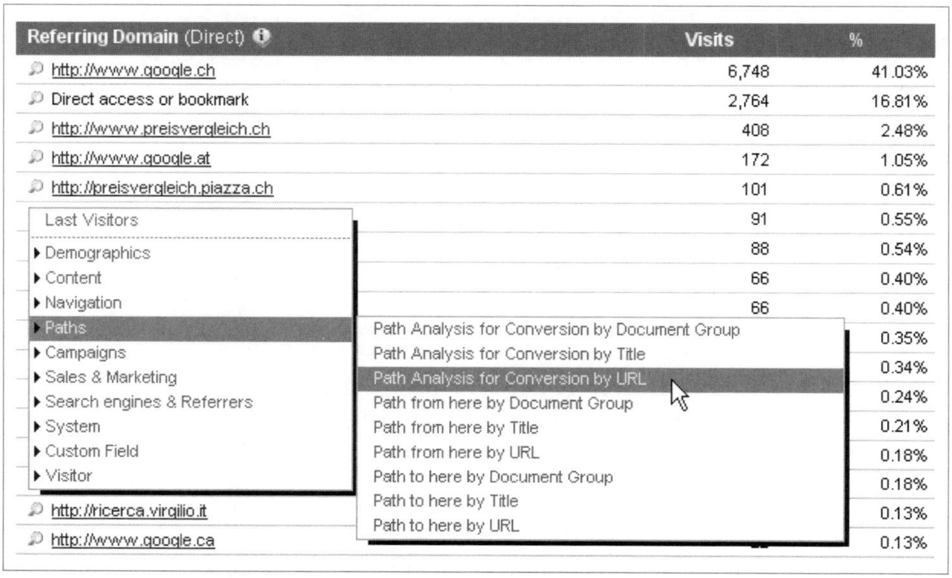

Abb. 18.14: Drilldown, hier der verweisenden Domains

Auf die Schnelle lässt sich so herausfinden, welche anderen Eigenschaften alle Besucher mit dem Referer `preisvergleich.piazza.ch` hatten. Dabei stehen so gut wie alle in Yahoo! Web Analytics erfassten Werte zur Verfügung!

Dies ist oftmals der Beginn von qualitativer und investigativer Webanalyse, die Zusammenhänge herausfindet, die im Verborgenen lagen, aber deren Erkennen eine Optimierung erst möglich machen.

18.3.2 Bereiche

Erlauben Sie mir, relativ rasch über die vordefinierten Reports zu fliegen und auch davon nur die wichtigsten zu erläutern, da sie hauptsächlich als Ausgangsbasis für die Erstellung der individuellen Reports gedacht sind.

Fokus auf die wesentlichen Bereiche

Die typischen, in allen Web-Analytics-Systemen verfügbaren Reports und Berichte sind im Folgenden ausgespart. Einerseits haben Sie nach der Lektüre dieses Buches bereits genug Wissen über die Standard-Reports angesammelt und andererseits wäre es zu langatmig, im Rahmen dieses Kapitels die Basis-Funktionen wiederzukauen.

Dashboards

Jeder Nutzer kann sich bis zu zehn eigene Dashboards anlegen und einrichten. Hier wird natürlich ein Online-Marketing-Manager andere Kennzahlen im Auge behalten wollen als beispielsweise ein Suchmaschinen-Optimierer oder die Geschäftsleitung.

Einige exemplarische Dashboards haben Sie bereits kennen gelernt, siehe Abbildung 18.1 und Abbildung 18.8.

Summaries

Die Summaries enthalten, wie der Name schon sagt, die Zusammenfassungen der folgenden Reports: Traffic, Sales, Campaign, Conversion und Merchandising.

Traffic

Im Bereich »Traffic« sind die folgenden Basis-Reports zu finden: Page Views, Visits, Visitors, Last Visitor Details, First Time Visits, Returning Visits, First Time vs. Returning, Top Browsing Hours, Most Active Server Hours.

Demographics

Unter den »Demographics« versammeln sich die Reports zu geografischen Informationen (Regionen, Länder, Städte, Zeitzonen der Besucher usw.), die schon beschriebenen demografischen Daten Alter und Geschlecht sowie Netzwerk-Daten der Besucher (Name und Geschwindigkeit).

Content

In »Content« sind sämtliche Informationen über die aufgerufenen Seiten, Document Groups, Verzeichnisse, aber auch die Downloads zu finden.

Navigation

Der Bereich »Navigation« bietet wie erwartet Einstiegsseiten, Ausstiegsseiten, Absprungraten, Verweildauer und Seitenzugriffe je Besuch. Hervorzuheben sind folgende Analysen:

Pfadanalyse

In diesem dynamischen Interface können von jeder Seite ausgehend die Folgeseiten angezeigt werden. Dabei sind die standardmäßig fünf angezeigten Seiten je Block mit dem Klick auf das »+« unten erweiterbar. Ebenso können die Pfade nach rechts (also in die Tiefe) erweitert werden.

Seine besonderen Stärken spielt diese Analyse mit den Filtern aus, wie Sie im Abschnitt 18.5.2 sehen werden.

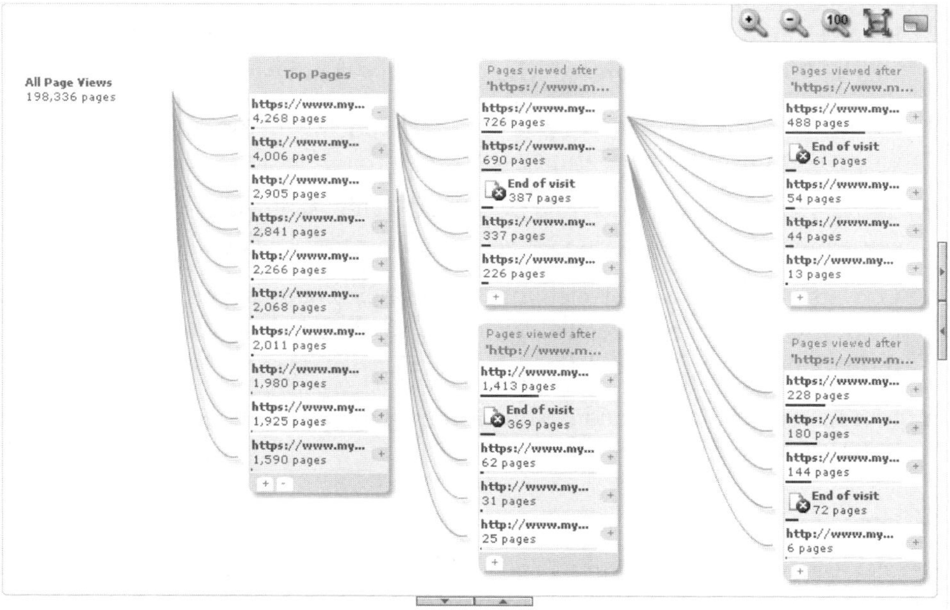

Abb. 18.15: Dynamische Pfadanalyse

Page Depth

Hier zeigt sich eine besonders wertvolle Information: Wie viele Klicks brauchen Nutzer im Schnitt, um zu einer bestimmten Seite zu gelangen? Diese Metrik wird »Clicks to Pages« genannt.

Stellt man auf diese Art beispielsweise fest, dass die profitabelsten Produkte mehr Klicks brauchen, um erreicht zu werden, als andere, so weiß man sofort, dass die Navigationsstruktur optimiert werden muss.

Scenario Analysis

Was hier »Scenario Analysis« genannt wird, kennt man auf Deutsch als Trichter-Analysen oder anderswo als Funnel Analysis. Neben vordefinierten Trichtern können auch spontan so genannte »Ad Hoc Scenarios« definiert werden. Diese sind im Abschnitt 18.5.1 beschrieben.

Marketing

Der Bereich »Marketing« zählt zu den Stärken des Tools und enthält neben der Kampagnen-Analyse auch sämtliche E-Commerce-Informationen. Das sind unter anderem:

- Sales: Alle Transaktionen in der Übersicht und im Detail
- Merchandising: Produkt-Details von Views über Add-to-Cart bis zum Sale (siehe Abbildung 18.3). Hier befindet sich auch die Cross-Selling-Analyse – also welche Produkte häufig mit welchen anderen gekauft werden.
- Campaigns: Die detaillierte Analyse aller Kampagnen wie in Abbildung 18.7 dargestellt sowie interne Kampagnen
- Search Engines & Referrers: Alle Details zu Suchmaschinen, Keywords (bezahlte sowie organische Treffer) und verweisende Domains sowie vollständige URLs.
- Conversions: Die Ziel-Erreichung zusammengefasst sowie aufgeschlüsselt nach SEO, SEM, verweisenden Websites, Landing-Pages, demografischen Informationen und »Number of Visits until Conversion«.
- Internal Search: Informationen zur Nutzung der internen Suche, Details dazu siehe Abschnitt 18.5.3

System

Bei der Datenerhebung mittels Page Tag können eine Vielzahl an technischen Informationen über den Besucher bzw. dessen Browser erhoben werden. Im System-Bereich können die folgenden abgefragt werden: Browser und Browser-Versionen, JavaScript-Support und -Versionen, Betriebssysteme und -Versionen,

Bildschirmauflösungen, Farbtiefe, Cookie-Support, Java-Support sowie Flash-Support und -Version.

Interest Groups

Hier werden die über das Yahoo!-Netzwerk erhobenen Interessen der Besucher (siehe oben) dargestellt. Zu den Kategorien gehören unter anderem: Technology, Entertainment, Travel, Sports, Retail, Automotive, Health & Pharma, Consumer Packaged Goods, Small Business and B2B, Finance, Politics, Telecommunications u.v.m.

Bookmark

Die Bookmarks enthalten nun die bereits oftmals gelobten individuellen, also selbst erstellten oder angepassten Reports. Idealerweise sind hier Ihre wirklichen Analyse-Perlen für wertvolle Einblicke vorbereitet. Nutzen Sie dabei die Möglichkeit der Zusammenfassung der Reports in Untermenüpunkte, da es sonst schnell unübersichtlich wird.

18.4 Tipps & Kniffe

18.4.1 Visualisierung der Daten

Was früher lange Zeit ein Schwachpunkt von Index-Tools war, präsentiert sich nun derart aufgemöbelt, dass die Nutzung der grafischen Auswertungen nicht nur eine echte Freude ist, sondern sie auch gewinnbringend eingesetzt werden können. Eine gute Visualisierung kann Erkenntnisse bringen, die in einem Zahlenfriedhof schlicht verborgen bleiben.

Neben den Standard-Kuchen- und -Säulendiagrammen gibt es nun auch die Möglichkeit, Säulen und Trendlinien gleichzeitig zu verwenden. Auch die neuen »Bubble Charts« bieten hervorragende Möglichkeiten, wie Abbildung 18.16 zeigt.

Dimensionsabhängige Skalierung

Besonders hilfreich ist in allen Darstellungen, dass auch unterschiedliche Skalierungen der Y-Achse verwendet werden können. Dies ist äußerst hilfreich, wenn etwa die Visits im 10.000er-Bereich rangieren, wohingegen Conversions im 100er-Bereich liegen. Mit der gleichen Skalierung wären die Conversions nahezu auf der Null-Linie und Zusammenhänge nicht erkennbar.

Mehrere Dimensionen

Wenn man mit normalen Grafiken mit zwei Dimensionen (X- und Y-Achse) an die Grenzen stößt, so bietet Yahoo! Web Analytics nun die Möglichkeit, weitere Dimensionen abzubilden:

Einerseits kann eine Dimension zusätzlich definiert werden, die über die Farbe der Säulen abgebildet wird. Andererseits können die neuen »Bubble Charts« mehrere Attribute gleichzeitig abbilden.

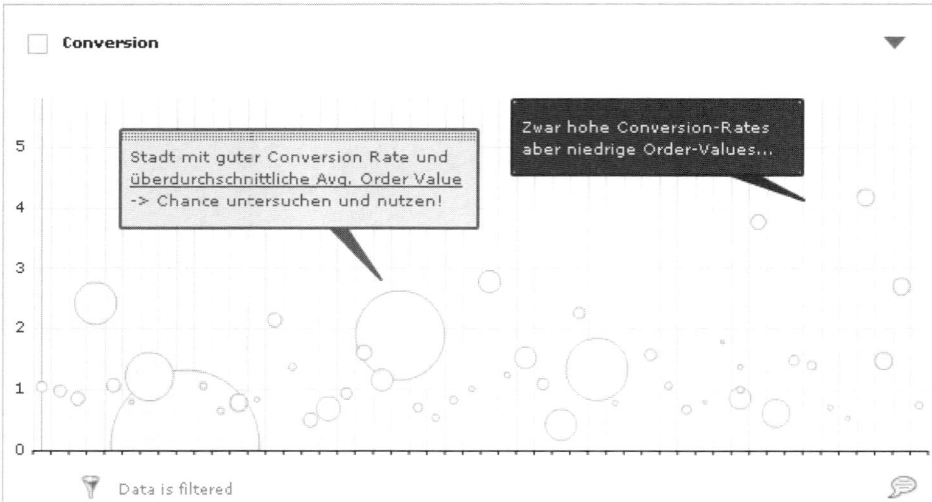

Abb. 18.16: Ein Bubble Chart mit Anmerkungen

In Abbildung 18.16 werden die folgenden Metriken und Dimensionen gleichzeitig dargestellt:

- Jeder »Bubble« repräsentiert die Besucher aus einer Stadt.
- Auf der x-Achse sind links die Städte mit den meisten Besuchern.
- Die Conversion-Rate wird auf der y-Achse dargestellt.
- Die Größe der Bubbles zeigt die durchschnittliche Order-Value in den Städten.

Somit lassen sich hervorragende Potenziale oder auch Nieten auf einen Blick erkennen. Die Erkenntnisse sind auch gleich mit einem weiteren Feature der Chart-Funktion markiert: Direkt in den Grafiken lassen sich Kommentare vermerken.

18.4.2 Markierung von Werten (Color-Coding)

Um im Zahlenfriedhof der Analyse-Daten doch noch die Bäume im Wald erkennen zu können, bietet Yahoo! Web Analytics eine hervorragende Möglichkeit: Für jede Spalte kann definiert werden, welche Werte-Bereiche in Rot, Grün oder Gelb markiert werden sollen.

In Abbildung 18.17 sind die »Bounce Rates« über 60% im Interface rot gekennzeichnet; »Browse Rates« über 4 grün, wie in der dritten Zeile zu sehen ist. Damit lassen sich auch in langen Zahlenreihen Highlights und Gefahren schnell ausmachen:

Search Phrases (Direct)	Visits	Bounce rate	Browse Rate
conversion optimierung	139	51.80%	2.52
google zertifizierung	75	72.00%	1.88
online marketing	74	37.84%	4.50
conversion rate	64	60.94%	2.84
cash conversion rate	41	85.37%	1.29
omniture	36	66.67%	2.61
tracking number	33	96.97%	1.03
tracking code	33	81.82%	1.39
google analytics	29	55.17%	2.69
alexander beck	27	59.26%	1.89
Subtotal	**551**	**62.25%**	**2.47**
Total	**14,455**	**74.11%**	**2.23**
« PREVIOUS 10			NEXT 10 »

Abb. 18.17: Farbliche Hervorhebung von Schwellwerten

18.4.3 Segmentierung

Fortgeschrittene Webanalyse lebt davon, die Analysen nicht mehr über die Gesamtmenge aller Besucher zu fahren, sondern spezielle Nutzergruppen – den Segmenten – herauszufiltern und genauer zu betrachten oder mit anderen zu vergleichen.

Typische Besucher-Segmente sind etwa:

- Wiederkehrende Besucher
- Besucher, die über eine bestimmte Quelle kamen
- Besucher aus einer bestimmten geografischen Region
- Registrierte User
- Kunden oder Stammkunden

Mit Yahoo! Web Analytics lassen sich aber viel komplexere Segmente definieren, wie Abbildung 18.18 des SEGMENTATION WIZARD zeigt.

Die hier definierte Nutzergruppe werden mit »Versäumte Chancen« benannt, worunter »Hochspezifische Interessierte, ohne Conversion« fallen. Sie setzt sich aus Besuchern zusammen, die

- direkt oder über Bookmark auf die Website gekommen sind,
- schon öfter als drei Mal hier waren,
- weiblich sind,

- Seiten von der Art »Ratgeber« angesehen haben,
- aber keine Conversion der Arten Katalog, Gewinnspiel, Kontakt oder Ratgeber Druckansicht

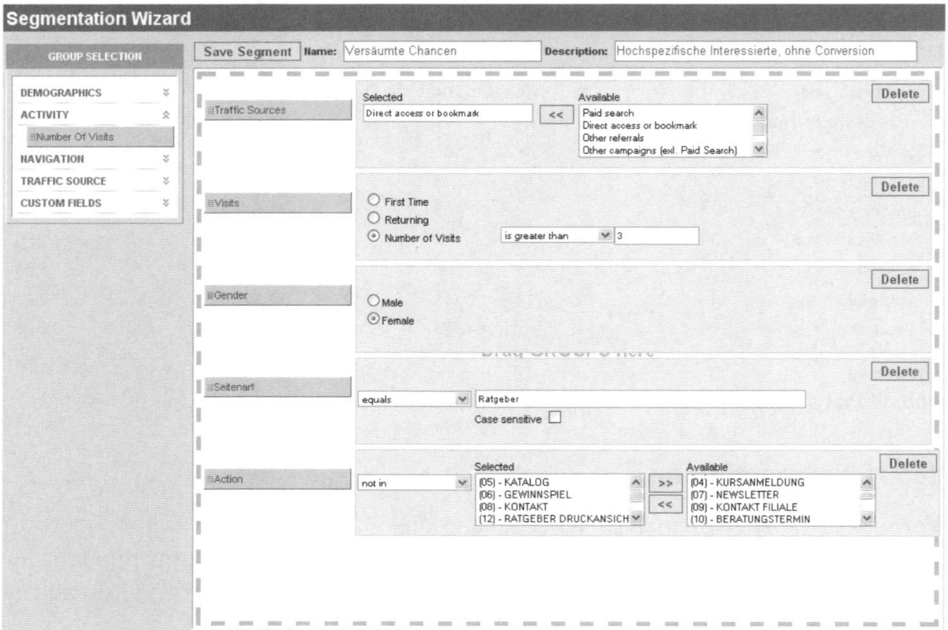

Abb. 18.18: Segmentation Wizard

durchgeführt haben. Es handelt sich also um Zielgruppenvertreter, die zwar einerseits hoch spezifisch und interessiert sind, aber dennoch nicht in die nächste Beziehungsebene konvertiert werden konnten. Um die Gründe dafür zu entdecken, werden die Analysen speziell mit diesem Segment durchgeführt.

18.5 Tricks für Fortgeschrittene

18.5.1 Ad Hoc Scenarios

Scenarios ist der Yahoo!-Begriff für Trichter oder Funnels. Das Besondere an den »Ad Hoc Scenarios« ist, dass neben vordefinierten Trichtern auch jederzeit spontan neue definiert werden können, die auch eine rückwirkende Analyse erlauben.

Das ist besonders hilfreich, wenn etwa heute die Idee entsteht, eine bestimmte Seiten-Abfolge zu analysieren und mit historischen Daten zu überprüfen. Andere Systeme lassen dies oft nur ab jetzt in die Zukunft zu.

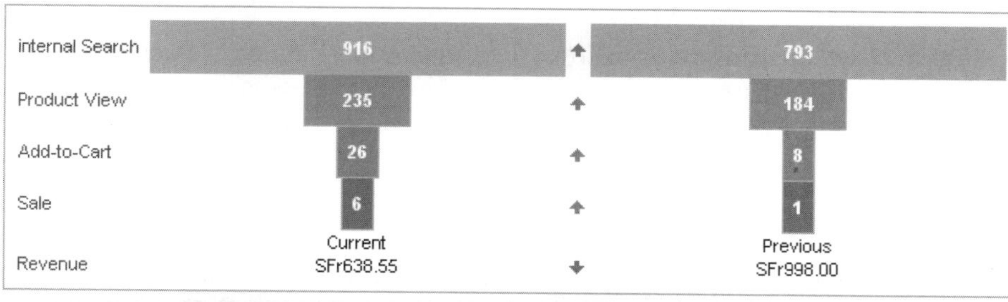

Step	Visits		Abandoned		Continued	
	Results for 01 May 09 - 31 May 09	Change from 01 Mar 09 - 31 Mar 09	Results for 01 May 09 - 31 May 09	Change from 01 Mar 09 - 31 Mar 09	Results for 01 May 09 - 31 May 09	Change from 01 Mar 09 - 31 Mar 09
internal Search	916	15.51% ↑				
			74.34%	-2.45% ↓	25.66%	2.45% ↑
Product View	235	27.72% ↑				
			88.94%	-6.72% ↓	11.06%	6.72% ↑
Add-to-Cart	26	225.00% ↑				
			76.92%	-10.58% ↓	23.08%	10.58% ↑
Sale	6	500.00% ↑				

Abb. 18.19: Ad Hoc Scenario

18.5.2 Pfadanalysen

Die bereits in Abbildung 18.15 gezeigten dynamischen Pfadanalysen bergen mit den bereits bekannten Filtern noch weiteres Potenzial. So können beispielsweise die typischen Benutzerpfade für die folgenden Segmente betrachtet werden:

- Typische Benutzer-Pfade während der ersten vier Besuche
- Typische Pfade vor Conversions
- Pfade, die von Kampagne xy ausgelöst wurden
- und so weiter

Damit ist es möglich, die Bewegungen von Usern bestimmter Segmente dahingehend zu analysieren, ob sie auch den Erwartungen während der Konzeption entsprechen. Andernfalls lässt sich nach dieser Erkenntnis gegensteuern.

18.5.3 Internal Search

Die Analyse der internen Website-Suche (Site Search) ist in der Regel eine wahre Fundgrube für die Optimierung eines Webangebots. Mit ihr lassen sich mit Yahoo! Web Analytics Fragen beantworten wie:

- Wie viele Prozent meiner Besucher verwenden die Suche überhaupt?
- Sind die Suchen erfolgreich (also ist die Conversion-Rate nach Suchen besser)?
- Wonach suchen die Leute?

Und vor allem:

- Was finden sie *nicht*?

Vor allem die letzte Frage bietet die Chance auf folgende Erkenntnisse: Sind die Begriffe meiner Produkte und Dienstleistungen so, dass sie auch von der Zielgruppe verstanden und gefunden werden? Gibt es vielleicht noch Produkte, die aufgrund ihrer Nachfrage in das Portfolio mit aufgenommen werden sollten?

18.5.4 Pivot-Tabellen

Um komplexe Zusammenhänge herauszufinden, hilft die Darstellung der Daten in Form von Pivot-Tabellen. Diese können mit dem CUSTOM REPORT WIZARD aus Abbildung 18.4 frei definiert und durchaus komplex gestaltet werden.

Im Beispiel in Abbildung 18.20 untersuchen wir die Erträge, die von den unterschiedlichen Einstiegsseiten generiert werden. Zusätzlich werden die Erträge nach den unterschiedlichen Kampagnen-Kanälen aufgesplittet.

Entry Page Title	Email Campaigns	Paid Search	Other Campaigns	Total
	Revenue Participation	Revenue Participation	Revenue Participation	Revenue Participation
Homepage	SFr907.50	SFr0.00	SFr170.00	SFr1,077.50
Coffre Thule pacific 600 - Accessoires	SFr489.00	SFr0.00	SFr0.00	SFr489.00
Tickets	SFr462.00	SFr0.00	SFr0.00	SFr462.00
Jura Jagua S80 - Haushaltgeräte	SFr0.00	SFr398.00	SFr0.00	SFr398.00
Solar Sun Rings - Do-It-Yourself & Werkzeuge	SFr319.50	SFr0.00	SFr0.00	SFr319.50
TomTom ONE V4 Europe - Navigationssysteme	SFr0.00	SFr213.90	SFr0.00	SFr213.90
Produkt Liste	SFr0.00	SFr135.60	SFr0.00	SFr135.60
Dailies 90 Linsen - Kontaktlinsen und Pflegemittel	SFr120.60	SFr0.00	SFr0.00	SFr120.60
Wohnen & Haushalt - Küchengeräte	SFr0.00	SFr99.00	SFr0.00	SFr99.00
Grill- und Picknicktasche - kein...- Taschen & Gepäck	SFr67.90	SFr0.00	SFr0.00	SFr67.90
Subtotal	**SFr2,366.50**	**SFr846.50**	**SFr170.00**	**SFr3,383.00**
Total	**SFr2,419.60**	**SFr904.40**	**SFr170.00**	**SFr3,494.00**

« PREVIOUS 10 NEXT 10 »

Abb. 18.20: Pivot-Tabelle – Erträge der Einstiegsseiten nach Kampagnen

All diese Möglichkeiten und viele weitere machen Yahoo! Web Analytics zu einem sehr kompetitiven Web-Analytics-System, das sehr viele tiefe Einblicke in die Nutzung einer Website bietet.

Relevante Weblogs zum Thema

Lesenswerte deutschsprachige Weblogs über Web Analytics

Mittlerweile gibt es eine Reihe von guten, deutschsprachigen Blogs rund um das Thema Web Analytics im Netz. Zu den bekanntesten darunter zählen sicher jene von Timo Aden (`http://www.timoaden.de`) und Patrick Ludolph (`http://www.webanalyse-news.de`) – beides Personen, die sich schon länger und intensiv mit dem Thema auseinandersetzen. Das Blog zu diesem Buch mit weiterführenden und aktuellen Informationen finden Sie unter `http://www.web-analytics-nutzen.de`.

- Axel Amthor, Thomas Brommund, Frank Räther: `http://www.smartmetrics.de`
- Dennis Ring: `http://www.webanalyseblog.de`
- Frank Reese: `http://www.idealobserver.de/news`
- Marco Hassler: `http://www.web-analytics-nutzen.de`
- Markus Vollmert: `http://www.econtrolling.de`
- Namics: `http://blog.namics.com/web_analytics`
- Olaf Hein: `http://webanalysetipp.blog.de`
- Oliver Schiffers: `http://www.wanalytics.de`
- Patrick Ludolph: `http://www.webanalyse-news.de`
- Peter Pletsch: `http://www.intereye.de`
- Ralf Haberich: `http://www.webanalyticsblog.de`
- Timo Aden, Patrick Ludolph: `http://www.mole2.de`
- Timo Aden: `http://www.timoaden.de`

Englischsprachige Weblogs über Web Analytics

Unter den englischsprachigen Weblogs zum Thema gehört vor allem für fortgeschrittene Anwender der Blog der Web-Analytics-Koriphäe Avinash Kaushik (`http://www.kaushik.net/avinash`) zum Pflichtprogramm.

- Avinash Kaushik: `http://www.kaushik.net/avinash`
- Brian Clifton: `http://www.advanced-web-metrics.com/blog`

- Dennis Mortensen: `http://visualrevenue.com/blog`
- Eric T. Peterson: `http://blog.webanalyticsdemystified.com/weblog`
- Gary Angel: `http://semphonic.blogs.com/semangel`
- Google: `http://analytics.blogspot.com`
- Jean-Marc Vandenabeele: `http://webanalytics.globalthoughtz.com`
- John Lovett: `http://www.analyticsevolution.com`
- Jonny Longden: `http://actionable-analytics.com`
- Justin Cutroni: `http://www.epikone.com/blog`
- ROI Revolution: `http://www.roirevolution.com/blog`
- VKI Studios: `http://blog.vkistudios.com`

Deutschsprachige Weblogs zu Online-Marketing, SEO & SEM

Neben Weblogs mit Fokus auf Web Analytics gibt es natürlich zahlreiche lesenswerte Blogs zu angrenzenden Themen wie Online-Marketing, Web 2.0 oder Suchmaschinenoptimierung. Gemäß einer Umfrage auf `http://www.web-analytics-nutzen.de` zählen die Blogs von Moritz Habermann und Martin Günther (`http://www.blogzwonull.de`) sowie von Mario Fischer (`http://www.website-boosting.de/blog`) zu den beliebtesten in diesem Fachbereich. Zu den weiteren interessanten Blogs zählen unter anderem:

- Alexander Holl: `http://www.alexander-holl.de`
- Andreas Ludwig: `http://www.blogtraffic.de/blog`
- creative360: `http://www.onlinemarketing-blog.de`
- Dan Larkin: `http://seo-evangelist.de`
- Google: `http://conversionroom-de.blogspot.com`
- Julian Dziki: `http://www.seokratie.de`
- Karsten Windfelder: `http://www.100partnerprogramme.de/blog`
- Lukas Stuber: `http://www.yourposition.ch/blog`
- Mario Fischer: `http://www.website-boosting.de/blog`
- Michael Kornfeld, Siegfried Stepke: `http://www.online-marketing-forum.at`
- Moritz Habermann, Martin Günther: `http://www.blogzwonull.de`
- Pascal Ladda: `http://www.netffiliate.de`
- Sistrix: `http://www.sistrix.de/news`

- Thomas Scherner: `http://blogger-world.de`
- Tibor Bauer: `http://www.kolumne24.de`
- Torsten Schwarz: `http://www.absolit-blog.de`

Literaturangaben

Referenzierte Quellen

- Angel, G., Hadary, J., Legutko, P.: Functionalism: A New Approach to Web Analytics, `http://www.semphonic.com/resources/wpaper_005.pdf` (03.08.2008)
- Arndt, H.: Integrierte Informationsarchitektur – Die erfolgreiche Konzeption professioneller Websites, Berlin 2006
- Beck, A., Google AdWords, Heidelberg 2008
- Cooper, A., Reimann, R., Cronin, D.: About Face 3 – The Essentials of Interaction Design, Indianapolis 2007
- Cooper, A.: The Inmates Are Running the Asylum – Why High-tech Products Drive Us Crazy and How to Restore the Sanity, Toronto 2004
- Fischer, M.: Website Boosting, Heidelberg 2006
- Kaushik, A.: Web Analytics – An Hour a Day, Indianapolis 2007
- Kermorgant V., Manninen, I.: Implementing Web Analytics the Nokia Way – A Customer's Methodology, online
- Nielson, J., Loranger, H.: Prioritizing Web Usability, Berkeley 2006
- Peterson, E. T.: The Big Book of Key Performance Indicators, online 2006
- Peterson, E. T.: Web Analytics Demystified, Portland 2004
- Reeps, I.: Joy-of-Use – Ästhetik, Emotion und User Experience für interaktive Produkte, Saarbrücken 2006
- Sterne, J., Cutler, M: E-Metrics – Business Metrics For The New Economy, http://www.targeting.com/emetrics.pdf (03.08.2008)
- Sterne, J.: Web Metrics – Proven Methods for Measuring Web Site Success, New York 2002
- Tullis, T., Albert, B.: Measuring the User Experience – Collecting, Analyzing, and Presenting Usability Metrics, Burlington 2008

Weiterführende Quellen

- Aden, T.: Google Analytics – Implementieren. Interpretieren. Profitieren, München 2009
- Clifton, B.: Advanced Web Metrics with Google Analytics, Indianapolis 2008
- Peterson, E. T.: Web Site Measurement Hacks, Sebastopol 2005
- Inan, H.: Search Analytics – A Guide to Analyzing and Optimizing Website Search Engines, Seattle 2006
- Kaushik, A.: Web Analytics 2.0 – The Art of Online Accountability and Science of Customer Centricity, Indianapolis 2010
- Ledford, J. L., Tyler M. E.: Google Analytics 2.0, Indianapolis 2007
- Möller, U., Kröhn, M.: Die Kunst des Webtrackings, Köln 2009
- Mortensen, D.: Yahoo! Web Analytics – Tracking, Reporting, and Analyzing for Data-Driven Insights, Indianapolis 2009
- Reese, F.: Web Analytics – Damit aus Traffic Umsatz wird, Göttingen 2008

Stichwortverzeichnis

B

E

F

G

H

I

J

K

L

P

Q

R

S

T

U

V

W

X

Y

Z

Dan M. Brown

Konzeption und Dokumentation erfolgreicher Webprojekte

Design und Planung von Websites strukturiert erstellen, dokumentieren und präsentieren

- **Anforderungs-Dokumente: User-Profile, Usability-Testpläne, Usability-Berichte**
- **Strategie-Dokumente: Wettbewerbsanalyse, Konzeptmodelle, Content-Verzeichnisse**
- **Design-Dokumente: Sitemaps, Flowcharts, Wireframes, Screen Designs**

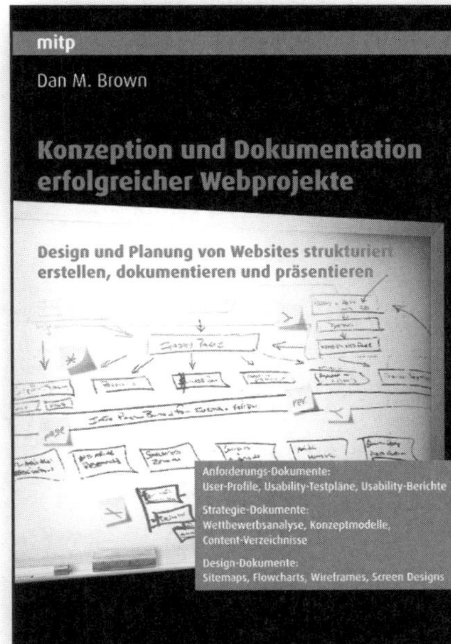

Eine strukturierte Planung und Dokumentation von Webprojekten inklusive der Absprachen mit dem Entwicklungsteam und dem Kunden ist der Schlüssel zu jedem erfolgreichen Webprojekt. Um ein gutes Konzept erfolgreich umzusetzen, müssen alle Aspekte gründlich geplant, dokumentiert, präsentiert und mit allen Beteiligten abgesprochen werden. Hierzu gehören die folgenden Elemente, die im Buch ausführlich besprochen werden:

Teil I behandelt die Anforderungsanalyse und -dokumentation. Die Menschen, die Ihre Website besuchen und mit ihr interagieren, spielen eine wesentliche Rolle für den Erfolg Ihrer Website und können in bestimmte Gruppen klassifiziert werden. Wenn Sie diese mit ihren Motiven, Zielen und Erwartungen verstehen und Ihre Website darauf ausrichten, können Sie ein erfolgreiches Design entwickeln. Teil I zeigt Ihnen, wie Sie Personas erstellen und anhand von Usability-Tests prüfen, wie die Zielgruppe auf Ihr Design reagiert. Hierfür brauchen Sie sowohl Dokumente über die Testplanung als auch über die Ergebnisse.

Teil II erläutert die Dokumente, die Sie für die strategische Planung benötigen: Sie lernen, wie Sie Wettbewerbsanalysen, Konzeptmodelle und Content-Verzeichnisse effizient erstellen, strukturiert dokumentieren und erfolgreich präsentieren.

In **Teil III** geht der Autor detailliert auf die wichtigsten Dokumente ein, mit denen Sie verschiedene Aspekte des Designs verdeutlichen: So können Sie mit Sitemaps die Struktur der Informationen auf der Website aufzeigen, mit Flowcharts die Prozesse visualisieren, mit Wireframes den Content einer Seite darstellen oder mit Screen Designs das Aussehen der fertigen Webseite zeigen. Zu allen Elementen erhalten Sie in diesem Teil ausführliche Informationen, wie Sie diese ansprechend erstellen und dem Team und dem Kunden nahe bringen.

Dan Brown zeigt Ihnen detailliert, wie Sie die einzelnen Dokumente ausarbeiten und bestmöglich präsentieren und im Team besprechen. Zusätzlich werden die Zielsetzungen, die jeweiligen Zielgruppen im Projektteam, Hintergründe und Fallstricke diskutiert. Sie erhalten Ratschläge für unterschiedliche Detaillierungsgrade in der Darstellung sowie wertvolle Tipps für die Präsentation und Diskussion im Team. Zahlreiche Beispiele aus der Praxis veranschaulichen die Arbeitsweisen. So sind Sie für die Umsetzung Ihrer eigenen Projekte bestens gerüstet.

Probekapitel und Infos erhalten Sie unter:
www.it-fachportal.de/5507

ISBN 978-3-8266-5507-4